츠바이크의 발자크 평전

츠바이크의

발자크 평전

슈테판 츠바이크 / 안인희 옮김

푸른숲

수많은 모순과 결함으로 위대한 작가 발자크

발자크(1799~1850년) 삶의 이야기는 웬만한 소설보다 다채롭고 재미있다. 그가 살았던 19세기 전반부의 프랑스 역사는 대혁명(1789년)—나폴레옹 제1제정(帝政)(1804년)—왕정복고(1814년)—7월 혁명(1830년), 입헌군주제 성립(시민왕 루이 필립 등장)—2월 혁명(1848년)—제2제정(1852년) 등으로 이어지는 그야말로 격동하던 시대였다. 한편으로는 전쟁과 혁명을 통해 툭하면 사회가 통째로 뒤집히고, 그러면서도 다른 한편으로는 산업혁명과 자본주의가 진행되던 시대였다.

1

이 다채롭던 시대, 파리의 풍속도 자체가 벌써 흥미진진하다. 시민계급(부르주아지)이 권력을 장악하고 계급적 모순도 함께 축적하던 이 시대에 돈이 가장 중요한 사회적 권력이 되었다. 특히 '시민왕' 루이 필립이 등장한 '7월 왕조' 기간은 왕, 귀족, 시민, 농민, 예술가 할 것 없이 노골적으로 부와 돈을 추구하던 시대였다. 발자크의 작품 창작은 철저히 이 기간과 맞아떨어진다. 시민의 아들 발자크는 어울리지 않게 귀족 숭배자에 왕당파이긴 했지만 누구 못지않게 노골적으로 돈을 추구하였다. 문학작품을 쓰는 것 말고 온갖 영리한 혹은 어리석은 사업을 벌였고, 한 번도 예외 없이 실패해서 빚에 쫓기고, 언제나 앞문과 뒷문이 있는 집에 살면서 앞문으로 빚쟁이가 오면 뒷문으로 도망치는 발자크의 모습은 자기 시대를 극단적으로 반영하는 하나의 그림이다.

당시 갑작스럽게 돈을 번 신흥 부르주아지들은 온갖 사치를 다해서 집을 꾸미는 일에 열중하였다. 화려한 궁전이나 귀족들의 대저택을 모방하여 하인들을 거느리고, 사치스런 실내장식과 도자기나 여러 가지 그림들로 집을 장식하려는 욕구가 벼락부자들을 자극하였다. 그러나 물론 세련된 취향이 부족했던 탓으로, 그리고 지나치게 화려하게만 꾸미려고 들었으므로 실제로는 벼락부자 티가 나지 않을 수 없었다. 이런 시민계급의 일반적인 몰취미는 영원한 채무자 발자크의 몸치장과 집치장에도 다시 극단적으로 반영되어 나타난다. 그래서 여러 가지 재미난 에피소드들이 등장하게 된다.

경제적 안정을 무엇보다 중시하던 당시의 결혼 풍속도 역시 재미있다. 갖은 수단과 방법을 다해서 어느 정도 돈을 모으고 난 다음에야 결혼신청을 하던 시대라 상당히 많은 부부가 20, 30년씩 나이차가 났다. 성장배경도 다르고 나이차도 심한 부부 사이에 애정이 있는 경우가 드물어서 여자고 남자고 가리지 않고 애인을 만들었다. 이 뒤죽박죽의 사랑 풍속도가 발자크의 생애에도 나타난다. 그가 관계를 맺었던 여자들은 거의 예외없이 30, 40대의 유부녀들이었다. 발자크 집의 뒷문은 주인이 빚쟁이를 피해 도망칠 때나 애인들이 남몰래 드나들기 위해서 이래저래 쓸모가 많았다. 다른 모든 경우에도 그랬듯이 발자크의 애정 행각 역시 극단적인 측면을 보이기는 하지만, 자기 시대의 풍속도에서 그다지 예외적인 현상은 아니었다.

다만 그의 경우에는 생애나 작품에 특이할 정도로 위대성과 어리석음이 뒤섞여 나타나는데, 특히 삶의 행각에서는 어리석음이 압도적으로 우세하다. 그것은 이른바 그의 속물근성, 즉 귀족 숭배열에서 극단적인 형태를 취한다. 당연한 일이지만 그것은 그의 삶에서 행복보다는 불행의 원인이 되었다.

2

삶의 행각에서 어리석음이 주도적이라면 그의 위대성은 말할 필요도 없이 문학작품에서 찾아볼 수 있다. 그러나 여기서도 속단은 금물이다. 발자크는 많은 점에서 모순투성이이기 때문이다. 그의 소설이 가지는 결함의 목록은 상당히 길게 이어진다. 몇 가지만 꼽아보아도 질낮은 감상주의, 신문 연재소설 투의, 때로 터무니없는 줄거리 전개, 극단적인 과장법, 치명적인 문체의 결함 등을 들 수 있다. 여기서도 위대성은 열등함과 결합되어 있는 것이다.

그의 소설 전집(全集)은 《인간희극》이라는 제목으로 발간되었다. 이 전집은 원래 계획으로는 총 137편의 작품을 포괄할 예정이었지만, 발자크가 실제 완성한 것은 97편 정도이고, 그중 74편이 장편소설로서 대부분이 매우 중요한 작품들이다. 여기 들어 있는 개별 작품들은 전통적인 미학의 규범들을 거의 무시하고 있다고 할 정도로 자체 완결성이 떨어진다. 2천 명에 이르는 등장 인물 중에서 460명은 여러 작품에 거듭 등장한다. 우리의 삶에서 하나의 사건이 끝났다고 해서 삶 자체가 끝난 것도 사회가 문을 닫는 것도 아닌 것처럼, 그의 수많은 인물들은 완결된 예술작품이라는 폐쇄된 작품의 주인공으로서가 아니라, 유기적으로 연결된 사회의 구성원들로서 등장하고 있는 것이다. 그러므로 발자크의 개별작품들이 아니라 이 작품들이 복잡한 층위로 연결되어 이루어진 사회적 구조물인 《인간희극》 자체가 단 하나의 거대한 사회소설이다.

그것은 한눈에 조망할 수 없는 거대한 망을 이룬 조직체다. 바로 19세기 프랑스 사회의 역사를 보여준다고 평가되는, 인류 역사상 희귀한 위대한 문학적 조형물인 것이다. A. 하우저(Hauser)가 말하는 것처럼 '결점을 들춰낼수록 오히려 그 마술적 영향력이 늘어가기만 하는' 발자크 예술의 비밀이 이 안에 숨어 있다. 수많은 결함을 포함하면서도 이 위대한 예술 앞에 서면 무어라 해야 좋을지 모르는 당황과 무력감을 느끼게 만드는 이 모순이야말로 발자크의 위대성이다. 그가 이 거대한 예술작품을 만들어내기 위해 바친 엄청난 노동과, 타고난 강철 같은 건강마저도 해친 그 집중력 앞에서, 그의 삶의 온갖 어리석음을 유쾌하게 비웃던 웃음이 입가에서 싹 사라지는 것을 느끼게 된다.

사실주의 문학의 선구자로 확고하게 자리매김된 발자크의 반동적인 세계관 역시 그의 작품에 접근하려는 사람을 곤란하게 만드는 부분이다. 개인적으로 귀족을 숭배하고 왕당파를 자처했던 사람이지만, 문학작품에서는 이들 귀족을 서술할 때 풍자가 더욱 예리해지고 아이러니가 더욱 신랄해지고 있기 때문이다. 그는 몰락이 예정된 이들 계층을 향하여 끊임없이 공감을 보냈으면서도, 소설에서는 혁명 이전의 상태로 돌아가는 것이 완전히 불가능한 사회를 묘사하고 있다. 작가 자신의 정치적 신념과 문학작품의 세계가 이토록 상반될 수 있다는 사실에 대한 하나의 결정적인 예가 될 것이다.

3

발자크는 자기 시대 각계각층의 다양한 인물유형을 탁월하게 그려낸 '문학적 초상화가'라고 지칭되어 왔다. 이 평전을 쓴 슈테판 츠바이크(Stefan Zweig, 1881~1942년)는 역사상의 사건들에서 골라낸 인물유형을 그리는 뛰어난 '역사적 초상화가'라고 부를 만하다. 작가로서 츠바이크 문학은 단편소설과 평전(評傳)분야에서 단연 성공을 거두었다.

그는 이 발자크 평전 이전에도 이미 발자크, 디킨즈, 도스토예프스키(《세 거장》), 횔덜린, 클라이스트, 니체(《마신과의 투쟁》), 카사노바, 스탕달, 톨스토이(《삶의 시인들》) 등 9명의 유럽 작가에 대한 간결한 평전 세 권을 '세계의 건축가들(Baumeister der Welt)(우리말 번역본 《천재와 광기》)'이라는 시리즈로 묶어서 내놓았다.

젊은 시절의 이런 작업에 이어서 츠바이크가 최후의 작품으로 다시 상당히 규모가 큰 발자크 평전을 썼다는 것은, 이 작가가 오랫동안 츠바이크의 관심 속에 머물러 있었다는 것을 입증해준다. 실제로 그는 1939년에 로맹 롤랑에게 보낸 편지에서 '30년 전부터 발자크를 읽고 또 읽고 있으며, 언제나 거듭 경탄하게 된다'고 쓰고 있다. 1942년 브라질의 페트로폴리스에서 죽었을 때 《발자크 평전》의 주요 자료와 앞서 쓴 원고 대부분을 영국에 남겨둔 상태에서, 츠바이크는 책의 끝부분을 골격만 완성해놓았다. 자료와 원고의 주요부분이 없어서 책을 완성할 수가 없었던 것이다. 남겨진 원고들을 리하르트 프리덴탈이 정밀한 검토보완을 거쳐서 츠바이크가 죽은 지 3년 만인 1945년에 발간하였다. 그렇게 해서 이 책은 츠바이크 자신의 최후의 손질을 거치지 못하고 유고(遺稿) 형태로 남게 되었다.

그런데도 이 작품은 평전작가 츠바이크의 대표작으로 꼽아 무리가 없을 것 같다. 발자크 생애를 연대순으로 나열하지 않고, 츠바이크의 형상화 원칙에 따라 체험의 깊이와 영혼의 진동을 중심으로 굵직한 사건들을 에피소드별로 엮어서 무거워지기 쉬운 작가 평전을 재미있게 만들었다. 날카로운 심리분석가로서 발자크 내면의 심리적 동인(動因)들을 밝혀내고 있지만, 과격하고 충동적인 한 인간의 실수들을 예리하면서도 따뜻하고 유머러스한 대가의 필치로 그려낸다.

그러나 무엇보다도 중요한 것은 엄청난 양의 발자크 작품들에 대한 분석과 평가 부분이다. 간결하면서도 핵심을 찌른 작품 이해가 발자크 작품세계에 대한 훌륭한 안내를 해준다. 츠바이크는 스스로 작가로서 자기가 경탄하는 다른 작가의 창조적인 발전과정을 끈질기게 추적한다. 자신의 작품세계를 완성한 60대의 대가가 젊은날 가졌던 다른 작가에 대한 경탄을 드러내는 부분들을 읽고 있으면, 이 두 작가의 시간을 초월한 만남이, 다시 한 번 시간을 초월해서 이 글을 읽는 사람에게도 전달되는 것을 느낀다. 천재만이 천재를 이해한다고 흔히 이야기되지만, 한 작가가 이해한 다른 작가의 창작과정을 들여다보는 일이 흥미롭다.

짧게 묘사된 발자크의 죽음은 고독하고 괴로운 것이어서 읽는 이의 마음 한 구석을 후벼파는 것만 같다. 이어서 머나먼 이국에서 자유의사로 선택된 츠바이크와 부인 로테의 죽음에 대한 프리덴탈의 보고가 한 번 더 마음을 찌른다. 그러나 그들은 죽음과 동시에 불멸의 전당으로 마지막 발걸음을 내디딘 사람들이었다. 그들은 떠나가고 지금 우리 손엔 이 한 권의 책이 남았다. 책을 통한 이 여러 가지 만남의 연결고리들이 신비로울 따름이다.

이 책에 들어 있는 풍부한 사진자료들은, 프랑스에서 발자크 연구로 박사학위를 받고 현재 한국 외국어대학교 불어과에 출강하는 김중현 선생이 제공해준 것들이다. 그밖에도 그는 직접 만나서나 전화를 통해서 이 책에 나오는 수많은 프랑스어 고유명사 음역(音譯) 부분을 감수해주었고, 발자크 전공학자로서 즐거운 마음으로 내용상의 자문에 응해주었다. 진심으로 감사드린다.

1998년 10월
안인희

차   례

■ 편집자 주

발자크의 《인간희극》은 제1부 《풍속 연구》(이중에는 《사생활의
장면들》《지방생활의 장면들》《파리 생활의 장면들》《정치생활의 장
면들》《군인생활의 장면들》《전원생활의 장면들》이 들어 있다), 제2
부 《철학적 연구》, 제3부 《분석적 연구》로 이루어져 있다. 이
제목들은 《 》로 표시하고, 각각의 책을 구성하고 있는 총 97
편의 장·단편 소설들은 〈 〉로 표시했다. 또한 《인간희극》에
포함되지 않았거나 가명으로 쓴 소설들도 《 》로 표시했다.

제1부

어린 시절과 첫 시작

제1장
어린 시절의 비극

발자크처럼 과도한 상상력의 힘으로 지상 세계와 나란히 또 다른 우주를 만들어낼 수 있는 천재성을 가진 사람이, 하찮은 개인적인 삶의 에피소드들을 언제나 냉정한 현실하고만 연결시키는 경우는 매우 드물다. 그에게 있어 모든 것은 자기 의지의 탁월한 형성능력에 종속되었다. 특징적인 일이지만 자신의 삶의 에피소드들을 이렇게 멋대로 변형시키는 능력은 시민적 존재의—보통은 변화되지 않는—기본사항, 즉 그의 이름에서 드러난다.

서른 살쯤의 어느 날 발자크는 세상을 향해서 자신은 오노레 발자크가 아니라 오노레 드 발자크(Honoré de Balzac)라고 밝혔다. 그리고 자신은 이런 귀족 칭호를 사용할 정당한 권한이 있다고 주장하였다. 그의 아버지가 아주 가까운 일가친척이 모였을 때에만 농담삼아 고대 갈리아의 기사 집안인 발자크 당트레그(Balzac d'Entraigue)와 먼 친척일 가능성이 있다고 허풍을 떨었던 데 반해, 상상력이 풍부한 아들은 도전적인 태도로 이 불확실한 추측을 재론의 여지없는 사실로 확정한 것이다.

그는 편지와 책들에다가 '드' 발자크라고 서명하였다. 심지어는 빈으로 가는 여행마차에 당트레그 집안의 문장(紋章)을 달기까지 하였다. 허영심에서 스스로를 귀족으로 만든 이러한 행동 때문에 불친절한 다른 문인들의 비웃음을 받았다. 그는 솔직하고도 뻔뻔스러운 태도로 기자들을 향해서 자기 아버지는 자기가 태어나기 훨씬 전에 이 귀족 칭호를 확실하게 관공서 기록에 올렸다고 대답하곤 했다. 그러므로 자신의 출생증명서에 있는 귀족 칭호는 몽테뉴나 몽테스키외의 그것과 비교해서 조금도 효력이 떨어지지 않는다는 것이다.

유감스럽게도 우리 불친절한 세계에는 원한에 가득 차서 작가들의 빛나는 전설들을 반박하기 위해 케케묵은 문서들을 뒷조사하는 악의가 존재한다. 고통스러운 일이지만 발자크에 의해서 자랑스럽게 인용된 출생기록은 투르(Tours)시의 문서고에 보관되어 있다. 그리고 그의 이름에는 귀족의 칭호인 '드'가 들어 있지 않다. 투르의 공무원은 1799년 5월 21일자에 냉정하고 분명하게 이렇게 기록하고 있다.

오늘 프랑스 공화국 7년 프레리알 제2일에 호적계 공무원인 나 피에르 자크 뒤비비에 앞에 이곳 라르메 디탈리 거리, 샤로도네 구역 25번지에 살고 있는 시민계급 유산자, 베르나르 프랑수아 발자크가 출두해서 아들의 출생신고를 하였다. 위에 말한 발자크는 아이가 오노레 발자크라는 이름을 얻었으며, 어제 아침

11시경에 위 주소의 집에서 탄생했다고 신고했다.

아버지의 사망신고서나 첫딸의 혼인신고서 등 다른 서류들에도 이 귀족 칭호는 나타나지 않는다. 그러므로 호적서류를 탐구한 결과 이 칭호는 위대한 소설가의 소원의 결과로 만들어진 것임이 밝혀졌다.

서류의 문자들은 발자크의 주장을 반박하고 있지만 그의 의지—그의 창조적이고 빛나는 의지—는 차가운 종이에 맞서서 여전히 영광스러운 힘을 주장한다. 후세의 온갖 보고에도 불구하고 문학은 여전히 역사보다 위에 있다. 프랑스의 어떤 왕도 그나 그의 조상에게 귀족증서를 내주지 않았지만, 후세는 위대한 프랑스 소설가의 이름에 대한 질문을 받으면 여전히 그의 말을 따른다. 그는 오노레 드 발자크이지 오노레 발자크나 오노레 발싸(H. Balssa)가 아닌 것이다.

재산도 없었던 그의 조상들의 진짜 성은 발자크도, 더욱이 드 발자크도 아니고 실제로는 발싸이기 때문이다. 그들은 성(城)도 없었고 작가 후손이 마차에 그려넣은 문장(紋章)도 물론 없었다. 그들은 번쩍이는 갑옷을 입고 말을 타지도 않았고, 낭만적인 마상 창시합도 하지 않았다. 그들은 그저 매일같이 소에게 물을 먹이고 땀흘려 랑그도크 지방의 농토를 개간하였다. 칸작 근처에 있는 작은 시골 마을 라 누게리에(La Nougayrié)의 보잘것없는 돌로 된 오두막에서 발자크의 아버지 베르나르 프랑수아(Bernard-François)는 그곳에 정착하고 있는 수많은 발싸 집안의 아들로서 1746년 6월 22일에 태어났다.

이 발싸들 중 한 사람이 얻었던 악명은 극히 범상치 않은 것이었다. 오노레가 대학공부를 그만두던 해인 1819년에 그의 아버지의 쉰네 살 된 동생이 체포되었다. 임신한 마을 아가씨를 살해했다는 혐의였다. 그는 세상을 떠들썩하게 만든 재판을 받고 이듬해에 단두대에서 처형되었다. 어쩌면 이렇게 악명이 자자한 삼촌에게서 가능한 한 거리를 두려는 욕망이 발자크로 하여금 스스로에게 귀족칭호를 부여하고 자신은 전혀 다른 출생이라고 주장하게 한 원인인지도 모른다.

발자크의 아버지 베르나르 프랑수아는 열한 명의 아이들 중 맏이였고, 그저 평범한 농부였던 그의 아버지는 그를 성직자로 만들기로 결정했다. 마을의 신부는 그에게 읽고 쓰는 법을 가르치고 라틴어도 약간 가르쳤다. 그러나 힘이 세고 활력이 넘치며 욕심 많은 소년은 머리 중앙부를 삭발하려 들지 않았고 순결 서약을 하려고 하지도 않았다. 그는 한동안 더 고향마을에서 빈둥거렸다. 공증인의 서기 노릇도 하고 한동안은 산비탈 포도원에서 쟁기를 잡기도 하였다.

그러나 스무 살이 되자 그는 다시는 돌아오지 않을 속셈으로 고향을 떠났다. 그의 아들이 소설 속에서 다양한 변이형태로 서술해놓은, 시골사람의 끈질기고 굽히지 않는 힘으로 그는 파리로 스며 들어갔다. 처음에는 눈에 띄지 않게, 표면 아래쪽에서, 어떤 방식이나 어떤 직업이든지 닥치는 대로 파리에서 경력을 쌓으려는 수많은 젊은이들 중 하나였다. 그가―나중에 출세한 시골 출신으로서 주장한 것처럼―루이 16세 아래서 왕실회의, 심지어는 왕실 법률고문실에서 비서로 일했다는 말은 말 꾸며내기 좋아하는 늙은이의 허풍임이 밝혀졌다. 왕실 연감의 어느 것도 발자크나 발싸라는 사람이 비슷한 자리에 있었다는 기록을 남기지 않았기 때문이다.

혁명이 비로소 이 무산자 계급의 청년을 다른 수많은 사람들처럼 위로 올라가게 만들었다. 그는 혁명 치하 파리 시청에서 관리로—뒷날 병참관이 된 다음에는 될 수 있는 대로 말하지 않으려고 조심한 직책—일했다. 그곳에서 그는 수많은 인맥을 만들어낸 것 같다. 아들에게도 물려주게 될 것이지만, 돈에 대한 열정적인 본능을 가지고 그는 전쟁 기간에 돈을 가장 잘 벌 수 있는 군대의 부서를 찾아냈다. 군량 및 군수품 공급 부서였다. 황금의 실줄기는 군대의 군량 부서에서 다시 고리대금업자와 은행가들에게로 연결되었다. 30년 동안이나 뒷거래 직업과 사업을 한 다음에 베르나르 프랑수아는 한 번 더 변신해서 파리의 은행가 집안인 다니엘 두메르크의 1등 비서관으로 등장한다.

발자크의 아버지는 쉰 살의 나이로 마침내 위대한 변신에 성공한 것이다. 그의 아들은 얼마나 자주 그것을 묘사하였던가! 불안정하고 욕심 많은 무산자가 마침내 존경할 만한 시민(부르주아)으로, 좋은 '사회'의 정직한 한 사람이 된 것이다. 이제야 비로소 그 동안 얻은 재산과 안정된 직위를 가지고 다시 소시민에서 대시민(대부르주아)이 되기 위해서(그리고 뒷날에는 대시민에서 매우 간절히 바라는 단계, 곧 연금생활자가 되기 위해서) 꼭 필요한 다음 단계를 밟아나갈 수 있었다. 결혼이었다. 그것도 재산을 가진 아가씨와 결혼해서 좋은 시민가정을 이루는 일이었다.

쉰한 살의 나이로 매우 건강하고 위풍당당한 이 남자는,

허풍꾼에 잘 훈련된 난봉꾼이기도 했다. 그는 은행에서 자신의 상관 한 사람의 딸에게 눈독을 들였다. 안 샤를로트 살랑비에(Anne Charlotte Sallambier)는 그보다 32년이나 아래였고 낭만적인 성향들을 가지고 있었지만, 잘 교육받은 경건한 시민계급의 딸로서 공손하게 부모의 충고를 받아들였다. 그들은, 나이는 상당히 들었지만 돈에 대한 감각이 뛰어난 발자크와 확고한 유대를 맺으려고 하였다. 결혼하자마자 아버지 발자크의 눈에는 남에게 고용된 직위가 자신의 품위에 어울리지도 않고 수입도 너무 적은 것으로 보였다. 나폴레옹 치하에서 전쟁이 더 빠르고 더 풍부한 수입원으로 보였던 것이다. 그래서 그는 옛날의 인연을 다시 가동시켰다. 아내의 지참금을 바탕으로 22사단의 군량공급업자가 되어서 투르로 이사하였다.

첫아들 오노레가 태어난(1799년 5월 20일) 이 무렵쯤 해서 발자크 일가는 이미 부자가 되어 있었고, 투르의 상류 시민계급의 존경받는 일원으로 받아들여졌다. 베르나르 프랑수아의 군량공급업은 돈을 잘 벌어들였던 것 같다. 끊임없이 아끼고 투자만 하던 가족이 이제 화려하게 등장하기 시작했으니 말이다. 오노레가 태어난 직후에 그들은 라르메 디탈리 거리의 좁은 집에서 저택으로 이사했다. 황금을 만들어내는 나폴레옹 전쟁이 계속되는 1814년에 이르기까지 그들은 자가용 마차에 하인을 여러 명 두고 소도시의 사치를 누렸다.

상류사회와 귀족계급도 소작농의 아들에, 피 흐르는 과거를 지닌 파리시청 관리 출신 사나이의 집안과 끊임없는 교제를 가졌다. 뒷날 발자크가 수수께끼 같은 그의 납치사건을

보급장교 제복을 입은 베르나르 프랑수아 발자크. 평범한 농부
였던 그는 마침내 '시민' 계급에 발을 들여놓았다. 몇 권의 작
은 책을 쓰기도 한 그는 아들인 오노레 발자크에게 생명력과
이야기에 대한 애착을 물려주었다.

소설 〈음모(Une Ténébreuse Affaire)〉에서 상세히 묘사하게 될 원로원 의원인 클레망 드 리(Clément de Ris)와 폼뢰유(Pommereul) 남작, 마르곤(Margonne) 씨 같은 사람들이 있었다. 이들은 뒷날 가장 힘든 시기에 작가에게 도움을 주게 된다.

아버지 발자크는 심지어 도시의 통치에도 관여하였다. 그는 병원을 관리하였고, 모든 결정을 내리는 과정에서 그의 의견이 존중되었다. 천박한 출신과 속을 알 수 없는 과거에도 불구하고 그는 계층이 온통 뒤집어지고 빠른 경력이 가능하던 시대에 나무랄 데 없이 존경받는 인물로 변신했던 것이다.

아버지 발자크가 이토록 인기가 있었던 것은 모든 면에서 이해가 가는 일이다. 그는 자신과, 자신의 성공과, 온 세상에 대해서 만족스럽게 생각하는 명랑하고 실질적이고 쾌활한 사내였다. 그의 언어는 귀족적인 억양을 가지지 않았고, 그는 포병처럼 욕을 하고 터무니없는 이야기들을 꾸며내는 사람이었다. 《우스운 이야기(Contes drolatiques)》의 상당부분은 그가 아들에게 들려주었을 것이다. 그는 자랑 섞인 허풍으로 진실을 부풀리기를 좋아하였지만 어쨌든 훌륭한 이야기꾼이었다. 선량하고 쾌활하고 너무나 재치가 있어서 바람의 방향이 자주 바뀌던 시대에 황제나 왕이나 공화국 어느한 편에 붙는 법이 없었다.

분명한 학교 교육을 받지 못한 상태에서 그는 사방으로 관심을 보였고 이것저것 닥치는 대로 읽어서 일종의 보편적 교양을 쌓았다. 그는 심지어 몇 권의 작은 책을 쓰기도 했다.

〈도둑질과 암살을 예방하는 방법에 대하여(Mémoire sur le moyen de prévenir les vols et les assassinats)〉와 〈배신 당하고 버림받은 딸들로 인해 생겨난 혼란에 관한 회상 (Mémoire sur le scandaleux désordre causé par les filles trompées et abandonnées)〉 등이었다. 이 작품들은 물론 위대한 아들의 작품들과 비교될 수는 없는 것들이다. 그것은 괴테의 아버지가 쓴 이탈리아 일기가 요한 볼프강이 쓴 《이탈리아 기행(Italienische Reise)》과 비교될 수 없는 것과 같은 이치다.

대단히 건강하고 아무 근심 없는 삶의 욕망을 가지고 그는 1백 살까지 살기로 단단히 결심하였다. 예순 살이 되자 그는 정식 결혼으로 태어난 네 명의 아이들 이외에 몇 명의 사생아까지 두었으며, 소도시의 악의적인 평판에 따르면 여든 살에도 어떤 소녀의 임신에 관계되었다. 의사가 그의 집을 방문한 적은 없었다. 다른 누구보다도 오래 살려는 그의 의지는, 가입자가 죽으면 남은 사람에게 연금이 덧붙여지는 이른바 톤틴식 연금에 들었다는 사정을 통해서 더욱 강화되었다. 아들이 수많은 삶을 작품으로 형상화하기 위해 썼던 것과 똑같은 악마적인 힘을, 아버지는 오로지 자신의 삶을 유지하기 위해서만 썼던 것이다. 동업자들보다 오래 살아남아서 그의 연금이 8천 프랑에 이르렀을 때, 여든세 살 난 노인은 어이없는 사고로 죽었다. 그렇지 않았더라면 베르나르 프랑수아는 아들 오노레와 똑같이 의지력의 집중을 통해서 불가능한 것을 가능하게 만들었을 것이다.

오노레 드 발자크가 아버지에게서 생명력과 이야기에 대한 애착을 물려받았다면, 어머니에게서는 감수성을 물려받았다. 남편보다 32년이나 아래였지만 결혼생활이 절대로 불행하지 않았음에도 그녀는, 끊임없이 스스로 불행하다고 느끼는 고약한 성향을 가졌다. 남편이 아내의 바가지와 망상에 의한 병치레에도 전혀 기분 상하지 않고 명랑하면서도 근심 없이 살아가는 동안, 안 샤를로트 발자크는 대체로 히스테리 성향에서 언제나 병을 앓는 힘든 유형의 사람이었다. 무엇보다도 그녀는 집안에서 충분히 사랑받고 주목받고 존중받지 못한다고 느꼈다. 아이들이 자신의 위대한 희생에 대해서 전혀 감사하지 않는다고 끊임없이 불평했다. 죽는 날까지 그녀는 이미 세계적으로 유명해진 아들을 '좋은 뜻에서' 나온 충고와 눈물 섞인 질책으로 괴롭히는 일을 그만두지 않았다.

그렇지만 그녀는 지성이나 교양이 없는 여자는 아니었다. 어린 소녀 시절에 이미 은행가 두메르크의 딸로서 모임의 여주인공 노릇을 했던 그녀는, 이러한 체험에서 낭만적인 성향을 얻게 되었다. 그 시절에 그녀는 아름다운 문학에 대해서 몽상했고 뒷날에는 스베덴보리(Swedenborg)와 다른 신비주의적인 문헌들에 애착을 보였다.

그러나 이 조용한 이상주의의 싹은 타고난 돈 걱정에 금세 눌리고 말았다. 전형적인 파리 소시민 가정 출신으로 잡화상점에서 악착같이 깎은 푼돈을 저금통으로 쓰는 양말에 채워 넣으면서, 그녀는 온갖 곰팡내 나고 속좁은 하층 시민계급의 본능을 젊은 살림살이 속으로 끌어들였다. 항상 게걸스러운 태도로 좋은 상황과 수입 좋은 투기대상을 엿보는 참으로 하

안 샤를로트 살랑비에. 아들이 태어나자마자 집밖으로 내쫓았던 그녀는, '좋은 뜻에서' 나온 충고와 눈물 섞인 질책으로 아들을 괴롭히는 일을 그만두지 않았다.

않은 탐욕이었다.

그녀에게 있어서 아이들을 교육한다는 것은, 돈을 쓰는 것은 범죄고 돈을 버는 것은 미덕 중의 미덕이라는 것을 가르친다는 뜻이었다. 그래서 처음부터 확실한 '지위'를 차지하거나, 아니면 딸들의 경우 좋은 혼인을 하도록 아이들을 채찍질하는 것이라고 여겼다. 그들에게 전혀 자유를 주지 않고 끊임없이 감시하는 것이었다. 그러나 이처럼 서두르는 염려, 아이들의 안락한 삶에 대한 이토록 지독한 열성 때문에 그녀는 '좋은 뜻'에도 불구하고 가족에 대한 영향력을 잃어버리게 되었다. 여러 해가 지난 다음 오래 전에 어른이 된 발자크는, 어릴적에 어머니의 목소리만 들어도 깜짝 놀라곤 했다고 회상하였다.

점점 더 까다로워지고 스스로를 가두어버린 어머니, 아이들의 격정적이고 티없고 정열적인 애정표시를 냉정하게 거절하는 이 어머니 밑에서 발자크가 얼마나 고통받았는가 하는 것은 그의 편지들에 나타나는 신음으로 미루어 짐작할 수 있다. 그는 "나는 한 번도 어머니를 가져본 적이 없다."고 했다. 어떤 이유에서—어쩌면 남편에 대한 거부감을 그리로 떠넘긴 것인지—안 샤를로트 발자크가 먼저 태어난 두 아이 오노레와 로르(Laure)에게는 거의 본능적으로 거리를 두고, 뒤에 태어난 두 아이 로랑스(Laurence)와 앙리(Henri)를 응석받이로 만들었는지는 오늘날 밝혀낼 길이 없다. 다만 확실한 것은 자식에 대한 어머니의 관계가 이보다 더 무심하고 사랑이 없을 수는 없다는 것이다.

그녀는 아들을 낳자마자 산후조리를 하는 도중에 벌써 아기를 문둥병자처럼 집밖으로 내보냈다. 젖먹이는 어느 근위병의 처인 유모에게 맡겨졌다. 그곳에서 그는 만 네 살이 될 때까지 살았다. 그 다음에도 그는 더욱 넓어지고 살기도 넉넉해진 집으로, 아버지, 어머니, 형제들 곁으로 돌아가지 못하고 낯선 집에 하숙하게 되었다. 일주일에 단 한 번 일요일에 그는 마치 먼 친척을 방문하듯이 가족을 방문할 수 있었다.

동생들과 놀아도 안 되고 장난감이나 선물도 없었다. 그는 아플 때 침대를 지켜주는 어머니를 알지 못했다. 어머니가 부드러운 말을 하는 것을 들어본 적이 없었다. 그가 살며시 어머니의 무릎에 다가가서 그녀를 안으려고 하면 버릇없는 짓이라는 엄격한 말로 가로막았다. 그리고 어린 다리가 제대로 움직일 수 있게 되자마자 일곱 살 난 어린 아들을 방돔(Vendôme)에 있는 기숙학교로 쫓아보냈다. 그는 멀리 떨어진 곳에 있어야만 했다. 다른 장소, 다른 도시에.

7년 동안의 힘든 학교 생활을 보낸 다음 발자크가 다시 양친의 집으로 돌아오자 어머니가—그 자신의 말을 빌자면—그의 '삶을 너무나 힘들게' 해서, 그는 열여덟의 나이로 이번에는 자발적으로 이 참을 수 없는 환경에 등을 돌리게 된다.

어른이 된 그는 선량한 마음을 타고났음에도 불구하고 특별한 어머니에게서 체험한 냉대를 절대로 잊을 수가 없었다. 오랜 세월이 지난 다음 이번에는 자기가 필요해서 어린 시절의 박해자인 어머니를 자기 집에 받아들였을 때도 머리가 희끗희끗 센 마흔세 살 남자는, 그녀가 한때 여섯 살, 열 살짜리 어린아이, 사랑스럽고 사랑을 필요로 하던 어린아이를 냉혹하게 거절해서 상처를 입혔던 일을 잊지 못했다. 그리고 무력한 반감에서 한스카 부인에게 무시무시한 고백을 쏟아내는 것이다.

내 어머니가 어떤 여자인지 당신이 아신다면. 잔인한 존재이고 동시에 잔인성 자체입니다. 어머니는 이제 내 여동생을 죽게 만들려고 해요. 이미 가엾은 동생 로랑스와 할머니가 어머니 곁에서 파멸하고 말았는데 말입니다.

어머니는 여러 가지 이유로 나를 미워했지요. 심지어는 내가 태어나기도 전에 벌써 나를 미워했어요. 나는 어머니와 관계를 끊을 지경까지 됐죠. 그것은 거의 어쩔 수 없는 일일 겁니다. 그러나 나는 아직도 고통을 당하고 있어요. 그것은 치유될 수 없는 상처입니다.

우리는 어머니가 미쳤다고 생각하고 33년 전부터 그녀와 알고 지내는 의사와 상의를 했지요. 하지만 그는 이렇게 말했어요. '아니오, 그녀는 미치지 않았습니다. 그냥 나쁜 사람일 뿐이오.' …… 나의 어머니는 내 삶에서 모든 불행의 원인입니다.

이 글은 그가 가장 감수성 예민한 나이에 자연의 법칙으로 보아 가장 가까워야 할 존재에게서 겪은 수많은 은밀한 고통에 대해서, 시간이 흐른 다음에 터져나온 답변이었다. 그의 어머니는—그 자신의 말을 빌자면—그가 '지상에서 한 인간에게 주어진 가장 잔혹한 어린 시절'을 겪도록 만든 것에 대해서 전적인 책임이 있었다.

발자크가 방돔의 오라토리오 수도회 기숙학교라는 정신적인 교도소에서 보낸 6년 세월에 대해서 우리는 두 가지 기록을 가지고 있다. 학적부의 냉담한 기록과 발자크의 〈루이 랑베르(Louis Lambert)〉에 나오는 문학적으로 위대한 기록이다. 학교 기록은 다음과 같다.

460번. 오노레 발자크, 나이 8년 1개월. 천연두를 앓았지만 흔적을 남기지는 않음. 성격 다혈질. 쉽게 흥분하고 때로는 불 같은 흥분에 빠져듦. 1807년 6월 22일 들어옴, 1813년 4월 22일 나감. 편지들은 투르에 있는 아버지 발자크 씨에게 보낼 수 있음.

동창생들의 기억에 그는 단지 '뚱뚱하고 뺨이 통통한 빨간 얼굴의 소년'으로만 남았다. 그들이 알려주는 것은 외면의 모습들이거나 몇 가지 의심스런 일화들 뿐이다. 그럴수록 더욱 놀라운 모습으로 〈루이 랑베르〉에 들어 있는 자전적(自傳的)인 페이지들은 천재적인 소년, 자신의 천재성으로 인해서 두 배나 더 심하게 고통받는 소년의 내면을 보여준다.

성장기의 자기 묘사를 위해서 발자크는 이중 초상화의 형식을 선택하였다. 그는 두 명의 학교 친구의 모습으로 자신을 시인으로, 루이 랑베르를 철학자 '피타고라스'로 묘사한다. 젊은 괴테가 파우스트와 메피스토텔레스의 모습으로 나누었던 것과 비슷하게 그는 자신의 개성을 두 인물로 나누어 표현한 것이다. 자신의 천재성의 두 가지 기본형식, 곧 존재의 형상들을 묘사하는 창조적인 부분과, 존재의 거대한 맥락

속에 들어 있는 비밀스런 법칙들을 밝혀 보여주는, 분류하는 부분의 두 가지 본질로 나누었다.

실제로 그는 이중으로 루이 랑베르이다. 어쨌든 얼른 보기에 창안해낸 이 인물의 외적인 체험들은 적어도 그 자신의 체험이었다. 그 자신을 여러 모로 반영하고 있는 인물들, 즉 〈마법 가죽(La Peau de Chagrin)〉의 라파엘(Raphaël), 〈잃어버린 환상(Illusions perdues)〉의 다르테즈(d'Arthez), 〈13인의 비밀결사 이야기(L'Histoire des Treize)〉의 몽트로(Montereau) 장군 중 어느 누구도, 종교기관 학교에서 스파르타식 훈육을 받도록 내쫓긴 이 아이의 운명처럼 그렇게 완벽하고 생생한 것은 아니다.

방돔시 한가운데 루아르 강변에 위치한 이 기숙학교는 어둠침침한 탑들과 강력한 성벽을 가지고 있어서 교육기관이라기보다는 감옥 같다는 인상을 일깨운다. 2, 3백 명의 학생들은 첫날부터 수도원처럼 엄격한 교육을 받게 된다. 방학도 없고, 부모들이 방문하는 것도 거의 예외적인 경우로만 한정되었다. 이 기간 동안 발자크는 한 번도 집에 간 적이 없었다. 그리고 자신과의 유사성을 더욱 강조하기 위해서 그는 루이 랑베르를 아버지도 어머니도 없는 아이, 즉 고아로 만들고 있다. 기숙학교의 비용은 학비와 음식 및 옷값까지 포함하는 것이었는데도 상당히 싼 편이었다. 그래서 학생들에게 들어가는 비용을 부당할 정도로 아꼈다. 부모가 장갑과 따뜻한 속옷을 보내지 않는 아이들은—발자크는 어머니의 무관심 탓에 바로 이 부류에 속했다—겨울이면 손과 발에 동상이 걸린 채로 돌아다녔다. 발자크 / 랑베르는 처음부터 농

방돔의 오라토리오 수도회 기숙학교. 어머니에게 버림받은 날자르디는 어룸침침한 탑들과 튼튼한 성벽을 가진 이 학교에서 엄격한 교육을 받아야 했다.

사꾼 같은 동급생들에 비해서 정신적으로나 육체적으로 특별히 민감하게 고통을 받았다.

시골의 대기에 익숙한 탓으로, 우연에 맡겨진 자유로운 교육과 그를 특별히 사랑한 노인의 보살핌에 익숙한 탓으로, 그리고 햇빛 속에서 생각하는 일에 익숙한 탓으로 학교의 규칙에 따르고, 줄을 맞추어 행진하고, 열여덟 명이나 되는 젊은이들이 말없이 각자 책상을 앞에 두고 나무의자에 앉아 있는 네모난 홀에서 살아가는 일은 그에게 몹시 힘들었다. 그의 감각들은 특별히 섬세하게 만들어졌기에, 그의 모든 부분이 이런 공동생활에서 고통을 받았다.

공기를 망치는 증기가, 저녁식사로 먹은 빵부스러기들이 널려 있는 더러운 교실의 냄새와 뒤섞여서 그의 후각을 괴롭혔다. 후각은 다른 어떤 감각보다도 뇌신경과 밀접한 관계를 맺고 있고, 그래서 이 감각기관이 손상을 입으면 자신도 모르는 사이에 사고(思考)기관이 흔들리는 법이다.

공기를 더럽히는 이런 것들과는 별개로 우리 교실에는 각자 자신의 보물을 보관하는 사물함이 있었다. 명절날 잡은 비둘기나 식당에서 훔쳐낸 음식물을 보관하는 함이었다. 그밖에도 우리 교실에는 커다란 돌이 있는데 그 위에는 언제나 물이 가득 담긴 양동이 두 개가 놓여 있었다. 일종의 세면대로서 우리가 아침마다 선생이 입회한 자리에서 차례로 얼굴과 손을 씻는 곳이었다. 세면대를 지나서 우리는 여자들이 우리 머리를 빗질하고 분을 뿌려주는 탁자가 있는 곳으로 가곤 했다.

하루 단 한 번, 일어나기 직전에 청소가 이루어지는 우리 침실은 언제나 더러웠다. 창문이 많고 문들이 높았는데도 건물 안의 공기는, 옹기종기 모인 우리 열여덟 명의 몸뚱이를 빼더라도, 세면대와 화장대, 사물함, 학생들의 수많은 활동들이 불러일으키는 증기로 인해서 언제나 쉽게 더러워졌다……

그가 지금까지 숨쉬던 깨끗하고 향기로운 시골 공기가 없다는 것, 그리고 습관의 변화, 기율 등 이 모든 것은 랑베르를 슬프게 했다. 그는 수업시간이면 언제나 머리를 왼손으로 받치고 팔꿈치를 책상에 기댄 채로 안마당의 초록빛 나무들과 하늘의 흰구름을 바라보는 것으로 시간을 보냈다. 그러다가 선생이 그의 펜이 멎어 있고 공책이 하얗게 비어 있는 것을 보면 이렇게 소리쳤다. '랑베르, 넌 아무것도 안 하고 있구나!'

—〈루이 랑베르〉

선생들은 이 학생에게서 어떤 저항감을 느꼈다. 그들은 그의 내부에서 어떤 비상한 힘이 작용하고 있다는 사실은 알아채지 못하고 다만 그가 모범적이 아니라는 것, 정상적인 의미로 읽고 배우지 않는다는 사실만을 알아챘다. 그들은 그를 멍청하거나 게으르고, 고집세거나 활기 없다고 생각했다. 그가 다른 학생들과 같은 속도를 맞추지 못하고 때로는 그들보다 뒤처지고 때로는 그들보다 앞서나가기 때문이었다. 어쨌든 규율은 다른 누구보다 그에게 더 가혹한 것이었다. 그는 끊임없이 벌을 받았다. 그에게는 아무 일도 하지 않고 쉴 수 있는 시간이 없었다. 그는 계속해서 형벌을 받았다. 그리고 너무 자주 감금처분을 당해서 2년 동안 겨우 6일만 자유로운 적도 있었다. 점점 더 자주, 그리고 점점 더 가혹하게 자기 시대 가장 위대한 이 천재는 엄격한 사제들의 최후수단, 즉 체벌을 경험하였다.

약하고도 동시에 아주 강한 이 소년은…… 육체와 영혼에 가해지는 가능한 모든 고통을 겪었다. 자신의 책상을 앞에 놓고 의자에 묶인 노예처럼 기율과 병에 얻어맞은 채, 모든 감각에 손상을 입고, 역겨움의 나사 속으로 조여넣어져서 자신의 겉껍질을 학교의 수많은 폭군들에게 내맡겨야 했다…….

모든 신체적 고통 중에서 가장 격심한 것은 선생이 분명 모든 힘과 노여움을 다하여 우리 손에 후려치는 손가락 두 개 두께의 가죽 혁대가 만들어내는 것이다. 이 고전적인 체벌을 받기 위해서 죄인은 교실 한복판에 무릎 꿇고 앉혀진다. 의자에서 일어서서 강단 옆에 무릎을 꿇고서 호기심에 찬, 빈번히 비웃는 동급생들의 눈길을 견뎌야 한다. 이런 준비는 섬세한 영혼에 대해서, 예전에 사형수가 재판소에서 나와 처형장으로 걸어갔던 길만큼이나 이중적인 고통이 되는 것이다.

성격에 따라서 어떤 소년들은 소리를 지르고, 체벌을 받기 전과 후에 뜨거운 눈물을 흘린다. 다른 소년들은 금욕주의자의 얼굴로 고통을 참아낸다. 그렇지만 형벌을 기다리는 동안에는 가장 강한 소년들조차도 얼굴이 경련으로 일그러지는 것만은 거의 어쩌지 못한다. 루이 랑베르는 이런 체벌을 거듭 견디었고, 이렇게 견디는 힘을 자기도 몰랐던 천성의 어떤 능력 덕분으로 여겼다. 그가 선생이 지르는 '넌 아무것도 안 하고 있구나!' 하는 외침에 의해서 강제로 몽상에서 일깨워지면 이런 일이 벌어지곤 했다.

처음에는 자신도 모르게 일어난 일이었는데, 그는 이 사람을 향해서 사나운 경멸에 가득 찬 눈길을 던졌다. 그것은 라이덴 병이 전기로 가득 채워지듯이 생각으로 채워진 눈길이었다. 이런 눈길 교환은 선생에게 분명 불쾌한 느낌을 불러일으켰고, 그 눈길 속에 들어 있는 말없는 비웃음에 모욕감을 느낀 선생은 학생의 눈길을 추방해버리려고 했다. 신부(神父)가 처음으로 번개처럼 자신을 맞추는 이 경멸적인 눈길을 알아챘을 때 그는 다음과 같은 말을 했고, 그것은 내 기억 속에 새겨졌다. '네가 앞으로도 나를 그렇게 바라본다면 랑베르, 넌 매를 맞게 될 거다!'

—〈루이 랑베르〉

엄격한 신부들 중에서 어느 누구도 이 시기에 발자크의 비밀을 알아챈 사람은 없었다. 그들은 그저 라틴어나 어휘연습에서 다른 학생보다 뒤떨어지는 한 명의 학생을 보았을 뿐이다. 그가 엄청나게 앞서간다는 사실을 전혀 짐작도 못했다. 그들은 그가 주의력이 부족하고 무관심하다고 여겼을 뿐, 그가 학교를 지겹고 피곤한 곳이라고 생각하는지는 전혀 알아채지 못했다. 학교에서 내는 숙제가 그에게는 이미 너무 쉬웠고, 그가 게을러 보이는 것은 단순히 '생각이 꽉 막힌 것'에 진절머리가 나서였다. 이 통통한 빰을 가진 작은 소년이 비상한 정신적 비행능력으로 숨막히는 학교 공간과는 다른 공간에 살고 있다는 것, 그리고 이 소년이 각자 자기 자리에 앉아 있고, 각자 잠자리에서 잠을 자는 모든 사람들 한가운데서 눈에 보이지 않게 이중생활을 하고 있다는 사실을 아무도 눈치채지 못했다.

열두 살짜리, 열세 살짜리가 살았던 이 다른 세계는 바로 책들이었다. 그에게 수학 과외를 해주었던 공업전문대학교의 도서관 사서는—발자크는 그런데도 일생 동안 문학사상 가장 계산을 못하는 사람이었다—소년이 원하는 대로 기숙학교로 책을 가져가는 것을 허락해주었다. 그는 이 정열적인 소년이 이 허락을 지나치게 사용하리라는 것을 짐작도 못했다. 그 책들은 발자크에게 하나의 구원이었으며, 그 책들은 학창 시절의 모든 고통과 굴욕을 아무렇지도 않게 만들었다. "우리가 읽었고 두뇌 속에서 삶을 지탱해준 도서관의 책들이 없었다면 이런 삶의 체제는 우리를 완전히 야만성으로 인도했을 것이다." 학교에서의 실제 생활은 희미한 어둠 속 상태가 되고 책들이 그의 진짜 생활이 된 것이다.

그는 자신을 그대로 반영하고 있는 루이 랑베르에 대해서 이렇게 보고한다. "이 순간부터 그에게 있어서 그것은 결코 진정시킬 수 없는 뜨거운 갈망이 되었다. 그는 온갖 종류의 책들을 집어삼켰다. 종교, 역사, 철학, 자연과학 책들을 전혀 구별하지 않고 읽어치웠다." 발자크의 우주적인 지식의 기반은 바로 학창시절 은밀한 독서를 통해 만들어진 것이다. 수많은 개별적인 사실들은 생생하고 재빠른 악마적인 기억력 덕분에 사라지지 않고 단단하게 응축되었다. 역사상 단 한 번뿐인 발자크식의 통각(統覺)능력에 대해서 아마도 루이 랑베르의 은밀한 독서열에 대한 묘사보다 더 나은 설명은 없을 듯하다.

그의 경우 독서를 통한 사상의 흡수는 특이한 현상이 되었다.

그의 눈은 한 번에 일곱 줄이나 여덟 줄을 읽었고, 그의 정신은 읽은 것의 의미를 그 눈길에 알맞은 속도로 파악하였다. 자주 한 문장에서 단 하나의 단어만으로 전체 의미를 파악할 수 있었다. 그의 기억력은 기적이었다. 그는 독서를 통해서 얻은 사상을, 명상이나 담화를 통해서 얻은 것과 동일한 강도로 기억하였다. 간단히 말하자면 그는 온갖 종류의 기억력을 가졌다. 장소, 이름, 단어, 사물, 얼굴에 대한 기억력이었다.

그가 사물을 좋을 대로 기억할 수 있다는 의미가 아니었다. 그는 내면에서 자기가 그것을 읽거나 보았던 순간과 동일한 상황, 조명, 색채를 지닌 그대로 기억해낼 수가 있었다. 그는 이 같은 능력을 가장 알기 힘든 개념능력의 과정에도 그대로 가졌다. 그는—자신의 표현에 따르면—자기가 읽은 책에 들어 있는 사상의 층위뿐 아니라 훨씬 더 이전 시기에 있었던 자신의 영혼의 상태까지도 기억하였다. 그의 기억력은 그러니까, 자신의 모든 발전과 정신의 삶 전체를, 그러니까 아주 어린 시절의 생각으로부터, 가장 복잡한 것과 가장 분명한 것을 확실하게 깨닫게 된 시점까지 모든 것을 다시금 눈앞에 펼쳐보일 수 있는, 전례 없는 특성을 가진 것이었다.

어려서 일찍이 인간이 가진 여러 능력들을 한 군데 집중한다는 매우 복잡한 활동에 익숙해진 그의 두뇌는 이 풍부한 자원에서 수많은 그림들을 경탄스러울 정도로 뚜렷하고도 생생하게 빨아들였다. 이 그림들은 그가 분명하게 관찰하는 동안 그의 양식이 되었다. 열두 살의 나이로 그의 상상력은—자신의 능력을 계속 연습함으로써 더욱더 박차를 가해서—높은 정도로 발전되었다. 그러한 상상력은 그에게 독서를 통해서만 알게 된 사물들에 대해서 아주 정밀한 표상을 갖도록 만들어서 그 그림들은 그의 영혼에서 그가 진짜로 보았다고 하더라도 그보다 더 분명할 수 없을 정도가 되었다. 유추법으로 작업을 하든, 일종의 두 번째 눈을 가지고 있다고 보든 마찬가지였다. 이 두 번째 눈으로 그는 자연을 파악하였다.

그가 어느 날 내게 말했다.

"내가 아우스터리츠 전투의 묘사를 읽었을 때 나는 모든 것이 일어나는 것을 다 보았어. 대포의 일제사격, 군인들의 비명소리 등이 내 귀에 울리고 나의 내면을 흔들었어. 화약냄새를 맡고, 말들의 발굽소리와 사람들의 목소리를 들었어. 무장한 병사들이 함께 맞붙어 싸우고 있는 평지를 마치 내가 상퉁 고지(高地)에 서 있기라도 한 것처럼 다 보았어. 이 장관은 마치 묵시록의 장면들처럼 무시무시한 것이었어."

그가 그렇게 자신의 모든 힘을 다해서 독서에 열중해 있을 때, 그는 자신의 물리적 삶의 의식을 어느 정도 잃어버리고 모든 능력을 갖춘 내면기관의 놀이를 통해서만 존재하였다. 이 기관의 능력은 적절하지 못할 정도로 확장되어 있었다. 그는 자신의 표현대로 '공간을 자기 뒤에' 남겨두었던 것이다!

―〈루이 랑베르〉

그렇게 망아적이고 영혼을 유쾌하게 지치게 만드는 무한으로의 비상(飛翔)을 겪은 다음날이면, 잠을 못 잔 소년은 싫어하는 수도원 의상을 입고 농부소년들 옆에 앉아 있었다. 그들의 둔감한 두뇌는 쟁기 뒤를 따라가듯이 선생의 강의를 힘들게 뒤따라갔다. 그는 가장 어려운 문제들을 보면 흥분해서 라틴어 문법 규칙들에 주의를 기울였다고 한다. 철자 하나만 슬쩍 보고도 그것을 외울 수 있다고 자신의 두뇌의 힘을 지나치게 믿은 나머지, 그는 듣는 것을 소홀히 하고 다른 책들의 생각을 꿈 속처럼 뒤쫓았다. 현실에 대한 이런 경시는 대개 매우 혹독한 결과를 가져왔다.

기억력이 아주 좋아서 우리는 한 번도 숙제를 하지 않았다. 프랑스 말이나 라틴 말로 된 책이나 혹은 문법의 주요부분을 동급생들이 말하는 것을 듣기만 해도 그것을 충분히 할 수 있었다. 그러나 불행하게도 선생이 엉뚱하게 순서를 바꾸고 우리에게 맨 처음 질문을 하기라도 하는 날이면 우리는 대체 문제가 무엇인지도 모르곤 했다. 극히 재치 있게 사과를 해도 벌이 내려졌다. 우리는 마지막 순간까지 숙제를 미뤘다. 읽을 책이 있거나 몽상에 사로잡히면 숙제를 잊어버리곤 했다. 그래서 새로 벌을 받을 원인이 되곤 했다!

—〈루이 랑베르〉

천재적인 소년은 점점 더 가혹한 취급을 받았다. 마침내 셰익스피어의 《리어 왕》에서 용감한 켄트에게 채워졌던 중세식의 족쇄까지도 채워졌다. 신경이 완전히 무너져내려서야 비로소—그를 수도원 학교에서 해방시킨 병의 이름은 한 번도 거론된 적이 없다—이 조숙한 천재는 어린 시절의 감옥을 떠날 수 있었다. 그곳에서 그는 "고통을 견딜 수 있는 한 영적으로나 육체적으로 고통을 당했다."

〈루이 랑베르〉의 '지적인 이야기(histoire intellectuelle)'
에 나타나는 정신적인 노예상태에서 최종적으로 해방되기
전에, 어쩌면 완전히 꾸며낸 것만은 아닌 사건이 있었다. 발
자크는 자신의 또 다른 자아인 상상의 인물 루이 랑베르가,
열두 살 나이로 '의지력에 관하여(Traité de la Volonté)'라
는 논문에서 정신병리학의 맥락에 관한 거대한 철학적인 체
계를 작성하게 만들고 있다. 그의 '폐쇄적이고 귀족적인 태
도'를 시기한 못된 동급생들이 그에게서 이 원고를 빼앗았
다. 선생들 중에서 가장 엄격한 사람, 그의 청소년기의 채찍
인 '저 끔찍한 오구(Haugoult) 신부'가 그 소동을 듣고 원고
를 뺏어서 '의지력에 관하여'를 아무런 쓸모도 없는 종이조
각으로 여겨서 잡상인에게 내준다. "자기가 지금 어떤 중요
한 정신적인 보물을 보고 있는지도 모른 채 말이다. 너무 일
찍 태어난 이 정신의 열매들은 무지한 사람들의 손에서 썩고
말았다."

　모욕받은 소년의 무기력한 분노로 인하여 이 장면은 몸이
떨릴 정도로 사실적으로 묘사되어 있다. 그런 것이 정말로
만들어지기라도 한 것처럼 묘사가 사실적이다. 발자크는 문
학 습작을 썼다가 그 비슷한 일을 정말로 체험했던 것일까?
아니면 오라토리오 수도회 학교에서 '의지력에 관하여'라는
논문을 실제로 습작했고, 그 근본사상을 뒷날 이렇게 상세하
게 다시 언급하는 것일까? 그의 조숙함이 그 시기에 정말 이
런 종류의 저술을 감행할 정도로 생산적이었던 것일까? 그
런 습작을 쓴 사람이 진짜 소년 발자크였을까, 아니면 상상
속에서 만들어진 형제인 루이 랑베르였을까?

이 질문은 결코 완전하게 답변될 수 없을 것이다. 발자크가 청소년기에—사상가의 핵심적인 생각들은 언제나 성장기에 그 중심점을 얻게 마련이니까—'의지력에 관하여'를 생각했던 것만은 분명하다. 그가 뒷날 《인간희극(Comédie humaine)》에서 인간 의지력의 수백 가지 충동방향과 법칙성을 눈에 보이게 형상화해내기 훨씬 이전에 말이다. 루이 랑베르와 마찬가지로 첫 번째 소설인 〈마법 가죽〉의 주인공도 '의지력에 관하여'라는 논문을 쓰고 있다. '어쩌면 앞으로 내게 명성을 가져다줄 근본원칙들을' 찾아내려는 계획은 그의 청년기의 '중심사상(l'idée-mère)'이었음이 분명하고, 발자크가 '가벼운 유체(fluide éthéré)'를 통해서 영적인 것과 육체적인 것이 결합되어 있다는 생각에 대한 최초의 자극을 학교 시절에 이미 얻었다는 것은 단순한 추측만은 아니다.

그의 선생 중 하나인 드세뉴(Dessaignes)는 그 시대의 많은 사람들이 그랬듯이 이미—당시 아직은 오해되고 있던—메스머(Mesmer, 1734~1815년, 독일의 물리학자. 그의 정신치료 방식인 메스머 방식은 현대 최면술의 선구로 여겨지고 있다 : 역주)와 갈(Gall, 1758~1828년, 독일의 해부학 및 생리학자. 골상학의 선구자 : 역주)에게 완전히 빠져 있었다. 메스머와 갈의 흔적은 발자크 작품 곳곳에서 드러난다. 드세뉴는 〈도덕적 인간에 관한 연구—그의 재능과 신체기관 사이의 관계에 대한 보고(Études sur l'homme moral fondées sur les rapports de ses facultés avec son organisme)〉라는 책의 저자였다. 그는 분명히 수업시간에 이런 생각들을 전파했고,

학급에서 단 한 명의 천재적인 소년에게 스스로 '의지의 화학자'가 되겠다는 야망을 일깨웠다.

당시 운동력을 가진 우주 실체라는 생각이 유행하고 있었는데, 이 생각은 하나의 방법을 향한 발자크의 천성적이고 무의식적인 성향에 완전히 일치하는 것이었다. 일생 동안 영적인 현상들의 풍성함에 압도되었던 발자크는 《인간희극》을 쓰기 오래 전에 이미 이 거대한 카오스를 외면적인 질서로 바꾸고, 그것을 주제별로 혹은 법칙에 맞게 분류하려고 노력하였다. 영적인 천성을 제한하는 것들을 영혼이 없는 기관들의 제한들처럼 일목요연하게 확정하려고 했다.

발자크가 이렇게 황당하게 이른 나이에 벌써 그런 세계관을 정말 책자로 쓰려고 했는지, 아니면 뒷날 작가가 멋대로 꾸며낸 것인지는 절대로 밝혀낼 수 없다. 어쨌든 우리 앞에 놓인 루이 랑베르의 '의지력에 관하여'에 나오는─약간 혼란스런─원리들이 열두 살짜리의 그것이 아니라는 것은, 이 부분이 〈루이 랑베르〉의 초판에는 전혀 등장하지 않다가 훗날 개정판에서 상당히 즉흥적으로 삽입되었다는 것만 보아도 알 수 있다.

오라토리오 수도회 학교를 갑자기 그만둔 이후에 열네 살짜리 소년은 태어나 처음으로 양친의 집을 보았다. 아주 먼 친척처럼 어쩌다가 방문해서만 그를 보곤 했던 아버지와 어머니는 그가 겉으로나 내적으로 완전히 변했다는 것을 알았다. 뺨이 통통하고 몹시 건강하고 선량하던 소년 대신에 커다랗게 놀란 눈을 한 깡마르고 신경질적인 소년이 수도원에서 돌아왔다. 무언가 끔찍하면서도 말할 수 없는 일을 겪은 사람 같은 모습이었다. 누이는 뒷날 그의 행동이 낮 동안 낯선 눈길을 하고 이리저리 돌아다니는 몽유병자의 그것과 같았다고 말했다. 누가 그에게 무엇을 물어보아도 거의 알아듣지 못하고 꿈꾸듯이 앉아 있었다. 그는 은밀한 우월감을 속에 품은 폐쇄적인 태도로 어머니를 화나게 만들었다.

그러나 얼마간 시간이 흐르자―생애의 위기 때면 언제나 그랬듯이―타고난 생명력이 승리하였다. 소년은 다시 쾌활하고 말이 많아졌다. 어머니를 향해서도. 학업을 보충하기 위해서 그는 투르의 인문계 고등학교에 보내졌다가, 가족이 1814년 투르에서 파리로 이사를 한 다음에는 파리의 레피트르(Lepître) 기숙학교로 보내졌다. 레피트르 씨는 혁명기간에 시민 레피트르라는 이름으로 당시 과격파 시의원이었던 발자크의 아버지와 친분을 맺었다. 그리고 파리 재판소 부속 감옥에서 마리 앙투아네트를 구해내려던 주모자의 한 사람이었다는 점에서 역사적 인물이기도 했다. 지금은 시험을 통해서 어린 소년들을 겁주는 학교교장일 뿐이었다. 이 기숙학교에서도 추방당하고 버림받았다는, 억눌린 감정이 사랑을 갈구하는 이 소년을 여전히 괴롭혔다. 그래서 그는 〈마법 가죽〉에서 자신의 청년기를 반영하는 또 다른 인물인 라파엘로 하여금 다음과 같이 이야기하도록 하고 있다.

내가 가족의 품에서, 학교에서, 기숙학교에서 겪어야 했던 고통들, 그 고통들이 레피트르 기숙사에 머무는 동안 또 다른 형태로 계속되었다. 아버지는 내게 돈을 주지 않았다. 나의 부모는 내가 밥을 먹고, 옷을 입고 라틴어와 그리스어로 머리를 꽉 채울 수 있다는 생각에 완전히 만족했다. 나는 기숙학교에 머무는 동안 약 1천 명의 학생들을 알았지만, 부모의 무관심이 그 정도에 이른 경우는 단 한 번도 보지 못했다.

분명히 내면의 저항심 때문에 여기서도 발자크는 '좋은' 학생이 아니었다. 부모는 화가 나서 그를 다른 학교로 보냈다. 그곳에서도 사정은 나아지지 않았다. 라틴어 과목에서 그는 35명의 학생 중 32등이었다. 그것은 오노레가 '실패한' 학생이라는 어머니의 의심을 확인시켜주었다. 그래서 그녀는 열일곱 살 된 발자크에게 자기 연민에 가득 찬 울먹이는 말투로 장엄한 서신을 보냈다. 이 편지의 말투는 발자크가 쉰 살이더라도 절망에 빠뜨릴 만한 것이었다.

나의 사랑하는 오노레, 네가 내게 불러일으킨 고통을 너에게 다 설명해줄 만큼 강렬한 단어들을 찾아낼 수가 없구나. 넌 나를 정말로 불행하게 했다. 나는 자식들을 위해 무슨 일이든 다 했고, 그래서 자식들이 나를 행복하게 해주기를 기대할 만한데도 말이다.

선량하고 존경할 만한 강세(Gancer) 선생님이 네가 라틴어 번역에서 32등으로 떨어졌다고 알려주셨다!!! 그리고 네가 며칠 전에도 매우 못된 행동을 했다고 하셨다. 그러니 내가 미래를 위해 기대했던 모든 만족감이 완전히 사라질 수밖에……

우린 원래 아침 8시에 만나야 했다. 함께 점심과 저녁식사를 했을 텐데 말이다. 신나게 떠들고 모든 것을 이야기했을 텐데.

네가 열심이 공부하지 않고 경박하며 잘못을 저지르니 이제 네가 적당한 형벌을 받도록 버려둘 수밖에 없구나. 지금 내 가슴은 얼마나 텅 비어 있는지! 여행이 얼마나 길게 여겨지는지!

아버지께는 네가 받은 나쁜 등수를 말씀드리지 않았다. 그랬다가는 네가 월요일에 외출을 금지당할 것 같아서였다. 이 외출이 쓸모 있는 목적을 위한 것이고 너의 개인적인 만족을 위한 것이 아니라고 하더라도 말이다. 내일 춤선생이 올 거야, 4시 반에 말이다. 사람을 보내 너를 데려오게 하고 수업이 끝난 다음에는 다시 데려다주도록 하마. 너를 이와 다르게 대한다면 나는 자식들에 대한 사랑이 내게 부과하고 있는 의무를 저버리는 것이 될게다.

이 모든 나쁜 예언에도 불구하고 이 추방당한 소년은 비뚤어졌든 반듯하든 학업을 마쳤다. 1816년 11월 4일에 그는 대학의 법률학부에 등록할 수 있었다.

1816년 11월 4일은 젊은이에게 있어 법률상 강제노역의 시기가 끝나고 자유의 여명이 시작되었음을 뜻하는 것이어야 했을 것이다. 그는 이제 다른 모든 학생들처럼 독립적으로 자신의 학업을 계속하면서, 게으름을 부리거나 자신의 성향에 따라 시간을 자유롭게 이용할 수 있는 나이가 되었다. 그러나 발자크의 부모는 의견이 달랐다. 젊은이는 자유를 가져서는 안 되고 단 한 시간도 쓸데없이 보내서는 안 된다고 여겼다. 그는 돈을 벌어야 한다. 오다가다 대학교에서 강의를 듣고 밤에 법전들을 들춰보는 것만으로 충분하다. 낮에는 학생 노릇 말고 직업도 가져야 한다. 경력을 얻기 위한 시간을 조금도 낭비해서는 안 된다! 단 1수라도 헛되이 써서는 안 된다!

그래서 대학생 발자크는 변호사 기요네 드 메르빌(Guillonnet de Merville) 사무소에서 서기로 일해야 했다. 상관들 중에 맨 처음 상관인 이 사람을 발자크는 스스로 윗사람이라고 인정하고, 데르빌(Derville)이라는 이름으로 그에게 불멸의 감사를 표하고 있다. 지성적인 이 변호사는 서기의 재능을 알아보았고, 자기보다 훨씬 젊은 발자크와 너그러운 우정을 맺었기 때문이다.

2년 뒤에 발자크는 집안에서 친분을 맺고 있던 공증인 파세(Passez)의 사무실에서 일하게 되었다. 그럼으로써 시민으로서의 그의 미래는 아주 확고해진 것으로 보였다. 1월 4일에 마침내 '정상'이 된 젊은이는 바칼로레아 시험에 합격하였다. 얼마 안 있으면 그는 공증인의 동료가 될 것이고, 파세 씨가 늙거나 죽으면 사무실을 넘겨받고, 그 다음에는 결혼도 할 것이다. 물론 부잣집 아가씨와 결혼할 것이고, 좋은 가정을 이루어서 의심스럽게 여기는 어머니, 발자크 집안과 살랑비에 집안 모두에게, 그리고 나머지 친척들에게 명예가 되어 줄 것이다. 그의 전기는 평범한 시민인 부바르 씨나 페퀴셰 씨의 그것과 똑같이 되고, 시민적이고 정상적인 경력의 모범적인 예로서 플로베르(Flaubert)에 의해 소설로 쓰일 수도 있게 될 참이었다.

그러나 여러 해 전부터 억눌려서 숨죽이고 있던 반항의 불꽃이 마침내 발자크의 내면에서 높이 타올랐다. 1819년 초 어느 날 그는 갑자기 방금 시작된 먼지 투성이 서류들을 그 자리에 놔둔 채 공증인의 서류더미에서 뛰쳐나왔다. 그는 자기에게 단 하루도 자유롭고 행복한 날을 허락해주지 않았던 이 존재방식에 영원히 물린 것이다. 굳게 결심하고서 그는—처음으로—가족을 향해 목을 치켜세우고 단도직입적으로, 자기는 변호사나 공증인이나 판사나 공무원이 되지 않겠노라고 선언하였다. 자기는 시민적인 직업을 갖고 싶지 않다! 작가가 되어서 장차 쓰게 될 걸작으로 독립하고 부자가 되고 유명해지겠노라고 선언한 것이다.

제2장
운명에 대한 조숙한 질문

> 내 고통이 나를 나이들게 만들었습니다……. 스물세 살
> 이 될 때까지 내가 어떤 삶을 살았는지 당신은 아마 상상할
> 수 없을 겁니다.
> ─다브란테스(d'Abrantès) 공작부인에게 보낸 편지,
> 1828년

작가가 되고, 시인이 되겠으며, 공증인이나 변호사 대신
자유롭게 창작하는 사람이 되겠노라는 스무 살짜리의 갑작
스런 선언은 아무것도 모르고 있던 가족에게는 맑은 하늘에
날벼락 같은 소리였다. 안정된 경력을 포기한다고? 발자크
가문 사람이, 저 존경받는 살랑비에의 손자가, 문필가 따위
의 의심스런 직업을 갖겠다고? 품위 있고 확실한 수입의 보
증이 대체 어디 있단 말인가? 문학, 시, 그런 여유로운 사치
는 브르타뉴 어딘가에 아름다운 성(城)을 가지고 있는 샤토
브리앙(Chateaubriand) 자작이나 누릴 수 있는 일이다. 라
마르틴(Lamartine) 씨나, 못해도 위고(Hugo) 장군의 아들

정도는 되어야지, 소시민 계급의 아들이 누릴 사치는 못 되었다.

그런데 이 못된 젊은이가 재능의 아주 작은 흔적이라도 보인 적이 있었던가? 그가 쓴 어떤 근사한 글을 읽은 적이 있나, 아니면 어떤 지방신문에 시라도 발표한 적이 있나? 한번도 없었다! 학교마다 그는 벌받는 자리에 있었고, 라틴어는 32등이었다. 착실한 상인에게는 가장 중요한 학문인 수학에 대해서는 말하지 않더라도 그랬다.

게다가 이 선언은 가장 좋지 못한 시기에 나왔다. 아버지 발자크의 재정 상태는 앞이 보이지 않는 상황이었다. 반동(反動)시대는 전쟁의 피를 먹고 사는 이 작은 흡혈귀들에게서 피묻은 포도덩굴과 함께 그 뿌리까지도 없애버렸기 때문이다. 축복받은 나폴레옹 통치 시기에 그들은 이 포도덩굴과 뿌리에 기생해 살았다. 군수품 납품업자와 군대에서 이익을 얻은 자들에게 힘든 시절이 찾아온 것이다. 아버지 발자크도 8천 프랑의 넉넉하던 수입이 형편없는 수준으로 줄어들었다. 그밖에도 그는 은행가 두메르크의 파산으로 인해서, 그리고 다른 투자처에서 상당한 손실을 입었다. 이 집안에 아직도 재산이 있다고 말할 수도 있을 것이고, 앞으로 드러나게 되겠지만 양말 저금통 속에 아직도 몇천 프랑이 숨겨져 있었다.

그러나 소시민 계층에게 있어서 국가의 모든 법칙보다 더욱 확실한 최고법칙은 수입이 줄면 재빨리 지출을 두 배나 줄여야 한다는 것이었다. 발자크 집안은 파리의 아파트를 포기하고 싼 거주지로 이사하기로 결정하였다. 당시 수도에서 약 20킬로미터쯤 떨어진 곳에 있던 빌파리지라면 그렇게 눈에 띄지 않게 지출을 줄일 수 있었다. 바로 이 순간에 이제 영구히 짐을 벗었다고 믿었던 멍청한 아들이 작가가 되려고 할 뿐더러, 이 게으름뱅이짓을 하도록 자기에게 돈을 대달라고 요구해온 것이다.

'안 돼!' 하고 부모는 단언하였다. 그리고 자기들 말을 뒷받침하기 위해서 친구들이며 친척들을 불러들였다. 그들은 물론 한목소리로 이 쓸모없는 인간의 방자한 망상에 반대하였다. 아버지 발자크는 그래도 가장 무심한 편이었다. 그는 이렇게 친척들이 모여들어 떠드는 것을 좋아하지 않았고, 그래서 선량한 태도로 "왜 안 되지?" 하고 웅얼거렸다. 늙은 모험가이며 투자가로서 열 번도 넘게 직업을 바꾸고, 나이 들어서야 쾌적한 시민세계로 들어온 그는 이 특별한 자식의 엉뚱한 생각에 열받을 이유는 없었다.

그밖에는 그가 좋아하는 누이동생 로르가 남몰래, 발자크 편이었다. 그녀는 문학에 대해서 낭만적인 애착을 가지고 있었고, 유명한 오빠를 둔다는 생각이 그녀의 허영심에 잘 맞았다. 낭만적인 딸이 영광으로 생각하는 것을, 소시민으로 자라난 어머니는 수치스런 일이라고 여겼다. 결혼 전 성이 살랑비에인 발자크 부인의 아들이 책을 쓰고 신문을 쓰는 사람이라는 것이 친척들에게 알려진다면 부끄러워서 어떻게 그들 앞에 나선다지?

'불확실한' 생활방식에 대한 시민계급의 혐오감을 가지고 그녀는 싸움에 뛰어들었다. 절대로 절대로 안 돼! 학교에서 벌써 아무짝에도 쓸모없던 이 게을러빠진 젊은이가 빵값도

발자크의 누이동생인 로르 발자크의 어린 시절 모습. 발자크가 작가가
되겠다고 선언하자 그녀는 남몰래 발자크의 편을 들어주었다.

못하는 그런 멍청한 짓을 하도록 내버려둘 수는 없는데, 하물며 법률 공부를 위해 세금이며 수수료를 현찰로 지불한 다음이라 더욱 그럴 수는 없었다. 어쨌든 이 멍청한 계획은 여기서 끝이다!

그러나 어머니 발자크는 선량하고 게으르던 이 아이에게서 짐작도 못하던 강한 반발에 처음으로 부딪치게 되었다. 절대로 굽히지 않고 그 어느 것으로도 흔들 수 없는 오노레 드 발자크의 의지력이었다. 그것은 나폴레옹의 의지력이 깨진 이 시점에는 유럽에서 아무도 대적할 사람이 없는 의지의 힘이기도 했다. 발자크가 원하는 것은 현실이 될 것이다. 무엇이든 결심하면 그는 불가능한 것도 가능하게 만들 것이다. 눈물도 유혹도 간청도 히스테리 발작도 그의 마음을 돌릴 수 없었다. 그는 공증인이 아니라 위대한 작가가 될 생각이었다. 그가 정말 그렇게 되었다는 것은 오늘날 세상이 증인이다.

며칠 동안 가혹한 싸움을 하고 난 다음 대단히 시민적인 타협에 도달하였다. 거대한 실험이 확고한 토대 위에 세워졌다. 오노레는 자기 의지를 그대로 가져도 좋다. 그는 위대하고 유명한 문필가가 되는 일에 한번 도전해도 좋다. 그가 어떻게 이 일을 할지는 그 자신이 알아서 할 문제다. 가족은 이 불확실한 사업을 위해서 엄격하게 계산된 자본금을 투자한다. 2년 동안 부모는 대단히 의심스런 오노레의 재능에 투자를 한다. 유감스럽게도 보증이 없는 일이다. 오노레가 2년 안에 위대하고 유명한 문필가가 되어 있지 못할 경우 그는 다시 공증인 사무소로 돌아간다. 그렇지 않으면 이 탕자에게서 깨끗이 손을 떼겠다.

아버지와 아들 사이에 맺어진 이 특별한 계약은 깨끗한 종이 위에 쓰였다. 최저 생활비를 엄밀하게 계산해서 부모는 1821년 가을까지 아들에게 매달 120프랑씩을 지급한다는 것이었다. 그러니까 불멸성을 향한 이 위대한 정복 행진을 위해서 하루 4프랑씩의 지원금을 낸다는 것이다. 군수품 납품과 투자에서 넉넉한 돈을 벌었다 하더라도 아버지 발자크가 한 것 중에 최고의 사업이었다.

고집불통인 어머니는 처음으로 자기보다 더 강한 의지에 굴복해야 했다. 그러니 그녀가 얼마만한 절망감을 맛보았을지 짐작할 수 있다. 생애의 모든 행동으로 보아 그녀는 자기 아들이 고집스런 망상으로 인생을 망가뜨렸다고 정직하게 믿었을 것이기 때문이다. 이제 그녀에게 남은 가장 중요한 일은 존경할 만한 살랑비에 사람들에게, 오노레가 확고한 직업을 버리고 멍청한 방식으로 독립하려 한다는 이 수치스런 일을 감추는 것뿐이었다. 그가 파리로 간 사실을 감추기 위해서 그녀는 친척들에게 그가 건강상의 이유로 남부에 있는 사촌에게 갔다고 말했다. 어쩌면 이 멍청한 직업 선택은 일순간의 변덕으로 끝날지도 모르고, 버릇없는 아들이 자신의 멍청함을 깨달을지도 모른다. 어쨌든 자신의 확실한 직업을 망가뜨리고, 아울러 결혼과 공증인 고객을 놓쳐버릴지도 모르는 이 불행한 이탈행동을 친척들이 알아서는 안 된다.

그녀는 조용히 계획을 세웠다. 이 고집 센 젊은이를 선의로도 간청으로도 이런 수치스런 직업에서 떼어놓을 수가 없었으므로 그녀는 이제 술수와 끈질김으로 싸움을 계속해야 했다. 그는 지금까지 집에서 얼마나 편하게 지냈는지, 난방이 된 공중인 사무소가 얼마나 따뜻한 곳인지 알아야 한다. 파리에서 뱃속에 꼬로록 소리가 울리게 되면 이 위대한 계획을 포기하고 말 것이다. 다락방에서 손가락이 얼면 멍청한 글쓰는 짓을 그만둘 것이다.

그녀는 어머니로서 앞으로의 그의 생활을 걱정한다는 핑계를 대고 방을 얻어주기 위해서 함께 파리로 갔다. 실제로는 계획을 잘 세워서 미래의 작가를 피곤하게 하려고 파리에서 구할 수 있는 가장 형편없고 비참하고 불쾌한 방을 구해주겠다는 계산이었다.

레디기예르(Lesdiguières) 거리 9번지의 집은 오래 전에 허물어졌다. 유감스런 일이다. 파리에는 나폴레옹의 무덤이 있지만 그래도 〈마법 가죽〉에 서술되어 있는 이 비참한 지붕 밑 방보다 더 위대한, 정열적인 헌신의 기념비는 없기 때문이다. 냄새나는 검은색 계단이, 판자를 거칠게 얽어 만든 낡아빠진 6층의 출입문까지 연결해주었다. 그 문을 밀쳐 열면 낮고 어두운 방으로 들어가게 된다. 겨울에는 얼음처럼 춥고 여름에는 녹아내릴 정도로 무더운 방이었다. 한 달에 5프랑이라는 낮은 집세였는데도—하루 3수—여주인은 이 다 쓰러져가는 집에서 살 사람을 구하지 못했다. 바로 '베네치아 감방 같은 이 작은 구멍'이 작가라는 직업을 망가뜨리기 위해서 어머니가 고른 방이었다.

노랗고 더러운 벽지에, 누추함의 냄새가 나는 이 지붕 밑 방보다 더 역겨운 것은 없었다……

지붕은 아래로 처졌고, 느슨한 기왓장 사이로 하늘이 보였다……. 나의 숙소는 하루 3수였는데, 밤에 램프를 켜기 위한 기름 값이 3수였다. 나는 손수 방을 정리하였다. 그리고 매일 빨래비로 2수를 낼 수가 없었기 때문에 플란넬 셔츠를 입었다. 석탄으로 난방을 했다. 그 총액을 일년의 날 수로 나누어보면 대략 2수가 못 되었다……. 이 모든 지출은 합계 18수를 넘지 않았다. 그렇게 해서 예기치 않은 지출을 위해 2수가 남았다. 이 긴 곤궁의 세월 동안 물값을 냈는지 기억이 나지 않는다. 나는 아침이면 손수 생 미셸 광장에 있는 샘에서 물을 길어왔다……. 수도사같이 고독한 처음 열 달 동안 나는 그렇게 가난과 은둔 속에 살았다. 나는 자기 자신의 주인이며 하인이었다. 나는 이루 말할 수 없는 정열로 디오게네스의 삶을 살았다.

—〈마법 가죽〉

어머니 발자크는 약삭빠른 계산으로 이 감방을 참을 수 없는 것으로 만들기 위해서 적지않은 일을 했다. 불쾌감으로 아들이 정상적인 직업으로 빨리 되돌아오면 더욱 좋은 일이었다. 그래서 가장 평범한 가구도 가족이 쓰다가 못 쓰게 된 것을 지붕 밑 방에 들여놓았다. '발 달린 들것 같은' 평평하고 딱딱한 침대, 너덜너덜한 가죽 덮개가 씌워진 작은 너도밤나무 책상, 의자 두 개가 전부였다. 침대는 잠자기 위한 것, 책상은 일하기 위한 것, 그리고 꼭 필요한 앉을 것 등이었다. 작은 피아노를 세내고 싶다는 오노레의 가장 간절한 소원은 물론 들어주지 않았다. 며칠 뒤 벌써 그는 '하얀 면 양말, 잿빛 무명양말과 손수건 한 장'을 구걸하지 않을 수 없었다. 그가 '판화' 하나와 '네모난 금박 입힌 거울'로 어두운 벽들을 좀 친근하게 만들자 어머니 발자크는 딸 로르에게 오빠의 '낭비'를 비난하라고 경고하였다.

창가에 앉아서 공기를 숨쉬고 빵을 부수어 우유에 넣으면서 얼마나 기뻤는지 기억이 난다. 눈으로는 갈색과 밝은 회색과 붉은색의 석판이나 기와로 된 지붕 풍경을 이리저리 훑었다. 지붕들은 누르스름한 혹은 녹색의 이끼로 덮여 있었다. 처음에는 이 광경이 단순하게 여겨졌지만 곧 그 본래의 아름다움을 발견하게 되었다. 태양의 반사광이 어스름하게 비치는 저녁이면 잘 닫히지 않은 덧창문에 이 풍경의 검은 깊이가 윤곽을 드러내고, 다음에는 가로등의 창백한 불빛이 아래쪽에서 누르스름한 빛을 안개 속으로 퍼뜨리고, 자신의 빛이 희미한 것을 탄식하면서 길거리를 따라 옹기종기 모여 파도 모양을 이룬 낮은 지붕들의 윤곽을 보여주었다. 그것은 건축술의 안개바다였다.

이 우울한 황량함 한가운데 때때로 이상한 모습들이 나타나곤 했다. 어느 옥상정원의 꽃들 사이로 금련화에 물을 주는 노파의 날카로운 갈고리 모양의 옆모습을 본 적도 있고, 이끼긴 창문틀 안에서 자신이 관찰된다는 것을 모른 채 화장하는 젊은 아가씨를 본 적도 있다. 나는 다만 그녀의 아름다운 이마와 길게 땋은 머리채밖에는 보지 못했지만. 그녀는 그 머리채를 기품 있는 하얀 팔로 불빛 속으로 들어올렸다. 그리고 추녀 물받이에 난 풀을 보고도 감탄하였다. 어떤 폭풍우가 이곳으로 실어왔을 보잘것없는 풀이었다.

나는 이끼를 자세히 관찰하였다. 그 색깔들이며, 비가 그것을 생기 있게 만드는 것을, 그리고 햇빛을 받으면 마른 우단으로 변하는, 변덕스런 갈색 이끼를. 시적이고 빠른 하루의 인상들, 안개의 슬픔, 갑작스럽게 나타난 태양, 밤의 침묵과 마법, 아침해가 떠오를 때의 신비스러움, 굴뚝의 연기 등, 자연의 모든 사건들이 내게 친근해지고, 나를 위로해주었다. 나는 나의 감옥을 사랑하였다. 나는 자유의사로 그곳에 있었다. 저 아래 삶의 심연 위쪽에 펼쳐진, 평원처럼 똑같은 모양의 지붕들로 이루어진 이 파리의 사바나 초원. 그것은 내 영혼으로 들어와서 나의 상상력과 뒤섞였다.

—〈마법 가죽〉

날씨가 좋은 날 이 방을 떠날 때면—돈이 들지 않기 때문에 스스로 허용한 단 하나의 즐거움을 누리려고—생 앙투안 구역을 향하여 부르동 대로를 걸으면서 허파 속으로 신선한 공기를 받아들이는 이 짧은 산책은 그에게 자극과 체험이 되었다.

단 한 가지 열정만이 내 연구에서 나를 방 밖으로 끌어냈다. 그러나 그것도 원래 연구에 속한 일이 아니던가? 나는 이 성문 밖 지역의 움직임을 관찰했다. 그 주민들과 특성들을. 그 지역의 노동자들과 똑같이 나쁜 옷을 입고 겉모양에는 전혀 신경을 쓰지 않기에 나는 그들의 모습을 있는 그대로 관찰할 수 있었다. 나는 그들 속에 섞여들 수 있었고 그들이 물건을 사는 것을 보았다. 그리고 일터에서 돌아오는 시간에는 그들이 논쟁하는 소리를 들었다.

이 관찰은 내게는 완전히 직관적인 것이다. 나는 겉모습을 소홀히 하지 않으면서 영혼 안으로도 파고들었다. 아니면 오히려 겉모습을 너무나도 잘 파악해서 나의 관찰이 그것을 넘어갈 수 있었던 것인지도 모른다. 이러한 관찰은 내게 상대방의 삶을 그가 사는 그대로 함께 살아볼 능력을 주었다. 그것은 내가 그의 처지가 되도록 허락해주었다. 저 〈1천 하루 밤 이야기〉의 수도승이 마법의 주문을 외우면 사람들의 모습과 영혼을 얻은 것처럼……

나는 이 사람들과 서로 이해하였고, 그들의 삶과 결합되었다. 그들의 누더기를 내 어깨에 느꼈으며 내 두 발이 그들의 구멍난 신발을 신고 돌아다녔다. 그들의 소원, 그들의 비참이 내 영혼을 뚫고 지나갔다. 아니면 내 영혼이 그들의 영혼으로 들어갔다. 그것은 깨어서 꾸는 꿈이었다. 나는 그들과 함께 공장주들에 대해서 열을 올렸다. 그들은 공장주를 폭군으로 만들곤 했다. 아니면 그들에게 그들의 돈을 주지도 않으면서 몇 번이고 다시 오도록 만드는 추악한 술책들에 분개하였다.

나 자신의 습관을 포기하고 도덕적인 힘에 도취한 상태에서 다른 사람이 되는 것, 그리고 좋아서 이런 유희를 하는 것, 그것이 나의 오락이었다. 나는 누구 덕분에 이런 재능을 가진 걸까? 이것은 일종의 두 번째 눈일까? 그것은 잘못 사용했다간 광증에 이를 수도 있는 특성의 하나가 아니던가? 나는 당시 이런 능력의 원인에 대해서 한 번도 깊이 생각해보지 않았다. 나는 그냥 이 능력을 가졌고 그것을 이용했다. 그것이 전부였다. 중요한 것은 내가 이 시기 이후로 사람들이 '민중'이라고 부르는, 뒤섞인 덩어리의 요소들을 부분으로 나누게 되었다는 점이다. 나는 그들을 분석하였고 그들의 좋은 특성과 나쁜 특성을 구별할 수 있게 되었다.

나는 이 성문 밖 지역이 어째서 내게 쓸모가 있는지를 잘 알고 있었다. 영웅들, 발명가들, 실용적인 현자들, 악당들, 범죄자들, 미덕과 악덕들을 골고루 갖춘 혁명의 양성소, 이들은 모두 비참을 통해서 서로 합쳐지고, 곤궁을 통해서 약해지고 술에 취하고 소주를 통해 마구 소모되는 사람들이다. 당신은 아마 이 고통의 도시에서 얼마나 많은 모험들이 아무런 주목도 받지 않고 끝나버리는지, 얼마나 빨리 잊혀지는 연극인지 전혀 상상도 못할 것이다. 얼마나 끔찍한 일들과 얼마나 아름다운 일들을 거기서 보게 되는지! 거기 숨겨져서 아무도 찾아내지 못한 현실을 향해 지금까지 상상력이 가까이 가본 적은 한 번도 없었다. 이 경탄할 만한 풍경을 찾아내기 위해서는, 우연이 제공하는 걸작인 이 비극들과 희극들을 찾아내기 위해서는 너무 아래로 내려가야만 하기 때문이다.

—〈파시노 칸(Facino Cane)〉

자기 방에 있는 책들, 거리에 있는 사람들, 그리고 사상과 사건 등을 꿰뚫어보는 눈길, 하나의 세계를 만들어내기 위해 그것으로 충분했다. 발자크가 일을 시작한 순간에 그의 주변에는 자신의 창조물이 아닌 것이 없었다.

발자크는 비싼 값을 치르고 얻은 자유로운 처음 며칠 동안

장차 자신의 불멸을 위한 비참한 이 장소를 작업 공간으로 바꾸었다. 그는 손수 더러운 벽에 석회칠과 도배를 하였다. 가지고 온 몇 권의 책들을 세우고 다른 책들을 도서관에서 빌려왔다. 장래 걸작을 쓰기 위해 하얀 종이들을 쌓아놓았다. 초를 하나 사서 그것을 조명등 삼아 빈 병 안에 넣었다. 그리고 램프를 위한 기름도 샀다. 램프는 작업의 사막에서 밤의 태양이 되어줄 것이었다.

이제 모든 것은 준비되었다. 단 한 가지만 빠져 있었으니, 하찮은 것이라고 할 수는 없는 것이었다. 미래의 작가는 자기가 무엇을 써야 할지 아직 모르고 있었다. 그는 구멍 속에 몸을 감추고 대작이 완성되기 전에는 거기서 나가지 않겠다는 결심을 순전히 본능으로만 했던 것이다. 이제 시작해야 할 시점에 그는 아무런 특별한 작업 계획도 없었다. 그는 수 없이 많은 공허하고 설익은 계획들의 주변을 맴돌았다. 스무 살짜리는 자기가 무엇이고 앞으로 무엇이 되려는지 아직 분명한 생각이 없었다. 철학자인지, 시인인지, 소설가인지, 극작가인지, 아니면 학자인지. 어디를 향할지 모른 채 다만 힘만을 느끼고 있었다.

나는 내 안에 표현할 생각, 지어올려야 할 체계, 표명해야 할 지식을 가지고 있다는 믿음을 느꼈다.

그러나 어떤 생각, 어떤 체계, 어떤 문학 장르에 우선 자신을 바쳐야 할까? 아직 내면의 목표를 찾아내지 못했다. 의지(意志)라는 자석의 침은 불안하게 이리저리 흔들렸다. 그는 가지고 온 원고들을 넘겨보았다. 모두 단편이었고 완성된 것은 없었으며, 그중 어느 것도 불멸을 향한 도약을 위하여 적합한 싹으로 보이는 것도 없었다. 그저 몇 권의 공책들, '영혼의 불멸성에 관한 메모' '철학과 종교에 관한 메모', 일부는 강의와 독서에서 얻은 것이고 일부는 자신의 개념이었지만 거기서는 '내 비극이 끝난 다음에 나는 그것을 다시 받아들일 것이다'라는 기록만이 놀라운 것이었다.

산만한 시들, 운율을 맞춘 서사시 〈생 루이〉, 비극 〈실라(Sylla)〉와 희극 〈두 명의 철학자〉를 위한 습작 등이 있었다. 한동안 그는 장편소설 〈괴수(Coqsigrue)〉, 서간소설 〈스테니 혹은 철학적 오류〉와 〈스텔라〉라는 이름의 '고대 장르'의 작품을 계획하였다. 그러는 동안 희극적 오페라 〈해적선〉의 구상에 빠져들기도 했다. 이제 무엇으로 시작할 것인가를 검토하면서 발자크는 점점 더 불안해졌다. 발자크라는 이름을 세상에 알릴 작품이 철학적 체계인가, 아니면 교외지역의 오페라 대본인가, 낭만적 서사시인가, 아니면 소설인가? 어찌됐든 무엇이라도 써보고, 어떻게든 자기를 유명하게 만들어서 가족에게서 독립시켜줄 어떤 것을 만들어내야 한다! 그에게 특징적인 광포함으로 그는 책들을 들이파고 독파하였다. 부분적으로는 소재를 찾아내기 위해서, 동시에 다른 사람들에게서 기술을 익히기 위해서였다.

나는 오로지 탐구만 하고 문체를 만드는 일만 하고 있어. 이성을 잃어버릴 것이라고 생각될 지경까지.

라고 여동생 로르에게 써보냈다. 그러나 점차 시간에 압박당하기 시작하였다. 탐색하고 시험하는 데 두 달이 지나갔다. 그리고 후원금은 냉혹하게 제한되어 있었다. 그래서 철학적 작업 계획은 연기되었다. 작업이 너무 까다롭고 수입은 너무 적었기 때문이 아니었을까 짐작된다. 희곡이어야 한다면, 물론 실러, 알피에리, 마리 조셉 셰니에 등이 유행시킨 대로 역사극이고 동시에 신고전주의 극이어야 했다. 프랑스 국립극장(Comédie-Française)을 위한 작품이어야 했다. 한 번 더 그는 도서관에서 여남은 권의 책들을 꺼내서 독파하였다. 소재를 위한 왕국이었다!

마침내 선택이 이루어졌다. 1819년 9월 6일에 그는 누이에게 이렇게 보고하였다.

마침내 '크롬웰'이라는 주제에 머물기로 정했다. 그것이 현대사 전체에서 가장 아름다운 소재이기 때문에 그것을 골랐지. 이 주제를 붙잡고 생각하게 된 이후로 나는 거의 정신을 잃을 정도로 거기 몰두하고 있어. 여러 가지 착상들이 머리에 쌓이고는 있지만 시예술에 대한 재능이 너무 부족해서 계속 멈추게 된다……

하지만 두려워하렴, 사랑하는 누이야. 이 내용을 시로 옮기기 위해서, 나의 창안을 형상으로 만들어내고 다듬기 위해서는 적어도 일곱에서 여덟 달 정도의 시간이 필요하다……. 그런 작품을 쓰고 있으면 얼마나 많은 어려움이 빗발치는지 네가 안다면! 네게 적절한 예를 들자면 위대한 라신은 모든 작가를 절망에 빠뜨릴 만한 《페드르》를 갈고 다듬는 데 2년이 걸렸다. 꼬박 2년 말이다! 2년이라고. 생각 좀 해봐, 2년이야!

하지만 이제 되돌아갈 길은 없었다.

천재가 아니라면 나는 끝장이다!

그렇다면 그는 천재성을 가져야 한다. 처음으로 발자크는 자신에게 과제를 부여했다. 그리고 자신의 굽히지 않는 의지를 게임에 던져넣었다. 그 의지가 어디를 향하든지 저항이 있을 수 없었다. 발자크는 자기가 《크롬웰》을 완성하리라는 사실을 알고 있었다. 자기가 그것을 완성하기로 결심했으므로, 그리고 그렇게 하지 않을 수 없으므로.

《크롬웰》을 끝내기로 결심했어. 내가 파열한다 하더라도 말이다. 엄마가 와서 내 시간에 대한 계산서를 내밀기 전에 말이지.

발자크는 저 유명한 편집광적인 에너지로 일에 뛰어들었다. 그는 언젠가 한 번, 자신의 가장 고약한 적이라도 이것에 대해서만큼은 문제삼을 수 없을 것이라고 말한 적이 있었다. 처음으로 그는 스스로에게 수도승 같은, 그것도 트라피스트회 수도승 같은 격리생활을 부과하였다. 그는 일생의 모든 집중적인 작업기간 동안 이 방식을 확고한 법칙으로 지켰다. 밤이고 낮이고 그는 책상 앞에 앉아 있었다.

일주일의 3, 4일 동안 지붕 밑 방을 한 번도 떠나지 않을 때도 아주 많았다. 나갈 경우라도 오로지 빵과 약간의 과일,

신선한 커피를 사러 가는 것이 전부였다. 커피는 지친 신경에 꼭 필요한 자극제였다.

차츰 겨울이 다가왔다. 난방이 되지 않는, 외풍 센 지붕 밑 방에서 추위에 더욱 민감한 손가락이 마비되려고 했다. 그러나 발자크는 광적인 의지력을 굽히지 않았다. 그는 책상에서 물러나지 않았다. 두 발은 아버지의 낡은 담요로 감고 가슴은 플란넬 조끼로 덮었다. 그는 누이에게 작업할 때 어깨를 감쌀 수 있게 '낡아빠진 숄'을 보내달라고 간청하였다. 어머니에게는 두건을 떠달라고 부탁했다. 그리고 오로지 장작값을 절약하기 위해서 그는 하루종일 침대 속에서 신적인 비극을 계속 써나갔다.

이 모든 어려움도 그의 의지를 꺾을 수는 없었다. 오직 비싼 램프 기름값만이 그를 떨게 만들었다. 날이 일찍 어두워져서 오후 3시면 벌써 램프를 켜야 했기 때문이다. 그 외에는 밤이고 낮이고 그에게는 상관이 없었다. 밤과 낮은 똑같이 일을 위한 시간이었다.

이 시간 내내 친구도, 여자도, 식당도, 커피 집도, 이 모든 긴장된 시간 내내 단 한 번의 휴식도 없었다. 스무 살짜리 발자크는 오래 계속된 수줍음 탓으로 여자에게는 감히 가까이 가지 못했다. 그는 기숙학교에서 언제나 소년들하고만 살았고, 자신이 촌스럽다는 것을 알고 있었다. 춤을 출 줄도 몰랐고 사교 모임의 매너도 배운 적이 없었다. 집안의 절약정책 때문에 옷도 형편없었다. 게다가 과도기의 나이라는 것도 그에게 불리한 조건이었다. 원래 생김새도 그랬고 소홀한 탓도 있었다. 그 시절에 그를 알았던 어떤 사람은 그를 가리켜

...et nunc et semper...

드베리아가 수묵으로 그린 젊은날의 발자크. 가족에게서 독립하려 했던
젊은날의 발자크는 지붕 밑 방에서 극단적인 절약을 하며 살아야 했다.

특별히 못생겼다고 말하고 있다.

발자크는 그 당시 정신으로 빛나는 자그마한 눈에도 불구하고 특별히 매우 눈에 띄게 못생겼다. 뚱뚱하고 땅딸막한 모습, 검고 헝클어진 머리카락, 뼈가 불거진 모습, 커다란 입, 상한 이를 하고 있었다.

그밖에도 그는 단 1수라도 손에서 내놓기 전에 세 번씩은 생각해야 했으므로 사교를 위한 가장 원시적인 조건조차도 갖추지 못한 형편이었다. 젊은 기자들과 문필가들이 모여들곤 하던 커피 집이나 레스토랑 같은 곳은 유리창에 자신의 굶주린 얼굴을 비추어보는 것이 고작이었다. 수백만이 모여 사는 도시의 쾌락과 기쁨과 사치는 레디기예르 거리에 사는 이 자발적인 수도사에게는 단 한순간도 닿을 수 없는 것이었다.

단 한 사람 '다블렝(Dablin) 아저씨'만이 어쩌다가 한 번씩 이 고독한 인간을 보살폈다. 발자크 집안의 오래된 친구로서 이 쓸모 있는 시민은 직업이 철물상인이었다. 말하자면 쇠로 만든 물건들을 파는 상인으로서 이 가엾은 문학 지망생을 보살피는 것을 자신의 의무로 삼았다. 이 관계는 점차 버림받은 젊은이에 대한 나이든 사람의 감동적인 우정으로 발전하였다. 그것은 발자크의 일생 동안 계속될 우정이었다. 변두리 지역의 소상인에 불과했지만 이 사람은 문학에 대해서 감동적인 존경심을 품었다.

프랑스 국립극장은 그의 사원(寺院)이었다. 그는 철물상의 무미건조한 일이 끝난 다음 때때로 젊은 시인을 그곳으로 데려갔다. 저녁밥을 양껏 먹고 나서 시운(詩韻)을 맞춘 라신 (Racine) 연극을 보는 이런 저녁은 감사하는 마음을 품은 이 젊은 손님에게는 몸과 마음에 기운을 돋우는 유일한 자양분이었다.

다블렝 아저씨는 매주 힘들여서 6층의 층계를 올라와 지붕 밑 방으로 자신이 보호하는 젊은이를 보러 왔다. 그는 방돔 기숙학교의 성적 나쁜 학생과 함께 한 번 더 라틴어 숙제들을 훑어보았다. 스스로를 훈련시키기 위해서였다. 지금까지 자신의 가족에게서 오로지 소시민 계급의 절약과 진부한 야심만 보았던 발자크는―그는 이러한 특성을 불타오르는 붓끝으로 자신의 소설 안에 형상화한다―그에게서 처음으로 감추어진 품격을 보았다. 그것은 자주 직업적인 문인보다는 이름 없는 중산층 사람들에게서 더욱 순수하게 드러나곤 한다. 그는 나중에 소설 〈세자르 비로토(César Birotteau)〉에서 올바른 소시민의 찬가를 부르면서 자신을 처음으로 도와준 이 사람을 기리기 위하여 감사의 한 줄을 덧붙이고 있다.

그는 '군말 없고 과장 없는 완전히 내면적인 감수성'을 가지고 자신의 불안정한 곤궁을 이해하고 완화시켜주었던 사람이다. 선량하고, 있을 법하지 않은 공증인 필르로 (Pillerault)의 모습으로 '다블렝 아저씨'가 우리 앞에 나타난다. 시민적인 직업의 좁은 지평에도 불구하고 심정의 직관으로, 파리와 문학계와 전세계가 그를 인정하기 10년 전에 벌써 발자크의 천재성을 알아본 사람이었다.

그를 보살피는 이 단 한 사람이 때때로 발자크의 무시무시한 고립감을 없애줄 수 있었다. 그러나 그는 배우지도 못하고 경험도 없는 애송이 작가에게서 내적인 불안의 무시무시한 고통을 없애줄 수는 없었다. 발자크는 초조감에 사로잡혀서 벌떡이는 두 뺨, 열에 들뜬 손길로 쓰고 또 썼다. 자신의 《크롬웰》을 몇 주 이내에 완성해야만 한다. 그러나 친구도 충고해줄 사람도 없는 초보자들에게 때때로 나타나는 두려운 각성의 순간들이 찾아오곤 했다. 그 순간 그는 자기 자신, 자신의 능력, 현재 진행되는 작품에 대해 의심하곤 하였다. 발자크는 끊임없이 자신에게 물었다. "나는 충분한 재능을 갖고 있는 걸까?" 그리고 누이에게 보내는 편지에서, 동정 어린 칭찬으로 자신을 헷갈리게 하지 말라고 간청하고 있다.

네가 나에 대해서 가지고 있는 누이로서의 사랑에 대고 빈다. 내 작업의 어떤 것에 관해서 내게 '그것이 좋다!'고 절대 말하지 마. 넌 나의 잘못을 지적해야만 한다. 칭찬은 오직 너 혼자만 지니고 있어라.

이 불타는 젊은이는 중간급의 것, 통상적인 것을 만들어내려고 하는 것이 아니었다. 그는 소리쳤다.

중간급은 악마에게로나 가라! 그레트리(Grétry)나 라신이 되어야 한다!

창작의 불꽃 같은 구름에 휩싸인 많은 순간에 《크롬웰》은 위대하게 여겨졌다. 그러면 그는 자부심에 넘쳐서 이렇게 말한다.

나의 비극은 왕들과 민족들의 지침서가 되어야 한다. 나는 걸작으로 데뷔하거나 아니면 스스로 파멸할 것이다.

그런 다음에는 다시 낙담의 순간이 왔다.

나의 모든 고민은 내가 얼마나 재능이 적은지 아는 데서 온다.

어쩌면 자신의 모든 열성은 헛된 것이 아닐까? 예술에서 열성만으로 대체 무슨 소용이 있단 말인가……

세상의 모든 힘을 다 합쳐도 한 알갱이 천재를 대신하지 못한다.

《크롬웰》을 완성해가면서 이 고독한 사람은 자기 손 아래 쓰이고 있는 비극이 걸작이 될 것인가 실패하고 말 것인가에 대한 질문으로 더욱더 고통스러워지기만 했다.

불운한 일이었지만 발자크의 《크롬웰》은 걸작이 될 전망이 거의 없었다. 자신의 내면의 길도 알지 못하고, 경험 많은 손길의 안내를 받지도 못한 초보자가 방향도 잘못 잡았던 것이다. 세상도, 무대상의 관례도 모르는 스물한 살짜리의 재능으로 비극을 쓰는 것보다 더 부적합한 일은 없었다. 그것도 시운을 맞춘 비극은 가장 적합하지 못했다.

자기가 '운율에 대해서는 재능이 별로 없다'는 사실을 의식했던 것이 분명하다. 그의 시구절들이—몇 개의 전해지는 시에서도—보통 그의 수준보다 형편없이 낮은 것은 우연이 아니다. 시구, 특히 장중한 박자를 갖춘 알렉산더 율격(律格)은 시인에게 침착함, 사려, 인내심 등을 요구하는 것이다. 말하자면 폭풍같이 격정적인 발자크의 본성에는 완전히 안 어울리는 특성들이었다.

그는 펜이 말과 생각을 쫓아가기 힘들 정도로 아주 빠르게 생각하고 쓸 수 있었다. 연상에서 다른 연상으로 마구 비약하는 그의 상상력은 음절을 헤아리고 격식에 맞게 운율을 맞추기 위해서 멈출 수가 없었다. 엄격한 형식은 그의 본질의 즉흥적 특성을 방해할 수밖에 없었고, 이 정열적인 젊은이가 고전적인 노력을 다해서 만들어낸 것은 차갑고 공허하고 모방적인 비극작품이었다.

그러나 발자크는 이러한 자기 통찰을 할 만한 시간이 없었다. 그는 오로지 끝내기만을 바랐으며, 자유롭기를, 유명해지기를 바랐다. 그러면서 그는 더듬거리는 알렉산더 율격을 앞으로 밀어붙였다. 그냥 끝내기만 하자, 자신이 '천재성을 가지고' 있는지 아니면 다시 공증인 서기가 되어 가족의 노예로 돌아가야 할지를 묻는, 운명에 대한 질문에 답변을 얻자.

열화와 같은 넉 달 동안의 작업 끝에 1820년 1월 《크롬웰》은 개략적으로 완성되었다. 봄에 그는 릴 라당(l'Isle-Adam)에 있는 친구들 집에서 최종적인 손질을 했다. 5월에 그는 완성된 원고를 싸들고 가족에게 낭독해주기 위해서 빌파리지에 왔다. 이제 프랑스가, 아니 온 세계가 오노레 발자크라는 이름의 새로운 천재를 갖게 될 것인지 위대한 결정을 내릴 시간이 된 것이다.

가족은 말썽꾸러기 아들과 그의 작품을 호기심과 초조한 심정으로 기다렸다. 모르는 사이에 그에게 유리한 작은 변화가 나타나 있었다. 가족의 재정 상태가 어느 정도 나아졌고 다시 밝은 분위기가 집안을 지배했다. 특히 오노레가 사랑하는 여동생 로르가 재산도 있고 게다가 귀족이기도 한 엔지니어 드 쉬르빌(de Surville)이라는 상당히 든든한 배우자를 맞아들였다. 발자크가 그 굶주림의 과정을 단 1수의 빚도 지지 않은 채 그토록 단호하게 견뎌냈다는 예기치 못한 사실도 분명 경탄을 불러일으켰다. 어쨌든 이것은 성격과 특별한 의지력을 입증해 보인 일이었다.

2천 행으로 이루어진 원고는 쓰인 종이의 분량만으로도 공증인 후보가 확고한 경력을 그토록 거칠게 때려치운 것이 단순한 게으름 탓은 아니었다는 증거가 되었다. 젊은 시인의 수도승 같은 생활에 대한 '다블렝 아저씨'의 친절한 보고도 가족에게, 자기들이 혹시 너무나 가혹하고 못되게 군 것이 아닐까 하는 의심을 불러일으키는 데 도움이 되었을 수도 있었다. 어쩌면 이 고집 세고 제멋대로인 청년에게 어떤 특별한 재능이 숨어 있을지도 모른다. 그가 정말 재능이 있다면 프랑스 극장에서의 초연(初演)은 살랑비에와 발자크 가문에 불명예는 아니지 않은가. 어머니 발자크마저도 아들의 작품에 대해서 때늦은 관심을 보이기 시작하였다. 그녀는 이곳

저곳 잔뜩 수정된 원고를 손수 베끼게 해달라고 간청하였다. 젊은 시인이 마구 휘갈겨 쓴 필체로 인해서 효과적인 낭송에 방해를 받지 않도록 하려는 배려에서였다. 처음으로—오래 가지는 않았지만—오노레는 부모의 집에서 진지한 대접을 받았다.

오노레 드 발자크가 '천재성(du génie)'을 가졌는지 아닌지 결정을 내려줄 낭독회는 5월에 빌파리지에서 열렸다. 가족은 친근한 축제의 공간을 마련하였다. 재판소의 분위기를 완성하기 위해서 새로 사위가 된 쉬르빌 말고도 친구 몇 명이 더 초대되었다. 그중에는 죽을 때까지 발자크의 의사이자 친구, 그리고 숭배자가 되는 의사 나카르(Nacquart)도 끼여 있었다. 충실한 '다블렝 아저씨'도 물론 이 특별한 초연에 참석할 기회를 놓치지 않았다. 그는 구식 합승마차인 '쿠쿠'를 타고 파리에서 두 시간이나 달려왔다.

이상한 데뷔였다. 발자크 가족은 낭독을 위해서 거실을 화려하게 치장하였다. 많은 일을 겪은 농부의 아들인 아버지 발자크, 엄격한 어머니, 우울증에 걸린 할머니 살랑비에, 누이 로르와 젊은 남편, 그는 물론 엔지니어로서 운율을 맞춘 알렉산더 율격보다는 다리들과 그 건설에 대해서 더 잘 알고 있었지만, 어쨌든 이런 사람들이 기대에 차서 둥그렇게 배치된 안락의자에 앉았다. 내빈 자리에는 왕립의학협회의 관리인 의사 나카르, '다블렝 아저씨'가 있었다. 맨 뒤에는 아마도 별로 주목도 하지 않은 채 오노레의 두 동생 로랑스와 앙리가 있었다.

그다지 자격이 뛰어나지 못한 이 청중 앞에는 책상을 앞에 놓고 작고 하얀 손으로 신경질적으로 원고를 넘기는, 갓 구워낸 작가가 앉아 있었다. 이번에는 예외적으로 깨끗하게 씻고 단정하게 차려입은 스물한 살짜리 야윈 청년이었다. 천재적으로 뒤로 솟구친 숱이 많은 갈기머리칼과 작고 검은 눈을 한 청년으로, 이 눈은 일시적으로 보통때의 불꽃 튀는 불길을 잃어버리고 불안한 태도로 이 사람 저 사람에게 질문을 하고 있었다. 그는 상당히 소심한 태도로 낭독을 시작하였다. 1막 1장. 그러나 곧 그는 열변에 빠져들었다. 그러자 알렉산더 율격의 폭풍 같은 흐름이 서너 시간 동안이나 방안에 천둥치고 속삭이고 찰박이고 졸졸거렸다.

이 특별하고도 기억할 만한 낭독회의 경과와 효과에 대해서는 아무런 보고도 남아 있지 않다. 늙은 할머니 살랑비에가 그 사이에 잠들었는지, 혹은 찰스 1세가 처형당하기 전에 어린 동생들이 잠자기 위해 물러나야 했는지 우리는 모른다. 다만 이 낭독이 청중을 당황하게 만들었다는 것―지치게 만드는―이 낭독회가 끝난 다음 오노레가 '천재성'을 가졌는지 아닌지 곧바로 결정되지 못했다는 것만을 안다. 늙은 군수품 납품업자, 철물상인, 다리건설 기사, 외과의사 등은 운율을 갖춘 희곡에 대하여 적합한 평을 내릴 만한 사람들이 아니었다. 게다가 이 연극 모양을 한 괴물이 자기들만을 지루하게 한 것인지, 아니면 그 자체가 지루한 것인지 결정을 내리기가 그다지 내키지 않는 일이었다는 것만은 분명하다.

전체적으로 의견이 불확실한 것을 보고 엔지니어 쉬르빌이 다음과 같은 제안을 했다. 이 '새로운 소포클레스'―오노레는 너무 서둘러서 그것을 꿈꾸었다―의 작품을 자격이 있는 사람에게 맡겨보자는 것이었다. 그러면서 그는 자신의 공과대학에서 '문학'을 가르쳤던 선생도 시운을 가진 희극을 썼는데, 그 작품들은 무대에서 공연되기도 했다는 것이다. 자신이 이 앙드리외(Andrieux) 씨에게 판단을 내려주십사 중개를 할 수 있다고 했다. 젊은 작가가 '천재성'을 가지고 있는지 아닌지는 문학사 교수이며 그 사이에 콜레주 드 프랑스 교수로 초빙받은 이 사람보다 더 잘 판단할 사람이 어디 있겠는가?

근사한 공식적 직함보다 시민계급 사람들이 더 존경하는 것은 없다. 국가가 교수로 임명한 사람이고 콜레주 드 프랑스에서 강의하는 사람이라면 잘못을 저지를 리가 없다. 그래서 엄마 발자크와 딸이 파리로 가서 이 사람에게 판단해주십사고 원고를 내놓았다. 그는—세상은 오래 전에 잊어버린 일인데—자신이 유명한 작가라는 사실을 누군가 기억해준다는 것에 기분이 으쓱해졌다. 그가 《크롬웰》을 읽자마자 완전히 전망이 없는 작품이라고 생각했다는 것은 후세도 이미 확인한 일이다. 그가 이 작품에 대한 가혹한 평결을, 단호하고 잔인하게 오노레 드 발자크가 문학적 재능이 없다는 쪽으로 연결짓지 않았다는 것을 이 남자의 공적으로 여겨야 할 것이다. 그는 아주 예의바르게 어머니에게 이렇게 써보냈다.

아드님의 용기를 꺾고 싶지는 않습니다만, 그가 비극과 희극을 쓰는 것보다는 시간을 더 잘 이용할 수 있을 것이라고 생각됩니다. 그가 나를 한번 찾아와준다면, 순수 문학을 어떻게 공부해야 하며, 직업적인 시인이 되지 않고도 문학에서 어떤 이익을 얻을 수 있을지에 대해 기꺼이 그와 이야기하고 싶습니다.

그렇게 '분별 있는' 타협안은 발자크 일가가 가장 듣고 싶어한 것이기도 했다. 오노레가 계속 문필업을 하겠다면 안될 게 뭐 있어? 책상 앞에 앉아 있는 것은 젊은이에게는 어쨌든 커피 집을 돌아다니거나 헤픈 아가씨와 더불어 시간과 건강을(그리고 돈도) 없애버리는 것보다는 훨씬 더 낫다(그리고 싸다). 그렇지만 물론 이 문제를 잘 알고 계신 앙드리외 교수가 권하는 것처럼 '직업적인 시인'이 아니라 확고하고 수입이 좋은 시민적인 직업을 가지고 부수적으로 문필가 행세를 하는 것이다. 그러나 《크롬웰》이 실패했는데도 여전히 '천직이 시인'이라고 느끼고 있던 발자크는 곧장 이 위험을 알아챘다. 그는 신비스런 본능으로 자신이 부름받은 이 일은 너무나 강력한 것이어서 부업으로 할 수 없는 일이라는 사실을 깨닫고 있었다.

내가 하나의 직업을 받아들인다면 나는 끝장난 것이다. 나는 고용되는 것이고, 기계가 되고, 30, 40번이나 원을 그리는 서커스의 말이 되는 것이다. 그리고 정해진 시간에 마시고 먹고 잠자게 될 것이다. 나는 온 세상에 하고많은 평범한 사람이 되는 것이다. 쳇바퀴 도는 것, 영원히 같은 일을 되풀이하는 그런 것을 가리켜 사람들은 삶이라고 부른다.

그것이 무엇인지 알지도 못한 채 그는 자신이 특별한 소명을 받고 태어났다고 느꼈다. 그것은 한 인간의 전부를 요구하는 것이고 그것도 아주 과도하게 요구하는 일이었다. 그래서 그는 이 타협을 거절하고 자신의 허상을 고집하였다. 아버지와의 계약에 따른 2년이 아직 다 지나가지 않았다. 그는 아직도 일년 이상의 시간이 있었다. 그리고 그것을 이용할 생각이었다. 삶에서 수백 번이나 실망한 다음에도 언제나 그랬듯이, 굽히지 않고 가족의 질곡에서 '독립'하겠다고 전보다 오히려 더욱 굳게 결심하고서 그는 자발적으로 선택한 레디기예르 거리의 감방으로 돌아갔다.

제3장
소설공장 오라스 생토뱅 회사

　며칠, 어쩌면 몇 주 동안만 발자크는 자신의 《크롬웰》이 실패작이라는 것을 알지 못했다. 그는 친구인 다블렝과 함께 이 비극을 프랑스 극장에 제출할 것인지 상의하였다. 연극계와 별 관계가 없던 선량한 철물상인은 배우 라퐁(Lafont)을 알고 있는 사람에게 부탁해서 라퐁이 이 작품을 받아줄지 알아보려고 하였다. 발자크더러 라퐁을 찾아가서 입에 침이 마르도록 그를 칭찬하라는 것이었다. 어쩌면 라퐁이 다른 동료들에게 《크롬웰》을 추천할지도 모른다.

　그러나 발자크는 갑자기 자의식을 가지고 버텼다. 어째서 쓸데없이 자신을 비천하게 만드는가? 어쩌자고 이 낡아빠진 카드를 다시 내밀 것인가? 자신 안에서 힘을 느끼는 사람은 강한 충격을 견딜 수 있는 법이다. 크롬웰은 끝났다. 자기는 차라리 더 나은 것을 쓰겠다. 발자크는 다블렝에게 더 이상의 노력을 하지 말아달라고 부탁하였다. 그는 군게 결심하고서 이 원고를 서랍에 밀어넣었다. 일생 동안 그는 두 번 다시 이 청년기의 실패작에 눈길을 돌리지 않았다.

그러나 이제는 서둘러 일을 하자! 이 치명적인 실패는 그의 자부심을 약간 가라앉혔다. 일년 전 타오르는 감각을 가지고 《크롬웰》에 덤벼들었을 때 그는 과도한 꿈에 사로잡혔다. 단 한 방에 스무 살짜리가 명성과 명예와 자유를 얻으려고 했다. 그러나 이제 실패한 극작가에게 있어서 글쓰기와 창작이란 무엇보다도 실용적인 의미를 갖게 되었다. 부모에게 속박되는 상태로 돌아가지 말자. 걸작과 불멸성은 나중 일이다. 현재로서는 글을 써서 돈을 버는 것이다. 액수야 어떻든 돈을 벌어서 아버지, 어머니, 할머니에게 단 1수라도 은총을 받는 관계를 갖지 않아야 한다. 생전 처음으로 구제 불능성 몽상가가 현실주의자가 될 필요성이 생긴 것이다. 발자크는 재빨리 성공을 가져다줄 것을 쓰기로 결심하였다.

그렇다면 현재 가장 빠른 성공을 가져다주는 것이 무엇인가? 아무것도 모르는 인간이 사방을 둘러보고, 소설이 그것이라는 사실을 깨달았다. 초기의 감상주의적인 소설들이—장 자크 루소(Jean-Jacques Rousseau)의 《새 엘로이즈》, 괴테(Goethe)의 《젊은 베르테르의 슬픔》—유럽에서 한물 가고 난 다음, 영국에서 새로운 물결이 대륙으로 불어왔다.

전쟁의 시대가 언제나 그렇듯이 나폴레옹 시대에는 너무나도 많은 긴장이 일상생활에 스며들어서 시민들이 꾸며낸 이야기에 열을 올릴 필요성을 느끼지 않았다. 〈모니퇴르(Le Moniteur)〉지(誌)가 시인들을 대신해서 시를 지은 셈이었다. 그러나 부르봉 왕조와 더불어 평화가 시작되자, 특이한 모험으로 영혼을 울리고 신경에 자극을 주고, 때로는 두렵게

때로는 감상적으로 만들기도 하는 것에 감정적으로 몰입하려는 욕구가 새로 생겨났다. 독자층은 소설을, 흥분시키고 현란하고 낭만적이고 이국적인 소설을 원했다. 새로 생겨난 열람실과 순회도서관은 이 대규모의 갈증을 제대로 만족시키지 못하고 있었다. 주저하지 않고 마법의 부엌에서 독과 눈물, 덕 있는 여성들과 해적들, 피, 유향, 악당짓과 고귀한 마음, 마녀, 떠돌이 음유시인들을 뭉쳐서 낭만적이고 역사적인 덩어리를 만들어내고, 그런 다음 유령들과 공포의 주조물을 그 위에 덧씌우는 방법을 터득한 작가들에게는 그야말로 끝내주는 세상이 와 있었다.

예를 들면 영국에는 앤 레드클리프 양(Miss Anne Radcliffe)이 있었다. 그녀의 소설공장은 두려운 이야기와 유령 이야기들로 넘쳐서 방앗간처럼 부지런히 돌아가고 있었다. 저 부지런한 여성에게서 작동법을 배운 재빠른 프랑스 사람 몇 명도 '검은 소설(romans noirs)'로 호주머니를 두둑하게 채우고 있었다.

그러나 더 고급의 단계에서도 역사적 의상, 특히 중세의 의상은 굉장히 유행하였다. 월터 스콧(Walter Scott)의 기사들은 구식 손방울과 번쩍이는 창을 치켜들고 수많은 나라들, 수많은 사람들을 정복하였다. 나폴레옹이 대포로 여러 나라들과 사람들을 정복한 것과 같았다. 한때 리볼리와 아우스터리츠의 선언들이 그랬듯이, 지금은 바이런(Byron)의 터키 파샤들과 해적들이 사람들의 맥박을 빨리 고동치게 만들었다.

발자크는 낭만주의라는 시대의 바람을 타고서 역사소설을

쓰기로 결심하였다. 그가 프랑스에서 바이런과 월터 스콧의 성공을 흉내내려는 유일한 사람은 아니었다. 곧 이어서 빅토르 위고(Victor Hugo)가 《뷕 자르갈(Bug Jargal)》, 《아이슬란드의 앙(Han d'Islande)》, 《노트르 담(Notre-Dame)》 등으로, 비니(Vigny)가 《생 마르스 후작(Cinq-Mars)》으로 거장의 손을 뻗어 이 분야를 점령할 것이기 때문이다. 그러나 어디까지나 시작(詩作)을 통해서 언어를 연마하고 구성의 기술을 익힌 상태로만 가능한 일이었다.

그에 비해서 발자크는 불확실한 흉내내기로 소설 《팔튀른(Falthurne)》을 시작하였다. 그는 앤 레드클리프의 형편없는 소설들에서 배경을 얻어왔다. 즉 거의 도식이 되다시피 한 나폴리라는 무대장치였다. 저급한 소설에 꼭 필요한 온갖 인물을 다 무대로 불러냈다. 우선 빠져서는 안 되는 마녀인 〈솜마리의 마녀, 최면술사〉, 노르만 사람들, 용병대장, 쇠사슬에 묶인 고귀한 죄수들, 감상적인 시종들. 이 목록만 훑어보아도 싸움과 포위, 지하감옥, 전혀 그럴싸하지 않은 사랑의 영웅적 행동들을 예고하고 있다. 그것은 젊은 작가의 능력을 넘어서는 것이었다.

루소의 문체를 흉내낸 서간 소설이고 루이 랑베르의 친밀한 주제인 '의지론'이 불확실한 윤곽으로 암시되어 있는 또 다른 소설 〈스테니 혹은 철학적 오류〉도 완성되지 못하고 말았다(원고의 일부는 뒷날 서투르게 발췌되어 다른 작품에 삽입되었다). 발자크는 두 번째로 패배를 맛보았다. 그는 비극의 습작으로 이미 실패하고 난 참이었다. 이제 다시 소설에서 실패한 것이다. 일년, 일년 반이 이미 사라졌다. 그리고 집에서는 가혹한 운명의 여신이 깨어나서 그의 자유라는 가느다란 생명의 실을 최종적으로 끊어버리려고 하였다. 1820년 11월 15일에 가족은, 1821년 1월 1일자로 레디기예르 거리에 있는 아파트를 해약하겠다고 집주인에게 예고하였다. 문필가 노릇은 이제 끝이다! 시민세계로 돌아오라! 확고한 직업을 가져라! 이제 부모의 돈을 쓰는 일을 그만두고 스스로 돈을 벌어라!

스스로 돈을 번다는 것, 자신을 자유롭게 하는 것, 독립하는 것, 발자크가 레디기예르 거리의 감방 생활 동안 이보다 더 간절히 바란 것은 없었다. 그는 절약했고 굶주렸고 손가락이 부르트도록 썼고 악착같이 일했다. 그러나 헛일이었다! 마지막 순간에 기적이 일어나 그를 구해주지 않는다면 그는 시민의 직업으로 돌아가야만 하는 상황이었다.

동화에서는 언제나 출구 없이 절망적인 순간에 유혹자가 절망한 사람에게 다가와서 그의 영혼을 사려고 한다. 발자크의 경우 유혹자는 악마적인 존재처럼 보이지는 않았다. 그는 매력적이고 쾌활한 젊은이의 모습을 하고 찾아왔다. 깨끗한 셔츠에 잘 바느질된 바지를 입고서 발자크의 영혼이 아니라 오직 글을 쓰는 손만 사려고 찾아온 것이었다.

언젠가 어디선가—어쩌면 그가 자기 소설을 들고 찾아갔던 어떤 출판사에서, 혹은 도서관이나 아니면 어떤 식당에서—발자크는 나이가 비슷한 이 젊은이를 알게 되었다. 그는 예쁘장한 외모에 오귀스트 르 푸아트뱅 드 레그레빌 (Auguste Le Poitevin de l'Égreville)이라는 귀족의 이름을 가지고 있었다. 그는 배우의 아들로서 아버지로부터 몇 가지 민첩성을 물려받았다. 문학적인 재능이 부족한 것을 융통성 있는 세상살이 기술로 보충하고 있었다. 그래서 재능이 전혀 없는 그가 거의 완성한 《두 명의 엑토르 혹은 두 브르타뉴 가문(Les deux Hectors ou les deux familles bretonnes)》 이라는 소설을 출간해줄 출판인을, 그것도 이 일에 대한 대가로 현찰 8백 프랑을 지불할 사람을 찾아낸 것이었다.

이 소설은 2월에는 벌써 오귀스트 드 빌레르글레(Aug. de Viellerglé)라는 가명으로 출간되어서 팔레 루아알에 있는 위베르(Hubert) 서점에 나올 예정이었다. 아마도 발자크는 새로 사귄 친구에게 자신의 작품이 실패한 것을 탄식하고, 푸아트뱅은 그에게 문학적 야심이 지나친 것이 이러한 실패의 진짜 원인이라고 설명했던 것 같다.

대체 무엇하러 소설에다가 예술가의 양심 같은 것은 들이대느냐고 유혹자는 속삭였다. 어쩌자고 그 일을 그렇게 진지하게 생각하는 거지? 소설이란 아주 쉽게 쓸 수 있는 것이다. 주제를 선택하거나 아니면 훔친다. 요즘 출판인들이 열을 올리는 역사물 같은 걸로 말이야. 그리고 몇백 페이지 거짓말을 하면 벌써 끝이다. 둘이 하면 제일 좋다. 자신은 지금 출판인을 구했다. 발자크가 뜻이 있다면 자기들은 다음번 소설을 함께 쓸 수 있을 것이다. 아니면 더 좋기로는 우리가 함께 멍청한 이야기를 모아들이고 자네 혼자서 쓰는 거지. 자네가 더 빠르고 기술이 좋으니까 말이야. 난 판매를 맡겠네. 좋아, 약속했다. 우린 각각 절반 지분으로 창업한 거야.

이 제안은 굴욕적인 것이었다. 정해진 기일까지 아주 정확하게 장당으로 지불하는 방식으로 저질 소설을 끄적이다니, 그것도 지독하게 파렴치하고 문학적 야심도 없는 동업자와 함께 말이다. 어제까지만 해도 가졌던 '새로운 소포클레스'의 꿈은 얼마나 달랐던가! 그런데 이제는 겨우 몇백 프랑을 벌기 위해서 자신의 재능을 함부로 망가뜨리려는 것이다! 일년 전만 해도 발자크라는 이름을 불멸로 만들고 라신을 능가하려고 하지 않았던가, 의지의 전능함에 대한 새로운 이론을 인류에게 알리려고 하지 않았던가.

유혹자가 그에게 대가로 요구한 것은 가장 내면의 영혼, 예술가의 양심이었다. 그러나 발자크는 선택의 여지가 없었다. 집은 이미 해약예고가 되어 있었다. 돈을 벌지도 않으면서 양친의 집으로 돌아간다면 어머니와 아버지는 두 번 다시 그에게 자유를 주지 않을 것이다. 남의 쳇바퀴보다는 자신의 쳇바퀴가 더 나은 법이다. 그래서 그는 계약을 했다. 르 푸아트뱅 드 레그레빌은 다음번 소설 《샤를 푸앙텔 혹은 왼손잡이 나의 사촌(Charles Pointel ou mon cousin de la main gauche)》을 벌써 시작했고(혹은 구상만 했든지) 말없는 동업자(혹은 전담자)였던 발자크는 책에 이름조차도 오르지 않았다. 이렇게 동업을 시작한 소설공장의 다음번 생산품들은 회사규칙에 따라 두 사람의 이름을 다 적었다. 빌레르글레(에그레빌의 철자를 뒤바꾼 것)와 로르 룬(Lord R'hoone, 오노레를 뒤바꾼 것).

그로써 악마와의 계약이 체결되었다. 샤미소(Chamisso)의 유명한 단편소설에서 페터 슐레밀은 지옥의 주인에게 자신의 그림자를 팔았다. 발자크는 자신의 예술, 자신의 문학적 야망, 자신의 이름을 팔았다. 그는 자유를 얻기 위해서 '막일꾼'이 되고, 다른 사람을 위해 남몰래 글을 끄적거리는 사람, 즉 노예상태로 들어간 것이다. 여러 해를 두고 그의 천재와 이름은 갈레 선(船)의 어둠 속에 잠겨 보이지 않게 된다.

영혼을 파는 이 계약을 맺은 다음에 일종의 휴가 삼아 발자크는 빌파리지의 가족에게 돌아갔다. 레디기예르 거리의 아파트는 포기해야만 했다. 그는 이제 누이동생 로르가 결혼 전에 쓰던 방으로 옮겼다. 그는 자신의 돈으로 이 또 다른 임시 거처에서 벗어나기 위해서 열심히 일하기로 굳게 결심하였다. 누이가 오빠의 명성과 명예를 낭만적으로 뒤쫓던 이 작은 방에서 그는 소설공장을 가동시켰다. 그는 글이 쓰인 종이를 한 장 한 장 쌓아올리면서 밤이나 낮이나 일을 하였다. 르 푸아트뱅 드 레그레빌의 부지런한 활동 덕분에 주문이 밀려들었기 때문이다. 이 기계적 작업은 분업이 잘 이루어졌다. 발자크가 소설을 쓰면 푸아트뱅은 그것을 팔았다.

가족은 시민적인 만족감으로 이 새로운 변화를 바라보았다. 첫 계약을 본 이후로—최초의 졸작의 대가로 8백 프랑을 받았다. 그 다음에는 빠르게 상승해서 회사는 2천 프랑을 벌어들였다—가족은 이제 오노레의 활동이 그렇게 무의미한 것만은 아니라고 여기게 되었다. 어쨌든 이 쓸모없는 인간이 제 발로 서게 될 것이고 영원히 자기들의 호주머니에 기대지는 않을 것 같았다. 무엇보다도 아들이 위대한 작가가 되겠다는 생각을 포기했다는 사실이 아버지를 기쁘게 했다. 그는 온갖 가짜 이름을 다 선택해서 발자크라는 선량한 시민의 이름을 수치스럽게 하지 않았다.

"개는 자기 포도주에 물을 타고 있는 거야." 하고 선량한 노인은 단언하였다. "아직 시간이 있으니, 나는 개가 뭔가가 되기를 바라."

아들을 계속 귀찮게 졸라서 모든 것을 망치는 고약한 재능을 가진 어머니는 자기 집안에 세워진 소설공장을 집안의 사업이라고 여겼다. 그녀와 누이는 비평가 겸 조수 노릇을 자처하고 나섰다. 그녀는―그녀뿐만은 아니지만―발자크 '문체의 결함'을 비판하였다. 그리고 '라블레가 그를 망쳤다'고 최초로 탄식하였다. 그녀는 '원고를 조심스럽게 교열하라'고 졸랐다. 어른이 된 아들이 가족의 이 영원한 후원을 얼마나 피곤하게 여겼을지 알 만하다.

곧 이어서 이 방탕한 아들에 대하여 아들 쪽에서는 원치도 않는 눈물어린 걱정을 그만둘 수 없었던 어머니는 이렇게 적고 있다. "오노레는 자신과 자신의 지식에 대해 지나친 자만심에 빠져서 다른 사람 모두에게 상처를 준다." 가족의 공간은 이 원초적인 인간에게는 너무나 좁은 것이었고 가족의 공기는 참기 힘든 것이었다. 그의 유일한 소원은 다시 파리에 방 하나를 차지하고 여러 해 전부터 갈구해온 독립을 얻는 것이었다.

자유를 향한 이러한 충동에서 그는 갈레 선(船)의 노예처럼 열심히 일했다. 하루에 20, 30, 40쪽, 한 장(章) 전체를 다 쓰는 것이 평균일과였다. 돈을 많이 벌수록 더 많이 벌려고 했다. 그는 죄수가 달리기하는 것처럼 숨을 몰아쉬면서,

가족이라는 증오스런 감옥에서 벗어나기 위해서 쓰고 또 썼다. 그가 너무나 쉬지 않고 일을 해서 어머니마저도 놀라고 말았다. "오노레는 야수처럼 일을 한다. 석 달만 더 이런 생활을 계속하다간 병이 나고 말 거야."

그러나 발자크는 한번 발동이 걸리자 자기 본질에 있는 그 모든 격렬함을 모두 다 소설공장에 쏟아부었다. 사흘이면 잉크 병이 하나씩 비고 펜이 열 개나 닳아 없어졌다. 그는 자신의 노동력을 쉬지 않고 격렬하게 상승시켰고 그것은 뒷날 그의 모든 동료들을 놀라게 만들었다.

1821년에 벌써 그는(이미 푸아트뱅의 첫 번째 소설 《두 명의 엑토르》를 도와주었을 가능성이 크다) 푸아트뱅과 함께—아니면 그를 대신해서—빌레르글레 이름으로 출간된 《샤를 푸앙텔》을 완성하였다. 이 소설에는 발자크의 《스테니》 구절들이 몽땅 포함되어 있다. 해가 바뀌기 전에 두 번째—《두 명의 엑토르》를 포함하면 세 번째—소설이 완성되었다. 《비라그의 상속녀(L'Héritière de Birague)》, 베네딕트회 수도원장 동 라고의 수기에 따른 이야기. 그의 조카인 M. A. 드 빌레르글레와 로르 룬 지음.

1822년 2월 이 네 권짜리 작품이 인쇄도 되지 않았는데 벌써 또 다른 네 권짜리 책의 주문이 밀려들었다. 《장 루이 혹은 되찾은 딸(Jean Louis ou la fille trouvée)》도 저 전설적인 베네딕트회 수도원장의 두 조카가 공동으로 지어낸 것이다. 그러나 그는 벌써 이런 공동 저술에 신물이 났다. 그 자신이 머리이자 손이며 두뇌이자 심장이었기 때문이다. 발자크는 재빨리 세 번째 소설 《저승 혹은 망명자의 귀향(Le

Tartare ou le Retour de l´exile)》을 썼다. 이것은 로르 룬이 동업자 혹은 원래의 저자라는 언급도 없이 빌레르글레의 이름만으로(역시 1822년) 출간되었다. 이것으로 계약은 보상된 셈이었다.

이제부터 발자크는 소설공장 로르 룬의 단독 소유자로서 출판하게 되었다. 그리고 그는 그것을 프랑스 제1의 회사로 만들기로 결심하였다. 원고료 전액을 혼자서 다 받아들자 환성을 지르면서 그는 누이에게 큰소리를 치고 있다.

사랑하는 누이에게,

나는 이제 청동상이 되기 이전의 앙리 4세의 말처럼 일한다. 그리고 올해에만 2만 프랑을 더 벌 것으로 기대하고 있어. 그 돈은 나의 재산을 위한 밑바탕이 되어줄 거야. 내가 앞으로 넘겨주어야 할 작품들은 다음과 같다. 《아르덴의 보좌신부》, 〈학자〉, 〈상디베르의 오데트〉, 〈론 집안〉……. 그밖에도 연극작품이 상당수 있단다.

로르 룬은 짧은 시간 안에 이 시대의 인물이 될 거야. 모든 작가들 중에서 가장 풍작을 거두는 작가이고 가장 사랑할 만한 사교계 인사가 되는 거지. 여자들은 그를 자신의 눈동자처럼 사랑하게 될 거고 말이야. 그렇게 되면 너의 오빠 오노레는 여행용 마차를 타고 갈 거야. 머리를 높이 쳐들고 당당한 눈길을 하고 호주머니엔 돈을 두둑이 넣고 말이지. 주변에서는 비위를 맞추는 속삭임이 일어나게 될 거고, 대중의 우상이 그에 알맞은 환대를 받는 거지. 사람들은 이렇게 속삭일 거야. '저 사람이 쉬르빌 부인의 오빠라는군!'

이 보잘것없는 생산품들의 공장주가 장래의 발자크와 같은 사람이라는 것은 단 한 가지 사실에서만 알 수 있다. 즉 이해할 수도 표현할 길도 없는 생산 속도라는 측면이다. 르 푸아트뱅과 함께 혹은 그를 위해서 이 16권 혹은 20권의 책을 쓴 다음에 그는 같은 해인 1822년에만 4권짜리 소설 3개를—그러니까 12권을—더 출간시켰다.《클로틸드 드 뤼시냥 혹은 미남 유대인(Clothilde de Lusignan ou le beau Juif)》, 《1백 살 노인 혹은 두 명의 베렝겔(Le Centenaire ou les Deux Beringheld)》, 그리고《아르덴의 보좌신부(Le Vicaire des Ardennes)》 등이었다.

독자들이 그런 기관총 발사를 참아낼 수 있을지 그 자신도 두려웠던 모양이다. 그는 뒤의 두 소설에서는 가명을 바꾸어서 '로르 룬'이라는 이름 대신에 '오라스 드 생토뱅(Horace de Saint-Aubin)'이라는 이름을 내걸고 있기 때문이다. 이 새로운 이름은 그 이전의 공동명의보다 훨씬 더 값이 높았다. 전에는 8백 프랑을 받아서 동업자와 나누어 가져야 했다면 오라스 생토뱅은 소설당 1,500부에 대해서 2천 프랑까지의 사례비를 받을 수 있었기 때문이다. 일년에 다섯 개, 열 개 소설을 쓴다면—이렇게 빠르고 뻔뻔스런 방식으로라면 식은 죽 먹기였다—그의 청년기의 꿈은 이미 실현된 것으로 보였다. 몇 년만 있으면 그는 부자가 되어서 영원히 독립하게 될 것이다.

발자크가 이 노예의 부역을 하던 시절에 가명으로 엉터리 책들을 얼마나 많이 쓰고 출판했는지는 악명높은 발자크 전문가 그룹도 충분한 정보를 주지 못한다. 그가 로르 륀, 오라스 드 생토뱅 등의 이름으로 출간한 소설들은 그의 어둡고도 결코 명예롭지 못한 활동의 작은 일부분에 지나지 않는다. 그는 자신의 한때의 동료였던 푸아트뱅의 《미셸과 크리스틴과 수행원(Michel et Christine et la suite)》에도 손댄 것이 분명하고, 오로르 클로토(Aurore Cloteaux)라는 이름으로 출간된 《뮬라트르(Le Mulâtre)》도 전부 혹은 일부를 썼다.

그는 스물두 살에서 서른 살까지는 어떤 장르, 어떤 주문, 어떤 공저(共著)도 상관하지 않았다. 그의 재빠른 붓은 이 모든 일을 위해서 값싸게 익명으로 움직일 준비가 되어 있었다. 저 문맹의 시대에 파리 교외 지역의 길거리에 앉아서 몇 수만 주면, 하녀에게 보내는 연애편지, 고소장, 청원서, 밀고장 등 지나가는 행인이 원하는 것을 무엇이든 써주던 대서방처럼 19세기의 가장 위대한 이 작가는 뻔뻔스럽고도 생각 없이 수상쩍은 정치가, 의심스런 출판인들을 위해 온갖 종류와 가격의 싸구려 공장물건처럼 분량도 다양하게 빠른 책들, 소책자, 팸플릿 등을 썼다.

그는 명령을 받고 왕당파 팸플릿 《장자 상속법(Du droit d'aînesse)》을 썼다. 그리고 여기저기서 훔치고 짜맞추어서 《편파적이지 않은 예수회 역사(Histoire impartiale des Jésuites)》도 썼다. 멜로드라마 〈검둥이(Le Nègre)〉도 〈파리의 표장(標章) 소사전(Petit dictionnaire des enseignes de Paris)〉도 다 경솔하게 쓰였다.

1824년에 호경기를 맞이해서 '익명회사'는 이른바 '법전(Codes)'과 '생리학(Physiologies)'이라는 이름으로 소설 기업을 전환하였다. 이것은 오라스 레송(Horace Raisson)이라는 어떤 '문학 중개인'이 유행시킨 것이었다. 이제 소설공장은 매달 다른 '법전'들을 쏟아놓았다. 소시민들에게는 기가 막히게 재미난 책들이었다. 〈정직한 사람들의 법전 혹은 사기꾼에게 속지 않는 법(Le Code des honnêtes gens ou l'art de n'être pas dupe des fripons)〉, 〈넥타이 매는 법(L'art de mettre sa cravate)〉, 그리고 뒷날 〈결혼 생리학(Physiologie du mariage)〉이라는 이름으로 바뀌게 되는 〈부부 법전(Code conjugal)〉, 그리고 뒷날 그의 불멸의 쾌활한 사람에 쓸모가 있게 될 〈외판원 법전(Code du commis-voyageur)〉, 그리고 〈한푼도 쓰지 않으면서 빚을 갚고 빚쟁이를 만족시키는 방법(Art de payer ses dettes et de satisfaire ses créanciers sans débourser un sou)〉은 장래 〈메르카데(Mercadet)〉에 이용될 기술이었다. 물론 그 자신은 일평생 터득하지 못한 기술이기도 했다.

이 모든 '법전'들은─그중에는 오라스 레송이 서명하고 엄청난 이익을 남기고 팔았던 〈완전한 예법서(Manuel complet de la Politesse)〉도 들어 있다─완전히 혹은 대부분 발자크의 손으로 쓰인 것이라는 사실이 입증되었다. 그밖에도 그가 소책자며 신문기사, 심지어는 선전문까지 얼마나 많은 것을 더 썼는지 다 찾아낼 수가 없다.

그 자신도, 뒤끝 켕기는 주문자도, 이 싸구려 문학의 탕자의 침대에서 태어난 사생아를 공식적으로 인정하려고 하지 않았기 때문이다. 발자크가 저 수치의 세월에 긁어댄 수많은 글들 중 단 한 줄도 문학이나 예술과는 전혀 관계가 없다는 것, 그 글들을 그의 것이라고 입증하고 확인하는 사람이 부끄러울 정도라는 것만이 분명한 사실이다.

매춘—이렇게 긁어대는 행위를 다른 이름으로는 부를 수 없으리라—그것도 가장 비참한 매춘행위였다. 사랑도 없이 오직 빨리 돈을 벌려는 마음에서 행한 짓이었기 때문이다. 처음에는 자유를 향한 초조감뿐이었는지도 모른다. 그러나 한번 빠져들어서 이 흐르는 돈벌이에 맛을 들이자 발자크는 점점 더 깊이 빠져들었다. 소설이라는 큰 돈벌이에 이어서 그는 훨씬 더 적은 보상으로, 저질 문학이라는 사창가의 온갖 구석진 곳에서 스스로 이용당했다. 한 번에 두세 명 되는 문학적 뚜쟁이들의 고분고분한 창녀였던 것이다. 〈올뻬미 당(Les Chouans)〉과 〈마법 가죽〉을 통해서 프랑스 문학의 거물이 되고 난 다음에도 그는 여전히—결혼한 다음에도 밀회의 장소를 드나들면서 용돈을 벌려고 하는 여자처럼—이 뒷계단을 찾아와서 겨우 몇백 프랑을 받고 이미 유명해진 오노레 드 발자크를 수상쩍은 잡문팔이와 문학적 쌍둥이로 만들었다.

그가 그 속에 몸을 감추고 수상쩍은 사업을 했던 익명이라는 외투를 잘 알게 된 오늘날 우리는, 이 수치의 세월에 그가 문학적인 온갖 더러운 짓을 다 했다는 사실을 알고 있다. 자기 소설에서 찢어낸 넝마조각으로 남의 소설을 깁고, 다시 남의 소설에서 플롯과 상황을 훔쳐내서 자신의 졸작에 이용하곤 하였다. 온갖 종류의 짜깁기를 뻔뻔스럽게 맡았고, 남의 작품을 다림질하고 늘리고 고치고 물들이고 유행에 맞게 뜯어고쳤다. 그는 온갖 것에 다 손을 댔다. 철학, 정치학, 잡담 등 어떤 주문자의 주문에도 잘 맞춰주었고, 재빠르고 능숙하고 뻔뻔스런 숙련공이었으며, 휘파람 한 번에 달려와서 목하 유행중인 온갖 품목들에 겸손한 약삭빠름으로 적응하였다.

그가 그 어두운 시절에 대체 어떤 친구들, 어떤 작자들, 어떤 엉터리 출판업자, 도매금 저질작가 족속에게 자기 몸을 내주었는지, 자기 세기의 가장 위대한 소설가가 가장 더러운 인간 폐물의 막일꾼에 불과했다는 것, 그리고 이 모든 일이 오로지 자신감의 결핍에서 나온 것이라는 것, 자신의 내적인 소명을 전혀 짐작도 못한 데서 나온 것이라는 사실을 생각하면 가슴이 떨린다.

이런 진창에서 그런 천재가 빠져나올 수 있었다는 것은 문학사상 되풀이될 수 없는 기적의 하나다. 스스로 자기 머리채를 잡아올려서 진흙창에서 빠져나왔다는 저 뮌히하우젠의 동화처럼 이것은 거의 동화에 가까운 일이다. 이 음침한 모험가의 옷에는 얼마간의 더러움과 단골손님처럼 드나든 문학의 사창가에서 얻어온 들척지근한 향수냄새가 묻어 있다. 항상 무엇인가가 남는 법, 한 예술가가 그토록 깊이 문학의 똥구덩이에 빠졌으면서 대가를 치르지 않을 수는 없었다. 여러 해 동안이나 자신의 재능을 무가치한 것과 결합시킨 결과 그는 상당한 손상을 입었다.

뒷계단 문학의 뻔뻔스러움, 전혀 있을 법하지 않음, 심각한 감상주의는 발자크 소설에서 완전히 떨어져나가지 않았다. 무엇보다도 문필업 공장 시대에 버릇이 된 저 유동성, 날조, 유들유들함은 그의 문체에 치명적인 것으로 남았다. 언어느 잠시라도 자신에게 무관심하고, 진정한 참을성으로 사랑을 구하지 않고 자신을 창녀처럼 이용한 예술가에게 극히 가혹하게 복수를 하기 때문이다. 성숙한 발자크는 절망하고, 너무 늦게 책임감을 깨닫게 된다. 열 번이고 스무 번이고 원고며, 교정쇄들을 훑어보곤 하였다. 그러나 잡초를 완전히 제거할 수는 없었다. 그것은 저 걱정 없던 시절 너무나도 무성하고 뻔뻔스럽게 깊이 자리잡았던 것이다. 발자크의 문장이, 그의 언어가 일생 동안 구제불능으로 불순했던 것은 오로지 그가 결정적인 형성기에 자신에 대해서 그토록 지저분하게 굴었기 때문인 것이다.

자기가 그토록 심하게 타락해서 자신의 진정한 자아를 부정했다는 사실을 젊은이는 타락의 한가운데서도 느끼고 있었다. 이 저질 작품 어느 것에도 자신의 이름을 쓰지 않았으며, 뒷날에도 성공적으로라기보다는 뻔뻔스러움으로 자신이 그 글들의 작가라는 것을 끝까지 인정하지 않았다. 젊은 시절에 그가 속을 털어놓았던 단 한 사람인 누이 로르, 그의 최초의 야심을 그대로 믿었던 동생에게 그는 최초의 저질작품 《비라그의 상속녀》를 보여주기를 거절하였다.

그것은 정말 문학적인 쓰레기니까.

《장 루이》 한 권도 조건을 달아서만 그녀의 손에 넘겨주었다.

그것을 다른 어떤 살아 있는 영혼에게도 넘기지 말 것, 보여주지도 말고 큰소리로 칭찬하지도 말 것, 이 책이 바이외에서 돌아다니면서 내 사업을 망치지 않도록 하기 위해서 말이다.

이 한마디 '사업'이란 말은 발자크가 당시 얼마나 망상 없이 자신의 일을 보고 있었는지를 분명히 보여주는 것이다. 계약에 따른 인수자에게 그는 이러이러한 인쇄본을 넘겨주게 되어 있었다. 빠를수록 좋았다. 오로지 양만이 돈의 액수에 대한 기준이었고, 다시 돈의 액수만이 그에게 유일하게 중요한 것이었다. 그는 초조감에서 자기 소설의 구성, 문체, 통일성, 독창성 따위는 거의 생각지도 않고 언제나 재빨리 다시 큰 책을 쓰기 시작하였다.

그는 누이에게 시니컬한 제안을 하기도 하였다. 지나치게 바쁘지 않다면 그녀가 재빠르게 내용을 배치해서 《아르덴의 보좌신부》 제2권을 쓰라는 것이다. 그는 1권을 쓰자마자 공장주 자격으로 벌써 싸구려 노동기계를 물색한 것이다. 스스로 다른 사람들의 '검둥이'이면서 자신도 '검둥이', 즉 '숨겨진' 직원을 물색하려고 한 것이다. 그러나 짐승 같은 작업 사이로 드물게 각성의 순간에는 아직도 양심이 뛰고 있었다. 그것은 완전히 죽지는 않았던 것이다. 그는 다음과 같이 신음하였다.

아, 나의 사랑하는 로르. 매일같이 이런 자유로운 직업을 갖게 해준 나의 행운을 축복하고 있어. 그리고 이 직업으로 돈도 벌 것이라고 확신한다. 하지만 내 힘을 알게 된 지금 나의 사상의 핵심을 이런 헛된 일에 써버려야 한다는 것이 후회가 된다. 내 물질적인 처지를 안정시킬 수만 있다면…… 나는 정상적인 작품들을 쓸 텐데 말이다.

그가 뒷날 자신의 붕괴를—마지막에는 자기 구원으로 끝나게 되는—묘사한 뤼시엥 드 뤼방프레(Lucien de Rubempré)가 그렇듯이 그는 타는 듯한 수치를 느꼈고 맥베스 부인의 두려움으로 자신의 더럽혀진 손을 바라보았다.

소설을 쓴다는 강압적인 수단을 통해서 자신을 구하려는 나의 시도. 그것도 대체 어떤 소설들인가! 오, 로르, 나의 영광스런 구상들은 얼마나 비참하게 붕괴되고 마는 것인지!

소설을 쓰면서도 그는 자기가 쓰는 것을 경멸하였다. 그리고 자기가 그들을 위해서 일을 해주고 있는 뚜쟁이들도. 이런 초인적인 긴장으로 마지막에는 어떤 위대한 목적—자신의 위대성—에 도달할 것이라는 불확실한 예감만이 그에게 이 비참한 노역을 견딜 힘을 주었다. 이 노역에 그는 스스로를 팔아넘겼던 것이다. 언제나처럼 현실을 거스르는 망상이 이 모든 악몽의 진실성을 구원해주었다.

그러는 사이 오노레 드 발자크는 스물세 살이 되었다. 그는 일을 했을 뿐 살지는 않았으며 사랑한 적도 없었다. 아직도 그는 자신을 존경하고 자신을 도와주고 믿어줄 사람을 찾아내지 못했다. 어린 시절에는 학교의 압박을 받았고 가족의 노예였다. 그는 자신의 청춘을 수치스런 임금을 받고 팔았다. 오직 이 노예상태에서 벗어나기 위한 몸값을 벌기 위해서였다. 그는 일을 해야 하는 상황에서 벗어나기 위해서 일을 했고, 노역에서 벗어나기 위해서 노역을 했다. 이 비극적인 모순논법은 이제부터 언제나 그의 존재 형식이며 공식이 된다.

언제나 똑같은 고통스런 순환이었다. 더 이상 글을 쓰지 않기 위해서 글을 썼다. 더는 돈을 생각하지 않아도 되는 처지가 되기 위해서 많은 돈, 더 많은 돈을 움켜쥐려 들었다. 더욱더 확실하게 세상을 정복하기 위해서, 그 나라들과, 여자들과, 사치와, 왕관의 다이아몬드와, 불멸의 명성을 정복하기 위해서 세상과 담을 쌓았다. 마침내 낭비할 수 있기 위해서 절약하고, 마침내 진짜 삶을 살기 위해서 밤이고 낮이고 일하고 일하고 또 일을 했다. 쉴 새 없이 기쁨도 없이. 그것은 이제 언제까지나 초인적인 작업을 하도록 신경을 자극하고 근육을 채찍질하는 발자크의 꿈이었다.

이런 작업에서 아직 위대한 예술가를 알아볼 수는 없다. 그러나 벌써 저 무시무시하게 폭발적인 그의 생산의 힘을 볼 수 있다. 그것은 끊임없이 쉬지 않고 불꽃 같은 덩어리를 퍼올리고, 사람들, 형상들, 운명들, 풍경들, 꿈들과 사상들을 내놓는 힘이었다. 화산이 폭발할 때처럼 이 흐르는 불꽃은 표면의 방출이 아니라 신비스런 깊이의 분출이고 폭발이었다. 방해받고 억눌리고 스스로의 풍요로움을 억압받은 원소적인 힘은 스스로를 해방시키려고 했다.

이 젊은이가 암담한 노동의 지하갱도에서 어떻게 싸웠는지 느낄 수 있다. 빛으로 나아가고 공기를 호흡하기 위해서,

강력하고 유혹적인 자유의 공기를 호흡하기 위해서였다. 또한 그는 언제까지나 삶의 이야기를 꾸며내기만 할 것이 아니라 삶이 자신을 만들어내기를 얼마나 갈망하였던가. 작업을 위한 힘은 쟁취하였다. 아직은 그것을 위한 운명의 은총이 결핍되어 있었다. 한 줄기 빛만 있으면 이 차가운 감옥에서 시들어 썩어가려고 하는 모든 것이 활짝 꽃 피어날 것이다.

어느 누군가가 이 얼어붙은 존재에 마법의 빛을 던져주기만 한다면! 아직 나는 삶의 즐거움을 누려본 적이 없다……. 나는 굶주려 있다. 그러나 내 욕망을 위해 그 무엇도 나타나지 않는다. 그것은 무엇일까? 나는 두 가지 정열만을 가지고 있다. 사랑과 명성이다. 이 두 가지 중 어느 것도 지금까지는 성취되지 않았다.

제4장
첫사랑 드 베르니 부인

스물두 살난 발자크는 사랑과 명성을 향한 이 두 가지 '정열' 중에서 어느 것도 성취되지 않은 것을 보았다. 제어되지 않은 그의 모든 꿈들은 무력하였고 정열적인 시도들은 헛일이 되었다. 그가 '이 지구상의 여왕'이 되어야 한다고 생각하였던 《크롬웰》원고는 서랍 속에 다른 무가치한 종이들 속에 처박혀서 빛이 바래고 있었다. 컨베이어 벨트에서 찍어 내듯이 계속 써갈기는 다른 저질 소설들은 낯선 이름으로 출간되었다가 사라졌다. 프랑스의 그 누구도 오노레 발자크의 이름을 부르지 않고 그 누구도 5천 명이나 되는 프랑스 작가들 사이에서 그의 이름을 알지 못했다. 아무도 그의 재능에 주목하지 않았으며, 그 자신이 자기의 재능을 가장 많이 무시하였다.

그는 지하실 문을 통과해서 하다못해 가장 악명이 자자한 문학의 뒷골목인 저질문학으로 기어들어가기 위해서만이라도 자연스러운 정도 이하로 깊이 몸을 숙였건만 아무런 소용도 없었다. 그리고 밤낮으로 쓰고 또 써도 아무런 소용이 없었다. 어떻게 해서라도 식품창고로 뚫고 들어가려고 애쓰는 굶주린 들쥐의 끈질긴 불쾌감을 가지고 그는 쓰고 또 썼다. 굶주린 들쥐는 식품창고의 유혹적인 향기가 자신의 내장 속까지 타들어오는 것을 느꼈다. 극단적인 노력도 그를 단 한 걸음도 앞으로 나가게 해주지 않았다.

이 시절 발자크의 불운은 절대로 힘이 부족한 탓이 아니었다. 힘은 그의 내부에 모인 채 막혀 있었다. 용기가 부족한 탓이었다. 발자크는 정복자의 기질과 스스로를 관철시킬 의지를 가지고 있었다. 드물게 낙담한 순간에도 그는 정신, 부지런함, 지식, 밀도라는 모든 면에서 자신의 모든 동료들보다 비할 바 없이 뛰어났다. 그러나 어쩌면 가족을 통해서 여러 해 동안이나 위축된 나머지 태도의 안정성이 손상을 입었던 것일까. 그는 자신의 내적인 대담성에 길을 열어줄 방법을 알지 못했다.

난 용감하기는 하지만 영적으로만 용감할 뿐 실제 등장할 때는 그렇지 못하다.

서른 살이 되기까지 그는 예술가로서 자신에게 합당한 작품을 시도하지 않았고 사적인 생활에서는 남자로서 여자에게 접근하지 못했다. 뒷날 그토록 힘이 넘쳐나는 격렬한 사내가 젊은 시절 내내 거의 병적으로 움츠러들어 있었다는 생각이 아무리 기묘하게 보인다고 하더라도 그렇다.

그러나 움츠러든다는 것은 항상 허약함에서만 비롯되는

것은 아니다. 균형이 잡힌 인간은 정말로 안정적이다. 스스로 무엇을 할지 아직 모르는, 쓰이지 않은 과도한 힘은 불안한 충격으로 쉽게 영혼을 흔든다. 자신에 대한 오만함과 동시에, 아직은 다른 사람에게서 인정받지 못한 이 힘을 고백하기를 두려워하는 마음 사이에서 흔들리는 것이다.

젊은 발자크는 여자들을 피했다. 사랑에 빠질까 봐 두려워서가 아니라 반대로 자신의 맹렬함이 두려웠기 때문이었다. 그의 감각성도 발동이 늦게 걸렸다. 그는 '일을 너무 열심히 해서 사춘기가 지나치게 뒤로 미루어졌'고 말하고 있다. 그리고 남성성은, '아주 망설이면서 그 녹색의 충동을 뻗쳤다'고 한다.

그러나 이 남성성은 거의 흑인처럼 불거진 입술을 가진 땅딸막하고 어깨가 넓은 젊은이 안에 뒷날 아주 격렬하게 스며들어서 한 남자에게 주어질 수 있는 가장 강력한 성적인 능력, 곧 상대를 가리지 않는 능력이 그에게 주어져 있었다. 감각의 인간, 상상력의 인간으로서 발자크는 여자의 젊음이나 우아함을 필요로 하지 않았다. 굶주린 시절에 식탁에 메뉴를 적어놓고서, 오래된 빵을 이 사이로 씹으면서도 철갑상어 알이며 고기 만두의 맛을 본다고 믿었던 의지의 마법이었다.

이 남자는 의지가 작동하기만 하면 어떤 여자에게서도, 심지어는 늙은 헤카베(헥토르의 어머니. 트로이의 프리아모스 왕의 아내 : 역주)에게서도 헬레나(고대 그리스 세계의 제1미녀)의 모습을 볼 수가 있었다. 기준이 되는 나이도, 외모의 손상도, 뚱뚱함도, 그밖에 바싹 전기가 오른 호색한이라도 성서의 요셉처럼 행동하도록(창세기 39장 참조. 이집트로 간 요셉에게 주인의 아내가 유혹을 했으나 요셉이 유혹을 물리침 : 역주) 만들 만한 어떤 신분상의 차이도 그에게는 장애가 되지 못했다. 그는 자기가 원하는 사람을 사랑하고, 자기 마음이 끌리는 것을 받아들일 참이었다.

작가로서 선택의 제한을 두지 않고 어떤 고약한 사람에게도 자신의 펜을 빌려줄 각오가 되어 있었듯이, 남자로서 그는 자신을 가족의 노예상태에서 해방시켜줄 수 있는 어떤 여자하고도 결합될 각오가 되어 있었다. 예쁘거나 못생겼거나, 멍청하거나 잔소리가 심하거나 전혀 상관없었다. 그의 최초의 구애는—그의 책들과 꼭 마찬가지로—완전히 익명으로 이루어진 것이다. 스물두 살난 이 이상한 이상주의자는 누이에게 이렇게 썼다.

나를 위해서 아무나 재산을 가진 과부를 좀 찾아보아라……. 그리고 나를 천거해라. 스물두 살난 선량한 젊은이, 잘생기고 생동하는 눈매에 불 같은 사람이라고 말이야! 그리고 지금까지 하늘이 만들어낸 가장 훌륭한 신랑감이라고 말이지.

팔레 루아얄의 서점에서와 똑같이 오노레 발자크는 결혼시장에 자신을 싸구려로 내놓았다. 스스로 자신의 가치를 거의 아무것도 아니라고 여겼기 때문이었다. 발자크는 단 한 사람이라도 자기를 격려해주기 전에는 자신을 믿지 않을 것이다. 그에게 성공을 약속해주는 어떤 출판인, 비평가, 혹은 그에게 미소를 선물해주는 어떤 여인이 나와야만 그의 수줍음은 사라질 것이다. 그러나 명성은 그를 원하지 않았고, 여자들은 그를 주목하지 않았다. 그래서 그는 지상의 세 번째 가치를 얻으려 한 것이다. 돈, 그리고 자유였다.

여자들이 이 이름 없는 젊은 남자를 특별히 격려하지 않았다는 사실은 이해가 가는 일이다. 비니는 당시 '대단히 못생긴 젊은 남자'를 묘사하고 있다. 발자크는 자신의 재능을 함부로 여겼듯이 자신의 외모도 아무렇게나 내버려두었다. 남자동료들조차 불쾌한 기분으로 이 뚱뚱하고 갈기머리에 기름이 번들거리는 모습, 빨리 말하면 침이 튀는 상태가 좋지 못한 이, 면도하지 않은 모습과 풀어헤쳐진 구두끈을 묘사하고 있다.

게다가 투르의 늙은 시골 재단사가 아버지의 낡은 양복을 고쳐서 만든 그의 옷은 굵고 억센 목과 육중한 어깨 아래에서 당시 유행하던 날씬한 허리 모양을 내지 못하였다. 발자크는 자기가 당시의 멋쟁이들처럼 거드름을 피우거나 널마루에서 춤이라도 추려고 했다가는 다리가 짧고 볼품없이 타고난 자신의 모습이 우스꽝스럽게 강조될 뿐이라는 사실을 잘 알고 있었다. 그리고 여자들 앞에서 느끼는 이런 열등감은 그를 언제나 고독한 책상 앞으로 도망치게 만들었다.

'불꽃 같은 눈길'이 있기는 했지만 아름다운 여인이 자기 쪽으로 가까이 오기만 하면 수줍게 눈꺼풀 아래 숨어버리니 무슨 소용이랴. 정신, 지식, 내면의 충만함이 있은들 무슨 소용이랴. 다른 사람들은 1천 배나 멍청한 일이라도 재빠른 말솜씨로 멋지게 지껄여대는데, 그는 전혀 말을 하지 않거나 아니면 겨우 몇 마디 더듬거리며 어쩔 줄 모르는 말밖에는 못하는 판이었다.

젊은이는 자기가 1천 배나 더 잘 말할 수 있다는 사실을 알고 있었다. 자기 내면에 있는 유혹의 능력, 에로틱한 즐거움과 성적인 즐거움을 향한 능력은, 멋지게 재단한 양복을 입고 가슴에 매끄러운 리본을 매고 자루 달린 안경을 든 예쁘장한 친구들보다 비할 바 없이 격렬하다는 사실을 잘 알고 있었다. 충족되지 않은 사랑의 갈망 속에서 그는 아마 자신의 미래의 모든 작품, 지성, 예술, 정신, 지식을 이 또 다른 예술을 위해서 기꺼이 바쳤을 것이다. 부드러우면서도 타오르는 눈길로 어느 여자 위에 몸을 굽히고, 그녀 어깨의 떨림을 감지할 수만 있다면.

그러나 그러한 성공의 작은 불꽃조차도 그에게 주어지지 않았다. 작은 불꽃만 있으면 그의 상상력은 그것을 곧바로 화염으로 만들어 온 세상을 밝혔을 것이다. 그의 이름이 출판업자들에게 거의 아무런 의미도 없었듯이 그의 눈길은 여자들에게 거의 아무런 의미도 없었다. 그리고 발자크 자신이 〈마법 가죽〉에서 주인공 라파엘로 하여금 자기 젊은날의 굴욕감을 다음과 같이 말하게 하고 있다.

스스로를 표현하는 일이 막혀 있던 내 영혼은 더욱더 속으로 움츠러들었다. 선천적으로 개방적이고 자연스러운 성격이었으면서도 나는 냉정하고 부자연스럽게 행동했다……. 나는 수줍음타고 꼴사나웠다. 내 목소리가 가장 작은 효과라도 가질 수 있을지 의심이었다. 나도 나 자신을 참을 수 없었다. 스스로 못생겼다고 여겼고 나 자신이 부끄러웠다. 재능을 타고난 사람을 언제나 곤궁에서 일으켜 세워주는 저 내면의 목소리가 나에게도

'용기를! 앞으로 나가라!'라고 말했지만 별수없었다. 내 고독 속에 번개처럼 모습을 나타내는 계시에도─나는 그런 계시의 힘을 지니고 있었다─불구하고, 독자가 경탄하였던 당시 작품들을 내 상상 속의 예술작품과 비교하면서 희망을 얻었음에도 불구하고 그랬다. 나는 어린아이처럼 불안정하였다. 가장 사나운 명예욕에 사로잡혀 있었고 자신이 위대한 일을 하도록 운명지워져 있다고 믿었다. 동시에 나는 자신이 아무런 가치가 없다고 느꼈다……

내 나이 또래의 젊은이들 사이에서 머리를 꼿꼿이 쳐들고 다니면서 아무것도 아닌 것을 말하고 아무런 거리낌 없이 여자들과 나란히 앉아 있는 허풍쟁이 패거리를 보았다. 나로서는 이들이 가장 경탄스러웠다. 그들이 가장 잘 내보이는 뻔뻔스러움, 그들이 막대과자 끝을 씹는 방식, 화려한 헛소리들. 그들은 말로써 가장 아름다운 여자들을 욕보이고, 그들 한 명 한 명하고 잠을 잤다거나 적어도 그 비슷한 일을 했다고 주장했다. 그러면서도 그런 쾌락을 그다지 중요하게 여기지 않는 고귀한 사람인 척했다. 가장 덕이 있고 가장 순결한 여인도 그들의 눈에는 손쉬운 먹이였을 뿐이다.

단순한 말 한마디, 작지만 대담한 몸짓, 최초의 뻔뻔스런 눈길로 그런 여자를 정복할 수 있다니! 명예와 양심을 걸고 단언하지만 당시 내게는 어떤 젊고 정신력이 풍부하고 우아하고 품격 있는 여성을 정복하는 것보다는 권력을 차지하거나 문학적 명성을 얻는 일이 덜 어렵게 여겨졌다…… 당시 내게는 멀리서 숭배하는 여자들은 정말 많았다. 내 마음은 어떤 시험을 하더라도 그들에게 주어진 것이었다. 그들은 내 영혼을 조각조각 찢을 수도 있었을 것이고, 내 에너지는 그 어떤 희생이나 고통을 보고도 물러서지 않았을 것이다. 그들은 나 같으면 문지기로도 쓰지 않을 바보들의 것이었다…….

정말이지 나는 이런 인공적인 사회에는 어울리지 않도록 순진했다. 그 사회는 인공의 조명 속에서 움직이고 그들의 모든 생각이란 상투적인 표현들이나 유행하는 방식의 말투를 걸친 것이었다. 나는 내 침묵으로 하여금 말을 하도록 하거나, 아니면 지껄이면서도 침묵하게 하는 방법을 알지 못했다. 그래서 나를 갉아먹는 이 불꽃을 내 가슴 속에 깊이 감추어야만 했다. 그런데도 나는 여자들이 가장 소원하는 영혼을 가지고 있었다. 그들이 간절히 바라는 온갖 몽상으로 가득 차 있었다. 저 멍청이들이 허풍밖에 떨 수 없는 온갖 힘들을 나는 정말로 가지고 있었다. 그러나 모든 여자들은 내게 교활하고 잔인하게 행동했다…….

오, 사랑을 위해서 태어났다는 느낌, 한 여자를 행복하게 하도록 운명지워져 있다는 느낌을 가지고 있으면서도 단 한 사람도 찾아내지 못하다니, 단 한 번도 용감하고 고귀한 마르슬린이나 어떤 나이든 후작부인도 찾아내지 못하다니! 동냥자루 안에 보물들을 넣어다니면서도 그것을 보고 경탄할 만한 그 누구도, 어린아이나 그 어떤 호기심 많은 젊은 아가씨조차도 만나지 못하는 것. 자주 나는 절망감에서 자살하려고도 했다.

자기가 꿈꾸는 연애 사건 대용으로 젊은이들이 보통 이용하는 가벼운 모험들조차도 그에게는 허락되지 않았다. 작은 도시 빌파리지에서는 가족이 그를 감시하였고 파리에서는 너무나도 형편없는 생활비가 가난한 재봉사 아가씨를 저녁식사에 초대하는 것조차도 가로막았다.

그러나 막힌 담이 높을수록 담을 뚫고 나가려는 파도의 압력은 강해지는 법이다. 한동안 발자크는 수도승처럼 상상력의 도움으로 단식과 묵상을 통해서 여자와 애정을 향한 이런 욕구를 억누를 수 있었다. 소설이라는 현실의 대용물에 탐닉하고 자신의—상당히 천박한—여주인공들에 도취되었다. 그러나 이런 상상력은—순환논법에 따라서—그의 내면에서 불붙기 쉬운 요소를 더욱 부추겼을 뿐이다. 스물두 살에 발자크는 점점 더 커지는 욕구로 가득 찼다. 제한을 모르는 사랑의 힘은 뻗어나갈 최초의 기회만 기다리고 있었다. 혼란스럽고 앞이 안 보이는 고통스러운 꿈의 시대는 지나갔다. 발자크는 고독을 더는 견딜 수 없었다. 그는 마침내 살고자 했으며 사랑하고 사랑받고자 했다. 발자크가 자기 의지를 게임에 걸자 그는 한 개 티끌에서 무한성을 만들어냈다.

막혀 있던 정열은 다른 자연원소, 즉 공기, 물, 불과 마찬가지로 극단적인 압력지점에 이르면 생각지도 않은 자리에서 터져나오게 마련이다. 발자크의 결정적인 체험은 작은 도시, 그것도 그토록 조심스럽게 지켜보는 양친의 집 그늘에서 시작되었다. 우연히도 파리의 베르니 집안은 발자크 집안의 파리 셋집 바로 옆에 아파트를 가지고 있었고, 발자크 집안과 똑같이 빌파리지에 여름별장을 가지고 있었다. 이런 사정은 곧장 두 집안을 가깝게 만들었고, 소시민 발자크네 집안은 이것을 적지 않은 명예로 여겼다.

가브리엘 드 베르니(Gabriel de Berny) 씨는 총독의 아들이고 그 자신 황실 고등법원 판사였는데, 원래 훌륭한 귀족 집안 출신이었다. 훨씬 젊은 그의 아내는 그렇게 명문 출신이 아니었지만 그 대신 훨씬 더 흥미로운 인물이었다. 그녀의 아버지 필리페 요제프 히너(Philippe-Joseph Hinner)는 베슬라의 오래된 도이치 음악가 집안 태생이었다. 그는 마리 앙투아네트의 특별한 사랑을 받았고, 그래서 그가 자신의 시녀인 마르그리트 드 라보르드(Margeurite de Laborde)와 결혼하도록 주선하였다. 히너가 일찍 죽고 난 다음—그는 서른 살에 죽었다—왕가와의 관계는 오히려 더 가까워졌다. 미망인이 두 번째로 드 자르자이(de Jarjailles) 기사와 결혼했기 때문이다. 그는 모든 왕당파 중에서 가장 대담한 자로서 위험한 시기에 모든 사람 중에서 가장 충성스런 인물이라는 사실을 입증하였다. 목숨을 걸고 코블렌츠에서 돌아오는 길에 감옥에 갇힌 왕비를 구하려는 불가능한 시도를 했던 것이다.

베르니 집안에는 그림처럼 예쁜 딸들과 상냥한 사내아이들이 일곱이나 되었고, 이 아이들은 널찍한 시골집을 생기 넘치고 명랑하게 만들었다. 그곳에서는 언제나 웃음과 농담과 놀이와 이야기가 벌어지곤 했다. 발자크 씨는 점점 눈이 멀어가던, 불평스럽고 우스꽝스러운 이 집 주인을 상대하려고 애썼다. 발자크 부인은 비슷한 나이에 약간 낭만적인 성향이 있는 그 집 부인과 친교를 맺었다. 로르 발자크는 어린 소녀들의 놀이친구가 되었다. 오노레를 위해서도 적당한 구석을 찾아낼 수 있었다. 그의 양친은 그의 문학적인 활동을 그리 대단치 않게 여겼고, 젊은 건달도 숙식을 제공받는 대가로 어느 정도 쓸모있는 일을 해야만 했으므로 소설을 쓰지 않는 시간에 앙리의 어린 동생을 가르치도록 했다. 알렉상드르 드 베르니는 나이가 비슷했기 때문에 그가 두 형제에게 공부를 가르치는 것은 당연한 일이 되었다. 그래서 기회만 있으면 양친의 집을 벗어나는 것을 좋아했던 스물두 살짜리 발자크는 점점 더 자주 이 기분 좋고 명랑한 베르니네 여름 집으로 찾아가게 되었다.

머지않아 한 가지 사실이 발자크네 식구들 눈에 띄게 되었다. 우선 그가 수업이 없는 날에도 베르니네 집으로 가서 그곳에서 오후와 저녁을 보낸다는 것, 그리고 그가 점점 더 조심스러운 옷차림을 하고 붙임성 있고 친절하게 변해간다는 점이었다. 어머니는 어렵지 않게 그 수수께끼를 풀었다. 오노레가 사랑에 빠진 것이다. 누구냐는 물어볼 필요가 없었다.

베르니 부인에게는 이미 결혼한 딸 말고도 그림처럼 예쁜 어린 딸 에마뉘엘(Emmanuelle)이 있었다. "그녀는 황홀한 아름다움, 인도의 꽃이었다!"라고 발자크는 20년 뒤에 썼다. 그리고 오노레보다 약간 어렸다. 발자크 집안은 슬며시 미소를 지었다. 그것은 전혀 나쁜 일이 아니었고, 어쩌면 속을 알 수 없는 이 젊은이가 지금까지 시작한 것 중에서 가장 분별 있는 일이었다.

베르니 집안은 발자크네보다 훨씬 상류층이었고―어머니 발자크가 절대로 놓칠 리가 없는 일이지만―상당히 부자였기 때문이다. 그렇게 영향력 있는 집안 출신의 여자와 함께라면 오노레는 곧장 상당한 지위에 도달할 것이다. 그밖에도 작은 출판사들을 위해서 대량으로 소설을 생산하는 것보다 훨씬 더 존경할 만한 지위를 차지하게 될 것이다. 그래서 그들은 은밀한 눈짓으로 이 반가운 관계를 부추겼다. 그리고 어쩌면 어머니 발자크는 앞으로 다가올 결혼 계약에서 얻게 될 대략적인 지참금 액수를 남몰래 계산해보았을 것이다. 양쪽 친척 모두의 서명이 들어 있는 오노레 발자크와 에마뉘엘 드 베르니의 결혼계약서를 꿈꾸었다.

그러나 엄격한 시민적 행동방식을 가진 어머니 발자크로서는 아들에게 진행상황을 솔직하게 물어볼 수가 없다는 것, 그리고 그에 관해서 가장 중요한 것을 절대로 알 수 없다는 것이 운명이었다. 오노레를 사로잡은 사람은 매혹적인 젊은 아가씨 에마뉘엘 드 베르니가 아니라 바로 그 어머니—그리고 결혼한 딸 덕분에 이미 할머니가 된—로르 드 베르니였다.

아이를 아홉이나 낳은 마흔다섯이나 된 여자가 아직도 사랑의 정열에 휩싸일 것이라는 있을 법하지 않은 일은 정상적으로는 아무도 생각할 수가 없는 일이었다. 베르니 부인이 젊은 시절에 예뻤는지는 기록의 가치를 가진 초상화들이 없기 때문에 확인할 수가 없다. 다만 확실한 것은 마흔다섯의 나이였던 그녀는 정상적인 남자에게는 이미 에로틱한 욕망 너머에 있었다는 사실이다. 그녀의 모습이 우수에 젖은 부드러움을 띠고 있었다고 하더라도 육체는 이미 오래 전에 나이 들어 굴곡 없이 둥글둥글해져 있었다. 여성적인 것은 완전히 녹아들고 어머니의 모습만 남았다. 그러나 바로 이 어머니의 모습, 발자크가 어린 시절 내내 자신의 어머니에게서 얻을 수 없었던 이 모습이야말로 그가 이 관계에서 구하고 마침내 찾아낸 것이었다.

수호천사처럼 모든 천재의 길을 함께 하는 신비스런 본능은 그로 하여금, 자기 내부에 들어 있는 힘이 안내와 지도를 필요로 한다는 사실을 깨닫게 해주었다. 이해와 사랑의 손길, 긴장을 풀어주고 느슨하게 만들어줄 손길, 그를 해치지 않으면서도 그의 거친 내면을 섬세하게 만들어주고 매끄럽게 해줄 손길을 말이다. 그를 격려하면서도 동시에 그에게 잘못을 지적해주는, 그러나 비판적 악의에 가득 찬 방법이 아니라 함께 만들어가면서 도와주는, 그의 생각을 함께 생각하려고 애쓰고 그의 과도한 꿈들을 어리석음이라고 비웃지 않는 그런 사람이어야 했다.

확장을 향한 거침없는 욕구, 자신을 알리고자 하는 폭풍 같은 열망, 자신의 어머니는 두려운 오만이라고만 느꼈던 그 열망은 마침내 이 여인에게서 깊은 믿음을 찾아내면서 해소되었다. 자기 어머니와 거의 동년배인 그녀는, 그가 불 같은 계획들을 자기 앞에서 꿈꾸듯이 밝히는 것을 밝고 영리하고 선량하고 관심어린 눈길로 들어주었다. 통제되지 않은 요소, 서투름, 어찌할 바 모름, 요령 없음 등을 부드러운 태도로 고쳐주었다. 그의 어머니처럼 지배적이고 엄격한 태도가 아니라 부드럽게 부추기면서 조심스럽게 그를 교육하였다. 이렇게 도움을 주는, 경청하는 자세만으로도 그녀는 그의 주저앉은 자의식을 일으켜세울 참이었다. 〈피르미아니 부인(Madame Firmiani)〉에서 그는 이런 정신적인 만남의 행복을 다음과 같이 서술하고 있다.

반 고르가 그린 로르 드 베르니 부인. 베르니 부인과의 만남을 통해 발
자크는 비로소 가족과 저질문학에서 벗어날 수 있었다. 그녀는 발자크
가 추구하는 이상적인 여인상이 되었다.

부드러운 목소리로 말에 마법을 불어넣어 자신의 모든 행동 위에 똑같은 조화를 만들어내는 여성을 만나는 행운을 누려본 적이 있으세요? 말할 줄도 알고 침묵할 줄도 아는 여자, 완전한 부드러움으로 사람을 사로잡고 자신의 말을 행복하게 선택하고 순수한 언어를 말하는 여자를요? 그녀의 놀리는 말은 애무와도 같고, 비판은 전혀 상처를 주지 않아요. 싸우듯이 일처리를 하지 않고, 대화를 유도하고 그것을 적절한 시간에 끝내는 것으로 만족하죠. 언제나 사랑스럽게 미소짓고 그녀의 친절에는 강요하는 특성이 없어요. 어떤 일을 위해서 애쓸 때에도 절대로 지나치게 긴장하지 않죠.

그녀에게 바치는 존경심은 달콤한 그림자에 불과하죠. 그녀는 사람을 피곤하게 하지 않고, 그녀와, 그리고 나 자신과 화해하도록 사람을 풀어줍니다. 그러면 그녀 주변에 있는 모든 사물에서 이 사랑스런 우아함이 나타나는 것을 볼 수 있죠. 그녀의 집에서는 모든 것이 눈길을 유혹하고, 내가 숨쉬는 공기조차도 고향의 공기와 같죠. 이 여자는 자연스럽습니다. 그녀는 억지로 무슨 일을 하는 법이 없죠. 자신을 과시하는 법이 없고 자신의 감정을 솔직하게 느끼는 대로 표현하는 거예요……. 그녀는 부드럽고도 즐겁고, 특별히 편안한 방법으로 위로를 해주죠. 그렇게 되면 그녀를 속으로 사랑하게 되어서 이 천사가 실수를 하는 경우에도 여전히 그녀가 옳다고 생각할 정도가 되죠.

그는 얼마나 새롭고 다른 분위기로 들어선 것인가! 그녀와의 교제는 자기 시대 다른 누구보다도 사람과 시대를 하나의 맥락으로 보는 방법을 터득하고 있던 이 젊은이에게 역사를 가장 생생한 현재로 느끼고 체험하도록 가르쳐주었다. 이 여자가 세례를 받을 때 그녀의 고귀한 대부모인 프랑스 왕과 왕비를 대신하여 프랑삭 공작(duc de Framsac)과 드 쉬메 (de Chimaye) 공주가 세례식에 참석했다. 루이 16세의 이름을 따서 로르는 루이즈라고 불렸고, 마리 앙투아네트의 이름을 따서 그녀는 앙투아네트라고 불렸다.

의붓아버지인 자르자이 기사의 집에서 그녀는 왕가의 충신 중에 충신인 그가 목숨을 걸고 감방으로 숨어들어가서 왕비의 손에서 직접 총신(寵臣) 페르상(Fersen)에게 보내는 편지를 받은 이야기를 들었다. 어쩌면 그녀는 발자크에게 왕비의 감사편지를 보여주었을 것이다. 이 가족이 단두대의 피묻은 손수건과 나란히 가족의 가장 큰 보물로 간수하고 있는 이 최후의 편지를 말이다.

우리는 아름다운 꿈을 품었죠. 그것이 전부예요. 그러나 이번 기회에 그대가 내게 바치는 충성의 새로운 증거를 얻게 된 것은 큰 소득이었어요.

그 얼마나 대단한 추억이며, 그 자세한 이야기들은 얼마나 상상력을 자극하고 감각을 흥분시키고 창작과 형상화의 의지를 부추겼던 것일까! 젊은 발자크, 버림받은 소년, 어린 시절에는 학교의 형벌실과 레디기예르 거리의 비참한 감옥에 웅크리고 있었고, 집에서는 언제나 거듭 비싼 집세니, 이자, 투자, 종신연금 따위의 소시민의 탄식이나 듣고, 그러니 돈을 벌어라, 착실한 시민이나 하급관리가 되라는 잔소리나 듣던 발자크를 기억해보라. 이 부드럽고 온화한 여자의 목소리가 죽어가는 왕족과 혁명의 두려움에 대한 거대한 전설들을 이야기할 때에 그가 어떻게 경청하였을지 생각해보라. 그자신의 초조하고, 자꾸 앞으로만 나가는 호기심은 거절하는 목소리에 의해서 물리침을 당하지 않고 어머니 같은 다정한 눈길을 받았을 것을 생각해보라. 이러한 대화에서 그의 상상력은 더욱 상승되었고 그의 심정은 확장되었다. 이 온화한 여선생을 통해서 초조한 시인은 난생 처음으로 인생을 들여다본 것이다.

드 와랑(de Warens) 부인이 젊은 장 자크 루소를 집에 받아들였을 때도 이렇게 시작되었다. 드 베르니 부인도 그를, 이 제어되지 않고 성숙하지 못하고 태풍 같은 젊은이를 아주 조금만 안내하고 유도하고 조정하려는 바람만을 가졌다. 그녀도 또한 자신의 경험을 젊은 풋내기에게 알려주려는 생각밖에는 없었다. 그러나 선생과 학생 사이에는 아주 쉽게, 모르는 사이에 감정이 에로틱하게 변화하였다. 바라지도 않았는데 부드러운 가르침은 애정이 되고, 숭배는 사랑이, 친밀하게 함께하려는 바람은 더욱 내적인 밀착에의 소망으로 바뀌고 말았다.

베르니 부인도 처음에는 다른 여자들처럼 이 젊은 열혈 청년의 수줍음에 속아서 그것은 단지 자신의 나이와 사회적인 지위에 대한 존경심이라고 여겼다. 그러나 그의 자의식을 부드러운 격려로 일깨우면서 그녀는 자신이 어떤 악마적인 힘을 풀어놓고 있는지, 단순한 눈길만으로 얼마나 여러 해 동안 억눌린 불꽃을 활활 불러일으킬 수 있는지 전혀 짐작도 못했다. 발자크와 같은 상상력을 가진 인간에게 있어서 자신의 나이는 전혀 문제되지 않고 그의 무한한 열광 능력은 어머니이고 할머니인 자신을 아직도 탐낼 만한 여성으로 여길 수 있다는 사실을 짐작도 못했다. 그러나 사랑을 갈구하는 발자크의 의지, 이 특이한 의지는 기적을 만들어냈다.

> 당신을 처음으로 보았을 때 나의 모든 감각은 흥분하고 나의 환상은 불을 잡았습니다. 나는 당신에게서 완전한 존재를 본다고 믿었습니다……. 어떤 존재인지는 말할 수 없습니다만. 그러나 나는 마침내 이런 생각에 완전히 사로잡혀서 나머지 모든 것은 떼어버리고 당신에게서 오직 이 완전성만을 보았습니다.

경탄은 욕망이 되었고, 이제 발자크가 욕망을 품을 용기를 가졌으므로 그는 어떤 저항도 용납하려 들지 않았다.

베르니 부인은 놀라 움츠러들었다. 지금은 이렇게 온화한 어머니가 되어버렸지만 젊은 시절에 그녀는 성녀(聖女)가 아니었다. 결혼하자마자 그녀는—22년도 더 전의 일이지만—검은 머리카락의 젊은 코르시카 남자와 열렬한 첫사랑의 관계를 가졌다. 그리고 그것이 마지막도 아니었다. 끝의 두 아이는 늙고 반쯤 눈이 먼 남편에게서 이름만 얻었다는 나쁜 평판이 빌파리지에서도 돌았다. 그러니까 젊은이의 정열은 청교도적인 새침떼기 여인을 위협하는 것은 아니었다.

그러나 그녀는 마흔다섯 살 나이에 다 자란 자식들 눈앞에서 자기 딸보다 어린 젊은 남자와 연애를 시작하는 것은 터

무너없는 일이라는 것을 깨닫고 있었다. 그런 사랑이 오래 지속될 수도 없을 바에야 무엇하러 한 번 더 이 달콤한 위험에 빠지랴? 그래서 그녀는—전해지지 않는 편지에서—발자크의 과도한 감정을 다시 우정의 한계 안으로 되돌려놓으려고 했다. 나이에 대해서 침묵을 지키지 않고 그녀는 자기 나이를 강조하였다. 그러나 발자크는 태풍 같은 답장을 하고 있다. 그는 뒷날 자신의 〈노처녀(La Vieille Fille)〉에 나오는 비극적 주인공 아타나즈 그랑송(Athanase Granson)처럼 속이 좁지 않았다. 아타나즈 그랑송은 "세상이 마흔 살 여자에 대한 스물세 살 젊은이의 사랑에 던질 조소를 두려워" 했다.

그는 여자친구의 저항을 극복하기로 굳게 결심하고서 거의 화가 난 어조로 그녀를 부른다.

위대하신 하느님, 내가 여자라면, 그리고 마흔다섯 살이고 아직도 여전히 사랑할 만한 가치가 있다면 나는 당신과는 다르게 행동했을 것입니다! 가을의 초입에 들어섰으면서 아담과 이브를 불행으로 데려간 사과를 따기를 거부하는 여자라니 이게 대체 무슨 문제란 말입니까!

베르니 부인은 이 열렬한 젊은이를 사랑하였기 때문에 졸라대는 애인에게 쉽게 굴복할 수가 없었다. 그녀는 몇 주, 몇 달 동안 정열적으로 저항하였다. 그러나 발자크는 자신의 명예욕과 의지를 자신의 이 첫사랑에 다 쏟아부었다. 자신의 자의식을 위해서 그는 이 최초의 결정적인 승리를 필요로 하고 있었다.

그러니 약하고 실망한데다가 결혼생활은 불행한 여인, 그의 욕망을 통해서 스스로도 욕망을 얻게 된 여인이 전세계를 정복하기에 충분할 만큼 강력한 발자크의 의지에 저항할 수가 있겠는가? 후텁지근한 8월 어느 날 밤에 일어나야 할 일이 일어나고 말았다. 어둠 속에서 조용히 그녀의 여름별장 정원으로 통하는 문의 손잡이가 돌아갔다. 부드러운 손길이 두려워하면서 기다리고 있던 사람을 안으로 데려갔다. 그러면서 시작되었다,

놀라움과 온통 사랑으로 가득 찬 밤이! 행복한 아이/남자가 일생 오직 한 번만 누릴 수 있는, 그리고 다시는 되풀이되지 않을 그 밤이!

작은 도시에서는 그 무엇도 오래 감출 수가 없다. 젊은 오노레가 베르니 부인 댁을 그토록 자주 찾아가는 것은 얼마 지나지 않아 여러 가지 추측과 악의적인 소문을 만들어냈다. 베르니 집안에서도 긴장과 다툼이 생겨났다. 집안의 젊은 세 딸에게는—맏이는 이미 결혼을 했다—어머니가 거의 눈이 먼 아버지를 속이는 것을 보는 일이 괴로울 수밖에 없었기 때문이다. 그들은 반갑지 않은 애인이 집에 머무는 것을 방해하기 위해서 온갖 일을 다했다.

발자크 부인은 진상을 알아채자 더욱 심하게 충격을 받았다. 성장기의 중요한 시절에 그녀는 아들에 대해 거의 관심이 없다시피 했다. 그의 솔직함, 애정, 자신감을 강제로 짓눌렀고 무슨 일이 있더라도 그에 대해 굴종의 거리를 유지하려

고 애썼다. 지금 그가 도움의 손길, 친구, 충고, 그러니까 어머니로서 자신의 역할을 드 베르니 부인에게서 찾아내고, 게다가 그녀를 애인으로 삼기까지 한 것을 보자 이 지배욕 강한 여자의 내면에서 일종의 사나운 질투심이 깨어났다. 자기가 지배욕과 냉정함으로 그에게 억지로 행사하는 영향력보다, 부드럽고 온화한 방식으로 아들에게 훨씬 더 큰 영향력을 갖게 된 이 여자 곁에서 그를 멀리 떼어놓기 위해서 그녀는 1822년 봄에 그에게 빌파리지를 떠나서 바이외에 있는 누이 쉬르빌 부인에게 가라고 강요하였다. 그녀는 손수 역마차 타는 곳까지 그를 배웅나왔다. 그가 마지막 순간에 달아나지 못하도록 하기 위해서였다.

그녀는 전에 그의 소설 생산을 단순한 돈벌이의 수단으로밖에는 보지 않았으면서 이제는 문학 교사 노릇을 떠맡으려고 들었다. 오노레에게 소설 원고를 맨 먼저 자기에게 보여주고 자신의 평을 들으라고 요구했다. 그러나 이미 늦었다. 발자크는 베르니 부인이 자신의 노력을 보살피는 부드럽고 호의적인 방식과 어머니의 지배욕 강한 방식을 구분하는 법을 배웠다. 그는 어머니의 때늦은 구애에 대해서도, 일부러 꾸며낸 관심이나 신경질에 대해서도 냉담하였다. 두려움은 사라지고 그와 함께 존경심도 사라졌다. 처음으로 그녀는 지금까지 고분고분하던 아들에게서 사납고 확고한 저항에 부딪쳤다. 그녀는 화가 나서 딸에게 이렇게 편지를 써보냈다.

나는 오노레에게 원고를 꼼꼼히 읽으라고 부탁했다. 글쓰기에서 그보다 경험이 많은 누군가에게 그것을 보이라고 말했단다……. 오노레는 내 모든 말이 전혀 아무런 가치도 없는 것처럼 행동했어. 내 말을 전혀 듣지 않는 거야. 오노레는 어찌나 자신감이 센지 자기 원고를 아무에게도 보이려고 하지 않는구나.

그가 자신의 손을 빠져나간 것을 느끼자 이제서야 그녀는 그를 억지로 붙잡으려고 애썼다. 그러나 그녀의 힘은 이미 무너져 버렸다. 어떤 여자에게서 거둔 최초의 성공이 발자크를 남자로 만들었다. 여러 해 동안이나 억눌려 있던 그의 자신감은 이제 고집스럽게 일어섰고, 그의 어린 시절을 망친 어머니는 지난 20년 동안이나 행해온 공포스런 억압의 힘이 영원히 무너져버렸음을 절망스럽게도 깨닫지 않을 수 없었다. 그녀는 자신도 모르는 채 딸에게 아들을 일러바치려고 했다. 그러나 온갖 비난도 이미 늦었다.

발자크는 가족에게서 벗어난 것이다. 그는 자신의 고약한 어린 시절을 병처럼 극복해버렸다. 그가 치유된 것을, 자신의 힘에 대한 즐거움을 느끼는 것을 볼 수 있다. 양친의 집이 아니라 드 베르니 부인의 집이 이제 그의 고향이 되었다. 양친의 집에서 나오는 어떤 불평, 비난, 히스테리도, 도시에 퍼진 은밀한 속삭임과 소문도, 자유의사로 정열적으로 자기를 사랑하는 여자에게 속하고자 하는 그의 의지를 꺾지 못했다. 어머니는 화가 나서 딸에게 이렇게 고백하였다.

오노레는 하루에 두 번씩이나 그녀의 집으로 가는 것이 얼마나 무분별한 짓인지 알려고 하지도 않는구나. 그는 사람들이 그렇게도 분명히 자기를 어떻게 여기는지 보려고도 하지 않는다.

난 여기 빌파리지에서 1백 마일쯤 떨어진 곳에 있었으면 좋겠다! 그는 머릿속에 오직 이 한 가지 이야기만 있는 거야. 그리고 지금은 그녀에게 그토록 과도하게 자신을 바치고 있지만 언젠가는 이 관계에 넌더리가 나리라는 것을 알려고 하지도 않아.

아들이 이 정열에 곧 물리게 되리라는 것이 어머니 발자크의 마지막 희망이었다. 그가 마흔다섯, 그 사이 벌써 마흔여섯이나 된 여자를 향한 어리석은 사랑을 곧 그만두리라는 희망이었다. 그러나 한 번 더 어머니는 겉보기에 고분고분하고 향락적인 성향을 가진 이 젊은이에게 있는 굽히지 않고 흔들리지 않는 의지를 자기가 얼마나 얕잡아보았는지를 깨달아야 했다. 이 정열은 그를 '망치기'는커녕 이 불안한 청년이 자기 자신을 찾는 데 도움이 되었다. 그것은 동경에 가득 찬 '아이/남자'에게서 남자를 일깨움으로써, 기묘하고 서두르기만 하던 삼류작가 안에 있는 시인을 천천히, 그리고 부드럽게 깨운 것이다. '경험의 충고자'를 통해서 발자크는 비로소 진정한 발자크가 되었다. 그는 뒷날 이렇게 고백한다.

그녀는 내게 어머니, 여자친구, 가족, 동반자, 충고자였다. 그녀는 나를 작가로 만들었고, 젊은 나를 위로해주었으며, 내게 취향을 마련해주었고, 누이처럼 함께 울고 웃었다. 그녀는 언제나 고통을 진정시켜주는 선량한 꿈처럼 나타났다……. 그녀가 없었다면 나는 분명히 죽었을 것이다.

그녀는 한 여자가 한 남자를 위해 할 수 있는 모든 일을 다 했다.

그녀는 거대한 폭풍 속에 들어 있는 나를 격려로써, 그리고 헌신적인 행동으로 붙잡아주었다……. 그녀는 한 남자를 온갖 비천함에서 지켜주는 자부심을 내게 일깨워주었다. 내가 살아 있는 한 이 점에 대해서 그녀에게 감사한다. 그녀는 내게 있어 모든 것이었다.

1822년에서 1833년까지 꼬박 10년 동안, 그러니까 그녀가 쉰다섯 살이 되기까지 '딜렉타' '유일하게 선택된 여자'를 향한 이 사랑의 관계는 감각성을 그대로 유지하다가 10년이 지나면서 슬며시 '우정'으로 변했지만 발자크의 애착과 충실함은 오히려 더욱 섬세해지고 더욱 커지기만 했다.

그녀가 살아 있는 동안, 그리고 그녀가 죽은 다음에 발자크가 드 베르니 부인에 대해서 쓴 모든 말들은 '위대하고 고귀한 여성, 저 우정의 천사(cette grande et sublime femme, cet ange d'amitié)'를 향한 한 편의 과격한 감사의 시다. 그의 안에서 모든 것, 남자, 예술가, 창조자를 일깨운 여성, 그리고 그에게 용기와 자유와 내적·외적 안정감을 준 여성이었다.

그리고 심지어는 〈골짜기의 백합(Le Lys dans la Vallée)〉에 나오는 이상적인 여성 드 모르소프(de Mortsauf)를 가리켜서 그는 "아득한 그녀의 그림자…… 그 사람의 가장 하찮은 특성들의 창백한 표현 하나(qu'un lointain reflet d'elle …… une pâle épreuve des moindres qualités de cette personne)"일 뿐이라고 말한다. 그리고 자기는 절대로 그녀가 자기에게 어떤 존재였는지 완전히 표현할 수는 없을 거라고 수줍게 고백한다. "나만의 감정을 대중에게 노출시킨다는 두려움을 느끼기 때문에(car j'ai horreur de prostiuer mes propres émotions au public)." 그러나 그는 이 만남을 자기 생애 단 한 번뿐인 행복한 체험으로 느꼈다는 것을 그 이후로 불멸이 된 말로 표현하고 있다.

한 여자의 마지막 사랑이면서 한 남자에게는 첫사랑을 이루어주는 것에 견줄 만한 것은 세상에 다시 없다.

드 베르니 부인과의 만남은 발자크의 삶에서 해방시켜주는 결정점이었다. 그것은 가족에게 억눌린 아들을 해방시켜 한 남자로, 저질문학의 노예를 해방시켜 예술가로 만들었을 뿐 아니라 나아가 그의 앞으로의 삶에서 사랑의 유형을 결정해버린 일이었다. 발자크는 이제부터 모든 여자에게서 언제나 어머니 같은 보호자, 부드러운 안내자, 헌신적인 협조자의 모습을 구하였다. 첫 번째 여자에게서 얻었던 바로 그 모습이었다. 자기에게 시간을 요구하지 않고, 일이 끝난 다음 자기의 긴장을 풀어줄 시간과 힘을 가진 여자를 원했던 것이다. 사회적인 측면에서, 그리고 영적인 측면에서의 고귀함은 그에게 사랑의 전제조건이 되었고 정열보다는 이해심이 더 중요했다. 자기보다 경험이 많고―특이하게도―나이에서도 자기보다 위인 여성들만이 그를 만족시킬 수 있었다.

〈버림받은 여자(La Femme abandonnée)〉, 〈서른 살의

여자(La Femme de trente ans)〉는 그의 소설 제목일 뿐만 아니라 그의 삶의 여주인공들이기도 했다. 가을처럼 성숙한 여자들, 사랑과 삶에 지친 여자들이었다. 자신을 위해서는 아무것도 기대하지 못하고, 한 번 더 욕망의 대상이 되고, 협조자, 동반자로서 작가에게 봉사할 수 있다는 것을 운명의 은총이라고 느끼는 여자들이었다. 사교계의 꽃들, 직업여성, 이른바 악마적인 여자, 문학적으로 속물근성을 가진 여자는 한 번도 발자크에게 매력적으로 보인 적이 없었다. 아름다운 겉모습은 그를 유혹하지 못했고, 젊음도 그를 꼬이지 못했다. 그는 심지어 '젊은 여자에 대한 깊은 거부감'을 정열적으로 표현하기까지 했다. 그런 여자는 너무 많은 것을 요구하고 거의 아무것도 주지 못하기 때문이다.

마흔 살의 여자는 당신을 위해 무슨 일이든 할 것이다. 스무 살 여자는 아무 일도 안 한다.

모든 체험에서 그는 알지 못하는 사이에 언제나, 모든 형식을 안에 지닌, 저 다양성을 가진 사랑이 되풀이되기만을 갈구하였다. 자기에게 모든 것이었던 여자, 어머니이며 누이, 친구이며 선생, 애인이며 동반자였던 여자에게서 찾아냈던 바로 그런 사랑이었다.

제5장
영원한 채무자가 되다

운명을 향한 발자크의 첫 번째 소원은 성취되었다. 그토록 갈망하던 사랑하는 여인의 협조가 그에게 주어졌다. 그리고 이 새로운 자신감 덕분에 그는 내적인 독립을 얻었다. 이제는 그 자신의 원래의 소명, 즉 작품을 위하여 외적인 독립을 얻을 차례였다.

스물다섯 살이 될 때까지 발자크는 이런 미래의 독립을 현재의 삼류 작품들을 부지런히 생산함으로써 얻어낼 수 있기를 바랐다. 1824년 겨울의 마지막 며칠 동안 그는 갑자기 새로운 결정을 내렸다. 그가 성 앙드레 데 자르 광장 30번지에 있는 서적상 겸 출판업자인 위르뱅 카넬(Urbain Canel)의 가게에, 자기 소설 창고의 최신 상품인《반 클로르(Wann-Chlore)》를 내놓기 위해서 들어섰던 날은 그의 생애의 어두운 날이 될 참이었다. 그곳에서 나쁜 대접을 받았기 때문이 아니라―반대로 서적상 겸 출판사인 카넬 상사는 오라스 생토뱅 회사, 도매와 소매로 팔리는 소설들에 대해서 잘 알고 있었다. 이 회사가 즉각적으로, 그것도 주문대로 유혈극, 감상주의, 이국취향 등의 물품을 넘겨준다는 사실도 잘 알고 있었다.

카넬 씨는 전혀 망설이지 않고 이제 막 완성된 상품을 인수하였다. 유감스러운 일이지만 그는 이 기회에 전혀 다른 사업상의 구상으로 발자크를 끌어들였다. 카넬 씨는 젊은 발자크에게 다음과 같이 속을 털어놓았다.

자신은 크리스마스 선물과 견진성사와 부자가 된 시민가정을 대상으로 하는 아주 훌륭한 사업 구상을 가지고 있다. 프랑스 고전작가들에 대한 수요는 아직도 상당히 많은 편이다. 다만 이 존경할 만한 신사분들이 너무나 많은 양을 썼다는 사정으로 인해서 매상이 제한을 받고 있다. 몰리에르나 라퐁텐 같은 사람들의 전집은 지금까지의 판본으로는 아주 여러 권으로 되어 있고, 따라서 시민계층의 집안에서 너무 많은 자리를 차지한다.

자신은 이제 이 고전작가 각자의 전작품을 단 한 권으로 출간한다는 기막힌 구상을 가지고 있다는 것이다. 희곡 작품이나 무대 대본들을 부드러운 활자로 조판하고 각 면의 가운데를 갈라서 두 단으로 나누어 인쇄하면 라퐁텐이나 몰리에르의 전작품을 쉽게 책 한 권으로 만들어낼 수 있다. 그리고 아름다운 장식을 한 표지로 감싸면 이 책들은 따뜻한 밤처럼 잘 팔릴 것이다. 이 계획은 마지막 세부사항까지 준비가 되어 있으며《라퐁텐 전집》은 이미 착수된 상태다. 이 거창한 계획을 제대로 실천에 옮기기 위해서는 작은 것 한 가지, 즉 필요한 자본금이 부족하다.

열광 잘하는 영원한 몽상가 발자크는 즉각적으로 이 계획에 열광해서 카넬에게 자기도 여기 투자하겠노라고 제안했다. 그는 이렇게 의심쩍은 사업에 뛰어들 이유가 없었다. 그 자신의 사업인 소설공장 오라스 생토뱅은 그가 지치지도 않고, 문학적으로 대단히 뻔뻔스러웠던 덕분에 아주 번창하고 있었다. 스물다섯 살 먹은 발자크는 다달이 60개의 까마귀 깃털 펜과 몇천 매의 종이를 쓰면서 일년에 몇천 프랑씩을 벌어들이고 있었다.

그러나 새로 얻은 자신감과 더불어 발자크의 요구도 커졌다. 위대한 부인의 애인으로서 그는 스무 살짜리 대학생처럼 다락방에서 살고 싶지 않았다. 투르농(Tournon) 거리 6층에 있는 작은 방은 품위도 없고 자신에게는 너무 좁은 것으로 여겨졌다. 그리고 한 줄 한 줄, 한 쪽 한 쪽, 한 권 한 권, 계속되는 이름 없는 글쓰기라는 쳇바퀴는 얼마나 굴욕적이고 피곤하고 이름 없고 언제까지나 소용없는 짓인가! 단 한 번 대담하게 뛰어올라 자유를, 독립을 얻는 것이 어떨까? 그렇게 확실한 투자에 몇천 프랑을 거는 것이 어떨까?

멍청한 소설들, 신문을 위한 글들, 그 온갖 익명의 작업은 앞으로도 계속 부업으로 해나갈 수 있다. 그것은 자기 손에서 느슨하고도 쉽게 흘러나오니까. 어쨌든 보마르셰(Beaumarchais)가 부업으로 볼테르 씨의 작품을 출간한 것은 그의 천재성에 해를 입히지 않았다. 그리고 중세의 위대한 인문주의자들도 출판사의 교정자, 기술적인 충고자 노릇을 하지 않았던가?

방법이야 어찌 되었든 많은 돈을 버는 것은 발자크에게 한 번도 수치로 여겨진 적이 없었다. 그것은 심리적인 유연성을 증언하는 일일 뿐이었다. 일을 많이 하고 돈을 조금 버는 것만이 멍청한 일이고, 잽싸게 한 판 벌여서 큰 돈을 버는 것은 영리한 일이었다. 마침내 자본을 마련하는 거다. 그런 다음엔 일관된 의지와 본질을 지향하는 힘으로 진짜 작업을 하는 거다. 자신의 이름으로 서명하고 세상과 후세 앞에 책임을 질 수 있는 예술작품 말이다.

발자크는 오래 생각하지 않았다. 그는 사업 이야기를 들을 때면 언제나 냉정하게 계산하는 합리성 대신 과격한 상상력이 발동하였다. 투기는 그에게 일생 동안 글쓰기, 창작과 똑같은 도락행위였다. 그는 책들, 그림들, 철도주식, 부동산, 목재, 금속 등 무엇이든 거래할 각오가 되어 있었다. 그의 유일한 명예욕은 어떤 자리든 어떤 수단을 쓰든 상관없이 자신의 힘을 방출하는 것, 써버리는 것이었다.

젊은 발자크는 단 하나의 의지만을 가지고 있었다. 위로 올라가려는 의지, 권력에의 의지였다. 서른 살에도 그는 국회의원이 되어야 할지, 아니면 언론인이 되어야 할지 생각하고 있었으며, 기회만 주어졌다면 기꺼이 상인, 중개인, 노예상인, 부동산 투기꾼, 은행가 등 무엇이든 되었을 것이다.

그의 천재성이 문학으로 방출된 것은 오로지 우연이었다. 그리고 그가 1830년, 심지어는 1840년과 1850년에도, 로트실트(Rothschild, 18세기 이후로 유럽에서 가장 성공적인 국제 은행가 집안 : 역주)가 될지 아니면 《인간희극》의 작가가 될지 선택할 수 있었다면, 문학에서의 최고가 아니라 재계(財界)의 최고가 되는 길을 선택하지나 않았을지 대단히 의

문스러운 일이다.

문학이든 상업이든 어떤 구상이든지, 계산할 수 없는 가능성을 속에 담고 있기 때문에 끊임없이 긴장하는 그의 상상력을 자극하였다. 그는 환각을 일으키지 않고는 볼 줄을 몰랐다. 그리고 과장하지 않고는 이야기할 줄을 몰랐다. 숫자의 망상에 빠지지 않고는—비록 탁월한 계산가이긴 했지만—계산할 줄을 몰랐다. 최초의 예술적인 착상이 생기면 곧바로 갈등과 그 해결책까지 한 번에 보아버리듯이, 투자를 할 때마다 언제나 과다한 탐욕에 사로잡혀 자기가 백만장자가 된 모습을 그려보곤 하였다.

위르뱅 카넬 씨는 저 고전작가 판본에 대해서 말만 했을 뿐인데 벌써 발자크는—실제로는 겨우 첫 두 장이 조판되었을 뿐이건만—작품 전체가 하얀 종이에, 훌륭한 장식제본을 한 훌륭한 한 권짜리 전집이 첫째 권, 둘째 권, 그리고 시리즈 전체가 벌써 자기 손 안에 들어온 것으로 여겼다. 게다가 서점으로 몰려드는 사람들의 모습까지도 보았다. 수만, 수십만의 사람들이 파리에서, 지방에서, 성(城)에서, 작은 방에서 그 책을 읽고 쓰다듬는 모습이었다.

그는 카넬 씨의 판매대에 밀려드는 주문을 보았고, 짐꾼들이 짐짝 아래 신음하면서 매시간마다 세계 곳곳으로 물건을 실어내는 것을 보았다. 그리고 돈통이 1천 프랑짜리 지폐로 가득 채워지는 것을, 그리고 자신은 훌륭한 집에 살고 문앞에는 이륜마차가 세워진 것도 보았다. 그는 벌써 자기가 들여놓을 가구들도 보았다. 바로 전날 센강 왼편에 위치한 골동품 가게에서 보았던 붉은 다마스트 천(다마스쿠스 산 무늬

직물 : 역주)을 씌운 소파, 다마스트 천으로 만든 커튼, 벽난로 앞에 놓인 조각상들, 벽에 걸린 그림들도 보았다.

당연히 그는 이 열광에 놀라버린 카넬 씨에게 그렇게 대단한 사업을 위해서 꼭 필요한 그까짓 몇천 프랑쯤 자기가 조달하겠노라고 선언했다. 그밖에도 자기는《라퐁텐 전집》과《몰리에르 전집》에 서문을 쓰겠다, 그리고 처음으로 프랑스를 향해서 이 사람들이 누구였는지 말할 것이다. 그것은 지금까지 만들어진 것 중에서 가장 아름다운 판본이 될 것이고, 모든 시대에 걸쳐서 가장 큰 성공이 될 것이라고 말한다.

발자크가 가게를 떠날 때 그는 벌써 백만장자가 된 기분이었다. 가게 주인 위르뱅 카넬은 작은 투자를 위한 동업자를 한 명 구하려고 했는데 몽상가인 발자크는 꿈 속에서 벌써 재산을 얻은 것이다.

이 기묘한 사업 이야기는 발자크 자신이 소설로 꾸며낼 만한 것이었다. 젊은 문필가는 아마도 너무 깊이 개입했다고는 전혀 생각지 않은 듯하다. 처음에 이 사업에서 그의 지분은 1,500프랑이나 2천 프랑 이상은 아니었다. 그러니까 날림으로 만들어내는 오라스 생토뱅 소설 하나 가격 이상은 아니었다. 그러나 발자크의 경우 모든 것은 필연적으로 통상의 테두리를 벗어나게 마련이다. 그의 소설들이 좁고도 협소한 상황에서 출발해서 짜맞추고 상승시키는 그의 상상력을 통해서 인류 보편적인 것으로 나아가듯이 그의 투기는 언제나 위험할 정도로 발전하곤 했다.《사생활의 장면들(Scènes de la Vie privée)》을 쓰기 시작했을 때 그것으로 자기 시대의 대서사시 《인간희극》을 시작했다는 사실을 거의 알아채지 못했듯이 그는 이 얼마 안 되는 투자로 자기가 어떤 위험을 떠맡는지 전혀 짐작도 못했다.

1825년 4월 중순에 맺은 최초의 계약까진 전혀 위험스럽지 않았다. 발자크는 여럿이 돈을 내서, 한 권짜리 라퐁텐 전집을 출간하기 위해 7천이나 8천 프랑 정도를 조달하려고 하는 소시민 연합(컨소시엄)의 한 참가자였다. 누가 이 네 사람을 끌어모았는지는 알 수가 없다. 발자크 이외에 의사 한 명, 퇴역 장교 한 명, 서적상인 한 명 등이 있었다. 서적상은 그때까지의 진열품을 자본이라고 가져온 것으로 보인다. 네 사람 모두 약 1,500프랑의 돈을 벌이가 괜찮은 사업에 투자하려고 하는 별 볼일 없는 사람들이었다.

불행한 일이었지만 라퐁텐 전집을 모색하던 이들 네 사람으로 이루어진 동업체는 그리 오래 가지 않았다. 현재 전해지는, 대단히 성급한 의사의 편지를 보면, 처음 몇 번의 토론에서 이미 네 동업자의 태도가 아주 격하고 거의 드잡이 수준이었음을 알 수 있다. 5월 1일에는 조심스럽게 계산하는 시민계급인 다른 세 사람이 이 사업에서 손을 떼고 있다. 이 그룹에서 단 한 명의 이상주의자이자 공상가에게 사업이 전부 넘어가게 된 것이다.

그로써 발자크는 처음에 생각했던 것보다 한 걸음 더 나갔다. 아직 전혀 인쇄되지도 않은 《라퐁텐 전집》의 소유자로서 그는 생산비용을 부담하고 당시 자기 사정으로는 엄청난 액수인 거의 9천 프랑을 현찰로 내놓아야만 했다. 이 돈이 어디서 나왔을까? 이 젊은 출판업자가 여가 시간에 두 권이나 세 권의 소설책을 더 만들어냈을까, 아니면 마침내 재산을 가진 가족이 스물여섯 살 난 아들에게 약간의 자본을 마련해 주었을까? 사업 장부의 기록은 이 수수께끼를 풀어준다. 발자크가 써준 차용증 세 장은 모두 드 베르니 부인 앞으로 되어 있다. 그녀는 분명히—뒷날 프랑스와 전세계가 그렇게 되겠지만—그의 놀라운 서술능력에 완전히 넘어가고 말았던 것이다. 그에게 삶으로 난 길을 닦아주기 위해 노력한 사람은 다시 한 번 더 친구이자 애인인 이 여자였다.

그러나 이제는 발자크가 자신의 성향에 굴복하고 말았다. '라퐁텐'의 성공을 기다려보고 난 다음에 '몰리에르'를 시작하는 것이 논리적인 행동이었을 것이다. 그러나 발자크의 타고난 낙천주의가 끼여들면 그것은 계산하는 합리성을 넘어서곤 했다. 발자크는 작은 차원으로는 생각할 수도, 일하거나 살아갈 수도 없었다. 1수까지 계산하던 젊은 절약가가 갑자기 참을성 없고 통제되지 않고 절도 없는 사람이 되어버렸다. 일생 동안 그는 이런 모습으로 남게 된다. 그러니까 '라퐁텐'에 이어서 얼른 '몰리에르'도 시작하자! 두 가지를 파는 것이 하나를 파는 것보다 더 쉽다. 그러니 모든 잔근심은 꺼져버려라!

한 번 더 발자크의 정열적인 이야기 재주가 동원되었다. 이번에는 집안의 친구인 다쏭빌레(d'Assonvillez) 씨가 '몰리에르'를 위해서 5천 프랑을 내놓았다. 그렇게 해서 아직 단 한 권도 팔리기 전에 발자크는 개인 책임으로 남의 돈 14,000프랑을 자신의 기업에 끌어들였다. 이제는 열에 들떠서 이 두 권의 출간을 앞으로 밀어붙였다. 지나치게 열에 들떠서.

대규모 상인들이 경험 없이 서두르는 그의 열광을 이용해서 이 출판계 신참자에게 오래 묵어 이미 더러워진 종이를 공급하였기 때문이다. 발자크가 너무 성급한 상상 속에서 걸작품일 거라고 기대했던 드베리아의 책표지는 고약하게도 떨어져나갔다. '라퐁텐' 작품 전체를 한 권 안에 눌러넣기 위해서 아주 작은 활자체가 선택되어야 했는데, 그것은 눈이 좋은 사람조차도 피곤하게 만드는 것이었다. 그리고 발자크가 서둘러서 써내려간 서문은 기술적으로 실패한 이 책에 조금도 매력을 덧붙이지 못했다.

그에 따라 사업상의 결과가 나타났다. 초조함에 사로잡혀서 가능하면 많은 돈을 벌어들이려 했던 발자크는 권당 20프랑의 가격으로 내놓았다. 서적상인들이 놀라 뒤로 자빠질 가격이었다. 그러자 발자크가 이미 오래 전에 수많은 독자들의 손에 들어 있는 것을 꿈꾸었던 1천 부의 책은 전혀 수요가 없어서 인쇄업자와 출판업자의 창고에 틀어박혔다! 일년이 지나자 대량판매를 기대했던 이 작품은 겨우 20부가 팔렸다. 숨통을 트기 위해서 발자크는 이 책을 13프랑에 내놓았다. 소용없었다. 12프랑으로 가격을 낮추었다. 그래도 여전히 주문은 오지 않았다. 마침내 그는 전체물량을 투매가격으로 넘겼다. 그러고 나서도 이 사업에서 한 번 더 실패를 겪어야 했다. 절망적인 싸움을 일년이나 계속했으나 완전한 파국이었다. 꿈꾸던 재산 대신에 오노레 발자크는 15,000프랑의 빚을 짊어지게 되었다.

그렇게 엄청난 실패를 하고 났으니 다른 사람 같으면 항복했을 것이다. 그러나 발자크는 아직도 충분히 강해서 결정적인 패배를 맛봐야만 했다. 뒷날 회곡작품이 실패하면 그는 세상을 감동시키는 소설을 통해서 손실을 메우곤 했다. 빚쟁이들이 쫓아오고 집달리가 문앞에서 동정을 엿보면 그는 그들을 바보 취급하는 것을 재미로 여기고 자신의 부채를 승리라도 되는 것처럼 떠벌이고 다녔다. 그러나 스물여섯 살의 발자크는 아직 성공을 배경으로 삼을 수가 없었고, 그의 삶에는 그 어떤 신용 자산도 없었다. 아직은 이따금 겪는 손실을 호기 있게 견딜 수 있는 문학계의 나폴레옹이 아니었다.

어쩌면 그는 여전히 자신의 능력을 의심하는 가족 앞에서 부끄러웠는지도 모른다. 어쩌면 자기가 단 한 판에 투자액 전부를 잃었다고 애인에게 고백하고 싶지 않았기 때문인지도 모른다. 어쨌든 그는 투자를 두 배로 늘렸다. 잃어버린 돈을 되찾을 길은 단 한 가지라고 여겼다. 다른 돈을 더 끌어들이는 것이다. 첫 번째 계산에서 어떤 착오가 발생한 것이 분명하다. 그리고 발자크는 그 착오를 찾아냈다고 믿었다. 단순히 출판사만 해서는 훌륭한 사업이 못 된다. 알짜는 다 가려먹고 고작해야 멀건 국물만 남기는 값비싼 인쇄업자에게 속기 때문이다. 책을 쓰고 펴내는 것이 아니라 손수 찍어내는 것이 훌륭한 사업이다.

그는 책을 쓰고 고르고 출판하고 생산하는 더욱 대담한 망을 짜야만 자기의 능력을 완전히 발휘할 수 있다고 여겼다. 그래서 발자크는 '라퐁텐'과 '몰리에르'의 실패를 재빨리 상쇄하기 위해서 엄청난 책의 생산망을 떠맡았다. 옛날부터 내려오는 파산의 처방전에 따라서 그는 지불불능 상태의 기업을 더 키움으로써 되살리려고 했다. 거대한 사업의 두 번째 시기가 시작되었다. 발자크는 인쇄소를 열기로 결심한 것이다.

그가 이 사업을 시작하기 위해서는 몇 가지 중요한 전제조건들이 충족되지 않았다. 첫째로 그는 전문가가 아니었고, 그래서 인쇄업을 전혀 이해하지 못했다. 둘째로 당시 프랑스에서 '인쇄업'을 하기 위해서는 반드시 필요했던 허가가 없었다. 셋째로 장소와 작업기계가 없었으며, 넷째로는 영업허가와 재료, 장소 등을 얻기 위해서, 그밖에도 인쇄공과 노동자들에게 보수를 주기 위해서 필요한 사업자금이 없었다.

그러나 누군가가 나쁜 사업을 시작하려고 하면 고약한 우연이 그를 돕는 법이다. 발자크는 인쇄분야 전문가로는 '라 퐁텐'을 만들면서 눈에 띄었던 식자공 앙드레 바르비예(André Barbier)를 구했다. 그는 바르비예를 설득해서 '오노레 발자크 인쇄소'의 기술적인 경영을 맡겼다. 베르니 씨의 추천서가 인쇄허가를 받도록 도와주었다. 이 추천장은 장관과 경찰총장 앞으로 되어 있었다. 어떤 부드러운 손길이 이 배신당한 남편으로 하여금 펜을 들게 했는지 알아볼 수 있다.

나는 여러 해 전부터 이 젊은이를 알고 있습니다. 그의 생각의 정직함과 문학적 지식으로 그가 이와 같은 직업이 자기에게 부과하는 상당한 정도의 의무를 잘 인식하고 있다고 나는 확신합니다.

이 추천장으로 충분했다. 그리고 관청으로부터 오노레 발자크(오노레 드 발자크는 아직 발명되지 않았다)에게 인쇄업을 해도 좋다는 공식 허가장이 나왔다.

허가장을 손에 넣자 팔려고 내놓은 인쇄소를 찾아내는 것은 어려운 일이 아니었다. 센강 왼편의 어두운 골목길인 마레 거리(뒷날 비스콘티 거리라고 불리게 된다)에 1699년에 장라신이 죽었고 1730년에는 아드리엔 르쿠브뢰르(Adrienne Lecouvreur)가 죽은 집 옆집 1층에 조그맣고 더러운 무면허 인쇄소, 업계의 속어로는 진짜배기 '분쇄기'가 있었다. 그 주인인 로랑스(Laurence) 씨는 오래 전부터 수입이 거의 없는 이 업체에서 손을 떼고 싶어했다. 돈을 잘 쳐주는 사람, 아니면 하다못해 좋은 값을 약속하고 그에 대해서 알맞은 보증인만 세울 수 있는 누구라도 나타나기만 하면 그로서는 더 좋을 수가 없었다.

네 가지 조건 중에서 세 가지가 쉽고도 다행스럽게 맞춰졌다. 네 번째 조건은 본질적인 어려움을 지닌 것이었다. 사는 것보다는 돈을 내기가 더 어렵기 때문이다. 발자크는 새로운 사업을 위해서 약 5만 내지 6만 프랑의 돈이 필요했다. 허가와 가게를 얻기 위해서 3만 프랑, 기술경영자 바르비예를 위한 생계보장비 1만 2천 프랑. 이 사람은 발자크의 사업 능력을 완전히 믿지 않았던 것 같다. 그밖에도 이전의 소유자가 소홀히 해서 아주 구식이 되어버린 장비를 새로 장만하는 것이 절대적으로 필요했다. 1만 5천 프랑의 빚밖에는 가진 것이 없는 사람이 필요한 5만 내지 6만 프랑에 단 1수라도 보탤 수 없다는 것은 분명했다.

다행인지 아니면 오히려 불행인지 발자크는 중요한 보증인을 찾아냈다. 그것도 가장 기대하기 어려운 곳에서 찾아냈다. 바로 발자크 집안이었다. 아버지도 어머니도 투자할 마음이 조금도 없는 사람들이었다. 그들의 재산은 현금 약 20만 프랑에 달하고 있었고 현재 얼마간의 돈이 유동자산이었다. 놀라운 일이지만 그들은 아들의 계획에 반대하지 않았다. 인쇄업은 시민적인 견고한 사업으로 문필업처럼 바람을 타는 것이 아니었다. 그리고 아마 오노레는 자신의 낙관적인 상상력을 모두 동원해서 장래의 사업을 아주 전망이 풍부한 것이라고 설명했기 때문에 가족이 마침내 이전에 약속했던 1만 5천 프랑의 연금을 그에게 투자하기로 결정하였다. 아버지와 어머니 발자크의 보증을 받고서 가족의 친구인 들라누아(Delannoy) 부인이 3만 프랑의 돈을 사업자금으로 내놓았다. 이번에도 언제나 헌신적인 베르니 부인이 나머지를 장만한 것으로 보인다.

1826년 6월 4일에 오노레 발자크는 관공서에 공식적으로 보고하였다.

여기 서명한 파리의 인쇄소 소유자인 나는 나의 집과 영업장소를 생 제르맹의 마레 거리 17번지로 옮기는 것을 신고합니다.

사업이라는 비희극의 제3막이 시작되었다.

이 특별한 인쇄소는 뒷날 여러 번이나 묘사되었다. 〈잃어버린 환상(Illusions perdues)〉과 〈공을 가지고 노는 고양이의 집(La Maison du Chat-qui-pelote)〉의 상당 부분이 거리를 향하여 어두운 창유리를 보이는 기묘한 작업소 내부에 대해 날카로운 조명을 해주고 있다.

마레 거리는 강변 쪽 생 제르맹과 말라케 강둑길 사이로 좁고도 구불구불하게 뻗어 있었다. 이 좁은 골목길의 포도에 햇빛이 비치는 경우는 없었다. 궁의 앞뜰 쪽으로 연결되는 봉건 시대의 높다란 입구는 17세기에는 귀족들의 의전마차들이 이곳을 지나다녔으리라는 것을 말해주고 있다. 그러나 2백 년이 지난 지금 가치도 취향도 변했다. 혈통 있는 귀족과 돈 있는 귀족들은 오래 전부터 훨씬 더 밝고 친근한 구역을 찾아갔고, 이제는 소규모 수공업자들이 이곳, 더럽고 낡은데다 그을음으로 더욱 컴컴해진 골목길에 가게를 차리고 있었다.

발자크와 바르비예 상사가 사업장으로 고른 집은 이 낡은 봉건주의의 이점조차도 드러내지 못했다. 그것은 한때 고귀한 귀족 호텔 한 곳이 자리잡았던 장소에서 뻔뻔하게 길거리로 튀어나와 있었다. 건물의 돌출부는 심지어 마찻길까지 튀어나왔다. 그것은 이익을 위해 지은 싸구려 건물이었다. 1층은 단 하나의 커다란 공간만 있었는데 이것이 바로 인쇄소 작업장이었다. 이곳에서 쇠로 된 나선형 계단을 올라가면 2층에 닿았고, 그곳은 새로운 '주인'의 개인집이었다. 앞방, 어두운 부엌, 나폴레옹 1세 시절 양식의 벽난로가 있는 작은 식당, 그리고 작은 침실이 딸린 거실 겸 작업실이 있었다.

이것은 최초로 주어진 그 자신의 집이었다. 발자크는 아주 조심스럽게 이 집을 꾸몄다. 양탄자 대신에 밝은 색 페르칼 천으로 벽을 덮었다. 아름다운 장정으로 꾸민 자신의 책들을 진열해놓고 작고 값싼 물건들을 끌고 왔다. 이 어두운 세월 동안 매일 그를 찾아온 저 충실한 애인의 눈을 즐겁게 할 수 있는 것은 무엇이든 다 늘어놓았다. '모든 고통을 잠재우는 선량한 잠처럼 그녀는 매일 찾아왔다.'

발자크가 처음부터 흔들리는, 사업이라는 배에 1등 선실처럼 들어 있는 이 작은 피난처는 절대로 그의 사치나 경박함의 항목에 기록되어서는 안 된다. 발자크는 자신의 새 직업을 정말 심각하게 여겼기 때문이다. 이른 아침부터 늦은 밤까지 그는 셔츠 바람에 옷깃은 풀어헤치고서 기름과 축축한 종이 냄새를 풍기는 뜨거운 작업장에서 스물네 명의 노동자들 사이에 서서 용병대장처럼 싸웠다. 일곱 대의 인쇄기에 끊임없이 종이를 공급하기 위해서였다. 어떤 일도 하찮게 여기지 않았고 어떤 노동도 문학적인 자만심에서 자기에게는 안 어울리는 일이라고 생각지 않았다. 그는 교정쇄를 고치고 조판을 돕고 잡비들을 계산하고, 손수(그중 많은 것들이 오늘날 전해진다) 계산서를 작성하였다.

그는 쉬지 않고 벌써 어느 정도 뚱뚱해진 모습으로 기계와 잔뜩 쌓아놓은 짐더미들로 가득 찬 공간을 이리저리 돌아다녔다. 때로는 노동자를 부추기려고, 때로는 작은 유리벽 뒤에 있는 사무실에서 끊임없이 우르르 덜컹 끽끽거리는 기계 소리 한가운데서 색깔과 기름으로 시커먼 손으로 부기 계원과 종이 공급업자와 흥정하면서 1수라도 깎기 위해서였다. 이 시기에 어떤 참여나 요구를 가지고 이토록 열을 올리고 열심히 일하는 인쇄소 주인에게 접근했던 그 누구도, 더러운 머리카락을 흐트러뜨린 채 끊임없이 움직이는 뚱뚱하고 부지런한 이 남자가, 이 열렬한 달변가가 자기 시대 가장 위대한 작가라고, 혹은 장차 그런 작가가 될지 모른다고 짐작한 사람은 없었다.

그러나 발자크는 이 시기에 자신의 높은 야망에 완전히 작별을 고한 상태였다. 그는 육중한 몸매와 제어되지 않는 영혼을 가진 인쇄업자였다. 그의 유일한 야망은 인쇄기를 돌아가게 하는 것, 사업을 번창하게 하는 것뿐이었다. 프랑스 국민의 집과 마음에 프랑스 고전작가들을 들이민다는 어리석은 야망은 이미 사라졌다. 발자크와 바르비예 인쇄소는 전혀 조건 없이 주문에 맞추어서 주문받은 대로 무엇이든 인쇄했다. 인쇄업자 오노레 발자크의 작품 1호는 고귀한 문학작품이 아니라 '장수하기 위한 반단백질 알약 혹은 생명의 알약(Pilules antiglaireuses de longue vie ou grains de vie)'이라는 설명서였다. 두 번째 작품은 어떤 야심만만한 변호사가 자기가 비용을 부담해서 인쇄를 의뢰한 여자 살인자에 대한 변론이었다. 세 번째는 기적의 약 '약제사 르페르의 브라질 혼합물(Mixture brésilienne de Lepère, pharmacien)'에 대한 요란한 선전책자였다.

다음으로 여러 가지 주문이 들어왔다. 소책자, 설명서, 고전서적들, 시, 광고, 목록, 재미있는 잡동사니, '장작 거래의 지침(Boussole du commerce des bois de chauffage)' '넥타이 매는 법(L'Art de mettre sa cravate)' 등이었다. 자신의 작품들 중에서는 단 한 가지 '도로 포장공을 통해 본 파리의 표장 소사전(Petit dictionnaire des enseignes de Paris par un batteur de pavés)'을 인쇄했다. 그것은 아마도 그가 돈이 몹시 궁해서 어떤 출판업자를 위해서 급히 썼던 것으로 보인다. 처음부터 사업의 사정이 좋지 않았기 때문이다.

발자크는 자기에게 인쇄가 맡겨진 작품들 중 하나의 교정쇄를 특별한 느낌을 가지고 읽었다. '빚을 갚고 빚쟁이를 만족시키는 방법 …… 혹은 파산자를 위한 올바른 사업의 방법(L'art de payer ses dettes et de satisfaire ses créanciers …… ou manuel du droit commercial à l'usage des ruinés)'이라는 작품이었다. '빚쟁이를 만족시키는 방법'을 그는 처음부터 전혀 터득하지 못하고 있었다.

그의 최초의 금융거래는 똑같은 힘이라도 다른 세계에서는 반대의 작용을 불러일으킨다는 것을 보여주고 있다. 예술의 영역에서 세계들을 만들어내는 똑같은 낙관주의, 똑같은 상상력이 사업의 영역에서는 피할 수 없는 파탄을 만들어냈다.

발자크는 첫 번째 단계에서 벌써 실수를 해서 비틀거렸다. 인쇄소를 위한 사업자금을 만들기 위해서 그는 '라퐁텐'과 '몰리에르' 전집을 서적상 보두앵(Baudouin)에게, 총 2천 5백 권의 책을 2만 2천 프랑이라는 투매가격으로 넘겼다. 원래 권당 20프랑씩으로 계산했다가 권당 약 8프랑을 받고 넘긴 것이다. 그러나 발자크는 급히 돈이 필요해서 여기 서명했다. 돈을 빨리 받을 속셈으로 그는 이 2만 2천 프랑을 현찰로 받는 대신에 보두앵이 서점 두 곳에서 받은 2만 7천 프랑짜리 차용증서를 받았다. 그중 한 서점은 지방에 있는 것이었다. 5천 프랑이 더 많은 것을 보고 낚시 줄에 달린 미끼를 덥석 문 것이다.

그러나 속에 든 낚시바늘이 곧 모습을 나타냈다. 발자크가 이 두 서점에서 돈을 회수하려고 하는 순간 두 서점은 지불 불능 선언을 했다. 그는 심하게 빚에 몰리고 있었기 때문에 파산절차가 끝나기까지 기다릴 수가 없었다. 뭐라도 좀 건지기 위해서 그는 지방에 있는 서점 창고에서 손실을 좀 메우기로 결심했다. 그래서 현찰 대신에 아무런 가치도 없는 책 더미들을 집으로 끌고 왔다. 게스너(Gessner), 플로리앙(Florian), 페늘롱(Fénelon), 길베르(Gilbert) 등 여러 해 전부터 지방의 창고에서 먼지를 뒤집어쓰고 있던 것들이었다. 그렇게 해서 이 코미디가 완성되었다.

발자크는 베르니 부인이 자기에게 준 현찰을 가지고 '라퐁텐' '몰리에르' 같은 책들을 인쇄했다. 그러나 이 책들이 잘 팔리지 않는 것을 보자 현찰을 마련하기 위해서 이 책들을 원래 가격의 1/3에 넘겼다. 그러나 이번에도 현찰 대신에 그는 또 다른, 역시 안 팔리는 책들을 받은 것이다. 인쇄된 폐지 대신에 다른 폐지를 받은 것인데, 뒤의 것은 앞의 것의 약 1/10 정도의 가치를 가진 것이었다. 그러니까 옛날 도이치 동화에 나오는 '행복한 한스' 같은 일이 그에게 실제로 일어난 것이다. 한스는 황금을 암소로, 암소를 염소로, 염소를 거위로, 거위를 돌로 바꾸었다. 그리고 마지막으로 이 돌마저 풍덩 물 속으로 빠뜨리고 말았다.

이제 발자크와 바르비예 인쇄소에는 끈으로 묶여서 잔뜩 먼지를 뒤집어쓴 묵직한 짐짝들 형태로 이미 빛바랜 대가들의 작품이 쌓이게 되었다. 그러나 불운한 일이었지만 생계비를 현찰로 지불하지 않으면 안 되는 노동자들은 페늘롱, 플로리앙 등으로 주급(週給)을 대신하려고 하지는 않았다. 그러자 종이 공급업자도 곧 냄새를 맡았다. 발자크가 써준 차용증서와 어음들이 가차없이 돌아왔다. 이 증서들은 당시만 해도 뒷날 이 서명이 가지는 값비싼 가치를 갖지 못한 것이었다. 빚쟁이들은 즉시 지불할 것을 요구했다.

작업소에 있는 작은 유리벽은 이제 은신처가 되지 못했다. 발자크가 작업장에 모습을 드러내는 일이 점점 더 드물게 되었다. 특히 주말이 가까워지면 그는 점점 더 오래 밖에 나가 있었다. 그는 이 문 저 문 돌아다니면서 은행가들, 친구들, 친척들에게 현찰을 마련할 테니 어음을 연기해달라고 간청하였다. 뒷날 〈세자르 비로토〉에서 서술한 이 굴욕의 장면들을 바로 이 몇 달 동안 경험하였다. 이 기간 동안 그는 절망적으로 사업을 살려보려고 투쟁하였다.

그러나 삼손 같은 힘을 가진 그였지만 머리 위로 쏟아져내리는 천장을 막을 길은 없었다. 1827년 여름에 모든 것을 다 잃었다. 노동자들에게 지급할 단 1수도 남아 있지 않았다. 인쇄업자 발자크는 이전에 출판업자, 그보다 더 이전에 《크롬웰》의 시인이 그랬듯이 다시 실패한 것이다. 법적으로나 논리적으로 보아서 인쇄소에는 두 가지 가능성만이 남았다. 공개적인 파산선고를 하든지 아니면 조용히 청산절차를 밟는 것이었다.

그러나 이 두 가지 가능성 대신에 발자크는 다른 해결책을 찾아냈다. 그의 영원한 경쟁자 나폴레옹과 마찬가지로 그는 항복하고 엘바 섬으로 되돌아가지 않고 워털루를 시도하였다. 이전의 경험들에서 아무것도 배우지 못한 채 그는 이미 오래 전에 써먹은 방법을 한 번 더 되풀이했다. 이미 파산한 기업을 구하기 위해서 그것을 다시 확장한다는 방법이었다. 출판사업이 살아남지 못하게 되었을 때 그는 인쇄소를 구명 대삼아 매달렸다. 이제 인쇄소마저 가라앉을 지경이 되자 그는 파산한 기업에다가 활자제조업을 덧붙여서 두 가지를 함께 물 위에 띄워보려고 했다.

이러한 기도나 다른 모든 발자크의 기도에서 비극적인 것은 그것이 근본적으로는 올바른 생각이었다는 점이다. 발자크의 내면에는 공상가와 나란히 교활한 현실주의자가 숨어 있었다. 변호사, 사업가의 밝은 눈길을 가진 현실주의자였다. 한 권짜리 고전작가 판본이란 그 자체로 보면 허튼 생각이 아니었다. 그것은 뒷날 개선된 형태로 실제 실현되었다. 인쇄소의 설립도 그 자체로는 정신나간 일이 아니었다. 인쇄된 물품의 소비는 해마다 빠른 속도로 증가하고 있었다. 세번째 구상인 활자제조업은 특별히 전망이 좋은 것이었다.

발자크는 새로운 인쇄방식에 대해서 들었다. 피에르 뒤로샤유(Pierre Durochail)라는 사람이 발명한 이른바 퐁테레오 인쇄술에 관한 것이었다. 그것은 '지형(紙型)을 뜨기 위해서 용해용 도가니를 사용하지 않고, 주조된 면(面)을 뒤집어서 고치지 않고서도' 통상의 스테레오 인쇄술보다 훨씬 더 좋은 인쇄상태를 만들어낸다는 소문이었다.

발자크는 곧 열광하였다. 몇십 년이나 앞을 내다보는 밝은 눈길로 그는 아주 일찍이, 이제 시작되는 산업 시대에는 생산의 단순화와 비용절감이 아주 중요하게 될 것이고 이번 세기(19세기)에는 어떤 물품이든지 생산비용을 절감시키거나 생산속도를 높이는 발명으로 가장 큰 이익을 얻게 되리라는 사실을 인식하고 있었다. 그리고 이 발명의 문제는—그의 소설들이 입증해주듯이—언제나 그를 열광시켰다. 그가 〈잃어버린 환상〉에서 다비드 세샤르(David Séchart)—자신의 인쇄업자 시대를 반영하는 인물—로 하여금 성공하면 수백만 프랑을 벌어줄 제지공장의 한 공정을 얻기 위해 노력하도록 만드는 것은 우연이 아니다. 〈절대의 탐구(Recherche de l' Absolu)〉에서 발타자르 클라에(Balthazar Claes), 아름다워지는 크림(Pâte sultane)의 발명자인 세자르 비로토, 화가 프레노페르(Frenhofer), 음악가 강바라(Gambara) 등은 모두 새로운 방식으로 힘들을 결합시켜서 작용력을 상승시키려고 노력하는 인물들이다.

그 시대의 모든 작가들 중에서 괴테 이후로는 그 누구도 발자크처럼 과학의 모든 발전에 대해서 그토록 호기심과 관심을 가지고 지켜본 사람은 없었다. 그래서 그는 놀랄 정도로 늘어나고 있던 인쇄물에 대한 사람들의 욕구를 보면서 수공 조판과 수공 활자제조는 곧 기계로 대체되지 않을 수 없으리라는 것을 내다보았다. 이 퐁테레오 인쇄술은 어쨌든 엄청나게 많은 것을 약속해주는 발전의 시작이었다. 발자크는 낙관론자의 초조감과 파산자의 절망감을 동시에 품고서 이 새로운 가능성을 향해 덤벼들었다.

인쇄업이 이미 마지막 국면에 처해 있던 1827년 9월 18일에 새로운 회사가 창설되었다. 그의 동업자인 바르비예가 이 회사에 참여했고, 가랑시에르 거리 4번지에 위치한 기예

2세(Gillet Fils) 활자제조업소의 파산관리를 맡았던 로랑이라는 사람도 여기 끼었다. 아마도 로랑이 물자를 대고 바르비예가 운영을, 발자크가 새로운 방식에 대한 선전을 맡았던 것 같다. 부업에 지나지 않으면서 힘들기만 하던 하찮은 인쇄업은 이제 끝이다! 새로운 사업은 더 큰 방식으로 운영되어야 한다. 발자크는 멋진 견본책자를 준비하기 시작했다. 그 안에는 인쇄업에 쓰이는 새로운 활자체들이 검토하기 좋도록 잘 배치될 참이었다. 그리고 새로운 인쇄술 덕분에 인쇄소와 출판사에 제공할 수 있게 된 표지와 장식들도 함께 들어가야 한다.

이 새로운 상품목록이 모범적으로 준비되고 있을 때 갑자기 세 번째 주주인 바르비예가 사업에서 빠지겠다고 선언했다. 배가 항구에서 난파당할 위기에 빠졌다. 누구보다도 충실한 여인 드 베르니 부인이 이 위태로운 상황을 넘기도록 한 번 더 도움의 손길을 뻗쳤다. 그녀는 남편에게서 재산에 대한 전적인 권한을 위임받아서 도망친 바르비예의 지분을 떠맡았다. 이미 잃어버린 돈에다가 현찰 9천 프랑을 덧붙이자 범선은 한동안 물 위에 떠 있었다.

그러나 이미 너무 늦었다. 구매자와 주문자들을 유혹하기 위한 온갖 활자체들을 선보이는 훌륭한 견본책자가 제때 완성되지 못했다. 그리고 유일하게 믿을 만한 사람으로 보이던 바르비예가 사업에서 빠지자 불안해진 빚쟁이들이 밀려들어왔다. 종이공급업자와 서적상인들이 지급을 요구하고 빚쟁이들은 어음을 제시하고 노동자들은 임금을 요구하였다. 새로운 사업을 통해서 수천 수만 프랑을 벌 수 있다는 발자크의 말을 아무도 거들떠보지 않았다. 아무도 발자크와 바르비예 상사, 혹은 발자크와 로랑 상사, 혹은 오노레 발자크가 발행한 차용증서를 받아주지 않았다. 1828년 4월 6일에 12년 동안으로 계약된 세 번째 회사가 파산했고 발자크도 파산했다. 출판업자로서, 인쇄업자로서, 활자제조업체 주인으로서 3중 파산이었다.

이제는 나쁜 소문을 더 이상 잠재울 수 없었다. 부모가 아들의 실패를, 파산이라는 오명이 발자크라는 이름에 떨어졌다는 사실을 신문을 읽고 비로소 알게 하지 않으려면 부모에게 알리는 수밖에 없었다. 인쇄소와 활자제조업의 실패 소식은 천둥처럼 양친의 집을 내리쳤다. 어머니는 처음에 여든두 살 난 남편에게 투자금액의 손실을 감추려고 애썼고 실제로 감출 수 있었다. 그러나 그 다음에 피할 수 없는 문제가 나타났다. 이 실패한 아들을 모른 척 추락하게 내버려둘 것인가, 아니면 계속 희생을 치르면서 사업가로서의 명예를 구제할 것인가 하는 문제였다.

어머니 발자크는 대표적인 소시민 여자였다. 아끼고 참고 돈을 탐내고, 절약한 돈을 한푼도 잃지 않기 위해 갖은 노력을 다하는 여자였다. 아들의 방에 작은 동판화 한 장이 걸린 것을 보고 돈을 낭비했다고 야단치고 기숙학교에 있던 아들에게 얼마 안 되는 용돈조차 보내지 않았던 이 여자가 가족의 저축을—그것도 상당한 금액을—내놓으리라고 기대할 수는 없는 노릇이었다. 그러나 어머니 발자크는 다른 뜻에서도 역시 시민계층 여자였다. 공개적인 소문에 맞서서 집안의 좋은 평판을 지키기 위해 벌벌 떠는 여자였던 것이다. 발자크라는 이름이 모든 신문의 '파산'난에 오르게 되리라는 생각만 해도 이웃과 친척들의 눈앞에 그녀의 시민적인 자부심이 손상을 받았다. 그래서 그녀는—얼마만한 절망감에서였을지 짐작이 가는 일이지만—불명예스럽고 수치스런 파산을 피하기 위해 한 번 더 돈을 내겠다고 선언했다.

사촌인 드 세디요(de Sédillaud)라는 사람이 그녀의 청에 따라 청산작업을 떠맡았다. 그 일이 결코 쉽지는 않았을 것이다. 발자크는 여러 가지 사업체들을 온갖 채무관계로 마구 뒤섞어놓아서 세디요 씨는 이익과 결손의 상태를 확정하고 빚쟁이들을 일부나마 진정시키는 데 거의 일년이나 걸렸다. 그가 맨 먼저 한 합리적인 행동은 발자크를 이 일에서 완전히 제외시키는 것이었다. 공상가와 계획가는 이렇게 정밀하고 힘든 일에는 쓸모가 없는 법이다.

일년이 지난 1828년 중간에야 비로소 이 힘든 작업이 끝났다. 약 10만 프랑 이상의 부채를 떠안은 인쇄소는 허가증을 포함해서 67,000프랑에 바르비예가 사들였다. 그래서 여기서만 발자크 일가는 4만 내지 5만 프랑의 손해를 보았다. 애인을 위해서 45,000프랑을 투자했던 베르니 부인은 처음에는 부채액에 전혀 미치지 못하는 것이었지만 활자제조업을 담보로 잡았다. 그녀는 그것을 아들인 알렉상드르 드 베르니에게 넘겨주었다. 발자크의 사업적인 능력을 믿었던 사람들은 일시에 엄청난 손실을 보았다. 그러나 운명의 특이한 아이러니 덕분에 두 개의 사업체는 이 작가가 손을 놓고 원래의 사업이 요구하는 대로 현실적이고 실무적인 방식으로 운영되자마자 금세 이익을 내기 시작하였다. 발자크는 자신의 상상력을 발전시킬 수 있는 원래의 세계, 곧 예술의 세계로 돌아갔다.

사촌 세디요가 발자크와 바르비에 상사 및 발자크와 로랑 상사의 청산작업을 아쉬운 대로 마무리지었으니 발자크 자신에 대해서도 결산을 해보자. 물질적인 의미에서 그것은 파괴적인 것이었다. 이제 스물아홉 나이에 예전보다 더 자유가 없었다. 열아홉 살에는 가진 것도 없고 빚진 것도 없었다. 지금 스물아홉 나이에 가족과 애인에게 거의 10만 프랑의 빚을 진 신세였다. 10년 동안이나 그는 거의 쉬지도, 긴장을 풀지도, 즐기지도 못하고 일을 했건만 모두가 헛일이었다. 그는 온갖 수모를 다 당했다. 수천 장의 종이에 엉뚱한 이름으로 서명하였고, 사업가로서는 아침부터 밤까지 책상 앞에서 있거나 아니면 고객을 찾아나서고 빚쟁이와 싸워야 했다. 형편없는 방에서 살았고 가족의 사슬이라는 쓰디쓴 빵을 받아먹으면서 거인적인 노력을 한 끝에 전보다 백 배나 더 가난하고 천 배나 더 부자유스럽게 된 것이다.

3년 동안의 사업가 활동에서 얻게 된 10만 프랑의 빚은 그에게 시시포스의 돌이 되었다. 그는 일생 동안 근육을 거의 망가뜨리면서 이 돌을 꼭대기로 굴려올리곤 했지만, 언제나 다시 아래로 굴러떨어졌다. 생애 최초의 이 잘못은 그를 언제까지나 채무자로 남도록 운명지었다. 자유롭게 창작하고 종속 없이 산다는 어린 시절의 꿈은 절대로 실현되지 않을 것이었다.

그러나 사업장부의 이런 냉담한 결산표에 비해서 견줄 데

없는 이익이 나타나고 있다. 사업가로서 잃어버린 것을 작가이며 인생의 서술자인 발자크가 더 높고 세계적으로 통용되는 전혀 다른 화폐로 다시 벌어들였다. 현실의 모순과 끈질기게 맞서 싸운 이 고단한 3년은, 전에는 오직 창백하고 삶과는 거리가 먼 인물들을 모방적으로만 묘사하던 낭만주의자에게 일상의 연극을 담은 현실세계를 보는 법을 가르쳤기 때문이다. 뒷날 그가 말한 것처럼 이 연극 하나하나는 셰익스피어 비극처럼 감동적이고 나폴레옹의 전투처럼 강력한 것이다.

그는 우리의 물질주의 시대에 돈이 가지는 막강하고 악마적인 의미를 체험하였다. 파리의 작은 가게들과 큰 사무실에서 매순간 벌어지는 어음과 채무증서를 둔 싸움들, 술책들과 기만들은 바이런의 해적선과 월터 스콧의 고귀한 기사들 못지않게 힘겨운 일이라는 사실을 알았다. 노동자들과 노동을 하고 고리대금업자들과 싸우고 절망적인 경계심을 품고서 물품공급자들과 거래를 해봄으로써 그는 자신의 동료들인 빅토르 위고, 라마르틴, 알프레드 드 뮈세 등과 비교할 수 없을 정도로 사회적인 맥락과 모순들에 대한 지식을 얻었다. 이들 다른 작가들은 낭만적인 것, 고귀한 것, 위대한 것만을 추구하였던 반면, 발자크는 인간 속에 감추어진 작지만 잔인한 것, 천박하게 추악한 것, 감추어진 폭력을 보았고 묘사할 수가 있었다.

젊은 이상주의자의 상상력에 현실주의자의 명료함, 사기당한 자의 의심 등이 덧붙여졌다. 이제 위대함이 그를 자극하지 않고, 낭만적인 장식도 그를 기만하지 못하게 된다. 사회적인 기계의 가장 깊은 내면을 들여다보았고, 채무자를 얽어매는 올가미와 빚쟁이들에게서 도망치는 그물의 코를 알아볼 수 있었기 때문이다. 그는 돈을 버는 법과 잃는 법, 소송을 거는 법과 경력을 쌓는 법, 낭비하는 법과 절약하는 법, 다른 사람을 속이는 법과 자신을 속이는 법을 알았다.

그가 뒷날 젊은 시절에 그토록 다양한 직업을 거쳤고 그를 통해서 직업의 문맥을 분명하게 알아보았기 때문에 자기 시대를 실질적으로 묘사할 수 있었노라고 말한 것은 분명 옳은 말이었다. 그리고 그의 가장 위대한 대표작들, 〈잃어버린 환상〉, 〈마법 가죽〉, 〈루이 랑베르〉, 〈세자르 비로토〉 등 시민세계와 중개소와 사업의 위대한 서사시들은 이 사업 시대에 체험된 실망 없이는 생각할 수도 없는 작품들이다. 그의 상상력이 현실과 녹아들고 뒤섞이게 된 이제서야 발자크 소설의 저 놀라운 실체, 곧 리얼리즘과 상상력의 가장 완벽한 혼합체가 생겨날 수 있게 된다. 그가 현실세계에서 실패하고 난 지금 비로소 그의 내면에 있는 예술가가 성숙해서 자신의 세계를 현실세계와 나란히, 그리고 그 위에 건설할 수 있게된 것이다.

제6장
발자크와 나폴레옹

그가 칼로 시작한 일을 나는 펜으로 완성하련다.

사람들은 그토록 완벽한 실패를 보면서 발자크가 지나치게 서둘렀던 사업가로서의 자신감도 그 과도한 희망의 거창한 쓰레기더미 아래 함께 파묻어버렸을 것이라고 예상할지 모르겠다. 그러나 발자크는 자기 머리 위로 집이 무너져내리는 동안 단 한 가지만을 느꼈다. 다시 자유롭고 다시 시작할 수 있을 것이라는 느낌이었다. 아버지로부터 혹은 지치지 않는 농부들로 이루어진 집안 전체로부터 물려받은 생명력은 이 파국 속에서도 전혀 손상을 입지 않았다. 그는 베옷을 입고 재를 뒤집어쓰고서 잃어버린 돈을 찾으러 쫓아다닐 생각은 전혀 하지도 않았다. 어쨌든 그가 잃어버린 돈은 자신의 돈이 아니었고 채무 액수가 너무 커서 일생 동안 그에게는 비현실적인 것으로 여겨졌다. 그 어떤 패배도 그의 원초적인 낙관론을 꺾은 적은 없었다. 다른 허약한 사람이라면 영구히

등뼈를 부러뜨려놓았겠지만 이 의지력의 거인 앞에서는 살 갗도 찢어놓지 못했다.

　내 생애의 모든 시기에 걸쳐서 나는 언제나 용기가 내 불행보 다 더 큰 것을 보았다.

　어쨌든 처음 얼마 동안은 예의상으로라도 사람들 눈에 안 띄는 것이 필요했다. 그밖에도 빚쟁이들이 아무때나 방문하 도록 자기 집을 알릴 수 없다는 것도 중요한 이유였다. 그가 좋아했던 페니모어 쿠퍼(Fenimore Cooper)의 소설들 한 곳 에 나오는 아메리카 인디언처럼 그는 한동안 자신의 발자국 을 지우는 기술을 연습했다. 일을 위해서, 그리고 베르니 부 인 때문에 파리에 머물고자 했기에 그는 계속 거처를 옮기고 경찰의 눈에 띄지 않도록 애써야 했다.

　그의 최초의 은신처는 앙리 드 라투슈(Henri de Latou-che)의 집이었다. 발자크는 몇 달 전부터 이 사람과 우정관 계를 맺었다. 라투슈는 파리 신문업계에서의 융통성 덕분에 자기보다 나이가 젊고 아직 이름 없는 발자크를 위해서 확실 한 보호자 노릇을 떠맡았다. 독창적이기보다는 남을 받아들 이고 인정해주는 여성적인 능력을 가졌던 그는 다른 모든 어 중간한 재능을 가진 사람들과 마찬가지로 성공의 세월 동안 에는 사랑스럽고 호감을 주는 인물이었다. 그런 다음 뒷날 실패를 겪게 되면서 비뚤어지고 고독하게 되었다.

　남의 재능에 대한 이런 특별한 후각은 별 재능이 없던 그 에게 일종의 동반자적인 불멸성을 마련해주었다. 시기심 많은 동생이 25년 동안이나 서랍 속에 썩히고 있던 앙드레 셰니에(André Chénier)의 시들을 구출해서 후세에 남겨준 것도 그의 공이었다. 그 자신은 이렇다 할 시를 쓰지 못했지만, 그래도 프랑스 서정시의 가장 아름다운 몇 편은 그에게 헌정된 것이다. 저 마르슬린 데보르드 발모르(Marceline Desbordes-Valmore)의 아름다운 시편들이 그것이다. 그는 그녀의 성실하지 못한 애인이었다. 그가 파산한 인쇄업자, 이제 서른 살이 다 되어가지만 단 한 줄도 쓸 만한 구절을 쓰지 못한 이 사람을 동료 같은 태도로 받아들여서 다른 누구보다도 그를 격려하고 한 번 더 문학을 시도하라고 자극했던 것도 역시 그의 남다른 후각능력을 말해주는 부분이다.

물론 발자크는 이 은신처에서 오래 견디지는 못했다. 집주인이 매우 친절하기는 했지만 대단히 수다스러운 사람이었다. 자기 방식대로 일하기 위해서, 말하자면 밤낮 방해받지 않고 휴식도 없이 일하기 위해서 그는 완전한 격리상태, 자기만의 작은 암자가 필요했다. 새로운 출발을 위해서 그가 꼭 필요로 하던 휴식처를 마련하도록 누이동생과 그 남편인 쉬르빌이 자기들의 이름을 빌려주었다. 발자크가 자기 이름으로 집을 빌리는 날에는 아침부터 저녁까지 벨이 울리고 빚쟁이며 심부름꾼, 집달리들이 달려들 것이기 때문이다. 그렇게 해서 1828년 3월에 완전히 알려지지 않은 쉬르빌이라는 사람이 카시니 거리(rue Cassini)에 작은 가건물을 빌렸다. 그 집은 앞으로 9년 동안 발자크의 근거지가 되고, 그 네댓 개의 방들은 그가 꿈꾸는 수백 수천의 인물들로 가득 채워지게 된다.

이 카시니 거리는 수많은 이점을 지닌 곳이었다. 중요하지 않은 사람들이 사는 교외지역으로, 이곳에 작가가 있으리라고 생각하는 사람은 아무도 없었다. 옵세르바트와르 거리 근처, 그러니까 시의 가장 외곽 지역에 위치한 곳이었다.

이곳은 원래 파리가 아니지만, 그래도 역시 이 도시에 속한다. 이 지역에는 광장, 거리, 대로, 방어시설, 가로수길, 국도 등이 있지만, 그래도 거의 시골이고 그러면서도 여전히 수도이다. 모든 요소를 지니고 있지만 근본적으로는 제대로 된 것이 없다. 그야말로 한적한 곳이다.

도둑기사가 자신의 성을 떠나듯 발자크는 밤에만 이곳을 떠나서 "내가 정복하려고 하는 발치에 있는 파리"로 스며들 수가 있었다. 그밖에는 성의 도개교를 높이 들어올려서 원치 않는 방문으로 방해받지 않았다. 그의 비밀거처에 대해서는 이 집의 아래층에 살고 있는 친구인 화가 오귀스트 보르제 (Auguste Borget)와 딜렉타 드 베르니 부인 정도만이 알고 있었다. 그녀가 이 집을 선택하라고 충고했던 것으로 여겨진다. 바로 다음 모퉁이에 그녀의 집이 있을 뿐 아니라 특별한 이점까지도 있기 때문이다. 즉 정원에서 직접 비밀문을 통해서 발자크의 침실로 연결해주는 좁다란 뒷계단이 있었기 때문이다. 이 통로를 통하면 자주 그를 찾아가도 그녀의 명성은 아무런 손상을 입지 않을 수 있었다.

집 자체는 레디기예르 거리의 집과 비교해보면 비용만 많이 들었다. 지붕 밑 방의 세가 60프랑이었던 데 반해서 작은

카시니 거리에 있는 발자크의 집. 샹팽의 석판화. 발자크는 빚쟁이들을 피해 다른 사람의 이름으로 빌린 이 집에 숨어서 오직 밤에만 파리로 스며들곤 했다.

방들, 살롱, 작업실, 작고 요염한 욕실이 딸린 침실은 일년에 4백 프랑이나 들었다. 그러나 발자크는 값싼 것을 비싼 것으로 만드는 위험한 기술을 갖고 있었다. 남의 이름으로 집을 빌리자마자 그는 그것을 사치스럽게 치장하려는 정열에 빠져들었다.

역시 일생 동안 끊임없이 빚에 시달렸던 리하르트 바그너와 똑같이 발자크도 재산을 모으기 위해서 일을 하는 동안, 즐거움을 미리 맛보기 위해서 자기 주변을 사치스럽게 꾸밀 필요성을 느꼈다. 바그너가 거처를 옮길 때마다 맨 먼저 실내장식가를 불러서 비단 커튼이며 다마스트 천으로 벽을 장식하고 분위기를 내기 위해서 무겁고 두꺼운 양탄자를 깔게 했듯이, 발자크도 수도원 같은 작업실을—이 점에서도 바그너와 마찬가지로—지나치게 장식해서 결과적으로 모양이 없게 될 정도로 꾸미려는 욕구를 가졌다.

가구 배치는 일생 동안 그의 도락이었다. 소설에 나오는 모든 인물의 주변을 건축가, 도배사, 재단사, 수집가의 혼합적인 지식을 가지고 방들과 집들과 성들을 입체적으로 보기 위해서 모든 세부사항에 이르기까지 일일이 만들어보아야 했듯이, 자기 자신을 위해서도 개인적으로 양식화된 틀을 필요로 했다. 아직은 뒷날처럼 그렇게 값진 물건들은 아니었다. 이탈리아제 청동기, 황금으로 된 담배곽, 문장으로 장식된 마차와 온갖 사치스런 물건들은 아직 아니었다. 이런 물건들 때문에 뒷날 그는 20년 동안이나 밤잠과 가장 중요한 건강을 바쳐야만 했다.

카시니 거리에서는 처음에 작은 사치들만 나타났다. 발자크는 시계, 탁상용 촛대와 조각상 등 아무짝에도 필요없는 자질구레한 물건들을 사러 한동안 골동품상을 뒤지고 돌아다녔다. 마레 거리에서 도둑처럼 빚쟁이 몰래 빼낸 가구들과 그밖의 가구들을 장식하기 위해서였다. 가족 말고 친구인 라투슈도 주머니가 텅 빈 상태에서 하찮은 것에 대한 여자 같은 집착은 어리석은 일이라고 여겼다.

당신은 언제나 똑같군요. 카시니 거리를 거처로 골랐으면서도 그곳에는 전혀 있지를 않는군요. 언제나 이리저리 돌아다니면서 살아가기 위해서 꼭 필요한 활동이 당신을 기다리는 장소에는 없단 말입니다. 양탄자며 마호가니 옷장, 쓸데없이 예쁘장한 책들, 아무짝에도 쓸모없는 세워놓는 시계와 동판화 따위에 마음을 두고 있어요. 나더러 파리를 다 뒤져서 촛대를 사라고 하더니 그 불빛이 당신을 비치지도 못하는군요. 게다가 병든 친구를 찾아갈 만큼의 몇 푼 돈도 호주머니에 없으면서 말입니다.

그러나 이런 쓸모없는 것들을 그는 어쩌면 내면의 과잉에 알맞은 것으로, 꼭 필요한 것이라고 느꼈을지도 모른다. 작업실은 수도원 같은 모습 그대로였고 앞으로도 언제까지나 그럴 것이었다. 거처를 옮길 때마다 미신과 같은 애착을 가지고 꼭 끌고다닌 작은 책상, 초를 꽂을 수 있는 촛대(발자크는 주로 밤에 일을 했다), 종이와 원고를 넣어두는 벽에 세우는 장롱 등이었다. 그러나 거실은 요란해야 했고 침실과 특히 욕실은 화려해야만 했다. 어두운 자신의 방, 금욕자의 작업실을 나서는 순간에 그는 따뜻하고 감각적인 색깔, 부드러운 천과 부(富)의 하늘에 떠도는 황금의 구름 한 조각이 자기를 둘러싼 것을 느끼고자 하였다. 이 현실에서 너무나 부스러지기 쉬운 상태로 깨어나지 않기 위해서 일상을 뛰어넘는 것, 초시민적인 어떤 것을 필요로 했던 것이다.

그러나 발자크는 이런 일을 위한 돈을 대체 어디서 구했던 것일까? 그는 전혀 벌이가 없었고 6만 프랑의 빚을 지고 있었는데, 이 빚에는 일년에 6천 프랑씩 이자가 붙었다. 레디기예르 거리에서 손수 방을 청소하고 물장수에게 줄 1수를 아끼기 위해서 여섯 블록이나 떨어진 곳에서 물을 길어오면서 겨우 지냈는데 지금 엄청난 빚을 짊어진 그가 어떻게 꼭 필요한 것들에 덧붙여서 갑작스럽게 그런 호사까지 누릴 수 있었던 것일까?

그의 소설의 주인공들, 드 마르세유, 라스티냑, 메르카데 등이 이 역설을 설명해준다. 열 번도 넘게 그들은 빚이 전혀 없거나 아주 조금일 경우에는 아끼지만 엄청난 빚은 사람을 오히려 낭비하도록 만든다는 주장을 하고 있다. 레디기예르 거리에서 한 달에 1백 프랑으로 살면서 발자크는 1프랑을 지출할 때마다 일곱 번씩이나 마음을 바꾸었다. 그에게는 천문학적인 숫자였던 6만 프랑의 빚을 짊어지자 좋아하는 책들이 싸구려 캘리코 천으로 되어 있든 붉은 모로코 가죽으로 되었든 별로 개의치 않게 되었다. 그리고 몇백 프랑쯤을 더 갚거나 아니면 차라리 몇천 프랑의 빚을 더 만들거나 마찬가지라고 여겼다. 그의 주인공들은 그렇게 주장하였고 발자크 역시 그렇게 살았다. 어쨌든 유명해지거나 부유한 여자와 결혼하거나 아니면 증권거래소를 기습해서 이 난관을 헤쳐나간다면 모든 것을 되찾게 된다. 아니면 실패하는 거고 그러면 빚쟁이들은 빚이 약간 더 늘어난 것을 특별히 알아채지도 못할 것이라는 논리였다.

그러나 오노레 발자크는 실패하지 않기로 결심하고 있었다. 그는 지금에야 비로소 진짜 싸움이 시작되었음을 알아챘다. 그리고 이름 없는 소규모 전투로 얼마 안 되는 사례금이나 일시적인 승리가 아니라, 이제는 결정적이고 거대한 승리를 얻어야 한다는 것을 알았다. 작고 초라한 작업실에는 단 하나의 장식품으로 벽난로 띠장식 위에 나폴레옹의 석고상이 세워져 있었다. 누군가가 그에게 선물한 것이거나 아니면 그 자신이 어디서 구해온 물건이었을 것이다. 발자크는 이 세계 정복자의 모습을 보면서 자신에 대한 도전을 느꼈다. 자신을 극단적으로 자극하기 위해서 그는 종이조각을 잡고 그 위에 "그가 칼로 시작한 일을 나는 펜으로 완성하련다." 라고 적고 그것을 석고상의 받침대에 붙여놓았다.

그의 앞에는 언제나 이 자극이 있었다. 극단적인 것을 감행하고 세기의 가장 위대한 사람에게 결코 밀리지 않겠다는 이런 경고가 놓여 있었다. 나폴레옹도 한때는 파리의 좁다란 지붕 밑 방에서 해를 거듭해 기다리다가 칼 하나만 달랑 뽑아들고 시대의 주인공이 되었던 것이다. 그와 똑같은 단호함으로 오노레 발자크는 책상으로 다가가서 펜을 무기 삼고 종이첩을 대포 삼아서 자신의 세계를 정복하려고 하였다.

스물아홉 발자크가 열아홉 발자크를 비할 바 없이 능가하는 것은 바로 자기가 무엇을 할 수 있는지 안다는 것, 그리고 자기가 무엇을 하려고 하는지 안다는 사실에 있었다. 이 쓰라린 싸움에서 비로소 그는 자신의 힘을 알아챘고 동시에 성공을 쟁취하기 위해 꼭 필요한 전제조건을 알게 되었다. 즉 의지력을 단호하게 하나의 목적 단 하나의 방향으로 집중시켜야 한다는 사실이었다. 흔들리지 않고 힘을 집중하고 다양한 성향들에 힘을 낭비하지 않아야만 의지력이 기적을 일으킬 수 있게 된다. 단 하나의 편집증적인 집착, 하나의 정열을 향한 헌신만이─발자크는 자기 작품에서 자기 심리에 대한 이런 '중심사상(idée mère)'을 수없이 변조시켜서 실현시키게 된다─힘을 만들어내고 분명하게 뜻을 관철시키는 것이다.

이제서야 그는 자기가 사업에서 실패하게 된 오류와 원인을 분명히 깨닫게 되었던 것 같다. 그는 영혼을 다 바쳐서 사업에 몰두하지 않았고, 완전히 거기에만 집중하지 않았다. 그는 진정한 상인의 내적인 욕망을 가지고서 한푼 한푼까지, 모든 주문을 추구하지를 않았다. 그는 사업 말고 곁다리로 글도 쓰고 책도 읽었다. 신체의 모든 신경, 두뇌의 모든 사상을 자기 사업인 인쇄업에 바치지 않았다.

이제 한 번 더 문학을 시도한다면 전보다 훨씬 더 정열적이고 힘찬 방식으로 그 일을 해야만 한다. 전제조건은 충족되었다. 그는 무명 시절의 수많은 습작들로 이미 손재주를 익혔다. 실제적인 삶과 수많은 갈등을 겪었고, 인간을 배우고 관찰하였고 현실의 온갖 갈등을 손수 겪어본 지금 하나의 삶을 전체적으로 서술할 재료는 충분하였다. 그는 학생으로서 수많은 주인들과 시대의 온갖 곤궁에 봉사하였다. 이제 거의 서른이 다 된 지금 수업시대는 끝났다. 모든 의지를 다 작품에 쏟아부으면 그는 대가가 될 참이었다.

자신과 자신의 작품에 대한 단호한 책임감은 이제 발자크가 새로운 책을 자신의 이름으로 출간하기로 결심하였다는 사실로 잘 드러난다. 그가 익명 뒤에 몸을 숨기는 한, 그리고 가능한 한 빨리 사례금을 받기 위해서 가능한 한 빨리 인쇄물을 넘기는 한 그는 경솔할 수도 있었다. 이 재빨리 짜맞춘 이야기들이 만들어내는 모든 비난, 모든 칭찬은 생토뱅이나 빌레르글레라는 가상의 인물을 향한 것이었다. 그러나 이번에는 오노레 발자크라는 상표를 달고 나타나므로 책을 쓰는 사람들과 책들을 '뚫고 나가기'가 필요했다. 앤 레드클리프 스타일의 하찮은 소설들이나 역사물을 긁어대는 일과 혼동되어서는 안 될 일이었다. 1828년의 발자크는 갑옷의 면갑을 열어젖혀 얼굴을 드러내고 당당하게 앞으로 나서서, 당시 역사 소설가로 가장 성공한 유명한 작가 월터 스콧과 승리를 다투어서 그를 따라잡을 뿐 아니라 그를 능가하기로 단단히 결심하였다. 새로운 책에 붙인 서문의 팡파르로 그는 기사들 사이의 마상 시합을 개시하였다.

나는 뼈에 조심스럽게 번호를 붙여서 골격을 보여주는 것과 같은 방식으로 사실들을 건조하게 나열해서 줄거리를 차근차근하게 보여주는 서술방식에 붙박일 생각은 없다. 오늘날에는, 열린 역사책에서 우리에게 말을 걸어오는 위대한 가르침을 이해하기 쉽게 서술하는 것이 필요하다. 재능을 가진 작가들은 벌써 여러 해 전부터 이 방법을 따르고 있거니와 나는 바로 이들에 합류하려는 것이다. 나는 이 책에서 시대의 정신을 재생하고 하나의 사건을 생생하게 만들려고 하였다. 단순한 보고 대신에 생생한 이야기를 들려주고, 전투의 보고가 아니라 전투 자체를 들려주고, 서사적 이야기가 아니라 극적인 줄거리를 선택하였다.

젊은 시절 조숙한 시도였던 《크롬웰》 이후 처음으로 발자크는 자신의 모든 힘을 다 요구하는 작업에 마주쳤다. 그리고 그가 얼마만한 집중력으로 이 힘을 발휘하였는지 다음 순간 세계가 놀라서 바라보게 되는 것이다.

발자크는 최초의 진짜 소설을 위한 주제를 이미 오래 전부터 가지고 있었다. 그의 수많은 종이들 사이에는 소설 〈사내들(Le Gars)〉을 위한 스케치들이 들어 있다. 그것은 프랑스 공화국에 맞선 방데(Vendée) 지방의 봉기에서 얻어온 일화를 묘사한 것이었다. 다른 한편 그는 익명 시절의 졸작 하나를 위하여 몇 가지 에피소드들을 준비했다. 그것은 스페인을 무대로 한 것이었다. 그러나 그는 높아진 책임의식을 가지고, 이전의 역사 소설들에서 역사적 사실이 얼마나 사실과 맞지 않고 결함 투성이인지를 알아보았다. 그리고 현대 쪽으로 다가가려는 사람은 주인공 주변에 베낀 배경을 세워서는 안 되고, 주변세계를 사실적으로 생생하게 보아야 한다는 사실도 깨달았다. 전에 그가 중세를 배경으로 소설을 끄적거리면 고작해야 교수나 전문가만이 사실에 맞지 않는 것들을 밝혀낼 수 있었다.

그러나 방데의 싸움은 시대적으로 그렇게 멀리 떨어져 있지 않은 데다가 푸른 제복(Bleu) 군대나 아니면 카두달

(Cadoudal)의 농부군 사이에서 함께 싸웠던 수많은 목격자들이 아직 살아 있었다. 그래서 발자크는 이번에는 근본적으로 작업에 착수하였다. 도서관에서 시대의 회고록들을 빌려오고 군대의 보고서를 탐구하고 광범위한 개요를 작성하였다. 처음으로 그는 경박하고 낯선 문필가들에게서 베낀 프레스코 기법이 아니라, 작고 눈에 잘 띄지 않는 참된 세부묘사가 위대한 소설에 설득력 있는 생명력을 제공한다는 사실을 발견하였다. 진실성과 성실성 없이는 예술이 생겨나지 않으며 인물들은 직접적인 주변세계, 대지, 풍경, 그리고 시대의 환경과 특별한 공기와 결합해서 보여주지 않으면 절대로 실제로 작용할 수 없는 법이다. 자신의 첫 작품과 더불어 사실주의자 발자크가 시작된다.

두 달, 세 달 동안이나 발자크는 읽고 탐구하였다. 그는 구할 수 있는 모든 회고록을 다 탐색하였고 지도를 구해서 가능한 한 정밀하게 군대의 움직임과 사건들을 구체적으로 확정하려고 애썼다. 그러나 상상력이 아무리 뛰어난 사람에게라도 인쇄된 문헌은 직접 한 번 보는 것과 같지 못한 법이다. 발자크는 드 베르뇌유 양의 여행을 묘사하기 위해서 여주인공과 똑같은 역마차 길을 달려보아야 하고, 어쩌면 지나친 것일지도 모르는 자신의 전망을 현실과 비교해볼 경우에만 그곳의 공기, 분위기, 풍경의 생생한 색채를 전달할 수 있다는 사실을 곧 깨달았다.

올빼미 당원에 맞선 전투에 참가했던 옛날 공화파 전사들 중 한 사람이 지금은 퇴역 장군으로서 마침 당시 전투지역이었던 푸제르(Fougères)에 살고 있다는 것, 그리고 이 드 폼뢰유 남작이 발자크 집안과 오래된 친구라는 것은 분명 행운이었다. 발자크로서는 돈을 빌리거나 아니면 비천한 노동을 해서라도 여행비용을 마련해서 그렇게 특별한 인연을 이용해야만 했다(극히 정밀한 발자크 연구자들도 발자크가 창작 이외에 얼마나 많이 그런 암담한 막노동을 했는지 밝혀내지 못하고 있다).

극단적인 솔직함으로 그는 폼뢰유 남작에게 자신의 곤란한 재정형편을 알리면서 자신을 초대해달라고 부탁하는 것이 미안하다고 말했다. 고립된 자신의 둥지에서 극히 심심하던 차에, 그리고 늙은 병사가 대체로 그렇듯이 지나가버린 자신의 전쟁활동을 귀를 활짝 열고 정열적인 관심을 가지고 들어줄 누군가를 찾아낸 것이 좋아서 폼뢰유 남작은 발자크더러 오라는 답장을 즉시 보내주었다.

스물아홉 살 발자크는 들고 갈 짐도 많지 않았다. 뒷날과 같은 속물근성이 아직 나타나지 않아서 130벌이나 되는 셔츠 중에서 가장 멋지고 값비싼 것을 고를 필요도 없었다. 아직은 제복을 입은 하인들을 거느리고 자가용 마차를 타고 여행을 하지도 않았다. 아주 검소한, 거의 초라한 준비를 한 다음 전혀 인상적으로 보이지 않는 젊은이는 역마차의 싸구려 좌석에 올라탔고, 그나마 역마차 여행이라는 이런 사치조차도 목적지에 도착할 때까지 누릴 수도 없었다. 여행의 마지막 부분은 돈이 없어서 자신의 짧은 두 다리로 걸어서 가야만 했다. 그리고 이렇게 대로를 행군한 것이 원래 결함투성이던 젊은 작가의 겉모습을 더 아름답게 해줄 수는 없었다.

그가 땀을 흘리면서 먼지를 뒤집어쓴 모습으로 드 퐁뢰유 장군 집의 문을 두드렸을 때 그곳 사람들은 처음에 그를 부랑자로 여겼다. 그러나 그가 집안으로 들어서서 젊음의 싱싱함으로, 마침내 안전하게 되었고 몇 주 혹은 몇 달 동안 침대와 좋은 음식을 누리게 되었다는 행복한 감정에 빠져들자마자 그토록 고통스러운 첫인상은 사라졌다. 퐁뢰유 부인은 뒷날 이 첫 만남을 다음과 같이 서술하고 있다. 이 글은 젊은 발자크가 당시 외모, 말, 움직임 등에서 내보였던 생기찬 모습을 우리 눈앞에 보여준다.

그는 굵은 허리를 한 키가 작은 젊은 남자였다. 재단이 나쁜 옷을 입은 결과 그의 허리는 더욱 굵어 보였다. 모자는 끔찍한 모습이었지만 그것을 벗고 그의 얼굴이 나타나자마자 다른 모든 것은 사라지고 말았다. 나는 오직 그의 얼굴만을 보았다. 그를 보지 못한 사람은 전혀 짐작할 수 없다. 그가 어떤 이마와 어떤 눈을 하고 있는지! 온통 광채로 뒤덮인 넓은 이마, 달변만큼이나 인상적인 황금빛 도는 갈색 눈. 코는 두툽고 네모졌고, 입은 엄청나게 컸고, 상한 이를 가지고 있음에도 언제나 웃느라고 벌어졌다. 두둑한 콧수염을 기르고 머리카락은 매우 길어서 어깨 너머로 떨어져내렸다. 그는 당시 특히 우리를 방문했을 때는 전체적으로 야윈 모습이었고 굶주린 인상이었다.

전체적인 그의 태도, 움직임과 자세, 말하는 방식 등은 극히 선량하고 순진하고 솔직해서 그를 보면 곧 사랑하지 않을 수 없었다. 그러나 그의 가장 훌륭한 속성은 언제나 유쾌한 기분상태였는데 그것은 너무나도 지나쳐서 전염성을 가지는 것이었다.

그는 이곳에서 너무나도 잘 먹어서 파리에 돌아가서도 여러 주가 지난 다음에야 '새로운 그의 비만과 신선한 색채'가 사라졌다.

그는 원래 계획했던 보름 동안이 아니라 두 달 동안 그곳에 머물렀다. 이야기를 듣고 그 지역을 이리저리 돌아다니고 글을 쓰고 메모를 했다. 그는 파리를 잊고 친구들을 잊고 매일의 인상을 적은 일기책을 보내주겠다고 경건하게 약속했던 드 베르니 부인조차 잊었다. 그는 단조로운 집중력으로 살았다. 그의 경우 그것은 앞으로도 모든 성공의 전제조건이 되는 것이다. 그는 오직 자신의 일에만 정신을 집중하였다. 그리고 몇 주 뒤에는 벌써 파리의 라투슈에게 소설의 상당부분을 완성해서 보여줄 수 있었다.

남의 재능을 찾아내는 마법지팡이 같은 본능이 유일한 재능이었던 라투슈는 발자크 안에 숨어서 막 시작되고 있는 위대한 작가의 재능을 금세 알아보았다. 그의 확신이 아무리 정직하고 분명한 것이었다고 해도 유감스러운 일이지만 결국은 금전의 형태로 표현되었다. 그는 이 미래의 총아 발자크에게 '돈을 걸기로' 결심하였다. 그리고 그의 곤란한 처지를 알고서 아직 완성되지도 않은 소설의 판권에 대한 대가로 1천 프랑을 제시하였다. 발자크로서는 선택의 여지가 없었다. 그는 이전에 별 수고도 없이 휘갈긴 작품들에 대해서도 1,500 심지어는 2천 프랑을 받을 수 있었지만 현재로서는 현찰 1천 프랑을 거부할 길이 없었다.

사업이 등장하자 언제나 그렇듯이 우정이 깨졌다. 라투슈는 불쾌한 놀라움을 경험하였다. 정해진 날짜까지 정해진 분량의 살인, 독, 감상적인 대화 등을 정확하게 공급하는 빠르고 부지런한 노동자라고만 생각하고 있던 그는 이번에는 발자크가 스스로를 경계하고 있는 것을 화나지만 지켜보아야 했다. 발자크는 내적으로 만족스럽게 여겨질 때까지 원고를 넘겨주지 않았다.

그러고 나서도 또다시 지체하는 일이 생겼다. 발자크에게서 원고를 뺏어서 인쇄소에 넘겨주었지만 교정쇄를 너무나도 많이 고치고 변경시켜서 원고를 다시 조판하지 않을 수 없었던 것이다. 라투슈는 화가 났다. 이렇게 불필요한 변경으로 시간과 돈을 잃었던 것이다. 그리고 그만이 이런 불만을 가졌던 출판업자는 아니었다. 그러나 발자크는 더는 떠밀리지 않았다. 한때는 싸구려 소설공장이었던 사람이 이제 예술가의 책임감을 가지게 된 것이다. 그는 불멸의 것으로 만들기로 결심한 오노레 발자크라는 이름에 대해서 자기가 어떤 빚을 지고 있는지 처음으로 느꼈다. 그리고 물질적인 부채가 일생 동안 그를 거의 불안하게 하지 못했듯이 이러한 책임감을 그는 파기할 수 없는 자신의 의무라고 여겼다.

1829년 3월 중순에 마침내 오노레 발자크의—그러니까 아직은 '드 발자크'가 아닌—〈마지막 올빼미당원 혹은 1800년의 브르타뉴 지방(Le dernier Chouan ou La Bretagne en 1800)〉이 카넬(Canel) 출판사에서 네 권으로 출간되었다. 그것은 제대로 성공하지 못했고 부당한 일만도 아니었다. 시작과 구성은 처음에 위대한 서사시인의 대가적인 필치를 보이고 있다. 풍경은 놀라운 모습으로 펼쳐진다. 군대의 모든 것은 조형적으로 그려져 있고, 윌로(Hulot) 장군과 첩자인 코랑탱(Corentin)의 모습은 살아 있는 사람을 직접 모델로 삼았다. 뒷날의 소설들에 비할 바 없는 시대적 인상을 부여하게 될 정치적 배경에 대한 감각을 가지고 그는, 언제까지나 자신을 매혹시키는 푸셰(Fouché)라는 인물을 어두운 그늘에서 불러냈다. 나폴레옹의 가장 강력한 적대자였던 이 인물은 일생을 이런 그늘 속에 숨어지내야 했다. 다만 이 소설에 나타나는 원래의 음모만이 아직도 수상쩍은 모습으로 뒷골목 소설의 기원을 폭로하고 있었다.

익명 시절의 쓰레기 소설인 〈기타 연주자(Le Guerillero)〉, 그가 몇 년 전에 이름이 알려지지 않은 주문자를 위해서 제작했던 이 소설에서 가져온 드 베르뇌유 양이라는 인물이 모든 장면에 어울리지 않는 모습으로 남아 있다. 파리의 비평계는 정당한 일이었지만 라투슈와 발자크의 온갖 치장에도 불구하고 상당히 냉담한 태도를 보이면서 '문체의 천박함(dévergondage du style)'을 지적하였다. 발자크 자신도 여러 해 동안이나 조심성 없이 헐값으로 팔면서 문체를 너무나 엉터리로 만들어버렸다는 깨달음을 부인할 길이 없었다. 5년 뒤에 개정판을 내면서 가능한 한 조심스럽게 문체를 고치고 난 다음에도 그는 제라르(Gérard) 남작에게 '고친 형식으로 된 옛날 책'을 보내면서 다음과 같이 써보내고 있다. "나는 원하는 것을 만들 수는 있습니다만, 초보 시절의 필치가 여전히 남아 있을까 두렵군요."

독자들도 또 한 명의 프랑스 판 월터 스콧, 혹은 페니모어 쿠퍼에게 특별한 열광을 보이지 않았다. 아주 애를 썼지만 일년 내내 445부밖에 팔리지 않았다. 너무 서둘러서 발자크를 믿었던 사람은 다시금 이 신뢰에 대한 대가로 막대한 손실을 겪어야 했다.

우연한 사건이 이 실패를 메워주었다. 발자크가 아직도 〈올빼미 당〉을 쓰고 있을 때 운좋게도 그의 주소를 알아낸 출판업자 르바쇠르(Levasseur)가 그의 앞에 등장했다. 그리고 상당히 재촉하는 태도로 자기는 〈사업가 지침서(Manuel de l'Homme d'affaires)〉를 위해서 이미 2백 프랑을 그에게 지불했다는 사실을 상기시켰다. 그것은 발자크가 당시 돈이 궁해서 써주기로 한 법전 시리즈의 하나였다. 그는 이미 오래 전에 이 약속을 잊어버렸지만 르바쇠르는 자신의 권리를 고집하였다.

하던 일을 중단하고 진지한 소설을 쓰는 사이로 중요하지 않은 일시적인 작품을 쓸 마음이 없었던 발자크는 빚쟁이에게 다음과 같이 제안했다. 자신의 옛날 원고들 중에는 다른 법전, 즉 당시 인쇄소에서 〈결혼 생리학〉이라는 제목으로 인쇄를 시작하기까지 했던 '결혼 법전'이라는 것이 있다. 르바쇠르가 동의한다면 자기는 그를 위해서 이 옛날의 책을 새로 고쳐서 그것으로 〈사업가 지침서〉의 빚을 상쇄하고 싶다고 했다. 르바쇠르는 한푼도 없는 이 가난뱅이에게서 현찰을 돌려받을 가망이 없다는 것을 알아채고서 그의 제안에 동의하였다.

발자크는 작업에 착수하였다. 옛날 작업에서 남은 부분은 거의 얼마 되지 않는다. 그는 지난 세월 라블레(Rabelais)를 많이 읽었다. 이제 옛날의 모범이었던 냉정한 기지 대신에 그는 활력과 열광을 언어에 불어넣었다. 애인인 드 베르니 부인과 새로 알게 된 다브란테스(d'Abrantès) 공작부인이 그에게 재미있는 이야기들을 들려주었다. 그렇게 해서 곤궁으로부터, 그리고 곤궁 덕분에 번쩍이고 재치 넘치고 유연한 책이 한 권 나왔다. 그의 뻔뻔스런 역설과 사랑스런 비꼬기, 유머 감각 넘치는 회의(懷疑) 등을 담고 있는 이 책은 논쟁을 불러일으켰다. 빠르게 전파된―호의적이고 악의적인―논의들은 이 책에 즉각적인 성공을 가져다주었다. 특히 뒷날 발자크의 가장 단호한 기수가 될 여자들은 이 책을 보고 곧바로 매혹당하고 재미있다고 느꼈다. 그들은 달콤한 편지들과 날카로운 편지들을 써보냈고 열광을 하거나 불평을 터뜨렸지만 어쨌든 다음 몇 주 동안 모든 살롱에서는 오로지 이 책 이야기뿐이었다.

발자크는 아직 헤쳐나가지도 못했고 아직 유명하지도 않았지만 한 가지는 성취하였다. 파리는 이 새로운 젊은 작가 발자크 에 대해서 호기심을 갖게 된 것이다. 그는 살롱에 초대를 받았다. 그는 자신의 재단사에게 훌륭한 양복과 화려한 조끼를 주문하였다. 다브란테스 공작부인은 그를 드 레카미에(de Récamier) 부인에게 소개하였다. 그녀의 살롱은 당시 문학작품의 1급 중개소로 통하고 있었다. 이 부인의 라이벌이던 소피 부인과 델핀 게(Delphine Gay) 부인의 집에서 그는 이미 명성을 얻고 있던 동료들인 빅토르 위고, 라마르틴, 쥘 자냉(Jules Janin) 등을 알게 되었다. 이제 마지막 노력만 하면 그가 자신의 삶에 내세웠던 두 번째 소원, 즉 사랑을 얻는 것 외에 유명해진다는 소원도 이루어질 참이었다.

아직 길이 완전히 열려 있지는 않았다. 그러나 제방 한 곳이 뚫렸다. 그러자 막혀 있던 밀물의 힘으로 발자크의 무한한 생산력이 폭포처럼 쏟아져나왔다. 형식이 견고한 시와 역사소설, 그리고 〈결혼 생리학〉같이 양념맛 강한 파이까지 다양한 것들을 하나의 오븐에서 구워낼 수 있는 이 젊은 문필가의 다재다능함이 파리에 알려지게 된 이후로, 그는 '성공과 밀려드는 주문들로 거의 얼이 빠질' 정도였다. 그러나 발자크에게 주문을 내는 사람들조차도 이 천의 얼굴을 가진 새로운 예술가가 얼마나 많이, 얼마나 다양한 것을 내놓을 수 있는지, 그리고 이 최초의 전혀 긴급하지 않은 요청에 대해서 얼마나 엄청난 답변이 되돌아올지 짐작도 못하고 있었다.

발자크가 1830년과 1831년 2년 동안 그의 이름이 알려지자마자 발표한 것들, 단편소설들, 작은 소설들, 신문기사, 만담, 짧은 이야기, 문예란 기사, 정치적 관찰 등 한꺼번에 그토록 다양하고 많은 작업을 한 경우는 문학연감에서 거의 전례가 없는 일이었다. 1830년 작으로 확인된 출판물 70종(그는 그밖에도 남의 이름으로 다른 작업을 더 했던 것으로 보인다), 그리고 1831년의 75종을 다 합쳐서 양으로만 계산해보면 교정작업을 빼고도 거의 매일 인쇄된 상태로 16쪽 분량을 썼다는 계산이 나온다. 뜻밖에도 그의 이름이 튀어나오지 않는 잡지와 신문, 간행물이 거의 없을 정도이다.

그는 〈볼뢰(Voleur)〉 〈실루엣(Silhouette)〉 〈카리카투르(Caricature)〉 〈모드(Mode)〉 〈르뷔 드 파리(Revue de Paris)〉지(誌) 등과 그밖에도 여러 가지 다양한 출판물 10여 종에 기고를 했다. 그는 아직도 여전히 저 옛날 '법전' 시리즈의 신문 문예란 문체로 〈몸치장의 철학(Philosophie de la Toilette)〉〈식도락 생리학(Physiologie gastronomique)〉에 대해서 쓰는가 하면, 오늘은 나폴레옹에 대해서 쓰고 내일은 〈장갑으로 본 풍속사(Étude de moeurs par les gants)〉를 쓰고, 철학자의 태도로 〈생 시몽주의와 생 시몽주의자(Saint-Simon et le Saint-Simonisme)〉에 대한 관찰을 하기도 하고, 〈내 상인의 견해(Opinion de mon épicier)〉를 떠들고, 〈박수부대(Le Claqueur)〉〈은행가(le Banquier)〉를 탐구하는가 하면, 〈소동을 일으키는 방법(Manière de faire une émeute)〉을 비웃고 그 다음에는 다시 〈샴페인 병의 도덕적 고찰(Moralité d'une Bouteille de Champagne)〉 혹은 〈시가 생리학(Physiologie du Cigare)〉을 썼다.

그러한 유연성과 재치는 그 자체로만 보자면 파리 언론계에서 그다지 언급할 가치가 없는 일일지도 모른다. 그러나 그렇게 재치 넘치는 불꽃놀이 한가운데서 완전한 걸작들이 생겨났다는 것, 처음에는 작은 형식의 작품들이고, 그것도 단 하룻밤 만에 하루살이 출간에 어울리는 속도로 쓴 작품들이기는 하지만, 그래도 그 작품들이 한 세기를 넘어 살아남았다는 것은 진정 놀라운 일이다. 〈사막의 정열(Une Passion dans le désert)〉, 〈공포정치 시대의 이야기(Un épisode sous la Terreur)〉, 〈사라진(Sarrasine)〉, 〈엘 베르 뒤고(El Verdugo)〉 등은 이름 없는 이 작가가 작은 오락문학의 탁월한 대가라는 것을 보여준다. 그리고 발자크가 앞으로 나갈수록 그는 더욱더 자신을 발견했다. "앞으로 나가면서 힘이 점점 더 커진다(Vires acquirit eundo)."

파리 사회의 풍속화인 〈여성 연구(Étude de Femme)〉, 〈서른 살의 여자〉, 〈결혼의 행복(La Paix du Ménage)〉 등으로 그는 완전히 새로운 여성의 유형, 즉 결혼생활에서 모든 기대와 꿈에 실망하고, 남편의 무관심과 냉정함, 그리고 신비로운 병으로 시들어가는 '이해할 수 없는 여자'의 유형을 만들어냈다. 오늘날 우리가 보기에는 현실성과 실질적인 진실성의 결핍으로 인해서 향수를 친 것으로 여겨지는, 감상주의 색채가 짙은 이 이야기들이 당시에는 열광하는 독자층을 얻었다. 프랑스에서, 그리고 전세계에서 수천 수만 수십만의 여자들이 자신을 알아주지 않는다고 실망하고 있었기 때문에 그들은 처음으로 이런 병에 이름을 붙여준 발자크를 의사처럼 여겼다. 어떠한 잘못이라도 그것이 사랑 때문에 빚어진 것이라면 용서를 하고, '서른 살의 여자'뿐 아니라 '마흔 살의 여자'도, 그리고 바로 그 나이의 여자야말로 제대로 알고 이해력을 갖추었기에 사랑에 대한 최고의 권리를 가진다고 여기는 발자크를 보고 그녀들은 그가 다른 누구보다도 자기들을 잘 이해해준다고 여겼다.

그는 국가법과 시민적인 도덕법을 어긴 여자들을 변호하는 변호사가 되었고 수많은 여자들은 그가 이상으로 만든 데글몽(d'Aiglemont) 부인의 모습에서 자신을 본다고 믿었다. 1830년 4월에 출간된 그의 《사생활의 장면들(Scènes de la Vie privée)》은 프랑스에서뿐 아니라 이탈리아와 폴란드, 러시아에서 똑같은 열광으로 읽혔다. 그리고 '서른 살의 여자'라는 말로 그는 온 세상을 향해서 여자의 새로운 사랑의 나이를 선포하였다.

그러나 그의 주인공들을 보면서 언제나 자신을 불쌍하게 여기는 여성독자들의 나르시즘 성향보다 더 높은 판단기준을 가진 사람이라도 저질문학의 비천한 새장에서 단 한 번 사자와 같은 도약을 해서 문학의 무대 한복판으로 뛰어든 이 작가의 다양성과 집중력에 놀라지 않을 수 없다. 유명한 사람들 한 세대 전체를 합쳐도 단단하게 응축된 짧은 묘사력이라는 측면에서 〈붉은 여인숙(L'Auberge rouge)〉 같은 단편에 견줄 만한 것은 내놓지 못한다. 그리고 그 재능의 폭으로 이미 놀라움을 불러일으킨 발자크는 〈알려지지 않은 걸작(Chef-d'oeuvre inconnu)〉에서 그 천재의 깊이를 보여주고 있다. 예술가들은, 예술의 가장 내적인 비밀과 완성에의 충동이 이와 비슷한 광포함으로 비극으로까지 상승된 예를 본 적이 없다고 느낀다. 발자크 천재의 10, 15다면체는, 작고 제한된 표면을 가진 면 하나하나가 내면의 빛을 반사하기 시작하였다. 그러나 앞으로 언제까지나 그의 폭, 풍부함, 다양성만이 발자크의 수위를 재는 측량기가 될 것이다. 그의 힘을 모두 합쳐보아야만 비로소 측량할 수 없는 완전한 그의 척도가 나타나게 된다.

최초의 진정한 소설인 〈마법 가죽〉에서 발자크는 자신의 형식을 짐작하게 해주고 있다. 여기서 그는 장래의 목적을 밝히고 있기 때문이다. 상류층과 하류층, 빈곤과 부, 결핍과 낭비, 천재와 시민계급, 고독의 파리와 살롱의 파리, 돈의 힘과 그 무능력을 뒤섞어서 사회 전체를 관통하는 횡단면으로서의 소설을 목적으로 삼고 있다. 위대한 관찰자와 날카로운 비판자인 발자크가, 감상적인 낭만주의자 발자크에게 진실성을 강요하기 시작한 것이다.

〈마법 가죽〉에서, 천하루 밤 이야기에서 가져온 오리엔트의 동화를 1830년의 파리에서 실현시켜보겠다는 계획은 낭만적이다. 사랑 대신에 사치를 사랑하는 냉정한 백작부인 페도라(Fédora), 무한한 이타적인 사랑의 능력을 가진 소녀 폴린(Pauline)과의 대립 등도 낭만적이라고 할 수 있을 것이다. 그러나 동시대 사람들을 깜짝 놀라게 만든 주신(酒神) 바쿠스 축제의 묘사에 나타난 사실주의, 학생 시절의 묘사 등은 발자크 자신의 체험에서 직접 얻어온 것이다. 의사들의 토론, 고리대금업자의 철학 등은 살롱의 대화가 아니라 언어로 형상화되고 승화된 배역들이다.

10년 동안이나 헛되이 더듬고 찾은 다음 발자크는 이제 자신만의 직업을 찾아낸 것이다. 자기 시대의 역사가, 심리학자, 생리학자, 화가이며 의사가 되고, 파리, 프랑스, 세상이라는 이 거대한 유기체의 판관이며 작가가 된 것이다. 그가 맨 먼저 찾아낸 것이 무서울 정도의 노동력이었다면 두번째 찾아낸 것 역시 못지않게 중요한 것으로 이 힘을 이용할 목적을 찾아낸 것이다. 이 목적을 가지고 발자크는 자신을 발견하였다. 지금까지 그는 폭발적인 힘을 안고 자신 안에 뭉쳐 있는 저항할 수 없는 힘을 느꼈을 뿐이다. 이 힘은 마침내 그를 우주적인 토대 위에서 동시대 사람 전체를 넘어 우뚝 솟아나게 만들 것이다.

사람이 따르지 않을 수 없는 소명이라는 것이 있다. 그 어떤 항거할 수 없는 힘이 나를 앞으로 몰아갔다. 명성과 힘을 향해서.

그러나 괴테가 《베르테르(Werther)》와 《괴츠 폰 베를리힝
겐(Götz von Berlichingen)》이 성공한 후에도 자신의 가장
본질적인 재능이 문학이라는 사실을 감히 인정하려 들지 않
았듯이, 〈마법 가죽〉에 이르기까지, 그리고 그후에도 발자크
는 문학이 자신의 숙명이라는 사실을 확신하지 못하였다. 발
자크는 사실상 어떤 형식을 택했어도 천재성이 드러났을 위
대한 천재에 속하는 인물이다. 발자크는 제2의 미라보, 탈레
랑, 제2의 나폴레옹, 위대한 모사꾼, 위대한 미술상인, 가장
위대한 투기꾼 등의 모습으로도 얼마든지 상상해볼 수 있다.
그렇기 때문에 그는 젊은 시절에 문학이 자기 재능의 특별한
영역이라고 느끼지 못했던 것이다. 그를 정확하게 알았던 고
티에(Gautier)가 어쩌면 아주 틀리지만은 않았을지도 모른
다. 그는 이렇게 말했다.

그는 원래 문학적 재능을 갖고 있지 않았다. 그의 경우 사색과
형식 사이에 심연이 입을 벌리고 있다. 그 자신은 특히 초기 시
절에 이 심연에 다리를 놓을 수 없을 것으로 여겼다.

문학창작은 그에게 있어서 필연성도 아니었고, 그가 그것
을 사명으로 여겼던 것도 아니다. 그는 글을 쓴다는 것을, 자
신의 뜻을 관철하고 돈과 명예를 통해서 세계를 지배하기 위
해 자신이 가지고 있는 수많은 가능성들 중의 하나로만 여겼
다.

그는 위대한 사람이 되고자 했다. 그는 전기의 유동체보다도 더 강한 저 힘을 끊임없이 표출함으로써 자신의 목적을 달성하였다.

그의 진정한 천재성은 그 의지력에 있었다. 이 의지력이 하필 문학의 영역에서 표출된 것을 놓고 누구나 좋을 대로 우연이라고 혹은 숙명이라고 부를 수 있을 것이다. 그의 최초의 책들이 벌써 세계의 끝에서도 읽히고, 여든한 살의 괴테가 에커만에게 이 탁월한 재능에 대해 호의적인 놀라움을 표현하고 있는데도, 일년 전에만 해도 여전히 멸시받는 막노동꾼으로서 '우편요금도, 합승마차표도 내게는 엄청난 지출이다. 옷을 아끼기 위해서 나는 외출하지 않는다.'고 썼던 이 사람을 평론들과 잡지들이 최고의 사례금으로 유혹하려고 애쓰는데도, 그는 여전히 자기가 문필가로서 충분한 재능이 있다는 사실을 확신하지 못하였다. 아직도 여전히 그는 문학이 꼭 필요한 것이라고 여기지 않고 난관을 헤쳐나갈 여러 가지 가능성들 중 하나일 뿐이라고 여겼다.

조만간 나는 한 재산 장만할 거예요. 문필가로서, 아니면 정치계에서, 아니면 언론계에서, 아니면 결혼을 통해서, 아니면 어떤 사업상의 일확천금을 통해서 말입니다.

1832년에도 그는 어머니에게 이렇게 써보내고 있다. 한동안은 정치가 그에게 저항할 수 없는 유혹의 힘을 발휘하였다. 시대의 유리한 상황을 이용해서 자기 안에서 느끼는 인

간에 대한 힘을 더 빨리 실현하는 쪽이 낫지 않을까? 1830
년 7월 혁명은 시민계층에게 지배권을 돌려주었다. 이제 역
동적인 젊은이를 위한 공간이 열린 것이다. 이제 대의원이
되면 나폴레옹 시절에 스물다섯 살, 서른 살짜리 육군대령이
나왔던 것처럼 빠르게 상승할 수가 있었다. 그는 '정치적 정
열의 열화와 같은 영역'으로 뛰어들었다. 그리고 캉브레와
푸제르 지역의 대의원이 되려고 애썼다. 오직 권력의 지휘권
을 손에 쥐기 위해서였다. '자기 시대의 삶을 살기 위해서',
책임을 지는 지휘자의 자리에 서기 위해서였다. 유권자들이
좀더 부지런했더라면 어쩌면 발자크의 명예심과 천재성은
다른 길을 가게 되었을지 모른다. 그는 티에르(Thiers) 대신
에 프랑스의 정치 지도자가 되고 어쩌면 새로운 나폴레옹이
되었을지도 모른다.

그러나 다행스럽게도 두 지역에서 유권자는 다른 후보를
선택하였고 이제 단 한 가지 위험만 남았다. 즉 그가 '아내
와 재산'을 찾아내는 길, 일생 동안 찾으려 애썼던 '아주 부
자 과부'를 찾아낼 위험성이었다. 그럴 경우 발자크 속에 숨
어 있는 초인적인 노동자가 아니라 쾌락주의자가 나타났을
것이다. 그는—아직 모르고 있었지만—엄청난 업적을 이루
기 위해서는 엄청난 압력을 필요로 하는 사람이었기 때문이
다. 부유한 과부의 3만 혹은 4만 프랑 정도의 연금을 얻기
위해서라면 발자크는 언제라도, 심지어는 최고 명성의 순간
에도 노동의 갈레 선에 얽매이는 대신 시민적인 안락을 위해
서 자신을 팔아버렸을 것이다. "나는 쉽사리 가정의 행복에
자신을 얽어맬 것"이라고 그는 여자친구인 쥘마 카로(Zulma

Carraud)에게 고백하였다. 영원히 쫓기던 이 사람은 그녀에게, 시골에 살면서 자신의 취향대로 한가롭게 책을 쓴다는 꿈을 그려 보였다.

그러나 발자크의 가장 내적인 소망보다 현명한 운명이 그에게 그런 성급한 행운을 주지 않았다. 운명은 그에게서 그보다 더 큰 것을 원했기 때문이다. 운명은 그의 안에 있는 정치가가 자신의 재능을 장관실에 팔아넘길 가능성을 차단하였고, 사업가 발자크가 투자를 통해서 꿈꾸던 재산을 얻을 기회를 거절하였으며, 그가 추구하던 부유한 과부들이 그에게로 갈 길을 모두 가로막았다. 운명은 초기에 그가 가졌던 언론계에 대한 정열을 모든 신문잡지에 대한 혐오감과 구토로 바꾸어버렸다. 그를 되쫓아보내 책상 앞에 붙잡아두기 위해서였다. 이 책상에서부터 그의 천재성은 의회, 증권거래소, 우아한 소비생활의 좁다란 영역이 아니라 전세계를 지배할 수 있게 되었다.

운명은 형리처럼 잔혹하게 사랑과 권력과 자유를 무한히 갈망하는 이 쾌락주의자를 언제나 다시 노동의 감옥 속으로 되쫓아보냈다. 탈출은 언제나 허사로 돌아갔고 도주 시도는 그에게 쇠사슬을 두 배로 만들어주었을 뿐이다. 최초의 명성 한가운데서 벌써 자기가 이 과제를 안음으로써 어떠한 부담을, 얼마나 힘든 의무를 떠맡는 것인지에 대한 희미한 예감이 발자크를 엄습했던 것이 분명하다. 그는 거기 저항하고 거기서 도망치려고 애썼다. 언제나 거듭 그는 단번에 자신을 이 감옥에서 풀어줄 기적이 찾아오기를 갈망하였다. 그리고 언제나 그는 성공적인 투기, 부유한 여자, 그 어떤 마법적인 운명의 전환을 꿈꾸었다.

그러나 이러한 도주가 허용되지 않았으므로, 글을 쓰라는 과제가 그에게 주어졌으므로, 무시무시하게 잠재된 힘은 그 때까지 문학사에 알려져 있지 않은 작용영역들을 만들어내야 했다. 절도가 없다는 것이 그의 절도이며, 한계가 없다는 것이 그의 한계가 될 것이었다. 아직 제대로 시작도 하지 않았는데 그는 벌써 자기에게서 앞으로 흘러나올 이 풍요로움, 넘치는 풍요로움을 종류대로 분류해야 할 필요성을 보았다. 자신과 다른 사람이 그것을 전체적으로 조망할 수 있도록 말이다. 그가 작업하는 것이 문학 영역이어야 한다면 그것은 닥치는 대로 뒤죽박죽 뒤섞여서는 안 되고 계획적인 단계, 모든 지상의 정열과 삶의 형식에 대한 서열이 되어야 한다. 그는 첫 번째 소설을 친구에게 넘길 때 벌써 다음과 같이 썼다.

　　내 작품의 전체 계획이 이제 드러나기 시작한다.

개별적으로 만들어진 인물들을 여러 작품에 되풀이하여 등장시키고, 인물유형들이 이렇게 여러 작품에 돌아다니게 함으로써 모든 계층과 직업과 사상과 감정과 맥락들을 포괄하는 복잡한 문학적 시대사를 쓴다는 결실 풍부한 착상이 그를 사로잡았다. 그리고 《철학적 소설과 단편소설들(Romans et Contes philosophiques)》에서 그는 필라레트 샤슬(Philarète Chasles)을 통해서 독자에게 준비를 시켰다. 포괄적인 시대상이 계획되고 이 책은,

거대한 프레스코 시리즈의 최초의 작품일 뿐이다. 필자는 우리 시대 사회와 문명의 그림을 전개한다는 과제를 스스로에게 제시하였다. 필자에게 이 시대는 과열된 상상력과 개인들의 과도한 이기주의로 인해서 퇴폐적인 것으로 생각된다. 필자가 자신의 팔레트에서 계속해서 새로운 색깔을 조합해내는 법과…… 사회적인 사다리의 모든 단계를 차례로 묘사하는 법을 알고 있다는 사실을 독자는 보게 될 것이다. 하나하나의 유형을 필자는 보여줄 것이다. 농부, 거지, 양치기, 시민, 장관 등을, 그리고 왕이나 사제도 거리낌 없이 보여주게 될 것이다.

발자크 안에서 예술가가 말을 시작한 순간에 《인간희극》의 거대한 비전이 그의 눈앞에 나타난 것이다. 20년 동안의 끊임없고 비할 데 없는 노동으로도 다 이루기 어려운 작업이었다.

제2부

작업하는 발자크

제1장
생명력 넘치는 서른 살의 남자

1829년, 그러니까 서른 살 나던 해 그가 세상을 향해 최초의 진짜 작품을 들고 나선 순간부터 발자크는 최종적으로 오노레 드 발자크가 되었다. 지루하고도 우회적인 발전과정은 마침내 끝났다. 예술적으로 도덕적으로 인상적으로도 남자로서, 예술가로서, 성격적 인물로서 그의 겉모습도 완전히 완성되었다. 그의 모습에서 결정적인 것은 더는 변하지 않을 참이었다. 전례 없이 축적된 힘은 그 방향을 찾아냈다. 창조자가 스스로에게 과업을 부여하였다. 웅장한 건축가가—우선은 윤곽에 지나지 않았지만—자신의 미래의 작품을 위한 계획을 만들어냈고, 발자크는 사자의 용기로 일을 향해 덤벼들었다.

그의 손목에서 맥박이 뛰는 한 그의 일과의 휴식 없는 리듬은 멈추지도 줄지도 않을 것이다. 절도를 모르는 이 사람은 성취할 수 없는 목표를 세웠지만, 오직 죽음만이 그의 프로메테우스 같은 의지력에 제한을 가할 수 있었다. 작업하는 발자크는 아마도 현대 문학에서 가장 장엄한 창조적 계속성의 예가 될 것이다. 대지의 영원한 힘에서 영양분을 받는 강력한 나무처럼 그는 꿋꿋한 줄기로 똑바로 서서 도끼가 자신을 쓰러뜨리기까지 점점 더 높이 작업의 풍부한 우듬지를 하늘을 향해서 솟구쳐 올리고, 입지점을 변화시키지 않은 채 조직적인 인내심으로 운명에 의해서 주어진 기능을 언제까지나 수행할 참이었다. 끊임없이 꽃을 피우고 자라고 점점 더 풍부한 열매들을 맺을 참이었다.

이 모든 창조적인 갱신의 힘으로 이제부터 발자크는 언제나 똑같은 사람으로 남게 된다. 그의 외적인 면모도 성격적인 구조도 거의 변하지 않는다. 쉰 살의 발자크를 서른 살의 모습 옆에 나란히 세워보면 본질적인 것은 변하지 않고 오직 사소한 변화만 보게 된다. 하얗게 센 머리카락 몇 가닥, 눈 밑에 주름 몇 개, 전에는 그토록 넘칠 듯 풍부하던 색채에 섞여든 누르스름한 빛깔, 그러나 본래의 모습은 전혀 변하지 않았다. 서른 살에 발자크의 외모에서 개인적이고 일회적인 특성은 최종적인 표현을 얻은 것이다.

형성기간 동안의 '작고 야위고 창백한 젊은이'의 초라한 외모는 '명성을 얻기 이전'의 젊은 보나파르트(나폴레옹)와 '약간 비슷'하다는 것을 유일한 긍정적 특성이라고 할 수 있었다. 특이한 순환과정을 통해서 지금 그 젊은이에게 어린 시절의 '통통한 뺨을 가진 뚱뚱한 아이'의 모습이 다시 나타났다. 신경질적이고 불안하고 초조하고 침착하지 못하던 특성은 책상 앞에 앉아 있는 동안에는 힘과 충만함으로 가득 채워진 폭과 편안함으로 바뀌었다. 그는 다르테즈(d'Arthez)

라는 인물을 다음과 같이 묘사하고 있는데 그것은 자신의 모습을 반영한 것이다.

전에는 고귀한 명예욕의 불길로 이글거리던 다르테즈의 눈길은 성공과 더불어 느슨해졌다. 그의 이마에 위대한 모습을 만들어주던 생각들은 시들었다. 전에는 날씬하던 몸집에는 살이 올랐다. 안락한 생활의 황금빛 색깔이 그의 얼굴에 나타났다. 젊은 시절에는 곤궁으로 인해 갈색이 돌던 얼굴이었다. 그것은 쉬지 않고 싸우고 승리하기 위해서 모든 힘을 한군데로 집중하는 혈기의 색깔이기도 했다.

얼굴의 첫 인상이라는 것이 대개 예술가의 경우에는 잘 맞지 않는 것이지만, 그의 얼굴은 만족스럽고 삶을 즐기는 건강함과, 유쾌한 기질이라는 인상만 드러낸다. 단단하고 빛나는 이마 위로 솟구쳐 오른, 대개 아주 깨끗하지는 않은 갈기 머리에도 불구하고 얼굴을 이루고 있는 부드러운 재질은—피부는 무르고 지방질이 많고, 수염은 부드럽고 성기고, 얼굴형은 넓고 윤곽이 또렷하지 않다—쾌락에 익숙한 게으름뱅이, 잠꾸러기, 먹보, 일 안 하는 사람이라는 인상을 만들어 낸다. 일꾼처럼 넓적한 그의 어깨, 지치지도 않고 열두 시간 혹은 열네 시간씩이나 일을 위해 굽히고 있을 수 있는 강한 근육질의 황소 같은 목덜미, 체조선수 같은 가슴을 바라보아야만 그의 본질에 있는 어떤 견고함, 어떤 힘을 짐작하게 된다. 부드럽고 무른 턱 아래서 이런 강인함이 시작되고 있다. 이 육체는 광석덩이였다. 그의 육체의 천재성은 작품의 천재성과 마찬가지로 그 막강함과 폭, 말로 다할 수 없는 그 생기에 있다. 그러므로 발자크의 천재성을 그의 얼굴에서 알아내려는 시도는 헛된 일이며 맞지도 않는다. 조각가 다비드 당제(David d'Angers)는 이마를 더 높이고 튀어나온 부분을 잘 다듬어서 이마의 사색적인 특성을 억지로 만들어내려고 했다. 화가 불랑제(Boulanger)는 압도적으로 드러난 비만을 흰색 수도복으로 가리고 뚱뚱한 남자의 자세를 꼿꼿하게 만들어보려고 애썼다. 로댕(Rodin)은 그에게 비극적인 환각에서 깨어나는 사람의 두려움에 사로잡힌 망아(忘我)의 눈길을 주었다. 이들 세 사람은 이 얼굴 안에 들어 있는 천재성을 알아보도록 만들기 위해서 그 자체로는 두드러지지 않는 이 얼굴을 인상학적으로 상승시키고 악마적인 혹은 영웅적인 요소를 들여와야 한다는 막연한 느낌에서 이런 작업을 했다. 작중 인물 젯 마르카(Z. Marca)의 초상으로 자신의 모습을 그려 보이면서 발자크 자신도 자기 본질을 강력하게 만들려고 노력하고 있다.

그의 머리카락은 말갈기와 같았다. 코는 짧고 뭉툭하고, 그 끝에는 도랑이 패어 있고 콧날개는 사자의 콧날개 같았다. 이마도 사자 같았고, 강한 도랑을 통해서 두 개의 불룩한 부분으로 나뉘었다.

그러나 실제로는—톨스토이나 루터의 경우도 그렇지만 한 민족을 진짜로 대표하는 천재들은 다 그렇다—발자크는 민족의 특징적인 모습을 보이고 있다. 그의 얼굴은 고향의 수

로댕이 만든 발자크 상. 발자크의 얼굴은 극히 시민적이고 천민적인 특성마저 드러내어 심리적인 위축감을 느끼도록 했지만, 강한 육체는 그토록 오랜 시간 동안 위대한 작품을 만들어낼 수 있도록 해주었다.

많은 이름 없는 사람들의 모습인 것이다. 이 특별한 인물의 얼굴은—한 번 더 루터나 톨스토이와 마찬가지로—진실로 민중적인, 비속하고 극히 시민적이고 심지어는 천민적인 특성마저 드러내는 얼굴이다.

특히 프랑스에서는 민족의 정신적인 업적은 두 가지 인물 유형으로 나타난다. 한편으로는 귀족적으로 섬세하고 세련된 모습이고—리슐리외, 볼테르, 발레리 등처럼—다른 한편으로는 민족의 힘과 건강함이 표현된 모습, 미라보와 당통의 유형이다. 발자크는 비속한 기본유형에 완전히 속하는 사람으로 퇴폐적인 귀족 유형에 속하지 않는다. 그에게 푸른 앞치마를 둘러주고 남프랑스 어떤 술집의 판매대 뒤에 세워놓고 보면 이 선량하고 쾌활한 남자를, 손님에게 술을 따라주면서 그들과 유쾌하게 지껄여대는 글도 못 읽는 술집 주인과 구별할 수 없을 것이다. 쟁기질하는 농부, 길거리의 물 나르는 짐꾼, 세관원, 마르세유 사창가의 선원, 그 어디서라도 발자크는 그 본질과 얼굴 그대로 아주 자연스럽게 보일 것이다.

농부나 프롤레타리아처럼 편한 옷을 입은 셔츠 바람의 발자크가 진짜 모습이고 자연스럽다. 실제로 그는 이런 민중의한 부분이었다. 그는 우아하고 귀족적인 태도를 보이려고 할때만 거기 알맞은 분장을 했다. 머리에 포마드를 바르고 머리를 땋고, 생 제르맹 지역의 멋쟁이들과 똑같이 굴기 위해서 모든 것을 꿰뚫어보는 눈앞에 원숭이 같은 자루 달린 외알 안경을 갖다대는 것이다. 그의 예술작품도 그렇듯이 그의 강점(强點)은 인위적인 곳에 있지 않았다. 철학적인 이유에서 혹은 감상주의적인 이유에서 그가 들어가게 되는 인위적 영역, 그를 거짓되게 만드는 영역이 그의 강점은 아니었다. 그는 오직 민중인 곳에서만 강했다. 그의 생명력, 격렬함, 그의 힘에만 그의 신체의 천재성도 들어 있었다.

이런 특성들을 눈에 보이게 표현하는 것만이 초상화의 본질은 아니다. 하나의 그림이란 살아 있는 영상의 한 단면, 응고의 한 순간, 태도의 한 순간, 움직임이 중단된 한 순간을 나타낼 뿐이다. 그의 작품의 단 한 페이지에서 그의 천재성의 풍요로움, 다양성, 유례 없는 생산성 등을 알아낼 수 없듯이 현존하는 초상화 열두어 장을 보고서, 그가 인간으로서 가졌던 정신, 격렬함, 명랑함, 넘치는 생명의 충만함 등을 짐작할 수는 없다. 언뜻 보거나 표면적으로만 훑어보아서는 발자크에게서 아무것도 찾아낼 수 없다.

그 사실은 당시 사람들의 모든 보고에 나타나는 일치된 목소리를 보아도 알 수 있다. 계단을 올라오느라 숨이 가빠 헐떡이는 작고 뚱뚱한 남자, 단추를 잘못 끼운 갈색 웃옷에 절반쯤 끈이 풀린 구두와 정돈되지 않은 갈기머리를 하고 방안으로 들어서서 안락의자에 털썩 주저앉으면, 그의 85, 혹은 90킬로그램의 몸무게에 짓눌린 의자는 삐꺽 신음소리를 내고, 그런 그의 첫 인상은 참으로 실망스러운 것이었다. 뭐라고? 이 거칠고 뚱뚱하고 몸치장도 제대로 못한 구질구질한 친구가 우리의 발자크라고? 우리의 가장 친근한 감정을 노래하는 시인, 우리 권리의 옹호자라고? 부인들은 기막혀 하고, 거기 있던 다른 작가들은 만족스러운 태도로 거울을 흘끗 보면서 자기들이 얼마나 더 나은 효과를 내는지, 얼마나 더 정신적으로 보이는지 확인해보곤 했다. 수많은 부채들 뒤로 미소들이 감추어지고, 신사들은 이 눈에 거슬리는 모습의 시민, 문학적으로 그토록 위험한 경쟁자의 유쾌하도록 비천한 모습을 보면서 심술궂은 눈길을 교환하였다.

그러나 발자크가 말을 시작하는 순간 고통스런 첫 인상은 번개처럼 바뀐다. 재치와 정신으로 번쩍이는 하나의 '급류(torrent)'가 쏟아져나오기 때문이다. 방안의 분위기는 금세 전기를 띠게 되고 그는 자석처럼 모든 주의력을 자기에게 끌어들인다. 그는 수많은 일들에 대해서 이야기한다. 철학에 대해서, 그런가 하면 정치적 구상을 펼치기도 하고, 수많은 일화들을 알고 있으며 실화와 지어낸 이야기들을 한다. 이야기하는 동안 그것들은 점점 더 환상적으로, 믿을 수 없는 것으로 변한다. 그는 떠벌리고, 비웃고, 웃어젖히고, 빛나는 작은 눈에서는 오만불손한 황금빛 불꽃이 인다. 그는 스스로 자신의 힘에 도취하고 다른 모든 사람들을 도취시킨다. 그가 자신의 충만함으로 말하는 순간 그는 비할 데 없는 사람이 되는 것이다.

이 엄청난 힘은 그의 작품에서도 마찬가지지만 육체적으로도 발자크에게서 나오는 아주 특이한 마력이었다. 그에게서 모든 기능은 다른 사람들보다 열 배의 강도로 표현되었다. 그가 웃으면 벽에 걸린 그림들이 떨렸다. 그가 말하면 말이 용솟음쳐 나왔고, 사람들은 고르지 못한 이를 잊어버렸다. 여행을 할 때면 그는 말을 더 빨리 몰라고 마부에게 반시간마다 팁을 주었다. 계산을 하면 천 단위와 백만 단위들이 엇갈렸다. 일을 하면 밤낮이 없이 열, 열넷, 열여섯 시간씩이나 한 자리에서 꼼짝도 않은 채 열두어 개의 까마귀 깃털 펜이 닳도록 썼다. 고즐랑(Gozlan)은 그가 먹는 모습을 다음과 같이 묘사하였다.

그의 입술이 떨리고 눈길은 행복으로 빛나고 그의 손은 멋진 배나 복숭아가 산더미같이 쌓인 것을 보고 탐욕으로 떨렸다…… 그는 멋지게 피어나는 팡타그뤼엘(라블레의 소설 : 역주)식으로 요란하였다. 넥타이는 떼어버리고, 셔츠는 열어젖혔다. 손에 과일칼을 들고서 웃고 마시고 버터 배의 과육을 잘랐다.

그에게 있어서 모든 것은 유쾌하고 광적으로 진행되었으며 그는 무엇이든지 적당한 정도라는 것을 벗어났다. 좀스럽다는 것보다 그의 성격에 안 어울리는 것도 없었다. 발자크는 거인의 선량함과 어린아이다운 특성을 가졌다. 그는 두려움을 몰랐다. 오직 낭비적으로만 행동할 수 있었다. 어느 것도 그의 선량함을 흔들어놓지 못했다. 그는 다른 작가들이 자신의 존재가 지나치게 강력해서 위협을 느낀다는 것을 알고 있었다. 그리고 그들이 뒤에서 자기가 매너가 없으며 수많은 약점들을 가지고 있다고 속삭인다는 사실도 알고 있었다. 그러나 그의 자연스러운 열광은 모두에게 친절한 말을 해주었으며, 그는 그들에게 자신의 책을 헌정하고 자신의 《인간희극》 어딘가에서 그들의 이름을 거론하였다.

그는 적대감을 갖기에는 너무나 위대하였다. 그의 전작품 어디서도 어떤 개인을 향한 시비를 찾아낼 수 없다. 계산을 할 경우에는 언제나 잘못 계산했는데, 너무나 높은 액수를 생각했기 때문이다. 그가 자기 출판업자들을 괴롭히고 이리저리 조종했다면 몇 프랑 때문이 아니라 그들과 장난을 치고 그들에게 자신이 주인임을 보여주려는 마음에서였다. 거짓말을 했다면 누군가를 속이기 위해서가 아니라 다만 익살극을 좋아해서였다.

그는 사람들이 자기 뒤에서 자기가 어린아이 같다고 비웃는다는 것을 알고 있었다. 그러나 그들을 피하는 대신 그들을 강요하였을 뿐이다. 친구들에게 이야기를 꾸며서 들려주고는 날카롭고도 재빠른 눈길로 그들이 자기 말을 한마디도 믿지 않는다는 것, 그리고 다음날이면 파리 시내 전체로 퍼뜨릴 것이라는 사실을 분명하게 알아보았지만 그는 그 위에 더욱 강력한 거짓말로 양념을 쳤다. 다른 사람들이 자기를 부조리한 존재로, 그들의 도식에는 들어맞지 않는 존재로 받아들이는 것이 재미있었다. 풍자만화들을 예상하면서 그는 라블레 방식으로 스스로를 풍자로 만들었다. 그들이 그에게 어떻게 할 수 있었겠는가? 그는 자기 피부 밑에 있는 근육이, 그리고 이마 뒤에 있는 근육도 그들 모두보다 더 강하다는 것을 언제나 알고 있었고 느끼고 있었다. 그래서 그들을 내버려두었다.

자신의 힘에 대한 이런 자의식은 그의 육체, 그의 이마, 그의 에너지에 근거한 것이었다. 그것은 어느 정도는 근육, 피, 체액과 힘에 대한 자의식이었다. 그것은 삶 전체를 지향하는 자의식으로서 명성이나 성공에 근거한 것이 아니었다. 문학적으로 발자크의 자의식은 오히려 불안한 것이었기 때문이다. 〈고리오 영감(Le Père Goriot)〉, 〈마법 가죽〉과 그밖에 다른 영원한 걸작들 10여 편을 더 발표한 서른여섯 살에도 여전히 그랬다. 그의 삶의 감정은 저울질이나 자기 관찰에서 나온 것이 아니며, 그렇다고 다른 사람을 판단한 데서 나온 것도 아니었다. 그것은 그에게 원소적인 요소였다. 그는 자기 안에 충만함을 느꼈으며 그것을 두렵게 여겨 비판적으로 자르거나 쪼개지 않고 이런 충만의 감정을 즐겼다.

나의 5피트 2인치의 덩치 안에는 생각할 수 있는 온갖 대립과 모순들이 들어 있다. 나를 허영심이 강하다, 낭비적이다, 이기적이다, 경솔하다, 내 생각 안에는 올바른 결론이 없다, 어리석다, 칠칠치 못하다, 게으르다, 조심성과 사려가 없다, 지속성이 없다, 말이 많다, 전략이 없다, 버릇없다, 예의없다, 기분이 기묘하고 변덕스럽다고 말하는 사람은, 나를 보고 가정적이다, 겸손하고 용감하다, 끈질기다, 힘차다, 두려움이 없다, 근면하다, 말이 없다, 지극히 섬세하고 예의바르다, 언제나 즐거워한다고 말하는 사람과 똑같이 올바르다. 마찬가지로 내가 겁쟁이라거나 참된 영웅이라고, 영리한 친구라거나 바보라고, 재능이 아주 뛰어나다거나 멍청하다고 주장할 수 있을 것이다. 나는 그 어떤 말에도 놀라지 않는다. 나라는 사람은 단지 상황이 가지고 노는 하나의 도구일 뿐이라고 여기기로 결심하였으니까.

다른 사람들이 그에 대해서 어떻게 생각하거나 칭찬하거나 비웃거나 그는 계속해서 갔다. 꼿꼿하게, 용감하게, 명랑하게, 근심 없이, 온갖 역겨움과 근심을 지나쳐서, 원천적으로 근심 없는 태도로. 그런 힘들을 자기 안에서 느낀 사람이 칠칠치 못할 수도 있을 것이다. 그의 허영심은 어린아이 같 았지만 좀스럽지는 않았다. 그는 가볍게 도취된 사람의 안정 감과 걱정 없는 태도를 지니고 있었다.

그렇게 너그럽고 넉넉한 천성은 낭비적이 될 수도 있다. 발자크는 모든 의미에서 낭비적이었다. 오직 한 가지 점에서 만 그는 절약을 강요당했다. 그것은 사람들과의 교제였다. 그가 언젠가 말한 것처럼 '하루 단 한 시간만을 세상에 내줄 수 있는' 사람은 삶에서 사교를 위한 여지가 없었다. 그래서 그가 정말로 가까웠던 사람들은 손가락으로 꼽을 수 있을 정 도다. 정말 그에게 속했던 사람들은 전부 다해서 열 명을 넘 지 않았다. 이들은—가장 중요한 인물 하나만 빼고는—서른 살에 이미 그의 둘레에 다 모였다. 세계 체험과 예술적인 훈 련의 경우와 마찬가지로 우정에 있어서도 뒷날 덧붙여진 것 이 극히 적었던 것이다.

그가 받아들여야 할 것은 서른 살 나이에는 이미 다 받아 들였다. 서른 살부터 그는 작품 이외에는 그 누구도 맞아들 일 각오가 없었고 이미 알고 있는 사람들만이 그에게 중요하 고 실질적인 의미를 가졌다.

이 좁지만 한결같은 우정의 테두리에서 여성들이 다수를 차지한다. 그가 쓴 편지의 9할 혹은 그 이상이 여성에게 쓴 것이다. 오직 그들을 향해서만 때때로 영원히 충만된 가슴을 토로하려는 항거할 수 없는 욕구를 가졌다. 그들 앞에서만 자신의 '벌거벗은 모습'을 보여줄 수 있었고, 여러 달씩이나 계속된 침묵을 깨고 폭풍우 같은 토로(吐露) 욕구의 갑작스런 폭발을 만들어냈다. 한 번도 본 적이 없는 혹은 아주 순간적으로만 알았던 여자를 향한 경우도 자주 있었다. 친근한 편지가 남자를 향한 경우는 한 번도 없었다. 그리고 가장 위대하고 가장 유명한 동시대 사람—빅토르 위고나 스탕달—을 향해서도 그는 내면의 갈등이나 예술적 형상화의 문제를 털어놓지 않았다.

다른 사람들의 답변을 거의 듣지 않고 자신의 상상력과 허풍만 늘어놓는 편집증적인 이 사람에게 편지로나 말을 통한 친목은 중요하지 않았다. 그는 자신이 지나치게 충만했던 탓으로 우정의 자극을 필요로 하지 않고 오히려 긴장을 푸는 것이 필요했다. 그래서 그가 여자들의 편지에 답장을 하면 그것은 그가 테오필 고티에(Théophile Gautier)에게 조소적인 태도로 말했듯이 '그것이 스타일을 드러내기' 때문이 아니라 더욱 깊은, 어쩌면 그 자신은 완전히 알지 못했던 욕구, 자기를 이해해줄 여성을 찾아내려는 욕구에서 나온 것이었다.

일에 녹초가 되고, 의무에 시달리고, 빚에 억눌리고, 언제나 다시 '폭풍우 같은 삶' 속으로 이끌려 들어가면서 그는 끊임없이 자기에게 어머니, 누이, 애인, 도움의 손길이 되어줄 여자, 드 베르니 부인이 형성기에 해주었던 역할을 해줄 여자를 찾고 있었다. 언제나 다시금 찾도록 만든 것은 모험 욕구도, 감각성도, 에로티시즘도 아니었고 정반대로 정열적인 휴식의 욕구였다.《우스운 이야기》와 그 팽팽하고 허풍스럽고 외설스런 감각성에 속아서는 안 된다.

발자크는 한 번도 돈 후안이나 카사노바, 색정광은 아니었다. 그의 욕망은 시민적인, 극히 시민적인 의미에서의 여자를 향한 욕구, 그가 톡 까놓고 말했듯이 '여자와 재산'을 향한 욕구였다. 그만큼 상상력과 정신적 흥분의 능력을 가진 사람은 싸구려 모험을 필요로 하지 않는다. 발자크는 자기 내면에 충분히 긴장을 가지고 있어서 다른 긴장을 찾을 필요가 없었다. 그가 대개는 무의식 상태에서 때로는 분명하게 알면서 갈망했던 것은 그의 존재의 두 극단을 만족시켜줄 여자였다. 개인적인 요구들을 통해서 작업에 악영향을 주지 않고, 돈을 벌기 위한 노동이라는 이 저주에서 구제해줄 여자, 그의 안에 있는 성적인 충만을 방출시켜주면서 동시에 물질적인 곤궁에서 벗어나게 해줄 여자였다. 가능하면 귀족 태생의 여자로서 유아적인 속물근성을 만족시켜줄 수 있는 그런 여자였다.

이러한 여자를 찾아내는 것은—성취된 적이 없는—그의 일생의 꿈이었다. 그가 찾는 것은 언제나 조각이 난 형태로만 주어졌다. 그의 욕망의 이쪽 절반 혹은 저쪽 절반이 이루어졌을 뿐 한 번도 두 가지가 한꺼번에 성취된 적은 없었다. 아니면 너무 늦게 성취되었다. 드 베르니 부인과의 관계도 이런 절반의 성취라는 저주를 지닌 것이었다. 그가 언젠가 말한 적이 있듯이 악마가 시간을 그토록 잔인하게 돌려버렸기 때문이다. 젊은 시절의 교사이며, 곤궁할 때의 위로자, 위험에서의 구원자, 육체의 과도함을 위한 정열적인 애인이었던 이 여자에게서 스물세 살 젊은이는 모든 것이 다 성취되었다고 여겼다.

그러나 처음에는 상황이 어려운 나머지 자연스럽다고 여

졌지만 시간이 흘러감에 따라 스물세 살 청년과 마흔여섯 살 여자의 관계는 그로테스크하고도 반자연적인 것이 되었다. 어떤 여자를 보고도 헬레나라고 착각할 수 있는 이런 몽상가에게도, 그리고 성적으로 거의 광적일 정도로 상대를 가리지 않는 천성에도 불구하고, 서른 살이 되자 쉰네 살 여자의 애인 노릇을 한다는 것이 고통스럽게 여겨졌다. 드 베르니 부인에게는 아주 힘든 일이었지만―가장 현명한 여자라도 사랑에 빠져 있는 동안에는 체념할 줄을 모른다―이 관계는 천천히 감각성을 잃어버리고 성적인 관계에서 단순한 우정과 어머니에 대한 관계로 시들어가는 것을 피할 수 없었다.

그러나 이렇게 서서히 분리되기도 전에 발자크의 감각적인 기질은 출구를 찾고 있었다. 그것은 나이 들어가는 애인의 질투심을 굉장히 자극하는 일이었다. 그리고 새로운 여자친구 역시 나이로 보나 육체적인 매력으로 보나 인생의 가을에 접어든 여자임을 보았을 때 이 질투심은 더욱 심해졌다. 쥐노(Junot) 장군의 미망인인 다브란테스 공작부인은 발자크가 1829년경에 베르사유에서 그녀를 처음 알게 되었을 때 이미 상당히 낡은 기념비적인 존재였다. 부르봉 왕가에서 배제되어 사회에서 거의 주목받지도 못하고, 게다가 구제할 길 없이 빚을 지고 있어서 그녀는 추억을 팔아서 폭리를 취하는 사람이었다. 해마다 꾸며낸, 혹은 체험한 옛날 스캔들을 끄집어내서 한 권 한 권 출판업자들에게 팔고 있었다.

그런데도 불구하고 그녀는 어렵지 않게, 드 베르니 부인과 관계를 맺고 있는 젊은 작가를 빼내서 자기 쪽으로 끌어들일 수 있었다. 그녀는 발자크의 본질에 있는 가장 강렬한 두 요소에 작용을 미칠 수 있었기 때문이다. 시대의 역사를 생생하게 이해하고자 하는 예술가의 충족되지 않는 호기심과 발자크의 가장 내적인 약점, 곧 절대로 사라지지 않을 속물근성이었다. 소시민인 발자크 부인의 아들에게 있어서 사회적 칭호와 귀족의 이름은 결코 다하지 않는, 때로는 우스꽝스럽게까지 만드는 마력을 일생 동안 행사하였다. 공작부인의 친구, 나아가 애인이 된다는 승리감, 황제의 뒤를 이어 그녀의 침대를 물려받은 것은 아니지만, 그래도 나폴레옹 황제의 장군들 중 한 사람인 뮈라(Murat), 나폴리 왕, 그리고 메테르니히 재상의 침대 후계자가 된다는 승리감은 적어도 짧은 순간 드 베르니 부인을 배반하도록 만들었다. 드 베르니 부인의 어머니는 고작해야 마리 앙투아네트의 시녀에 지나지 않았다.

발자크 안에 있는 영원한 천민이 몸이 달아오르고 허영심에 가득 차서―여러 가지 가능성으로 보아 전혀 힘들지 않았던―이 모험에 자신을 던져넣었다. 발자크처럼 장래의 '시대의 역사'에게 있어서, 단 하나의 불꽃만으로 지평선 전체를 밝힐 만한 상상력을 가진 이 인간에게 있어서, 역사의 모든 비밀을 알고 있는 이 여자와 '침대 시트 사이로' 함께 몸을 눕히는 일은 얼마나 대단한 일이었던가!

다브란테스 공작부인은 나폴레옹이 아직 야윈 보나파르트 대위이던 시절, 어머니인 페르몽(Permont) 부인의 집에서 그를 알게 되었다. 그녀는 튈르리 궁에서 새로운 영주들과 영주부인들 사이에 끼여 맨 앞줄에 서 있었다. 뒷날에는 무대 뒤쪽에서, 그리고 침대가 놓인 작은 방에서도 세계의 역

가바르니가 그린 다브란테스 공작부인. 발자크는 속물근성에서 다브란
테스 공작부인과 사랑에 빠졌으나, 점차 두 사람의 관계는 일종의 동지
애로 변해갔다.

사를 관찰할 기회가 있었다. 나폴레옹 시대를 다룬 발자크의 모든 소설들 〈음모(Une ténébreuse Affaire)〉, 〈샤베르 대령 (Le Colonel Chabert)〉 등은 풍부한 자료들로 가득 차 있는데, 이것은 바로 이 관계에 힘입은 것이다.

그들의 관계에는 사랑보다는 두 사람의 감각성과 정신적인 호기심이 훨씬 더 많이 작용하였다. 그밖에도 이 연애사건은 오래 지속되지 않았다. 두 사람을 결합시켜준 것은 일종의 동지애였다. 두 사람 다 빚을 지고 있었고 둘 다 삶을 열망하였으며 두 사람 다 곧장 다른 정열에 빠져들었다. 그들은 짧은 정열의 불이 꺼지고 난 다음에도 오랫동안 동지애를 가지고 서로 도우려고 했다. 공작부인은 발자크를 레카미에 부인과 다른 몇 명의 귀족 친구들에게 소개하였다. 그는 그녀가 회고록을 출판사에 팔아넘기는 일을 가능한 한 도와주었고, 어쩌면 그것을 쓰는 것도 은밀히 도왔다. 그녀는 점차 발자크의 삶에서 사라졌고, 여러 해가 지난 다음 파리의 초라한 지붕 밑 방에서 죽은 채로 발견된—구제불능 낭비가였던—이 여자친구의 최후를 설명할 때 그의 놀란 말투로 미루어보면 그가 벌써 여러 해 전에 그녀를 잊었다는 것, 이 만남은 젊은 시절 한때 뜨겁고 순간적인 일화에 지나지 않았다는 것을 느낄 수 있다.

다브란테스 공작부인과의 이 일시적인 관계가 시작되던 무렵에 또 다른 여인 쥘마 카로(Zulma Carraud)도 발자크의 삶에 등장한다. 그것은 가장 소중하고 고귀하고 순수하고, 시간적·공간적 거리에도 불구하고 가장 지속적인 우정이었다. 그가 사랑한 누이 로르와 동갑내기였던 쥘마 투랑젱(Z. Tourangin)은 1816년에 포병대위 카로와 결혼하였다. 그는 '엄격한 공정성'을 가진 남자였지만 이런 내적인 공덕은 특별한 불운으로 인해 전혀 인정받지 못했다. 나폴레옹 시대에 동료들이 전쟁 특별경기를 이용하여 전쟁터와 장관직에서 환상적인 경력을 만들어가는 동안, 이 씩씩하고 대담한 장교는 영국의 영창용 헌 배에서 포로로 갇혀지내는 불운을 겪었다. 마침내 포로교환을 통해 돌아왔을 때는 이미 너무 늦었다. 포로생활로 인해서, 중요한 관계들을 맺거나 전쟁의 장식품인 훈장 등을 얻을 기회를 갖지 못한 하급장교를 알아주는 곳은 아무데도 없었다. 처음에 그는 작은 지방 수비대에 밀려들어 갔다가 국립 화약공장의 감독관이 되었다. 그렇게 해서 카로 부부는 그늘 속에 파묻혀 조용하고 옹색한 삶을 보냈다.

쥘마 카로는 미인은 아니었고 다리를 약간 절었는데 남편을 정말 사랑하지는 않으면서도, 남편의 고귀한 성격에 대해서 상당한 존경심을, 그의 불운에 대해서는 깊은 동정심을 느꼈다. 그 불운은 그의 야심과 삶의 기쁨을 일찌감치 망가뜨리고 말았다. 그녀는 남편과 아들에게 공평하게 자신의 배려를 나누어주었다. 특별히 영리한데다가 천재적인 심정의 책략을 지닌 여인이었기에 고립된 지방도시에서도 그녀는 아주 중요하지는 않더라도 정직하고 품격있는 사람들을 주변에 모을 수 있었다. 그중에는 뒷날 발자크가 좋아했고, 또한 군사적인 일들에 대해 중요한 정보를 얻을 수 있었던 페리올라(Periolas) 선장 같은 사람도 있었다.

쥘마와 발자크가 그의 누이 집에서 만난 것은 두 사람 모두에게 특별한 행운이었다. 자기를 둘러싼 작은 그룹의 사람들보다는 수준이 훨씬 높았던—그리고 심지어는 발자크의 유명한 동료 문인들이나 비판자들보다도 수준이 높았던—지적이고 인간적인 성향을 지닌 부인에게 있어서, 그것은 자신의 작은 세계에서 한 인간을 만나는 체험이었다. 그녀는 시인으로서 그의 천재성과, 과도하고 폭풍 같고 광채나는 인간성을 재빨리 알아보았다.

발자크에게 있어서 그것은 일에 지치고 빚쟁이들에게 쫓기고 돈문제로 넌더리가 날 때, 속물적인 경탄을 받지도 않고, 폼 잡을 필요도 없이 도망칠 곳이 생겼다는 행운을 뜻했다. 자기를 위한 방이 언제나 마련되어 있어서 그곳에서는 방해받지 않고 일할 수 있었고, 저녁이면 선량하고 심정적인 사람들과 어울려 아무 거리낌 없이 이야기를 나누고 완전한 친밀감을 누릴 수 있는 장소였다. 이곳에서 그는 누군가에게 부담을 준다는 걱정 없이 셔츠 바람으로 나타날 수 있었다. 끝도 없는 긴장 뒤에 꼭 필요한 긴장완화를 위해서 언제라도 피난처를 가지고 있다는 느낌에서 발자크는, 생 시르, 앙굴렘, 프라페슬 등지의 지방 수비대에 자리잡은 카로 부부의 피난처로 찾아가는 일을 몇 달 전부터 미리 꿈꾸곤 했다.

오래 지나지 않아서 발자크는 완전히 알려지지 않고 이름 없는 이 부인의 영적인 의미를 알아차렸다. 그녀의 감추어진 천재성은 놀라울 정도의 헌신과 정직성의 능력이었다. 그러면서 더할 수 없이 순수하고 아름다운 관계가 시작되었다. 쥘마 카로가 여성으로서도 이 사람의 특이한 매력을 느꼈을

1827년에 에두아르 비에노가 그린 쥘마 카로와 그녀의 아들. 발자크의 여인 중 한 사람이었던 그녀는 일생 동안 정직하고 올바른 조언을 아끼지 않았다. 때로 두 사람의 우정이 위태로워지는 상황에서도 마찬가지였다.

것은 의심의 여지가 없지만 그녀는 자신의 심정을 통제하였다. 그녀는 그 누구도 자기만큼 이 휴식 없는 사람에게 알맞은 사람은 없다는 것, 이 탁월한 개성 앞에서 자신을 완전히 '작게 만들고' 그러면서도 모든 어려움을 덜어주고 달래줄 수 있는 여성은 없다는 것을 알아챘다. 그녀가 한 번은 "나는 운명이 당신에게 점지해준 여인"이라고 써보냈고, 그는 "나는 당신처럼 이기적이지 않은 여인이 필요합니다."라고 썼다. 그리고 이렇게 고백하였다.

저녁 때 당신 집에서 보내는 15분이 내게는 저 아름다운 여인의 팔에서 온밤을 보낼 때의 온갖 기쁨보다 더 많은 것을 의미합니다······.

그러나 쥘마 카로는 너무나도 눈이 밝아서, 자신이 다른 누구보다 높이 평가하는 이 남자를 언제까지나 만족시키기에는 자기가 여성적이고 감각적인 매력이 부족하며, 무엇보다도 자기와 같은 천성은 간통이나 혹은 자신에게 삶을 몽땅 걸고 있는 남편을 버리는 일이 완전히 불가능하다는 사실을 모를 수가 없었다. 그래서 그녀는 그에게 우정을 제안하는 것으로 자신의 명예심을 만족시켰다. 그의 표현대로 '선하고 신성한 우정', 모든 허영과 명예욕과 이기심에서 벗어난 우정이었다.

나는 우리 사이에 단 한 톨의 이기심이라도 끼여드는 것을 바라지 않아요.

그 어떤 에로틱한 색채에 의해서도 흐려지거나 불안해지지 않는 그런 우정이었다. 그녀는 전에 드 베르니 부인이 그랬던 것처럼 안내자가 되고 애인도 되어주는 두 가지 노릇을 다할 수 없었기 때문에 이 두 영역을 분리해서 그럴수록 더욱 완벽하게 그가 온갖 곤경에 처할 때 그를 도와주려고 하였다. 그녀는 다음과 같이 토로한다.

맙소사! 어째서 운명은 나를 당신이 살아야 하는 도시에 넣어주지 않는 것인지! 당신이 소망하는 모든 것을 당신 마음에 들도록 해줄 수 있을 텐데, 당신이 사는 집에 나도 아파트를 얻을 텐데……. 그것은 두 권짜리 행복이 되었을 텐데.

그러나 그의 생활을 감각적인 것과 영적인 것으로 나눌 가능성이 없었으므로 그녀는 내적으로 하나의 출구를 찾았다.

나는 당신을 내 아들로 받아들이겠어요.

그녀는 그를 위해 생각하고 그를 위해 염려하고 그에게 충고하는 것을 자신의 삶의 과제로 삼으려 했다. 발자크의 생애에 나타나는 모든 여자들처럼 그녀도 자신의 삶을 제대로 관리할 줄 모르는 이 어린아이 같은 천재에게 사랑으로 모성애를 베풀어주려는 욕구를 느꼈다.

사실상 발자크는—당시 가장 유명한 비평가와 예술가들까지 포함해서—자기 예술과 삶을 위해서 시골에서 평범한 결혼생활에 파묻힌 이 작고 이름 없는 여인보다 더 정직하고 더 나은 조언자를 알지 못했다. 발자크의 작품이 여론에서 유행성 주목을 끌고는 있었지만 아직 조금도 제대로 이해되지 못하고 있던 시기에(1833년), 그녀는 그녀의 모든 말을 특징짓고 있는 흔들리지 않는 정직성을 분명하게 드러내면서 이렇게 써보냈다.

당신은 이 시대 1급의 작가입니다. 그리고 내 감정에서는 가장 중요한 작가입니다. 당신은 오직 당신 자신과만 비교될 수 있으며, 당신 곁에 세우면 다른 모든 사람들은 알맹이가 없어 보여요.

물론 그녀는 바로 이어서 이렇게 덧붙이고 있다.

그런데도 불구하고 친애하는 벗이여, 나는 당신에게 찬양가를 부르는 수천의 코러스에 내 목소리를 덧붙이는 일은 망설이게 됩니다.

그녀는 아주 올바른 본능에서 발자크의 성공에 들어 있는 유행의 특성, 센세이션의 특성이 두려웠기 때문이다. 그녀가 그의 심정의 위대성을 알고 있었기 때문에, '그의 모든 모슬린 커튼, 캐시미어 숄, 청동상 뒤에 숨은' '근본적으로 선량하고 심정적인 발자크'를 사랑했기 때문에, 그녀는 (올바른 일이다) 살롱에서의 속물적인 성공과 출판사에서 얻는 물질적인 성공이 그의 성격과 재능을 위험하게 할 수 있다는 사실을 느꼈다. 그녀는 유례가 없는 그의 천재성을 다른 어떤 사람보다 일찍 알아보았고, 그가 자신에게서 최고, 최선의 가능성을 끄집어내도록 만들려는 것이 그녀의 야심이었다.

나는 완전한 당신을 보고 싶다는 소원에 사로잡혀 있어요.

라고 그녀는 고백하였다. 그리고 이런 완전성이란 '유행에 따른 성공이나 살롱의 성공'과는 완전히 다른 것이다.

(나는 그런 성공을 유감스럽게 생각해요. 그것이 당신의 미래를 망쳐버릴 테니까). 완전성, 내가 생각하는 당신의 참된 명성, 미래의 명성은 완전성으로 이루어진 것이어야 해요. 그것은 내게도 똑같이 중요한 일입니다. 마치 내가 당신의 이름을 지니기라도 한 것처럼, 아니면 당신 곁에 그토록 가까이 있어서 그 이름이 내 위로 빛을 던지는 것처럼 말이에요.

그의 위대성과 선량함도 잘 알고 있고, 자신을 낭비하고 허영심에 찬 유치한 생각으로 세속적인 출세에 쉽사리 몸을 굽히는 그의 위험한 성향도 잘 알고 있던 그녀는 스스로에게 이 남자의 예술적인 양심이 된다는 의무를 지웠다. 그리고 삶의 가장 소중한 재산이었던 이 우정을 잃어버릴 위험까지도 무릅쓰고 그녀는 놀라운 솔직성으로 자신의 망설임이나 동감을 표현하였다. 그럼으로써 유행을 타는 작가를 무조건 찬미하는 귀족 부인들이나 살롱의 여인들과 자신을 차별화하였다.

그 시대 전체에서 그녀의 판단과 비평보다 더 분별있는 것을 찾아볼 수 없다. 100년이나 지난 오늘날에도 이 앙굴렘 출신의 이름 없는 대위부인의 찬양이나 제한은 생트 뵈브의 모든 판단과 교수들의 비판보다 근본적으로 더 타당한 것이다. 그녀는 〈루이 랑베르〉, 〈샤베르 대령〉, 〈세자르 비로토〉, 〈외제니 그랑데(Eugénie Grandet)〉 등을 찬양했다. 반면에 향수를 잔뜩 뿌린 살롱 소설인 〈서른 살의 여자〉에 대해서는 생생한 불쾌감을 느꼈고, 〈시골 의사(Médecin de campagne)〉를 아주 적절하게 '너무 딱딱하고 이념으로 채워졌다'고 말했으며, 〈세라피타(Séraphita)〉의 잔뜩 허세부린 엉터리 신비주의를 역겹다고 느꼈다. 놀라운 명석함으로 그녀는 언제나 그의 상승을 위협하는 위험을 느꼈다. 그가 정치에 끌리려고 하자 그녀는 절망적으로 경고하였다.

《우스운 이야기》가 장관의 서류가방보다 훨씬 더 중요해요.

그가 왕당파에 이끌리자 그녀는 이렇게 소리쳤다.

이런 옹호는 궁정 주변에서 나온 사람들에게 맡기고 당신을 그들과 똑같이 만들지 마세요. 그렇게 해봐야 당신은 정직하게 얻은 명성만 더럽히게 됩니다.

자신은 언제까지나 '그렇게 수치스럽게 모욕당하고 부자들의 욕심에 이용당한 가난한 계층'에 대한 사랑을 충실하게 지키겠노라고 그녀는 당당하게 고백하였다.

나 자신이 민중에 속하기 때문이지요. 사회적으로 보아 우리는 물론 귀족계급에 편입되었지만, 억압으로 고통받는 민중에 대한 공감을 언제까지나 지니고 있을 거예요.

그가 자신의 책에서 격렬함을 통해서 얼마나 많은 것을 망가뜨리는지를 보았을 때 그녀는 이렇게 경고한다.

당신은 그토록 목에 칼이 들어온 사람처럼 글을 쓰면서 정말로 작품을 쓴다고 말하려는 건가요? 종이에 옮길 만한 시간도 없으면서 어떻게 완성된 작품을 만들 수 있나요! 부자가 된 빵집 주인에게나 어울릴 뿐 천재에게는 어울리지도 않는 사치를 누리기 위해서 어쩌자고 그렇게 서두르는 건가요? 〈루이 랑베르〉를 써낼 수 있는 사람이 영국산 마차 끄는 말을 사들인다는 건 도대체 필요치도 않을 텐데요……. 오노레, 당신이 위대하지 않은 모습을 보면 나는 괴로워요. 아, 나라면 말도 마차도 페르시아산 벽장식도 좋겠지만……. 약삭빠른 어떤 작자가 나에 대해서, 돈만 주면 저자는 언제라도 살 수 있어, 하고 말할 기회를 주지는 않았을 텐데요.

그녀는 그의 천재성을 사랑하고 그의 약점을 두려워했다. 그래서 그가 귀족의 살롱들에 자신을 압류당하고, 그녀가 경멸하는 이 '상류사회'의 경탄을 받기 위해 빚더미에 빠지면서 쓸데없는 사치로 자신을 둘러싸는 것을 두려움을 가지고 지켜보았다. 그리고 너무나도 맞는 예견을 내놓는다.

자신을 너무 일찍 소모해버리지 마세요!

프랑스를 위하여 강하게 프랑스적인 감각을 가지고서 그녀는 세기의 가장 위대한 예술가가 모든 의미에서 독립적이기를, 찬양과 질책으로부터, 여론과 돈으로부터 독립적이기를 바랐다. 그가 언제나 다시 새로운 노예상태와 구속상태로 빠져들었기 때문에 그녀는 절망하였다.

갈레 선의 노예. 당신은 그런 사람이 될 거예요. 당신은 열 가지를 위해 살면서 욕망으로 자신을 소모해버리지요. 당신 삶의 전과정에서 당신의 운명은 탄탈로스(목까지 차는 물 속에 잠겨 있으면서도 물을 마시려 하면 물이 없어져 못 마시는 형벌을 받은 그리스 신화의 인물 : 역주)의 운명이 될 거예요.

예언적인 말이다!
자신의 작은 허영심들보다 천 배는 더 영리했던 발자크 내면의 정직성을 향한 말이었다. 공작부인들과 영주부인들이 그를 둘러싸고 아첨하고 찬양의 말을 하던 시기에 그는 이 가혹하고 때로는 격한 비난들을 받아들였을 뿐 아니라 이 진정한 친구의 정직성에 거듭 감사하였다. 그리고 그녀에게 이렇게 답변하였다.

당신은 나의 독자입니다. 나는 당신을 알게 된 것이 자랑스러워요. 나 자신을 완전하게 만들라는 용기를 주는 당신을 말입니다.

그녀가 자신을 도와준 것을 감사하였다.

내 밭에 나 있는 잡초를 뽑아버리도록 도와준 것을 말이죠. 당신을 볼 때마다 나는 거기서 내 삶에 유익한 것을 얻게 됩니다.

그는 그녀의 경고 속에는 고귀하지 못한 어떤 동기나 질투심, 지적인 오만이 들어 있지 않으며, 오직 자기 예술의 불멸의 혼을 지키려는 고귀한 염려만이 들어 있다는 사실을 알고 있었다. 그래서 그녀에게 자신의 삶에서 특별한 자리를 내주었다.

나는 다른 어느 누구와도 비교할 수 없는 어떤 감정을 당신에 대해 가지고 있습니다. 그 어느 것도 그것과 같거나 비슷하지 않아요.

그가 뒷날 다른 여인, 곧 한스카 부인을 향하여 자신의 고백을 계속하게 되었을 때도 그녀가 차지한, "내 감정에서 특권을 가진 윗자리"만은 흔들리지 않았다. 그는 다만 한때의 친구에게 침묵을 지키게 되었을 따름이다. 어쩌면 어떤 불쾌감 때문에 또한 비밀스런 수치심 때문에 말이다. 그가 한스카 부인과 다른 여인들을 향해서 폭발적으로 낭만적인 관계에 빠지고, 자신을 연극으로 만들고, 언제까지나 빚의 액수와 과도한 작업량의 페이지 숫자를 가지고 곡예를 하는 동안에도 그는 이 여인에게는 단 1그란(0.06그램)도 거짓말을 할수 없다는 것을 알고 있었고, 그래서 자기도 모르는 새 점점 더 고백을 꺼리게 되었던 것이다.

그가—어쩌면 그 자신의 손해였지만—그녀의 집에 마련된 조용한 작업장소를 찾아가지 않은 채 여러 해가 흘렀다. 그녀가 단 한 번—어떤 희생을 대가로 치렀는지는 신만이 아는 일이지만—파리로 왔을 때 그는 너무나도 일에 파묻혀서 그녀의 편지를 뜯어보지도 않았고 자기 집에서 겨우 한 시간 떨어진 곳에서 보름 동안이나 답장을 기다리게 만들었다. 그녀는 그의 초대를 기다렸지만 그것은 영영 오지 않았다. 그러나 죽기 직전, 그러니까 이미 종말을 앞에 둔 그가, 16년 동안이나 얻으려고 애써온 한스카 부인을 마침내 아내로서 집으로 데려오던 그해에 그는 잠깐 멈추어서 자기 일생을 돌아보고 쥘마가 자신의 여자친구들 중에서 가장 중요하고 가장 정직한 최고의 친구였다는 사실을 깨달았다. 그래서 펜을 잡고 이렇게 썼다.

당신을 생각하고, 당신을 사랑하고, 여기서도 당신과 대화하는 것을 그만둔 적이 한 번도 없었습니다.

영원한 경매꾼이며 과장꾼인 발자크가 가장 순수한 우정으로서 쥘마 카로와의 관계를 다른 모든 관계와는 따로 떼어서, 다른 모든 관계 위쪽에 올려놓았을 때 그는 과장한 것이 아니었다. 다른 모든 관계들은—그의 말년의 삶을 지배하는 한스카 부인에 대한 훨씬 덜 정직한 관계만을 예외로 하면—어느 정도 일화적인 것들이다.

발자크는 모든 유명한 여자들 중에서도 고귀한 마르슬린

데보르드 발모르와 특별히 가까워졌을 때도 심리적 안정감을 보여주었다. 그는 그녀에게 자신의 가장 아름다운 작품들을 바쳤고, 그녀를 향해서 그는—무거운 체중을 감안할 때 대단한 일이었다—숨을 헐떡이며 팔레 루아얄의 다락방까지 1백 개나 되는 계단을 올라가곤 했다.

그가 '형제 조르주'라고 불렀던 조르주 상드(George Sand)와는 일종의 심정적인 동지애로 결합되었다. 당시에는 하나의 예외였지만 이 동지애에는 일절 에로틱한 친밀감이 뒤섞이지 않았다. 그의 자부심은 그로 하여금 그녀의 애인들 목록에 열네번 째나 열다섯 번째 애인으로 등록되어서 파리 문학계의 절반, 그러니까 알프레드 드 뮈세(Alfred de Musset), 상도(Sandeau), 쇼팽(Chopin), 생트 뵈브(Sainte-Beuve) 등과 침대의 형제애를 맺는 일을 가로막았다.

일시적인 관계들 몇은 잘 보이지 않는 그늘 속에 가려져 있다. 그가 잠깐 관계를 맺었고 아이까지 두었던 것으로 보이는, 알려지지 않은 인물 '마리(Marie)'와, 역시 성이 알려지지 않은 '루이즈(Louise)'도 있다. 생애의 모든 결정적인 일들 중에서 발자크는 겉보기에 말이 많고 아무런 생각도 없는 듯했지만 여자들과의 친밀한 관계에 한해서만은 대단히 신중하게 행동했던 것이다.

남자들과의 우정은 훨씬 드물었다. 그가 심정의 애착을 가지고 헌신하였던 거의 모든 남자들은 철저히 이름 없고 중요하지 않은 인물들이었다. 여자들에게서 과도한 긴장을 풀려고 했다면, 남자친구들에게서는 신뢰를 구했다. 괴테나 베토벤같이 폭넓은 작품에 자신을 바친 대부분의 창작인들처럼 발자크도 예술창작을 위해 자극을 주고 경쟁을 위해 용기를 북돋워주는 탁월한 사람들을 고르지 않았다. 그는 곤란한 상황에서 걱정 없이 도움을 청할 수 있는 사람들로 만족하였다. 그가 작업을 멈춘 짧은 시간에 언제라도 시간을 내주거나 그와 이야기할 수 있는 사람들이었다.

그가 구한 것은 일종의 가족관계였다. 그밖에 드 마르곤 (de Margonne) 씨에 대해서는 별로 알려진 것이 없다.* 파리에서 도망친 발자크는 사셰(Saché)에 있는 그의 성에서 열두어 번이나 쾌적한 작업장소를 제공받았다. 그의 진짜 친구들은 그가 잘 알고 있던 빅토르 위고나 라마르틴, 하이네, 쇼팽과 같은 동시대의 위대한 인물들이 아니었다. 기묘한 일이지만 철물상인, 의사, 보잘것없는 화가, 재단사 등이었다. 철물상인 '다블렝 아저씨'는 레디기예르 거리에서 보낸 시절 이후로 그에게 꼭 필요한 사람이었다. 전혀 유명하지 않은 화가 오귀스트 보르제와는 한동안 카시니 거리에서 한 집에 살았다. 의사 나카르(Nacquart)는 그가 죽는 순간까지 그의 의사였으며 그의 소설을 위해서 이 분야의 조언자 노릇을 했

---

* 마르곤 씨는 발자크의 어머니인 안 샤를로트의 애인이었다고 한다. 츠바이크는 이 자료를 구하지 못했던 것으로 보인다. 발자크의 어머니는 남편보다 서른두 살이나 연하였고, 성장배경이나 성향 등이 차이나는 남편을 사랑하지 않았다. 발자크와 바로 아래 여동생인 로르는 남편 소생이었고, 밑의 두 동생 로랑스와 앙리는 바로 마르곤 씨와의 사이에 태어난 아이들이었다. 제1장에 묘사되어 있는, 자식들에 대한 발자크 어머니의 기묘한 미움과 편애는 바로 이 사실로 설명될 수 있을 것 같다. 발자크 자신도 나중에는 어머니와 마르곤과의 관계를 알았다고 하며, 마르곤이 발자크를 이토록 절대적으로 보호한 것은 바로 이런 관계에서 비롯한 것이다. : 역주

을 뿐 아니라, 꼭 필요할 때면 발자크가 일생 등에 짊어지고 다닌 빚더미에 구멍이 났을 때 몇백 프랑을 내서 막아주곤 했다. 마지막으로 리슐리외 거리에 사는 재단사 뷔송 (Buisson)이 있다. 그는 파리의 비평가들보다 더 먼저 발자크를 존경했던 사람이다. 그에게 여러 해 동안이나 외상을 주었을 뿐 아니라 때로는 돈을 내주기도 하고, 발자크가 이해심이 부족한 다른 빚쟁이들에게 쫓겨 갈 곳이 없을 때는 자기 집에 숨겨주기도 했다. 그러나 발자크처럼 고마워할 줄 아는 사람에게 돈을 빌려주는 일은 절대로 나쁜 장사가 아니다. 이 싹싹한 재단사에게 진 모든 빚을 그는 어쨌든 《인간희극》에 나오는 단 한 구절의 말로 다 갚았다.

　　뷔송이 만든 옷이라면 어떤 살롱에서라도 왕노릇을 하기에 충분하다.

이 얼마 안 되는 선전의 말로 그는 뷔송에게 훌륭한 사업의 발판을 마련해주었던 것이다. 위대한 인물들은 얼마 안 되는 일상의 돈 말고도 또 다른 것을 이용한다. 그들은 불멸성으로 빚을 갚을 수도 있는 것이다.

발자크를 둘러싼 이 작은 인간 그룹은 그가 본래의 작업을 시작했을 때 이미 본질적으로 완성되었다. 서른 살에 그는 수용시기를 마무리했다. 그는 이제 자극이 필요없었고, 어떤 명제도 독서도 지식도 사람도 필요없었다. 모든 것은 이미 자신 안에 있었다. 그가 정신과 천재성, 따뜻함과 집중력이라는 측면에서 만들어낼 수 있는 것은 모두 그의 작품에만 속할 참이었다. 그는 언젠가 이렇게 말한 적이 있다. "큰 나무는 주변의 땅을 메마르게 만든다." 그는 꽃을 피우고 열매를 맺기 위해서 자기 주변의 모든 힘을 빨아들였다. 수많은 사람들과 일시적으로 알고 지냈지만 발자크는 서른 살에 이미 완성된 내면적인 인간관계를 더 이상 확대하지 않았다. 오직 단 한 명의 인물, 한스카 부인만이 뒷날 여기 덧붙여져서 그의 생애의 중심점이자 진정한 심장이 되는 것이다.

제2장
발자크의 겉모습과 속모습

갑작스러운 개인적인 성공은 예술가에게는 언제나 위험한 일이다. 1828년 스물아홉 살에 발자크는 비참하고 보잘것없는 문학적인 막노동꾼이었다. 이름 없이 다른 사람들을 위해 글을 써대는 사람, 머리 꼭대기까지 빚에 파묻힌 파산한 사업가였다. 한두 해가 지나자 똑같은 발자크는 유럽에서 가장 유명한 작가의 한 사람이 되었다. 러시아에서, 독일에서, 스칸디나비아에서, 영국에서 그의 작품들이 읽히고, 잡지와 서평들이 밀려들고, 모든 출판업자들이 그를 잡으려 들었고 경탄하는 편지들이 넘쳐났다. 밤 사이에 젊은 시절의 소원이 이루어진 것이다. 위대하고, 눈 멀게 만드는, 전세계 위에 빛나는 명성이었다. 그런 성공이라면 발자크보다 사려 깊은 사람이라도 마비시킬 상황이었으니 발자크처럼 과도하고 공상적이고 낙천적인 천성이야 말해 무엇하랴.

너무나 오랜 세월 그는 이름이 없었고 가난했고 굶주렸고 절망적인 초조감에 사로잡혀 자신의 초라한 방구석에 틀어박혀 지냈다. 그리고 눈깜짝할 사이에 언제나 다시 다른 사람들, 다른 사람들, 다른 사람들이 부를 거머쥐고, 여자들과 성공과 사치와 삶의 소모적인 놀라움을 거머쥐는 것을 질투심에 가득 차서 바라보았다. 그러니 그처럼 감각적인 인간이 자기 이름을 둘러싼 이 속삭임을 자기 삶의 즐거움으로 마음껏 맛보려고 했을 것은 너무나 당연한 일이다. 그는 이 명성을 숨쉬고 맛보고 냄새맡고 느끼려고 하였다. 눈동자로, 피부로, 사람들의 선의에 찬 따뜻함을, 아침의 달콤한 숨결을 받아들이고, 사람들의 기대에 맞게 공적이고 세상에 속한 사람으로 세상의 눈에 보이고 싶어했다. 굴욕과 거절과 오랫동안의 노예 같은 봉사와 계산과 절약과 돈 꾸는 일에 지쳐 있던 그는 자신의 명성의 유혹인 사치와 부와 낭비에 넘어가려고 하였다. 세계라는 거대한 무대가 자기 앞에 펼쳐져 있음을 그는 알고 있었다. 그래서 발자크는 자신의 독자 앞에 모습을 나타내고 사회적인 역할을 하기로 결심하였다.

작품에는 그토록 천재성이 넘쳤지만 발자크는 사교계의 인물 노릇을 할 재능과 특성은 거의 없었다. 인간의 두뇌란 그토록 특이하게 만들어져 있어서 정신적인 인식이 완벽하고 가장 풍부한 경험을 지니고 있더라도 타고난 약점을 극복할 수가 없는 법이다. 심리학은 (이것이야말로 심리분석의 의심스런 점들 중 하나인데) 스스로를 밝혀내서 결함이 있는 소질을 알아낼 수는 있지만 그것을 제거할 수는 없다. 인식이란 극복이 아니고, 따라서 우리는 가장 현명한 사람들도 다른 사람의 비웃음을 살 만한 작은 어리석음에 대해서 대책이 없는 것을 보게 된다.

발자크는 한 번도 자신의 가장 고약한 성향인 속물 근성을 억누르지 못했다. 그는 이 성향의 어리석음과 우스꽝스러움을 아주 잘 인식하고 있었을지도 모른다. 자기 세기의 가장 위대한 작품을 창작하였고, 베토벤처럼 자유로운 태도로 영주들과 왕들의 곁을 스쳐지나갈 수 있었을 이 남자는 기묘한 귀족 숭배병을 앓았다. 생 제르맹 지역에서 온 공작부인의 편지 한 통이 괴테의 찬사보다도 더 중요했다. 갑부인 로트실트 같은 사람이 되어서 궁전에서 살면서 하인들과 마차와 걸작들로 가득 채워진 미술관을 소유하는 것이 자신의 불멸성보다 더 좋았을 것이다. 그리고 단순한 루이 필립(Louis-Philippe)이 서명한 진짜 귀족증서 한 장을 얻기 위해서라면 자기 영혼이라도 팔았을 것이다.

아버지가 농부계층을 탈출해서 부유한 시민층으로 들어가는 위대한 발걸음을 내디뎠는데 어째서 자기가 귀족으로 들어서는 다음 발걸음을 내디뎌서는 안 되겠는가? 무제한 상승의 시대가 방금 전에 끝난 참이었다. 어째서 그것이 꼭 완전히 끝나야 하는 거지? 뮈라, 쥐노, 네이(Ney) 등 수공업자와 마부의 아들들, 술집 주인의 손자가 기병대 공격과 총검 돌격을 통해서 공작이 된 참이었다. 그리고 지금은 재력가들, 증권 상인들, 산업가들이 귀족이 되는 판인데 자기라고 해서 이 '상류' 세계로 올라서서 안 될 이유가 뭐지? 의식하지는 못하였지만 어쩌면 60년 전에 발자크의 아버지를 누게리에의 보잘것없는 오두막을 벗어나 파리로 가게 만들었던 그 힘이 지금 아들을 이 '더 높은 세계'로 밀어올리고 있는지도 모른다.

기묘하게도 그는 자신의 업적에서 더 높은 세계를 보지 않고 지금까지 자신을 배제하였던 세속적인 영역에서만 그것을 찾으려 하였다. 이성으로는 그를 이해할 수 없다. 알 수 없는 어떤 모순이 여기 나타난다. 이 영역으로 '올라서기' 위해서 그는 일생 동안 자신을 낮추어야 했다. 사치스럽게 살기 위해서 자신을 노동의 사슬에 얽어매야 했고, 우아한 모습을 연출하기 위해서 스스로를 우스꽝스럽게 만들었다. 그러면서 모르는 사이에 자신이 백 번이나 묘사한 법칙이 맞는다는 것을 입증해 보였다. 한 영역에서 대가인 사람은 자기에게 맞지 않는 영역에서는 서툰 얼간이가 된다는 법칙이었다.

　이 최초의 사교계 등장을 위해서 발자크는 엄청난 몸치장을 했다. 무엇보다도 단순히 발자크 씨로 등장해서는 안 된다. 그것은 생 제르맹에서는 너무 형편없고 너무 시민적이다. 발자크는 자신의 절대권력으로 스스로에게 귀족의 칭호를 내려주었다. 〈마법 가죽〉 이후로 그의 모든 책은 '오노레 드 발자크'라는 이름으로 출간되어 나왔다. 그에게 이 칭호를 문제삼으려 드는 자여, 재앙을 받을지어다. 그는 당트레그 후작 집안 태생이니 단순히 '드 발자크'라고만 칭하는 것은 겸손이라는 말을 들을 만했다. 이 칭호를 더욱 그럴싸하게 만들기 위해서 그는 남의 문장(紋章)을 자신의 일상용품에 새겨넣고 자가용 마차에 그려넣도록 했다. 그러고 나서 그는 근본적으로 생활방식을 바꾸었다.

　그는 자기가 그 지위에 맞는 모습으로 등장하면 사람들이 오노레 드 발자크를 믿어줄 것이라고 여겼다. 가진 자에게 더 많이 주어지는 법. 겉모습만이 효력을 가지는 세계에서 많은 것을 얻기 위해서는 많이 가진 것 같은 인상을 일깨워야 한다. 샤토브리앙 씨는 성을 가지고 있고 지라르댕(Girardin)은 타고 다니는 말이 두 필이고, 심지어는 쥘 자냉(Jules Janin)이나 외젠 쉬(Eugène Sue) 같은 사람도 마차를 가지고 있다. 오노레 드 발자크가 하찮은 문필가 취급을 당하지 않으려면 정복을 입은 하인이 딸린 이륜마차 정도는 가져야 한다. 카시니 거리 3층을 얻어서 사치스런 가구들을 들여놓고 어떤 멋쟁이도 오노레 드 발자크보다 더 부자고 더 비싼 옷을 입었다는 말을 할 수 없도록 해야 한다. 그는 푸른색 연미복에다가 그에 맞게 주조된 황금단추를 만들라고 주문했다. 싹싹한 재단사 뷔송은 외상으로 값비싼 비단과 금란 조끼들을 만들어주었다. 그리고 갈기머리에는 포마드를 넉넉하게 발라 번들거리게 하고 자루 달린 작은 외알 안경을 장식 삼아 손에 들고서 새로운 작가는 '명성을 얻기 위해' 파리의 살롱들에 발을 들여놓았다. 자신의 작품들을 통해서 이미 세상과 후세를 정복해버렸는데도 말이다.

그러나 이 얼마나 실망스런 일인가! 발자크가 자신의 등장을 통해서 파리 사교계에서 얻으려고 했던 '명성'은 그의 진짜 명성에 대해서는 불행한 일이 되었다. 멋쟁이로 보이겠다는 발자크의 시도는 일생 동안 실패하였다. 처음에 그가 들어선 곳은 생 제르맹 지역에 있는 살롱들이나 위대한 공사관들의 궁전이 아니라 델핀 게 부인과 딸 지라르댕 부인의 문학 살롱들, 레카미에 부인의 수다스런 장소, 그러니까—공

적인 귀족층이 거리를 두고 있었으므로—문학적인 귀족과
경쟁을 벌이려는 부인들의 살롱이었다. 그러나 이토록 까다
롭지 않은 모임에서도 화려하고 우쭐대는 무리한 치장이 치
명적인 역효과를 냈다.

농부의 손자이자 시민의 아들이고 구제불능 천민인 발자
크는 신체의 생김새만 해도 귀족적인 풍모나 태도를 희망할
수 없는 처지였다. 궁정 재단사 뷔송도, 황금단추들도, 뾰족
한 주름장식도 이 건장하고 살찐 붉은 빰을 가진 천민, 큰소
리로 말하고 대포알처럼 모임으로 뛰어들어오는 이 사람에
게 고귀한 겉모습을 만들어줄 수는 없었다. 그는 절제되고
신중한 태도를 배우기에는 너무나 많이 남아도는 과격한 기
질을 가졌다. 20년이 지난 다음에도 한스카 부인은 그가 식
사 때 나이프를 입에 넣는 것이며 시끄러운 허풍 등은, 가장
정직하게 그를 찬양하려는 사람들의 신경을 거스른다고 불
평하였다. 큰소리로 웃는 방식, 다른 사람의 말을 가로막는
'저 넘치는 폭풍 같은 달변'을 탄식하였다.

한가로운 사람, 외면적인 것을 추구하는 천성만이 언제나
우아한 태도를 취할 수 있는—그 자체가 하나의 예술이다—
시간과 끈기를 가지는 법이다. 작업을 하다가 겨우 한 시간
을 빼내서 서둘러 뛰쳐나온 발자크는 몸치장을 하면서 서두
른 흔적을 드러내지 않을 수 없었다. 그의 연미복과 바지의
색깔 배합은 들라크루아(Delacroix)를 절망에 빠뜨렸다. 외
알 안경을 든 손톱은 더럽고 비단 양말 위로 구두끈이 풀어
헤쳐져 있다면 황금으로 된 외알 안경이 무슨 소용이며, 그
가 열을 내자마자 포마드 바른 갈기머리가 마구 아래로 떨어

져 내린다면 목의 깃장식이 대체 무슨 소용인가? 발자크는 천박한 취향으로 하인이 제복을 입은 것처럼 언제나 분별보다는 극단적이고 요란한 치장을 하였다. 그가 하면 값비싼 것은 싸구려같이 보였고, 사치스러운 것은 도전적으로 보였다. 이것저것 완전히 뒤섞은 모양은—아직도 전해지는, 그를 묘사한 수많은 만화들이 보여주는 것처럼—그의 작품에 경탄하는 여인들조차도 부채 뒤에서 슬며시 웃음을 짓도록 만들었다.

그러나 발자크는 자신이 진짜 멋쟁이가 되지 못한다는 것을 눈치챌수록 더욱더 그것을 추구하였다. 좋은 맵시를 만들어낼 수 없다면 적어도 센세이션이라도 일으키려고 했다. 고상하고 은근한 모습으로 멋지게 보일 수 없다면, 적어도 자신의 온갖 극단적인 성향들이 자신만큼 유명해지는 것이 좋다. 그들이 자기를 보고 비웃는다면 자신은 그들에게 적어도 비웃음거리라도 마련해주겠다.

그래서 발자크는 최초의 패배 이후로 몇 가지 괴상한 물건들을 만들어냈다. 그 자신이 웃으면서 말한 바에 따르면 자신의 소설보다도 자신을 더욱 유명하게 만들어줄 것들이었다. 그는 터키 옥이 박힌, 곤봉처럼 두툼한 지팡이를 주문하였다. 그러고는 이 지팡이 손잡이에는 신비스러운 고급 귀족 애인의 벌거벗은 초상화가 들어 있다는 식의 극히 이상스런 소문을 퍼뜨렸다. 그가 이 헤라클레스 곤봉(아직 돈도 지불하지 않은 7백 프랑짜리)을 들고 이탈리아 극장의 티그르 특별석으로 들어섰을 때 관객석 전체가 마법에 걸린 듯이 그것을 바라보았다. 지라르댕 부인은 이런 소동을 보고 〈발자크 씨의 지팡이(La Canne de M. Balzac)〉라는 소설을 쓰겠다는 발상을 얻었다. 그러나 여성들은 실망하였고, 여성들을 위한 음유시인인 발자크를 자신의 보호자로 선택하려는 여성은 없었다. 그가 마음속으로 경탄하고 있던 파리 살롱의 총아들, 라스티냑과 드 마르세들은 이 새로운 후보자의 코끼리 같고 하마 같은 격렬함과 경쟁할 필요성을 느끼지 않았다.

발자크는 또한 동료 문인들 사이에서도 거의 성공을 거두지 못했다. 그들은 이 살찐 탐식성 물고기가 자기들의 잉어 연못에 갑자기 뛰어드는 것을 유쾌하지 않은 눈으로 바라보았다. 그들 중 상당수는 갑자기 유명해진 이 작가가 어제만 해도 '막노동꾼'으로 어떤 가격이나 어떤 취향이라도 상관없이 가장 형편없는 저질 소설들을 마구잡이로 생산해내던 사람이라는 사실을 너무나도 잘 기억하고 있었다. 그러나 그의 재능에 놀라고 그의 환상적인 생산성에 불안해져서 그를 자기들의 '영역'으로 받아들이려고 하였다.

불행한 일이었지만 발자크는 이런 환대에 답변하지 않았다. 가장 깊은 내면으로는 선량하고, 다른 사람의 어떤 업적도 기뻐하였으면서도—《인간희극》에서 동지애를 가지고 언급하거나 자신의 책을 바치지 않은 동시대 작가는 거의 없다—그는 문인 동료들에게 의도적으로 거드름빼는 자세를 보여주었다. 그는 그들과 힘을 합치지도 않고 무뚝뚝하게 대했으며 방 안으로 들어갈 때 모자도 벗지 않았다. 예술적인 공동 노력에 대해서 이야기할 때면 '우리'라는 표현을 거절하였으며, 외교적인 자세를 취하면서 다른 사람의 허영심을 보호하지 않고, 자신은 절대로 알렉상드르 뒤마, 폴 드 코크,

외젠 쉬, 상도, 자넹 등과 같은 계단에 서지 않겠노라고 큰소리쳤다.

그는 자신의 원고료를 부풀림으로써 작가들을 모욕하고 기자들을 화나게 만들었다. "어떤 작가도 찬양 기사와 광고에 대해서 그토록 생각없는 사람은 없었다." 그는 자기가 그들의 호의를 필요로 하지 않는다는 사실을 느끼게 만들었다. 사교계를 향하여 시장판에서 소리치는 듯한 너무나 요란한 치장으로 자신이 취향이 높지 못하고 그저 '특이한 현상'일 뿐이라는 것을 보여주었듯이, 단순하고 조심성 없는 솔직함으로 자기는 다른 사람들과는 다른 잣대로 재야 할 사람이라고 거듭 강조한 꼴이었다. 지나치게 용감하고 어린아이처럼 단순하게, 극히 조심성 없는 방식으로 웃으면서 이런 행동을 했기에 오히려 파리 사람들은 그의 등장을 도전으로 느꼈다.

발자크의 약점은 이제 너무나 분명하게 드러났기 때문에 민첩한 정신과 악의를 가진 사람들에게 수많은 공격지점을 제공하였다. 신문마다 악의에 가득 찬 조소가 번뜩였다. 자기 시대의 가장 위대한 작가인 발자크는 독있는 기사와 뻔뻔스런 만화가 가장 좋아하는 대상이 되었다. 이른바 '사교계'는 자기들을 경멸하면서도 자기들 없이 지낼 수 없는 이런 인간에게 가장 고약하게 복수하였다. 발자크 자신은 이런 실패를 특별한 것으로 느끼지도 않았다. 그는 이런 바늘침 정도를 아프게 여기기에는 너무나도 생명력이 넘쳤고, 기질이 강하였고 압도적이었다. 지루한 멋쟁이와 속물적인 푸른 양말파들의 작은 미소나 웃음이나 비웃음에 대해서 그는 라블레의 커다랗고 툭 트인 웃음으로 답했다. 화난 언론인들과 무능한 문인들의 악의를 그는—분노 속에서도 여전히 너그럽고 창조적인 태도로—좀스러운 논쟁으로가 아니라, 〈사라진 환상〉에서 문학적 부패라는 위대한 프레스코 그림으로 답변하였다.

그에 반해서 그의 참된 친구들은 자기들이 감탄하는 천재성을 가진 이 남자가 좀스러운 속물근성으로 해서, 자기를 낮추고 비웃는 자들에게 잠시나마 정당성을 부여하는 것을 괴로운 눈길로 바라보았다. 시골에 있던 쥘마 카로는 멀리서도 그 자신보다 더 먼저, 그가 그토록 꿈꾸던 이 세속적인 낙원의 열매가 곧 김빠지고 쓴맛이 나게 되리라는 사실을 알아차렸다. 그녀는 그에게 '배우'가 되지 말라고 간청하였다.

당신에게 주는 것보다 백 배나 더 많은 것을 요구하는 이 세계에서 말이죠.

그리고 친절하게 이렇게 외쳤다.

오노레, 당신은 유명한 작가예요. 그러나 더 높은 곳으로 부름받은 사람입니다. 단순한 유명함은 당신 같은 사람에겐 아무것도 아니죠. 당신은 목표를 더 높여야 합니다! 내가 용기가 있다면 이렇게 말할 텐데요. 어째서 당신은 허영심으로 그렇게 비상한 이성을 그토록 무의미하게 낭비하는 거죠, 하고 말예요. 이 멋쟁이 생활을 그만두세요…….

그러나 발자크는 젊은 명성의 첫 도취에 뒤이어 몇 가지 쓰라린 체험을 더 겪고 나서 겨우 깨어났다. 그리고 나서야 그는 인간은 동시에 두 가지 영역에서 대가가 될 수 없고, 단 한 곳에서만 대가가 될 수 있다는 자신의 법칙이 맞는다는 것, 그리고 허망하고 잊혀지기 쉬운 대세계에서 뽐내는 것이 아니라, 묘사와 형상화를 통해서 이 세계의 온갖 높이와 깊이를 영원하게 만드는 것이 바로 자기 운명의 의미라는 것을 깨달을 수 있었다.

이 몇 해 동안의 발자크에 대한 수많은 묘사들이 우리에게 남겨졌다. 재미있고 악의적이고 내려다보는 듯한, 재치있고 독기 품은 묘사들로서 그 모두가 파리 사교계와 언론계의 좁고도 지나치게 빛나는 초점에서 바라본 것이었다. 주조된 황금 단추가 달린 푸른 연미복에 값비싼 곤봉 지팡이를 든 발자크, 슬리퍼를 신은 발자크, 마부와 하인이 딸린 이륜마차에 탄 발자크, 온갖 가게의 간판들을 읽으면서 자기 주인공들에게 알맞은 이름을 찾아내기 위해 이리저리 돌아다니는 발자크, 골동품 가게를 뒤져서 7프랑에 렘브란트를, 12수에 벤베누토 첼리니(Benvenuto Cellini)의 접시를 찾아내는 수집가 발자크, 출판업자들의 두려움인 발자크, 원고 한 장을 위해 몇 시간씩이나 노동해야 하는 식자공들에게는 악마 같은 발자크, 거짓말쟁이 발자크, 허풍선이, 창작의 유일한 전제조건으로 순결을 설교하면서 여자들을 셔츠보다 더 자주 바꾸는 엉터리 신비주의자, 한 자리에서 굴을 1백 개나 먹고 이어서 스테이크에 닭까지 먹어치우는 먹보 발자크, 자신의 광산, 정원, 사업이 벌어들일 수백만 프랑에 대해서 떠들고 나서는 1천 프랑을 지불할 능력이 없어서 가명으로 여러 주 동안이나 숨어지내야 하는 발자크 등이다.

그에 관해서 전해지는 그림의 3/4이 만화들이고 초상화가 아니라는 것, 그의 동시대 사람들이 그에 관해서 2천 개나 되는 일화들을 수집했다는 사실 등은 우연이 아니다. 그러나 단 하나도 올바르거나 중요한 삶의 묘사로는 쓰이지 않았다. 이 모든 사실은 발자크의 개성이 파리에서는 천재로서가 아니라 극단적인 인간의 성품으로 여겨졌다는 것, 어떤 의미에서 그의 동시대 사람들이 그를 제대로 보았다는 사실을 분명하게 보여주는 것이다. 발자크는 공개석상에서 극단적으로 행동할 수밖에 없었다. 자신의 방, 책상, 자신의 일을 떠나자마자 진정한 의미에서 자신의 중심을 벗어난 것이기 때문이다. 세계 문학사상 알려진 가장 지치지 않는 노동의 인간인 진짜 발자크를, 아무것도 안 하고 빈둥거리는 사람들인 이들 고즐랑, 베르데, 자넹 등은 보지 못했던 것이다. 그들은 '그가 세계에 내줄 수 있는, 하루 중의 단 한 시간' 동안만 그를 보았기 때문이다.

창작에 바쳐진 감추어진 고독의 스물세 시간을 그들은 몰랐다. 그가 사람들 사이로 나가는 것은 감옥 뜰에서 산책해도 좋다고 죄수에게 허락된 반 시간이나 한 시간이었던 것이다. 유령들이 자기들의 시간을 끝내는 마지막 종소리와 함께 땅의 어둠 속으로 사라지듯이 그는 이 짧은 시간 과도한 기분을 낸 뒤 다시 자신의 감옥으로, 자신의 작품으로 돌아가야만 했다. 이들 아무것도 안 하는 아이러니의 졸작자들은 그 위대성을 짐작조차 하지 못했다. 진짜 발자크는 20년 동안 수많은 희곡, 단편소설, 기고문들 말고도 거의 모두 극히 중요한 74개의 소설들을 썼고, 이 74개의 소설들 안에서 수많은 풍경들, 집들, 거리들과 2천 명의 인물들을 가진, 자신만의 세계를 창조해낸 바로 그 사람이었다.

발자크는 오직 이 척도로만 측정될 수 있다. 오직 그의 작품에서만 그의 진짜 삶을 인식할 수 있다. 동시대 사람들에게 바보로 보였던 사람은 실제로는 시대의 가장 엄격한 예술적 지성이었다. 그들이 절제를 모르는 낭비가라고 비웃었던 사람은 은둔자의 깨지지 않는 침착성을 가진 금욕주의자였고, 현대 문학의 가장 위대한 노동자였다. 그들 정상적이고 절제를 아는 사람들이, 그가 사람들 앞에서 허풍떨고 자랑을 했다는 이유로 비웃었던 이 허풍선이는 실제로는 파리의 모든 동료들을 다 합친 것보다도 더 많은 것을 자신의 두뇌에서 내놓았다. 아마도 전혀 과장 없이 '그는 죽도록 일을 했다'고 말할 수 있는 유일한 인물이었다.

발자크의 달력은 자기 시대의 달력과 같았던 적이 없었다. 다른 사람들에게 낮이었던 시간은 그에게 밤이었고, 다른 사람들에게 밤이었던 시간이 그에게 낮이었다. 일상적인 세계가 아니라 스스로 만들어낸 자신만의 세계에 바로 그의 진짜 존재가 있었다. 진짜 발자크에 대해서는 그의 노동 감옥의 벽 네 개 이외에는 그 누구도 알지도 보지도 엿듣지도 못했다. 그의 동시대 사람 누구도 그의 진짜 전기를 쓸 수가 없었다. 그의 작품이 그를 위해 그 일을 했다.

발자크의 진짜 삶의 하루는 다음과 같다. 그리고 수천의 나날들이 이 하루와 같았다.

저녁 8시. 다른 사람들은 오래 전에 일을 끝내고 사무실, 사업, 공장을 떠나서 자기들의 모임이나 가족과 함께, 아니면 외톨이로 저녁을 먹을 시간. 그들은 즐기기 위해 밖으로 몰려나간다. 그들은 커다란 가로수 길을 거닐고 카페에 자리를 잡고 거울 앞에 앉아서 연극이나 살롱에 나가기 위해 치장을 한다. 발자크는 어두컴컴한 방에서 잠을 잔다. 열여섯 시간, 열일곱 시간 노동이라는 곤봉에 맞아 완전히 녹아떨어져 있다.

저녁 9시. 방금 극장들이 시작되었고 무도회장에서는 쌍쌍이 돌아가고 도박장에서는 돈이 짤랑이고 연인들은 가로수 그늘 속으로 깊이 몸을 감추었는데, 발자크는 여전히 잠을 잔다.

저녁 10시. 몇몇 집들에서는 벌써 불이 꺼지고 나이 든 사람들은 잠자리에 든다. 마차들이 포도를 굴러가는 일이 점점 드물어지고 도시의 목소리는 점점 더 낮아진다. 발자크는 아직도 잠을 자고 있다.

11시. 극장이 끝난다. 사교모임과 살롱들에서는 하인들이 마지막 손님들을 집으로 모셔가고, 음식점들은 어두워지고 산보객들은 사라진다. 집으로 돌아가는 마지막 물결만이 아직도 가로수 길 위에서 약간의 소음을 내고 있고, 작은 골목 길들은 이미 완전히 텅 비었다. 발자크는 아직도 잠을 잔다.

마침내 자정. 파리는 조용하다. 수백만의 눈들은 이미 감겼고 수천의 불들도 꺼졌다. 이렇게 다른 사람들이 쉴 시간이 발자크에게는 일할 시간이다. 다른 사람들이 꿈꿀 시간이 그에게는 깨어날 시간이다. 세계에 낮이 끝나는 이 시간이 그의 낮이 시작되는 시간이다. 이제 누가 와서 그를 방해할 수 없고, 그에게 부담이 될 방문객이나 그를 불안케 할 편지도 오지 않는다. 그를 쫓아다니는 빚쟁이들이 문을 두드릴 리 없고 인쇄소의 심부름꾼이 그에게 일을 재촉할 수도 없다. 거대한 공간, 여덟 시간, 열 시간의 완전한 고독이 그의 앞에 놓여 있다. 발자크는 자신의 거대한 작업을 위해서 이런 거대한 공간이 필요하다. 그는 차갑고 부서지기 쉬운 광석을 녹여서 부서지지 않는 강철로 만드는 용광로가 차가워져서는 안 되는 것처럼 자기 내부에 있는 환상의 긴장이 멈추어서는 안 된다는 것을 알고 있다. 그의 것과 같은 환상은 불길과 같은 비상(飛翔)의 순간에 중단되어서는 안 되는 것이다.

분수의 물처럼 생각들이 내 이마에서 떨어져 내려와야 한다. 그것은 완전히 무의식적인 과정이다.

모든 위대한 예술가처럼 발자크는 자신의 노동의 법칙만을 안다.

곧 중단하고 밖으로 나가야 하는 상황에서 일하는 것은 나로서는 불가능하다. 나는 오직 한 시간이나 두 시간만 일하지는 못한다.

무한하고 나뉘지 않는 밤만이 그에게 노동의 계속성을 허용해주리라는 것을 그는 알았다. 중단 없이 노동하기 위해서 그는 시간의 시침을 거꾸로 만들고 자신의 공간에서 세계의 창조자로서 밤을 낮으로, 낮을 밤으로 만들었다.

하인이 나직하게 문을 두드리는 소리가 그를 깨운다. 발자크는 일어나서 수도복을 걸친다. 여러 해의 경험으로 그는 작업에 가장 적당한 옷으로 이 옷을 골랐다. 전사가 장비를 고르듯, 광부가 자기 직업에 알맞은 가죽옷을 고르듯이 작가는 겨울이면 따뜻한 캐시미어로 된 이 하얗고 길다란 수도복을, 여름이면 하얀 아마포로 된 수도복을 골랐다. 이 옷이 동작을 쉽게 해주고, 목 부분이 숨쉬기에 편하게 트여 있어, 따뜻하면서도 짓누르지 않았기 때문이다. 어쩌면 수도복이 이 수도사에게 자기가 일을 하는 중이라는 사실을 상기시켰기 때문인지도 모른다. 그것을 걸치고 있는 한 더 높은 계율, 참된 세계와 그 인도에 몸을 바치고 있다는 사실을 말이다. 이 도미니카회 수도복은 끈으로 (뒷날에는 황금사슬로) 묶인 채 그의 몸 위에 느슨하게 걸쳐졌다. 수도사가 기도의 무기인 십자가와 겉옷을 두르듯이 그의 경우는 가위와 칼이 매달렸다. 그것들은 일을 위한 하인들이었다. 부드러운 옷을 입은 채로 몇 걸음 오락가락하면서 마지막 잠 그림자를 떨구고 혈관 속의 피를 생생하게 만든다. 그러면 발자크는 준비가 끝난다.

하인은 책상 위에 놓인 은촛대 안에 여섯 개의 촛불을 밝힌다. 그리고 커튼을 막아서 바깥 세계와 완전히 차단한다. 그리고 나면 발자크는 시간을 진짜 시간의 척도로 재지 않고 오직 자신의 작업으로만 잰다. 언제 날이 밝는지, 낮이 시작

루이 불랑제가 그린 발자크. 발자크는 겨울이면 따뜻한 캐시미어로 된 수도복을, 여름이면 아마포로 된 수도복을 입었다. 그리고 그 위에 느슨하게 걸친 끈에 가위와 칼을 매달아 전투준비를 마쳤다.

되는지, 언제 파리와 전세계가 깨어나는지 알고자 하지 않는다. 주변의 현실에서 아무것도 들어와서는 안 된다. 사방 벽의 책들, 벽들, 문들, 창문들, 그 뒤에 있는 모든 것은 방의 어둠 속에 잠겨 있다. 오직 그가 자신 안에서 창조해내는 사람들만이 말하고 행동하고 살아야 한다. 그 자신의 세계가 나타나서 계속되어야 한다.

발자크는 책상에 앉는다. "연금술사가 자신의 금을 던져넣듯이 내가 나의 삶을 용광로 속에 던져넣은" 이 책상 앞에 말이다. 그것은 작고 비현실적으로 보이는 네모난 책상이었다. 그는 그것을 자신의 소유물 중 가장 값진 것보다 더 사랑하였다. 터키 옥이 박힌 황금 지팡이나 힘들게 모아들인 은식기, 화려하게 제본된 책들, 혹은 자신의 명성도 그는 이 작고 말없는, 다리 네 개 달린 책상보다 더 사랑하지는 않았다. 그것을 이 집 저 집으로 이사할 때마다 끌고다녔으며, 병사가 피의 형제를 싸움의 한복판에서 구해내듯이 경매나 파산에서도 구해냈다. 이 책상은 그의 가장 깊은 즐거움과 가장 힘든 고통의 유일한 친구였으며, 그것만이 그의 참된 삶의 증인이었기 때문이다.

그것은 내 모든 비참을 보았고, 나의 모든 계획을 알고 있으며 내 생각을 엿들었다. 내가 글을 쓰면서 거기 기댈 때면 내 팔은 거의 강제로 그것을 이용하였다.

어떤 친구도, 어떤 지상의 인간도 이 책상만큼 그를 많이 알지 못했으며, 어떤 여자와도 그토록 많은 밤을 함께 보내지 않았다. 발자크는 바로 이 책상 앞에서 살았고, 이 책상 앞에 앉아서 죽도록 일했다.

마지막으로 한 번 더 훑어보자. 모든 것이 준비되었나? 진짜 광적인 일꾼들이 모두 그렇듯이 발자크도 일을 위해서는 상당히 꼼꼼했다. 병사가 제 무기를 사랑하듯이 그는 자신의 도구를 사랑했다. 그래서 싸움판에 뛰어들기 전에 모든 것이 날이 선 채로 준비되어 있어야 했다. 왼편에는 아무것도 쓰이지 않은 빈 종이뭉치가 쌓여 있다. 아주 특별한, 조심스럽게 고른 똑같은 형태의 종이였다. 그것은 눈부시지 않도록, 그리고 여러 시간이나 일할 때 물리지 않도록 약간 푸르스름한 빛을 띤 것이라야 했다. 또한 펜이 미끄러져나갈 때 아무런 저항도 하지 않도록 특별히 매끈해야 했으며 얇아야 했다. 이 밤에 써야 할 것이 얼마나 많은가, 열, 스물, 서른, 마흔 장! 깃털 펜도 마찬가지로 조심스럽게 준비되었다. 까마귀 깃털 펜이었다(그는 다른 것은 쓰지 않았다). 잉크 병 옆에는—숭배자들이 선물해준 공작석으로 된 잉크병이 아니라 학창시절에 쓰던 단순한 병이었다—예비용으로 한두 병이 더 놓여 있었다. 중간에 작업을 중단하지 않으려면 이 모든 것이 잘 준비되어 있어야 했다. 좁은 책상의 오른편에는 작은 메모용 수첩이 있었다. 그곳에 그는 뒤의 장(章)들을 위한 착상과 생각들을 기록해두었다. 그밖에는 아무것도 없었다. 책도, 명령도, 산더미처럼 쌓인 자료들도 없었다. 그 모든 것은 발자크가 작업을 시작하기 전에 이미 내면에서 완성되어 있었다.

발자크는 뒤로 몸을 젖히고 작업복의 소매를 걷어올린다.

글을 쓰는 오른손을 더 가볍게 해주기 위해서다. 그런 다음 그는 마부가 말을 격려하듯이 반쯤 농담조로 자신을 격려한다. 수영하는 사람이 물 속으로 뛰어들기 전에 한 번 더 팔을 높이 쳐들고 관절을 움직이는 것과도 같다.

발자크는 쓰고 또 쓰고 또 쓴다. 휴식 없이 중단 없이. 그의 상상력은 한 번 불붙으면 한없이 불붙어 타오른다. 그것은 마치 산불과 같다. 줄기에서 줄기로 옮겨붙으면서 점점 더 뜨겁게 달아오르고 불꽃은 점점 더 빠른 속도로 자기 주변을 집어삼킨다. 섬세한 여성적인 손길에 붙잡힌 펜은 종이 위를 빠르게 날아서 말이 생각을 거의 쫓아갈 수 없을 정도다. 많이 쓰면 쓸수록 발자크는 음절을 점점 더 짧게 만든다. 오직 앞으로 앞으로, 망설이지 말고 중단하지 말고 앞으로. 그는 멈출 수가 없으며, 내면의 환상을 중단시킬 수가 없다. 이 전쟁에 지쳐서 손이 멈추거나 눈길이 피로에 지쳐서 쓰인 것이 가물가물하게 안 보일 지경이 되기 전에는 중단하지 않는다.

1시, 2시, 3시, 4시, 5시, 6시, 때로는 7시, 8시. 거리에는 마차도 없고 집안과 방에는 펜이 종이를 스쳐가는 나직한 소리밖에는 기척도 없다. 바깥은 벌써 날이 밝고 있다. 발자크는 모른다. 그에게 있어서 낮이란 이 작고 둥근 촛불빛의 세계일 뿐이며, 자기가 만들어낸 사람들밖에는 아무도 없고, 자기가 씀으로써 만들어내는 운명들밖에 다른 운명은 없다. 자신의 우주 말고는 공간도 시간도 세계도 없다.

기계가 멈추려고 할 때도 생긴다. 절제를 모르는 의지라고 하더라도 자연적인 힘의 한계에는 어쩔 도리가 없다. 네 시간이나 여섯 시간을 쉬지 않고 쓰고 창조하고 나면 발자크는 더 이상 나갈 수 없다고 느끼게 된다. 손이 마비되고 눈에선 눈물이 나오고 등은 아프고 과열된 두 뺨으로 피가 방망이질 치고 신경의 긴장은 풀린다. 다른 사람 같으면 이제 중단하고 쉴 것이다. 그리고 자신의 중대한 업적을 감사하게 여길 것이다. 그러나 발자크, 이 의지력의 악마는 굽히지 않는다. 앞에 놓인 목표에 도달해야 한다. 선수가 달리다가 망가지는 한이 있더라도! 발자크는 일어서서—이것은 작업 도중에 그가 갖는 짧은 휴식이다—탁자로 가서 커피 포트에 불을 붙인다.

커피는 검은 석유, 그것만이 이 환상적인 작업기계 발자크를 계속 작동하도록 해주는 것이기 때문이다. 노동이 먹는 것보다, 잠보다, 다른 어떤 쾌락보다 중요했던 발자크에게는 그랬다. 그는 담배가 자극을 주지 않는다고 해서 미워했다. 그것은 그의 척도인 과도한 자극을 뜻하는 것이었다.

담배는 몸을 해치고 이성을 공격해서 민족 전체를 둔하게 만든다.

그에 반해서 커피를 위해서는 시인의 가장 아름다운 찬가를 노래하였다.

커피가 위(胃)로 미끄러져 들어가면 모든 것이 움직이게 된다. 이념들은 위대한 군대처럼 전쟁터에서 앞으로 나가고 싸움이 시작된다. 추억들은 행진의 깃발을 들어올리고 태풍과 같은 발걸음으로 들어선다. 경기병은 말을 속보로 몰아 전진하고 보급부대와 탄통을 거느린 논리의 대포가 쉭쉭 소리를 내며 다가온다. 정신력 풍부한 발상들이 저격병이 되어 전투에 끼어든다. 인물들은 옷을 차려입고 종이는 잉크로 뒤덮이고, 전투는 점점 강해졌다가 진짜 전쟁터의 싸움이 시커먼 화약연기에 뒤덮이듯이 시커먼 흐름 속에서 끝난다.

커피가 없으면 일도 못했을 것이다. 아니면 적어도 발자크가 자신을 바쳤던 것처럼 그토록 중단 없는 일은 가능하지 않았을 것이다. 종이와 펜 말고 그는 세 번째 작업도구인 커피 포트를 어디든 가지고 다녔다. 책상과 작업복처럼 커피 포트도 그의 버릇이 되었다. 그는 그 누구에게도 커피 만드는 일을 맡기지 않았다. 그것은 누구도 이 검은 독성 물질을 그토록 채찍질하는 강도로 준비해주지 않을 것이기 때문이었다. 물건에 대해 거의 미신적인 집착을 가지고 특별한 종류의 종이와 특별한 종류의 펜만 선택했듯이 그는 특별한 의식(儀式)에 따라서 여러 종류의 커피의 양을 달아서 섞었다.

이 커피는 부르봉, 마르티니크, 모카 등 세 가지 종류의 원두를 섞은 것이다. 그는 부르봉을 몽블랑 거리에서 샀고, 마르티니크는 비엘르 오드리예트 거리에 있는 소매상인에게서—이 상인은 아마도 이 대단한 비법을 잊어버리지 않고 있었던 것 같다—그리고 모카는 생 제르맹 구역 대학 거리에 있는 상인에게서 샀다. 나는 발자크가 커피를 사러 갈 때 여러 번이나 따라갔는데도

발자크의 커피 포트. 발자크는 종이와 펜, 그
리고 커피 포트 없이는 일을 할 수 없었다.
커피 덕분에 하루 열다섯 시간의 작업을 버
틸 수 있었으나, 결국은 자신의 생명을 대가
로 치러야 했다.

그게 누구였는지는 모르겠다. 그것은 언제나 파리 시내를 가로질러 반나절이나 걸리는 여행이었지만 그에게는 좋은 커피란 그만큼 수고할 가치가 있는 것이었다.

다른 모든 자극제가 그렇듯이 커피도 작용력을 유지하기 위해서는 점점 더 강도를 높여야 하기 때문에 발자크는 과도한 긴장을 못 이겨 신경이 무디어지려고 할 때마다 이 살인적인 영약(靈藥)을 점점 더 많이 사용해야 했다. 어떤 책을 그는 오직 '커피' 덕분에 완성할 수 있었다고 쓴 적도 있다. 거의 20년 동안이나 과도한 분량을 사용한 다음인 1845년에 그는 자신의 모든 신체기관은 이 지속적인 '약물복용'으로 중독되었고, 커피의 작용력이 점점 약해진다고 고백하였다.

커피를 통해서 영감이 지속되는 시간이 점점 짧아진다. 그것은 이제 나의 두뇌에 겨우 열다섯 시간 동안만 자극을 줄 수 있다. 두려운 자극, 그것은 내게 끔찍한 위통을 일으킨다.

지독하게 강한 커피 5만 잔(어떤 통계학자가 그 정도 분량일 것이라고 추정하였다)이 《인간희극》을 앞으로 나가도록 격려해준 것이라면, 그 많은 커피는 아주 튼튼한 그의 심장을 너무 일찍 파괴하고 말았다. 친구로서 의사로서 그를 일생 동안 관찰하였던 나카르는 그의 사망원인을 분명하게 다음과 같이 표현하였다.

오랜 심장병. 그것은 밤의 작업과 커피의 사용 혹은 남용을 통해서 더욱 악화되었다. 그는 자연적인 인간이 가지는 잠의 욕구를 이겨내기 위해서 커피로 도피해야 했다.

마침내 8시, 문을 가볍게 똑똑 두드리는 소리. 하인 오귀스트가 쟁반에 담긴 검소한 아침을 가져다 놓는다. 발자크는 책상에서 일어선다. 그는 12시부터 밤새 펜을 멈추지 않았다. 이제 잠시 휴식시간이다. 하인은 커튼을 열어젖힌다. 발자크는 창가로 가서 자기가 정복하려는 파리를 내려다본다. 여러 시간이 지난 다음 이 순간 처음으로 그는 자기 세계 말고 다른 세계가 있다는 것, 자신의 상상 속의 파리 말고 진짜 파리가 있다는 것을 깨닫는다. 그 파리는 그의 일이 끝난 지금 일을 시작하려 하고 있다. 이제 상점들은 문을 열고 아이들은 서둘러 학교로 간다. 마차는 구르기 시작하고 수천의 방에서는 관리들과 상인들이 자기들의 책상 앞에 앉는다. 수십만 명 중 한 사람인 자기만이 벌써 일을 끝냈다.

지친 몸의 긴장을 풀고 자기를 기다리는 다음 일을 할 원기를 얻기 위해서 발자크는 뜨거운 목욕을 한다. 보통 그는—이 점에서도 위대한 경쟁자 나폴레옹과 비슷하다—한 시간 동안이나 욕조 안에 앉아 있다. 그곳은 그가 아무런 방해도 받지 않고 생각에 잠길 수 있는 유일한 장소다. 곧장 써내려가지 않으면서 생각할 수 있는 곳, 실제로 일하지 않으면서 벌거벗은 채 형태들을 만들어내고 꿈을 꾸는 즐거움에 빠질 수 있는 곳이다. 그러나 그가 작업복을 다시 걸치자마자 벌써 문앞에는 발걸음 소리들이 울린다.

그가 한꺼번에 일하고 있던 여러 인쇄소에서 심부름꾼들이 온 것이다. 전투 중에 나폴레옹의 심부름꾼들이 사령부와 명령을 수행하는 휘하 각 부대를 연락하는 것과 같다. 첫 번째 사람은 지난 밤에 새로 써서 잉크도 채 안 마른 원고를 가지러 왔다. 발자크가 쓴 것은 무엇이든 곧바로 인쇄에 들어가야 하기 때문이다. 신문이나 출판사가 지불기한이 된 빚처럼 그것을 기다리고 있기 때문만이 아니었다. 아직 쓰이지도 않은 소설들이 언제나 미리 팔리고 저당에 잡혀 있었다. 발자크 자신이 창작의 몽환상태에 빠져서 앞으로 무엇을 쓸 것이며 이미 무엇을 썼는지 모르기 때문이기도 했다. 그 자신의 눈조차도 자기가 쓴 원고의 숲을 꿰뚫어볼 수가 없었다. 식자가 된 상태로 한 단락 한 단락, 대대별로 행군을 해나가면 사령관 발자크는 그제서야 자기가 전투에서 이겼는지 아니면 다시 한 번 공격을 개시해야 할지 알게 되는 것이다.

　인쇄소, 신문사나 출판사에서 온 다른 심부름꾼들은 발자크가 그저께 써서 어제 인쇄에 맡긴 원고의 교정쇄와 동시에 지난번 교정쇄의 2차 교정쇄를 가지고 온 사람들이다. 모두가 방금 인쇄되어서 아직도 축축한 종이들이다. 두 다스, 세 다스, 때로는 대여섯 다스의 교정쇄들이 작은 책상을 가득 덮고 넘칠 지경이 된 채 한 번 더 읽어주기를 기다린다.

　9시. 휴식은 끝났다. "나는 이 일을 하면서 저 일에서 생긴 피로를 푼다." 엄청나게 서둘러서 생산을 계속하면서 발자크는 계속 일하는 가운데 일의 종류를 바꿈으로써만 자신의 힘을 유지하였다.

그러나 교정쇄 읽기는 대부분의 다른 작가들처럼 창작과 정보다 더 쉬운, 수정이나 뒷손질을 하는 정도의 일이 아니었다. 그것은 완전히 고쳐 쓰고 새로 창작하는 작업이었다. 교정쇄 읽기, 아니 그것을 고쳐 쓰기는 그에게는 첫 번째 작업이나 마찬가지로 결정적인 창작행위였다. 발자크는 이미 인쇄된 교정쇄를 고치는 것이 아니라 인쇄된 형식을 일종의 도구로 이용하기 때문이다. 몽상가가 도취상태에서 미친 듯이 서두르며 초벌그림을 그린 것을 이제 책임감 있는 예술가가 관찰하고 평가하고 수정하고 변경하는 것이다.

발자크는 다른 무엇보다도 하나 하나 모습을 드러내는 자기 산문의 입체성을 위해서 노력과 정열과 힘을 쏟아부었다. 특별히 낭비가 심하고 너그러운 이 사람은 가장 내적인 자신의 과제, 자신의 일로 여겨지는 모든 일에 있어서만큼은 폭군적이고 꼼꼼한 사람이었기 때문에 교정쇄들은 특별한 지시에 맞게 만들어져야 했다. 무엇보다도 종이가 크고 길어야 했다. 전지(全紙) 전체에, 인쇄된 부분이 카드의 으뜸패처럼 한가운데 들어 있어야 하고, 그래서 왼편 오른편, 위 아래에 네 배, 여덟 배의 공간이 수정을 위해 남겨져 있어야 했다. 그밖에도 활자가 바탕 위에 뚜렷하게 드러나서 눈을 피로하게 만들지 않도록, 교정쇄는 보통의 값싼 노란 종이가 아니라 흰 종이에 인쇄되어야 했다.

이제 일을 시작하자! 재빠른 눈길로 훑어보다가─발자크는 한 눈에 예닐곱 줄을 읽는 루이 랑베르의 재능을 가졌다─화난 모습으로 손이 펜을 붙잡는다. 불만스럽다. 나쁘다, 어제 쓴 것, 그제 쓴 것, 모두 나빠, 의미는 뚜렷하지 않고 문장은 혼란스럽고 문체는 잘못되고 배치는 너무 어렵다! 모든 것을 바꾸어야 한다. 더 낫게, 더 뚜렷하게, 더 분명하게 만들어야 한다. 일종의 분노가─그것은 종이 위를 몽땅 사납게 죽죽 긋고 지워버린 펜자국으로 알아볼 수 있다─그를 사로잡는다. 기병대 공격의 사나움으로 그는 인쇄된 방진(方陣)을 향해 덤벼든다. 펜을 칼처럼 휘둘러서 한 문장을 끄집어내서 오른쪽으로 끌고간다. 왼편으로는 단어 하나가 비어져 나왔고, 단락 전체가 사자의 발톱으로 파헤쳐진 듯이 뽑혀나가고 다른 것들이 채워졌다.

때로는─그는 수많은 교정쇄를 그렇게 만들었다─일반적으로 사용되는 교정부호만으로 충분하지 못하다. 새로 만들어내야 한다. 때로는 자리가 모자란다. 인쇄된 텍스트보다 더 많은 것이 가장자리를 빽빽하게 메우고 있기 때문이다. 줄이는 것이 아니라 보충하는 내용들이 마법의 부호들로 채워져서 위로 아래로 오른쪽으로 왼쪽으로 뻗어나와 있다. 원래의 깨끗하고 알아보기 쉽던 페이지는, 스스로를 가로지르고 서로 잇고 다시 고친 거미줄로 완전히 뒤덮여버려서 새로 공간을 얻으려고 종이를 뒤집어서 뒷면에 보충하는 글을 계속 써나간다.

그러나 아직도 충분치 못하다! 펜은 아직도 자리를 찾지 못했고, 불쌍한 식자공을 이끌어가야 할 기호와 숫자가 아직도 부족하다. 그러면 이제 가위가 나와서 불필요한 단락 몇 개를 잘라낸다. 원래의 것과 구분하기 위해서 이번엔 좀 작은 크기로 된 새로 쓴 원고 용지를 풀로 붙인다. 처음 부분이었던 것이 가운데로 가고 첫 부분은 새로 쓰여 삽과 곡괭이로 세상을 온통 갈아엎어 놓은 것 같다. 그렇게 한 장 한 장, 인쇄 사이로 글자를 써넣고 번호를 매기고 더덕더덕 발라놓았다. 완전한 혼란 상태로 이 교정쇄는—원래의 원고보다 백 배는 더 이해가 안 가고 읽을 수 없는 꼴을 하고—인쇄소로 돌려보내진다.

신문사 편집부와 인쇄소에서는 그렇게 너덜너덜한 교정쇄가 도착하면 모두들 웃으면서 몰려든다. 교육을 가장 많이 받은 식자공들도 "불가능하다"고 말한다. 돈을 두 배로 주겠다고 제안해도 그들은 하루에 '발자크를 위해서 한 시간' 이상 일하기를 거부한다. 누구라도 이런 난해한 문자를 해독하는 기술을 습득하기까지는 몇 달씩이나 걸린다. 그러고 나면 특별한 교정자가 최종작업이 아닐 경우가 대부분인 이 교정쇄를 한 번 더 검토한다.

그러나 그것으로 작업이 끝났다고 생각한다면 그것은 얼마나 잘못인가! 다음날이나 다음다음날 완전히 새로운 교정쇄가 발자크에게 다시 배달되면 그는 처음과 똑같은 노여움에 사로잡혀서 새로 인쇄된 텍스트에 달려드는 것이다. 한 번 더 그는 힘든 전체 구조를 열어젖히고, 한 번 더 새로 씨를 뿌리고, 한 번 더 위서부터 아래까지 종이를 새까맣게 만들어서 지난번과 똑같이 읽을 수 없고 혼란스런 원고를 되돌려보내는 것이다. 때로는 그렇게 세 번, 네 번, 다섯 번, 여섯 번, 일곱 번까지 계속된다. 마지막에는 물론 그가 단락 전체를 열어젖혀서 부수고 변화시키지는 않고 몇 개의 줄이나 단어만을 고치게 되기는 하지만 말이다. 발자크는 많은 작품들을 열다섯 번이나 열여섯 번까지도 고쳤다. 그가 20년 동안

74개의 장편소설과 그밖에도 단편소설과 스케치들을 썼을 뿐 아니라, 최종작업은 그 자체로 이미 거인적인 이 작업의 일곱 배에서 열 배에 이르렀다는 사실을 생각해야만 지상에는 견줄 것이 없는 발자크의 생산력을 짐작할 수 있을 것이다.

그 어떤 경제적인 곤란도, 때로는 친절한 비난으로 때로는 소송으로 그를 들볶았던 출판사의 간청도 이렇게 값비싼 방법을 그만두게 할 수는 없었다. 열 번이 넘게 그는 자기 호주머니에서 이런 비용과 추가비용을 지불하느라고 작품 원고료의 절반이나 아니면 전부를 다 날렸다. 그러나 가장 내적인 예술적 모랄이라는 점에서 발자크는 극히 단호하였다. 한 번은 어떤 신문 발행인이 셀 수도 없이 계속되는 이런 교정과정의 마지막 교정쇄와 출판 허가를 기다리지 않고 연재분을 게재하자 발자크는 그에게 영원히 절교를 선언하였다.

다른 사람들에게는 경박하고 너무나 서두르고 돈만 아는 것처럼 보인 이 사람이, 작품의 완성과 자신의 예술적인 명예가 걸린 문제에서는 현대문학사상 가장 양심바르고 끈질기고 굽히지 않고 열정적인 투사였던 것이다. 오직 그 자신만이 에너지와 헌신과 완전욕의 아주 환상적인 총합을 알고 있었고, 완성품만 본 사람들에게는 다섯 번, 열 번의 교정 과정은 전혀 알려지지 않은 채 실험실의 어둠 속에서 이루어진 것이기 때문에, 그는 이 교정쇄들을 유일하게 참되고 믿을 만한 증인들이라고 여겨서 사랑하였다.

그것들은 그의 자랑이었다. 그것은 그의 안에 있는 예술가의 자랑이라기보다는 노동자, 지치지 않는 일꾼의 자랑이었다. 그래서 그는 모든 작품에 대해서 교정되어 이리저리 돌아다닌 이 종이들을 첫 번째, 두 번째, 세 번째, 마지막까지 다 모아들였다. 그것들을 원고와 함께 두툼한 책으로 제본해서 (최종 인쇄본은 2백 쪽이지만 이렇게 모아들인 원고와 교정쇄는 자주 2천 쪽에 달했다) 그의 모범인 나폴레옹이 영주의 칭호와 공작의 방패를 자신의 사령관들과 가장 충실한 하인들에게 내려주었듯이 자신의 거대한 왕국, 《인간희극》의 왕국에서 나온 원고들을 자신이 내줄 수 있는 가장 값진 것으로 내놓곤 했다.

나는 이 제본들을 오직 나를 사랑하는 사람들에게만 선물합니다. 그들은 당신에게 말한 적이 있지만 내 오랜 작업과 내 인내심의 증인들이지요. 이 끔찍한 페이지들 위에서 나는 나의 밤들을 보냈습니다.

대부분은 한스카 부인이 받았지만 드 카스트리 부인과 비스콘티 백작부인도 일부 받았고 누이에게도 이 훈장이 수여되었다. 그가 이 독특한 문서의 가치를 제대로 평가할 수 있는 얼마 안 되는 사람들에게만 이 제본들을 주었다는 사실은 의사 나카르가 여러 해 동안이나 의사와 친구로서 봉사한 대가로 발자크에게서 〈골짜기의 백합〉 교정쇄 제본을 받고서 쓴 답장에 나타나 있다. 나카르는 다음과 같이 적고 있다.

그것은 정말 생각할 가치가 있는 기념물입니다. 예술에서 아름다움이 완성될 수 있다는 것을 믿는 사람들 눈에만 그 사실이 보이겠지요! 정신의 생산물이 언제나 자신들이 읽는 것처럼 그렇게 가볍게 수태되어 창조된다고 믿는 독자에게 그것은 얼마나 많은 것을 가르쳐주는 것일까요! 나는 방돔 광장 한가운데 내 도서관이 세워져서 당신의 천재성을 사랑하는 친구들이 당신이 얼마만큼 양심바르고 끈질기게 일하는지 평가해주기를 바랍니다.

참말이지 베토벤의 메모들을 빼면 다른 어떤 문서도 야곱의 싸움과 같은 예술가의 싸움을 이 제본들보다 더 잘 표현해주는 것은 드물다. 모든 초상화보다도 더욱 강하게, 그의 동시대 사람들이 남긴 어떤 일화집보다도 더욱 인상적으로 여기에 발자크의 원초적 힘과 그의 작업의 거인적인 에너지가 드러나 있다. 그것을 아는 사람만이 참된 발자크를 알 수 있다.

발자크는 교정쇄에 매달려서 세 시간, 네 시간 일하고 바꾸고 수정한다. 그가 장난스럽게 부른 것처럼 이런 '문학 요리'는 언제나 오전 내내 계속된다. 밤의 작업과 똑같이 쉬지 않고 치열하고 정열적으로 계속된다. 정오에야 발자크는 종이 뭉치를 옆으로 밀어놓고 음식을 약간 먹는다. 계란과 버터빵, 아니면 가벼운 파이가 보통이었다. 본성으로 보자면 그는 쾌락적인 인간으로서 고향인 투렌 지방 출신답게 기름진 음식을 사랑하고, 맛있는 릴레트(잘게 다져 기름에 지진 돼지고기나 거위고기 : 역주), 바삭바삭하게 구운 수탉, 붉고 탐스런 고기, 고향의 흰 포도주와 붉은 포도주를 악사가 피아노 건반을 알 듯이 잘 아는 사람이었다. 그런데도 그는 작업 중에는 자신에게 이런 쾌락을 금지하였다. 식사가 피곤을 가져온다는 사실을 알고 있었고, 그는 피곤해질 여유가 없었다. 자신에게 쉴 시간을 허용할 수도 그럴 마음도 없었다. 곧장 그는 책상 앞의 안락의자로 돌아가서 계속, 계속, 계속해서 교정쇄나 스케치나 메모나 편지들을 만지면서 쉬지 않고, 중단 없이 일을 계속한다.

마침내 5시경, 발자크는 펜을 던지고 그와 함께 자신을 앞으로 몰아가던 채찍도 던진다. 충분하다! 발자크는 하루종일—이런 일이 몇 주씩이나 계속되었다—어떤 인간도 보지 못하고 창문 밖으로 눈길 한 번 던지지 않고 신문도 읽지 않았다. 지나치게 긴장된 육체, 너무나 열을 받은 두뇌는 이제 쉬어도 좋다. 하인이 저녁상을 차린다. 때로는 그가 부른 출판업자나 친구가 반 시간이나 한 시간 가량 들르기도 하지만 대개는 생각에 잠겨서, 내일 쓸 것을 미리 꿈꾸면서 혼자 지낸다. 전혀, 혹은 거의 전혀 거리로 나가지 않는다. 너무 피곤해서 그런 엄청난 행동을 할 수 없다. 8시, 다른 사람들이 밖으로 몰려나가는 이 시간에 그는 침대에 몸을 눕히고 재빨리, 확실하고 꿈도 없이 깊은 잠을 잔다. 그는 잠을 잘 때도 다른 모든 일을 할 때처럼 과도하게 잔다. 다른 누구보다도 더욱 격렬하게. 앞서 이미 끝낸 일이, 내일과 모레, 그리고 인생의 마지막 순간까지 계속되어야 할 일에서 자신을 해방시키지 못한다는 사실을 잊기 위해서 잠을 잔다. 그는 자정까지 잠을 잔다. 자정이 되면 하인이 들어와서 촛불을 켜고 다시 일이 시작되는 것이다.

발자크는 그렇게 여러 주, 여러 달 동안 중단하지 않고 일을 했다. 한 작품이 완성되기 전에는 자신에게 휴식을 허락하지 않았다. 그리고 이런 중단의 시간들도 언제나 아주 짧았다. "싸움에 싸움이 이어지고" 그의 삶이라는 엄청난 천을 짜는 바늘 한 땀 한 땀처럼 작품에 작품이 이어진다.

언제나 똑같아요. 밤이면 밤마다 계속되고 언제나 새로운 제본들이 나오죠! 내가 세우려 하는 것은 그토록 높고도 거대하니…….

하고 그는 절망해서 신음한다. 그는 자주 이렇게 일을 하다가 진짜 삶을 소홀히 할까 두려워했다. 그는 스스로를 옭아맨 쇠사슬을 흔들어보았다.

다른 사람들이 일년이나 혹은 그 이상이 지나도록 끝내지 못하는 일을 나는 한 달 안에 만들어내야 합니다.

그러나 노동은 이미 강제가 되어 있었다. 그는 거기서 벗어날 수가 없었다.

일을 하면서 나는 고통을 잊어요. 일은 나의 구원입니다.

그의 작업의 다양성도 그 계속성을 끊어놓지 못했다.

원고를 쓰지 않을 때면 나는 내 계획에 대해서 생각합니다. 생각하거나 쓰지 않을 때면 교정쇄를 고쳐야 하지요. 그것이 내 삶입니다.

그는 일생 동안 이 노동의 쇠사슬을 발목에 걸고 살았다. 도망칠 때에도 이 쇠사슬은 쩔렁거리면서 그를 따라갔다. 원고 없이 떠난 여행은 없었고 심지어는 사랑에 빠져서 여자를 찾아 여행을 떠날 때도 에로틱한 정열은 더 높은 질서인 일보다 아래였다. 제네바에서 한스카 부인이나 카스트리 공작부인을 향해서 타는 듯이 초조하게 욕망에 사로잡혀 애원하고 있을 때에도, 애인에게 보낸 어떤 편지에서 저녁 5시 전에는 자신을 만날 수 없을 것이라고 경고하고 있다. 책상의 것인 열두 시간이나 열다섯 시간을 쉬지 않고 일을 한 다음에 그는 자신을 여인들에게 바쳤다. 일이 첫째고 사랑은 그다음이었다. 《인간희극》이 첫째고 세상은 그 다음이었다. 일이 첫째고 다음이—아니면 아예 없든가—쾌락이었다.

이러한 격노, 이렇게 자신을 파괴하는, 편집증적인 과도한 노동만이 그가 20년도 채 안 돼서 《인간희극》을 만들어낸 기적을 설명해줄 수 있다. 그러나 그 자체만으로도 거의 이해하기 어려운 발자크의 이런 생산력은, 순수하게 예술적인 작업 말고도 실질적인, 개인적인, 사업상의 편지 쓰기를 여기 덧붙여본다면 거의 납득하기 어려운 수준이 된다. 괴테나 볼테르는 언제나 두세 명의 비서를 옆에 두었고, 생트 뵈브도 고용인에게 모든 예비작업을 시켰지만, 발자크는 자신의 모든 편지, 사업을 혼자 힘으로 처리했다. 죽음의 침상에서 손이 펜을 잡지 못해서 부인의 손으로 쓰인 편지에다가 추신으로 그가 "나는 읽을 수도 쓸 수도 없습니다."라고 덧붙인,

마음을 울리는 마지막 기록을 빼면 그의 작품의 모든 페이지, 그의 편지의 모든 구절은 그가 직접 손으로 쓴 것이다. 모든 계약서, 모든 구입과 판매, 모든 사업과 물품조달, 채무증서, 어음, 그가 좋아하는 소송과 반소송(反訴訟) 등을 그는 조수도 없이, 관리인이나 조언자도 없이 손수 해치웠다. 집안 물품을 직접 사들이고 실내장식이나 물품조달을 손수 감독하고 뒷날에는 심지어 한스카 부인의 재정까지 도맡고 가족에게 충고를 했다. 그것은 병적인 정도에까지 도달한 힘의 소모였고 과도한 노동이었다. 때때로 그는 그런 반자연적인 자기소모는 분명 자기파괴에 도달하게 될 것이라는 사실을 의식하곤 했다.

때로는 내 두뇌에 불이 붙은 것처럼 여겨지고, 마치 내가 내 이성의 폐허 위에서 죽을 운명을 받았다는 느낌이 듭니다.

2주, 3주 동안 길거리에도 나가지 않고 그토록 쉬지 않고 과도한 노동을 하고 난 다음에 나타나는 휴식은 그러므로 언제나 위험한 붕괴와 비슷했다. 승리를 거둔 다음 그는 상처 입은 영웅처럼 무너져내렸다.

나는 하루에 열여덟 시간을 잡니다. 나머지 여섯 시간 동안에는 아무것도 하지 않아요.

발자크가 과도한 노동에서 풀려나 쉬려고 하면 그 휴식 또한 과도한 것이었다. 그리고 그가 한 작품을 완성한 다음에 쾌락 속에 빠져들 힘이 아직 남아 있을 때면 그 또한 과도한 것이었다. 노동의 도취상태에서 깨어나서 자신의 방을 떠나 사람들 사이로 들어가도 그의 속에는 아직 도취상태가 남아 있었다. 사교계로, 살롱으로 들어서면 여러 주 동안이나 남의 음성도 자기 음성도 듣지 못하던 그는 다른 사람에게는 전혀 주목도 하지 않고 혼자서만 떠들고 허풍을 떨었다. 억눌린 충동으로부터 뛰쳐나오듯이 그것은 비웃으며, 큰소리로 웃으며, 거품을 뿜으면서 솟구쳐나왔다.

소설 속에서 어떤 인물에게 수백만 프랑을 만들어주기도 하고, 다른 인물에게서 빼앗기도 하던 그가, 이제 가게에 들어서면 그는 아직도 소설 속의 숫자 세계에 빠져 있어서 자기 주변의 돈은 아무런 의미가 없었다. 계산도 안 하고 세지도 않았다. 그의 행동은 여전히 모든 것은 재미있어야 한다는 소설 속의 환상과 과장의 요소를 지니고 있었다. 그 옛날 일년 동안이나 땅도 못 보고 침대에서 편안하게 자보지도 못하고 어떤 여인도 품어보지 못한 채 수많은 위험을 겪고 나서 배가 고향으로 돌아오면 버릇없고 힘세고 생명력 넘치는 선원들이 가득 채워진 돈주머니를 탁자에 탁 내던지고 술에 만취해서 소동을 일으키고 폭발하는 생명력으로 유리창을 깨뜨렸던 것처럼, 너무 오래 우리 안에 갇혀 지낸 순종 말이 곧장 총총걸음으로 걷지 못하고 로켓처럼 달려나가 근육의 힘을 좀 풀고 자유의 황홀경을 맛보는 것처럼 발자크도 작업 사이로 누리는 짧은 휴식의 시간이면 자신의 금욕, 긴장, 폐쇄성을 그런 식으로 풀어놓았다.

그러면 작은 멋쟁이들인 고즐랑, 베르데, 그리고 몇 수를 받고 보잘것없는 재치를 매일매일 써내는 닳아빠진 기자들이 몰려와서 릴리펏의 난쟁이들이 풀려난 거인을 조롱하듯 조롱을 퍼부었다. 그들은 일화들을 기록하고 그것을 부지런히 인쇄시켰다. 이 위대한 발자크란 얼마나 웃기고 허영심 많고 어린애 같은 멋쟁이 바보란 말인가. 그러면 모든 멍청이들은 자기가 그보다는 더 똑똑하다고 여겼다.

그들 중 누구도 그렇게 엄청난 작업을 하고 난 다음 그런 환상에 빠졌던 사람이 정상적으로 행동한다면 그것이야말로 비정상이라는 사실을 이해하지 못했다. 그가 프랑 단위까지 깨끗하게 장부를 정리하고 소매상인처럼 4퍼센트 연금에 맞추어 절약을 한다면 말이다. 꿈의 세계를 지배하는 마법사이며 명령자인 그가 현실 세계에서 세속적인 살롱의 법칙에 맞추어 행동한다면 말이다. 창조적인 과도함에 바로 천재성이 들어 있는 그런 사람이 그들처럼 세련되고 외교적이고 냉정하게 계산적이라면 말이다.

그의 거대한 모습이 지나쳐가면서 시간의 벽에 던진 기묘한 그림자를 보고 그들은 만화를 그릴 수 있었을 뿐이다. 그의 동시대 사람들 중 그 누구도 그의 진짜 본질을 알지 못했다. 동화 속의 유령들이 자기들에게 속하지 않은 이 지상세계를 오직 한 시간 동안만 그림자처럼 스쳐지나갈 수 있듯이, 발자크에게도 오직 짧은 순간만 자유의 숨결이 허용되어 있었을 뿐, 그는 언제나 다시 노동의 감옥 속으로 되돌아가야 했기 때문이다.

제3장
운명의 여인을 찾아서

　노동, 끝없는 노동은 마지막 순간까지 발자크의 진짜 존재 방식이었다. 그리고 그는 이 노동을 사랑했다. 아니, 이런 노동을 하는 자신을 사랑했다. 창작의 고통 한가운데서 그는 비밀스런 기쁨으로 자신의 악마적인 에너지, 창작의 잠재력, 의지력 등을 즐겼다. 그것은 강인한 육체와 정신적 유연성에서 언제나 최대한으로, 아니 그 이상으로 뽑아낸 것이었다. 자신의 낮과 밤들을 그는 이 타오르는 화덕에 던져넣었다. 그는 자신에 대해서 자랑스럽게 말할 수 있었다.

　나의 과도함은 바로 나의 일입니다!

　그러나 그토록 폭군적인 의지력이 억누른다고 해도 자연은 완전히 억눌리지 않았다. 자연은 환상 속에서만 만족을 구하고 일하면서 서서히 자신을 죽이려는 이런 비정상적인 행태에 저항하였다. 때때로─그리고 시간이 흐르면서 점점 더 자주—일에 완전히 빠진 가운데 자기가 일을 하느라 가장 좋은 시절을 놓치고 있는 것은 아닐까, 쓰고 창작하는 것은 가장 고귀한 형태라 하더라도 진짜 삶에 대한 대용품이 아닐까 하는 두려운 생각이 발자크를 사로잡게 되었다. "나는 삶을 내 두뇌 속으로 밀어넣으려 하고 있어요."라고 쥘마 카로에게 고백하고 있지만 그것은 완전히 성공하지 않았다. 예술가란 언제나 향락주의자이기도 한데 그는 지금 일과의 금욕적인 단조로움 아래서 신음하고 있었다. 발자크 속에 있는 남자는 차가운 종이 위로 흘리는 말보다 더욱 뜨거운 토로를 갈망하였고, 작품 속에서 1백 명의 사랑스런 여자를 꿈꾸는 창작인은 자기가 진정 사랑할 수 있는 한 여인을 원했고 필요로 했다.

그러나 어떻게 그런 여인을 찾아낸단 말인가? 시기심 많은 일은 이 점에서도 삶으로 나가는 그의 길을 가로막고 있었다. 발자크는 여자를, 애인을 찾아낼 시간이 없었다. 열네 시간, 열다섯 시간씩 책상에 붙어앉아 있고, 나머지 시간은 잠자는 것과 그밖에 급한 볼일을 위해 쓰고 나면 그는 이리 저리 돌아다니면서 사람을 찾을 수가 없었다. 그러므로 그가 정말로 속을 털어놓았던 두세 명에게, 그러니까 누이와 쥘마 카로에게 자신을 이 지하세계의 긴장과 고통스런 갈망에서 구해줄 적당한 배필을 구해달라고 거듭 부탁한 것은 이해가 가는 일이다.

갑작스런 명성은 이 분야에서 놀라운 전환을 가져왔다. 발자크가 어떤 여자도 찾아낼 수 없을 거라고 거의 절망하고 있을 때 여자들이 그를 찾기 시작한 것이다. 여자들은 언제나 자기들을 다루는 작가들을 가장 사랑한다. 발자크가 남자에게서 이해받지 못하고 희생당하는 불행한 여성들 편을 든 것, 여자들의 잘못에 대한 너그러움과 용서, 버림받고 쫓겨나고 나이들어가는 온갖 여자들에 대한 그의 공감은 여자들이 호기심을 느끼게 만들었다. 파리와 프랑스 여자들뿐이 아니었다. 시골 구석진 곳에서, 독일, 러시아, 폴란드에서 편지들이 이 '높이와 깊이를 아는 사람'에게 밀려들었다.

전체적으로 보아서 발자크는 원래 편지 쓰기를 게을리하는 편이었다. 일에 완전히 지쳐서 답장을 쓰는 일이 드물었다. 그의 편지에서 당시의 탁월한 남성들과 정신적인 토론을 벌인 것을 찾아봤자 헛일이다. 그러나 여자들의 편지는 그를 행복하게 했고 불안하게 만들었다. 창조적인 몽환상태에 살고 있는 그와 같은 공상의 인간에게 이런 편지는 제각기 앞으로 나타날 소설의 가능성과 연결되는 것이었다. 자신을 바치려는 욕구 속에서 그는 때로 영적인 결합을 열렬히 소망하면서 완전히 모르는 여인을 향해서 가장 가까운 친구들에게도 하지 않았던 고백을 써보내기도 했다.

발자크는 친구인 마르곤 부부가 살고 있던 사셰로 일을 위해 도피해 있었는데 1831년 10월 5일에 어떤 여성의 편지가 파리에서 이곳으로 보내졌다. 그 편지는 특별히 그의 마음에 들었다. 그의 소설을 보면 알 수 있지만 발자크의 상상력은 작고도 미묘한 일에서 불타오르는 능력을 가지고 있었다. 이번에도 전혀 중요하지 않은 몇 가지 요소들, 종이의 종류, 필체, 특별한 표현방식 등을 보고 그는 이 여성이, 진짜이름이 아니라 가짜 영어 이름으로 서명하고 있지만 분명히 높은, 혹은 최고 계층의 여성일 것이라고 짐작하였다. 그의 상상력이 번개처럼 빠르게 작동하기 시작하였다. 고통과 비극을 많이 겪은 아름답고 젊고 불행한 여성일 것이다. 그밖에도 최고 귀족으로, 백작부인, 후작부인이나 공작부인일 것이다.

호기심이—게다가 아마도 속물근성이—그를 잠시도 내버려두지 않았다. 그는 곧장 알지 못하는 이 여성에게, "나이도 삶의 환경도 알지 못하는" 이 사람에게 여섯 쪽에 이르는 긴 편지를 써보냈다. 원래는 〈결혼 생리학〉을 읽은 다음 제기하였던 외설스러움이라는 비난에 대하여 변명할 생각이었다. 그러나 영원히 과격한 인간 발자크는 중도적인 노선에서 멈출 수가 없었다. 그는 경탄할 때면 황홀경에 빠져들고야 만다. 일을 할 때면 갈레 선의 노예처럼 부역한다. 누군가에게 말을 할 때면 고백의 열광, 몰아적(沒我的)인 탐닉이 된다.

그는 완전히 낯모르고 이름도 모르는 이 여인에게 거침없이 자기의 심정을 몽땅 털어놓았다. 자신은 과부하고만 결혼하려고 한다면서 그녀를 절반은 감상적으로 절반은 열광적인 색채로 묘사하였다. 그리고 완전히 모르는 이 여인에게 가장 가까운 친구들보다도 훨씬 먼저 '자신의 가장 비밀스런 장래 계획'을 털어놓았다. 즉 〈마법 가죽〉은 기념비적인 건물이 될 미래의 《인간희극》의 첫 번째 초석(礎石)일 뿐이라는 말이었다. 자기는 "비록 도중에 스스로 몰락하는 일이 있더라도 그것을 시도했다는 것을 자랑으로" 여길 것이라고 했다.

그 모르는 여인은 이 유명한 작가에게서 친절하거나 아니면 문학적인 수다로 채워진 답장이 아니라 이토록 친밀한 자기고백을 받고 아마 깜짝 놀랐던 듯하다. 당연한 일이지만 그녀는 곧장 답장을 써보냈다. 발자크와 꿈속의 공작부인 사이에서 (유감스러운 일이지만 그중에 아주 작은 일부만 전해진다) 편지 왕래가 시작되었다. 그것은 그들 두 사람이 서로 인간적으로 호기심을 느껴서 직접 만나보려는 소원으로 발전하였다.

모르는 여인은 그래도 발자크에 대해서 약간은 알고 있었다. 소문의 일부가 벌써 그녀에게 전달되었을 것이고, 그의 모습은 신문이나 잡지를 통해서 구할 수 있었기 때문이다. 그러나 발자크는 그녀에 대해서 아무것도 몰랐다. 그의 초조한 호기심이 얼마나 극단으로 치달았을 것인가. 이 모르는 여자는 젊을까, 아름다울까, 위안해줄 사람을 찾는 저 비극적인 영혼의 하나일까? 감상적인 문학취향의 여자일까, 아니면 교육을 너무 많이 받은 상인의 딸일까, 아니면 정말로 (뻔뻔스런 몽상가) 백작부인, 후작부인, 공작부인일까?

그것은 심리학자 발자크의 승리였다. 모르는 여인은 정말로 후작부인이었던 것이다. 그녀는 공작부인의 작위를 기다리고 있었다. 그것도 이전 애인인 다브란테스 공작부인처럼 코르시카의 왕위 찬탈자(나폴레옹)가 급조해낸 공작부인이 아니라 최고의 정통적인 혈통으로 생 제르맹 구역에서도 가장 흠잡을 데 없는 귀족이었다. 후작부인, 뒷날의 앙리에트 마리 드 카스트리(Henriette Marie de Castries) 공작부인의 아버지는 마이예 공작(duc de Maillé)이었다. 그는 전에 프랑스의 원수를 지냈고 그의 귀족혈통은 11세기까지 거슬러 올라가는 것이었다. 어머니는 피츠 제임스(Fitz-James) 가문 태생으로, 그러니까 왕족인 스튜어트(Stuart)의 일족이었다. 그녀의 남편인 카스트리 후작은 다시 같은 이름의 유명한 원수의 손자이며 기즈(Guise) 공작부인의 아들이었다.

거의 병적인 발자크의 귀족숭배열은 이제 부모 양쪽으로 이토록 대단한 혈통을 보고 여기서 더 만족할 수 없을 정도였다. 후작부인은 나이로도 발자크의 이상에 완전히 들어맞았다. 서른다섯 살로 그녀는 '서른 살의 여자'에 해당하는 편이었고, 게다가 발자크가 좋아하는 유형이었다. 감상적이고 불행하고 실망한 여자로서 파리 사교계에서 〈마법 가죽〉 못지않게 유명한 사랑 이야기를 방금 뒤로 한 참이었다. 발자크의 가장 위대한 동료인 스탕달(Stendhal)이 그보다 먼저 이 이야기를 자신의 첫 작품인 〈아르망스(Armance)〉에서 이용하였다.

발자크는 그다지 힘들이지 않고 이 낭만적인 이야기를 자세히 알게 되었다. 젊은 시절 그녀는 날씬하고 나긋나긋한 소녀로 프랑스의 가장 아름다운 귀족 아가씨의 한 사람이었는데, 스물두 살 나던 해 강력한 재상 메테르니히(Metternich)의 아들인 빅토르 메테르니히 왕자를 알게 되었다. 후작부인은 이 젊은 남자에게 열렬히 빠져들었다. 그는 아버지로부터 남자다운 아름다움과 사교계의 매력을 함께 물려받았지만 아버지의 튼튼한 건강은 물려받지 못한 젊은 이였다. 프랑스의 고급귀족은 18세기 계몽주의 철학의 전통을 아직도 충실하게 지키고 있었기 때문에 그녀의 남편은 이

카스트리 공작부인. 공작의 딸이며 후작의 아내이고 왕자의 애인이였던 이 여인의 신분은 발자크를 열광시키기에 충분했다. 발자크는 평생 동안 여성 그 자체보다는 그녀가 가지고 있는 신분과 재산에만 관심을 기울였다.

젊은 사람들의 열정적인 연애사건을 조용히 참아주었을 것이다. 하지만 스탕달뿐 아니라 파리 사교계 전체를 열광시킨 솔직한 단호함으로 이 두 연인은 어떠한 타협도 거부하였다. 카스트리 부인은 남편의 궁을 버리고 젊은 메테르니히는 빛나는 장래 경력을 버렸다. 세상이 대체 어떻단 말이냐, 사교계가 어떻다고. 그들은 그저 서로를 위해, 그리고 사랑을 위해 살기를 원했다. 그래서 이 낭만적인 한 쌍은 유럽의 가장 아름다운 지역을 이리저리 돌아다니면서 스위스, 이탈리아 등지에서 살았다. 곧 아들이 태어나서 (오스트리아 황제는 뒷날 이 아이에게 알덴부르크 남작이라는 칭호를 내렸다) 그들의 행복에 대한 황홀한 증인이 되어주었다.

그러나 이 행복은 너무나 완벽해서 오래 지속될 수가 없는 것이었다. 구름 한 점 없이 맑은 하늘에서 파국이 내려왔다. 후작부인은 사냥을 나갔다가 실수로 말에서 떨어져서 척추를 부러뜨렸다. 그 뒤로 그녀는 움직일 수가 없어서 하루의 대부분을 누울 수 있는 긴 의자나 침대에 누워서 보내야 했다. 빅토르 폰 메테르니히의 부드러운 간호를 오래 받지도 못했다. 이 사건이 있고 얼마 안 있다가 1829년 11월에 그가 폐병으로 죽었기 때문이다. 카스트리 후작부인의 삶에서 애인을 잃어버린 일은 자신이 말에서 떨어진 것보다 더 견디기 힘든 것이었다. 이 아름다운 지역의 풍경을 보면 사랑의 옛그림자만을 느낄 뿐이었기에 혼자서 이 지역에 더 이상 머물 수가 없었던 그녀는 파리로 돌아왔다. 그러나 남편의 집과 사교계가 아니었다. 그곳을 보아봤자 아픔만 더 심할 것이었다. 그녀는 아버지 쪽 친척인 카스텔란(Castellane)의

궁에 완전히 틀어박혀서 세월을 보냈다. 옛날의 친구들 대신에 이제 책만이 그녀의 유일한 교제상대였다.

지위, 나이, 운명으로 보아 그의 가장 대담한 이상형에 거의 완벽하게 일치하는 그런 여인에게서 편지를 받고 곧 이어서 친구로 불리게 되었으니 발자크로서는 심정의 시적 측면과 속물적 측면 모두가 정열적으로 흔들렸던 것이 분명하다. 후작부인, 장래의 공작부인이, '서른 살의 여자' '홀로 남겨진 여자'가 농부의 손자이며 소시민의 아들인 자기에게 그토록 특별대우를 해주다니! 시민계급 여자들이나 아니면 연극배우들, 문인, 아니면 품행 단정하지 못한 여자들을 친구로 삼고 있는 빅토르 위고, 뒤마, 뮈세 등 다른 문인들에 비해 이 얼마나 대단한 승리란 말이냐! 만일 단순한 우정 이상을 이룰 수만 있다면, 여자의 귀족칭호만 보고도 홀리는 그가, 드 베르니 부인 같은 하찮은 귀족이나 다브란테스 공작부인 같은 벼락귀족한테도 그토록 끌렸는데, 아버지 메테르니히의 뒤를 이어 다브란테스 공작부인을 차지했듯이 메테르니히 왕자의 뒤를 이어서 이 오래된 진짜 프랑스 공작부인의 애인이나 남편이 된다면 얼마나 대단한 승리가 될 것이냐! 발자크는 초조하게 이 환상적인 편지친구를 개인적으로 방문해도 좋다는 조대장이 오기를 기다렸다. 마침내 2월 28일에 한 편지가 그에게 이 '신뢰의 표시'를 전해주었다. 그리고 그는 이 '너그러운 제안'을 받아들이겠노라고 서둘러 대답하였다.

"직접 대면함으로써 상당히 많은 것을 잃어버릴 위험을 무릅쓰고서" 오노레 드 발자크는 생 제르맹 지역에서 온 이 편지에 대해서 그토록 급하게 서두르며 행복과 황홀감에 젖어서 답장을 쓰느라고 같은 날 그의 책상에 배달된 또 다른 편지, 또 다른 여자가 러시아에서 보내온, '모르는 여인(L'Étrangère)'이라고 서명된 편지를 뜯어보지도 않았다.

발자크와 같은 종류의 공상적 인간이 카스트리 부인에게 빠져드는 것은 지극히 당연한 일이었다. 사랑에 빠지기 위해서 그는 그녀를 볼 필요도 없었다. 그녀가 못생겼든 어리석든, 바가지가 심하든 못됐든 그런 것이 그의 감정을 무너뜨리지는 못했을 것이다. 그의 경우에 모든 감정은 사랑조차도 그의 의지력에 종속되었기 때문이다. 그리고 발자크는 카스텔란 궁으로 가기 위해서 정성들여 몸치장을 하고 새 옷을 입고 마차에 올라타기도 전에 벌써 이 여자를 사랑하고 그녀에게 사랑을 받기로 결심하고 있었기 때문이다. 뒷날 저 두 번째의, 아직 뜯어보지도 않은 편지를 보낸 여인을 아직 만나보지도 못한 상태에서 미리 자기 삶의 소설에 주인공 역할을 맡기듯이 이번에 카스트리 공작부인도 벌써 이상형으로 만들어버렸다.

도입 장면은 정말로 그가 공상 속에서 그렸던 것과 완전히 똑같았다. 극히 절도 있고 고상한 취미로 단장된 살롱에서 레카미에 소파에 길게 누운, 젊지만 너무 젊지는 않은, 약간 창백하고 약간 피로한 한 여인이, 사랑을 해보았고 사랑을 알고 있으며, 지금은 홀로 남겨져 위안을 필요로 하는 여인이 그를 기다리고 있었다. 그리고 놀랍게도 지금까지는 영주와 공작들하고만 교제를 해왔고 날씬하고 우아한 왕자를 애인으로 삼았던 이 귀족여인이, 어떤 재단사의 기술로도 우아함과 옷맵시가 나게 해줄 수 없는 어깨가 넓고 뚱뚱한 시민인 그에게 실망하지 않았다.

영리하고 감사를 표현하는 생동하는 눈길로 그녀는 그의 격렬한 말에 귀를 기울였다. 그는 그녀가 알게 된 최초의 작가로서 다른 세계에서 온 사람이었다. 완전히 세상을 등지고 있었지만 그녀는 그가 얼마만한 이해력으로, 얼마나 자극적이고 흥분된 초조감으로 자기에게 접근하는지 느낄 수 있었다. 이야기를 하면서 한 시간, 두 시간, 세 시간이 흘러갔다. 그녀는 죽은 애인에 대한 정절에도 불구하고 운명이 자기에게 보내준 이 극단적인 인간에 대한 경탄을 부정할 수가 없었다. 감정이 약해진 그녀에게 우정이 시작되었고, 절도라는 것을 아예 모르는 발자크에게는 도취가 시작되었다. 그는 이렇게 써보냈다.

당신은 나를 그토록 사랑스럽게 맞아주셨어요. 당신은 내게 그토록 달콤한 시간을 선물해주셔서 당신이야말로 나의 행복이라고 굳게 확신하게 되었습니다.

관계는 점점 더 친밀해졌다. 다음 몇 주, 다음 몇 달 동안 매일 저녁 발자크의 마차는 카스텔란 궁으로 왔고 두 사람은 자정이 넘은 시간까지 이야기를 나누었다. 그는 그녀와 함께 극장에 나타나고, 그녀에게 편지를 써보내고, 새 작품을 낭독해주고 충고를 청했다. 자기가 줄 수 있는 가장 값진 것을 선물하였다. 〈서른 살의 여자〉와 〈샤베르 대령〉과 〈전언

⟨Message⟩〉 등의 원고제본이었다. 여러 주, 여러 달 전부터 죽은 사람을 애도하는 일에만 빠져 있던 고독한 여인에게는 이 정신적인 우정과 더불어 일종의 행복이 시작되었고, 발자크에게는 정열이 시작되었다.

불행한 일이었지만 발자크는 우정만으로는 만족할 수 없었다. 남성으로서의 허영심, 그리고 어쩌면 속물적인 허영심은 그 이상을 원했다. 그는 점점 더 열렬하게 폭풍우처럼 그녀를 갈망한다는 사실을 말하고 표시하였다. 그리고 점점 더 간곡하게 허락의 표시를 간청하였다. 카스트리 공작부인은 자기가 경탄하는 천재성을 가진 이 남자의 사랑을 보고 만족을 느끼지 않기에는 너무나도 여자였다. 그녀는 그의 말에 귀를 기울이고 이 격렬한 인간이 보이는 자그마한 친밀한 태도들을 냉정한 고상함으로 물리치지 않았다. 어쩌면―뒷날 복수의 소설인 〈랑제 공작부인(La Duchesse de Langeais)〉에 나오는 발자크의 서술을 완전히 믿을 수는 없지만―그녀는 그를 자극했을지도 모른다.

이 여자는 나를 사랑스럽게 맞아들였을 뿐 아니라 나를 향해서 매우 특별한 애교의 기술을 모두 다 보여주었다. 그녀는 내마음에 들려고 했으며 내가 계속해서 이 도취상태에 머물러 있도록 하기 위해서 말로 다할 수 없이 애를 썼다. 그녀는 조용하고 고분고분한 애인이 자기 마음을 고백하도록 만들려고 모든 힘을 다했다.

그러나 구애가 위험한 지점에 다가가기 시작하면 그녀는

단호하게 거듭거듭 거절하였다. 어쩌면 그녀는 자기 아이의 아버지이고, 그를 위해 자기가 사회적 지위와 시민적 명예를 다 바쳤던 죽은 남자에게 정절을 다하려고 했을지 모른다. 어쩌면 그녀는 자신의 육체적인 결함에 장애와 부끄러움을 느꼈는지도 모른다. 어쩌면 그녀를 방해한 것은 발자크의 천하고 비속한 육체적 특성이었을지도 모른다. 그리고 어쩌면 (아마도 부당하지만은 않은 일이지만) 발자크가 허영심에서 이 귀족과의 연애사건을 곧바로 출판할지도 모른다고 두려워했을지도 모른다. 어쨌든 그녀는 발자크가 〈랑제 공작부인〉에서 묘사한 것처럼 그가 "느리게 진행되는 작은 정복들을 하도록 내버려두었으며, 고분고분한 애인은 그것으로 만족해야만 했다."

그러면서도 그녀는 '자신을 바침으로써 심정의 헌신을 확인해주는 것'만은 한사코 거절하였다. 처음으로 발자크는 절망적일 정도로 노력해도 자기 의지가 전능하지 않다는 것을 느껴야만 했다. 집요하게 구애하고 매일 찾아가고 왕당파의 이익을 위해 문학적인 노력을 다하고, 자신의 자부심을 완전히 굽힌 채 석 달, 넉 달이 지나도 그는 여전히 카스트리 후작부인의 문학적인 친구였을 뿐 그녀의 애인은 되지 못했다.

기장 똑똑한 재능을 가신 사람이라도 자기가 어울리지 않게 처신하고 있다는 사실은 가장 뒤늦게 알아채는 법이다. 몇 안 되는 발자크의 진짜 친구들은 정확한 사정은 몰라도 그의 공식적인 태도가 변했다는 사실을 알아차렸다. 그들은 그가 멋쟁이처럼 몸치장을 하고 이탈리아 극장의 엠페르날 특별석에서 외알 안경으로 어떤 특별석을 바라보는 것, 그가 피츠 제임스와 드 로장(de Rauzan) 등 왕당파 공작들의 살롱에서 열렬한 대화를 하는 것을 불쾌한 심정으로 바라보았다. 왕당파 공작들의 살롱에서 시민계급 사람들은 비록 위대한 문필가나 화가, 음악가, 정치가라도 개화된 하인 정도로 취급되고 있었다. 그렇게 터무니없이 속물적인 행동에 친구들은 너무나도 익숙해서 그것을 그의 명성과 위신에 대한 위협으로 여기지도 않았다.

하지만 그들은 갑자기 오노레 드 발자크가 극우파 신문인 〈레노바퇴르(Rénovateur)〉에 봉건제도의 열렬한 추종자로 등장하고, 드 베리(de Berry) 공작부인을 위해 공개적으로 무릎을 꿇은 것을 보자 불안해졌다. 그들은 발자크가 돈에 자신을 팔아넘기는 저급한 족속이 아니라는 사실을 너무나 잘 알고 있었다. 그러자 본능적으로 그가 어떤 손길에 의해서 이 어두운 정치의 거리로 이끌려가고 있다고 느꼈다. 가장 오랜 친구인 베르니 부인에게 그는 카스트리 공작부인과의 편지 교제와 그 집을 방문한다는 사실을 조심스럽게 숨겨왔다. 그녀가 제일 먼저 그에게 경고하고 나섰다. 가족의 전통을 보나 루이 16세와 마리 앙투아네트의 대자(代子)라는 점을 보나 왕당파의 생각을 가진 그녀였지만, 그래도 발자크가 그토록 갑작스럽게 과격 왕당파의 공식적인 앞잡이 노릇을 하는 것을 보자 불쾌감을 느꼈다. 그래서 그에게 '이 사람들의 노예' 노릇을 그만두라고 간곡하게 충고하였다. 잘은 몰라도 경험 많은 나이든 이 여자는 이 사람들이 시인으로서 발자크를 진짜 존경하지도 않으면서 단지 그의 속물근성을 이용하고 있을 뿐이라는 사실을 알았던 것이다.

그들은 근본적으로 감사할 줄 모르는 족속이니 당신을 위해서 그런 성질을 바꾸지는 않을 거예요, 나의 친구여.

샤를 10세의 손자인 자기 아들을 위해 왕좌를 확보하려고 애쓰고 있던 베리 공작부인에 대한 발자크의 찬가를 깊은 실망감과 부끄러움으로 읽은 쥘마 카로는 더욱 단호하고 냉정한 태도로 편지를 써보냈다.

그런 사람들을 보호하는 일은 궁정 사람들에게 맡기고 애써서 얻은 명성을 이 사람들과 함께함으로써 더럽히지 마세요.

그녀에게는 가장 소중한 재산이었던 우정을 잃어버릴 위험을 무릅쓰고 그녀는 위대한 친구에게, 자기가 그의 천재성을 사랑하기 때문에, 정직한 태도라는 내적인 고귀함보다 그럴싸한 귀족의 칭호를 훨씬 더 중히 여기는 그의 노예근성이 정말 싫다는 것을 분명하게 말했다.

당신이 그렇게 완고한 특권귀족층에 가담하다니! 이런 망상에서 절대로 깨어날 수는 없나요?

그러나 그의 진짜 친구 누구도, 능숙한 손길로 이미 낡아서 상당히 덜컹거리는 왕당파의 마차에 발자크를 붙들어매고 있는 것이 황금의 사슬인지 장미의 사슬인지 알지 못했다. 그들은 다만 그가 그 어떤 강제를 통해서 자유롭지 못하다는 것, 그가 자신을 배신하고 있다는 것만을 느꼈다.

2월부터 6월까지 다섯 달 동안, 그러니까 거의 반 년 가까이 발자크는 카스트리 공작부인의 공공연한 애인, 호의적으로 맞아들여지기는 하지만 소원을 이루지는 못한 애인 노릇을 했다. 6월 초에 그는 갑자기 파리를 떠나서 친구인 마르곤 일가를 찾아 사셰 성으로 내려갔다. 대체 무슨 일이 있었기에? 정열이 갑자기 꺼졌던가, 아니면 자신감이 너무나 떨어져서, 타의로 플라토닉 러브의 주인공이었던 그가 공략되지 않는 요새의 포위를 풀어버린 것인가? 전혀 아니었다. 발자크는 아직도 여전히 자신의 야심과 의지로 스스로 만들어낸 정열의 굴레에 속박되어 있었다. 예술가의 두 가지 눈길로 그는 벌써 이런 노력이 전망이 없다는 것을 꿰뚫어보고 있었는데도 그랬다. 절망적인 솔직함으로 그는 마침내 자신의 상황을 쥘마 카로에게 털어놓았다.

이제 나는 엑스(Aix)로 가서 사부아로 올라가야만 합니다. 어쩌면 나를 가지고 장난치고 있는 어떤 사람을 따라갑니다. 당신이라면 분명 혐오감을 느낄 저 귀족 부인들 중의 한 사람입니다. 그리고 그 뒤에 아름다운 영혼이 숨어 있을 거라고 짐작되는 천사처럼 아름다운 얼굴을 가진 사람이죠. 그녀는 진짜 공작부인이에요. 아주 겸손하고 붙임성있고 나긋나긋하고 재치있고 애교만점이고 내가 지금까지 본 사람들하고는 완전히 다른 사람입니다! 일절 접촉을 끊고 지내는 사람들 중 하나예요.

그녀는 나를 사랑한다고 주장하면서 나를 베네치아의 궁전 깊은 곳에 보초를 세워서 가두어두고 싶어합니다……. (당신에게는 모든 것을 말하지만!) 내가 오직 자기만을 위해서 쓰기를 바라는 여자예요. 그들이 원하면 아무런 조건 없이 무릎을 꿇지 않을 수 없고, 즐거운 기분으로 정복하고 싶은 여자들 중 한 사람이죠. 꿈 같은 여자입니다! …… 모든 일에 질투를 하죠! 아! 이곳에서 내 시간과 인생을 잃어버리느니 차라리 당신들의 집 앙굴렘에 있는 화약공장 근처에서 지내고 싶어요. 아주 분별있고, 평화롭게, 풍차들이 돌아가는 소리를 들으며 말이죠. 송로버섯을 실컷 먹고 당신들과 함께 웃고 이야기하면서 말입니다.

그러나 지금 발자크가 음유시인 노릇을 한동안 그만두고 파리와 카스트리 공작부인을 떠난 것은 내면의 밝은 눈길보다는 훨씬 더 세속적이고 평범한 이유에서 나온 행동이었다. 여름날 폭풍우처럼 정기적으로 그의 머리 위에 모여들어 갑자기 퍼붓는 저 경제적인 파국 하나가 다시 터진 것이다. 그가 만지는 것은 무엇이든 황금이 아니라 빚더미로 바뀌는 거꾸로 된 미다스(Midas)인 발자크에게 있어서 그가 어떤 여자에게 빠지거나 아니면 여행을 하거나 투자를 시도하면 그것은 언제나 물질적인 파탄을 뜻하였다.

그의 예산은 언제나 살얼음을 딛듯 아슬아슬하게 균형을 맞춘 것이어서 그가 일을 떠나 있는 모든 순간은 그렇지 않아도 엉망진청인 그의 새정상태에 치명타가 되곤 했다. 책상 앞에 앉아 있지 않고 카스트리 공작부인의 살롱에서 허비하거나 이탈리아 극장의 특별석에서 보낸 그 많은 저녁들은 소설 두 권 분량에 해당하였다. 수입은 이렇게 감소했는데 지출은 엄청 늘었다. 고귀한 구혼자로서 귀족적인 모습으로 등장하겠다는 어리석은 생각은 엄청난 정도로 빚을 늘렸다. 카스텔란 궁으로 행차할 때 이용하는 이륜마차 앞에 매달린 두 마리 말들만 해도 9백 프랑이 넘었고 하인 셋을 거느린 살림살이, 새 옷들, 아주 화려한 생활방식 등은 점점 더 치명적인 결과를 만들어냈다. 전에는 교정쇄가 아침이면 배달되더니 이제는 돈을 내지 않은 계산서들, 만기가 다가온 어음들이 규칙적으로 배달되었다. 빚쟁이들이 아니라 집달리들이 카시니 거리를 점령하였다. 단 한 가지만이 발자크를 구할 수 있었다. 일이었다. 그리고 발자크는 일을 위해서 휴식을 필요로 했으므로 이제 단 한 가지 가능성만 남았다. 도주, 파리에서, 사랑으로부터, 빚쟁이들로부터의 도주, 찾아낼 수 없는 곳, 가서 닿을 수 없는 곳으로의 도주뿐이었다.

물론 발자크가 지금 집필하고 있는 작품은 미리 돈을 받고 다 팔아버린 것들이었다. 여행을 떠나기 직전에 그는 두 건의 계약에 서명하고 1,500프랑을 받아서 다음 몇 달 동안의 비용으로 쓰려고 했다. 그러나 떠나기 직전에 그중 1,400프랑을 빼앗기고 겨우 120프랑만 지닌 채 사셰로 가는 역마차에 올라탈 수 있었다. 그곳에는 머물 곳이 있었다. 친구인 마르곤 일가의 성에서 그는 비용이 필요치 않았다. 낮 동안, 그리고 밤의 절반을 자기 방에 틀어박힌 채 한두 시간만 식사 시간에 나타나면 되었다.

그러나 여기 머문다고 해도 파리의 저 사치스런 살림비용이 계속 나가는 것을 막을 수는 없었다. 누군가가 파리에서 모든 것을 정리하고 비용을 줄이고 그를 위해서 빚쟁이들과 싸우고 물품을 공급해준 사람들을 달래야 했다. 그리고 이 힘든 일을 해줄 사람은 단 한 사람밖에 없었으니 바로 어머니였다. 여러 해 동안이나 그녀의 보호에서 벗어나려고 그토록 노력을 한 다음에 위대하고 유명한 작가인 그가 이제 겸손하게 그녀의 절약과 살림능력에 의존해야만 했다. 자신의 어린 시절을 망가뜨린 바로 그녀에게 말이다.

오만하고 고집센 아들의 항복은 늙은 부인에게는 승리의 표시였다. 그녀는 용감하고 힘차게 잃어버린 지위를 되찾은 것이다. 이제 살림규모를 줄이고 쓸데없는 하인들을 내보내고 공급업자와 집달리들과 싸우고 이륜마차와 식성 좋은 말들을 팔았다. 그녀는 아들이 어리석은 사랑과 거드름 피우느라고 망가뜨린 재정상태를 회복하기 위해서 1수, 1프랑까지 아꼈다.

그러나 그녀조차도 끊임없이 밀려드는 빚쟁이들의 행렬에 그만 어찌할 바를 몰랐다. 집세를 내지 않아 집주인은 가구를 저당잡으려 했다. 빵집 주인이 나타나서─도대체 이 젊은 이가 그렇게 많은 빵을 먹다니 이해할 수 없는 노릇이었다─아직 지불하지 않은 7백 프랑의 장부를 내보였다. 매일매일 파리의 금융시장에서 이리저리 돌아다닌 어음과 채무증서들이 지불을 요구해왔다. 그녀는 절망한 채로 아들에게 편지에 편지를 거듭 썼다. 그는 이미 오래 전에 팔아버린 원고들을 지금 써야 했기 때문에 단 1프랑도 출판사나 신문사에서 끌어올 수가 없었다. 하루에 스물네 시간을 일하더라도 반 년 동안의 속물근성과 사랑을 위해 들어간 돈을 메울 수가 없을 것이다. 문학은 자기를 구할 수 없음을 발자크는 보았다.

그래서 그는─이른바 정열적인 애인에게는 극히 기묘한 생각이지만─옛날의 치료제였던 부자와의 결혼을 다시 생각하게 되었다. 특이한 일이었지만, 심정과 두뇌를 따로 나누어서 발자크는 카스트리 공작부인에게 낭만적으로 푹 빠져 있던 그 봄에 아주 논리적이고 진지한 태도로 어떤 젊은 아가씨 드 트뤼미유(de Trumilly) 양에게 구혼하였다. 그녀는 아버지의 죽음으로 막 자신의 재산을 소유하게 된 아가씨였다. 우리가 모르는 어떤 이유에서 이 구혼은 거절당했다. 부자 고아가 자기를 거절했기 때문에 그는 옛날의 야심으로 되돌아갔다. 그러니까 '부자 과부'와 결혼해서 자신의 심정과 일에 안식을 찾아준다는 생각이었다.

발자크는 절망 속에서 어머니뿐만 아니라 오랜 친구인 드베르니 부인에게도 자기를 위해서 가능한 한 서둘러서 연금을 받는 과부를 찾아내서 자기가 두 번째 파산이라는 수치를 피하게 해달라고 부탁하였다. 정말로 그렇게 부유한 과부가 하나 나타났다. 오노레 드 발자크라는 작가의 작품에 상당히 매력을 느낀 되르부르크(Deurbroucq) 남작부인이라는 여자였다. 일을 성사시키기 위해서 자그마한 음모가 꾸며졌다. 여름이면 이 황금 배가 사셰 근처에 있는 영지인 메레(Méré)에 도착한다, 그러면 발자크는 이 소중한 사냥감을 사로잡기 위해서 그 유창한 달변의 모든 무기를 준비해두기로 했다. 이 과부의 마음을 달구어놓기 위해서 그는 서둘러서 자기 작품들을 자르제(Jarzé)에 있는 그녀의 다른 성으로 보냈다. 어쩌면 이것은 이 흥미로운 젊은 남자를 알고 싶다는 그녀의 초조감을 키워줄지도 모른다. 한 주에 세 번이나 그는 일을 중단하고 사셰에서 이웃 영지로 달려가서 그녀가 도착했는지 알아보곤 했다.

그러나 불행하게도 이 부유한 남작부인은 자신의 화려한 자르제 성을 떠날 마음이 없었다. 아마도 그녀는 발자크가 자신의 연금과 사랑에 빠진 것 같다는 짐작이 들어서 서두를 이유가 더욱 적었던 것 같다. 그녀는 한없이 기다리게 했다. 파리에서는 매일 타는 듯한 편지가 날아오고 얼마 안 되는 돈은 매일 줄어만 들었다. 결혼을 기대하고 있던 이 남자는 120프랑에서 이제 겨우 은화 몇 개만 호주머니에 남게 되었다. 고작해야 앞으로 한두 주 동안만 부담을 주지 않고 사셰에 머물 수 있는 형편이었다. 그와 더불어 이 구원의 여인과 그런대로 자연스럽게 만날 마지막 희망이 사라질 판이었다. 발자크는 어쩔 줄을 몰라서 절망 속에서 거의 자살까지 생각하였다.

작가로서의 그 모든 근심과 그밖에도 이 모든 사업상의 어려움을 생각해보면 차라리 삶에 끝장을 내고 싶다는 생각이 들 정도입니다.

파국의 상황에서 쓴 발자크의 이런 편지를 읽으면 이 작가가 이런 살인적인 혼란과 절망상황에서 무엇을 만들어내는 것, 아니면 어쨌든 대표작품을 쓰기란 불가능했을 거라는 생각이 들 것이다. 그러나 발자크라는 특이한 현상에서는 모든 논리적인 결론이 빗나간다. 그의 경우에는 그럴싸한 것이 아니라 가장 그럴싸하지 않은 일이 일어나곤 했던 것이다. 그가 살고 있는 두 세계, 그러니까 현실세계와 상상세계는 그의 내부에서 공기가 통하지 않도록 서로 차단되어 있었다.

창작하는 발자크는 완전히 자신의 집중력 속에 휩싸여 있어서 자신의 바깥 존재를 둘러싸고 있는 그 폭풍에 대해서는 아무것도 모르고 느끼지도 못했다.

펄럭이는 촛불 빛을 받으며 나는 듯한 손길로 한 장 한 장 운명과 사람들을 펼쳐내는 몽상가 발자크는 매일같이 지불 기한이 된 어음이 돌아오고 가구를 저당잡힌 또 다른 오노레 발자크와는 전혀 같은 사람이 아니었다. 그는 공식적이고 개인적인 자신의 기분과 절망에 의해서 조금도 영향을 받지 않았다. 오히려 반대였다. 외적인 상황이 절망적일 때 그의 속에 있는 예술가는 가장 강해졌다. 외적인 곤궁은 신비스런 방식으로 집중력의 강화로 변화되는 것이다. 그러므로 다음과 같은 그의 고백보다 더 참된 것은 없다.

최고의 영감들은 내게는 언제나 가장 깊은 두려움과 곤궁의 순간에 나타나곤 합니다.

쫓기고 밀리고 사방으로 포위를 당할 경우에만 발자크는 쫓기는 사슴이 물 속으로 뛰어들 듯이 작업 속으로 몸을 던져넣었다. 삶에서 어쩔 줄을 모르게 되는 경우에만 그는 자신을 발견하였다. 그의 본질의 이런 가장 깊은 비밀은, 천둥번개에 사납게 폭풍우 몰아치던 이 여름보다 더 분명하게 드러난 적이 없다. 한편으로는 닿을 수 없는 공작부인을 향해서 아직도 여전히 사랑의 편지를 보내고, 매주 세 번씩이나 부자 과부가 도착했는지 알아보기 위해서 달려가고, 점점 줄어드는 현찰을 매일 다시 헤아려보면서 돈, 돈, 돈을 구하는 어머니의 불 같은 편지들이 그에게 쏟아져오던 이때에, 만기가 된 어음들을 곡예를 부려서 만기를 연장하고 자기가 빚진 출판업자들을 희망으로 위로하면서, 믿을 수 없는 온갖 재주를 다 부려서 피할 수 없는 파산, 살림살이의 붕괴, 시민적인 명예의 상실을 한 주 한 주 미루어가던 이때에 그의 안에 있던 또 다른 발자크는 바로 이 달에 가장 깊고, 생각이 풍부하고, 가장 야심적인 작품을 쓰고 있었다.

그것으로 그는 이전에 자기가 쓴 모든 것, 자기 말고 창작하는 다른 사람들이 쓴 모든 것을 단번에 뛰어넘으려고 하고 있었으니 바로 〈루이 랑베르〉였다. 이 책은 그 이전에 쓴 모든 것, 세속적이고 유행을 타고 여성들의 사랑을 받았던 그 모든 것에 대한 단절이 될 참이었다. 소설 경기가 자기에게 유리하게 돌아가는 지금, 그 어떤 재미있는 연애소설이나 사교계 소설을 써도 지금 꼭 필요한 물질적인 성공을 쉽사리 거둘 수 있는 이 시점에서 그가 하필이면 광범위한 독자층에 의해서 찬양받거나 이해받을 전망이 조금도 없는 이런 작품을 쓰고 있었다는 것은 그의 정직성을 보여주는 부분이다. 서적상과 출판업자들이 탐욕스럽게 월터 스콧이나 페니모어 쿠퍼 스타일의 새 작품을 기대하고 있는데 그는 모든 힘을 다해서 순수하게 정신적인 비극을 지향하고, 정신적인 인물이라는 개념에서 바이런의 《맨프레드(Manfred)》, 괴테의 《파우스트(Faust)》와 나란히 세울 만한 작품을 시도하고 있었던 것이다.

발자크 작품 중에서 가장 까다롭고 극소수의 사람들에 의해서만 대단히 드물게 인정받은 이 작품은 더 높은 의미에서 토르소(머리와 팔다리가 없는 조각상 : 역주)로 남았다. 루이 랑베르의 모습 안에 그는 자신의 젊은 시절, 가장 내면적인 야심과 생각들을 반영시켰는데, 발자크는 위대한 테마에서 이 인물로 자신을 시험해보았다. 발자크는 이 작품에서, 자신의 집중력을 완벽한 금욕상태에서 최고의 밀도로 높이려는 완벽한 천재는 지상에서 살아갈 힘이 없으며, 생각들로 너무 가득 차고 흘러넘쳐서 지나친 압력으로 두개골이 마침내 폭발하고 말 것이라는 점을 보여주려고 했다. 그의 작품에 거듭 변형되어 나타나는 편집광의 비극은 여기서 지적인 정열의 영역으로 들어가 있다. 그것은 병리학의 경계선까지 이르는 문제였다. 천재와 광기의 비밀스런 결합을 조명해 보임으로써 발자크는 자기 시대를 멀리 앞질러 나갔다.

루이 랑베르의 발전과 더불어 자신의 천재성의 시작 부분을 묘사하는 처음 몇 개의 장에서, 이 가상 인물의 존재를 진짜로 믿을 수 있는 모습으로 만들어내는 일이 성공하고 있다. 발자크는 자신의 가장 중요한 생각인 〈의지력에 관하여 (Théorie de la Volonté)〉를 이 인물의 것으로 만들고 있다. 그것은 심리적인 것과 생리적인 것의 신비스런 연관성을 밝혀내고 그럼으로써 인간의 가장 내적인 본성을 밝힌 작품이라고 되어 있다. 순수한 구상으로만 보자면 '불가능한 것을 갈구하고' 과도한 인식욕으로 인해 몰락한 루이 랑베르를 '파우스트'와 같은 자리에 놓는다고 해도 무리는 아니다. 발자크는 의식, 무의식적으로 《파우스트》와 경쟁하려고 했다. 그러나 괴테는 자기 생애의 60년을 이 작품에 바친 반면, 발자크는 6주 뒤에는 완성된 원고를 고슬랭 출판사에 넘겨야 할 처지에 있었다는 것이 불행한 차이점이었다.

일종의 결말부를 만들기 위해서 그는 이 인물의 대리석 토르소에다가 점토로 만든 지루한 사랑 이야기를 억지로 덧붙였다. 너무나 서둘러서 주인공의 철학적 이론을 즉석에서 끝내고 있어서, 다른 어떤 작품보다 그의 가능성의 크기를 강하게 보여주고 있는 이 작품을 절반은 경탄을 품고 절반은 유감스러운 마음으로 바라보게 된다. 외적인 이야기의 종결에도 불구하고 예술작품으로서는 미완성으로 남은 채 이 작품은 발자크의 손으로 된 가장 천재적인 스케치가 되고 있으며 그의 정신적인 야망의 절정을 작품 안에 드러내 보이고 있다.

7월 말에 발자크는 지치고 과로한 상태로 완성된—실제로는 뒷날 몇 번이나 수정을 했어도 영원히 미완성으로, 망가진 상태로 남게 된 〈루이 랑베르〉의 원고를 파리의 출판사로 보냈다. 사셰에서의 6주 동안을 예술가로서 완전히 이용하였지만, 그래도 그의 곤란한 처지는 조금도 변하지 않았다. 부유한 과부는 나타나지 않았고 친구 집에 더 오래 머무는 것은 불가능하였다. 자기를 따뜻하게 접대해준 이 늙고 고귀한 사람들에게 용돈까지 구걸하고 그럼으로써 자신의 비참한 처지를 드러내는 일을 발자크는 부끄럽게 여겼다.

다행스럽게도 그에게는 또 다른 피난처가 언제나 마련되어 있었다. 저 싹싹한 카로 부부는 그를 자기들 집에 머물게 하는 것을 기뻐하리라는 사실을 그는 알고 있었다. 그들 자신이 가난한 사람들이었기에 그들 앞에서 발자크는 체면치

레를 할 필요가 없었다. 그래서 유명한 오노레 발자크가 구두창을 갈 돈도 없다는 사실을 고백할 수 있었다. 파리에서 가지고 온 120프랑은 그 동안 다 사라져서 그는 사셰를 출발하면서 역마차를 탈 수도 없었다. 은화 몇 닢을 호주머니에 남겨두기 위해서 한때는 이륜마차와 아름다운 영국산 말을 소유했던 사람이 땡볕에 걸어서 사셰에서 투르로 갔다. 거기서 비로소 앙굴렘으로 가는 급행 역마차를 탔다. 이제는 완전히 빈털터리가 되어서 도착하자마자 맨 먼저 한 일은 카로 대장에게 30프랑을 빌리는 일이었다.

그들 자신 여러 번이나 파국을 겪어본 이 선량한 친구들은 발자크의 기묘한 상태에 대해서 동정심을 가지고 우정이 베풀 수 있는 모든 것을 제공하였다. 조용하게 일할 방과, 저녁 대화시간의 명랑함과 친절이었다. 언제나 그랬지만 발자크는 이들 싹싹하고 마음이 열린 시민 친구들 곁에서 몇 시간을 보내고 나자 그 모든 백작과 백작 아가씨들 곁에서보다 더 행복감을 느꼈다. 작업은 그의 손에서 술술 풀려나가서 그는 너무나도 빡빡한 이 기간에 〈버림받은 여자〉와 몇 편의 《우스운 이야기》를 쓰고 〈루이 랑베르〉의 교정쇄 작업을 끝낼 수 있었다. 모든 것은 아주 완벽했을 터이지만, 그러나 거의 매일 아침 파리의 어머니에게서 돈, 돈, 돈을 구하는 새로운 편지가 도착하곤 하였다. 빚쟁이들은 더는 참아주려 하지 않았다. 그러나 돈도 없는 친구에게서 30프랑을 빌리는 이 마당에 어떻게 지금 당장 필요한 몇천 프랑, 혹은 1만 프랑을 장만한단 말인가?

이제 발자크에게 힘든 순간이 다가왔다. 2, 3년 동안 그는 가족의 '후견'을 피할 수 있었다. 이 승리의 기간 동안 그는 어머니가 자기에게 빌려준 것을 죄다 갚아주겠다고 큰소리를 쳤다. 성공에 도취해서, 마침내 자기 재능을 의식하고서 그는 백만장자처럼 살았다. 그는 귀족들과의 관계를 믿었고, 급할 경우에는 부유한 과부나 고아를 염두에 두고 있었다. 그런데 이제 집을 떠난 탕자처럼 밤에 몰래 부모 집의 돼지우리로 도망쳐 들어가서 겸손하게 가족에게 도움을 청해야 할 순간이 된 것이다. 생 제르맹 구역의 총아이며 유명한 작가이고, 공작부인의 (시중을 드는) 기사인 그가 절망하여 도움을 구하는 어린아이가 되어서 '사랑하는 어머니'에게, 그녀가 보증해서 무슨 일이 있더라도 1만 프랑을 마련하여 공개적인 파탄에서 자기를 구해달라고 간청해야 했던 것이다. 그것은 그의 일, 그의 명예가 달린 문제라고 했다.

그리고 정말로 기적이 일어났다. 발자크 부인은 옛날 친구인 들라누아(Delannoy) 부인에게서 이 참회하는 망나니 아들을 위하여 1만 프랑을 빌릴 수 있었던 것이다. 물론 이 한 조각의 빵이 굶주린 사람에게 주어질 때 아무런 양념도 곁들이지 않은 것은 아니었다. 그는 자신의 천재적인 머리를 가족의 엄격한 질곡 아래 깊이 숙이고 사치스런 생활을 즉시 그만두겠다고 약속해야만 했다. 은총을 받은 아들은 이제부터 온갖 파멸적인 방종한 행동을 그만두고 양친의 집에서 보았던 대로 겸손하게 시민적으로 절약하면서 살림을 절도있게 꾸려나가고 모든 빚은 아주 정확하게 이자와 이자의 이자까지 갚겠다고 약속하였다.

하나의 기적이 발자크를 구하였다. 그러나 질서가 그의 삶으로 들어올 때면 언제나 더 깊은 본능이 그의 안에서 새로운 무질서로 대답하곤 하였다. 그는 카오스를 필요로 하였다. 발자크는 타는 듯한 공기의 밖에서는 숨을 쉴 수가 없었다. 절제없이 과도하다는 것이 그에게는 정상적인 척도였다. 그의 성급한 기질은 불쾌한 일들에 대해서는 놀라운 망각의 경향을 가졌고, 아주 급박하지 않은 의무는 존재하지 않는 것과 같았다.

발자크는 조용히 앉아서 자신의 경제적인 결손액이 이번 일을 통해서 조금도 줄어든 것이 아니라는 생각을 했을 것이다. 그것은 공급업자, 어음 유통업자, 하인들, 재단사 등에 대한 20, 30개의 자그마한 빚들을 들라누아 부인에 대한 1만 프랑짜리 규모 큰 빚으로 바꿔친 데 지나지 않았다. 그렇지만 발자크는 자기 목에 걸린 올가미가 약간 느슨해졌다는 것밖에는 아무것도 느끼지 않았다. 숨을 좀 쉴 만하자 다시 그의 가슴이 부풀어올랐다. 〈루이 랑베르〉로 바쁜 동안, 경제적 위기가 그를 압박하고 있는 동안 카스트리 공작부인에 대해서는 생각하지도 않았고 속으로 이 게임은 진 것이라고 여기고 있었다. 그러나 빚이 그를 옭아매지 않게 되자 다시 마지막 한 판을 걸어보자는 욕구가 그를 사로잡았다.

카스트리 공작부인은 여름 동안 여러 번이나 그에게 편지를 써보내고 사부아 지방의 엑스로 자기를 방문해달라고, 그리고 아저씨인 피츠 제임스와 함께 가을에 이탈리아 여행을 하자고 청했다. 절망적인 경제상태는 발자크가 이 유혹적인 생각에 접근하는 것을 가로막았다. 그러나 금화 몇 닢이 호

구에랭이 그린 카스트리 공작부인의 세밀화. 그녀는 발자크의
숭배를 받아들이고, 때로는 스스로 유혹하기도 했지만, 최후의
요구는 받아들이지 않았다.

주머니에서 짤랑거리게 된 지금은 유혹이 너무나 강했다. 안시 호숫가로, 그러니까 장 자크 루소의 풍경 속으로 자기를 부르는 이 초대는 단순한 예의 이상의 것이 아니지 않을까? 그렇게 부드러운 손짓을 잘못 해석해도 될까? 어쩌면 그가 '고양이 1천 마리만큼이나 감각적'이라고 생각하는 이 접근하기 어려운 공작부인이 파리에서는 소문과 아는 사람들을 겁내서 자기를 거절했던 게 아닐까? 어쩌면 생 제르맹 구역의 이 귀족 여인은 신적인 자연 속에서 자연스러운 욕망을 자연스럽게 따르지 않을까? 스위스 호숫가에서 저《맨프레드》의 시인 바이런 경이 자신의 행복을 즐기지 않았던가? 어째서 〈루이 랑베르〉의 시인에게는 그 같은 일이 거절되어야 한단 말인가?

상상력의 인간에게서 소원은 쉽사리 망상으로 변한다. 그러나 예술가의 과도한 꿈 속에서도 여전히 내면의 관찰자가 깨어 있었다. 발자크 속에서 세 가지 허영심이 서로 싸웠다. 첫째로 속물적인 허영심, 둘째로 자신을 언제나 유혹하고는 건드리지도 못하게 하는 이 여자를 마침내 정복하고야 말겠다는 남자로서의 명예심, 그리고 마지막으로 자신의 가치를 아는 남자로서 세속적인 아양을 통해 바보 취급을 받지 않고 자기 쪽에서 그녀를 거절하겠다는 허영심이었다.

매일 그는 속을 터놓고 이야기할 수 있는 쥘마 카로와 자기가 엑스로 가야 할지 말아야 할지 상의하였다. 본능적으로, 그리고 어쩌면 속으로 발자크를 좋아하는 마음에서 이 귀족 경쟁자를 미워하고 있던 정직한 이 여자의 저항감뿐이었다면 그녀는 결심을 못하고 있는 발자크에게 이 전망 없는 여행을 하지 말라고 말렸을 것이다. 그녀는 생 제르맹 구역의 공작부인이 문학적인 경탄에도 불구하고 '평민과의 사랑'에 절대로 자신을 내맡기지 않으리라는 사실을 한 순간도 의심하지 않았다. 그러나 이야기를 계속하면서 자기가 격려해주기만을 기다리는 발자크의 소망이 얼마나 간절한 것인가를 보게 되자 그녀는 속으로 토라졌다. 그녀는 하찮은 질투심으로 이 빛나는 기회를 가로막았다는 의심을 받기를 원치 않았다. 직접 한번 겪어보라지, 그의 속물근성이 어쨌든 한번 단단히 맛을 보라지! 그래서 그녀는 마침내 그가 애오라지 기다려온 말을 내뱉었다. 엑스로 가세요! 그로써 주사위가 던져졌다. 8월 22일에 그는 급행 역마차를 탔다.

발자크는 일생 동안 민중이었고 농부의 손자로 남아 있었다. 그래서 가장 원시적인 방식으로 미신을 믿었다. 그는 액막이를 믿고 언제나 신비스런 동양의 표시를 지닌 행운의 반지를 끼고 다녔다. 그리고 이 위대하고 유명한 작가는 파리의 재봉사 아가씨처럼 인생의 중요한 결정을 내리기 전에는 거의 언제나 나선형 계단을 6층까지 올라가서 카드 점쟁이나 예언자에게 물어보곤 하였다. 그는 텔레파시를 믿었고 비밀스런 메시지와 본능이 경고하는 힘을 믿었다.

이번에도 그런 경고에 주의를 기울였다면 그는 엑스로 가는 여행을 바로 중단했을 것이다. 이 여행은 사고로 시작되었기 때문이다. 중간역참에서 당시 이미 상당히 뚱뚱하던 그가 급행마차의 받침대를 딛고 내려오는데 말들이 한 번 더 마차를 잡아끌었다. 발자크는 그 무거운 몸무게를 그대로 받고 밑으로 떨어지면서 쇠로 만들어진 발받침대에 다리를 부딪쳐서 뼈 있는 데까지 깊이 찢기고 말았다. 다른 사람 같으면 여행을 중단하고 상당히 심각한 상처를 돌보았을 것이다. 그러나 이런 방해가 오히려 발자크의 의지력을 두 배로 강하게 만들었다. 응급처치만 받고서 그는 마차에 길게 누운 채로 리용으로, 리용에서 다시 엑스로 갔다. 지팡이를 짚고 힘들게 다리를 질질 끄는 모습으로, 그러니까 열렬한 애인으로서는 가장 좋지 못한 모습으로 엑스에 도착하였다.

감동적일 정도로 사려 깊게 공작부인은 그곳에 그를 위해 '작고 예쁜 방'을 마련해두었다. 호수와 산을 내다보는 극히 멋진 전망을 가진 방이었다. 그밖에도 발자크의 소원에 꼭 맞게 싼 방으로 방세는 하루에 2프랑이었다. 지금까지 일생 동안 발자크는 그토록 방해받지 않고 쾌적하게 일해본 적이 없었다. 그러나 감동적인 공작부인의 이런 배려는 동시에 조심성이기도 했다. 발자크의 방은 그녀가 묵고 있는 곳과 같은 여관이 아니라 몇 골목 떨어진 곳에 있었다. 그럼으로써 순수하게 사교적인 저녁시간 방문만 가능할 뿐 친밀한 관계는 가능하지 않았다.

오직 저녁에만—발자크는 그렇게 자신과 약속을 해두었다—그는 공작부인을 보려고 했고 볼 수 있었기 때문이다. 자신의 엄격한 규칙에 따라서 낮은 오로지 일을 위한 시간이었다. 그가 했던 유일한 양보는 보통 때는 자정에 시작하던 열두 시간의 작업을 그녀를 위해서 아침 6시에 시작하기로 한 것뿐이었다. 해가 떠오르면 책상에 앉아서 저녁 6시까지 조금도 움직이지 않았다. 유일한 음식물인 계란과 우유는 합쳐서 15수에 방으로 배달되었다. 이 엄격하게 제한된 열두 시간이 지나고 나서야 그는 공작부인에게로 갔다.

그녀는 유감스럽게도 여전히 그의 소원을 들어주려고 하지 않았다. 그 대신 그에게 생각할 수 있는 온갖 친절을 다 베풀었다. 그녀는 아픈 다리가 낫지 않은 동안에는 그를 마차에 태워서 부르제와 샤르트리즈 호수로 데려가고, 미소지으면서 참을성 있게 그의 몽상들을 들어주었다. 오랫동안 이야기를 나누는 저녁이면 그를 위해서 커피를 준비하고 클럽에서는 그를 고위 귀족 출신의 고귀한 친구들에게 소개하였다. 그리고 공식적인 이름인 앙리에트 대신에 개인적이고 따라서 아주 가까운 친구들에게만 허용되는 이름인 마리를 불러도 좋다고 허락하였다. 그러나 그 이상은 허락하지 않았다. 이미 엑스에서 벌써 루이 랑베르의 타오르는 듯한 연애편지를, 한마디 한마디가 그녀를 향한 것이라는 것을 느끼지 않을 수 없는 형식으로 그녀에게 보냈건만 아무 소용이 없었다. 서둘러서 파리에 주문해서 가져온 대여섯 켤레의 장갑과 포마드와 포르투갈 향수 한 병으로 치장해도 소용이 없었다. 때로 그녀는 어떤 친밀한 행동을 참을성있게 받아들이거나 아니면 기대를 걸도록 도발한 것으로 보인다.

그녀의 자유롭고 표정 풍부한 눈길, 아양떠는 목소리, 말의 부드러움에는 모든 사랑의 기쁨의 싹이 들어 있었다. 그녀는 자기 속에 고귀한 애인이 숨어 있다는 것을 슬며시 드러냈다……

호숫가의 낭만적인 산책로에서는 슬쩍 아니면 허락받은

키스를 하는 수도 있었지만 발자크가 사랑의 마지막 증명을 요구하면, '버림받은 여자' '서른 살의 여자'를 노래하는 시인이 《우스운 이야기》에 나오는 동전으로 대가를 받으려고 들면, 그가 열망하는 여인은 마지막 순간에 공작부인으로 되돌아가는 것이었다. 벌써 여름은 끝나가고 낭만적인 안시 호수 주변의 나무들은 색깔이 변하고 잎이 떨어지고 있는데 새로운 생 프뢰(Saint-Preux)는 반년 전 생 제르맹 구역 카스텔란 궁의 싸늘하고 높은 살롱에서보다 자신의 엘로이즈에게 한 발짝도 더 다가가지 못하고 있었다.

여름은 끝났다. 산책로는 점점 더 비어가고 상류층 사람들은 떠날 준비를 했다. 카스트리 공작부인도 떠날 준비를 하였다. 그러나 그녀는 파리로 돌아갈 생각이 아니었다. 우선 몇 달 동안 이탈리아로, 제노바, 로마, 나폴리를 여행할 생각이었고 발자크에게는 자기들 둘을 따라 함께 여행하자고 초대하였다. 발자크는 망설였다. 영원히 헛된 구애와 애태움으로 자신이 얼마나 위신없는 위치로 떨어졌는가를 모를 리는 없었다.

쥘마 카로에게 보낸 편지의 절망적인 어조에서 그것을 들을 수 있다. "어째서 당신은 내가 엑스로 떠나도록 내버려두었나요?" 그러고 나서 "이탈리아 여행은 비싸고 비용이 두 배나 드는 일입니다. 시간을 뺏기고 역마차에서 작업시간과 작업날짜를 잃어버리는 것을 뜻하니까요." 그러나 다른 한편으로 "이 여행은 로마와 나폴리를 보는 것, 그것도 영리하고 우아한 여자와 함께, 자기가 사랑하는 여자와 함께 공작의 마차에 앉아서 본다는 생각을" 주는 것이니 예술가에게는 얼마나 유혹적인가. 발자크는 자기 내면의 예감에 한 번더 저항했지만 곧 굴복하게 된다. 10월 초에 이탈리아 여행이 시작되었다.

제네바가 남쪽으로 가는 여행의 첫 정거장이었고 발자크에게는 마지막 정거장이 되었다. 그곳에서 공작부인과 다툼이 있었는데 우리는 그에 관해서 자세한 것을 알지 못한다. 그가 그녀에게 일종의 최종통보를 했던 것 같고, 이번에는 모욕적인 방식으로 거절당했던 모양이다. 분명히 공작부인은 그의 가장 민감한 부분들, 남자로서 혹은 인간으로서의 명예심과 허영심에 극히 잔인하게 상처를 입혔을 것이다. 그가 단번에 돌아서서 분노와 타는 듯한 부끄러움에 가득 차서 여러 달 동안이나 자기를 우롱한 이 여자에게 복수하기로 결심하기 때문이다.

아마도 그는 당시 벌써 아주 솔직하고 전혀 거리낌없이 그녀를 묘사함으로써 이런 모욕에 대한 답변을 해주겠다는 생각을 가졌던 것 같다. (사실상 실패작인) 소설 〈랑제 공작부인〉은 그가 처음에 '도끼에 손대지 마(Ne touchez pas la hache)'라고 불렀다. 이 작품은 그다지 훌륭하지 않은 취향으로써 파리 전체에 이 사건을 알렸다. 두 사람은 정략적으로 어느 정도 표면적인 사교상의 관계를 유지하였다. 발자크는 그녀를 그린 소설을 진짜 여주인공 앞에서 낭독한다는 기사적인 자세를 취했다. 그에 대해서 그녀는 더욱 고상한 태도로 별로 아첨이 없는 자기의 초상화를 허락한다고 답변하였다. 카스트리 공작부인은 생트 뵈브를 다음번 문학적인 고

해신부 겸 만담가로 삼았다. 발자크는 분명하게 선언하고 있다.

나는 스스로에게 이렇게 말했어요. 나의 삶과 같은 삶을 여자 치마자락에 매달아놓을 수는 없다고 말입니다. 나는 대담하게 내 운명을 좇아야 하고 내 눈길은 허리띠 수준보다는 더 높은 곳에 두어야 한다고 말이죠.

온갖 경고를 받고서도 나가 돌아다니다가 돌에 채여 넘어지자 피를 흘리고 부끄러워하면서 엄마 품으로 돌아오는 어린아이처럼 발자크는 제네바를 떠나서 파리에는 들르지도 않고 느무르(Nemours)에 있는 베르니 부인에게로 갔다. 이 귀환은 고백이며 종결이기도 했다. 그가 오직 허영심에서 탐했고, 그녀 쪽에서는 계산속에서, 아니면 무관심해서 자기를 거절했던 여자에게서 도망쳐서 그는 자기를 위해 모든 것을 다 희생하고 바쳤던 여자, 사랑, 충고, 돈을 주었고, 남편과 아이들과 공적인 명예보다도 자기를 더 귀하게 여겼던 여자에게 돌아왔다.

이 첫사랑의 여자가 자기에게 어떤 존재였는지, 그리고 지금도 어떤 존재인지를, 이제는 오직 어머니 같은 친구일 뿐인 지금 이 순간보다 더 분명하게 의식한 적은 없었다. 그녀에게 얼마나 많은 것을 감사해야 하는지, 지금보다 더 강하게 느낀 적은 없었다. 그리고 이 감사의 마음을 표현하기 위해서 그는 일생 동안 가장 소중한 작품으로 여기게 될 〈루이 랑베르〉를 바쳤다. 첫 장에 다음과 같은 헌사를 썼다. '지금,

그리고 영원히 선택받은 사람에게(Et nunc et semper dilectae).

제4장
발자크, 자신의 비밀을 찾아내다

발자크 자신의 말을 믿는다면 카스트리 부인과의 연애사건은 그에게 치유될 길 없는 상처를 남긴 비극이었다. 그는 정열적으로 이렇게 썼다.

나는 카스트리 부인을 증오해. 그녀는 새로운 삶을 주지도 않으면서 내 삶을 부숴놓고 말았어.

그리고 또 다른 모르는 여인에게 이렇게 말했다.

카스트리 부인의 의지에 따라서 완전히 홈 없는 상태의 경계선 안에 머물게 된 이 관계는 내가 삶에서 겪은 가장 힘든 패배의 하나였습니다.

언제나 자기의 삶을 '소설 같은 삶(vie romancée)'으로 만들어버리곤 하던 사람이 편지에서 그렇게 잔뜩 과장하는

데에는 어느 정도 익숙해져야 한다. 카스트리 부인은 자신의 거절을 통해서 발자크에게 남자로서의 자존심과 속물적인 허영심에 깊이 상처를 입힌 것만은 분명하다. 그러나 이 남자는 자신 속에 너무나 깊이 뿌리를 박고, 너무나 깊이 자신에 몰두하고 있었기에 한 여인의 예, 아니오가 그의 '삶을 부숴' 놓을 수는 없었다. 카스트리 부인과의 연애사건은 그의 삶에서 파국이 아니라 그저 하나의 에피소드에 지나지 않는다. 진짜 발자크는 모르는 여인에게 보낸 낭만적인 고백에서 스스로 묘사한 것처럼 그렇게 고통스럽지도 절망한 것도 아니었다.

〈랑제 공작부인〉에서 자신을 반영하는 인물인 몽트리보 장군처럼 귀족 애인에게 달구어진 쇠로 화상을 입히겠다는 생각 따위는 하지도 않았다. 그는 거품을 품으며 복수하지 않고 그녀와 편지 왕래도 하고 방문도 하면서 편안한 관계를 유지하였다. 그리고 〈랑제 공작부인〉에서 폭풍우와 태풍과 뇌우와 비극으로 등장했던 것이 현실에서는 천천히 사그라들어서 '평범한 예의상의 관계'가 되었다. 발자크는—존경심을 다해 말하자면—자신을 묘사할 때면 언제나 맞지 않았다. 소설가로서 직업적인 허풍과 과장꾼인 그는 모든 만남에서 최고의 가능성을 끄집어내려고 애썼다. 그의 안에서 끊임없이 창조하는 상상력이, 자신의 존재라는 현상에 대해서만 갑자기 무관심하고 힘이 없고 생산성이 없다면 그것이야말로 이상한 일이 될 것이다.

발자크를 묘사하는 사람은 그 자신의 증언들에 반대해서 그를 묘사해야 한다. 어떤 공작부인이 자기를 거절했다는 작은 사건, 프랑스에서는 '바가텔'이라고 부르는 이런 시시한 사건이 그가 누이에게 고백한 것처럼 치명적인 고통의 씨앗을 뿌렸다는 작가 자신의 정열적인 증언에 눈이 멀어서는 안 된다. 사실상 발자크는 이 몇 해 동안보다 더 건강하고 활력이 넘치고 부지런하고 창조적이고 삶을 긍정한 적이 없었다. 그에 대해서는 그의 말이나 편지들보다 작품들이 더 잘 증언해준다. 다음 3년 동안에 그가 만들어낸 것은 평생의 작품이라고 해도 충분한 것이고 그것만으로도 그는 자기 시대 1급의 예술가가 되었을 것이다. 그러나 그의 힘은 너무나 엄청나고 깨지지 않는 것이며, 그의 용기는 너무나 대담한 것이어서 그는 이 모든 것을 진짜 과제의 시작이며 예비작업이라고 여겼다. 진짜 과제란 '19세기의 풍속화가'가 되는 것이었다.

〈올빼미 당〉, 〈결혼 생리학〉, 〈마법 가죽〉 등과 생 제르맹 구역의 감상적인 소설들로 최초의 성공을 거둔 이후로 발자크는 자신이 하나의 힘, 그것도 거대한 힘이라는 사실을 알았다. 그는 자신의 능력을 알게 되었던 것이다. 스스로 깜짝 놀란 일이었지만 그는 문학이 자신의 원래 재능이며 나폴레옹이 칼로 세계를 정복했듯이 자기는 펜으로 세계를 정복할 수 있다는 사실을 깨달았다. 성공만이 문제가 된다면, 오직 십만, 백만 프랑의 돈을 만들려는 것뿐이라면—그의 편지를 읽으면 그런 인상이 생겨나지만—이 유쾌한 음식으로 독자층에게 계속 먹을 것을 제공하기만 하면 되었을 것이다. 모든 나라의 여자들은 그의 편이 되었을 것이고 그는 살롱의 영웅, 실망한 여자들의 우상, 버림받아 홀로 남은 여자들의 총아, 그리고 쾌락적인 동료들인 알렉상드르 뒤마와 외젠 쉬의 성공적인 경쟁자가 되었을 것이다.

그러나 힘을 의식하자 내면에서 더 높은 명예심에 불이 붙었다. 거친 갈등과 부드러운 감상에만 목말라하는 독자층을 잃어버릴 위험을 무릅쓰고 그는 이 몇 해 동안에 점차 독자층에서 멀어지기 시작한 것이다. 그는 자기 재능의 탄력에 스스로 깜짝 놀라서 그 한계를 알아보고 싶었다. 자기가 무엇을 할 수 있는지 알고 싶었다. 창작하면서 점점 놀랍게도 자신의 역량이 얼마나 광범위한지, 그것이 전세계를 포괄하는 것이라는 사실을 느끼게 되었다.

1832년부터 1836년까지의 기간 동안 나온 작품들은 첫눈에 그 다양성이 눈에 띈다. 어느 누구도 처음에는 〈루이 랑베르〉와 〈세라피타〉의 작가가 저 느슨하고 거의 음탕하기까지 한 《우스운 이야기》의 작가라고 짐작하지 못할 것이다. 게다가 이 작품들이 거의 동시에 쓰였고, 발자크가 실제로 〈루이 랑베르〉의 교정쇄를 보면서 같은 날 《우스운 이야기》의 어떤 부분을 썼다는 사실은 더욱 짐작하지 못할 것이다. 그것은 오직 자신을 시험해보려는 시도, 뒷날의 창작을 위해서 공간을 확장하고 자기가 얼마나 높이, 그리고 얼마나 깊이 내려갈 수 있는지 보려는 시도라고밖에는 달리 설명할 수 없을 것이다. 건축가가 장래의 건물을 위한 설계도를 완성하기 전에 먼저 공간을 검토하고 그것이 얼마큼이나 압력을 견딜 수 있는지 측정하는 것처럼 발자크는 자기 능력을 평가하고 저 신적인 《인간희극》이라는 건물을 세울 토대를 마련하였다.

우선 발자크는 《우스운 이야기》에서 시험을 해보았다. 라블레 스타일로 되어 있고 스스로 만들어낸 '고대 프랑스 말'로 쓰인 이 익살스럽고 해학적인 이야기들은 꾸며낸 이야기들, 단편들, 그리고 듣거나 읽은 것을 다시 쓴 이야기들이다. 그 안에서 그는 자신의 변덕과 방종을 마음껏 풀어냈다. 긴장의 그림자도 사유나 관찰의 흔적도 없다. 오로지 발상을 가지고 장난을 치고 있을 뿐이다. 아주 가벼운 손길로 쓰여서 그가 이런 경박함을 얼마나 즐겼는지 느낄 수 있다. 그의 안에 있는 프랑스 사람, 민중, 남자가 명랑하고 자유로운 감각성으로 마음껏 뻗어나와 있다. 그로서는 검열의 작업복을 붙잡는 것이 재미있었다.

여기서 그는 자신의 기질을 한번 마음껏 드러내고 있다. 그의 모든 작품들 중에서 이 작품들이 뚱뚱하고 감각적인 입과 빨간 뺨을 한 남자에 가장 잘 어울린다. 살롱에서 섬세하지 못하게 울려퍼졌던 그의 웃음, 요란하게 울리는 웃음이 여기서 증류되어 샴페인이 되었다. 그것은 경박한 순간의 발자크이다. 삶이 그를 그토록 힘들게 다루지 않았더라면, 그에게 숨통을 좀더 열어주었더라면, 우리는 우스운 이야기 서른 개가 아니라 그가 원래 계획할 때 독자들에게 예고한 대로 1백 편의 이야기들을 가질 수 있었을 것이다.

이것이 맨 아래쪽 한계로서 가장 느슨하고 자유롭고 속박 없이, 그의 기질에 가장 잘 어울리는 부분이다. 그러나 동시에 그는 '철학적'인 것이라고 불렸던 작품들에서 자기 능력의 가장 높은 상승지점을 탐색하였다. 그의 명예욕은 감상적인 여성인물들을 가지고 불러일으킨 '눈물수건 성공'만으로는 충분하지 못하다는 것을 증명하려고 했다. 그는 자신을 알게 된 이후로 다른 사람들과 혼동되기를 바라지 않았다. 이제 성숙해서 자신의 능력에 대한 완전한 감각을 지니고서 자기 정도의 소설가에게는 인류의 가장 결정적인 문제들, 사회적, 철학적, 종교적인 문제들을 다룸으로써 소설을 높은 예술로 승격시킬 의무가 있다는 것을 증명하려고 하였다. 그는 사교계 안에 머물러 그 법칙을 따르고 그 형식에 동화된 사람들에 대하여, 중간 수준의 이해력을 넘어선 인물들을 마주세우려고 하였다. 진정한 지도력과 그 모든 사람들의 비극을 형상화하려고 하였다. 그런 사람들은 범속한 사회적 틀을 박차고 고독 속에 잠기거나 광기의 감옥 속에 자신을 가두는 것이다. 발자크가 자신의 삶에서 패배를 맛보았던 이 시대는 동시에 그의 극단적인 대담성과 무모함의 시대이기도 했다.

이런 작품들에서 발자크는 자신에게 가장 높은, 거의 해결할 수 없는 과제를 제시하는 인물들과 마주선다. 그의 가장 높은 노력은 지나치게 긴장한 나머지 몰락해가는 사람들, 현실에 대한 관계를 상실하는 현상들과 천재들을 향한 것이다. 루이 랑베르는 이 영역에서 최초의 시도였다. 삶의 마지막 문제들을 해결하려고 하다가 광증으로 끝나는 철학자의 이야기다. 발자크는 이 모티프를 일생 동안 온갖 형태로 변화시켰다.

그는 〈알려지지 않은 걸작(Chef-d'œuvre inconnu)〉에서

완성의 욕구, 완전하게 만든다는 광증에 사로잡혀서 이미 완성된 것을 더욱더 완전하게 만들다가 지나치게 노력한 나머지 재료를 망가뜨리는 화가를 그리고 있다. 음악가 강바라는 예술의 한계를 넘어서 자기 음악의 화음만 듣는다. 마치 루이 랑베르가 자신의 생각만 이해하고, 프레노페르(Frenhofer)가 자신의 환상만 이해하는 것과 같다. 〈절대의 탐구〉에서 화학자 클라에(Claes)는 원초적인 원소를 찾다가 스스로 몰락한다. 그들 모두는 극단적인 것, 정신적인 이카루스 날개를 찾는 사람들이다.

예술과 학문상의 이런 천재들과 나란히 그는 도덕적인 천재와 종교적인 천재를 각기 〈시골 의사〉와 〈세라피타〉에서 묘사하고 있다. 〈시골 의사〉는 카스트리 공작부인을 방문한 데서 간접적인 덕을 입은 작품이다. 함께 다구(d'Agoult) 백작부인을 방문하러 갔다가 그곳에서 의사 롬(Romme)에 관한 이야기를 들었다. 그는 자신의 인간적이고 인도주의적인 본질과 활동을 통해서 망가진 지역에 사람들을 불러들여 경작을 하고, 거의 파괴된 농업을 다시 효과적으로 되살려낸 인물이었다.

이 이야기는 그 장소의 위대함과 연관되어서 발자크에게 강렬한 인상을 남겼고, 장 자크 루소의 풍경과 더불어 그의 개혁적인 야심이 발자크 내면으로 스며들었다. 다른 작품에서는 사회의 비판자이기만 하던 그가 여기서는 생산적으로 활동하고 사회적인 문제를 해결할 수 있는 계획을 구상하려고 했다. 그는 실제 공간에도 창조가 있다는 것, 진짜 천재적인 인간은 점토나 색채나 생각으로 창작하듯이, 인간이라는 깨지기 쉬운 재료를 써서도 시간을 초월한 모범적인 작품을 만들어낼 수 있다는 것을 보여주려고 했다.

〈세라피투스—세라피타〉의 시도는 그보다 더욱 대담한 것이다. 의사 베나씨(Bénassis)가 세상과 사회에서 물러나서 더 나은 사회를 만들려고 한 데 반해서, 이 인물에서 그는 모든 지상의 요소를 완전히 벗어나서 성(性)의 표지가 사라지는 정도까지 '정신에 대한 사랑'을 상승시킨 인간을 묘사하려고 하였다. 베나씨에서는 실질적인 문제들을 놀라울 정도로 풍부한 지식으로 해결하였던 사실적인 사상가가 여기서는 스베덴보리식의 신비적인 사고영역을 지향하고 있다.

이 두 작품, 〈시골 의사〉와 〈세라피타〉는 가장 높은 의미에서 성공하지는 못했다. 발자크는 마음이 몹시 상했지만 이런 실패는 부당한 것이 아니었다. 이 작품들은 너무 가볍게 쓰였다. 현실의 인간인 그가 종교적이 되고자 하면 그것은 하나의 가식이다. 무엇보다도 영원한 문제들의 최종해결을 가져올 작품들은 선불을 받은 다음 신문에 연재되는 식으로 쓰여서는 안 된다. 〈루이 랑베르〉와 〈세라피타〉는 그의 최고 작품들이 아니라 그가 최고로 노력한 작품들일 뿐이다. 그는 천재만이 다른 천재를 묘사할 수 있는 방식으로 천재를 이해했고 묘사하였다. 그가 예술가로서 예술가를 묘사한 작품들만이 성공적이다. 〈알려지지 않은 걸작〉은 가장 순수한, 알려지지 않은 걸작으로 남을 것이다. 그러나 철학이 서두름과, 종교성이 초조함과 결합될 수는 없다. 이 작품들은—가장 극단적인 문제, 종교적인 문제에 이르기까지—모든 능력을 갖춘 그의 정신이 보여주는 놀라운 발전, 유례 없는 지식,

다면성, 긴장력을 보여주고 있을 뿐이다. 발자크는 여기서 자신의 최고 단계에 도달하였다.

순수한 이야기꾼과 사색가 사이의 한가운데 관찰자가 서 있다. 그의 진짜 토대는 현실이었다. 그래서 발자크는 '자기 시대의 역사서술자'가 된 소설들에서 완벽한 균형을 보여준다. 그의 최초의 큰 성공은 〈샤베르 대령〉이었다. 이 시기 그의 두 번째 성공은 〈외제니 그랑데〉였다.

그는 이제부터 자기 작품을 지배할 법칙을 찾아냈다. 현실을 묘사하되 소수의 인물에 한정시켜 강렬한 역동성을 가질 것. 전에 그는 낭만적인 것 속에서 소설적인 것을 찾으려 하였다. 한편으로는 역사적인 의상을 입혀서, 다른 한편으로는 〈마법 가죽〉, 〈세라피타〉, 〈루이 랑베르〉처럼 공상적인 것, 신비한 것에서 일손을 구했다. 이제야 그는 제대로만 보아낸다면 시대사에도 똑같은 밀도가 포함되어 있다는 것을 알았다. 주제, 장식, 꾸밈이 아니라 내적인 역동성이 중요하다는 것을 알아낸 것이다. 사람들을 충분한 긴장감으로 가득 채울 수만 있으면 같은 효과를, 그것도 더 참되고 더 자연스런 방식으로 성취할 수 있는 것이다. 밀도는 채색이나 줄거리에 포함되는 것이 아니라 항상 사람에게서만 드러난다. 소재란 없다. 모든 것이 소재이기 때문이다.

〈외제니 그랑데〉에 나오는 포도농사꾼 그랑데의 낮은 지붕 아래에는 〈서른 살의 여자〉에서 해적의 선실만 못하지 않은 긴장감이 포함되어 있다. 그녀가 욕심 많은 아버지의 위협적인 눈길 아래서 사랑하는 사촌 샤를의 커피에 설탕 한

덩이를 더 넣어주는 것은 나폴레옹이 손에 깃발을 들고 로디 다리를 넘어 돌진할 때와 똑같이 용기있는 행동이다. 늙은 욕심쟁이는 동생의 빚쟁이들을 속이려는 마음에, 빈 회의에서 탈레랑이 보여준 것에 못지않은 간계와 아첨과 끈질김과 심지어는 천재성마저도 드러낸다. 환경이 아니라 역동성이 중요하다.

〈고리오 영감〉에서 열두 명의 어린 학생들이 살고 있는 보케 하숙집은 라부아지에(Lavoisier)의 실험실이나 퀴비에(Cuvier)의 연구실 못지않은 밀도를 가진 중심점이 될 수 있다. 모습을 그려낸다는 것, 창작한다는 것은 그러니까 제대로 보고, 집중시키고, 상승시키고, 최고의 것을 끄집어내고, 모든 정열적인 존재에서 정열을 드러내고, 모든 강인함 속에 들어 있는 허약함을 보고, 졸고 있는 힘들을 끄집어낸다는 뜻이다.

〈외제니 그랑데〉는 이런 길로 접어드는 첫 번째 작품이다. 단순하고 경건한 아가씨 안에서 헌신은 거의 종교적이라 할 정도로 상승되고, 늙은 그랑데의 탐욕은 늙고 못생긴 하녀의 충성과 똑같이 악마적인 것이다. 〈고리오 영감〉에서 어린이들을 향한 사랑은 창조적인 것과 편집증에까지 이른다. 모든 인간은 제대로 관찰되고, 그 비밀까지 탐색된다. 그들이 서로 맞서도록 그대로 놓아두기만 하면 된다. 세계는 계속 뒤섞이고, 악은 악하고, 선은 선하고, 비겁함, 간계, 비열함 등을 전혀 도덕적인 강조 없이 힘 그대로 받아들이면 된다. 밀도가 전부다. 그것을 내면에 지니고 그것을 인식할 줄 아는 사람이 곧 작가다.

이 몇 년 동안 발자크는 위대한 비밀을 발견하였다. 모든 것이 소재다. 파헤칠 줄만 알면 현실은 끝도 없는 광산이다. 모든 인간은 《인간희극》의 배우가 된다. 위도 아래도 없고 모든 것을 선택할 수 있으며—그리고 이것이 발자크의 결정이었다—모든 것을 선택해야 한다. 세계를 묘사하려는 사람은 그 양상의 어느 일부도 빼버려서는 안 된다. 사회적인 서열의 모두가 여기서 다루어져야 한다. 화가, 변호사, 의사, 포도농사꾼, 수위 마누라, 장군, 저격수, 여백작, 거리의 어린 창녀, 물장수, 공증인, 은행원 등. 이 모든 영역들은 서로 한데 엮여져서 움직이고 모두가 서로 닿아 있다.

마찬가지로 모든 성격형태도 등장해야 한다. 명예를 탐하는 사람, 돈만 탐하는 사람, 음모꾼, 정직한 사람, 낭비가, 욕심 많은 사람. 온갖 종류의 인간들과 그들의 게임 방식들. 거듭해서 새로운 사람을 자꾸 만들어내야 하는 것은 아니다. 올바른 그룹만 만들어내면 이들 유형들을 되풀이할 수 있다. 한두 명의 의사가 의사 전체를 대표하고 은행가 한 사람이 모든 은행가를 대표한다. 그럼으로써 개별적인 작품의 공간 안에 이 엄청난 폭을 수렴하기 위해서 말이다. 이런 풍부함을 다루기 위해서 계획, 삶의 계획, 작업계획을 만들어야 한다는 느낌이 발자크의 내면에서 점점 더 분명해졌다. 진짜 소설가인 자기는 나란히 늘어놓는 식으로 작업해서는 안 되고 포괄해야 한다는 것, 그러니까 '월터 스콧 더하기 건축가'가 되어야 한다는 느낌이었다. '개별적인 삶의 모방'으로는 충분치 못하고 연관성이 중요하다.

《인간희극》의 개념은 아직 발자크에게도 그 전체 폭이 분명하게 눈에 보이지 않았다. 그가 이 계획을 분명하게 보기까지는 아직 10년이 더 걸렸다. 그러나 자기 작품은 한 작품에 다른 작품이 연관성 없이 나란히 배치되지 않고, 단계를 올려가면서 전체를 구성하게 되리라는 점만은 아주 분명해졌다. 1834년 10월 26일에 그는 자신의 작품이 받아들이게 될 각 영역들에 대해서는 알지도 못하면서 다음과 같이 쓰고 있다.

1838년에는 거대한 작품의 세 분야가 상당히 완성되어서 적어도 전체 구조를 인식하고 전체가 어떻게 짜여져 있는지 판단할 수 있을 정도에 이를 것이다.

《풍속연구》에서는 온갖 사회적 상태의 모든 작용들이 묘사될 것이다. 나는 모든 삶의 상태들, 인상들, 남자와 여자의 성격들, 온갖 삶의 방법, 온갖 직업, 사회적 계층, 프랑스의 모든 지방, 어린 시절, 노년, 성숙한 나이, 정치와 전쟁 등을 묘사할 생각이다. 모든 것 중에 그 무엇도 잊지 않고 말이다. 그래서 인간 심정의 구조가 한 줄 한 줄 드러나고 모든 분야의 사회역사가 묘사되면 토대가 만들어진 것이다. 나는 그 어떤 상상적인 사건을 쓰려는 게 아니다. 어디서나 실제로 일어나는 일이 바로 나의 대상이다.

그 다음에는 두 번째 분야인 《철학적 연구》가 온다. 작용의 묘사에 뒤이어 원인의 서술이 오는 것이다. 《풍속연구》에서는 감정과 그 유희, 삶과 그 귀결을 보여주었다면 '철학적 연구'에서는 감정의 기원과 삶의 동인(動因)들에 대해서 말하게 될 것이다. 다음과 같은 질문을 던지게 될 것이다. 사회나 개인의 삶을 가능하게 만드는, 작용하는 힘이며 조건들이 대체 무엇인가? 그리고 사회를 다루고 난 다음에는 그것을 재판하듯이 검토할 것이다. '풍속연구'에서 개별적 인간들은 전형적인 유형으로 묘사된다. '철학적 연구'에서는 유형들이 개인으로 묘사된다. 나는 언제나 삶을 묘사할 것이다······.

작용과 원인을 살펴본 다음 마지막으로 《분석적 연구》가 온다. 〈결혼 생리학〉은 그 일부가 될 것이다. 작용과 원인을 살펴본 다음에는 원칙들을 탐구해야 한다. 풍속은 멋진 광경들을 보여주고, 원인은 배경과 기계장치를 보여준다. 원칙은 바로 작가이다. 작품 전체가 나선형태로 높이를 얻기 때문에 규모는 줄어들고 점점 응축된다. 그러니까 《풍속연구》를 24권으로 할 필요가 있다면 《철학적 연구》는 15권으로, 《분석적 연구》는 겨우 9권이면 되는 것이다. 그와 같은 방법으로 나는 인간, 사회, 인류를 묘사하고 평가하고 분석할 것이다. 반복하지 않고, 서양의 '천하루밤 이야기'가 될 단 하나의 작품으로 말이다.

이 모든 것이 완성되면······ 내가 마지막 펜놀림까지 끝내고 나면 나는 옳거나 그르거나 둘 중 하나일 것이다. 그러나 전체 체제를 묘사한 이 문학작품을 쓴 다음에는 과학으로 관심을 돌려서 《인간을 움직이는 힘들에 대한 시론》을 쓸 생각이다. 이 성(城)의 바닥 위에 어린아이 같고 유머가 넘치는 장난기로 《1백 개의 우스운 이야기》라는 아라베스크 무늬를 그려넣을 생각이다!

자기 앞에 놓인 작업에 열광하고 놀라서 그는 이렇게 부르짖고 있다.

그것이 나의 작품이고, 내 앞에 놓인 심연, 분화구이다. 그것이 바로 내가 형상화하려는 소재이다.

자신의 생애의 작품을 써야 한다는 이 인식은 이제부터 발자크의 생애를 결정하게 된다. 자신의 힘에 대한 감정으로부터, 이 과제의 위대성으로부터 1, 2년 전에만 해도 초보자라고 느꼈던 그는 그 어떤 것에 의해서도 흔들리지 않는, 무쇠 같은 자의식을 만들어냈다. 1833년 9월에 그는 다음과 같이 썼다.

나는 유럽의 정신생활을 지배할 것입니다! 2년만 참고 일하면, 나는 내 손을 잡아묶고 내 상승을 방해하려는 모든 사람들의 머리를 넘어가버릴 것입니다! 압박과 부당함 아래서 내 용기는 무쇠처럼 강해졌어요.

그는 자기 앞에 한 작품이 있고, 관객은 이제 자기 뒤에 있다는 것을 알고 있었다. 그래서 그는 누구와도 계약을 맺지 않기로, 다시는 출판업자나 신문의 소원에 맞추어 타협하지 않기로 결심하였다. 불쾌한 일이나 노여운 일들이 이제 아무런 영향도 주지 못했다. 그는 출판사를 향해서 자신의 조건들을 제시하였고 자신의 소원과 요구들이 완전히 이루어지지 않으면 즉시 출판사를 바꾸었다. 그리고 파리의 가장 영향력 있는 평론가들이 적절하지 못한 말을 하면 경제적으로 가장 곤란한 시기에도 그들의 말에 따르지 않았고, 여론을 지배할 수 있다고 믿는 신문기자들을 경멸하면서 그들을 향해 등을 돌렸다.

그들이 한두 작품을 욕할 테면 하라지. 그렇지만 그들은 자기가 앞으로 나가면서 점점 더 대담하게 펼쳐나가는 포괄적인 전체 작품을 방해할 수는 없다! 그들이 자기를 공격하고 재치있는 작은 삽입기사에서 비웃고, 악의적인 일화를 퍼뜨리며 자기를 우스꽝스러운 사람으로 만들 테면 만들라지! 그들이 잡지를 통해 자신의 만화를 퍼뜨리라지. 자신의 복수는 창조적인 복수가 될 것이다. 그는 이 패거리의 힘과 동시에 그들의 무력함을 자기 소설에서 그려낼 것이다. 그리고 〈사라진 환상〉에서 여론의 체계적인 부패와, 명성과 정신적인 가치를 놓고 벌이는 돈거래를 영원히 지워지지 않는 문자로 세기의 벽에 그려놓았다. 빚쟁이들이 어음과 고소로 자기를 함부로 대하고 자신의 가구를 압류하라지. 그들은 자기가 세우게 될 세계에서 돌 하나도 들어내지 못하고 흙 부스러기 하나 빼앗아가지 못할 것이다.

계획이 세워지고 이 작품을 완성할 힘을 느끼게 된 이후로 그 무엇도 그를 흔들 수 없었다. 그는 알고 있었다. 오직 단한 사람만이 감히 그런 구상을 할 수 있고, 오직 단 한 사람만이 그것을 해낼 수 있다는 것을, 그리고 그 한 사람이 바로 자신이라는 것을.

제3부

삶으로 쓰는 소설

제1장
모르는 여인으로부터의 편지

　발자크가 자기 앞에 놓인 것을 본 이 과제는 어마어마한 것이었다. 그리고 발자크는 그것을 위해 필요한 작업의 분량에 대해서 모르지 않았다.

　　유럽 문학의 정상으로, 지금까지는 바이런, 월터 스콧, 괴테, 호프만이 차지하고 있던 그 자리로 가기 위해서.

　그의 계산으로 그는 적어도 예순 살까지는 살 것 같았다. 자기 앞에 놓인 거의 30년 세월 동안 그는 단 한 해도, 한 달도, 한 주도, 단 하루도 게으름을 부려서는 안 된다. 밤이면 밤마다 책상 앞에서 한 장 한 장, 한 권 한 권 써나가야 한다. 쾌락이나 안락을 위한 여지가 없다. 그리고 빚이 다 없어지고 그렇게 바라던 10만 프랑을 모은다 하더라도 그 돈을 쓸 시간도 없을 것이다. 발자크는 그러한 작업이 요구하는 체념이라는 대가를 알고 있었다. 그는 자신의 두뇌, 잠, 힘,

전생명을 바쳐야 하리라는 사실을 알고 있었다.

그러나 두렵지 않았다. 작업은 이제 그의 즐거움이고, 이렇듯 에너지를 끊임없이 긴장시키는 데서 비로소 그는 자신의 생명력을 분명히 의식하였기 때문이다. 그러나 이 싸움에서 이기기 위해서 그는 한 가지가 더 필요하였다. 발밑에 한 조각 넓이의 안정을 가질 필요였다. 그래서 자신의 전존재를 요구하는 이 작업을 시작하는 지금 삶의 원초적인 기본 사항은 더욱 열렬하고 더욱 다급하게 되었다.

한 여자를 얻고, 한 집안을 꾸리고, 피의 욕구에 더 이상 짓눌리지 않고, 빚에 쫓기지 않고, 출판업자들과 싸우지 않고, 가불을 구걸하지 않고, 아직 쓰이지도 않은 것을 미리 팔아치우지 않을 필요성이었다. 언제까지나 계속되는 쫓기는 생활을 더는 하지 않고, 자기 힘의 1/3을 집달리들의 집행을 연기시키려는 기만과 술책을 위해 낭비하지 않고 자기의 모든 힘을 "구성 형식의 아름다움보다는 절도와 엄청난 자료 축적을 통해서 형성될 이 기념비적인 작품"에 쏟아붓고 싶었다. 모든 힘을 이 작품에 집중하기 위해서 외적인 생활에는 힘을 들이지 않고 싶었다. 진짜 자신의 창조적인 세계에서 방해받지 않고 살기 위해서 현실 세계에서 복잡하지 않게 살고 싶었다. 그의 과제를 이루기 위해서 오랜 소원이 이루어져야 한다. 즉 '여자와 재산'이었다.

그러나 그의 삶에 그 모든 것을 가져다 줄 여자를 어떻게 찾아낸단 말인가. 감각성을 진정시키고, 빚을 갚아주고, 작업을 후원해주고, 그밖에도 귀족 출신에 빛나는 태도를 지녀서 그의 구제불능성 속물근성을 만족시켜줄 수 있는 여자를 말이다. 하루 열여섯 시간씩이나 일하는 그가 그런 여자를 알아볼 시간도 없는데 어떻게 찾아낸단 말인가? 눈매 날카로운 발자크가 촌스러운 겉모습과 좋지 못한 매너 때문에 직업적으로 우아한 남자들에 비해서 자기가 훨씬 뒤진다는 것을 못 보았을 리 없었다. 트뤼미유 양은 자기에게 퇴짜를 놓았다. 카스트리 공작부인과의 모험은 그에게 자기 정열을 다 바쳐도 자기가 그다지 유혹적인 모습이 아니라는 사실을 가르쳐주었다. 한편으로는 자부심이 너무 강했고 다른 한편으로는 너무 수줍어서 그는 보충할 길 없는 시간을 긴 구애에 바치려고 하지 않았다. 누가 자기를 위해서 여자를 찾아내겠는가? 선량한 친구 베르니 부인은 쉰네 살이나 되었지만 자신의 후계자를 뽑을 마음은 전혀 없었다. 또 다른 친구 쥘마 카로는 지방의 가난한 시민세계에서 어떻게 그를 위해서 백만장자인 귀족 여인을 고를 수가 있겠는가? 기적이 일어나야 했다. 그가 꿈꾸는 여자가, 사방을 둘러볼 시간도 용기도 기회도 없는 그를 찾아나서야만 했다.

논리의 법칙으로 보면 그것은 기대할 수 없는 일이었다. 그러나 발자크의 삶에서는 그럴싸하지 않은 일이 언제나 현실이 되었다. 그를 개인적으로 알지도 못하면서, 그리고 바로 그를 직접 알지 못하기 때문에, 오직 '자신들의' 작가에 대해서 낭만적으로 과도한 상상만 하기 때문에 수많은 여자들이 발자크에게 편지를 썼다. 여자들의 편지가 언제나 날아왔고, 때로는 하루에 두세 통이 오기도 하였다(그중 일부가 오늘날까지 전해진다). 발자크에게 편지를 쓰는 독자들은 대부분 호기심이 많고 때로는 대단히 모험을 즐기는 여자들이었다. 발자크가 편지 덕분에 알게 된 사람은 카스트리 공작부인 한 사람뿐은 아니었다. 대부분은 단지 루이즈, 클레르, 마리 등 이름만 알려져 있는 사랑스런 여자친구들이 처음에 익명의 편지를 보내왔던 것이다. 그중 한 사람은 이런 만남에서 사생아를 얻기도 했다. 그러나 단순한 연애사건이 아니라 진짜 사랑이 그렇게 시작될 수 있을까? 그래서 발자크는 특별히 조심스럽게 여자들의 편지를 읽었다. 그들은 자기가 여자에게 얼마나 대단한 존재일 수 있는가 하는 느낌을 확인해주었다. 그리고 어떤 어조, 어떤 줄이 그의 심리적인 호기심을 건드리는 경우에 그는 가장 중요한 사람들에게 아주 간단한 편지만 보내면서도 아주 상세한 답장을 썼다. 거리를 내다보는 작업실의 창문 커튼을 하루종일 굳게 닫아놓고 자신의 책상 앞에만 붙어 있는 사람에게 그런 편지는 언제나 부드럽고 유혹적인 바람이 방안으로 불어들어오는 것처럼 여겨졌다. 그는 평론과 공개적인 평가보다 이런 편지에서 더욱 감각적인 느낌을 얻었고, 그러면 동요가 일어나는데, 이러한 동요에 대해서는 세상의 가장 섬세한 요소 즉 여성들이 가장 민감한 법이다.

때로 작업이 밀릴 때 발자크는 이 편지들을 옆으로 밀쳐놓았다. 그렇게 해서 러시아에서 온 편지는, '모르는 신들(Diis ignotis)'이라는 인장이 찍혀 있고, '모르는 여인'이라는 신비스런 이름으로 서명된, 저 운명의 1832년 2월 28일, 발자크가 카스트리 공작부인으로부터 처음으로 생 제르맹에 있는 자기 성을 방문해달라는 청을 받은 그날 도착한 채 뜯기지도 않았다. 그러나 그것은 발자크의 전생애를 결정하게 될 편지였다.

발자크라도 이 편지의 사전(史前) 이야기보다 더 우스꽝스럽고도 이국적인 시작을 만들어낼 수는 없었을 것이다. 그것은 극단적인 상황이었다. 볼리니에 있는 성은 넓게 펼쳐진 텅 빈 땅에 아주 고독하게 서 있기 때문에 더욱 인상적인 귀족의 영지들 중 하나였다. 주변에 도시도 없고 제대로 된 마을도 없이 그저 농노들의 쓰러져가는 오두막들뿐이고 사방으로 들판만 펼쳐진 곳, 무서울 정도로 드넓은 우크라이나와 끝도 없는 숲들만 있는 곳으로, 눈이 미치는 한 넓고 황량한 들판밖에 보이지 않는다. 이 모든 것은 부유한 러시아계 폴란드 남작 벤제슬라브 폰 한스키(Wenzeslaw von Hanski)의 영지였다.

노예 같은 빈곤의 한가운데 주인의 성은 유럽의 호사를 다해서 꾸며져 있었다. 값비싼 그림들, 넉넉한 도서관, 동방의 양탄자, 영국제 은그릇, 프랑스 가구, 중국산 도자기 등이었다. 외출을 위해서 마차와 썰매와 말들이 마구간에 준비되어 있었다. 그러나 농노들, 하인들, 종들, 마부장, 요리사, 가정교사들이 모두 뭉쳐도 한스키 씨와 그의 아내 에벨리나(Evelina)를 위해 가장 끔찍한 적을 물리쳐줄 수 없었으니 바로 이 외진 곳의 심심함이었다.

한스키 씨는 약 쉰 살쯤 된 아주 건강하지는 않은 사나이로 이웃들과는 달리 사냥꾼도 열렬한 도박꾼도 사나운 술꾼도 아니었다. 그리고 자기 영지를 관리하는 일도 그다지 마음을 끌지 못했으니 어차피 그는 물려받은 수백만금으로 무슨 일을 해야 할지 모르는 판이었기 때문이었다. 그가 소유한 수천 명의 사람들도 그의 재미없는 영혼에 제대로 된 즐거움을 줄 수 없었다. 그의 곁에서 한때는 유명하게 아름다운 제부스카(Rzewuska) 여백작이었던 그의 아내는 모든 자극에서 완전히 격리되고 정신적인 교류에서 완전히 벗어나 있는 것을 더욱 고통스러워했다. 폴란드의 가장 고급 귀족의 하나였던 양친의 집에서부터 그녀는 문화적인 대화를 꼭 필요로 하는 사람이었다. 그녀는 프랑스어, 영어, 도이치어 등을 말했고 문학적인 소양을 가지고 있었으며 그녀의 관심은 서유럽, 즉 머나먼 세계를 향한 것이었다.

그러나 비예르초브니아(Wierzchownia)에서는 그 누구도 정신적인 자극을 주고 친밀한 교제를 할 만한 사람이 없었다. 이웃 영지의 지주들은 교양이나 정신력이 없는 사람들이었다. 재산을 잃은 다음 한스카 부인이 말동무로 자기 집에 받아들인 두 친척인 세베린(Severine)과 드니즈 빌레진스카(Denise Wyleczinska)는 새로운 이야기를 할 만한 것이 없었다.

성은 너무 크고 고독에 둘러싸인 채, 6개월 동안이나 하얀 눈에 뒤덮이곤 하였고 찾아오는 손님 하나 없었다. 봄이면 키예프에 있는 무도회에 한 번쯤 가고, 3, 4년에 한 번씩 모스크바나 페테르부르크에 가는 것이 고작이었다. 그밖에는 매일매일이 고독하고 황량하게 언제나 똑같이 흘러가는 것이다. 시간은 점점 더 의미를 잃고 점점 더 항거할 수 없이 흘러갔다. 에바 폰 한스카는 자기보다 거의 스물다섯 살이나 위인 남편과 11년에서 12년 정도 결혼생활을 하면서 일곱—

나폴레옹 우르다가 그린 1860년의 비예르초프니아. 주변에 도시도 없고 마을도 없이 무서울 정도로 드넓은 들판과 들판과 숲들만 있는 곳에 서 머나먼 서유럽의 세계는 동경의 대상이었고, 이곳에서 발자크의 명성은 존경심을 불러일으켰다.

다른 설에 의하면 다섯-명의 아이들을 낳았다. 그들은 모두 죽었고, 딸 하나만 살아남았다. 일찍 늙어가는 남편에게서 또 다른 아이를 얻기는 어려웠고 그녀 자신 벌써 서른의 나이로 아직은 화려하고 매혹적이었지만 약간은 살이 찐 여자였다. 그녀도 곧 늙게 될 것이고 인생을 제대로 알지도 못한 채 삶은 끝나버릴 것이다.

겨울이면 눈이, 여름이면 들판이 끝도 없이 펼쳐지듯이 지루함이 이 집안을 끝도 없이 뒤덮고 있었다. 한 주일의 유일한 사건은 편지였다. 아직 철도가 없던 시절이었다. 일주일에 한 번씩 썰매나 마차로 베르데체브(Berdetschew)에서 전설적인 '서유럽'에서 온 값진 화물이 배달되었다. 그러면 그 어떤 날들인가! 한스키 부부는 부유한 사람들이어서 러시아의 검열이 허락하는 한도 내에서 외국의 신문들을 구독하고 있었다. 특히 파리의 보수적인 신문 〈코티지엔(La Quotidienne)〉과 프랑스의 문학잡지라고 부를 만한 것들이었다. 그밖에 어떤 서적상인이 그들에게 정기적으로 모든 중요한 신간서적들을 보내주었다.

거리가 멀어질수록 사건의 내용은 더욱더 중요하게 된다. 파리에서는 주목도 받지 못하고 흘려보내는 신문들이 이곳 문명의 맨 끝 지역에서는 첫 글자부터 마지막 글자까지 주의 깊게 읽혔고 책도 마찬가지였다. 파리의 어떤 지면도 신간서적들에 대해서 이곳 이 협소한 가족 멤버들보다 더 자세한 논평을 하는 곳은 없었다.

한스카 부인은 저녁이면 두 명의 조카와 자기 딸의 가정교사인 스위스 여자 앙리에트 보렐(H. Borel)과 모여앉아서 최근에 읽은 것에 대한 토론을 벌였다. 때로—자주는 아니었다—한스키 씨나 한스카 부인의 동생인 아담 제부스키가 손님으로 와 있을 때는 이 모임에 참석하는 수도 있었다. 여기서는 찬반 토론이 벌어졌다. 머나먼 파리, 전설적인 파리에서 일어난 아주 조그만 '사소한 사건들'도 정열을 불러일으키는 사건으로 상승되었다. 배우들, 작가들, 정치가들에 대해서 이야기하고 닿을 수 없는 신적인 존재들을 꿈꾸듯이 그들의 꿈을 꾸었다. 이곳 멀리 떨어진 성에서 명성이란 단순한 숨결이 아니라 신적인 것의 반영이었고, 여기서 시인의 이름은 지나친 존경심을 가지고 불렸다.

1831년 기나긴 겨울의 어느 저녁에 토론이 상당히 심각하게 진행되었다. 파리의 새로운 문인, 약 일년 전부터 모두의 숨을 멎게 만들고 있는 오노레 드 발자크라는 사람에 대해서 논쟁이 벌어졌다. 특히 여자들은 열광하면서도 동시에 격분하였다. 《사생활의 장면들》이라니 이 얼마나 대단한 책인가! 지금까지 어떤 작가도 여자들의 영혼을 그렇게 깊이 알아낸 적이 없었다. 버림받고 모욕받고 쫓겨난 여자들에 대한 이 어떤 감정이며 그녀들의 잘못과 약점에 대해 이 얼마나 너그러운 아량이냐!

그러나 이토록 섬세하게 느끼는 사람이, 이렇게 아픔을 함께 하는 남자가 동시에 저 〈결혼 생리학〉, 저 차갑고 냉소적이고 비웃음을 띤 추악한 책도 쓸 수 있다니 그것을 이해할 수 있단 말인가? 어떻게 천재가 그토록 자신을 비천하게 만들고, 여자들을 이해하고 보호할 줄 아는 남자가 그녀들을 그렇듯이 비웃고 비천하게 만들 수 있단 말인가? 그리고 이 새로운 소설 〈마법 가죽〉을 보라! 그것은 분명 위대한 작품이다. 하지만 이 책의 주인공, 이 사랑스런 젊은 작가는 폴린 같은 고귀한 소녀가 자기를 사랑하는데 어떻게 차갑고 세속적인 아양떠는 여자 때문에 그녀를 버릴 수가 있는가, 어떻게 페도라 백작부인같이 경멸받아 마땅한 여자의 노예가 될 수 있단 말인가.

아니다, 이런 작가, 이 발자크 씨 같은 천재는 여자에 대해 더 나은 생각을 가져야 한다. 그는 오직 고귀한 영혼들만을 보여주어야 하고 그의 재능을 그런 백작부인이나 아니면 그토록 뻔뻔스런 소란 따위를 묘사하는 데 낭비해서는 안 된다. 그가 더 나은 자신에 충실하지 않다니 그 자신을 위해 얼마나 유감인가! 아, 누군가가 그에게 깊이있게 이런 의견을 말해주었으면! 그러자—모임의 누군가가 제안하였다—어째서 우리가 하면 안 되지? 우리가 발자크 씨에게 편지를 써 보내자! 여자들은 깜짝 놀라거나 웃음을 터뜨렸다. 아니, 그것은 안 돼. 자기 아내 에벨리나 폰 한스카(Evlina von Hanska)가, 제부스카라는 성을 가지고 태어난 여자가 낯선 남자에게 편지를 보낸다면 한스키 씨가 대체 뭐라고 하겠는가? 그의 이름을 연루시켜서는 안 된다. 그리고 오노레 드 발자크 씨는 분명 젊은 남자일 것이고, 〈결혼 생리학〉을 쓸 정도로 뻔뻔스러운 사람을 함부로 믿을 수도 없다. 이 파리 사람이 그런 편지를 가지고 무엇을 할지 누가 알겠는가!

이런 모든 추측과 두려움이 이 모험을 더욱 기묘하게 만들어서 마침내 오노레 드 발자크 씨에게 보낼 편지를 공동으로 써서 파리로 부치기로 결정되었다. 한편으로는 여자들을 신처럼 위하고 다른 한편으로는 우롱하는 이 신비로운 사람에게 이쪽도 신비롭게 굴면 왜 안 되겠는가? 그래서 공동으로 편지를 썼다. 대단히 낭만적이고 감정 풍부하고 대단히 정열적이고 경탄을 충분히 섞고 그가 고민할 정도로 수수께끼로 만들었다. 물론 한스카 부인은 서명하지 않았고 자기 손으로 직접 쓰지도 않았다. 그녀의 동생이나 아니면 가정교사인 보렐 양이 편지 문안을 베껴쓰고, 발자크 씨에게 신비를 더욱 신비롭고 매력적으로 보이도록 편지에 '모르는 신들'이라는 인장을 찍었다. 그는 모르는 신들로부터 존경을 받고 자신의 참된 자아로 돌아가라는 경고를 받은 것이지 지상에서 결혼한 한스카 부인에게서 받은 것이 아니다.

이 편지는 유감스럽게도 전해지지 않는다. 우리는 다만 그 뒤에 쓰인, 분실되지 않은 다른 편지를 미루어서 그 내용의 개략적인 윤곽만을 알 뿐이다. 그것은 한스카 부인이 장난스럽게 친구들과 함께 모르는 여인의 편지를 작성하고 보렐 양을 시켜 종이에 옮겨 적게 했던 것과 비슷한 시기에 쓰인 편지였다. 이 편지를 진지하게 생각했다면 한스카 부인은 다음과 같은 문장들을 적지는 않았을 것이다.

당신의 작품들을 읽는 순간에 나는 당신이, 당신의 천재성이 바로 나 자신이라고 생각했어요. 당신의 영혼은 빛나도록 분명하게 내 앞에 서 있어요. 나는 당신을 한 발자국 한 발자국 따라갔습니다.

라거나

당신의 천재성은 숭고하게 보입니다. 그것은 신적인 것이어야 해요.

혹은

이 점에서 당신은 겨우 몇 마디 말로 나의 전존재를 사로잡았습니다. 나는 당신의 재능에 경탄하며 당신의 영혼을 존경합니다. 당신의 누이가 되고 싶어요.

저 최초의 모르는 여인의 편지도 아마 이 일행이 성공적으로 화려한 구절들 안에 얼마나 충심으로 경탄을 담아보냈는지 한마디 한마디 말에서 느낄 수 있는 이런 어조로 쓰였을 것이다. 그리고 어쩌면 멀리 있는 찬양자가 신비스럽다는 것이 더욱 매혹적으로 작용했을 수도 있다. 솔직한 경탄, 신비화, 변덕 등으로 이루어진 이 공동작성 편지가 1832년 2월 28일에 고슬랭 출판사를 거쳐 발자크에게 배달되자 이 편지는 곧장 원래의 목적을 달성하였으니, 곧 발자크를 자극하고 사로잡고 매혹했던 것이다.

여자의 손으로 쓰인 몽상적인 편지들을 받는 것은 그에게 별다른 사건이 아니었다. 그러나 지금까지는 멀지 않은 지역, 파리나 프랑스의 지방에서 온 것들이었다. 우크라이나에서 온 편지는 당시의 작가에게는 오늘날 폴리네시아에서 온 편지보다 더욱 특이한 사건이었다. 당시에는 끝도 없이 먼 이 거리에서 발자크는 자랑스럽게 자신의 명성의 넓이를 느꼈다. 자기 감옥에 들어앉아서 지금까지는 외국에서도 자기 작품을 읽기 시작했다는 사실을 막연하게만 의식하고 있었다. 그는 저 전설적인 노인 괴테도 바이마르에서 에커만과 〈마법 가죽〉에 대해서 이야기하고 있다는 사실을 조금도 짐작하지 못하고 있었다. 이 황홀한 어조의 편지는 단번에 그에게 자기가 작품으로, 자신의 상대역인 나폴레옹이 패배자가 되어 쫓겨온 그 나라에까지 알려져 있으며, 그러니까 자기가 나폴레옹을 능가하였고, 자기 우상의 왕국보다 더 지속적인 세계 지배권을 건설하였다는 사실을 의식하게 해주었다.

그리고 카스트리 공작부인의 편지에서도 그랬지만 그는 이 편지에서도 황홀한 귀족의 냄새를 맡았다. 그것은 가정교사나 보통의 시민계급 아가씨일 리가 없었다. 러시아의 아주 높은 귀족만이 그렇게 완벽한 프랑스 말을 쓸 수 있고, 아주 부유한 가족만이 우편료가 비싸던 시절에 파리의 신간서적을 정기적으로 받아보는 사치를 누릴 수 있었다. 언제나 비약하기 좋아하는 발자크의 상상력에 벌써 발동이 걸렸다. 분명 젊은 여자일 것이고 아름다울 것이고 귀족, 아니 고급귀족일 것이다! 한 시간 뒤에는 벌써 이 '모르는 여인'이 단순히 백작부인이 아니라 공작부인이라는 그의 확신은 흔들리지 않게 되었다. 그리고 이 최초의 흥분 상태에서 그는 다른 친구들에게 '러시아나 폴란드 공주에게서 온 신적인 편지'에 대해 보고하고 그것을 쥘마 카로와 다른 몇 사람에게 보여주기까지 했다.

발자크는 공주나 공작부인들을 향해서 답장을 미룬 적이 없었다. 그는 분명 곧바로 답장을 썼을 것이다. 그러나 그에게 훨씬 뒷날에도 여전히 "당신에게 있어 나는 '모르는 여인'이고 내 일생 동안 그럴 거예요. 당신은 내가 누군지 절대로 모르실 겁니다."라고 말한 '모르는 여인'은 이름도, 어떤 표지도, 주소도 주지 않았다. 어떻게 그녀에게 감사하지? 멀리 있는 이 숭배자와 어떻게 연결되고, 어떻게 그것을 지속시키나? 소설가에게 꼭 필요한 명민함으로 발자크는 곧 방책을 찾아냈다. 《사생활의 장면들》의 개정 신판이 조판중이었고, 거기 들어간 새 소설의 하나인 〈속죄(L'Expiation)〉는 아직 아무에게도 헌정되지 않았다. 그래서 그는 편지에 찍힌 '모르는 신들'이라는 인장을 인쇄소로 보내서 헌정의 페이지에 그대로 복사하고, 그 아래에 모르는 여인의 편지가 자기 손에 들어온 날짜인 1832년 2월 28일이란 날짜를 넣었다. 이제 이 숭배자가 자신의 서적상으로부터 받게 될 새 책을 펼치면 그녀는 이 작가가 얼마나 섬세하고 신중하게 모르는 여인에게 감사를 보냈는지, 그리고 영주의 존경에 대해서는 자기 또한 영주답게 답변한다는 사실을 보게 될 것이다.

불행하게도 무명 시절의 친구였던 드 베르니 부인이 아직도 여전히 친절하게 그의 교정쇄를 함께 읽고 있었는데, 쉰여섯 살된 그녀는 자기 애인의 생애에 새로 등장한 '모르는 신들' 혹은 모르는 여신들을 보고 별로 달갑게 여기지 않던 것 같다. 그녀의 소원에 따라서 '내 감정의 말없는 표지'는 최종 인쇄에서 사라지게 되었다. 그래서 '모르는 여인'과 그녀의 벗들은 자기들의 그 신비롭고 몽상적인 편지로 발자크의 과도한 상상력을 얼마나 기대 이상으로 자극하였는지 모르게 되었다.

그러나 비예르초브니아의 용감한 발신인들은 원래 답장을 기대하지 않았다. 그들은 편지를 로켓처럼 하늘로 쏘아보냈다. 하늘이 로켓을 받고 답변을 하겠는가? 한 주, 두 주, 어쩌면 세 주 동안 그들은 심심한 판이라 보렐 양의 아름다운 필체로 쓰이고 라틴어 인장이 찍힌 이 '모르는 여인'의 몽상적인 편지가 발자크 씨에게 어떤 영향을 주었을지 그려보았다. 아직도 그들은 무언가 꾸며내고 덧붙일 수 없을까, 그의 작가적인 허영심을 자극할 계획을 세우고 궁리를 해보곤 하였다.

　　마침내 이 친구들은 두 번째로 '모르는 여인'의 편지를 쓰고 아마도 세 번째 편지까지 썼던 것 같다. 그럼으로써 몇 번의 저녁이 다시 즐겁게 지나갔다. 휘스트나 롱브르, 페이션스 놀이 등 카드놀이를 하는 대신 한스카 부인 집에서는 새롭고 재미있는 놀이를 하게 된 것이다. 섬세하고 낭만적이고 정열적이고 열광적인 신비의 편지를 발자크 씨에게 써보내는 일이었다.

　　그것은 즐거운 놀이였지만 그러나 놀이의 속성상 어느 정도 시간이 흐르고 나면 지겨워지든가 아니면 강도를 더욱 높이고 싶어진다. 점차로 호기심이 이 놀이친구들을 건드리기 시작하였다. 자기들이 그토록 많은 기술과 간계와 변덕을 모아서 함께 쓴 이 편지들을 발자크 씨는 대체 받아보았을까? 어쩌면 그가 자기들 때문에 화가 났는지 아니면 기분이 좋아졌는지, 그리고 아니면 속아넘어가서 이 '모르는 여인'의 감정을 정말이라고 믿고 있는 것인지 어떤 술책을 써서 알아낼 수는 없을까. 그밖에도 한스카 부인은 봄에 남편과 함께 '서쪽'으로 여행할 계획을 세우고 있었다. 어쩌면 스위스에서 이 통신을 좀더 쉽게 계속하다가, 마지막에는 저 유명한 작가의 친필로 된 편지나 몇 줄의 메모라도 받아볼 수 있을지 모른다.

호기심이 점점 더 창의력을 발휘해서 한스카 부인은 친구들과 합세해서 11월 7일에 모르는 여인의 편지 한 통을 더 쓰기로 결심하였다(우리에게 남겨진 최초의 편지). 풍부하고 불꽃 같은 영혼의 토로를 한 다음 발자크가 모르는 여인의 편지를 계속 받고 싶은가, '영원한 진실의 신적인 불꽃과 접촉하고 싶은가' 하는 질문이 나타난다. 그 동안 정열을 억눌러오다가 한스카 부인은 그에게 적어도 편지를 받았다는 사실을 분명히 밝혀달라는 제안을 하고 있다. 자기는 이름도 주소도 밝힐 생각이 없었으므로 당시로서는 아직 널리 쓰이지 않던 신문광고를 제안하였다.

〈코티지엔〉에 말 한마디만 내주시면 당신이 내 편지를 받았으며, 앞으로도 아무런 근심 없이 당신에게 편지를 쓸 수 있다는 확신을 제게 주실 수 있습니다. E에게, H. B.(A l'E. H. de B.)라고 서명해주세요.

1833년 1월 8일에 그녀가 파리의 12월 9일자 〈코티지엔〉을 받고 거기 광고란에서

드 B.씨는 보내주신 것들을 잘 받았습니다. 그는 오늘에야 이 신문의 도움으로 그 사실을 알릴 수 있게 되었지요. 그리고 어떤

주소로 답장을 보내야 할지 몰라서 상당히 유감스럽게 생각하고
있습니다. E에게……. H. de B.

라는 구절을 읽었을 때 한스카 부인에게는 특별한 놀라움이
었을 게 분명하다. 깜짝 놀라 뛰는 가슴에서 그녀는 행복의
감정을 느꼈을 것 같다. 발자크, 위대하고 유명한 발자크가
자기에게 편지를 쓰고 싶어한다, 답장을 하고 싶어한다! 그
러나 두 번째 느낌은 이 작가가 자신과 자기 친구들이 만들
어낸 감정을 진지하게 받아들였다는 사실에 대한 부끄러움
이었을 것이 분명하다. 그에게 정말로 편지를 써보내야 하
나, 그에게 앞으로 편지를 써보내도 괜찮을까? 갑자기 상황
은 장난기를 벗어나 미묘하게 변하기 시작하였다. 명예와 행
동거지를 엄하게 중시하는 재미없는 시골귀족인 남편은 그
녀와 조카와 가정교사가 멋대로 벌인 이 장난을 조금도 모르
고 있었기 때문이다. 그리고 이 '모르는 여인'이 익명의 공
동작업으로 있는 한 그것은 죄없는 장난이었다. 그러나 이제
그녀가 발자크와 진지한 편지 왕래를 시작한다면 그녀는 남
편 몰래, 그리고 지금까지의 친구들 몰래 해야 한다. 그녀는
남편 앞에서 희극을 연출해야만 할 것이고 모든 진짜 희극에
서와 마찬가지로 은밀한 협력자, 은닉자가 필요하게 될 것이
다.

　분명히 한스카 부인은 아주 심각하게 생각해보았다. 그녀
는 작가와 직접 편지 왕래를 시작하면 자기 계급과 개인적인
정직성의 요구와는 맞지 않는 모험을 시작하게 되리라는 것
을 짐작하였다. 그러나 다른 한편으로는 유명한 작가에게서

친필로 된 편지를 받는다니 얼마나 대단한 유혹이며 금지된 것의 자극적인 매력인가! 자신을 소설의 인물 속으로 양식화해 넣는다니 얼마나 대단한 유혹인가.

첫 순간에 한스카 부인은 분명하게 결심하지 못하고 여자들의 방식대로 내면의 결정을 미루었다. 그녀는 곧바로 발자크에게 답장을 하기는 했지만 이전의 편지들과는 완전히 다른 어조다. 열광적이고 몽롱한 말투는 사라지고, 공허한 어구도 없으며, 오직 자신은 곧 여행을 떠날 생각이며, 프랑스에 아주 가까운 곳에 머물 예정이라고 알리고 있다. 편지 왕래를 바라기는 하지만 누설이나 일체의 배신에서 안전할 경우에만 그렇게 하겠다는 것이다.

당신의 답장을 정말 받고 싶어요. 하지만 나는 아주 조심해야 한답니다. 내가 어떻게든 얽매이지 않도록 여러 가지 우회로를 통해야 할 거예요. 그리고 나는 내 편지에 대해서 불확실하게 놓아두고 싶지 않습니다. 그러니 방해받지 않고 편지 왕래를 할 수 있는 어떤 가능성이 있는지 다음번에 알려주세요. 당신 편지의 수신자를 탐색하려는 시도를 하지 않겠다는 당신의 약속을 전적으로 믿겠어요. 내가 당신에게 편지를 쓰고, 당신이 나의 편지를 받는다는 사실을 다른 사람들이 알면 나는 파멸이에요.

어조는 완전히 바뀌었다. 이 편지를 쓴 사람은 한스카 부인 자신이다. 그리고 처음으로 그녀의 진짜 성격을 알 수 있다. 모험을 할 경우에도 냉정하고 분명하게 생각하는 여자라는 사실이다. 잘못을 범하게 된다 해도 머리를 꼿꼿이 쳐들고 분명한 이성으로 그렇게 할 사람인 것이다.

그럼으로써 그녀의 자존심에 새로운 갈등이 생겨났다. 발자크가 〈코티지엔〉에 답변을 보낸 이후로 호기심, 허영심, 놀이의 즐거움이 그녀에게 개인적인 편지 왕래를 부추기고 있었다. 그러나 파리에서 오는 편지는 비예르초브니아에서는 너무나 큰 사건이어서 편지가 눈에 띄지 않고 그녀의 손으로 전달될 방법이 없었다. 우편배달부가 들어서면 모두가 서로 상대방이 받은 우편물을 질투하였다. 그러므로 남편과 친척들 눈에 띄지 않고 편지를 감출 방법이 없었다. 비밀 편지 왕래를 하려면 제3의 인물을 자기 비밀 안으로 끌어들여야 했다.

무조건 복종하고 의지력 없이 고분고분하고 절대적으로 믿을 만한 사람은 딸의 가정교사인 앙리에트 보렐이었다. 그녀는 '리레트(Lirette)'라는 애칭으로 불리는 여자로 뇌샤텔(Neuchâtel)의 경건한 시민가정 출신이었다. 여러 해 전부터 그녀는 이 우크라이나의 성에 들어와 있었다. 그리고 한 번도 남자를 만나본 적이 없고 가족과 친구로부터 멀리 떨어져서 낯선 곳에서 살고 있는 이 노처녀는 자신의 모든 감정을 한스키 가족에게 바치고 있었다. 편지 희극이 시작되었을 때 그녀는 그 모임에 끼어 있었고, '농담'으로 쓰인 처음 몇 편지들은 그녀의 손으로 쓰인 것이다.

한스카 부인이 발자크의 편지를 받을 마음으로 자신의 편지들을 다른 참가자들 몰래 직접 쓰려고 마음먹었을 때 가짜 수신자로 그녀보다 남의 이목을 덜 끌 사람은 없었다. 파리에서 앙리에트 보렐 양에게 오는 편지가 오노레 드 발자크의 것이라고 누가 짐작이나 하겠는가? 이 경건하고 약간 단순한 시민계급 소녀는 분명 승낙하였다. 물론 자기가 이런 악의 없는 호의로 얼마나 깊이 뚜쟁이 노릇을 하게 되었는지 전혀 짐작도 못한 채였다. 물론 그녀는 한스카 부인을 위해서 무조건 입을 다무는 이런 충성으로 한스키 씨에게 불충을 행하는 것이다.

당시에는 아직 의식하지 못했던 의무와 의무 사이의 이런 갈등은 뒷날 한스카 부인과 발자크 사이의 관계가 '죄 많은' 형식을 취하기 시작했을 때 이 순진하고 정직한 인물의 양심을 완전히 뒤흔들어놓았던 것으로 보인다. 기만의 보조자, 간통의 뚜쟁이가 되었다는 것, 언제나 친절하게 자기를 믿어준 한스키 씨를 배신했다는 것은 불행한 앙리에트 보렐에게는 평생의 죄로 여겨졌다. 이런 내면의 갈등으로부터 한스카 부인에 대하여 어떤 저항감이 상당히 일찍부터 생겨났던 것으로 보인다. 특히 발자크에 대해서—그는 〈사촌 베트 (Cousine Bette)〉에 그녀의 모습을 영원히 새겨놓았다—그녀는 내면의 반감을 절대로 극복할 수가 없었다. 한스키 씨가 죽었을 때 그녀의 죄의식은 폭발점에 도달하였다. 장례식이 끝나자마자 그녀는 그 집에 더 머물고 싶지 않다고 선언하고 죽을 죄의 보조자가 되었다는 죄를 속죄하기 위해서 수도원으로 들어갔다.

어쨌든 그녀의 도움으로 규칙적인 편지 왕래가 가능하게 되었다. '모르는 여인'은 이제 발자크에게 가짜 수신자를 알렸고, 그녀는 이 유희의 짜릿한 매력에 사로잡혀서 초조하게, 점점 더 초조하게 저 유명한 작가가 정말로 답장을 해올 것인지 기다렸다.

그러니 이 위대한 작가에게서 한 통의 편지가 아니라 연달아서 두 통의 편지가 배달되었을 때 한스카 부인의 놀라움을 짐작할 수 있을 것이다. 한 통은(우리가 알고 있는 편지로서 이 편지와 더불어 '모르는 여인'과의 편지 왕래가 시작된다) 비예르초브니아의 여주인을 홀리기도 부끄럽게도 하는 것이었다. 발자크는 꾸며낸 열광적인 편지들을 진짜로 받아들였던 것이다. "내 친구들이 영광스럽게도 당신에게서 받았던 것과 비슷한 편지들에 대해서 끊임없이 일깨워준 불신에도 불구하고" 말이다. 그는 '자신의 신뢰를 통해서 마음을 뺏겼다'고 했다. 그를 바보로 만들어서 놀려먹었다는 편치 못한 감정으로 괴로워하고 있던 그녀에게 습관이 된 과격한 태도로 그녀의 편지가 자기에게 불러일으킨 열광을 묘사하였다.

당신은 나의 가장 달콤한 꿈의 대상이었습니다!

또 다른 곳에서, '모르는 여인'의 과장적인 어조를 그대로 물려받고 한 술 더 떠서

당신의 편지가 내게 어떤 작용을 불러일으켰는지 보셨더라면 당신은 사랑에 빠진 사람의 감사, 심정의 믿음, 아들을 어머니에게 결합시키는 순수한 애정을 느끼셨을 텐데……, 한 여인을 향한 젊은 남자의 완전한 존경심과 오래 계속되는 빛나는 우정을 향한 소중한 희망을 느끼셨을 겁니다.

우리에게는 가장 고약하고 나쁜 발자크로 보이고, 젊은 시절 써갈긴 싸구려 소설의 흔적으로 여겨지는 이런 구절들이 저 어두운 우크라이나에 있는 아무것도 모르는 여인에게는 마음을 빼앗는 구절들이었을 것이다. 얼마나 선량한가! 얼마나 충심이 넘치는가! 자기같이 모르는 여자에게 답례로 단편소설을 헌정하려 하다니 시적인 충만이고 너그러운 일이다! 자기에게 그토록 거리낌 없이 신뢰를 주는 이 유명한 남자에게 똑같은 솔직함으로 대해야겠다는 것이 한스카 부인의 최초의 생각이었을 것이다.

그러나 유감스럽게도 그녀의 기쁨을 감소시키는 치명적인 상황이 나타났다. 거의 동시에 어쩌면 더 빨리 혹은 좀 늦게 (이 편지는 전해지지 않고 있기 때문에 우리는 모른다) 오노레 드 발자크의 두 번째 편지가 그녀에게 날아들었다. 그녀의 편지에 대한 답장이었다. 게다가 편지 '가'와 편지 '나'는 필체가 완전히 달랐다. 그렇다면 어느 것이 발자크가 쓴 것이고 또 누가 다른 편지를 쓴 것일까? 아니면 둘 다 발자크가 쓰지 않은 것일까? 그가 자기를 속이려고 했던 것일까, 자기가 그랬던 것처럼 재미로 제2, 제3의 인물을 시켜서 자기에게 편지를 쓰도록 했던 것일까? 자기가 바보로 만들었던 그 사람이 이제 자기를 바보로 만드는 것일까? 그는 자기를 가지고 장난을 치려는 것일까? 아니면 진짜로 이렇게 생각하는 것일까? 그녀는 거듭 이 두 편지를 대조해보았다. 그러다가 마침내 발자크에게 답장을 써서 둘 다 그의 이름을 지닌 이 두 편지의 말투와 필체가 다른 것에 대해서 해명해줄 것을 요청하기로 했다.

이제는 발자크가 당황할 차례였다. 언제나 쫓기고 압력 아래 일하면서 그는 한스카 부인에게 편지를 보낼 때, 자기가 바로 얼마 전에 다른 사람을 시켜서 그녀에게 편지를 보내도록 했다는 사실을 잊어버렸던 것이다. 여자들의 경탄의 편지가 상당히 많아진 뒤부터 그는 시간을 잃지 않기 위해서 다른 한편으로는 숭배자들의 기분을 상하게 하지 않기 위해서 이 편지들을 믿을 만한 쥘마 카로에게 맡겨서 그녀가 답장을 쓴다는 방법을 찾아냈다. 질투심이라고는 모르는데다가 지루한 지방생활에서 시간이 남아돌았던 쥘마 카로는 낯선 여인들의 편지를 분류해서 친구인 발자크의 문체로 답장을 써보내는 것을 재미로 여겼다. '러시아나 폴란드 공주에게서 온 신적인 편지'는 아마 그녀의 손으로 들어갔던 것으로 보이며, 그녀는 자신에게 맡겨진 의무에 맞게 답장을 써보낸 것이다.

발자크는 곧바로 자신이 범한 이 '멍청한 짓'을 알아차렸다. 다른 사람 같으면 당황하거나 솔직하게 진실을 털어놓았을 것이다. 그러나 발자크는 절대로 당황하지 않았고, '모르는 여인'에게 절대로 혹은 아주 드물게만 자신에 관해 진실을 말했다. 그들의 편지 왕래는 시작부터 그랬듯이 끝까지 그렇게 정직하지 못한 것이었다. 발자크와 같은 소설가에게 있어서 그럴싸하지 않다는 것은 절대로 방해가 되지 못했다. 그래서 그는 불안해진 편지상대의 망설임 위로 상당히 뻔뻔스럽고 논리적인 재주넘기를 해보였다.

당신은 나의 두 가지 서로 다른 필체에 대해서 어느 정도 의심을 품고 해명을 요청하셨습니다. 하지만 나는 일년의 날짜 수만큼이나 많은 필체를 가지고 있답니다……. 이런 민첩성은 모든 것을 자기 앞에 볼 수 있으면서도 그 어떤 반영에 의해서도 더럽혀지지 않는 거울처럼 순수한 상태로 있는 상상력에 어울리는 것입니다.

아니, 그녀는 자기를 믿고 '장난일지 모른다'고 두려워하지 말아 달라. 그러면서 당시 펜 끝으로는 음탕하기 짝이 없는《우스운 이야기》를 써나가고 있던 이 남자는, 대담하게도 자신을 가리켜 '지금까지, 그리고 앞으로도 언제나 여자들에 대해서는 자신의 섬세한 감정과 수줍음과 믿음의 희생자인 가련한 어린아이'라고 표현하고 있다. 이 '수줍은' 어린아이는—그때까지는 발자크에게서 본 적이 없는 특성이다—이제 '순진하게' 모르는 여인에게 고백하기 시작했다. 그는 "그때까지는 온 세상에서 단 한 여인밖에 몰랐던 자신의 심정"을 묘사하였다. 상당히 공허한 이런 고백은 열, 열둘, 열여섯 페이지를 흘러넘치고 있다. 그는 자신의 문체와 자신의 일에 대해서 쓴다. 그것은 자기에게 "이 세상에서 나의 유일한 종교가 되고 있는 여자들을 포기하도록" 강요하고 있다고 했다. 그리고 자기의 고독에 대해서 말한다. 그가 약간 사랑에 빠진 듯한 어조로 탄식하고 있는 그 조심스러운 세련에 경탄하지 않을 수 없다. 그는 모르는 여인에게 이렇게 쓰고 있다.

사랑스런 망상처럼 내가 자꾸만 그려보는 당신, 내 모든 꿈속을 희망처럼 지나가는 당신……, 당신은 작가가 고독 속에서 달콤한 형상으로 생기를 얻는 순간 그가 어떤 생각을 하는지 모르십니다. 그녀의 모습은, 그녀를 알지 못하고 규정할 수 없다는 사실을 통해서 오히려 더욱 매력적으로만 되어가지요.

그는 그녀에게서 온 편지 네 통을 전부 지니고 있지도 않았고 아직 그녀의 이름도 모르고 그녀의 초상화를 본 적도 없으면서 벌써 세 번째 편지에서는 이렇게 고백하고 있다.

나는 당신을 사랑합니다, 모르는 여인이여! 이런 이상한 상태는 언제나 황량하고 불행했던 삶의 자연스런 결과일 뿐이지요……. 이 모험이 누군가에게 일어나야 한다면 나야말로 그 사람입니다.

이렇게 지나치게 서두른 발자크의 고백을 보고 우리는 우선 불쾌감을 느낀다. 그가 고백한 이런 감정들은 뽐내는 듯한 정직하지 못한 어조를 담고 있다. 그것은 감상적 소설의 저속한 뒷맛을 남긴다. 발자크가 정직하게는 전혀 느낄 수 없는 몽상 속으로 자신을 억지로 밀어넣고 있다는 의심을 떨칠 수가 없다. 한스카 부인의 편지들 중에서 남아 있는 단 하나의 견본에 따르면—그녀는 발자크가 죽은 다음 자기가 그에게 보낸 편지들을 현명하게도 다 태워버렸다—이 편지들은 온갖 찬탄과 감상적으로 일부러 꾸며낸 우울한 생각들만을 잔뜩 담고 있었던 것 같다. 그녀가 동생에게 보낸 다른 편지들에서도 특별히 뛰어난 개성을 암시하는 구절은 단 한 줄도 찾아볼 수 없다. 발자크는 자기도 모르는 사이에 편지에 달리는 설명할 길이 없는 구절을 말하고 있다.

나는 정열을 만들어내야 합니다!

그는 자기 자신을 위해서 애정소설을 만들려고 하였다. 카스트리 공작부인이 그의 첫 번째 생각을 망가뜨리고 난 다음에 이 모르는 여인과 되는 대로 그것을 지어내려고 했다. 그럼으로써 그는 본능적으로 시대의 스타일대로 행동하였다. 낭만주의 시대에 파리와 유럽의 독자는 작가들이 긴장감 넘치는 소설을 쓸 뿐 아니라, 그들 자신이 직접 주인공이 되어서 상류계급을 배경으로 하는 연애소설의 중심부에 서주기를 기대하였다. 작가는 사람들의 마음을 사로잡으려면 가능하면 공개적으로 위대하고도 이야깃거리가 많은 연애사건들을 가져야만 했다.

바이런은 주치올리(Giuccioli) 백작부인과의 모험으로, 리스트는 다구 부인을 유혹한 일로, 뮈세와 쇼팽은 조르주 상드와의 염문으로, 알피에리는 알바니 백작부인과 함께 산 일로 작품을 통해서만큼이나 독자들을 재미있게 만들어주었다. 발자크는 이들 모든 문인들보다 사회적으로 더욱 명예욕이 강했던 사람이므로 다른 사람들보다 뒤처지지 않고 그들을 능가하고 싶어했다. 귀족 부인과 친밀한 관계를 가진다는 생각은 일생 동안 그를 사로잡았던 생각이다. 그가 이 모르는 '러시아나 폴란드 공주'에게 예의바른 감사를 말하지 않고 곧장 불타는 고백과 감추어진 애정을 퍼부었을 때 이것은

로댕이 만든 청동 두상. 자신을 위한 애정소설이 필요했던 발자크는 얼굴도 모르는 여인에게 보내는 편지에서 열렬한 사랑을 고백한다.

그가 말하는 것처럼 '순진함' 때문이 아니라 삶으로 쓰는 소설을 만들어내고, 정열을 '꾸며내려는' 확고한 의지에서 생긴 일이었다. 그의 감정은 언제나 그의 의지에 고분고분 따랐다. 그에게 있어서 의지력은 나머지 다른 힘들을 지배하고 조종하는 첫째 가는 근원적 힘이었다.

'모르는 여인'에게 보낸 최초의 편지들은, 바라던 대로 영감이 아니라 삶의 사건들에 의해서 전개된 소설의 도입부로 여겨야만 이해가 된다. 주인공은 모르는 여인으로서, 그녀는 뒤의 장들에서 모양과 윤곽을 얻게 될 것이고 여기서는 그녀가 멀리 있다는 것, 높은 지위 등의 신비를 통해서만 긴장감을 만들어낸다. 〈베아트리스〉라는 소설에서 같은 이름의 주인공처럼 그녀는 수도에서 아주 멀리 떨어진 성에서 이해받지 못하고 살고 있다. 구원자 테세우스를 기다리는 아리아드네인 것이다. 그가 미래의 소설에서 위대한 사랑의 역할을 할당해주려고 마음먹은 이 여인에게, 그는 가짜 자신의 모습을 연인으로 내세웠다. 진짜 발자크가 아니라 '순수한' 사랑을 갈구하는 젊은이, 삶이 지금까지 잔인하게 그의 어두운 길 위에 가시만을 흩어놓았던 낭만적인 젊은이의 모습을 내세운 것이다.

발자크가 모르는 여인을 위해서 만들어낸 이 자화상을 하나씩 살펴보기로 하자. 그는 대도시에 혼자 살고 있다. 이 너른 세상에 자신의 가장 깊은 속생각을 털어놓을 수 있는 사람이라곤 아무도 없다. 그의 정열은 모두 이루어지지 않았고, 그의 꿈들은 아무것도 성취되지 않았다. 누구나 자신의 선량한 마음을 오해한다.

나는 모든 나쁜 소문의 대상이에요. 당신은 나에 대해서 어떤 악의가 퍼져 있는지, 어떠한 비방과 정신 나간 죄악을 내게 덮어씌우는지 짐작도 못하실 것입니다.

파리와 이 세상에서는 아무도, 아무도 자기를 제대로 보려고 하지 않는다.

단 한 가지만은 분명하지요. 내 삶의 고독과 꾸준히 커가는 나의 작업과 내 근심 말입니다.

그래서 그는 절망에 사로잡혀 일 속으로 도망을 쳤다. "분화구 속에서 명성을 찾으려고 그리로 뛰어든 엠페도클레스"처럼 말이다.

이 '가련한 예술가'는 돈을 경멸하고 명성을 경멸하고 있으며, 서른다섯 살 먹은 이 파르치발은 단 한 가지 사랑만을 갈구한다.

언제나 거듭 실망으로 끝나곤 했지만 나의 단 하나의 정열은 여성입니다……. 나는 여성들을 관찰하고 연구하고 알고 부드럽게 사랑하는 법을 배웠어요. 그러나 내게 배당된 단 하나의 보상은 멀리 떨어진 위대하고 고귀한 심정들만이 나를 이해했다는 것이지요. 내 글에다가 나는 나의 소망과 꿈들을 적을 수밖에 없었어요.

아무도 "내 심정 안에 살고 있는 사랑을, 내가 소망하지만 언제나 다시 오해되는 그 사랑"을 원치 않는다. 그렇다면 어째서 이런 오해가 생기는 것일까? "물론, 내가 너무 강하게 사랑하기 때문"이다.

나는 가장 큰 희생도 치를 각오가 되어 있습니다. 내 눈에 요정처럼 보이는 젊은 여성과 함께 일년에 단 하루만이라도 완전한 행복을 누리기를 꿈꾸게 되었지요. 그러면 나는 만족하고 정절을 지켰을 것입니다. 그러나 나는 같은 자리에 선 채 나이들어가고, 벌써 서른다섯인데 점점 더 힘들어지는 일에 자신을 다 낭비하고, 나의 가장 좋은 시절을 거기에 다 바치고 현실에서는 여전히 아무것도 이룬 것이 없습니다.

소설의 전개를 빠르게 하기 위해서 발자크는 자기 감정의 무서운 활동력을 통해서 저 몽상적이고 약간은 경건한 공주의 사고 영역 속으로 정확하게 변속해 들어간다. 그녀는 분명 보헤미안이나 카사노바에 대해서는 별다른 이해심이 없고, 예술가에게서 '순수'와 '신뢰성'을 구하고 있을 것이다. 그러니까 사랑의 요구는 우울증으로 약간 채색되어야 하고, 몽상에 올바른 낭만적인 어조를 주기 위해서는 삶의 절망감이라는 바이런 경의 화장술을 약간 이용해야 한다. 발자크는 자신의 충실한 마음, 순수성, 신뢰성, 고독과 자신의 버림받은 심정 등을 묘사해 보이는 잘 계산된 전주곡에 뒤이어 빠른 크레센도로 공격으로 넘어갔다.

소설 기술자로서 그는 소설이 긴장감을 유지하려면 첫째 장에서 이미 비상을 해야만 한다는 것을 잘 알고 있었다. 첫 번째 편지에서 모르는 여인은 '달콤한 꿈의 대상'에 지나지 않더니 2주가 지난 다음 두 번째 편지에서 그는 '꿈의 모습 같다'고 '아첨'을 하고, 3주도 채 안 된 세 번째 편지에서는 벌써 '당신을 사랑합니다, 모르는 여인이여' 하는 말이 나온다. 네 번째 편지에서 그는 '당신을 보지도 않고서 점점 더 내면적으로' 사랑하고 있다. 그리고 그녀야말로 언제나 꿈꾸어 온 자기 삶의 성취라는 것을 의심하지 않는다고 한다.

얼마만한 정열로 내가 당신을, 그토록 오래 기다려온 당신을 향하는지, 어떠한 헌신의 각오를 느끼는지 당신이 알아주기만 한다면!

그리고 다시 두 번의 편지가 있고 그 다음에 모르는 여인은 (드 베르니 부인과 쥘마 카로에 대해 얼마나 고약한 배신인가!) "내가 최초로 위안을 얻은" 마음이 되었다. 그녀를 자신의 '소중하고 순수한 사랑'이라고, '보물'이라고 '사랑하는 천사'라고 부르고 있다. 그녀의 초상화 한 장 본 적 없이 그녀의 나이도 모르고 이름조차 모르는 주제에 그녀가 자기의 유일한 여인이고, 자기 운명의 주인이자 지배자라는 것이다.

당신이 원하신다면 나는 내일이라도 나의 펜을 꺾어버리고, 어떤 여인도 장차 내 목소리를 듣지 못하게 될 것입니다. 나는 다만 '딜렉타(Dilecta)'에 대해서만은 너그러움을 구합니다. 그녀는 나에게 어머니 같은 존재예요. 벌써 쉰여덟 살입니다. 당신은 그토록 젊으니 그녀에게 질투하지 않겠지요! 오, 나의 모든 감정을 받아들이고 느끼세요, 나의 감정들을 보물처럼 보호해주세요! 내 꿈을 마음대로 하고, 나의 동경을 이루어주세요!

그녀만이 그에게 사랑의 기적을 느끼게 해주었다. 그녀는 "이미 사랑에 절망하려고 하던 이 마음의 공허를 채워줄 수 있었던 최초의 사람"이 되었다. 그녀에 대해서는 아직 이름도 모르는 상태에서 그는 자신을—말 그대로의 의미로—영원토록 그녀에게 맡겼다.

당신만이 나를 행복하게 할 수 있습니다. 에바, 나는 당신 앞에 무릎을 꿇겠어요, 내 생명, 내 심정은 당신 것입니다. 단칼에 나를 죽이든지 아니면 나를 고통스럽게는 하지 말아주세요! 나는 영혼의 모든 힘을 다하여 당신을 사랑합니다. 이 아름다운 소망을 깨지 말아주십시오!

전혀 그럴싸하게 느껴지지도 않고, 분별있는 정상적인 부인이라면 경멸할 것이 분명한 이런 과도한 열광은 대체 어째서 나온 것일까, 우리는 자문해보게 된다. 답변을 구해보지만 다음과 같이 생각해볼 수 있을 뿐이다. 발자크는 낭만적인 소설을 준비하고 있었다. 그는 사실주의자가 아닐 경우에는 언제나—〈골짜기의 백합〉, 〈베아트리스〉, 〈세라피타〉등—진짜가 아닌 이런 감정의 열광상태에 빠져들었다. 가능성들을 극단까지 끌어올리려는 예술가로서의 의지는 현실에도 전염되었다.

'모르는 여인'이 계급상 공주고, 성격상 고귀하게 고통받는 여인이라고 생각하자 그는 곧장 자기 자신을 순수하고 고독한, 세상을 등진 예술가라는 이상형으로 만들어버렸다. 조화된 인물의 이중적인 소리, 극단적인 인물들의 통합을 설득력 있게 만들기 위해서였다. 좀더 자세히 들여다보면, 이 신비스런 부인을 직접 대면할 가능성이 가까이 다가올수록, 부드러운 사랑의 열망으로 이렇게 바탕칠을 하는 일이 점점 더 다채롭고 열렬하게 된다는 것을 알아볼 수 있다. 실제로 발자크 안에 들어 있는 훈련된 심리학자, 여인의 영혼에 대한 유명한 직업적인 전문가가 제대로 계산한 것이다. 솔직한 고백들과 폭발들을 통해서 자기에게 이토록 정열적인 편지들을 써보내는 이 남자에 대한 모르는 여인의 호기심을 일깨우는 데 성공한 것이다.

최초의 편지들에서 그녀는 자신은 그에게는 영원히 '모르는 여인'이고, 먼 곳에 있어 닿을 수 없는, 이름도 없는 별의 모습으로 남아 있을 것이라고 말했다. 그러나 호기심의 바람결을 받고, 이름을 가리는 베일이 펄럭이게 되었다. 그녀가 갑자기 남편에게 우크라이나의 성을 떠나 자기와 함께 몇 달 동안 아니면 몇 년 동안 이리저리 여행하자고 졸라댄 반면, 발자크는 보통은 아주 드문 일인데, 누이에게 이 사실을 폭로하면서 다음과 같이 비웃을 수가 있었다.

남편에게 장난을 쳐서 애인을 만나기 위해 우크라이나에서 6백 마일이나 떨어진 곳으로 여행하자고 졸라대다니, 애인 쪽에서 보자면 겨우 150마일만 움직이면 되는데 말이야. 이 요물이 상냥하지 않니?

1833년 초에 러시아 방식대로 비예르초브니아 전체가 여행길에 올랐다. 그들은 수행원을 잔뜩 거느리고, 전 가족과 하인들, 엄청나게 많은 짐들, 빠져서는 안 되는 리레트도 곁으로는 한스카 부인의 딸 안나를 보호하기 위해서였지만 실제로는 앞으로도 비밀 서신 교환을 계속하기 위해서 함께 여행하게 되었다.

첫 번째 도착지는 빈이었다. 분명 젊은 시절을 그곳에서 보냈고 빈의 사교계에 많은 친구를 가진 한스키 씨의 소망에 따른 것이었다. 그러나 여름에 머물 곳으로 뇌샤텔을 선택한 것은 분명 한스카 부인이 결정한 것이었다. 이 도시는 프랑스 국경에 가까이 있어서 발자크가 정말로 '모르는 여인'과 만나려는 의지가 있다면 그다지 멀리 여행하지 않아도 되는 곳이었다. 아무것도 모르는 한스키 씨에게는 싹싹한 리레트의 양친이 뇌샤텔에 살고 있으니 소중한 딸이 그렇게 오랜 세월 멀리 떨어져서 그리워하던 부모를 만날 수 있으리라는 핑계를 댔다. 너그럽고 아무래도 상관이 없던 귀족은 동의했고, 7월에 이 대상(隊商)은 뇌샤텔에 도착해서 그곳에서 앙드레 별장을 몇 달 동안 세냈다.

오늘날 전해지지 않는, 뇌샤텔에서 날아온 편지들에서 발자크는 어떻게 해서든 남편 몰래 전혀 눈에 띄지 않는 방식으로 비밀스런 만남을 주선하라는 암시를 받았던 것이 분명하다. 앙드레 별장 바로 근처에 있는 뒤 포부르(du Faubourg) 호텔에 머물면 그곳에서 더 상세한 지시를 받을 수 있을 것이라는 전갈이 왔다. 그는 낭만적인 도입부가 끝나자 삶 자체가 등장해서 꿈에도 그리던 소설의 결정적인 장들을 쓰려고 한다는 사실을 거의 믿을 수가 없었다. 서로를 위해 만들어진 두 영혼이 처음으로 직접 만나는 것 말이다. 재빨리 그는 멀리 있는 편지친구에게 맹세를 한다.

오, 모르는 나의 애인이여, 나를 의심하지 마세요. 내 마음에 어떤 나쁜 것도 있으리라고 생각하지 마세요. 나는 당신이 생각하는 것보다 더욱 경박한 어린애입니다. 그러나 나는 어린애처럼 순수하고 어린애처럼 사랑합니다!

그는 모든 의심을 물리치기 위해서 다른 이름으로 그러니까 당트레그 씨 혹은 후작이라는 이름으로 여행하겠다고 말했다. 우선은 며칠 예정으로 뇌샤텔로 갔다가 10월 한 달 동안 '사랑하는 천사(그가 아직 본 적도 없는)'와 함께 지내기로 약속이 이루어졌다. 그보다 앞서 그는 다른 작품도 완성해야 했으니, 곧 친구들에게 여행의 진짜 목적을 그럴싸하게 숨기는 것이었다. 쥘마 카로도, 아직도 질투가 심한 드 베르니 부인도 스위스로의 이 갑작스런 출발이 어떤 비밀스런 이유를 가진 것인지 알아서는 안 된다. 그러나 발자크는 타고났고, 배워 익혔고, 훈련된 소설가로서 어떤 이유를 대기 위해서 오래 고민할 필요는 없었다. 그는 다음번 작품의 인쇄를 위해 특별한 종이를 구하려고 브장송에 가야 한다고 친구들에게 둘러댔다.

그 다음 그는 역마차에 몸을 싣고 보통 그의 방식대로 미친 듯이 빠른 속도로 계속 말을 바꾸면서 뇌샤텔로 갔다. 4일 동안 마차에서 흔들리고 난 다음 9월 25일에 그는 그곳에 도착했다. 너무나 고단해서 처음에는 실수로 다른 호텔에 방을 잡았다. 약속된 뒤 포부르 호텔에서 그는 간절히 고대하던 편지를 찾아냈다. 그것은 바로 다음날인 9월 26일 1시에서 4시 사이에 산책로에 나오면 거기서 '사랑하는 천사'를 만날 수 있으리라는 내용을 담고 있었다. 그는 겨우 도착을 알리는 메모를 써보낼 정도의 힘밖에 남아 있지 않았다. 그리고 이렇게 간청하고 있다.

제발 당신의 진짜 이름을 알려주십시오!

이 시각까지도 발자크는 자기가 영원히 사랑하겠다고 맹세한 여자의 얼굴도 이름도 모르고 있었기 때문이다.

여기서 발자크의 자유로운 상상력이 만들어낸 이 연애소설의 독자는 긴장감에 가슴이 두근거릴 것이다. 대단한 장면이 벌어지겠군. 순수한 두 영혼의 만남이라. 이제 꿈의 공주, 위대한 모르는 여인이 마침내 지상의 모습을 입고 나타나고, 두 사람의 눈길이 서로를 찾고, 그 아름다움이 세계적으로 유명한 산책로에서 서로 만나게 될 참이니 말이다. 자, 어떻게 될까? 작가는 마침내 이상적인 모습, 고급 귀족의 여인이 아니라 별로 중요하지 않고 눈에 띄지 않는 존재를 찾아내고 실망할까? 그녀는 날씬하고 창백하고 절반은 열렬하고 절반은 우울한 눈길을 한 천상의 시인이 아니라, 이해되지 못한 작가 발자크 씨보다는 오히려 투렌의 포도주 상인과 더 비슷한, 아니면 잘 먹고 지낸 연금생활자 같은 빨간 뺨에 뚱뚱한 신사가 자기를 향해 걸어올 때 그만 실망하지 않았을까? 그들은 서로 피했을까, 아니면 서로 이해했을까? 그들의 최초의 깨달음은 무엇이고, 최초의 말은 무엇이었을까?

유감스럽게도 발자크의 삶의 소설에서 이 중요한 장면이 우리에게 전해지지 않는다. 몇 가지 전설들이 있다. 어떤 이야기에 따르면 그는 미리 앙드레 별장의 창가에 서 있는 한스카 부인을 보았고 그녀가 자신의 예언적인 상상과 아주 비슷해서 대단히 압도되었다고 한다. 다른 이야기에 따르면 그녀가 그림에서 본 그의 모습을 금세 알아보고 그에게로 다가갔다고 한다. 세 번째 이야기에 따르면 그녀는 이 음유시인의 촌스러운 모습에 실망과 놀라움을 감추지 못했다는 것이다. 그러나 이 모든 것은 뒷날 멋대로 덧붙여진 말들이다. 확실한 것은 이 첫 번째 만남에서, 어떻게 하면 한스카 부인이 특별히 주목을 끌지 않고 아무것도 모르는 남편에게, 발자크를 사교계에서 알게 된 사람이라고 소개할 수 있을까 하는 방법이 고안되었던 게 분명하다는 점이다. 어쨌든 같은 날 밤 발자크는 한스키 가족에게 아주 정통한 방식으로 소개되었고, '사랑하는 천사'에 대한 이론적인 사랑의 선언을 실질적인 것으로 바꾸는 대신, 한스키 씨와 조카들을 즐겁게 해주는 것으로 만족해야만 했다.

말수가 적고 약간 특이한 사람인 한스키 씨는 문학적이고 사회적인 업적을 대단히 존중하는 교양을 갖춘 사람이었다. 그는 그토록 유명한 작가를 알게 된 것을 기분 좋게 여겼고 이 작가의 마구 튀어나오는, 불꽃 같고 창의력 넘치는 대화에 매료되었다. 그는 발자크 씨더러 다음 며칠 동안에도 자기들과 함께 지내자고 초대하였다. 질투 같은 것은 그의 머리에 떠오르지 않았다. 제부스카 여백작으로 태어난 자기 아내가 전에 한 번도 본 적이 없는, 그런 비만증에 그런 외모를 가진 시민계급 남자에게서 사랑에 불타는 편지들을 남몰래 받았다는 것을 그가 어떻게 짐작이나 했겠는가? 반대로 그는 발자크를 진심으로 환대하였고, 그를 자신이 묵는 별장에 초대하고, 함께 산책을 나갔다. 발자크에게는 극히 부담스러운 환대였다. 어쨌든 그가 나흘 밤낮을 역마차에 몸을 싣고 달려온 것은 한스키 가족에게 문학적인 일화들을 들려주기 위해서가 아니라 모르는 여인, 하늘에서 떨어진 '북극성'을 자기 품에 끌어안기 위해서였기 때문이다.

한스카 부인은 겨우 두세 번, 아주 짧은 시간만 감시에서 벗어나 눈에 띄지 않는 순간을 가질 수 있었다.

빌어먹을 남편이 닷새 동안이나 단 일초도 우리끼리만 남겨놓지 않았어. 그는 자기 아내의 치마와 내 조끼 사이만 추처럼 왔다갔다하는 게 아니겠니!

발자크는 화가 나서 누이에게 써보냈다. 그리고 경건한 처녀 앙리에트 보렐이 차단벽처럼 사이에 끼여들었다. 산책로의 그늘진 곳이나 호숫가 구석진 곳에서 아주 짧은 만남만이 이루어졌다. 그러나

내가 당신 마음에 들지 않을까 봐 두렵습니다!

놀랍게도 발자크는 열렬한 달변 덕분에 전초전에서 벌써

작은 승리를 거두었다. 한스카 부인은 우크라이나의 고독 속에서 전에 한 번도 그렇게 열렬한 족속을 본 적이 없었다. 그리고 자기 자신에게는, 잔인한 태도를 취해서 감수성 예민한 작가의 마음을 망가뜨려서는 안 된다는 낭만적인 핑곗거리를 만들어내었던 터라, 발자크의 사랑의 고백을 들어주었고 커다란 떡갈나무 그늘에서는 슬쩍 키스를 도둑맞기도 했다. 이렇게 짧은 만남에서 그런 일이 일어났으니 발자크보다 덜 낙천적인 사람이라도 희망을 품게 만들 만한 일이었다. 이렇게 쉽게 얻을 수 있는 여자라면 다음번에는 더 많은 것을, 모든 것을 허락하리라는 희망이었다.

발자크는 완전히 황홀해져서 파리로 돌아왔다. 마차의 지붕 위 좌석에서 상당히 뚱뚱한 스위스 사람들 사이에 끼여서 나흘 밤낮을 잠도 못 자고 시달려야 했지만, 그의 두뇌와 피 속에서는 열광이 맥박쳤다. 그의 예감, 작가적인 후각, 그의 에너지가 얻어낸 승리에 비하면 이런 작은 불편쯤이야 어떠랴. 모든 기대는 상상 이상으로 맞아떨어졌다. '모르는 여인'은 그가 계획한 삶의 소설의 여주인공으로 꼭 알맞았다. 그 자신도 더 잘 생각해낼 수는 없을 정도였다. 무엇보다도 이전 연애사건의 상대들과는 달리 정확하게 표준적인 나이였다. 그녀는 그 자신이 과장한 일에 대한 복수심에서 주장했던 것처럼 스물일곱 살은 아니었지만 그래도 서른두 살이 넘지는 않았다. 게다가 당당하고 우아하고 감각적인 모습으로, 이탈리아 사람들 말대로 '잘 빠진 몸매(bel pezzo di carne)'였다. 발자크가 그녀를 가리켜 '아름다움의 걸작'이라고 찬양한 것은 그가 전문적인 과장꾼이고 보면 놀랄 일도 아니었다. 빈의 훌륭한 세밀화가인 다핑거(Daffinger)의 초상화는 발자크가 말한 특성들을 확인해주고 있다.

세상에서 가장 아름다운 검은 머리카락, 섬세한 갈색 색조가 깃든 훌륭한 피부, 자그마한 사랑의 손, 애타는 눈길……. 두 눈이 활짝 열리면 육감적인 광채를 드러낸다.

그러나 분명 어느 정도 미화시킨 다핑거의 초상화는 두 턱이 지고 통통한 팔에 몸매의 균형이 지나치게 땅딸막한, 풍만함의 성향을 보이고 있다. 작고 검은색인 두 눈은 약간 몽롱하고, 강한 근시의 눈길을 지녔다. 명료하고 분명한 얼굴은 아니고 그녀의 성격이 그렇듯이 감춘 것이 많은 얼굴이다.

그러나 발자크를 그토록 사로잡은 것은 육체적인 모습만은 아니었다. 언제까지나 사교계 여자와의 연애사건을 꿈꾸어온 발자크는 그녀에게서 진짜 '대단한 부인'을 찾아낸 것이다. 교양을 갖추고 책을 많이 읽고 여러 나라 말을 하는 지적인 여자—동생에게 보낸 편지들이 알려주고 있다—그리고 평민 발자크를 정말 황홀하게 하는 눈부신 매너. 그리고—새로운 황홀경—그녀는 폴란드의 가장 고귀한 귀족가문 출신이었다. 프랑스 왕비였던 안나 레친스카는 그녀의 먼 친척 증조할머니뻘 되는 여자였다.

그러니까 농사꾼의 손자인 그가 키스를 훔친 이 입술은 이런 친척관계 덕분에 오늘날에도 프랑스 왕을 '나의 사촌'이

1835년에 다핑거가 그린 한스카 부인의 세밀화. 발자크는 한스카 부인을
'아름다운 걸작'이라고 표현했지만, 사실은 신분과 재산에 대한 과도한
기대감을 아주 배제할 수는 없는 표현이다.

라고 부를 권리를 가지고 있는 것이다. 이 얼마나 대단한 상승인가! 드 베르니 부인은 하급 귀족에 지나지 않았고, 다브란테스 부인은 공작부인이긴 하지만 귀족으로 태어난 여자는 아니었다. 그 다음에 생 제르맹 구역의 진짜 공작부인 카스트리 부인, 이번에는 왕비의 증손녀라니!

그런데 그것이 전부가 아니다. 한스키 씨는 발자크가 처음에 너무 서둘러 꿈꾸었듯이 백작이나 제후는 아니었다. 그러나 그는 발자크의 눈에는 가장 큰 장점이 되는 다른 이점을 가지고 있었다. 그는 엄청나게 부자였다. 발자크가 소설에서 정열적으로 상상력을 가지고 묘사해내던 수백만금을 소유한 사람이었다. 러시아의 국채, 들판과 숲과 영지와 농노의 형태로 된 재산이었다. 언젠가는 그의 아내—아니, 그의 과부—가 소유하게 될 재산이었다.

그는 한스카 부인에게서 하나씩 장점을 발견했듯이 이번에는 남편에게서도 중요하고 마음에 드는 특성들을 찾아냈다. 첫째로 그는 아내보다 스무 살이나 스물다섯 살 정도 더 나이가 많다. 둘째 그는 그녀에게 그다지 사랑받고 있지 않다. 셋째 그의 건강은 많은 소망을 허용하고 있다. 갈망하는, 이미 절반쯤 얻은 이 여인은 그 모든 재산 및 인맥과 더불어 자기 자신의 것이 될 수 있는 것이다. 발자크처럼 레디기예르 거리의 가난뱅이 시절 이후로 '단번에' 자신의 삶에 질서를 잡아주기를, 그러니까 곤궁과 어려움, 부역과 굴욕을, 부유함과 사치, 낭비, 삶의 쾌락, 자유롭고 예술적인 창조로 바꾸기를 꿈꾸어 온 사람이 환상적인 모험 덕분에 한 여인을 통해서 그 모든 가능성의 실현이 다가오는 것을 보고 황홀해졌으리라는 것을 이해할 수 있다. 육체적으로도 그렇게 매혹적이고 더욱이 그를 실망시키지도 않는 여인을 통해서 말이다.

이 순간부터 그는 이 여자를 정복하기 위해서 자신의 모든 에너지, 저 비할 데 없는 발자크의 에너지와 역시 비할 데 없는 발자크의 끈질김과 인내심을 모두 다 바칠 생각이었다. 그 옛날에 '지금, 그리고 영원히' 선택되었던 '딜렉타', 베르니 부인은 이제 어둠 속으로 물러날 수 있게 되었다. 오직 '북극성'만이 그의 삶을 비추어야 한다. "이 세상에 나를 위해 존재하는 유일한 여자, 사랑하는 여자!"로서 말이다.

제2장
현실이 된 연애소설

뇌샤텔행은 전략적인 의미에서 보면 일종의 정찰여행이었다. 발자크는 지형을 조사해보고 결정적인 공략에 철저히 유리하다는 사실을 확인하였다. 요새를 공격하여 항복을 받아내기 위해서 계획이 풍부한 전략가는 군수품을 가지러 파리로 돌아온 것이다. 다음 달이나 다음다음 달에 이 사치스런 부인의 애인이자 구혼자로서, 백만장자 가족의 식탁 손님으로서 등장하려면 넉넉한 모습으로 품위있는 호텔에 묵으면서 모양을 내야 했다. 발자크는 지금 도박판에 무엇이 걸려 있는지 알고 있었다. 그토록 많은 기대를 걸고 시작한 한스카 부인과의 삶의 소설, 연애소설은 물질적인 의미와 사회적인 의미에서 얼마나 대단한 수입을 가져올 것인지 잘 알고 있었다. 그래서 그는 원래 비할 데 없던 에너지를 두 배로 늘렸다. 그가 다음과 같이 말했다면 그것은 과장은 아니었다.

여기 있는 몇몇 친구들은 내가 이 순간 드러낸 광포한 의지력에 대해서 아주 깜짝 놀란 것 같습니다.

보통은 빚과 의무에 짓눌려 어찌할 줄을 모르곤 하던 그에게도 한 번 더 경제적으로 숨통이 트였다. 그는 어떤 출판업자를 찾아냈다. 베셰(Béchet)라는 과부였는데 그녀는 《19세기의 풍속화(Études de moeurs au 19ème Siècle)》 열두 권에 대해서 2만 7천 프랑을 지불하였다. 여기에는 《지방생활의 장면들》, 《파리 생활의 장면들》과 더불어 부분적으로 《사생활의 장면들》의 개정판이 포함될 예정이었다. 그것은 대부분 아직 쓰이지도 않은 작품을 미리 파는 행동이었지만, 그래도 당시로서는 너그러운 계약이었다.

그것은 시기, 질투, 어리석음으로 얼룩진 우리의 세계에서 메아리를 얻게 될 거다. 감히 내 그림자 속에서 행진할 수 있을 거라고 믿는 모두에게 노여운 질투심을 불러일으킬 거야.

그럼으로써 발자크는 적어도 가장 급한 빚쟁이들을 만족시킬 수 있었다. 물론 어머니와 드 베르니 부인은 아니었다. 너무 서둘러 환호성을 올렸지만 2주 뒤에는 벌써 "목요일에 5천 프랑을 더 지불해야 한다. 그러면 난 문자 그대로 단 1수도 없어……." 그래도 "내가 익숙해지지 못하는 이 작은 싸움들"이 그를 더는 괴롭히지 않게 되었다. 그는 일을 해서 두세 달 뒤에는 얼마나 많이 벌 수 있는지 알고 있었다. 제네바에서의 날들이 자신의 가까운 장래를, 그리고 어쩌면 전

생애를 결정할 수도 있다는 사실을 알고 있었다.

그러니까 지금은 일입니다, 밤이고 낮이고! 나는 제네바에서 행복의 2주를 얻기 위해 많은 것을 정복해야만 합니다. 이마 안쪽에 새겨진 것처럼 내 앞에 또렷하게 놓여 있는 말은 바로 그것입니다. 당신은 내 삶에서 전에 한 번도 없었던 용기를 주었어요.

이번에 발자크는 과장하지 않았다. 자기가 단순히 원고료를 위해서, 순간적인 해방을 위해서만이 아니라 자기 심정의 더욱 깊은 소망, 최종적인 안정을 얻기 위해 일한다는 예감에 도취되어 있던 이 시기보다 그가 더욱 밀도있게 일한 적은 드물었다. 작품들이 그것을 입증하고 있다.

이런 생각을 할 때면 피가 내 심장으로 흘러들어 오고 내 머릿속에서 생각들이 몰려나오는 것 같습니다. 그리고 이 소원으로 가득 차서 나는 분명 가장 아름다운 것들을 만들어낼 것입니다.

발자크는 이 몇 달 동안 외적으로만, 그러니까 양적으로만 과거의 자기를 능가하려 했던 것이 아니라 예술적, 도덕적인 의미에서도 그랬다. 한스카 부인과 이야기하면서, 그리고 그녀의 편지들에서 그는 〈결혼 생리학〉과 같은 '파렴치한' 작품들에 대한 그녀의 불쾌감을 알아챘다. 순수하고 낭만적인 애인이라고 스스로를 소개한 자기를 그녀가 방금 출간된

《우스운 이야기》로 판단할지도 모른다는 생각은 고통스러운 것이었다. 그는 자기가 위대하고 고귀한 감정의 능력도 있다는 것, 인도적이고 심지어 종교적인 생각들로 가득 차 있다는 것을 증명하고자 했다. 지금까지 그의 독자였던 사람들에게는 상당히 힘들고 진지한 작품인 〈시골 의사〉로써, 그가 다른 작품들은 그저 때때로 느슨한 기분으로 내놓은 것일 뿐이고, 자신의 진짜 힘은 현실적인 이상을 향한 것이라는 사실을 입증해야만 했다. 동시에 그는 불멸의 걸작 중 하나인 〈외제니 그랑데〉를 완성했다. 자신의 성격, 예술가적인 능력, 인간적인 가치를 위해서 이제 물리칠 수 없는 두 증인을 더 가지게 된 셈이었다.

그토록 대담하고 정열적으로 자신의 연애소설이자 삶의 소설의 결정적인 위대한 장면들을 준비하고 있는 동안에도, 발자크는 달구어진 쇠가 식지 않도록 녹이는 일을 멀리서도 게을리하지 않았다. 그는 '소중한 사랑의 신부'에게 매주 편지를 써보냈다. 이제는 형식적인 '당신(Vous)' 대신에 친밀한 '너(Tu)'로 호칭이 바뀌었다. 그는 이제야 비로소 '새롭고 완전히 소중한 삶'이 자기에게 시작되었으며, 그녀는 이 세상에 자기를 위해 존재하는 '유일하게 사랑하는 여자'라고 말했다. 그녀의 모든 것을 사랑한다. '약간 강한 악센트, 선과 쾌락을 말하는 입을.' 자신의 삶이 얼마나 그녀에게 속하는지 알고는 스스로 놀란다. '온 세상에 다른 여자는 없어요, 오직 당신뿐!' 그는 아주 처음부터 존경하는 여주인을 감히 올려다보려는 하인, '가련한 노예', 러시아 농노의 자세를 취하였다. 그는 일생 동안 두 손을 묶은 채로 자신을 그녀에게 바쳤다. 그의 말을 믿는다면 세상이 시작된 이후로 어떤 남자도 한 여자에 대해서 그토록 끝없는 사랑을 느낀 적은 없다는 것이다. 매주, 매일 그는 멀리 있는 요새를 향하여 그런 불폭탄을 쏘아보냈다.

당신은 매일 더 내 마음에 들어요. 매일 당신은 내 마음에서 더 많은 공간을 차지합니다. 이 위대한 사랑의 감정을 배신하지 말아요!

부도덕하다는 의심을 없애기 위해서—두렵게도 한스카 부인은 《우스운 이야기》 한 권을 구했다—그는 그녀에게 이렇게 확인해주었다.

내 사랑이 얼마나 숫처녀 같은지 당신은 모릅니다.

그리고 이렇게 고백했다.

3년 전부터 나는 젊은 아가씨처럼 순결하게 살고 있어요.

방금 누이에게 자기는 결혼하지 않고 태어난 아이의 아버지가 되었다고 자랑스럽게 알린 것을 생각하면 더욱 놀라운 일이다.

아주 처음부터 가장 무거운 대포를 쏘아보내서 선택받은 여자의 저항감을 가차없이 부수려고 애쓰면서, 그는 동시에 능란하게 부담스런 남편의 호의를 얻기 위한 갱도를 파고 있었다. 그는 '심정의 천사' '내 사랑'에게 보내는 이렇듯 친밀한 편지들과 나란히 예의바르게 거리를 둔 '당신(Vous)'과 '부인(Ma- dame)'으로 호칭된 편지들도 보냈다. 그것은 한스키 씨에게 보여주기 위한 편지들이었다. 이 편지들은 발자크 씨가 딸, 조카, 친구, 남편까지 포함하는 가족 모두에 대해서 특별한 애착을 느끼고 있어서 이 사랑스런 사람들과 몇 주 동안 함께 보내려고 제네바로 오려고 한다는 인상을 불러 일으키기 위한 것들이었다.

아주 특별한 주의력으로 그는 서명을 수집하고 있던 한스키 씨에게 로시니(Rossini)의 서명을 보내주었다. 그리고 감동적인 겸손함으로 그의 아내에게 〈외제니 그랑데〉의 필사본을 헌정해도 좋은가 허가를 구했다. 물론 선량한 남편에게는 이 필사본 표지 뒷면에 연필로 은밀하게 발자크가 제네바로 들어갈 도착 날짜가 쓰여 있다는 사실은 숨겼다. 그는 일년여 전부터 자기 주변에 있는 두 사람, 자기 아내와 경건한 스위스 가정교사가 자기 등 뒤에서 발자크 씨의 삶의 소설을 위해 공모하고 있다는 사실을 꿈에도 모르고 있었다.

12월에 모든 준비가 끝났다. 발자크는 〈외제니 그랑데〉가 나오기를 기다렸다. 그 책은 가장 악의적인 적들마저 당황하게 만들 승리였고, 또한 놀랍고도 가장 바람직한 방식으로 여행 경비를 충당해주었다. 1833년 12월 25일 발자크는 더할 수 없이 즐겁고 확고한 의지를 느꼈다. 이날 그는 제네바의 라르크 호텔에 도착해서 첫 인사로 소중한 반지를 보았다. 그 안에는 그토록 열렬히 찬양하던 검은 머리카락이 보이지 않게 감추어져 있었다. 많은 것을 약속해주는 반지였다. 발자크는 그것을 일생 동안 부적처럼 다시는 손가락에서 빼지 않았다.

발자크는 모두 44일 동안 제네바에 머물렀다. 이날들 중에서 매일 열두 시간은 물론 일을 위한 시간이었다. 제네바에서 자기 천사의 곁에 있기 때문에 얼마나 행복할지를 알리면서 그는 천사에게 양보할 수 없는 시간표도 함께 알렸다. 그에 따르면 그는 제네바에서도 밤 12시부터 낮 12시까지 일을 하도록 되어 있었다. 노동자 발자크에게는 낙원에서도 휴식이 없었다. 오직 오후 시간들만을 한스키 일가 혹은 한스카 부인에게 바칠 수 있었다.

나머지 시간들은 완전히 반대의 감정, 즉 복수를 위한 시간이었다. 발자크는 실패로 돌아간 카스트리 공작부인과의 모험을 묘사한 〈랑제 공작부인〉 원고를 제네바로 가지고 왔기 때문이다. 자기가 공작부인에게 그토록 모욕적인 최종 거절을 경험한 바로 이 도시로 말이다. 물론 전혀 아무 생각 없이 이 원고를 선택한 것은 아니었다. 의심의 여지없이 그는 그것으로 한스카 부인에게 심리적인 압력을 가할 생각이었다. 그가 저녁마다 자기 사랑을 가지고 장난치고서 최종적인 것을 허락하지 않은 여인에게 작가가 어떻게 복수할 수 있는지 낭송해 들려주면, 그가 지금 구애하고 있는 부인, 초조하게 최종적인 증거를 보여달라는 요구를 받고 있는 부인은 의식적으로든 무의식적으로든 움츠러들었을 것이고, 저 가혹한 손길에 의해서 자기도 공개적인 멸시라는 연옥불에 시달리게 될 거라는 두려움을 느꼈을 것이다.

발자크의 편지들을 읽으면 그가 이 게임에서 얼마나 능숙하게 카드를 뒤섞었는지 알 수 있다. 한편으로는 카스트리 공작부인에 대한—강력하게 수정된—증오를 표현해서 자기가 냉혹한 여인을 얼마나 냉혹하게 대하는지 보여주면서, 동시에 드 베르니 부인에 대해서—역시 수정된—경탄을 표현해서, 자기에게 몸과 영혼을 주저없이 바친 여인에 대해서는 얼마나 감사할 줄 아는 사람인가를 보여주었다. 우리는 한스카 부인이 남편 등뒤에서 발자크에게 허용했던 몰래 훔쳐낸 시간들에 이루어진 은밀한 대화에 대해 아는 것이 없지만, 그래도 발자크가 한 가지를 얻기 위해 노력했다는 것만은 분명하다. 즉 '천사를 강요해서 하늘에서 지상으로 끌어내려서' 카스트리 공작부인이 같은 도시에서 자기에게 허용하지 않은 것을 이번에는 얻어내려 했던 것이다.

한스카 부인은 이 마지막 요구에 대해서—발자크의 편지들과 간청에서 알 수 있다—처음에는 완강하게 저항했다. 발자크에 대해서 최종적인 신뢰가 없었던 것 같다는 인상을 받는다. 전기작가들과 심리학자들은 한스카 부인이 발자크를 대체 '사랑한 적이' 있는가 아닌가를 두고 어리석은 방식으로 싸워왔다. 마치 사랑이란 개념이 아주 분명하고 뚜렷하게 윤곽이 지어져 있고, 변화되지 않는 것이고, 흔들림, 방해, 저항 등을 모르기라도 하는 것처럼 말이다.

뒷날 그녀의 생애가 보여주는 것처럼 대단히 감각적인 본성이었을지 모르지만, 그래도 그녀는 정열적으로 생각 없는 사람은 절대 아니었다. 자신의 계급, 좋은 평판, 사회적인 위치 등에 대한 고려가 그녀를 끊임없이 방해했다. 작고 검은 근시의 눈은 아주 분명하게 볼 줄 알았고, 발자크가 그토록 정열적으로 찬양했던 대리석 같은 이마는 생각을 냉정하게 저장할 줄 알았다. 그리고 한스카 부인은 처음부터 자기가 원했던 것보다 더 멀리 끌려들어온 이 모험을 어쨌든 의무의 한계 안에 붙잡아두려고 생각했다. 그럼으로써 초조하게 최종적인 것만을 갈구한 발자크와는 완전히 반대였다.

그녀는 일생 동안 발자크에 대해서 불확실한 감정상태에 있었다. 그녀는 그를 여러 가지 영역에서 여러 가지로 다르게 느끼고 있었고, 다르게 평가하고 있었기 때문이다. 개별적인 약점들을 아주 잘 보면서도 작가인 발자크에게 경탄하였다. 파리의 평론계가 아직도 악의적으로 흠잡으면서 그를 알렉상드르 뒤마나 다른 소설가들과 같은 수준으로 보고 있을 때 그녀는 세기 위에 우뚝 솟은 그의 위대성을 알아보았다.

그러나 위험하도록 분명한 눈길로 그녀는 그의 사랑의 황홀경 속에 들어 있는 희극적이고 과장된 요소를 꿰뚫어보았다. 그의 진실하지 못한 특성과 때때로 하는 거짓말 등에 대해서 그녀는 점점 더 분명해지는, 아주 섬세해지는 귀를 갖게 되었다. 여자로서 그의 에로틱한 힘에 자신을 내맡긴 다음에도 여전히 귀족 태생으로서 그의 나쁜 매너, 천박한 취향, 구제불능성 천민의 잘난 척하기 등을 힘들어했다. 발자크가 자기 편지에 부어넣은 그 모든 환각제도 그녀의 깨어 있는 눈길을 완전히 감게 만들지는 못했다. 그녀는 허영심과 호기심으로 찬양이라는 낯설고 강한 환각제의 향기를 빨아들이기는 했으나 완전히 도취되지는 않았다. 그녀가 처음부터 이 관계를 얼마나 분명하게 바라보고 있었던가 하는 것은 뇌샤텔 시기에 동생에게 보낸 편지 한 통이 알려주고 있다.

난 이제 마침내 발자크와 알게 되었어. 너의 표현대로 그를 향한 나의 눈먼 애착이 아직도 계속되는지, 아니면 내가 이 애착에서 완전히 나아버렸는지 알고 싶겠지. 그는 음식을 칼로 집어먹고 냅킨에 코를 풀 거라고 네가 항상 예언했던 것을 기억하지? 두 번째 범죄는 범하지 않더라마는 첫 번째 범죄는 정말로 저지르더라. 그것을 바라보는 것은 물론 아주 고통스러워. 우리가 보통 '나쁜 교육'이라는 말로 돌려 표현하는 잘못들을 그가 저지를 때마다 나는 그것을 고쳐주고 싶다는 유혹을 느꼈어. 안나를 가르치듯이 말이야.

그러나 이런 것은 오직 표면일 뿐이다. 이 사람은 좋은 혹은 나쁜 매너 이상을 뜻하는 어떤 요소를 가지고 있어. 그의 천재적인 본성은 너에게 전기를 일으키고 가장 높은 정신적인 영역으로 너를 데려갈 수도 있어. 그의 천재성은 너를 너 자신에게서 떼어내고, 너는 그를 통해서 너의 인생에 무엇이 빠져 있는지 이해하고 파악하게 되는 거야.

이제 너는 내가 '열광했다'고 하겠지. 하지만 분명히 말하겠는데 전혀 그렇지 않아. 그를 향한 경탄이 나를 그의 잘못에 대해서 눈멀게 만들지는 못해. 그리고 그는 잘못이 적지 않아.' 하지만 그는 나를 사랑하고 있고, 이 사랑은 내가 지금까지 가졌던 것 중에서 가장 소중한 것이라고 느낀다. 우리가 오늘 헤어진다고 해도 그는 내 삶에서 횃불 노릇을 할 거야. 그 불빛이 언제까지나 눈먼 내 눈을 비춰주겠지. 나를 둘러싼 이 세계와 인간들의 온갖 보잘것없고 좀스러운 모습을 생각하기만 해도 피곤해지는 나의 가련한 눈길을 말이다.

'모르는 여인'의 이 구절들은 발자크의 모든 편지보다 더 정직하다고 할 수 있다. 여자로서 그녀는 그런 천재적인 남자의 사랑을 받는다는 것을 자랑스럽게 느꼈을 것이 분명하다. 그리고 그녀는 편지 왕래의 대상으로서 시간을 초월한 문서를 보관할 수 있게 되고—우크라이나의 이름 없는 영지 소유자, 그 자체로는 별 의미도 없고 생산성도 없는 여자인—그녀 자신도 역사적인 현상이 되는 것이다. 근본적으로 보면 그녀의 태도는 유명한 작가의 구애를 받고 숭배를 받고, 심지어는 압력을 받는 것을 행복과 자랑으로 여기긴 했지만, 그와 사건을 일으킬 만큼 충분한 열정이나 열광적인 사랑을 느끼지 않았던 카스트리 공작부인의 태도와 대단히 비슷하다. 그가 조르면 그녀도 물리쳤다.

우리 사랑하기로 해요! 모든 것을 의미하는 그것을 내게 거부하지 마세요!

그녀는 분명히 돈으로 산 가정교사와 합작해서 남편과 딸 몰래 얼굴을 가리고 발자크의 호텔 방으로 숨어드는 것을 고통스럽고 명예롭지 못한 일이라고 느꼈다. 발자크의 허풍이나 수다가 그녀의 신뢰를 흔들어놓았던 것으로 보이며, 그가 자신의 헌신을 떠들고 돌아다니거나 아니면 문학적으로 이용할지도 몰라서 두려워했다. 그러나 그는 그녀의 헌신은 오

직 자신의 감정, 자신의 감사하는 마음만을 더욱 깊게 만들
것이라고 맹세하였다.

당신은 보게 될 겁니다. 헌신은 사랑을 오직 내면적이고 더욱
강한 것으로 만들 뿐이라는 것을요……. 어떻게 그것을 당신에
게 말해야 할까요. 나는 당신의 가장 낮은 숨결에도 도취하고 만
다는 것을. 그리고 내가 당신을 1천 번을 가진다 하더라도 나는
오직 점점 더 도취될 뿐이라는 것을 말입니다.

그렇게 여러 주가 흘러갔다. 자정부터 정오까지 발자크는
인쇄를 위한 소설을 쓰고, 원한을 품고서 애인에게 마지막
헌신을 거부한 랑제 공작부인을 묘사하였다. 오후에는 다시
자신을 헌신하려 하지 않는 여인의 저항을 깨뜨리려고 애를
썼다.

이번에 발자크의 의지는 열광으로 바뀌었다. 마침내 행운
이 그에게 손짓을 했다. 4주 동안 고집스럽게 저항한 끝에
천사는 남편을 배신하고 라르크 호텔 방으로 슬며시 내려왔
던 것이다.

어제 나는 저녁 내내 '그녀는 내 것!'이라고 말했습니다. 아,
천국에 있는 축복받은 사람들도 어제의 나만큼 행복하지는 않을
것입니다.

발자크가 경험하려고 마음먹었던, 낭만적으로 계획되고
기술적으로 훌륭하게 구성된 연애소설은 이제 절정에 도달

했다. 발자크는 그럴싸하지 않은 일을 현실로 만들었다. 그는 한 번도 보지 못한 상태에서 젊고 부자고 아름다운 귀족 여인을 예상했고 그것이 사실임을 확인했다. 그는 그녀를 알지도 못한 채 그녀에게 애인이 되어주기를 청했고 그녀는 그의 애인이 되었던 것이다. 악마적으로 위대한 그의 의지가 승리하였다. 그는 상상의 사랑을 현실로 만들었다. 그의 삶의 소설은 뜻밖의 등장인물들, 인물 사이의 갈등, 이국적 요소와 그 상황이 《인간희극》 못지않게 풍부한 것이다.

그러나 아직도 소설은 끝나지 않았다. 그것은 오직 최초의 절정에 도달했을 뿐이다. 두 연인 이브와 오노레는 서로를 찾아냈고, 인연을 맺고 사랑과 영원한 정절을 맹세했다. 그러나 이제 어떻게 한다? 자기들의 모험에 사로잡히고 정열에 도취한 이 두 몽상가는 이제 무슨 일을 시작하게 될까? 한스카 부인은 그를 좇아 파리로 가고 사랑하지 않는 늙은 남편을 버릴까? 아니면 시민적인 사고방식에서 합법적으로 오노레 드 발자크의 아내가 되기 위해서 이혼을 요구하고 이 남자의 명예를 얻기 위해서 우크라이나의 성과 그 많은 재산을 포기할까? 단 하루 한 시간도 서로가 없이는 살 수 없을 것처럼 보이는 이 사람들은 앞으로 어떻게 행동할 것인가? 발상이 풍부한 발자크는 어떤 환상적인 해법을 찾아낼 것인가?

그러나 발자크는 다른 모든 일에서와 마찬가지로 삶의 소설에서도 위대한 몽상가일 뿐만 아니라 동시에 확고한 현실주의자였다. 그의 생의 계획에는 처음부터 '여자와 재산'이 들어 있었고, 한스카 부인을 향한 그의 정열에서도 그녀가 바로 귀족 여인이자 백만장자인 한스카 부인이라는 사실보다 그를 더 확고하게 사로잡은 것은 없었다. 그리고 이 '북극성'도 파리의 소시민 아파트에 정착해서 매일같이 밀려드는 빚쟁이들에게 문을 열어줄 생각은 아예 없었다.

이 두 사람은 잘못을 저지른 다음 이혼, 결투, 혹은 그 비슷한 낭만적인 해법을 택하지 않았다. 두 연인 사이에서는 명료하고 거의 사업가 같은 계약이 이루어졌다. 그들은 매일 자기들의 감정과 생활의 사건들을 서로 알리기로 약속하였고, 앞으로 받게 될 편지들을 보관하기 위해서 서로 편지함을 선물하였다. 한스키 씨가 친절하게도 더 이상 방해가 되지 않는 그날이 올 때까지 말이다.

때때로 눈에 띄지 않게 서로 만나려고 애쓸 것이다. 물론 한스카 부인의 사회적인 지위를 위험하게 하지 않고, 어떤 소문이나 추문도 생기지 않는 방법을 써야 한다. 새로운 아벨라르와 새로운 엘로이즈(11, 12세기의 비극적 사랑의 연인들. 그들의 편지가 유명하다. 루소는 이들의 사랑에 빗대어 《새 엘로이즈》라는 서간체 소설을 남겼다 : 역주)는 한스카 부인이 남편의 죽음을 통해서 비예르초브니아의 여주인이 되고 백만장자의 상속을 받자마자 영원히 결합될 것이다.

감상적인 사람들은 그토록 감정을 소모한 다음 이루어진 이러한 형태의 약속을 보고 냉정하고 계산적이라고 생각할지도 모른다. 그러나 발자크는 도취 한가운데서도 이런 해결 방식에서 어떤 고통도 느끼지 않았다. 그에게 한두 해란 대체 무슨 의미가 있단 말인가? 그는 까다롭고 병든 남편이 오래 살지는 못할 것이라고 생각했다. 그의 낙관주의, 흔들리

지 않는 낙관주의는 기적이 한 번 일어났으니 다른 기적이
또 일어날 것이라고 여겼다. 그래서 그는 자기들의 생각 속
에서는 이미 매장된 거나 마찬가지인, 아무것도 모르는 남편
의 손을 잡고 충심으로 악수하고 그의 친절함과 여러 가지
값진 선물에 대해 감사하였다. 그런 다음 한스카 부인은 남
편과 아이와 온 가족과 더불어 이탈리아로 유람 여행을 떠나
고 발자크는 파리의 자기 책상 앞으로 돌아갔다.

제3장
빈에서의 이별

발자크는 완전히 새로운 기분으로, 열광해서, 그리고 전보다 더욱 에너지에 넘쳐서 파리로 돌아왔다. 그는 패배에 대해서 복수를 했고, 남자로서 처음으로 진지하게 저항하는 여자의 의지를 꺾고 자기 것으로 삼았다. 그의 용기, 그의 힘이 지금 이 순간보다 더 컸던 적은 없었다. 처음으로 그는 과격한 날씨 변화와 파국에 의해 끊임없이 위협을 당하는, 여전히 불안한 자신의 존재에 질서를 주었다. 역동적인 본성의 성향에 맞게 그의 삶은 마지막 순간까지 '급류와 같은 삶'이 되지 않을 수 없었다. 그러나 거품을 일으키며 요란하게 끓어오르는 이 격렬한 흐름은 적이도 하나의 뚜렷한 목표와 분명한 방향을 지니게 되었다.

이 순간부터 발자크는 그에게만 독특한 에너지, 자신을 거스르고 건강과 안락을 짓밟는 에너지를 가지고 추구할 뚜렷한 삶의 계획을 갖게 된 것이다. 그는 10년 동안 《인간희극》을 완성하려고 마음먹은 것이다. 그것은 세기의 가장 대담한 작품으로서, 정상적인 사람 열 명의 필생의 작업량에 해당할 만한 것이었다. 그리고 그는 자신의 감각성을 만족시켜주고, 높은 태생으로 자신의 사회적인 허영심을 만족시키고, 엄청난 재산으로 출판업자, 신문, 그리고 참을 수 없도록 생산을 강요하는 이 모든 것으로부터 자신을 독립시켜줄 이 여인을 아내로 삼을 생각이었다.

악의 없이 떠벌리기를 좋아하고 굉장히 허풍스러운 겉모습 뒤에서 실제로는 무엇이든 가장 안전하게 숨길 줄 알았다는 것은 발자크의 천재적인 전략이었다. 그가 엄청난 원고료를 떠벌린다면, 그것은 대개 자기가 얼마나 많은 빚을 지고 있는지 숨기기 위해서였다. 조끼에 황금 단추를 매달고 자가용 마차를 소유하고 있다면 빵집 주인에게 몇 달치 빵값을 빚지고 있다는 사실을 숨기기 위해서였다. 고티에와 조르주 상드를 상대로, 작가는 절대적 순결을 지킴으로써만 자기 작품에 불꽃과 긴장감을 줄 수 있다고 감동적인 근거를 대며 증명해 보였다면 실은 남몰래 자기를 찾아오는 여자들이 의심받지 않도록 보호하기 위해서였다.

다른 낭만주의자들이 연애사건을 자랑스럽게 내보이고, 독자층 전체에게 미리, 도중, 끝나는 순간의 모든 단계에서 자신들의—가능한 한 연극적인—사랑의 드라마를 알려주기 위해 갖은 궁리를 다하던 그런 시기에 발자크는 모범적으로 신의를 지켰다. 그가 '모르는 여인'을 직접 대면한 이 순간부터 그는 가장 가까운 사람들에게도 그녀에 대해서 완전하게 침묵을 지킨다.

첫 도취의 순간에 누이에게 써보낸 편지를 빼고는 누구에게도 그녀의 이름을 말하지 않았다. 한때 '러시아 혹은 폴란드 공주'에게 보내는 '신적인 편지'를 써야만 했던 쥘마 카로는 그녀에 대해 다시는 그 어떤 언급도 듣지 못했으며, 드베르니 부인이나 카스트리 부인은 더욱더 못 들었다. 그는 그녀의 모든 편지를 편지함에 보관하고, 그 열쇠는 언제나 지니고 다녔다. 〈세라피타〉를 헌정했지만 그것은 문학적으로 잘 은폐되었고 열 명 가량의 공작들, 백작들, 외국의 귀족들과 귀족 여인들 사이에 섞여서 전혀 이상하게 보이지 않았다. 10년 동안이나 가장 가까운 벗들조차 한스카 부인의 존재에 대해서는 전혀 짐작도 못했다. 자랑스럽고 승리감에 넘쳐서 《인간희극》으로 세계를 정복하겠다고 알리는 동안에도 그는 능숙하고도 성공적으로 이 여자의 존재에 대해서는 끈질기게 침묵했다. 그녀는 이제부터 그의 모든 고백을 받고, 그의 모든 원고를 보관하고, 그를 '노예선'에서 해방시켜서 독립적으로 만들어주도록 그의 선택을 받은 사람이었다.

그는 제네바에서 돌아오자마자 즉시 베르니 부인을 찾아갔지만 그녀에게는 특히 한 마디도 말하지 않았다. 딜렉타는 그가 (그 자신의 말을 빌자면) '더 우선순위의 딜렉타(predilecta)'를 골랐다는 사실을 알아서는 안 된다. 그녀를 보호하고 마지막 순간까지 그녀만이 자기가 비밀을 털어놓는 유일한 사람이라는 착각을 갖도록 해야 한다는 사실을 그는 알고 있었다. 베르니 부인의 건강이 빠른 속도로 나빠지고 있었고 의사들은 발자크에게 그녀가 오래 살지 못할 것이라고 분명하게 경고하고 있었기 때문이다. 이 나이 들고 쇠약한 여인이 얼마 전까지만 해도 자신의 애인이었다는 사실이 그로서는 거의 이해할 수 없게 여겨졌다.

　그녀가 다시 건강해지더라도—나도 그것을 바라지만—나이 속에 스며든 그 슬픈 변화를 함께 바라보아야 한다는 것은 분명 고통스러운 일이 될 것입니다. 마치 자연이 한꺼번에, 단번에 복수하려는 것 같아요. 이 여인이 삶과 시간의 법칙에 맞서 저항한 그 긴 항의에 대해서 말이죠.

　그것은 상징과도 같았다. 태양이 떠오르는 순간에 달은 빛을 잃는다. 발자크가 한 여인을 자기 생애의 유일한 주인으로 만들려고 결심한 순간에 그에게 모든 것을 바쳤던 또 다른 여인이 죽어가고 있었다.

　어쩌면 제네바에서 보낸 나날들 직후에 발자크가 베르니 부인을 찾아간 것은 남모르는 죄책감 때문이었는지도 모른다. 그것은 긴장을 겪고 난 다음에 찾아오는 평화의 순간이었다. 그는 한 번 더 그녀 곁에서 과거를 돌아보고, 그녀의 안내를 받으며 자기가 걸었던 그 어둡고, 구부러진 돌투성이 가시밭길을 돌아볼 수 있었다. 그러나 마침내 자유와 명성과 부와 불멸성으로 안내해줄 새로운 길을 가야 할 순간이었다. 기운을 찾고, 긴장을 풀고, 굳게 결심하고 발자크는 일에 뛰어들었다.

　어쩌면 그는 끊임없이 과도한 압력 아래서, 밸브가 터질 정도로 과열된 생존방식을 가졌지만, 제네바에서 돌아온 다음처럼 그렇게 많이, 그렇게 잘, 그렇게 행복하고 영광에 싸여 일해본 적은 없었다. 그것은 최초의 진정하게 남자다운 승리에서였을까, 이 여인에게, 그녀가 가치있는 사람에게 자신을 내주고 장래를 약속했다는 사실을 보여주려는 의지에서였을까, 아니면 이해 안으로 위대한 스타일을 유지하면서 '사랑의 아내'가 우크라이나의 어둠의 왕국 속으로 사라지기 전에 한 번 더 그녀를 만나러 갈 돈을 벌려는 실제적인 욕망에서였을까? 어쨌든 발자크 자신은 그 거인 같은 업적으로 보아 이 한 해만큼 그렇게 많은 일을 해치운 적은 없었다. 의사들은 불안한 심정으로 그에게 자신을 아끼라고 충고하였다. 그 자신도 여러 번이나 붕괴에 대한 두려움을 표현하였다.

나는 몸이 떨리기 시작했어요. 이 작업의 건물을 세우기도 전에 피로, 탈진, 무기력이 나를 사로잡을까 봐 두렵습니다.

그러나 그는 한 작품 한 작품 계속 써나갔고, 때로는 한꺼번에 나란히 두 가지를 쓰기도 했다. 게다가 대체 어떤 작품들이란 말인가!

내 상상력이 이렇게 다양한 영역에서 움직인 적은 한 번도 없었습니다.

일년 안에 그는 〈랑제 공작부인〉을 완성했고, '1백 일 밤 안에' 그러니까 6월부터 9월까지 〈절대의 탐구〉를 썼고, 동시에 10월에는 〈세라피타〉의 시작부분을, 11월에는 40일 만에 그의 불멸의 걸작인 〈고리오 영감〉을, 12월과 다음 몇 달 동안에 〈바닷가의 연극(Un Drame au bord de la mer)〉, 〈황금 눈을 가진 아가씨(La Fille aux yeux d'or)〉, 〈어리광쟁이 멜못(Melmoth réconcilié)〉, 〈서른 살의 여자〉의 새로운 부분들을 썼고, 머릿속으로는 〈세자르 비로토〉와 〈골짜기의 백합〉을 구상하고 있었다. 불가능한 일이라고 말할지도 모르지만, 발자크에게는 불가능한 것이 가능했을 뿐더러 그 이상이었다. 이 시기에 그는 이전의 소설들을 고쳤다. 〈올빼미 당〉, 〈마법 가죽〉, 〈샤베르 대령〉 등에 새로운 형태를 부여하고 쥘 상도(Jules Sandeau)와 더불어 희곡 작품을 시작하였다. 그리고 〈19세기 프랑스 작가들에게 보내는 편지(Lettres aux écrivains français du 19ème siècle)〉를 썼으며, 출판사들과 싸우고, 그밖에도 충실하고 정확하게 150페이지에 이르는 편지와 일기를 '사랑의 아내'에게 써보냈다.

문학의 시시포스인 발자크가 그렇게 매일 노동이라는 돌을 굴려올리는 동안 한스카 부인은 이탈리아에서 이상적인 무위의 시간을 보냈다. 그들 일가는 쾌적한 호텔에서 다른 호텔로 옮겨다녔으며, 한스카 부인은 산책하고 이리저리 배회하고 초상화를 위해 포즈를 취하고, 가게의 물건들을 싹쓸이로 사들였다. 지금까지 러시아 경계 바깥에 나가본 적이 없는, 교양을 갖춘 여인에게 베네치아, 피렌체, 나폴리 등을 체험한다는 것이 얼마나 대단한 일이었겠는가 이해할 수 있다.

발자크에게 없는 모든 것을 그녀는 풍성하게 가지고 있었

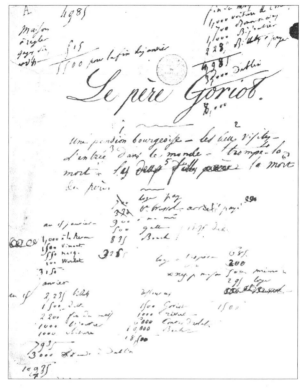

발자크의 계산이 함께 들어 있는 〈고리오 영감〉의 자필 원고 첫번째 페이지. 시간이 곧 돈을 의미했던 발자크는 불멸의 걸작인 〈고리오 영감〉을 40일 만에 썼다.

다. 그녀는 시간이 있었고, 여유가 있었고, 기쁨이 있었고, 돈이 있었다. 편지 왕래를 통해서 그녀가 자신의 위대한 애인을 위해서 이 달콤한 무위를 중단하고 그의 팔로 돌아가고 싶어했다는 흔적은 조금도 찾아볼 수 없다. 그와는 반대로 이 관계에서 한스카 부인은 발자크라는 사람보다는 그의 편지들을 더 소중하게 여긴 것 같다는 느낌을 완전히 떨쳐버릴 수 없다. 그녀는 그에게 끊임없이 이 공물을 요구했다. 그녀 자신은 아무것도 안 하고 한가롭게 보내면서—발자크가 얼마나 자주 탄식하고 있는가—아주 불규칙하고 드물게만 그의 엄청난 노력에 답장을 보냈다. 일년이나 여행하는 동안 이 여인은 머무는 곳마다 충실하고 고분고분한 노예의 편지들을 받을 수 있었다.

물론 이 편지들의 형식과 음률은 이제 완전히 달라졌다. 비예르초브니아나 뇌샤텔, 혹은 제네바로 보낸 것 같은 비밀 편지 교환이 더는 가능하지 않았던 모양이다. 우체국 유치(留置) 우편으로 보내는 편지들에 대한 이탈리아 검열을 의식해서였든, 아니면 파리에서 스위스 가정교사에게 너무 많은 편지가 온다는 것이 한스키 씨처럼 무심하고 태평스런 남편에게도 너무 이상하게 보였기 때문이든 이유야 무엇이었든 말이다. 그래서 발자크는 편지들을 공식적으로 한스카 부인에게 보냈다. 그리고 한스키 씨도 함께 읽을 수 있도록 써 보냈다. 그러니까 친근한 '너'가 아니라 존경심을 나타내는 '당신'을, '하늘의 천사'니, '사랑의 아내'가 아니라 '마담'이라는 표현을 썼으며, 그녀는 언제나 '우크라이나의 장군'과 안나와 보렐 양, 그리고 온 가족에게 인사를 전해달라는 부탁을 받곤 했다. 영원한 사랑의 맹세도 없었고, 마음이 놓이는 일이지만 '노예'의 어법도 없어졌다. 발자크는 제네바에서 몇 주를 보내면서 오로지 문학적인 관심만 가진, 문학비판에서 잘못이 없고, 그래서 무한히 존경하는 친구를 찾아낸 것처럼, 그래서 자신의 생활의 온갖 세부사항까지도 보고할 의무를 느낀 것처럼 편지를 써보냈다. 제네바에서 보낸 몇 주 동안 그가 온 가족에게 정말 마음이 끌렸고, 그래서 편지로나마 그들과 계속 이야기할 필요성이 있다는 인상을 불러일으켜야만 했다.

발자크는 언뜻 보기에 수다스러울 뿐인 구절들 사이로 오직 그녀만 이해할 수 있는 작은 암호들을 끼워넣었는데, 그런 일을 위해서는 대단한 작가일 필요도 없었을 것이다. 스위스 풍경들에 대한 정열을 고백하면 그녀는 이 추억으로 누구를 생각하는 것인지 잘 알아들었다. 그래서 비밀과 위험을 담고 있는 유혹적인 유희가 그녀에게 다시 한 번 제안되었다.

이탈리아로, 그리고 나중에는 빈으로 보낸 이 편지들은 한스키 씨를 그들의 우정이 순수하게 정신적이고 문학적인 형식을 가진 것이라는 망상에 붙잡아두기 위해서만 쓰인 것은 아니었다. 그것은 한스카 부인에게 그녀는 아직도 자신의 유일한 사랑이고, 이렇게 멀리서도 자기는 변함없이 충성을 다하고 있다는 사실을 보여주기 위한 것이기도 했다. 아직 살아 있는 남편을 뛰어넘은 이 기묘한 결혼약속을 하면서 한스카 부인은 옛날의 '순결' 상태로 되돌아가라고 요구했든지, 아니면 습관이 된 대담성으로 발자크가 그녀에게 그런 약속을 했다.

어쨌든 발자크의 편지들은 자기가 얼마나 고독하게 홀로 세상에서 멀리 떨어져서 밤들과 낮들을 보내고 있는가를 맹세하는 문구로 가득하다. 몇 번이고 그는 자신의 '수도승 같은 생활'을 보고하면서 이렇게 맹세하고 있다. "이보다 더한 고독은 일찍이 존재한 적이 없습니다."라거나, "나는 바다 속에 있는 암벽처럼 고독합니다. 나의 영원한 노동은 인간의 취향은 아니니까요."라거나, "나는 여기 앉아 있습니다. 한 여인이 사랑을 그리워하며 홀로 있듯이 그렇게 말입니다."

그러나 불행한 일이었지만 한스카 부인은 그의 맹세를 조금도 믿으려 하지 않았다. 영리하고 날카롭게 관찰하는 그녀는 발자크가 미리 편지에 그려 보였던 낭만적이고 정열적인 자화상과는 얼마나 닮지 않았는지를 제네바에서 알게 되었다. 그녀는 그의 상상력이 언제나 그의 의지에 따른다는 것을 알았다. 그리고 생각 없이 이야기를 꾸며내는 이 사람이 거짓말하는 것을 분명 열 번 이상이나 보았다. 그리고 어쩌면 제네바의 호텔 방에서 단둘이 만났을 때 그는 수줍고 경험 없고 사랑에 거의 익숙하지 않은 금욕주의자와는 완전히 다른 모습을 보였을 것이다.

그밖에도 상당히 정확한 소식통이 그의 등뒤에서 활동하고 있었던 것으로 보인다. 한스카 부인은 그가 제네바를 떠날 때 몇 명의 러시아와 폴란드 귀족들에게 보내는 추천장을 써주었는데 아무런 속셈이 없는 일은 아니었던 모양이다. 이들 포토키 혹은 키셀레프 등의 사람들로부터, 그가 정말로 병든 베르니 부인에 대한 슬픔과 노동의 고독 속에서만 시간을 보낸다는 것을 의심할 만한 소식들이 왔던 것이 분명하다.

발자크는 파리에서는 너무 잘 알려져 있었기 때문에 한 주에 두 번이나 '티그르 특별석'에, 그것도 언제나 대단히 아름답고 유명한 귀족 여인의 그늘 속에 앉아 있는 모습을 들키지 않을 수 없었다. 게다가 이 '가련한 갈레 선의 노예'가 카시니 거리에 있는 아파트 말고 바타유 거리에 또 다른 아파트가 있다는 사실, 그가 파리의 일급 금세공사에게서 7백 프랑을 주고 저 유명한 지팡이를 샀다는 것, 그 지팡이에 대해서는 그 자신도 고백하고 있다시피 그의 모든 작품에 대해서보다 더 많은 논란이 있었다는 것도 감추어둘 수만은 없다.

한스카 부인은 자기는 속을 만큼 단순하지는 않다고 암시했던 모양이다. 발자크가 분명히 당황하고 있기 때문이다. 그는 거듭해서—공식적인 편지에서 우정을 맹세한 것이지만 그녀만은 한 가지 뜻으로 해석할 수 있는— '지속성이 없다거나 성실하지 못하다는 것은 내 본질과는 어울리지 않는다'고 확인하곤 했다. 화려한 방어동작으로 그녀에게 그 어떤 부담스런 사실이 알려질 경우에 대비하려고 했다. "자기들이 내게 중요한 존재이며, 내게로 찾아온다고 자랑하고 다니는 여자들이 있기는 합니다." 그러나 그 모든 것은 거짓이며 비방이고 과장이라는 것이다. 자신의 가장 깊은 고독감에서 "내게는 없지만 당신이 아주 잘 아시는 시의 방식에 따라 한숨을 쉬면서" ('그녀는 이것을 잘 이해하리라'는 〈피가로〉의 아리아가 생각난다) 자기는 다시 음악에 빠져들었다는 것이다.

아니, 그것은 사교계나 세상과는 아무 상관도 없다는 것이
다.

음악을 듣는 것. 그것은 사랑의 대상을 더욱더 내면적으로 사
랑하는 것입니다. 그것은 즐거운 마음으로 남모르는 자신의 그
리움을 생각하는 일이지요. 사랑하는 눈길을 들여다보는 것이며
사랑하는 목소리를 듣는 것입니다.

그러나 '성의 여주인'은 '노예'의 말을 믿지 않았다. 그가
그토록 훌륭하게 모든 것을 설명하는데도 불구하고, 아니면
바로 그렇기 때문에. 발자크와의 관계는 오로지 신뢰를 통해
서만 가능한 것이었기 때문에—귀족 여인으로서 한스카 부
인에게는 그가 비밀을 누설하는 일보다 더 두려운 것은 없었
다—어떤 조심성이 그녀 쪽에서 나타났던 것으로 보인다. 그
것은 발자크를 조바심나게 만들었다.

여름이 끝나면서 이탈리아 여행도 끝났다. 일가는 빈으로
가서 겨울을 보낼 예정이었다. 봄이면 한스키 씨는 아내를
다시 문명세계 끝에 있는 저주받은 성으로 데려갈 것이고,
그러면 발자크의 하늘에 떠 있는 이 희망의 별 북극성은 사
라지고 만다. 그러므로 다시 만나서 내면의 관계를 새롭게
만들고, 불붙이고, 피를 통하게 하는 일이 꼭 필요했다. 그는
한 번 얻은 여인을 다시 잃어버리고 싶지 않았다. 삶을 위한
거대한 게임에서 얻은 가장 좋은 패를 다시 내놓을 수는 없
었다.

그러니 빈으로 가자! 핑계는 쉽게 만들어낼 수 있었다. 그

는 모든 친구들과 한스키 씨에게도 여러 해 전부터 구상해온 소설 〈전투(La Bataille)〉를 위해서 아스퍼른과 바그람의 전쟁터를 꼭 보아야 한다고 말했다. 어쨌든 가을이 지나가고 겨울도 지나갔다. 발자크는 여행할 수가 없었다. 여러 가지 모습을 하고 있었지만 이유는 언제나 한 가지였다. 끝내지 못한 소설, 우선 꼭 필요한 원고료, 혹은 새로 더 많이 빌리기 위해서 갚아야 할 빚 등이었다. 그러나 자기가 나타나서 옛날의 불꽃을 일으키기도 전에 어느 정도 꺼져가는 불꽃을 식지 않게 하려고 그는 편지에 편지를 연달아 보내고 곧 함께 있게 되리라고 거듭 위로를 보냈다.

불행한 우연이 이 만남을 영원히 불가능하게 만들 뻔했다. 7월 말에 한스키 일가는 빈으로 돌아왔다. 지난 해 그곳으로 몰래 보낸 편지들이 아무 문제 없이 잘 작동했으므로 발자크는 그렇게 여러 달이나 체념의 세월을 보낸 다음에 남편을 독자로 삼지 않은 불 같은 편지를 한스카 부인 앞으로 우체국 유치로 보내도 좋을 것이라고 여겼다. 이번에는 '부인'도 아니고 관례적인 '당신'도 아니었고, '장군'인 한스키 씨를 생각하지도 않았으며, 세베린 양과 앙리에트 보렐 양에게 인사를 보내지도 않고 타오르는 열정의 급류만 들어 있는 편지였다.

오 나의 천사, 나의 사랑, 나의 생명, 나의 행복, 나의 보물, 나의 가장 소중한 이여, 이 강요된 절제는 얼마나 끔찍한지요! 당신에게 이제 마음을 열고 편지를 쓸 수 있다니 얼마나 기쁜지요.

발자크의 광적인 이 편지는 이렇게 시작된다. 그것은 기쁨과 동경으로 가득 차서 그가 8월 10일에 빈 근처의 바덴으로 한스키 일가를 향해 여행을 떠나리라는 사실을 알리고 있다.

바람처럼 나는 당신에게 달려갈 겁니다, 언제인지 미리 말할 수는 없지만요. 그곳으로 가기 위해서는 우선 거인적인 노력을 해야 하니까요. 그러나 초인적인 힘으로 당신을 사랑합니다.

'여섯 달 동안의 그리움과 막혔던 사랑' 끝에 그는 마침내 "신처럼 숭배하는 이마에 키스하고 사랑스런 머리카락을 느끼고" 싶었다. 그녀와 사흘 동안만 함께 보낸다면 자기에게는 '1천 년 동안이나 생명과 힘'이 될 것이다.

그러나 '사랑스런 흰 고양이' 혹은 그와 비슷한 다른 친근한 표현들로 불리는 여인에게 보낸 이 편지는 그때까지 전혀 아무것도 몰랐던 한스키 씨의 손으로 들어갔다. 그리고 대단한 장면이 벌어졌던 것 같다. 그것에 대해서는 알려진 것이 없다. 어쨌든 그 사이에 경제적인 어려움으로 해서 출발을 뒤로 미룬 발자크는 갑자기 펜을 들고 한스키 씨에게 무엇 때문에 자기가 한스카 부인에게 그렇게 엄청난 오해를 불러일으킨 사랑의 선언을 보냈는지 설명하고 있다. 아주 분명하게 드러난 사실을 앞에 놓고 그것은 쉬운 일이 아니었다.

그러나 그럴싸하지 않다는 것을 전혀 두려워하지 않는, 창의적인 힘을 가진 이 소설가는 힘들이지 않고 그럴싸한 이야기를 꾸며냈다. 한스카 부인과의 맨 처음 편지 교환이 이루어질 때, 여러 가지 영혼의 상태에 따라서 여러 가지 서체를 쓴다고 거짓말을 했던 것처럼, 화가 잔뜩 난 애인의 남편에게 아주 뻔뻔스럽게 멀쩡한 이야기를 만들어냈다. 한스카 부인은 "내가 아는 한 가장 순수한 존재이고, 완전히 어린아이이며, 가장 진지하고 기지가 번득이며 성스럽고 철학적인 인간"인데 어느 날 저녁에 자기에게 웃으면서 '진짜 연애편지는 어떤지 한 번 보고 싶다'고 말했다는 것이다. 자기는 웃으면서 '그러니까 마리 드 베르뇌유에게 보내는 드 몽토랑의 편지 같은 것 말이지요' 하고 대답했다. 그것은 자기 소설 〈올빼미 당〉에 나오는 두 주인공의 편지 스타일을 뜻하는 것이었고 자기들은 순수한 뜻으로 농담을 했던 것뿐이다. 저 대담한 농담을 기억하면서 한스카 부인은 트리에스테에서 자기에게 '마리 드 베르뇌유를 잊으셨나요?'라고 써보냈다. 그러자 자기가 진짜 연애편지를 그녀에게 보여주려고 했다는 사실이 기억이 났고, 이 두 통의 편지를 빈으로 보냈다. 그 편지들이 아마도 한스키 씨를 대단히 놀라고 분통 터지게 만든 것 같다.

이런 설명이 지성을 갖춘 사람에게 믿을 만한 것으로 받아들여질 것이라고 기대한다면 너무나 어리석은 사람일 것이다. 그러나 발자크의 다음 전략은 훨씬 더 교묘한 것이었다. 한스카 부인이 첫 번째 편지를 받은 직후에—그러니까 한스키 씨가 저 말썽 많은 두 통의 편지를 찾아내기도 전에—화가 잔뜩 나서 자기에게 답장을 보냈다는 것이다.

당신은 내가 이 어리석은 장난의 결과를 보고 얼마나 참담한 느낌이었는지 상상도 못하실 것입니다. 그녀는 첫 번째 장난 편지에 대해 극단적인 냉혹함으로 답장을 써보내서, 나는 그녀에게 다시는 편지를 쓰지 못했습니다!

그러니까 기만당한 남편에게 자기가 그를 속였다고 공개적으로 고백하거나, 아니면 이번에 일어난 오해에 대해서 사과를 하는 대신에 발자크는—이것은 정말이지 천재적인 전환점이었다—신사인 한스키 씨에게, 그가 자기 편이 되어서 아무것도 모르는 순진하고, 가까이할 수 없는 한스카 부인이 자기에게 품은 노여움을 푸는 일을 도와주십사고 간청한 것이다. 한스카 부인이 베르뇌유 부인의 편지를 두고 농담한 일을 잊어버렸다는 사실은—이상한 논리다!—자기가 그녀에게 하나의 시범으로 보낸 연애편지를 읽는 것조차도 적절하지 않다고 여긴다는 사실을 입증한다는 것이다.

한스카 부인의 용서는 내가 얼마나 어리석은 행동을 했는지, 그녀가 얼마나 성스런 여인인지를 고귀하게 입증해줄 것입니다. 그것은 내게 위안을 줄 것입니다.

한스키 씨가 ("어쩌면 이미 놓쳐버린 우정이 아직도 유효한 것이라면") 너그러운 중재자가 되어서 한스카 부인께 자신의 《풍속 연구》의 세 번째 책과 그 원고를 전해달라고 부탁했다. 그녀나 그가 무가치한 장난꾼인 자기에게서 아직도 우정의 표지를 받아들이는 일이 관습에 어긋난다고 여기지 않으신다면 말이다.

그럴 경우에는 이 책들과 원고들을 태워버리십시오.

한스카 부인이 자기에게 대사면을 허락한다고 해도 그 자신은 이 고결한 영혼을 단 한 순간이라도 화나게 했거나, 아니면 모욕했다는 사실을 스스로 용서할 수 없을 것이라고 했다.

내가 당신을 보지 못한다면 그것은 분명 나의 운명입니다. 나는 그 일을 얼마나 후회하는지 말씀드리고 싶어요. 그토록 심정적인 관계는 많지 않기 때문에 나는 이것을 잃어버린다면 눈물을 흘리지 않을 수 없을 것입니다.

남편에게 사죄하기는커녕 발자크는 경탄을 불러일으키는 교묘함으로 기만당한 남편이 자기 아내와 제발 앞으로도 편지 왕래를 계속해달라고, 손상받지 않은 우정을 계속하라고 간청하도록 만들었다.

한스키 씨가 정말로 어린애 같은 사람이어서 발자크의 기묘한 설명을 믿은 것일까? 아니면 그는 어차피 몇 달 있으면 자기 아내와 그 애인 사이에는 다시 엄청난 거리가 가로놓인다는 사실을 의식하면서 철학적으로 자신을 위로했을까? 아니면―이것이 가장 그럴싸하다―한스카 부인이 이 소중한 편지 왕래와 '불멸의 애인' 노릇을 포기하고 싶지 않아서 그에게 양보하라고 졸랐던 것일까? 우리는 이 두 사람이 발자크가 꾸며낸 희극을 믿는 척했다는 사실을 알 뿐이다. 한스키 씨는 발자크에게 (유감스럽게도 전해지지 않는) 편지를 썼

고, 한스카 부인은 죄인을 너그럽게 용서했다. 한 달 뒤에는
발자크가 이렇게 쓰고 있기 때문이다.

우리의 편지 왕래를 다시 시작합니다. 당신의 아름다움(아름
다움의 머리글자 B를 대문자로 씁니다. 당신의 고귀함, 너그러
움, 성스러움, 탁월함, 당당함도 마찬가지입니다)의 서열에 맞게
말입니다. 아름다움은 이 모든 것을 포괄하는 것이지요.

가련한 노예는 적절하게 오랫동안 먼지 속을 뒹굴고 나서
비예르츠브니아 성의 주인과 여주인에게서 은사를 받았다.
그는 높으신 나으리들을 다시 편지로 즐겁게 해드리고 고귀
한 여주인께는 자신의 하찮은 삶의 사건들을 이야기할 수 있
게 되었다. 그리고 한스키 일가가 다시 우크라이나로 돌아가
기 전에 빈에서 옛날처럼 다시 겸손한 시중을 들어도 좋다는
허락까지 받았다.

우리가 알 듯이 전혀 오해가 아니었던 이 오해 사건은 겉
으로는 해명되었다. 발자크는 이제 빈으로 떠날 수 있게 되
었고 떠날 참이었다. 그러나 11월, 12월, 1월, 2월, 3월, 4
월이 가도 언제나 다시 새로운 방해물이, 아니면 가장 큰 방
해물이 그대로 있었다. 여행할 돈이 없었던 것이다. 그는 노
동의 거인인 자기 자신조차도 믿을 수 없을 정도로 집중력을
가지고 끈질기게 일했다. 불멸의 걸작인 〈고리오 영감〉과 다
른 소설들, 몇 개의 단편소설들을 완성했고, 그럼으로써 지
금까지 이룬 것 중에서 최고의 성공과 가장 넉넉한 사례비를

받았다.

그러나 글을 쓰는 손인 오른손이 끈질기게 도취된 듯이 빠른 속도로 일한 것을, 낭비하는 손인 왼손이 마구잡이로 없애버렸다. 한스카 부인에게 보낸 편지들에 따르면 그 자신을 위한 것이 아니라 쥘 상도를 위한 새 아파트와 그 설비를 위한 돈은 겨우 극히 적은 일부만 지불되었다. 보석 세공사, 재단사, 실내장식가들이 〈고리오 영감〉과 기품있는 〈세라피타〉의 수입을 미리 나누어가졌다. '다섯 달 동안 정도를 벗어난 과도한 노동'을 통해서 한 달 동안의 자유시간을 얻으려고 했던 발자크의 계산은 다시 빗나갔고, 그래서 그는 이렇게 고백해야 했다.

나는 극히 의기소침해집니다. 그토록 잔인하게 노예처럼 빚더미에 묶여서 이 장소를 떠날 수도 없다니, 나 자신에 대한 자유조차 없다니 말입니다.

그러나 초조해진 것은 한스카 부인이었던 것으로 보인다. 그녀는 굉장히 애를 써서만 영지로 돌아가려는 한스키 씨를 붙잡아서 온갖 핑계를 다 대고 봄이 오기까지 빈에 머물 수 있었다. 4월이 마지막 기한이었지만 발자크가 〈세라피타〉를 끝낸 직후에 그녀에게 줄 원고를 가지고 여행마차에 오르겠다는 말을 믿고서 5월까지 체류를 연장하였다. 계속 새로운 이유와 망설임을 만들어내는 이 믿을 수 없는 사람을 그 이상 기다리는 일은 불가능했다. 발자크가 이번에도 오지 않으면 소설은 아마도 영원히 막을 내리게 될 것이다.

발자크는 더는 기다리게 만들 수 없다는 사실을 깨달았다. 한스키 씨가 죽은 다음 그녀와 결혼하는 것이 자기 삶에서 가장 결정적인 기회라고 여겼기 때문에 그는 어떤 노력도 마다할 수 없는 처지였다. 〈세라피타〉는 팔리고 미리 저당잡혀 있었지만 아직도 끝마치지 못했다. 그러나 그런 것은 아무래도 좋았다. 빈에서 끝낼 수 있을 것이다. 돈이 없었지만 그것도 그를 가로막지 못했다. 카시니 거리에 있는 아파트의 모든 은제 식기들을 공립 전당포로 보내고, 출판사와 신문사에서 대부를 얻고 새로운 어음에 서명을 했다. 5월 9일에 그는 파리를 떠나 16일에 빈에 도착하였다.

발자크의 빈 여행은 이 천재의 성격을 한층 더 깊이 있게 들여다볼 수 있게 해준다. 가장 잘 조직되고 위대한 두뇌라도 얼마만큼이나 어리석음을 범할 수 있는지 이보다 더 완벽한 예를 찾아보기 어려울 정도다. 강한 빛은 강렬한 그림자를 만들어낸다. 정상적인 사람에게서라면 눈에 띄지 않거나 아니면 선량한 미소로 지나쳐버릴 수도 있을 약점이나 어리석음이라도, 세계에 대한 지식이라는 측면에서 셰익스피어에 견줄 만한 발자크의 경우에는 거의 기묘한 것으로 보인다.

그는 〈고리오 영감〉으로 예술가로는 그 누구보다도 뛰어나다는 것을 보여주었다. 지금까지 측량할 수 없는 그의 작업량에서만 불안감을 느끼던 가장 악의적인 적대자들도 이제는 원치 않더라도 그의 천재성에 경의를 보내지 않을 수 없었다. 독자들은 그를 존경하였고 출판사와 신문들은 발자크라는 이름의 매력을 깨달았다. 그의 소설을 연재한다는 광고만 나가도 발행 부수가 올라갔다. 모든 도시들, 온갖 나라들에서 찬탄이 쏟아져나왔다. 발자크는 자기가 유럽의 어떤 영주와도 맞먹는 거대한 권력자가 되었다는 것을 몰랐을 리가 없다.

그러나―그리고 이 점에서 발자크의 빛나는 두뇌에 깃든 그림자가 드러난다―그 모든 명성, 세계사적인 업적을 이루었다는 의식을 가지고도 발자크는 여전히 어린애 같은 명예욕에 사로잡혀 있었다. 자기가 갖지 못한 것으로 경탄을 얻으려는 명예욕이었다. 농부의 손자인 그가 귀족으로 평가받으려 했고 빚이 목까지 차오른 그가 부자 행세를 하려고 했다. 그는 한스카 부인이 알려주었기 때문에 빈의 상류사회 전체가 자기를 초조하게 기다리고 있다는 사실을 알고 있었다. 베토벤을 향한 그들의 태도가 보여주듯이 세상에서 탁월하고 독립적인 천재성밖에는 아무것도 존경하지 않는 이들 귀족들과 갑부들을 향해서 그는 귀족의 한 사람으로 등장하겠다는 이해할 수 없는 불행한 야심을 가졌던 것이다.

에스터하지, 슈바르첸베르크, 루보미르스키, 리히텐슈타인 같은 귀족들도 발자크 같은 사람을 가난하고 혹사당한 문사(文士)로만 여겨서는 안 된다. 그래서 발자크는―자기 생각으로―가장 우아하게, 실제로는 가장 졸부 같은 꼴로 치장을 했던 것이다. 〈루이 랑베르〉, 〈고리오 영감〉의 저자가 가장 요란한 장식품들로 단장했다.

파리 전체의 화젯거리 산책용 지팡이, 나의 연금술사들이 특별히 나를 위해서 천문대의 광학기계 제조인에게 부탁해서 만들게 한 아주 특별한 외알 안경, 나아가 푸른색 연미복에 달린 황금 단추들, 요정의 손으로 끝손질을 한 단추들.

물론 제부스카 여백작의 장래 남편이—발자크는 자신의 소망을 벌써 현실로 여겼다—다른 별볼일 없는 사람들처럼 역마차를 타고 빈으로 들어갈 수는 없다. 여행 중에 심지어 후작이라고 자랑하기까지 했던 귀족 드 발자크 씨는 자가용 여행마차를 주문했다. 이 마차는 전혀 그에게 속하지도 않는 당트레그 집안의 문장으로 장식되었다. 그리고 제복 입은 하인도 데리고 갔다. 이것만으로 5천 프랑의 돈을 날려버린 어리석은 행동이었지만, 몹시 화가 나게도 빈에 머무는 동안 그런 헛된 치장은 전혀 주목도 받지 못했다. 전체적으로 3주 동안의 이 여행 경비는—그중의 절반은 다시 호텔의 책상 앞에서, 그리고 1/3은 값비싼 여행마차 속에서 보내야 했다— 1만 5천 프랑이나 들었다. 이 비용을 벌기 위해서 그는 몇백 번의 밤을 다시 파리의 노예선에서 일하며 보내야 할 참이었다.

한스키 일가가 고급 외교구역인 3번 구역에 머물고 있었기 때문에 그들은 발자크를 위해서 이웃한 '황금 배(Zur goldenen Birne)'라는 호텔을 골랐다. 곧 밝혀지지만 그것은 아주 진기한 선택이었다. 왜냐하면 발자크가 잠을 자게 될 침대에서 바로 얼마 전에, 라주모프스키 백작의 비서이며 그의 처제인 룰루 튀어하임 백작부인의 내연의 남편인 샤를 티리온(Charles Thirion)이 자살했는데 오른손에는 권총, 왼

1835년에 크레용으로 발자크와 그의 마부를 그린 익명의 캐리커처. 발자크는 아직 남편이 살아 있는 여인의 약혼자로서 품위를 지키기 위해서 자신의 분수에 맞지 않는 자가용 마차를 주문했다.

손에는 발자크의 소설을 든 모습이었다.

도시 안으로 들어서자마자 발자크는 벌써 자기가 빈에서 얼마나 유명하고 우상화되어 있는지를 경험하였다. 그는 제복 입은 하인이나 가짜 귀족문장 따위는 전혀 필요없었을 것이다. 그가 파리의 생 제르멩 구역에서, 그리고 증오스런 동료들에게서 겪었던 온갖 부당함은 여기서 완전하게 보상되었다. 최고 귀족들이 그를 자기들의 궁으로 맞아들이겠다고 청했다. 제국에서 황제 다음으로 높은 메테르니히 재상, 나폴레옹을 쓰러뜨렸고 유럽 외교계의 최고 신사인(그리고 발자크가 다브란테스 공작부인의 침대에서 그의 후계자가 되었던) 메테르니히가 이 유명한 작가를 자기 집으로 초대하였다. 그자신은 물론 발자크의 작품을 거의 읽지 않았지만 말이다. 메테르니히는 긴 대화에서 그에게 근사한 일화를 들려주었고, 그 일화를 발자크는 뒷날 자신의 희곡인 〈파멜라 지로 (Paméla Giraud)〉의 토대로 이용하였다.

이런 역사적이고 귀족적인 이름들이 발자크의 귀족숭배주의에는 만나와도 같은 것이었지만 그는 모든 초대에 응할 수 없었다. 한스카 부인이 그를 자신의 사교계에 붙잡아두었기 때문이다. 그녀는 가까운 친구들인 폴란드 귀족 루보미르스키와 란스코론스키 등에게만 자신의 동반기사를 빌려주었을 뿐이다. 작가와 학자들 중에서는 근동학자인 하머 푸르크슈탈(Hammer-Purgstall)밖에는 아무도 만나지 않았다. 하머 푸르크슈탈은 그에게 부적(符籍)인 베도우크(Bedouk)를 선물했는데, 발자크는 미신적이고 조심스러운 태도로 일생 동안 그것을 간직하였다. 그밖에는 대단치 않은 작가인 체들리츠 남작을 만났다. 그는 존경하는 유명하고 위대한 발자크에게서 오로지 원고료와 돈 이야기밖에는 듣지 못해서 대단히 실망하고 말았다.

발자크에게 이것은 도취의 나날들이었다. 이 외국에서 그는 처음으로 자기의 문학적인 업적과 지위가 나폴레옹과 맞먹는 승리를 거두었음을 알았고, 그것도 그에게 가장 중요한 사회계층인 고급귀족 사이에서 거둔 승리였다. 그가 경외심을 품고서 말한 이 모든 이름들이 그의 이름 앞에 머리를 굽혔다.

발자크라도 이러한 유혹의 한가운데서 오전 중에 호텔 방에 머물면서 충실하게 작업을 계속해서, 그토록 오묘하고 신비종교적이고 세상과 격리된 〈세라피타〉 같은 작품을 끝마치기란 어려운 노릇이었다. 그런 다음 오후에는 '큰 세계'에서 정선된 연극작품 노릇을 해야 했으니 말이다. 발자크는 여기서 몇 가지 교정작업을 마쳤고, 계획중인 소설 〈전투〉의 메모를 만들기 위해서 아스퍼른과 에슬링겐 전투지역을 방문했다.

그는 많은 시간을 한스카 부인의 수행원 노릇을 하며 보냈다. 그러나 빈은 뇌샤텔이나 제네바처럼 연인끼리의 시간을 만들기에는 유리하지 않았던 것으로 보인다. 편지가 폭로된 사건 이후로 한스카 부인은 극히 조심해야만 했고, 발자크의 명성 자체도 풍속 감시자 노릇을 하였다. 그래서 그는 출발하기 전에 우수에 잠겨서 한스카 부인에게 이렇게 고백했다.

단 한 시간도, 단 1분도 진짜 우리만의 시간이 없었습니다. 나는 이런 방해에 너무나 화가 나서—내 말을 믿어주십시오—출발을 앞당기는 것이 가장 나을 것 같습니다.

이런 '화'보다 발자크의 출발을 결정적으로 앞당긴 더욱 중요한 이유는 물질적인 이유였다. 그는 법을 어기면서 빈에서, 자신의 책을 내는 베르데 출판사에 어음을 끊어주었지만 엉터리 귀족 행세를 한 탓에 돈이 점점 더 궁해졌다. 6월 4일 출발의 순간에 그는 호텔 종업원에게 팁조차 줄 수 없는 상황이었고 비참하게도 한스카 부인에게서 금화 1두카텐을 빌려야만 했다.

그는 무엇을 하든 미친 듯한 속도로 해치웠고 그런 습관대로 조금도 멈추지 않고 단숨에 파리로 돌진해서 7일 만에 돌아왔다. 그는 지금 한스카 부인을 마지막으로 보고 7년 동안이나 그녀를 다시는 보지 못했다. 삶의 소설로 계획된 연애소설의 긴장되고 정열적인 제1부가 끝났다. 문학작품을 쓸 때도 자주 그랬듯이 발자크는 이 작품을 여러 해 동안이나 중단했다. 그 사이에 더 급하고 유혹적인 다른 계획들에 몰두하기 위해서였다.

제4부

소설가 발자크의 영광과 비참

제1장
파국의 해 1836년

　자연상태에서 때때로 두세 개의 뇌우가 사방에서 한 장소로 모여 열 배나 강해져서 그곳에 힘을 풀어놓는 경우가 생기곤 한다. 그렇듯이 발자크가 지나치게 사치스런 마차를 몰고 몰 장식을 단 하인과 함께 빈에서 파리로 돌아오자 사방에서 불행이 그를 덮쳤다. 이제 근심하지 않았던 데 대해서 수많은 근심으로 값을 치러야만 했다. 발자크는 일을 중단하기만 하면 파국이 찾아들곤 하였다. 쇠사슬을 풀고 도주를 감행한 죄수처럼 자유롭게 보낸 한 달에 대해서 그는 다음 한 해를 몽땅 질곡 속에서 보내야만 했다.

　게다가 이번에는 이미 절반쯤 아문 삶의 옛 상처가 다시 불거져 나왔으니 곧 가족 문제였다. 누이인 쉬르빌 부인이 병이 들었고 그녀의 남편은 돈이 궁했다. 어머니 발자크는 잔뜩 신경질적이 되었다. 아무짝에도 쓸모없는, 사랑하는 아들 앙리가 애써서 멀리 해외로 보냈더니 완전히 빈털터리가 되어서 인도에서 돌아왔기 때문이었다. 게다가 그는 열다섯

살이나 위인 아내를 데리고 돌아왔다. 오노레, 위대하고 전
능한 오노레가 그를 위해 무조건 자리 하나를 만들어내야 하
고 어머니에게도 빚을 갚아줘야 한다는 것이다. 오노레는 자
신의 호주머니에 단 1수도 남아 있지 않았고, 고약하게도 신
문들은 그가 의무를 이행할 수가 없어서 파리에서 사라져버
렸다고 보도했다.

지금까지 가족이 요구와 비난을 퍼부으면서 덤벼들고 어
머니가 그의 삶을 힘들게 만들 때면 발자크는 언제나 자기
마음 속의 어머니인 드 베르니 부인에게 도망쳐서 그녀에게
서 위로를 구하곤 하였다. 그러나 이번에는 그가 그녀를 위
로해야 할 처지였다. 딜렉타는 병이 심했고, 그녀의 심장병
은 심한 흥분상태로 인해서 더 나빠졌다. 그녀의 아들 하나
가 죽었고 딸이 정신병에 걸렸다. 스스로 어찌할 줄 모르고
기운을 잃은 그녀는 사랑하는 친구에게 충고를 해줄 수가 없
었다. 발자크의 책들을 교정과정에서 함께 읽는다는, 그녀가
좋아하던 직무마저 포기해야 했다. 책을 읽는 일이 그녀의
흔들린 신경을 너무 흥분시켰기 때문이다. 스스로도 길을 찾
지 못하는 그가 이제 흔들리고 상심한 여인을 위로해야 할
처지였다.

이번에 그의 상황은 특별히 고약한 것이었다. 발자크는 돈
빚, 선불받은 빚, 어음 빚뿐만 아니라—이런 것은 그에게 특
별할 것도 없었다—여러 해 만에 처음으로 작업이 밀리고 있
었다. 처음 성공한 이후로 발자크는 자신의 노동능력에 대한
자신감에서, 신문사와 출판사에 지정된 날짜에 소설을 넘겨
주는 조건으로 선불을 받는 습관을 키웠다. 그가 쓰는 것은

첫 줄도 시작하기 전에 벌써 미리 저당이 잡혔다. 그렇게 급한 가운데서 그의 펜은 이런 선불조건들을 미친 듯이 따라잡아야 했다. 친구들이 이렇게 불행한 방식을 그만두라고 충고했지만 헛일이었다. 특히 누구보다 좋은 친구인 쥘마 카로는 몇 번이고 그에게 차라리 금장식이 달린 펜 깎는 칼과 보석이 박힌 산책용 지팡이 따위 몇 가지를 포기하고, 그렇게 지나치게 성급한 생산으로 골수를 손상시키지 말라고 충고하곤 했다.

그러나 발자크는 변함없이 자신의 방식을 고수하였다. 문학적인 신용이 그가 가진 유일한 신용이었기에 출판사들을 강요해서 자루 속에 든 고양이를 사도록 만드는 것, 그러니까 제목 말고는 전혀 쓰이지 않은 소설을 현찰을 내고 사도록 강요하는 것은 그에게 일종의 권력의 쾌락이었다. 어쩌면 그는 스스로 최대한도의 작업을 해내기 위해서 등 뒤에 이렇게 강제적인 날짜의 속박이라는 채찍을 필요로 했는지도 모른다.

여러 모로 빚진 발자크는 이제 처음으로 자신에 대해서까지 빚을 지게 되었다. 영주 같은 모습으로 빈에 등장하기 위해서, 그는 떠나기 전에 가능한 곳에서는 모두 돈과 선불을 받았다. 떠나기 전에 생토뱅의 이름으로 출간된 옛날의 저급한 소설들을 새로 간행하도록 팔았을 뿐 아니라 〈르뷔 데 듀 몽드(Revue des Deus mondes)〉지에 아직 쓰지도 않은 작품 〈두 젊은 유부녀의 수기(Les Mémoires de deux jeunes Mariés)〉도 팔았다. 그밖에도 〈세라피타〉의 종결 부분도 넘겨주어야 했다. 이 소설은 이미 오래 전에 지불이 끝나 있었을 뿐더러, 이미 석 달 전부터 신문에 연재되는 중이었다. 그러나 그런 일은 그다지 근심거리가 아니었다. 자신의 계산에 따르면 〈세라피타〉의 종결부는 여드레면 충분했다(차라리 여덟 밤). 그리고 이 종결부를 빈에 있는 호텔 '황금 배'에서 재빨리 써버릴 생각이었다. 〈두 젊은 유부녀의 수기〉는 보름을 계산했다. 그러니까 돌아오면 곧바로 새 소설에 대한 선불을 받을 수 있으리라는 계산이었다.

그러나 발자크는 처음으로 자신에게 충실하지 못했다. 그의 달력에는 휴일이 없었다. 그런데 불행하게도 그는 빈에서 휴일을 끼워넣고 말았다. 그는 한스카 부인을 통해서 오스트리아와 폴란드 귀족에게 소개받는다는 유혹에 굴복하였다. 그녀와 함께 마차를 타고 산책하였고, 밤이면 책상 앞에 앉아 있는 대신에 그녀와 수다를 떨었다. 그러느라 〈세라피타〉의 종결부를 제때 보내지 못했다. 뷜로(Buloz)는 연재를 중단해야만 했다. 독자들은 그다지 화를 내지도 않았는데, 이런 스베덴보리식 신비주의에다 불쾌하도록 숭고한 작품을 제대로 읽기 시작하지도 않았기 때문이다.

발자크가 다른 소설 〈두 젊은 유부녀의 수기〉를 단 한 줄도 쓰지 않았다는 것이 더 고약한 결과를 가져왔다. 그는 빈 여행 중에—여행은 언제나 발자크에게 영감을 주었다—다른 소설 〈골짜기의 백합〉을 시작하였기 때문에 앞의 것을 쓸 의도와 긴장감을 상실해버렸다. 그는 뷜로에게 약속한 소설 대신에 새 소설을 써서 자신이 받은 돈에 대한 보상을 하겠다고 제안하고 빈에서 그에게 새로운 연재분을 보냈다.

뷜로는 이런 교환을 받아들였다. 그는 〈골짜기의 백합〉1

회분을 인쇄하였다. 그러나 발자크가 〈세라피타〉의 결말부를 제때 넘겨준다는 약속을 지키지 않았기 때문에 그는 이러한 채무를 다른 방식으로 변제해도 괜찮을 것이라고 여겼다. 성 페테르부르크에서 얼마 전부터 〈르뷔 에트랑제르(Revue étrangère)〉지가 최신 프랑스 문학작품을 파리와 동시에, 혹은 가능하면 파리에서 출간되기 이전에 러시아 독자들에게 전달하겠다는 야심을 가지고 발간되었다. 이 잡지는 약정에 따라 뷜로에게 일정한 비용을 물고 〈르뷔 데 듀 몽드〉지와 〈르뷔 드 파리〉지의 기고문들을 신기로 했다. 뷜로는 교정쇄들을 성 페테르부르크에 다시 팔았던 것이다. 당시 러시아에서 발자크가 가장 인기가 높고 많이 읽히는 작가였기 때문에 뷜로는 아무런 생각도 없이—발자크는 자기에게 어차피 빚을 진 상태였고 감히 싸움을 걸지는 못할 것이므로—〈골짜기의 백합〉 교정쇄도 러시아로 팔아넘겼다.

그러나 발자크가 파리로 돌아와서 이 사실을 알자마자 그는 총 맞은 사자처럼 덤벼들었고, 뷜로의 행동에서 물질적인 것보다는 오히려 자신의 예술가적인 양심이 손상당하고 배신당했다는 느낌 때문에 더욱더 화를 냈다. 발자크는 뷜로에게 거친 원고를 보냈고, 뷜로는 그것을 그 형태대로 인쇄토록 했을 뿐더러 그 교정쇄를 성 페테르부르크로 보냈다. 그곳에서 〈르뷔 에트랑제르〉지는 그것을 발자크 손으로 된 교정을 거치지 않은 채 그대로 게재했던 것이다. 앞에서 이미 강조한 대로 발자크의 경우 최초의 교정쇄는 일종의 초벌 스케치만 뜻하는 것이었고 그것을 고치면서 진짜 작업이 시작되었다. 그리고 언제나처럼 그는 최종 인쇄허가를 내주기 전에 〈르뷔 데 듀 몽드〉측에 네댓 번, 혹은 그 이상까지 교정 과정을 요구한 상태였다.

그러므로 갑자기 페테르부르크의 〈르뷔 에트랑제르〉지가 자기 손으로 잘 다듬고 자기가 인정한 형태대로가 아니라 최초의 스케치대로인 이 최초의 장들을 실은 것을 보았을 때, 그 자신이 이토록 불충분한 형태로 인쇄되기를 전혀 바라지 않았던 최초의 장들을 보았을 때, 발자크가 느꼈을 분노를 이해할 수가 있다. 도둑질하는 손이 그가 보통 때는 가장 친한 친구들에게도 보여주려고 하지 않았던 것, 온갖 약점과 기술적인 곤란을 그대로 지닌 최초의 구상을 자기 것, 발자크의 예술작품이라고 팔아넘겼던 것이다. 발자크는 아주 정당한 일이었지만 자기가 없는 것을 이렇게 이용해먹는 빌로에게 속았다고 느꼈다. 그는 그와의 관계를 일절 끊어버리고 〈르뷔 데 듀 몽드〉지에 소송을 제기하기로 결심하였다.

이런 생각을 들었을 때 발자크의 선량한 친구들은 깜짝 놀랐다. 빌로는 두 개의 가장 강력한 잡지의 편집자여서 파리에서 대단한 권력가로 행세하고 있었다. 그는 문학 시장에서 한 작가의 시세를 높일 수도 망가뜨릴 수도 있었다. 파리의 문인들과 기자들 4/5가 직·간접적으로 그에게 종속되어 있었다. 그는 최대 일간지들의 편집에도 영향력을 가지고 있었다. 공개적인 소송을 하게 될 경우 어차피 동료들 사이에 별로 인기가 없던 발자크는, 이런 어려움을 무릅쓰고 자기를 위해 증인이 되어주거나 도움을 줄 신문도 친구도 찾아낼 수 없을 것이다.

친구들은 뷜로가 1백 가지 방법으로 발자크의 위신을 손상시킬 것이라고 경고하였다. 그는 여러 가지 기록들이나 공격을 통해서 발자크를 우스꽝스러운 사람으로 만들 것이고, 출판사들을 위협하고 서점에도 영향을 끼칠 것이다. 그러니까 소송만은 하지 말라고 권했다. 그가 형식상으로 이긴다고 하더라도 실질적으로는 처음부터 진 거나 다름없기 때문이라고 했다. 개인의 힘으로는 셀 수 없는 실타래로 연결된 익명의 권력에 대항할 수 없는 것이다.

그러나 자신의 예술적 명예가 걸린 일이라면 발자크는 주저할 줄을 몰랐다. 외국 땅인 빈에서 그는 자기가 누구인지를 깨닫게 되었고, 파리에서는 증오와 질투심으로 인해서 자기가 마땅한 대접을 받지 못한다는 사실도 깨달았다. 발자크는 자신의 힘을 깨달았고, 그것이 흔들리지 않는다는 것, 패배와 굴욕은 그 힘을 오로지 더욱 탄력있는 것으로, 더욱 당당한 것으로 만들어줄 뿐이라는 사실을 알았다. 그는 개별적인 공격에 대해서는 절대 답변하지 않았다. 그런 것은 아무래도 상관없었던 것이다. 그러나 전체 패거리에 도전하는 것, 언론계 전체의 부패와 악의 시기심에 맞서 단독자로서, 아웃사이더로서 대항한다는 것은 그에게 일종의 즐거움을 주는 일이었다.

그는 모든 중재의 노력들을 물리쳤다. 그는 뷜로를 고소하고 약속 불이행을 이유로 자신도 고소를 당했다. 이 싸움은 물론 법정을 넘어서 언론계로 넘어갔다. 〈르뷔 드 파리〉지에는 발자크에 대한 극단적인 중상모략들이 실렸다. 그의 사생활도 들추어지고, 불법적으로 귀족 칭호를 썼다는 죄가 공개적으로 덮씌워지고, 노예처럼 글을 쓰던 시기의 작품과 공동 작품들이 폭로되고, 그가 진 빚도 공개적으로 밝혀지고, 그의 성격은 비웃음을 샀다.

동시에 뷜로는 문학계에 징집령을 내렸다. 기고문에 대해서 따로 돈을 지불하지 않고 외국 신문에 팔아넘기는 것은 일반적인 관습이라는 논지의 선언을 하라고 문인들 개개인에게 강요하였다. 〈르뷔 드 파리〉지와 〈르뷔 데 듀 몽드〉지는 그들에게 수입의 원천이었으므로 뷜로의 충실한 가축들은 그의 채찍소리에 고분고분하게 머리를 끄떡였다. 동지애로써 동료편에 서지 않고, 예술가로서 자기들 신분의 이익을 옹호하지 않고, 알렉상드르 뒤마, 외젠 쉬, 쥘 자냉과 그밖의 작가들은 스스로 파리의 여론을 형성한다고 믿으면서 실제로는 여론 조작 덕분에 약간의 명성을 얻고 있었기에 발자크의 반대편에 섰다. 오직 언제나처럼 고결한 빅토르 위고와 조르주 상드만이 그런 수치스런 하인노릇을 거절하였다.

발자크는 소송에서 원칙적으로 이겼다. 법정은, 작가가 약속한 작품을 이행할 마음이나 능력이 없어서 그것을 넘겨주지 않을 경우에도 손해배상의 의무가 있는 것은 아니라는, 문필가 계층 전체에게 중요한 결론을 내렸다. 다만 발자크는 미리 받은 선금을 돌려주어야 한다는 것이다. 그것은 승리이긴 했지만 피루스의 승리였다. 발자크는 이 싸움을 벌이면서 변호사, 법정, 논쟁 등의 일처리를 하느라 여러 주의 시간을 잃었다. 그밖에도 파리의 언론계 전체와 맞섰다. 아무리 강한 인간이라도 모두에 맞서서 계속 싸운다면 그 강인함을 다 써버리게 마련이다.

어쨌든 법적인 의미에서 승리했다는 것은 도덕적인 측면에서 발자크에게 힘이 되어주었다. 그것이 소중한 경험이었기 때문이다. 그는 자기 작품의 주인공들, 보트랭, 드 마르세, 라스티냑, 뤼방프레 등이 '권력을 얻으라, 그러면 사람들이 너를 주목할 것'이라는 도그마를 추구한 것이 얼마나 옳았던가를 새삼 깨달았다. 권력을 얻으라. 어떤 권력이든 상관없다. 돈, 정치적 영향력, 전쟁의 승리, 테러, 인맥, 여자, 어떤 것을 통한 권력이든 상관없이 권력을 얻으라. 아무런 무기도 없이 살지 마라. 그렇다면 패배다. 독립적이라는 것만으로는 충분하지 못하다. 다른 사람들을 자기에게 종속시키는 법을 배워야 한다. 사람들이 약점을 잡혔다고 느낄 경우에만, 그러니까 겁을 먹을 경우에만 주인이자 지배자 노릇을 할 수 있다.

지금까지 발자크는 자신의 추종세력, 독자층 덕분에 권력을 얻었다고 여겼다. 그러나 그것은 지상의 모든 나라들에 흩어진 권력이었다. 그것은 군사화되지 못했고, 조직화되지 못했다. 그것은 다른 사람들에게 두려움을 불러일으키지 못하고 오로지 질투심만 자극하였다. 수만, 수십만의 충실한 독자들은 자기들이 어떤 존재인지 알지도 못하는 상황에서 그의 편이 되어줄 수 없었다.

그는 파리의 여론을 만들고 지배하고 있는 40, 50명의 시시한 문사와 수다쟁이 패거리와 맞붙고 있었다. 그러므로 가장 많이 읽히는 작가로서, 그리고 그가 속으로는 알고 있는 일이지만 프랑스의 가장 위대한 작가로서 독자성을 쟁취할 시간이 되었다. 그래서 발자크는 스스로 신문을 하나 장악하고, 자기를 내쫓고는 돈주머니 뒤에 숨어서 비웃고 있는, 여론을 조작하는 이들 폭군들의 요새인 잡지들을 곤란하게 만들겠다고 마음먹었다.

1834년 이후로 파리에는 일주일에 두 번만 발간되고 독자의 주목을 전혀 받지 못하는 〈라 크로니크 드 파리(La Chronique de Paris)〉이라는 작은 신문이 있었다. 그것이 가장 극단적인 왕당파 노선을 취한 신문이라는 사실은 발자크에게 전혀 문제가 되지 않았다. 재정적으로 아주 힘들게 헐떡이면서 겨우겨우 발행을 계속하고 있다는 것, 전혀 아무런 주목도 못 받고 이익도 못 낸다는 것도 방해가 되지 않았다. 그는 이렇게 확신하고 있었다. 오노레 드 발자크가 정기적으로 기고하고, 발자크가 자신의 작품을 게재하는 신문은 처음부터 보장을 받은 거나 다름없다. 그리고 마침내 정치 무대에 등장하기 위해서 얼마나 그럴싸한 발판이 되는 것이냐. 정치적인 영역에서의 그 모든 실패에도 불구하고 발자크는 아직도 의원이 되고, 프랑스의 상류층이 되고 장관이 되겠다는 꿈을 가지고 있었고, 그 모든 긴장감과 급변을 지닌, 볼 수 있고, 감각적으로 느낄 수 있는 정치권력이 아직도 그를 매혹하고 있었기 때문이다.

〈라 크로니크 드 파리〉의 지분들은 그 자체로는 거의 아무런 가치도 없었기 때문에 그는 일종의 회사를 만들어서 다수 지분을 확보할 수 있었다. 물론 이 극히 복잡한 사업을 하면서 그는 습관이 된 낙관주의로 앞으로의 운영경비를 책임진다는 힘든 의무를 떠맡았다. 계약이 체결되자마자 발자크는 자신의 모든 에너지를 다하여 이 사업에 뛰어들었다. 젊은 인재들로 이루어진 편집진이 그의 주변에 몰려들었다. 그들 중 단 한 사람 테오필 고티에만이 그의 친구가 되고 삶에서 진정한 수확이 되었다. 발자크는 이번에도 비판적인 안목보다는 속물근성에 굴복해서 두 젊은 귀족을 비서로 고용했다. 벨루아(Belloy) 남작과 그라몽(Grammont) 백작이었다.

그러나 혼자서 열두 사람 몫의 엄청난 생산력을 가진 발자크 같은 사람이 주도할 경우에 동업자나 편집자, 비서 등은 그다지 중요하지 않다. 새로운 활동이 그를 매혹하는 동안 처음 단계에서 발자크는 신문기사를 혼자서 거의 다 썼다. 정치기사, 문학, 논쟁기사 등을 다 썼고, 게다가 자신의 가장 훌륭한 단편소설들을 여기 덧붙였다.

그가 경영을 맡고 난 다음 1836년 1월에 나온 첫 번째 판을 위해서 그는 단 하룻밤 만에 소품의 걸작인 〈무신론자의 미사(La Messe de l'athée)〉를 썼다. 이어서 〈금치산(L'Interdiction)〉, 〈고미술 진열실(Le Cabinet des antiques)〉, 〈파시노 칸〉, 〈이 사람을 보라(Ecce Homo)〉, 〈이름 없는 순교자들(Les Martyrs ignorés)〉 등이 계속 나왔다. 하루의 아무 때나 그는 편집부로 달려들어와서 물어보고 격려하고 제안하고 자극하고 충격을 주곤 하였다.

동시에 그는 권력욕에 사로잡혀서, 그리고 어쩌면 다른 잡지들을 단번에 뛰어넘으려는 성급한 소망에 사로잡혀서 대단히 넉넉한 선전을 하였다. 1월 10일, 14일, 17일, 22일, 24일, 27일에 그는 카시니 거리에 있는 자기 집에서 온갖 사치를 다하고 포도주가 흘러넘치는 만찬을 베풀었다. 그곳에는 중요한 동업자들이 다 초대되었다. 그는 이자 지불기한을 두 개나 그냥 넘겼고, 집주인은 473프랑 70상팀을 집달리를 동원해서 받아가야 할 형편이었는데도 그랬다.

그러나 발자크의 공상의 세계에서 보면 그것은 그냥 투자에 지나지 않았고, 이 투자는 백 배 천 배로 불어날 예정이었다. 파리 전체가 그의 신문에 보내는 호기심은 그를 완전히 도취하게 만들었다. 그래서 첫 번째 호가 발간되고 4주가 지나자 그는 한스카 부인에게 때이른 승리의 환호성을 보내고 있다.

〈라 크로니크 드 파리〉지는 내 시간을 몽땅 잡아먹고 있어요. 나는 겨우 다섯 시간만 잡니다. 그러나 당신과 한스키 씨의 사정이 좋다면, 나로서는 내 사업도 훌륭하게 발전하기 시작했다고 말씀드릴 수 있겠군요. 구독자들이 마법에 걸린 것처럼 떼지어 몰려오고 신문으로 얻는 내 지분은 한 달 만에 9만 프랑에 이르렀습니다.

〈라 크로니크 드 파리〉에서 자신의 지분이 9만 프랑에 이른다는 이런 평가는 물론 세상에서 가장 믿을 수 없는 평가 기관인 그의 희망이 만들어낸 개인적인 주머니 사정이었을 뿐이다. 꿈 속에서 발자크는 벌써 자기가 파리의 주인이 된 것을 보았다. 머지않아 뷜로는 허리를 굽히고 들어와서 10만 프랑을 자기 책상에 내려놓으며 〈라 크로니크 드 파리〉지를 떠나서 다시 자기에게 돌아오라고 제안할 것이다. 자기를 비웃고 적으로 여기던 모든 동료들은 머지않아 가장 영향력 있는 신문의 은총을 구걸하게 될 것이고, 장관들과 의원들은 발자크 씨의 정책을 자기들 편으로 끌어들이려고 할 것이다.

그러나 불행하게도 구독자들이 이렇게 열렬하게 몰려드는 것은 발자크의 문학적인 허구에 지나지 않았다. 경리장부는 훨씬 보잘것없는 액수를 기록하고 있었다. 발자크처럼 천재적이지는 않지만 훨씬 눈이 밝은 다른 참가자들은 조용히 자신의 지분을 처분하였고 발자크는 원래 액수의 극히 일부만 받고 자신의 지분을 팔아야 했다. 사업이 대단한 비약을 보이지 않는 것을 느끼자마자 그의 격렬함도 곧 사라졌다. 편집 일은 지루하기만 했고, 그는 동업자와 동지들에게 모습을 나타내는 일이 드물어졌으며 그의 기고는 점점 줄어들었다.

그렇게 해서 이 지상에서 발자크가 벌인 모든 사업이 그렇듯이 그해 안으로 사업은 완전한 붕괴와 엄청난 빚더미를 안은 채 끝났다. 여섯 달 내지 여덟 달 동안 정신을 빼고 열심히 일했지만 역설적인, 혹은 발자크의 경우에는 지극히 자명한 결과로서 재산이 증가하거나 옛날 빚이 줄어든 것이 아니라 4만 프랑의 빚이 새로 늘어났다. 이 가장 최근의, 그렇다고 마지막도 아닌 투자보다는 게으르고 향락적인 태도로 세계일주를 한 편이 결과가 더 나았을 것이다.

발자크가 자기 본래의 영역에 충실하지 못할 때면 언제나 그의 천재성과 밝은 이성이 흐려지곤 했다. 자기 영역에서는 안타이오스(대지의 아들. 발이 땅에 닿아 있는 한 아무도 그를 죽일 수 없었으므로 영웅 헤라클레스는 그를 공중으로 들어올려 죽였다 : 역주)이던 사람이 남의 영역으로 들어서기만 하면 난쟁이들의 놀림감이 되곤 하였다. "1836년에 나는 부자가 될 것"이라고 장담했던 그는 몇 달이 지나자 "나는 1836년에

1829년보다 조금도 더 나아지지 못했다."고 고백하지 않을 수 없었다.

뷜로와의 소송사건, 〈라 크로니크 드 파리〉의 패배 등은 이해의 목록에서 번쩍이는 부분일 뿐이다. 이해에는 거의 매일 새로운 사건들이 나타나다시피 했다. 처음에는 출판업자들과의 싸움이 이어졌다. '탁월한 베셰 부인'은 갑자기 '밉살스러운 베셰 부인'으로 변했다. 그녀는 옛날 자신의 고용인이던 베르데 씨가 독립을 선언하고 자기에게서 발자크를 빼내자 몹시 화가 나서 나머지 책들을 넘기라고 독촉하였다. 베르데는 다시 발자크가 빈에서 아무런 생각 없이 그의 앞으로 발행한 어음을 지불해줄 만한 돈이 없었다.

이미 불에 덴 경험이 있으니 불을 무서워하고, 출판업으로 실패해보았으니 이 사업을 멀리하는 대신 발자크는 숨통을 좀 트기 위해서《우스운 이야기》새 판을 자기 돈으로 인쇄하려고 했다. 외상으로 종이를 산 다음 외상으로《우스운 이야기》새 판을 인쇄해달라고 주문하였다. 종이더미가 이미 준비되어 있는데 창고에 불이 났다. 그래서 그에게는 다른 어느 때보다 절실하던 3,500프랑의 돈이 글자 그대로 잿더미가 되고 말았다.

발자크는 빚쟁이들을 어떻게 피해야 할지 몰랐다. 그래서 카시니 거리에 있는 문을 꽁꽁 걸어잠그고 밤이면 가장 소중하게 여기는 가구와 책들을 바타유 거리에 있는 다른 아파트로 옮겼다. 빈으로 여행을 떠나기 전에 그는 이 아파트를 미망인 뒤랑(Durand)의 이름으로 세를 냈다. 카시니 거리 집과 마찬가지로 그곳에도 비밀계단이 있었다. 집달리나 부담스런 방문객이 그의 집 문앞까지 무사히 도착하는 경우에 도망치기 위해서였다.

그러나 이 '미망인 뒤랑'의 집 문앞까지 가는 것은 보통 일이 아니었다. 자기 삶의 주변에 있는 모든 사물을 낭만적이고 전설적으로 만드는 어린아이 같기도 하고 예술가적이기도 한 재미로 발자크가 암호체계를 고안해냈기 때문이다. 암호는 끊임없이 바뀌었다. 그때마다 '열려라 참깨'와도 같은 신기한 주문을 말할 수 있는 사람만이 3중의 장벽을 깨고 안으로 들어갈 수 있었다.

뒷날 그의 친구 고티에가 말한 바에 따르면, 신비스런 인물인 '미망인 뒤랑'에게 가려는 사람은 우선 수위에게 그날의 암호를 말해야 했다. 예를 들면 '자두철이 왔군요' 하는 식이다. 그러면 이 지옥의 문지기는 방문객을 안으로 들여보낸다. 그러나 그것은 첫 번째 관문일 뿐이다. 계단 끝에는 발자크의 가장 믿을 만한 하인이 지키고 있는데, 그에게 두 번째 암호를 속삭여야 한다. '벨기에의 레이스를 가져왔는데.' 그리고 문에 도착하면 세 번째 암호를 말해야 한다. '베르트랑 부인은 건강이 아주 좋으십니다.' 그러면 마침내 웃음을 터뜨리는 '미망인 뒤랑'이 바로 오노레 드 발자크라는 사실이 밝혀지는 것이다.

발자크가 소설에서 묘사하고 있는 이 모든 재치있는 속임수들, 세 번째, 네 번째 이름으로 자꾸만 미루어지는 어음, 재판을 연기시키기 위해서, 아니면 우편물을 안 받음으로써 소환장을 무효로 만들기 위해서 꾸며지는 온갖 술책들, 그의 인물 라팔페린(Lapalferine)이 보여주는 것처럼 빚쟁이들을 기다리게 만들기 위해서 쓰이는 수많은 기술들은 그 자신이 손수 시험해본 것들이었다. 법에 대한 정확한 지식, 재치있는 능숙함, 주저없는 뻔뻔스러움이 매일 새로운 성과를 거두었다. 출판업자, 고리대금업자, 은행들 사이에서 그의 어음들이 이리저리 돌아다녔다. 파리에서 오노레 드 발자크에 대한 압류명령을 받지 않은 집달리는 한 명도 없었다. 그러나 직접 그의 얼굴을 대면한 사람이 아무도 없었고, 그에게서 돈을 받아낸 사람은 더욱 적었다.

그러나 발자크는 자부심에서, 그리고 어쩌면 자신의 탐색자들에 대한 우월감에서 또 다른 관청의 추적을 받게 되었다. 공공연히 법을 어겼기 때문이었다. 새로운 규정에 따르면 모든 시민은 일정 기간 동안 국민군에서 시민군 자격으로 복무할 의무가 있었다. 발자크는 이 의무를 인정하지 않았다. 철저한 왕당파인 그에게 시민왕 루이 필립은 왕위찬탈자에 불과했고, 따라서 자기에게 명령을 내릴 권한이 없다고 여겼다. 그밖에도 그로서는 돈으로 환산되는 시간이 아까웠다. 그는—옳은 생각이었다—온 세상의 인쇄소, 신문들, 출판사들이 자신의 책을 기다리고 있는데 어느 구석에서 총을 들고 병사의 옷을 입고 돌아다녀야 한다는 것이 품위없는 짓이라고 생각했다.

아마도 협상을 잘했으면 발자크 정도의 문학적 인물을 이런 의무에서 면제받게 할 길을 찾을 수 있었을 것이다. 그러나 발자크는 타협을 원치 않았다. 그는 영장을 받고 아무런 반응도 보이지 않았다. 세 번이나 그는 자신의 입장을 밝히

로댕이 발자크 상을 만들기 위해 펜과 잉크로 그린 습작과 완성된 동상. 때로는 어린아이 같은 장난기로, 때로는 예술가적인 재미로, 때로는 절실한 현실의 필요에 의해 발자크는 끝임없이 암호체계를 만들어냈다.

라는 소환령을 받았다. 그런데도 그가 이 소환령에 응하려는 자세를 전혀 보이지 않았기 때문에 국민군의 징계위원회는 그에게 8일 동안의 구류를 선고했다. 발자크는 배가 흔들리도록, 그 특유의 라블레식 웃음을 터뜨렸다. 이 무슨 뻔뻔스러운 짓인가! 자신을 징계하겠다고, 총을 손에 들지 않으려고 했다고 유럽 문학의 대장인 자기를 감옥으로 보내겠다고! 좋다, 어디 한번 해보라지. 반항적인 군복무 거부자를 체포하라는 명령을 받은 경찰과 즐거운 숨기장난을 한다는 생각이 그를 자극하였다. 어디 한번 잡아보라지! 그러려면 우선 자기를 찾아내야 하지 않겠나! 몰 장식을 단 멍청이(경찰 제복을 입은 경관)들은 군모 밑에 자기를 잡을 만큼 충분한 꾀가 없다는 사실을 알게 될 거야.

여러 주 동안이나 발자크는 모습을 드러내지 않았다. 성스러운 경찰의 특사들이 어느 시간에 카시니 거리를 찾아가봐도 소용이 없었다. 발자크 씨는 여행중이거나 어디 있는지 알 수가 없었다. 그저께만 해도 출판업자들에게서 선불을 받은 발자크 씨는 같은 날 저녁에 이탈리아 극장의 특별석에 모습을 나타냈다. 콧수염을 기른 작자들이 들어오는 모습을 충직한 하인에게서 전해듣거나, 아니면 비밀문 뒤에 숨어서 이 바보들이 찾아낼 수 없는 자를 열심히 수색하는 것을 엿듣는 일은 얼마나 재미가 있었던가. 그것은 다음 소설을 위한 힘을 주었다. 그것은 코렝탕, 페이라드, 그리고 다른 경찰 수색조들과 벌이는 보트랭과 파카르(Pacquard)의 싸움에 대한 영감이 되어주었다.

그러나 어느 날 아침, 그러니까 4월 27일에 루이 필립 왕이 승리를 거두었다. 형사 두 명을 거느린 경감 한 사람이 카시니 거리에서 몇 시간이나 기다린 다음 그의 뒤를 따라 들어와서 반 시간 동안이나 수색한 끝에 악명 높은 푸른 경찰마차가 발자크를 경찰감옥으로 호송해 갔다. 그것은 '바쟁쿠르 호텔' 혹은 사람들 사이에서 '콩집'이라 불리고 있었다. 그가 구류를 살아야 했다는 사실은 그의 공식적인 위신이 바로 프랑스 땅에서 얼마나 형편없었는가를 보여주는 부분이다. 외국에서는 귀족 계급 전체가 그를 초대하려고 애쓰고 대사관 전체가 그를 영접하고, 유럽의 외교관인 메테르니히가 그를 자기 집으로 초대하였던 이 사람이, 프랑스에서는 전혀 은사를 받지 못한 채 4월 27일부터 5월 4일까지 경찰감옥에 있어야 했다. 그곳의 커다란 홀에서 그는 소리지르고 카드놀이를 하고 웃어대는 밑바닥 계층 출신의 범죄자들 사이에 머물러야 했다. 대개는 돈벌이를 못하게 되면 마누라와 아이들이 굶을까 봐 두려워서 이틀 동안 시민군 근무를 안하려고 했던 노동자들이었다.

발자크는 책상과 의자를 얻을 수 있었고, 그러자 다른 일은 어떻든 상관없게 되었다. 자기 작업실의 수도원 같은 고독 속에서와 똑같은 집중력을 가지고 그는 이 연옥에서 교정작업을 해냈다. 그의 기분이 전혀 어둡지 않았다는 사실은 한스카 부인에게 보낸 편지의 명랑한 서술에서 알아볼 수 있다. 사람들이 자기를 가두었다는 사실은 그의 명예심을 전혀 자극하지 않았고 오히려 익살극에 대한 그의 프랑스식 감각에 재미를 주었을 뿐이다. 그렇다, 그는 어느 정도 유쾌한 기분으로, 8일 동안 국가가 모든 빚쟁이들과 집달리들로부터 자기를 보호해주는 것을 즐기기까지 했다. 일생 동안 갈레선의 노예처럼 일에 매달려 있고, 언제까지나 빚에 몰려 쫓기던 그는 '콩집'보다 더 나쁜 감옥에 익숙해 있었던 것이다. 석방된다는 것은 그에게 있어 다시 매일 낮과 밤을 다시 싸워야 한다는 것을 뜻했다.

반 년 동안이나 발자크는 이런 곤봉 세례를 견뎠다. 때때로 그는 신음소리를 냈다. "나는 문자 그대로 자살하렵니다."라거나, "내 머리는 피로에 지친 말처럼 아래로 매달려 있습니다."라고 표현했다.

그의 강철 같은 체질도 처음으로 경고의 신호를 보냈다. 어지럼증이 그를 덮친 것이다. 충실한 의사는 그에게 곧바로 몸을 아끼라고 충고하였다. 두세 달 동안 시골에 가서 푹 쉬라고 했다. 발자크는 그의 충고를 따르기는 했지만 절반만 따랐다. 그는 옛날 피난처를 찾아 고향 투렌의 친구인 마르곤 부부의 집으로 갔다. 그러나 의사 나카르가 충고한 것처럼 쉬기 위해서가 아니라 반대로 일하기 위해서였다. 그는 그곳에서 일생 그런 적이 드물 정도로 더욱 격렬하게 집중해서, 더욱 미친 듯이 일했다.

발자크는 다시 투자나 사업이나 부자와의 결혼이 아니라 오직 자신의 사업, 곧 예술만이 자기를 절망적인 상황에서 구해줄 수 있다는 것을 깨달았다. 그는 예술을 위해 태어났고, 거기 몸을 바친 사람이었다. 예술가에게는 의사가 다른 환자에게는 처방해줄 수 없는 한 가지 치료제가 있었다. 예술가, 그리고 오직 예술가만이 자신의 고통을 서술함으로써 거기서 벗어날 수 있다. 그는 쓰라린 체험들을 마음을 뒤흔드는 형상들로 바꾸고, 사나운 자기 삶의 압박들을 창작의 자유로 바꿀 수 있다. 발자크는 사셰로 갔을 때 그런 압박 밑에 있었다. 새로 결혼한 다음에 무자비한 사업욕을 가진 남편의 말을 따르게 된 베셰는 법원의 결정을 얻어냈다. 그에 따르면 발자크는 24시간 이내에 《풍속 연구》 중에서 아직 내지 않은 8절판 책 두 권을 내놓아야 하며, 하루 늦을 때마다 50프랑의 돈을 지불해야 한다는 것이다. 발자크는 이제 "20일 이내에 이 여자에게 이 책들을 다 써주고" 이 짐을 털어버릴 결심을 했다. 발자크의 의지가 작동하는 곳에서는 언제나 기적이 일어난다. 그는 두 가지 일을 해야만 할 처지에 있었다.

나는 마지막 계약을 완수하고 그밖에도 멋진 책을 한 권 만들어야 합니다.

그는 두 가지를 다 해냈다. 발자크는 이런 극단적인 곤궁 상태에 있을 때 가장 위대한 업적을 이루어냈다. 8일 만에 그는 〈잃어버린 환상〉을 구상하고 앞부분 전체를 썼다.

내 모든 힘이 빳빳하게 긴장되어 있고, 하루 열다섯 시간씩 일합니다. 태양과 함께 일어나서 블랙 커피 이외에는 아무것도 들지 않고 점심시간이 될 때까지 일을 계속합니다.

벌금과 경쟁을 하면서 써낸 이 책은 그의 중요작품의 하나가 되었다. 발자크는 잔혹한 채찍으로 자기 내면을 채찍질하

고 자신의 가장 은밀한 소원과 가장 은밀한 위험을 검사대에
세웠던 것 같다. 〈잃어버린 환상〉은 사실주의의 초상화이고,
그때까지 프랑스 문학이 알지 못했던 삶의 폭을 가진 시대의
초상화이다. 그 옆에서, 그리고 그 가장 깊은 곳에서 발자크
는 자신과 결정적인 대결을 벌였다.

그는 두 인물을 통해서 한 작가가 엄격하게 자신과 작품을
고수할 경우 그가 어떻게 되는지, 그리고 빠르고 무가치한
명성의 유혹에 굴복할 경우에 어떻게 될 수 있는지를 묘사한
다. 뤼시엥 드 뤼방프레(Lucien de Rubempré)는 그의 가장
은밀한 위험이고, 다니엘 다르테(Daniel d'Arthez)는 그의
가장 은밀한 이상형이다. 발자크는 자기 본성의 이중성을 알
고 있었다. 자기 안에는 외적인 조건에 굴복하지 않고 앞으
로 나가고, 어떤 양보도 어떤 타협도 거부하면서 사회 속에
완전히 혼자서만 존재하는 작가가 잠복해 있다는 사실을 알
고 있었다. 그런가 하면 두 번째 본성도 역시 아주 정확하게
알고 있었으니, 곧 자기 안에 숨어 있는 쾌락주의자, 낭비가,
돈의 노예였다. 이 두 번째 존재는 작은 허영심에 언제나 다
시 무너지고 사치의 유혹에 전혀 저항력을 갖지 못한다.

자신을 강하게 만들기 위해서, 일시적인 성공을 위해 자신
의 예술을 배신하는 작가를 둘러싼 위험성을 뚜렷하게 자기
눈앞에 보기 위해서, 경고용으로, 그는 자신을 지키지 못하
고 유혹에 굴복하고 중심점을 잃어버리는 작가를 그렸다. 원
래는 샤르동(Chardon)이라는 이름이었지만 자신만의 절대
권력에서 스스로에게 귀족의 이름을 부여한 뤼시엥 드 뤼방
프레는 시집 한 권을 들고—발자크의 《크롬웰》—젊은 이상

주의자로서 파리로 온다. 오로지 자신의 재능으로 세상을 헤쳐나가려는 희망을 품은 채였다.

어떤 행운이 그를 젊은이들의 '서클'로 안내해주었다. 그들은 가난한 대학생들로 라탱 구의 지붕 밑 방에 살면서 자기들의 길을 시작해서 자기 앞에 주어진 사명을 위해 헌신함으로써 프랑스의 미래의 엘리트가 되는 인물들이다. 그들은 루이 랑베르의 친구들이다. 다르테는 시인, 비앙숑(Bian-chon)은 의사, 미셸 크레스티엥(Michael Chrestien)은 철학자다. 그들은 모두 자기들이 갈구하는 미래의 업적을 위해서 순간적인 성공을 뿌리친다. 다니엘 다르테의 성격상의 강인함과 자신감에 찬 인내심을 통해서 발자크는 자신의 더 나은 자아를 묘사하고 있다. 뤼시엥 드 뤼방프레는 다니엘 다르테를 통해서 이 정직하고 순수하고 젊은 사람들의 모임에 받아들여진다.

그러나 친구들의 정신적인 귀족주의에 충실하게 머무는 대신에 그는 생 제르맹 구역의 혈통귀족에게 경탄을 받겠다는 유혹에 이끌린다. 그는 빠른 성공을 원하고, 돈, 경탄, 여자들에게서의 행운, 정치권력 등을 바란다. 그리고 이런 화폐로 환산하면 시(詩)는 가치가 없으므로 언론계에 자신을 판다. 자신의 재능을—한때의 발자크처럼—가볍고 오로지한 순간만을 위한 조잡한 작품에 팔아넘기는 것이다. 그는 문학의 공장주들과 한통속이 되고, 여론의 막일꾼이 되고 신문의 뚜쟁이와 여자의 뚜쟁이가 되고, 공개적인 여론으로는 점점 더 성공하고 문필업의 진흙창에 솟아난 수많은 거품의 하나가 되는 동안에 실제로는 더욱더 깊이 침몰한다. 여러 해 동안이나 신문을 위해 부역을 하면서 알게 된 잔인한 지식과, 자기가 이 패거리들의 증오를 통해서 얻었던 그 모든 통렬함을 동원해서 발자크는 파리의 여론, 극장, 문학의 세계, 내적으로 너무나 부서지기 쉽기 때문에 서로가 받쳐주고 동시에 뒤에서는 서로 미워하는 이 세계를 적나라하게 폭로하고 있다.

당시 파리의 좁은 세계의 한 단면을 생각한 것이지만 〈잃어버린 환상〉은 모든 시대의 모범이며, 모든 시대에 타당한 것이다. 그것은 자부심과 분노와 경고의 책이다. 초조함과 욕심으로 자신을 비천하게 만들지 말고, 수많은 저항을 하면서 강하게, 점점 강하게 되라는 경고를 담고 있다. 바로 이 극단적인 곤궁의 시간에 발자크는 자신을 향한 진정한 용기를 찾아낸 것이며, 자기 생애의 가장 큰 파국 한가운데서 그는 가장 사적이면서 가장 위대한 작품들을 만들어냈던 것이다.

제2장
이탈리아 여행

압류, 소송, 파산, 난국, 감옥에서 보낸 시간들, 그리고 노동의 감옥에서 보낸 또 다른 수많은 시간들로 이루어진 이 파국의 해를, 발자크는 한스카 부인에게 보내는 편지들에서, 자신을 채찍질하는 고행자의 즐거움으로, 때로는 상당한 비장함으로 묘사하고 있다. 그러나 그가 매주 자신의 근심과 패배의 보고서를 서술하고 있는 이 상세함이야말로, 자신의 삶에 들어 있는 실질적인 것, 대단히 본질적인 것을 멀리 있는 친구에게 말하지 않고 있다는 사실을 감추기 위한 것이 아닌가 하는 의심을 떨쳐버릴 수가 없다.

그가 온갖 종류의 개들에게 쫓기면서도 그 소동 속에서 네댓 편의 걸작을 완성한 바로 이해에, 사적이고 심지어는 사치스럽고 모험적인 삶을 살아갈 시간과 마음을 가졌다는 이 사실보다 발자크 특유의 생명력을 더 잘 보여주는 것은 없다. 발자크가 스스로를 묘사한 대로 고행자, 영원한 부역 노동자일 뿐이고, 틈이 날 때면 기진맥진해서 널부러져 있는 사람이라고 여기는 것보다 더 잘못된 생각은 없다. 사실상 그는 사업과 일을 하고도 남는 극히 짧는 순간에, 가장 근심 없고 밀도 높은 방법으로 이곳 저곳에서 허풍쟁이 낭비가로 서의 삶을 살았다.

발자크의 최후의 비밀을 모른다면 인간 발자크를 이해할 수 없다. 그는 우리가 운명이나 운명의 시련이라고 부르는 그 모든 것에 대해서 무서울 정도의 태연함에서 나온 무관심을 보였다. 그의 내부에 있는 어떤 것은—그리고 그것은 어쩌면 그의 존재의 가장 내면적인 본질일 것이다—그의 외적인 삶의 온갖 파국에 전혀 관여하지 않았고, 이 태풍을, 안전한 육지에서 미쳐 날뛰는 바다를 쳐다볼 때와 같은 긴장된 호기심으로 바라만 보았다. 내일 집달리가 문을 두드릴 것이 분명한데도, 그는 같은 날 오후에 갖지도 않은, 그렇지만 절실하게 필요한 몇백 프랑을 내고 보석상인에게서 아무짝에도 쓸모없는 하찮은 물건을 사는 것을 망설인 적이 없었다.

이 1836년에 빚의 수위가 14만 프랑에 달하고, 재단사와 의사에게서 문자 그대로 점심 값을 꾸어야 했던 이해에 그는 유명한 '발자크 씨의 지팡이', 지라르댕 부인이 그것으로 소설을 꾸며내기까지 한 그 지팡이 말고 6백 프랑을 내고 코뿔소 뿔로 된 지팡이를 하나 더 주문했고, 190프랑을 내고 펜 깎는 칼을 사고, 110프랑에 지갑을, 420프랑에 사슬을 주문했던 것이다. 이 모든 것은 '가난한 노예' '노동의 종', 굳건하게 결심한 고행자의 물건들이라기보다는, 부유한 인도의 태수를 약탈해서 얻을 만한 장식품들이었다.

그의 내부에 있는 비밀스런 저항력이 끊임없이 균형을 향해서 작동하고 있었다. 빚을 많이 질수록 그는 그렇게 값비싼 지출을 통해서 사치의 망상을 맛보았다. 상황이 그를 무겁게 짓누를수록 수은기압계처럼 그의 생명욕구는 위로 올라갔다. 판에 박힌 일에 억눌릴수록 그는 더욱 강하게 향락을 맛보려고 했다. 이런 반대급부가 없었다면 그의 삶은 바보 같은 것이 되고 말았을 것이다. 이것을 통해서만 그것은 위대한 것이 되었다. 화산처럼 꾹꾹 눌려 있다가 오직 폭발적으로만 뿜어나오는 원소의 영원한 분출이었다.

그러므로 가장 힘든 위기의 해인 1836년은 가장 뜨거운 태양과 가장 격렬한 뇌우의 해이고, 발자크 생애에서 사치와 감각성이 특별히 풍부한 풍년의 해였다. 그가 한스카 부인에게 보낸 편지에 나타나 있는 자전적(自傳的)인 생의 모습을 실질적인 전기와 비교해보면, 사실들을 속이고 감추는 일에 대해서 그가 느끼는 욕구, 온갖 상상을 뛰어넘는, 아주 뻔뻔스러운 욕구를 이보다 더 잘 보여주는 것은 없다. 그는 다행스럽게도 멀리 떨어진 비예르초브니아의 '사랑의 아내'에게 보내는 편지에서 자신은 가장 깊은 고독 속에 은둔하기 위해서 카시니 거리의 아파트 말고 '다락방'을 하나 얻었는데, 그곳에서 가장 친한 친구들과도 멀리 떨어져서 밤낮으로 고독하게 지내고 있다고 했다. 허연 머리를 지닌 늙고 지친 수도승의 모습이었다. '모든 사람, 심지어는 내 가족도 들어갈 수 없는 작은 방'이라는 것이다.

발자크가 이른바 동정심에서 친구인 쥘 상도에게서 빌렸다는 이 '다락방'은 사실은 극히 사치스러운 아파트였고, 이 집의 설비를 위해서 돈을 아끼지 않았다. 카시니 거리에 이미 방 네 개를 꾸밀 만한 넉넉한 가구들이 있었는데도, 카푸신 대로에 자리잡은 실내 장식공인 모로(Moreau)에게 모든 것을 새로 주문하였다. 심지어는 하인인 오귀스트도 새 제복을 받았다. 붉은 조끼에 맞춘 푸른색 제복으로, 그것을 위해서 발자크는 368프랑을 지불했다기보다는 빚을 졌다. 이른바 수도승 방의 최고품목은 부인용 거실(boudoir)이었다. 그것은 작가보다는 '동백 아가씨(=창녀)'에게 더 잘 어울리는 방이었다. 그러나 이렇게 값비싼 물건을 쌓아놓고, 색채를 잘 고른 감각성이 발자크를 매우 열광시켜서 그는 〈금빛 눈을 가진 아가씨〉에서 그에 대한 자세한 서술을 하고 있다.

부인용 거실의 한쪽 절반은 부드럽고 우아한 아치를 이루었다. 그 아치는 완전히 정사각형을 이룬 나머지 절반과 대조를 이루었는데, 이쪽 정사각형의 한가운데에는 흰색 대리석과 황금으로 된 벽난로가 가물거렸다. 창문 맞은편 풍부한 고블랭 천으로 가려진 옆문으로 이 방 안에 들어서게 된다. 말발굽 모양으로 된 니치에는 진짜 터키식 의자, 즉 쿠션침대가 맨바닥 위에 놓여 있다. 그것은 보통 침대만한 크기로 둘레가 50피트이고 하얀 캐시미르 천으로 된 것이다.

이 소파에는 검은색과 빨간색 비단으로 된 술장식이 마름모꼴로 배치되어 있다. 이 거대한 침대의 머리 부분은 여러 개의 쿠션들 위로 여러 인치나 높이 솟아 있다. 쿠션에는 고상한 취향의 무늬들이 수놓여 있다. 이 거실의 벽면은 붉은 천으로 덮여 있다. 그 위에는 코린트식 기둥에서처럼 요철 모양으로 인도의 모슬린이 번갈아가면서 깊은 주름과 둥근 주름이 잡혀 있다. 이 벽면의 위와 아래쪽은 검은색 아라베스크 무늬를 보이는 붉은 천으로 모서리가 감싸여 있다.

벽면의 진홍빛은 그 위를 둘러싼 모슬린을 통해서 분홍색이 되고, 같은 사랑의 색깔이 인도의 모슬린으로 만들어진 커튼에 다시 나타난다. 이 커튼은 장밋빛 호박직으로 안감을 댔고 진홍과 검정 술장식을 늘어뜨리고 있다. 각각 두 개의 촛불을 밝히고 있는 여섯 개의 자주빛 벽 촛대는 벽에 일정한 간격을 두고 늘어놓여서 쿠션 침대를 비춰준다. 천장에 연한 자줏빛 촛대가 매달려 있는데, 천장은 황금빛이 감도는 연한 흰색으로 빛난다.

바닥의 양탄자는 동방의 숄 같다. 그 무늬는 페르시아의 시구를 생각나게 하고, 그것을 짰을 여자 노예의 손길을 생각하게 만든다. 가구들은 진홍빛과 검정 테두리 안에 흰색 캐시미르로 감싸였다. 탁상시계와 샹들리에는 흰색 대리석과 황금을 받쳤다. 단 하나뿐인 탁자에는 흰색 캐시미르 덮개가 덮였다. 우아한 꽃병들은 온갖 종류의 장미들이나, 다른 하얗고 붉은 꽃들을 담고 있었다.

이것은 비단과 캐시미르 천으로 호사스럽게 감싸고 나야만 비로소 영감을 얻었던 리하르트 바그너의 실내장식 취향을 생각나게 한다. 그러나 발자크는 시적 영감을 얻기 위해 이런 것을 필요로 했던 것은 아니고—그런 것은 아주 단순한 책상에 앉아도 생겨났다—대단히 실질적인 목적을 위한 것이었다. 친구인 퐁타네(Fontaney)에게 이 '유명한 흰색 긴 의자'를 보여주면서 보통은 비밀을 잘 지키던 발자크의 입에서 웃음띤 고백이 흘러나왔다.

최고 상류층의 여자를 맞아들여야 했기 때문에 이것을 만들게 했어. 정말 훌륭한 여자지! 그녀를 위해서 나는 근사한 가구가 필요했거든. 원래 그런 것에 익숙한 사람이니까 말이야. 그녀가 이 의자를 사용하면서 그다지 불만스러워하지는 않았다고 말할 수 있지.

그러나 퐁타네가 이 발언을 곧장 조심스럽게 일기장에 기록하지 않았더라도 새로운 아파트의 종류만 보고도 그 정체를 알 수 있었을 것이다. 발자크가 새로 몸치장을 하고 스스로를 우아한 사람으로 변모시키려고 할 때면 언제나 사랑에 빠진 것이었다. 새로 방을 꾸밀 때면 애인을 기다리는 중이었다. 그의 감정과 근심은 언제나 엄청난 비용으로 표현되었다. 그래서 카스트리 공작부인에게 구애하고 있을 때 마차와 하인을 가졌고, 그녀를 위해서 최초의 긴 의자를 구입했다. 베르니 부인을 위해서는 마레 거리의 침실을 단장했다. 한스카 부인을 위해서 그는 제네바로 열두 켤레나 되는 장갑과 포마드를 가져오라고 주문했고, 빈으로 가기 위해서 자가용 마차를 세냈다.

그러니까 다른 모든 역설에다가 또 하나의 파라독스를 덧붙여야 할 것이다. 그러니까 '사랑의 아내'에게 영원한 맹세를 하던 그해에 발자크는 다른 어느 때보다도 더욱 열렬하게 사랑에 빠졌던 것이다. 편지마다 순결의 고통을 피력하던 그해에 그는 가장 정열적이고 불만스럽지 않은 관계들을 시작했다. 한 세대 전체가 감동해서 읽었던 '단 하나뿐인 그대'에게 보낸 열렬한 사랑의 편지들은 다른 여인과의 사랑의 순간을 전후해서 쓰여진 것이다.

역설적인 일이지만 발자크는 자기 생애에서 위대하면서도 조심스럽게 감추어진 역할을 맡았던 이 새로운 애인을 한스카 부인을 통해서 간접적으로 알게 되었다. 제네바를 떠날 때 한스카 부인은 애인이며 남몰래 장래를 약속한 남편에게 파리의 오스트리아 대사 부인인 아포니 백작부인에게 보내는 소개장을 주었다. 발자크는 귀족숭배주의자였기에 아무리 일이 바빠도 공주들, 영주부인들, 백작부인들을 위해서는 언제나 시간을 마련할 수 있었고, 그래서 곧바로 대사관을 방문하였다.

1835년 이곳의 대규모 사교계 모임에서 약 서른 살 가량 된 특별히 아름다운 부인 하나가 그의 눈에 띄었다. 그녀는 키가 크고 금발에 풍성한 몸매를 가진 여자였고, 어깨를 드러낸 채 자유롭고 감각적인 태도를 보이면서 전혀 불쾌감 없이 찬사와 아첨을 받아들였다. 그러나 발자크를 매혹한 것은 이 여자의 아름다움뿐만은 아니었다. 그는 사랑에서 어느 정도까지는 영원한 평민이었고, 언제나 여자의 사회적 신분, 귀족의 이름이 여자 자체보다 더욱 그의 관심을 끌었다. 그러므로 그는 이 새로운 '모르는 여인'이 기도보니 비스콘티 (Guidoboni-Visconti) 백작부인이라는 말을 듣고서야 사랑에 불이 붙게 되었다. 비스콘티 집안은 밀라노의 공작이었고, 기도보니 집안은 이탈리아의 가장 오래된 귀족 집안의 하나였다. 그녀는 르네상스 시대의 영주집안이라는 혈통을 통해서 제부스키 집안을 능가하고 있었다. 항거할 수 없이 이끌리게 된 발자크는 영원한 충절의 맹세도 까맣게 잊어버리고 이 아름다운 여인에게 접근하였다.

　가까이 다가가서 알고 보니 이 아름다운 이방 여인은 백작부인으로 태어난 것도, 이탈리아 여자도 아니었다. 그녀는 원래 사라 로웰(Sarah Lowell)이라는 이름이었고, 런던 근교의 이오울 파크에서 1804년에 태어났다. 자살과 강렬한 정열이 거의 전염병처럼 번져 있는 아주 특별한 잉글랜드 집안 출신이었다. 그녀의 어머니 역시 아름다움으로 유명한 여자였는데, 스스로 나이 들어가는 것을 느끼자 곧바로 자살하였고, 그녀의 오빠들 중 한 명도 자살하였다. 다른 오빠는 술꾼으로 삶을 끝마쳤고, 여동생은 종교적인 광기에 사로잡혔다. 이 열광적인 집안에서 유일하게 정상적인 여자로서 이 아름다운 백작부인은 자신의 정열을 에로티시즘의 영역에만 국한시켰다. 겉보기에는 영국식으로 냉정하고, 금발에 침착한 모습의 그녀는 어떤 모험이 자신을 유혹해도 전혀 거리낌 없이 특별한 비애도 없이 기꺼이 자신을 맡기고 에밀리오 기도보니 비스콘티가 남편이라는 사실을 깨끗이 잊어버리곤 하였다. 이 조용하고 겸손한 남편은 그 어떤 질투로도 그녀를 방해하지 않았다. 그녀는 어떤 여행 도중에 그와 결혼했던 것 같다.

　에밀리오 기도보니 비스콘티는 자기식의 정열을 가지고 있었다. 그것은 어느 정도 시끄러운 아내의 정열과는 절대로 맞부딪치지 않는 정열이었다. 그는—E. T. A. 호프만의 단편소설에 영원한 모습으로 그려진 것처럼 기품있게—음악을 자기 생애의 진정한 애인으로 사랑하였다. 위대한 용병대장의 후예였지만 어떤 극장 오케스트라에서든, 보수도 잘 받지 못하는 가난한 악사들 사이에 끼여앉아 바이올린을 연주할 수만 있다면 그보다 더 큰 기쁨을 알지 못했다.

기도보니 비스콘티 부부는 파리와 빈의 저택 말고도 베르사유에 집을 한 채 가지고 있었다. 그리고 베르사유에서 그는 저녁마다 악보대 앞으로 숨어들곤 하였다. 어느 도시에 가든, 어디서든 그는 이상적인 아마추어로서 겸손하게 오케스트라에서 함께 연주할 수 있게 해달라고 청하곤 했다. 그는 낮이면 약사 노릇을 즐겼다. 중세의 연금술사처럼 어린아이 같은 장난으로 온갖 성분들을 한데 섞어서 병에 담고 이 병들에 성분표시를 붙였다. 사교계에 나가는 것은 그에게는 부담이었다. 오로지 어둠 속에서만 기분 좋게 느꼈고, 그랬기 때문에 아름다운 아내의 애인들에게 전혀 방해가 되지 않았다. 그들 모두에게 친절하고 사람 좋은 태도를 보였다. 그럼으로써 더욱 방해받지 않고 자신이 좋아하는 음악에 몰두할 수 있었기 때문이다.

발자크는 이제―베르니 씨와 한스키 씨에 이어서―세 번째로 절반은 기사적이고 절반은 무관심한 태도로, 아내에게 유명한 작가의 흠모를 받을 기회를 허용해주는 남편을 만나는 행운을 가졌다. 그는 특유의 열광과 초조감을 다해서 목표를 향해 돌진했다. 다음 순간 그의 자유로운 시간들은 온전히 기도보니 비스콘티 부부의 것이 되었다. 그는 뇌이 (Neuilly)로 그들을 방문하였고, 베르사유로 찾아갔으며 그들과 함께 '이탈리아' 극장의 특별석에 앉았다. 제네바에서 돌아온 지 4개월도 채 안 된 1835년 4월에 다음과 같이 보고하고 있다. 물론 자신의 전체적인 고해 상대인 한스카 부인에게가 아니라 믿을 수 있는 쥘마 카로에게였지만.

며칠 전부터 나는 대단히 강렬한 여인의 마법에 빠지고 말았어요. 어떻게 거기 저항할 수 있을지 모르겠군요. 아무것도 모르는 젊은 아가씨처럼 나는 내 마음에 드는 것을 밀쳐낼 힘이 없습니다.

그러나 백작부인은 발자크에게 사로잡히기 전에 약간 망설였다. 그녀는 그때까지의 애인이었던 코슬로브스키(Koslowski) 왕자를 방금 쫓아낸 참이었다. 그를 통해서 그녀는 음악을 사랑하는 남편에게 아들을 선물해주었다. 그렇지만 그녀는 아직 발자크가 아니라 파리 사교계의 큰 사자인 리오넬 드 봉발(Lionel de Bonval)을 다음 애인으로 고를지 결정을 못 내리고 있었다.

다른 한편 발자크는 온 힘을 다해서 이 새로운 꿈을 위해 자신을 헌신할 수가 없었다. 소설을 써야 하고, 빚쟁이들과의 싸움을 마저 해야만 했고, 그밖에도 다른 쪽 쇠를 달구지 않았다가 식게 만들고 싶지 않았기 때문이다. 한스카 부인은 러시아와 폴란드 친구들, 코슬로브스키, 키셀레프, 그밖에도 다른 밀고자들을 통해서 발자크의 갑작스러운 음악사랑의 소식을 들었다. 그녀는 그가 별 위험성이 없던 로시니의 애인인 올랭프 펠리시에(Olympe Pélissier)의 특별석에 나타나다가 비스콘티의 특별석으로 자리를 바꾸었다는 소식을 들었다.

그녀는 후세를 위해서 발자크 생애의 프리마돈나 노릇을

하겠다고 굳게 결심하고 있던 터라 편지에서 그의 정직하지 못함과 성실하지 못함을 비난하였다. 그녀는 아직 살아 있고 아무것도 모르고 있는 남편을 뛰어넘은 이상스런 약혼을 하고서 발자크에게 무조건 성실하기를 요구하고, 긴장을 풀기 위해서 '하찮은 계집아이들'과의 관계만을, 그러니까 영적으로 전혀 중요하지 않고 사회적으로 자신을 위험하게 하지 않을 관계만 허용했던 것으로 보인다.

그녀는 발자크를 잘 알고 있었기에 그가 기도보니 비스콘티 백작부인에게도 자기에게와 똑같이 정열적이고 화려하고 극단적인 편지들을 써보내리라는 사실을 너무나 잘 알았다. 자기는 헌신을 통해서 독점권을 가지고 있다고 믿고 있는데 말이다. 발자크로서는 그녀를 안심시키는 것 말고는 다른 방법이 없었다. 장래의 백만장자 미망인을 아주 무관심하게 포기할 수는 없으니까. 그래서 그는 저 비싸고 환상적인 빈 여행을 기도하였다. 한스카 부인에게 그녀만이 자기 마음의 유일한 여인이라는 사실을 확인시켜주기 위해서였다.

이어서 사셰에서 여름을 보내면서 그는 다급한 의무를 이행하였다. 1835년 8월에 다시금 아름다운 백작부인을 놓고 리오넬 드 봉발과 경쟁이 시작되었다. 발자크가 승리해서 비스콘티 백작부인의 애인이 되었다. 여러 가지 가능성으로 보아서—위험할 정도로 정확한 정보를 담은 익명으로 된 책인 《발자크 발가벗기다(Balzac mis à nu)》를 믿을 수 있다면— 그는 1836년 5월 29일에 태어난 리오넬 리처드 기도보니 비스콘티의 아버지였다. 이 아이는 남의 둥지에 태어난 세 번째 뻐꾸기 새끼로서, 아버지의 이름도 천재성도 물려받지 못했다.

5년 동안이나 애인이자 헌신적인 친구였고 어려울 때마다 지치지 않고 도움을 주었던 여인이면서도 기도보니 비스콘티 백작부인은 발자크의 생애서술에서 언제나 부당하게 배경으로 밀려나 있다. 그녀 자신이 그에 대해 책임이 있다. 누군가가 실제 이루고 행했던 일이 아니라, 이 사람이 자신의 업적을 얼마나 잘, 아니면 얼마나 부지런하게 자랑할 줄 아느냐 하는 것이 중요하게 된 경우가 얼마나 많았던가. 비스콘티 백작부인은 한 번도 뒷날의 문학적인 명성을 탐낸 적이 없었다. 그래서 그녀의 모습은 비할 바 없이 허영심이 강하고 목적 지향적이며 부지런한 한스카 부인의 그늘에 완전히 가려버리고 말았다. 한스카 부인은 처음부터 발자크의 '불멸의 애인' 자리를 차지하려고 애썼다.

발자크가 정열의 순간에 비스콘티 부인에게 몽상적인 편지들을 써보내지 않았다면 그는 발자크가 아니었을 것이다. 그러나 그녀는 이 편지들에 번호를 매기지도 않았고, 처음부터 인쇄를 배려해서 편지함에 보관하지도 않았다. 무관심 탓이었든지 아니면 고귀한 자부심에서 그와 자신이 죽은 다음에 문예란에서 거론되기를 바라지 않았던 탓이었든 그녀는 처음부터 문학사적인 명성을 일절 포기하였다. 대신에 살아 있는 사람에게 더욱 충심으로, 더욱 공개적으로, 주저없이 헌신하였다. 그럼으로써 그녀는 발자크와 한스카 부인의 관계를 자세히 들여다보면 불쾌하게 달라붙어 있는 그 모든 고통에서 벗어나 있다.

이른바 위대한 정열의 시간에도 영리하고 명예욕 강한 귀족 여인이었던 한스카 부인은 끊임없이 자신의 '사회적 지위'를 염려했고, 세상에서 자신의 세속적 위치, 문학사에서 자신의 자리를 배려했다. 20년 동안이나 한스카 부인은 발자크를 위해서, 아니면 발자크를 통해서 자신의 체면이 깎이지 않을까 하는 두려움을 가졌던 것을 엿볼 수 있다. 그녀는 진짜 온기를 내주지도 않으면서 그의 생애에서 언제나 자신의 명예로운 자리를 따뜻하게 지키고 싶어했다. 그녀는 발자크가 자신의 애인, 자신의 음유시인이 되기를 바랐지만, 그러나 남몰래, 귀족 친척들이 아무것도 눈치채지 못하게 남몰래 그래주기를 바랐다. 그녀는 그의 편지들, 그의 필사본들을 원했지만 주목을 끌거나 스캔들을 일으키는 것만은 제발 덕분 사절이었다. 그녀는 남몰래 그의 호텔 방으로 숨어들었지만 공식적으로는 너무 기묘한 발자크 씨에 대해서 냉정하게 질책하는 태도로 말하곤 했다. 그녀는 발자크를 애인으로 붙잡아두기 위해서 미망인이 될 경우 그에게 장래를 약속했으면서도 한스키 씨 앞에서 충실한 아내 노릇을 연기했다.

그녀는 남편도 수백만금도 포기하지 않았다. 그녀는 자신의 흠 없는 명성을 단 1그란도 위태롭게 만들지 않았고, 심지어는 자유롭게 되었을 때에도 어울리지 않는 이 결혼을 얼른 결심하지 못했다. 그녀의 태도에서는 언제나 의도, 계산, 좀스러움, 조심성 등을 엿볼 수 있다. 제네바에서 한두 번 헌신한 것도 자신의 자아를 자발적이고 의식적으로 마음껏 헌신한 것이라기보다는 오히려 일종의 적선행동이었고, 내키지 않는, 재빨리 후회한 호기심의 행동에 지나지 않았다.

진실하지 못하고 질투심과 냉정한 게임의 요소로 가득 찬 이 관계와 비교해보면 겉보기에 부도덕한 비스콘티 백작부인이 너그럽고 고상하게 보인다. 발자크에게 자신을 허락하기로 결심하자마자 그녀는 완전하고 정열적으로 그에게 자신을 내주었고—〈골짜기의 백합〉에 나타나는 그녀의 초상화가 그 증거다—파리 전체가 그 일을 알고 그에 대해 수군거리든 말든 전혀 개의치 않았다. 그녀는 그와 함께 자신의 특별석에 모습을 나타냈고 그가 빚쟁이들에 쫓겨 갈 곳을 모를 때 자기 집에 받아들였고, 자르디에서는 그와 문을 나란히 맞대고 살았다.

남편 앞에서 그녀는 성실한 아내라는 밥맛 없는 희극을 연출하지도 않았고, 그의 질투심을 참으려 하지도 않았고, 그 대신 자기 쪽에서도 멀리 있는 경쟁자처럼 좀스러운 감시와 속좁은 질투로 발자크를 괴롭히지 않았다. 그녀는 그에게 자유를 허용하였고 그의 온갖 모험들을 웃어넘겼다. 그녀는 스스로 거짓말하지 않았고 그를 거짓말해야 할 처지로 몰아붙이지도 않았다. 그는 다른 여인을 향해서 편지에서 끊임없이 거짓말을 하지 않을 수 없었다. 한스카 부인의 1/10만큼도 부자가 아니었지만 그녀는 때로는 이런저런 일을 맡겨서, 때로는 현찰로, 그를 열 번 이상이나 곤경에서 도와주었다. 진정한 애인이자 친구로서 모든 순간에 대담함과 개방성과 자유로움을 보여주었다. 그것은 사교계나 엄격한 풍습이나 계급의식에 종속되지 않고, 자유롭고 개방적인 태도로 오직 자기 의지에 따라 사는 여인만이 가능한 행동이었다.

이런 개방성은 발자크가 한스카 부인에게 이 관계를 비밀에 붙일 수 없도록 만들었다. 어쩌면 〈골짜기의 백합〉에서 뒤들리 부인의 정열적인 사랑의 장면이 백작부인과 경험한 최초의 황홀경을 직접적으로 묘사한 것이라는 사실을 부정할 수 있었을지는 모른다. '사람들이 심지어는 내가 비스콘티 부인을 그렸다고 주장한다면서요?' 라고 그는 세상의 악의에 짐짓 순진하게 놀란 태도로 한스카 부인에게 묻는다. 그러나 그는 온갖 상세한 세부사항과 아울러 분명한 사태를 비에르초브니아에 알리는 폴란드와 러시아 통신원들의 편지를 막을 수는 없었다. 당연한 일이지만 '의심과 비난의 편지들'이 비처럼 쏟아졌다. 그러나 한스키 씨의 죽음과 재산을 염두에 둔 발자크는, 그녀가 놀라운 신뢰에 기초한 이상적인 여자친구일 뿐이라고 대담한 거짓말을 계속 하였다. 정직하게 보이기 위해서 그는 교묘한 방식으로 '나를 수많은 곤경에서 위로해주는 이 우정'을 찬양하기도 했다. 그는 한스카 부인에게 다음과 같이 써보냈다.

당신이 말한 비스콘티 부인은 끝없는 선의를 지닌 아주 사랑스런 여인들 중의 한 사람입니다. 그녀는 아주 섬세하고 우아한 아름다움을 지니고 있으며 내가 이 삶을 견딜 수 있도록 도와줍니다. 그녀는 부드러우면서도 아주 확고한 사람이고, 자신의 견해나 거부감을 표현하는 데 아주 단호하고 타협을 모릅니다. 그녀는 교우관계가 확실한 편이죠. 그러면서도 그녀는 아주 행복하지는 않았답니다. 아니면 오히려 이렇게 표현해야 할지 모르겠군요. 그녀와 백작의 처지는 그들이 지니고 있는 위대한 이름과 아주 잘 어울리는 것은 아니라고 말입니다……

그러나 발자크는 이런 찬양의 말을 다음과 같이 처량한 탄식으로 끝맺고 있다. "불행하게도 나는 그녀를 아주 드물게만 본답니다."

아마도 그는 자신의 편지보다 훨씬 더 믿을 만한 정보를 입수한 한스카 부인이 자기를 그다지 신뢰하지 않을 것이라는 사실을 알았던 것 같다. 그러나 속으로는 그런 일이 그에게도 그다지 중요하지 않았다. '북극성'은 이 몇 년 동안 빛이 흐려지기 시작했다. 닿을 수 없이 머나면, 1천 마일이나 떨어진 아시아의 경계지역에서 빛나고 있었기 때문이고, 한스키 씨의 건강이 끈질긴 것이라는 사실이 밝혀졌기 때문이다. 역사에서 살아 있는 사람이 죽은 사람을 능가하듯이 사랑에서도 가까이 있는 사람이 멀리 있는 사람을 능가하는 법이고 비스콘티 백작부인은 가까이 있는, 젊고 아름답고 정열적이고 감각적인 여인이었다. 게다가 언제나 그를 위해 준비되어 있었고 그를 힘들게 하지 않았다. 그래서 그는 다음 몇 년 동안 그녀와 함께 현실의 삶을 살았다. 동시에 한스카 부인에게는 편지 보관함과 후세를 위해서 자신의 상상 속의 생활을 보고하고 꾸며냈다.

에벨리나 폰 한스카는 발자크를 다른 누구보다 더 잘 이해한 여인이고, 그의 길안내자이며 충고자가 되겠다는 야심을 가졌다. 그리고 문학적인 취향과 비판적인 판단력으로는 비스콘티 백작부인을 1백 배나 능가했을지도 모른다. 그러나 비스콘티 백작부인은 인간 발자크가 필요로 하는 것이 무엇인지를 훨씬 더 잘 이해했다. 그녀는 끊임없이 계속되는 의무로 신음하는, 쫓기는 예술가가 무엇보다도 자유를 필요로 한다는 사실을 이해했다. 그녀는 또한 이 불행의 해인 1836 년이 발자크에게 무엇을 가져다주었는지 보았으며, 그가 얼마나 지쳤는지, 얼마나 기진맥진하고 있는지, 그리고 긴장을 풀기를, 마음을 좀 다른 데로 돌릴 수 있기를 얼마나 간절히 바라는지도 보았다.

다른 여인처럼 질투심에 가득 차서 그를 자기 옆에 붙들어 두는 대신 천재적인 심정의 이해심으로 발자크를 회복시켜서 다시 창조적으로 만들 수 있는 유일한 방법을 꾸며냈다. 이탈리아 여행이었다. 그것은 발자크가 카스트리 부인과의 실패한 모험 이후로 그토록 열렬히 갈망하던 여행이었다. 그녀는 발자크에게 비용이 한 푼도 필요없는 여행을 만들어냈다.

기도보니 비스콘티 백작은 어머니의 유산 중에서 이탈리아에 몇 가지 권리들을 가지고 있었다. 그것은 받아내기가 쉽지 않은 것들이었다. 가장 손쉬운 상업적인 협상도 못하는, 세계와 담을 쌓은 이 음악가는 상속을 위한 싸움을 이미 포기해버렸다. 그때 백작부인은 절묘한 배합을 만들어냈다. 백작도 공동의 친구인 발자크의 에너지와 사업능력을 잘 알고 있으니, 상속사건을 처리하라고 그를 이탈리아에 보내자는 생각이었다. 사람 좋은 백작은 동의했다. 방금 사셰에서 돌아온 발자크는 빚쟁이들을 피해서 어디로 도망쳐야 좋을지 모르고 있던 참이라 말할 필요도 없이 좋아했다. 공증인이 그에게 전권을 맡긴다는 위임장과 여행경비를 내주었다. 그렇게 해서 그는 마침내 7월에 역마차에 올라 오랫동안 꿈꾸어오던 '사랑의 땅'으로 여행을 떠날 수 있게 되었다.

비스콘티 백작부인은 이런 너그러움에다가 또 하나의 너그러움을 덧붙여주었다. 자신이 이 여행에서 발자크와 동행할 수 없었다는 것은 이해가 가는 일이었다. 그녀는 한 달 전에, 그와의 사랑의 증거로 여겨도 좋을 저 리오넬 리처드의 어머니가 되었기 때문이다. 그러나 더욱 놀랍고도, 또한 그녀의 감정의 너그러움에 대한 확실한 증거가 되는 일이 있었다. 그녀는 자기 애인의 여행 동반자에 대해서 전혀 이의를 말하지 않았다. 발자크의 여행 동반자란 짧게 자른 검은 머리칼에, 전에는 발자크의 친구라는 말을 들어본 적이 없는, 마르셀이라는 이름의 젊고 예쁘장한 남자였다.

그에 대해서 무언가 좀 알고 있는 유일한 사람은 발자크의 양복재단사인 뷔송뿐이었다. 바로 얼마 전에 발자크는 검은 머리카락과 눈을 한 젊은 여자와 함께 그의 집에 나타났다. 그녀에게 신사복 한 벌과 외투를 맞춰주기 위해서였다. 이 외투는 젊은 숙녀에게 아주 잘 맞기는 했지만, 완벽한 것은 아니어서 눈이 그렇게 밝지 않더라도 여성임을 알아볼 만한 것이었다. '사랑의 땅'에서 모험을 찾아헤매는 대신에 발자크는 이 대담한 가면놀이를 통해서 여행 자체를 모험으로 만들었다.

언제나 일에 쫓겼던 발자크는 다른 여자친구나 모든 관계들이 거의 그렇듯이 이 새로운 애인도 역시 편지 왕래에서 낚아올렸다. 그리고 거의 모든 그의 여자친구들이 그렇듯이 그녀도 결혼한 여자였고 편한 남편을 가진 여자였다. 카롤린 마르부티(Caroline Marbouty) 부인은 리모주에서 고급 법관의 아내 노릇을 하는 게 지겨웠다. 그녀는 이해받지 못하고 실망한 프랑스의 모든 여성들의 대변인인 발자크에게 낭만적인 편지를 써보냈다. 이 대변인은 1835년 당시에는 그녀에게 답장을 쓸 시간이 없었다.

그래서 그녀는 대용품을 찾았다. 알파벳 순서에 따라서 '바(Ba)' 다음에는 '베(Be)'가 오는 법이라, 그녀는 카스트리 공작부인과 아주 똑같이 발자크에 이어서 생트 뵈브에 이르렀고, 그에게서 좀더 친절한 대접을 받았다. 그는 그녀에게 파리로 오라고 청했고 그녀는 정말 왔다. 예쁘고 불 같은 젊은 여성이었다. 유감스럽게도 무미건조하고 화려한 생트 뵈브는 그녀의 취향에 맞지 않았다. 그가 멋진 소네트를 지어 바쳤어도 아무런 소용이 없었다. 그녀는 차라리 다른 사람의 문을 두드려보려고 했다. 그리고 발자크는 한스카 부인에게서 성공을 거두고 난 다음부터 자기보다 젊은 여자를 평가하기 시작했던 터라 이 공격적인 포티파르(요셉을 유혹한 이집트 관리의 아내 : 역주) 부인을 보고 요셉처럼 행동하지는 않았다. 바타유 거리의 그 유명한 거실에 첫발을 들여놓은 방문이 사흘 밤으로 연장되었고, 이 젊고 싱싱한 여인은 그의 취향과 입맛에 아주 잘 맞아서 그는 그녀에게 자기와 함께 투렌으로 여행하자고 제안하기에 이르렀다. 마르부티 부인은 여러 가지 이유에서 그것만은 쉽게 결심하지 못했다.

그러나 그가 사세에서 돌아와서 다른 여자친구의 돈으로 자기와 함께 이탈리아로 가자는 제안을 했을 때 그녀는 아주 좋아하면서 시종의 복장으로 변장하고 그를 따라가겠다고 말했다. 낭만적인 땅으로의 여행은 시작부터 낭만적이어야 하기 때문이다.

파리의 친구들 중에서 단 한 사람만이 이 변장 희극의 증인이었다. 발자크를 배웅해주려고 카시니 거리로 찾아왔던 쥘 상도였다. 그는 머리를 짧게 자른 젊은 부인이 합승마차를 타고 자기 앞을 달리더니 익숙한 솜씨로 발자크의 침실로 통하는 계단을 서둘러 올라가는 것을 목격하였다. 그는 사교계에서 그토록 열렬하게 예술가의 생산성의 전제조건으로 순결을 역설하곤 하던 이 친구의 새로운 수확물을 보고 혼자서 낄낄거리고 있는데, 몇 분 뒤에 같은 방에서 우아한 젊은 남자가 회색 외투를 입고 손에 승마용 채찍을 들고 웃으면서 같은 계단을 내려와서, 일주일치 속옷과 비상사태에 대비해서 여자 옷을 담은 작은 가방을 역마차에 넣는 것이었다. 그 뒤로 자신의 장난이 성공한 것을 애처럼 좋아하면서 발자크가 계단을 쿵쿵거리며 내려오더니 젊은 시종 옆에 자리를 잡았고, 1분 뒤에 마차는 이탈리아를 향해 굴러갔다.

그것은 매혹적인 출발이었다. 그리고 발자크가 바라던 그대로 도중에 이 변장으로 인해서 아주 재미난 사건들이 일어났다. 성 브뤼노 수도원의 수도사들은 젊은 마르셀의 풍만한 외투와 앞자락이 매끈한 바지 모습에 속지 않고 이 위험스런 성(性)이 수도원으로 들어오는 것을 거절하였다. 그 대가로 젊은 요정은 근처에 있는 알프스 시냇물에서 외투만 입고서 즉석 목욕을 하는 것으로 분풀이를 했다. 《우스운 이야기》의 발자크는 이 모험에서 넉넉한 만족을 느꼈다. 목숨이 위태로울 정도로 빠른 속도로 몽 세니 산을 넘어서 이 젊은 한 쌍, 혹은 발자크 씨와 그의 하인 마르셀은 토리노에 도착하였다.

분별있는 사람이라면 위험하지 않은 변장 놀이를 이쯤에

서 끝마쳤을 것이다. 아니면 합법적이지 않은 한 쌍에게 어울리는 방법으로 주목을 받지 않도록 멀리 떨어진 한적한 여관에 자리를 잡았을 것이다. 그러나 발자크는 무슨 일이든지 끝장을 보는 것을 좋아했다. 뻔뻔스런 태도로 그는 토리노의 가장 고급 호텔인 '유럽 호텔'로 마차를 몰았다. 이 호텔은 왕궁의 창문을 마주보는 곳에 자리잡고 있었다. 그리고 그곳에서 자신과 수행원을 위해서 가장 아름다운 방을 빌렸다. 물론 〈피에몬테 신문〉은 다음날로 벌써 유명한 작가의 도착을 알렸다. 그러자 곧장 귀족계급 전체가 호기심에 넘쳐서 발자크와 그의 지팡이를 보고 싶어했다. 그 자신의 보고에 따르면 지팡이는 그의 작품만큼이나 대단한 성공을 거두었는데 '유럽적인 차원을 얻을 지경'이었다. 고귀한 태생의 문외한들이 초대를 하고, 모두들 발자크와 인사를 나누고 싶어서 안달이었다. 심지어는 친하게 된 귀족들의 도움으로 그는 나들이를 위해서 왕의 마구간에서 나온 말들을 이용할 수 있었다.

공주들, 백작부인, 후작부인들의 경탄에는 절대로 저항을 못했던 발자크는 피에몬테 영주의 초대에 기꺼이 응했다. 여러 달, 여러 해 동안이나 더럽고 불친절한 빚쟁이나 집달리들의 방문만 받고 난 다음, 보통 시민계급에게는 접근이 불가능한 궁전에서 외국 왕자의 품위와 명예로 영접을 받는 일은 그의 허영심을 대단히 만족시켰다. 그러나 악마가 속삭였는지 그는 이 고귀한 저택들을 방문하면서 남자옷으로 변장한 시골여자를 데리고 갔다. 소설에서도 그보다 더 대담한 전개를 만들어낼 수는 없었을 것이다.

오래지 않아서 귀족의 살롱에서는 이 젊은 마르셀이 마이어베어(Meyerbeer)의 오페라 〈위그노〉에 나오는 같은 이름의 인물처럼 남자로 변장한 여자라는 사실을 알아보았다. 그리고 발자크가 이름 없는 자신의 정부(情婦)를 변장시켜서 피에몬테 귀족의 저택으로 데리고 들어온다는 뻔뻔스러움은 상상도 되지 않는 일이었기 때문에 상당히 특이한 소문이 퍼졌다. 발자크의 유명한 동료 문인 조르주 상드가 짧은 머리를 하고 시거와 파이프를 피우고 바지를 입고 손수건보다도 자주 애인을 바꾼다는 사실은 잘 알려진 일이었다. 최근에 그녀는 알프레드 드 뮈세와 함께 이탈리아에 있었다. 그렇다면 그녀가 이번에는 오노레 드 발자크와 함께 나타나지 못할 이유가 무엇이란 말인가? 그래서 가련한 마르부티 부인은 갑자기 자기와 문학에 대해서 토론하고, 자기에게 온통 재치 있는 말들을 기대하고, 가능하면 조르주 상드의 서명을 얻어보려는 신사와 숙녀들로 둘러싸이게 되었다.

　　그러자 이 장난은 발자크 정도의 사람에게도 마침내 점차 불쾌하게 되었다. 그래서 그는 자신의 정신적인 힘과 온갖 능숙함을 다 발휘해서 뒤얽힌 철자를 다시 풀어야 했다. 남몰래 그는 펠릭스 드 생 토마(Félix de Saint-Thomas) 후작에게 변장을 고백하였다. 물론 그것을 아주 조심스럽게 도덕적인 외투로 감쌌지만 말이다.

　　그녀는 내가 머리부터 발끝까지 나를 완전히 사로잡고 있는 다른 정열에 붙잡혀 있다는 사실을 잘 알기 때문에 내게 자기 속마음을 털어놓았던 것이죠.

어쨌든 발자크는 장난이 추문으로 변하기 전에 그만두어야 할 시간이 되었다는 사실을 깨달았다. 그는 다행스럽게도 비스콘티 집안의 일을 잘 처리하고 서둘러서 도시를 떠났다. 그가 생애 처음으로 한없이 행복했던 곳이었다. 3주 동안 일도 출판업자와의 싸움도 안 하고, 교정쇄도 빚쟁이도, 증오스런 동료들도 없이 지냈다! 처음으로 그는 고안해낸 것이 아니라 삶의 기쁨으로 빛나는 눈길로 진짜 세계를 바라보았다.

마지막으로 운명의 도시 제네바에 머물렀다. 여기서 카스트리 공작부인이 그를 거부하였고, 이곳에서 그는 한스카 부인을 정복하였으며 이곳에서 이제는 마르부터 부인과 함께 근심 없고 명랑하게 잠을 잘 수 있었다. 한스카 부인에게 보낸 그의 편지를 조금이나마 믿는다면, 그는 제네바에서 오직 옛날의 달콤하던 추억만을 좇고 우울한 눈물을 흘리며 이곳에 없는 여인을 생각하며 보냈다. 현실은 훨씬 덜 낭만적이었지만 그대신 훨씬 더 즐거웠다. 보통 발자크는 다시 일하려는 욕심에 마부에게 쉬지 않고 말을 몰라고 주문해서 제네바에서 파리까지 5일 밤낮이면 충분했다. 젊고 숭고하지 않은 금발 여인이 그와 동행했던 이번에는 집에 돌아오는 데 꼬박 열흘이나 걸렸고 밤마다 다른 고장의 숙소에서 묵었다. 그가 이 많은 밤들을 감상적이고 우울한 마음으로 멀리 있는 '북극성'만 생각하면서 보냈다고 말할 수는 없으리라.

8월 21일에 발자크는 다시 파리로 돌아왔다. 그러자 단번에 마법의 시간은 끝나고 말았다. 문들마다 집달리의 딱지들이 붙어 있었고 책상 위에는 지불해야 할 계산서들이 무더기로 쌓여 있었다. 첫 순간에 그는 자신의 출판업자인 베르데가 파산했다는 말을 들었다. 이 모든 것이 발자크를 특별히 놀라거나 흥분하게 만들지는 않았다. 그는 자기가 단 한 순간이라도 자유를 누리기만 하면 운명의 손길이 더욱 가혹하게 자기를 옭아맨다는 사실을 알고 있었고, 앞으로도 언제나 거듭 그것을 경험할 판이었다.

그러나 별 관심도 없고 부담스럽기만 한 편지들 사이에 검은 테두리를 한 편지가 한 통 섞여 있었다. 알렉상드르 드 베르니가 그에게 어머니가 7월 27일에 돌아가셨다는 사실을 알리는 편지였다. 우리는 이 소식이 발자크의 모든 편지들에서 그를 얼마나 깊이 뒤흔들어놓았는지 느낄 수 있다. 여러 달 전부터 그는 이 시련을 예측하고 있었다. 여행을 떠나기 전에도 그는 '딜렉타'를 방문했다. 그리고 그녀가 너무나 약해져서 자기가 〈골짜기의 백합〉에서 모르소프 부인의 모습 속에 담아놓은 감사의 초상화를 기뻐할 수도 없다는 것을 알았다.

그렇지만 그녀가 죽어가고 있는 동안 자기는 아무런 근심도 없이 명랑하게 별로 중요하지도 않은 카롤린 마르부티와 이탈리아에서 사랑의 여행을 하다니 이 얼마나 수치스럽고 고통스러운 일이었던가. 그녀의 임종을 지키며 그녀의 마지막 말들을 듣지도 못하고, 자기를 다른 누구보다 먼저, 그리고 더 많이 사랑했던 그녀가 땅에 묻히던 바로 그 시간에 자기는 토리노의 살롱에서 농담하고 웃고 있었다니! 며칠 안으로 그는 파리를 떠나 그녀의 무덤을 찾아갔다. 자신의 삶

의 시간은 이제 끝나고 이 여인의 죽음과 더불어 자신의 청
춘도 함께 파묻었다는 예감이 그를 사로잡았다.

제3장
전환의 해

베르니 부인의 죽음은 발자크의 생애에서 커다란 휴지(休止)의 하나였다. 그를 교육하고 보호하고 그에게 사랑과 자신감을 가르쳐준 그녀, 진정한 어머니 '딜렉타'가 이제는 그를 보호하고 감싸주고 격려해줄 수 없게 된 것이다. 멀리 우크라이나에 애인이 있고, 가까이 샹젤리제에도 애인이 있건만 그는 혼자였다. 그의 생애 어느 때보다도 더 혼자였다. 그녀의 죽음과 더불어 그의 내면에서 어떤 새로운 것이 분명하게 깨어났다. 이 생명력 넘치고 낙관적이고 자신감 넘치는 인간이 전에 한 번도 느껴본 적이 없는 감정이었으니 바로 두려움이었다. 신비스럽고 헤아리기 힘들고 여러 가지 뜻을 담은 두려움. 모든 힘을 다해도 자신이 스스로 시작한 엄청난 작업을 완수하지 못할까 하는 두려움, 너무 일찍 쓰러지지 않을까 하는 두려움, 일에 빠져서 진짜 삶을 놓치지 않을까 하는 두려움이었다.

내 삶이 대체 어떻게 된 거지, 난 대체 어떻게 될까? 하고 발자크는 자문해보았다. 거울을 들여다보았다. 이미 상당히 듬성해진 갈기머리카락에 뚜렷한 한 줄기 흰머리. 그것은 근심이고 매일의 싸움이며 작품에서 작품으로 영원히 쫓기는 추격전이었다. 뺨은 누렇게 부풀어올랐고 턱은 두 턱이 지고 몸은 뚱뚱했다.

그것은 창문을 두껍게 내리고 책상 앞에 앉아서 보낸 끝없는 밤들이었고, 스스로 만들어낸 감옥에서 공기도 움직임도 자유도 없이 보낸 주간들이었다. 이렇게 벌써 17년째다. 날마다, 달마다, 수만, 수십만의 쓰인 종이들, 50만 장의 교정쇄, 책, 또 책. 그런데 이룬 것은 무엇인가? 충분하지 못하다, 어쨌든 그 자신에게는 충분하지 못하다. 프랑스의 중앙성당처럼 위대하고 넓어야 할 《인간희극》이라는 이 대공사에 겨우 기둥 몇 개만 세운 꼴이고, 아직 둥근 지붕도 못 올리고 하늘로 높이 솟아올라야 할 탑들 중 하나도 세우지 못했다! 자기는 그것을 끝낼 수 있을까? 몇 해 전부터 있는 힘을 다해 쏟아붓는 그 무시무시한 힘의 혹사가 마침내 자신에게 복수하지 않을까?

벌써 두세 번이나 이 과열된 기계가 나직하게 덜컹거리는 소리를 들었다. 갑작스러운 어지럼증이 나타났고 죽음 비슷한 잠과 위통을 동반한 과격한 피로 증세는 블랙 커피를 지나치게 마셔서 생겨난 것이다.

과도한 창작, 또 창작, 계속해서 자신 안에서 끄집어내고 퍼내는 것을 이제 그만 멈추고 다른 사람들처럼 살면서 즐겨야 할 시간이 아닐까? 행복하고 근심 없는 다른 사람들은 삶에 의해 접대받고 선물을 받고 있는데 말이다. 저 죽은 여인 말고는 누가 이 미친 듯한 자기희생, 이 광적인 포기를 감사하기나 할까? 이 노동은 자기에게 무엇을 주었던가? 약간의 명성, 어쩌면 많은 명성, 하지만 그와 더불어 얼마나 많은 증오, 얼마나 많은 시기, 얼마나 많은 역겨움을 주었던가!

그러면서도 한 가지만은 주지 않았다. 가장 중요한 것, 가장 본질적인 것, 가장 갈망하는 것, 곧 자유와 독립을 주지 않았다. 10만 프랑의 빚을 안고 그는 7년 전에 새로 시작했다. 10년, 20년 동안이나 자신의 잠을 훔쳐내면서, 자신의 힘을 갉아먹으면서 일만 했다. 30편의 소설을 썼다. 그러면 이제 짐은 없어졌나? 아니, 그것은 오히려 거의 두 배로 늘었다! 매일같이 그는 또다시 신문과 출판사에 자신을 팔아야 한다. 나선형 계단을 통해 6층까지 올라가서 더러운 고리대금업자에게 가야 하고, 집달리가 두려워 도둑처럼 벌벌 떨어야 한다.

무엇하러 일하나, 이 일을 통해 자유로워지는 것도 아니라면 무엇하러 그렇게 몹시 일을 해야 하나? 서른일곱 나이에, 이 전환의 시점에서 발자크는 자기가 잘못 살았다는 것을 깨달았다. 너무 적게 즐겼고, 자신의 가장 열렬한 소망도 이루어주지 못하는 일을 위해서 자신의 모든 삶을 배신하였다.

다르게 살자! 이제 그의 내면의 목소리가 이렇게 경고하고 독촉하였다. 멀리 있는 여자들의 숭배를 받을 것이 아니라, 여자들의 부드럽고 감각적인 육체를 즐기자! 영원히 책상 앞에만 앉아 있지 말고 여행하고, 새로운 모습들을 봄으로써 피로한 눈을 회복시키고, 지친 영혼을 즐거움으로 채우자. 갈레 선의 쇠사슬을 끊어서 뒤로 던져버리자. 끊임없는 열기를 품고 앞으로만 나가지 말고 미지근한 여유의 공기를 숨쉬자. 너무 일찍 늙지 말고 역겨운 것들에게 끊임없이 괴롭힘을 당하지 말자! 도망치자, 도망치자. 그리고 무엇보다도 부자가 되자, 빨리 부자가 되자, 그 어떤 수단을 써서라도. 이 끝도 없이 쓰고 또 쓰는 일 말고 다른 방법으로!

그래서 그가 예전에 알았던 것과는 다른, 훨씬 더 거칠고 대담한 삶의 욕구가 서른일곱 살이 된 발자크를 사로잡았다. 한스카 부인에게서 최초의 성공을 거두고 난 다음부터, 그전까지는 자신의 정열을 온통 작품에만 쏟아붓던 이 사람의 내면에서 에로틱한 요소가 본격적으로 깨어났다. 모험에 모험이 뒤따랐다. 일년 만에 그는 예전의 10년 동안보다 더 많은 여자들을 움켜쥐었다. 기도보니 비스콘티 부인 말고 카롤린 마르부티가 있었고, 그녀와 동시에 브르타뉴의 젊은 귀족여인 엘렌 드 발레트(Hélène de Valette)가 있었다. 알려지지 않은 '루이즈'라는 여인도 역시 편지 왕래의 방법으로 주변으로 끌어들였다. 그는 호사스런 만찬의 단골손님이 되었다.

이런 만찬에서 파리의 가장 고귀한, 사교계의 꽃들(cocottes, 교양과 미모로 사교계에서 남자를 유혹하는 여인들 : 역주)이―그의 소설에서 토르피유(Torpille)와 아킬리나(Aquilina)의 모범이 되는―그 매력과 기술을 아낌없이 발휘하였다. 그의 눈길이 이탈리아의 짙푸른 하늘을 보고, 그의 손과 두뇌가 몇 주 동안의 행복한 무위(無爲)를 맛보고 난 이후로 그전까지 그에게 모든 것을 의미했던 작업이 갑자기 하찮은 것으로 여겨지게 되었다. 여행, 삶, 향락, 이것이 서른일곱 살부터 발자크의 욕망과 꿈이 되었다. 일은 그만, 명성도 그만. 그림자가 싸늘하게 그의 심장을 건드린 이제야 비로소 쾌락과 유희와 자유를 향한 열망이 그의 내면에서 완전히 깨어난 것이다.

기도보니 비스콘티 백작부인이 발자크의 이런 열망을 이해하고 애인을 자기 곁에 노예처럼 붙들어두지 않고서 그에게 똑같은 핑계를 대고 두 번째로 이탈리아 여행을 가능하게 해준 것은 그녀에게 명예가 될 것이다. 그녀는 그가 파리에서는 빚쟁이들을 피할 도리가 없다는 사실을 알고 있었다. 여러 달 동안이나 헛되이 카시니 거리만 뒤지던 집달리들도 마침내 바타유 거리에 있는 비밀의 집을 찾아내고 말았다. 그래서 그는 프로방스 거리에 가구 딸린 셋집으로 도망쳐야 했다. 그러나 집달리들은 그곳도 찾아냈다.

그녀는 그가 이 영원한 투쟁에 얼마나 기진맥진하고 지쳤는지, 그리고 영원히 쫓기는 삶에서 짧은 한 순간이나마 근심 없이 살 필요가 얼마나 절실한지 알아보았다. 그에게 훈계하거나 질투심으로 부담을 주는 대신에 그녀는, 아무것도 배울 줄 모르는 이 사람이 좋은 충고보다 더 절실하게 필요로 하는 것을 마련해주었다. 곧 몇 달 동안 그 자신이 되고, 자유롭고 근심 없는 남자가 될 가능성을 마련해준 것이다.

백작은 한 번 더 발자크에게 상속사건을 최종적으로 정리하라는 임무를 맡기자는 설득을 당했다. 그래서 1837년 2월 12일에 작가는 알프스를 넘어갔다. 이번에는 혼자였다. 성가시게 구는 마르부티 부인에게 이미 오래 전에 싫증을 느꼈고 그와 함께 가기로 했던 테오필 고티에가 마지막 순간에 여행을 거절했기 때문이다.

역마차에 몸을 싣고 6일 만에 스위스의 테생(Tessin) 지역을 통과하면서 그는 유럽의 가장 아름다운 풍경을 거쳐갔다. 그러자 모든 근심은 푸른 하늘 속으로 흘러가 버렸다! 받아들이고 보관하는 데 천재이듯이 발자크는 잊어버리는 데도 천재였다. 그가 밀라노의 베네치아 호텔에 내렸을 때 벌써 빚과 곤궁, 의무, 온갖 괴롭힘을 한 순간에 뒤로 다 흘려보내 버렸다는 것은 이해할 수 있는 일이다. 이곳에서 그는 고향에서와는 다른 사람이기 때문이다. 여기서는 법원의 판결에 따라 빚을 진 사람, 여기 얼마, 저기 얼마를 갚아야 하고, 빚에 짓눌려서 앞문에서 집달리가 문을 두드리면 뒷문으로 도망쳐야 하는 오노레 드 발자크 씨가 아니었다.

여기서 그는 유명한 작가였다. 신문들은 존경심을 가지고 그의 도착을 알리고 두 시간이 지나자 벌써 도시의 센세이션이 되었다. 마페 백작부인은 그를 산책에 안내하고, 스칼라 극장에 있는 포르티아 왕자의 특별석에 그의 여동생인 산세베리노 백작부인과 함께 나타나고, 벨지오조소 궁주와 트리불치오 후작부인이 그를 자기 집으로 초대하였다. 위대하고 울림이 좋은 역사상 유명한 이탈리아의 이름들이 그의 이름 앞에 몸을 굽혔다. 그리고 오스트리아 지배계급도 그의 버릇을 나쁘게 만들었다. 총독은 그를 식사에 초대하고 군대의 사령관은 그의 뜻을 따르고, 밀라노의 일급 조각가인 푸티나티(Putinatti)는 그의 입상을 만들 수 있는 명예를 달라고 청하였다. 발자크는 이 입상을 한스카 부인이 아니라 비스콘티 백작부인에게 선물하였다. 젊은 포르티아 왕자는 그에게 거듭 선물을 내렸고 그의 모든 소망을 이루어주었다. 구제불능 천민인 발자크가 파리에서는 채무증서와 어음에 서명하다가 이곳에서는 왕자와 왕녀들의 소원에 따라 그들의 족보에 서명하게 되었을 때 그가 느꼈을 행복과 자부심을 이해할 수 있다.

사람들이 이 외국인에게 보이는 숭배를 통해서 뒤로 밀려난 느낌을 받은 작가들은 그에게 약간 냉정한 태도를 취했다. 그리고 발자크는 온갖 귀족의 호칭에 완전히 도취해서 작가들의 이름에 대해서는 별다른 관심을 보이지도 않았다. 만초니(Manzoni)와의 만남은 성공적이지 못했다. 〈고리오 영감〉의 작가는 〈약혼자들(Promessi Sposi)〉의 작가와 만나자 만초니의 걸작품을 읽지 않았기 때문에 오직 자기 이야기밖에 하지 못했던 것이다.

이런 모든 관람과 초대, 축제 사이에서 발자크는 물론 원래의 과제인 비스콘티 백작의 상속건을 처리하는 것을 잊지 않았다. 그리고 그는 사업을 잘 이해하고 있었기 때문에—그것이 자신의 사업이 아닌 한 그는 아주 잘 알았다—사건을 원하는 방법으로 처리할 수 있었다. 이번에는 모든 일이 잘 진행되었으므로 그는 사건을 처리하고 나서 베네치아로 향하였다. 그가 처음에는 카스트리 공작부인과, 다음에는 한스카 부인과 방문하고 싶어했던 도시였다. 작품 〈파시노 칸〉의 도시가 이제 그를 불렀던 것이다.

첫날은 실망이었다. 베네치아는 색깔이 없었다. 비가 내리고 안개가 끼고 눈발이 날렸다. 그러나 태양이 비치자마자 발자크의 내면에 숨어 있던 예술가의 정열이 모두 깨어났다.

새로운 사물을 움켜잡고 빨아들이는 특유의 집중력으로 그는 온갖 곳에 다 가서 모든 것을 다 보았다. 박물관들, 교회들, 궁전들, 극장들. 겨우 며칠 만에 그가 이 도시의 분위기, 역사, 풍습, 영혼을 빨아들인 것만큼 그의 엄청난 흡입력을 잘 보여주는 것은 없다.

그는 전부 9일 동안 베네치아에 머물렀다. 그리고 그중 절반은 사업과 방문을 하느라 없었다. 그런데도 베네치아에 관한 수천의 소설들, 수만의 묘사들 중에서—바이런도, 괴테도, 스탕달도, 단눈치오도—발자크가 단편소설 〈마씨밀라 도니(Massimilla Doni)〉에서 보여준 것과 비슷한 조명의 능력으로 이 도시를 서술한 글은 없다. 이 작품은 또한 완벽한 음악 해석의 하나이기도 하다. 딱 한 번 보고서 어떻게 그렇게 재빨리 본질적인 것을 받아들일 수 있는지, 이탈리아 말이라고는 부스러기 몇 마디밖에 못하는 사람이 이탈리아의 정신과 귀족적인 감각성을 어떻게 그렇게 의인화하고 순화할 수 있는지 이해하기 어렵다. 발자크에게 있어서 바라보는 것은 곧 꿰뚫는 것이며, 배우지 않고도 알고, 마법을 통해 알게 된다는 사실을 다시 한 번 깨닫게 된다.

그가 뒷날 눈부신 방법으로 자기 작품에 영원히 아로새긴 베네치아에서 보낸 이 한 주간과 더불어 이탈리아 여행 전체의 절정이 지나갔다. 밀라노로 돌아오자 그는 냉정한 접대를 받았다. 기분이 좋았기 때문에 아무런 의심도 없이 언제나처럼 걱정 근심 없이 수다를 늘어놓다가 베네치아의 어떤 사교계 모임에서 그는 버릇대로 약간 경박하게 돈 이야기를 지나치게 많이 지껄였다. 빈에서도 이미 불쾌감을 샀던 일인데 자신의 원고료와 빚에 대해서 떠들어대고, 그보다 더 고약한 일은 라마르틴과 만초니에 대해서 깔보는 말투로 지껄였다. 그 자리에 있던 작가 한 사람이 발자크가 만초니에 대해서 악평하는 소리를 밀라노의 한 신문에 써보냈고, 밀라노 사람들은 자기들의 친절한 손님접대가 이런 고약한 응대를 받는 것을 보고 몹시 기분이 상했다.

발자크는 즉시 여행을 떠나는 것이 좋겠다는 사실을 알았으나 첫 번째 불운에 이어 두 번째 불운이 나타났다. 그는 제노바에서 리비에라를 거쳐 니스로 돌아가려고 했는데 제노바에서 어떤 두려운 전염병 때문에 검역소에 붙잡혔던 것이다. 아마 사소한 병이었던 듯한데 그것은 나중에 아주 고약한 병으로 발전하게 된다. 그런 다음 그가 어째서 생각을 바꾸어서 파리가 아니라 리보르노로 갔다가 그곳에서 피렌체로 갔는지는 알 수 없다. 거의 석 달이 지난 5월 3일에서야 발자크는 다시 파리로 돌아왔다. 발자크가 일생 처음으로 단 한 줄도 쓰지 않고, 단 한 장도 교정쇄를 읽지 않고 펜을 건드리지도 않았던 3개월, 그가 오로지 살고 배우고 즐겼던 3개월이었다.

역마차가 파리의 구역으로 접근해 들어가자 발자크에게는 두려운 순간이 찾아왔다. 그는 이 달콤한 무위의 행복한 주간이 지난 다음 자기를 기다리는 것이 무엇인지 알고 있었다. 지불해야 할 계산서들이 무더기로 쌓여 있을 것이 분명하고, 이륜마차며 잡을 수 있는 것은 무엇이든지 벌써 다 저당잡혔을 것이며, 〈프레스〉지에서 선불을 받았던 〈뉘싱겐 상사(La Maison Nucingen)〉며 〈뛰어난 여인(La Femme supérieure)〉을 아직 넘겨주지 않았고, 자신의 새 출판자인 보엥(Bohain)이 자기에게 여행 전에 약속했던 5만 프랑은 이미 오래 전에 연기가 되어 사라졌다는 사실을 알고 있었다. 그러나 사태는 더욱 심각했다. 예전에 그의 출판업자였던 베르데가 파산하면서 발자크가 생각 없이 발행하였고, 나중에 '융통어음'이라고 불렸던 어음들이 만기가 되어 돌아와 있었다. 붙잡히기만 하면 어제까지만 해도 왕자들, 영주들, 후작들의 손님이었던 발자크는 채무자 감옥에 들어가야 할 판이었다.

그러므로 첫째 의무는 붙잡히지 않는 것이었다. 발자크는 당시 세 개의 숙소를 가지고 있었다. 하나는 카시니 거리에 자신의 이름으로, 다른 하나는 바타유 거리에 '미망인 뒤랑' 혹은 메주(Mège) 박사 이름으로, 그리고 마지막으로 프로방스 거리에 있는 숙박업소였다. 그러나 15년 동안이나 전쟁을 치르고 나자 오스트리아와 프로이센의 군대가 나폴레옹의 전략을 배워버렸듯이 빚쟁이들도 그의 온갖 술책을 알게 되었다. 그 모든 암호와 거짓진술들도 그를 보호해주지 못했고, 발자크는 집이 세 개나 있었건만 머리 둘 지붕이 없었다. 프랑스의 가장 유명한 작가가 이제 도망친 갈레 선의 노예처럼 몸을 숨겨야 했고, 이탈리아에서는 그렇게 넉넉하게 즐겼던 자신의 명성을 지금은 절대적인 무명과 맞바꾸고 싶었다. 언제나 자기를 위한 방이 마련되어 있었던, 프라페슬의 카로 부부의 집으로 도망친다는 것도 이제는 너무나 위험했다. 역마차에서 내리기도 전에 그의 도착이 알려질 것이었다.

곤경에 빠진 그는 전에 〈라 크로니크 드 파리〉지를 할 때 자신의 비서였던 젊은 벨루아 백작을 찾아가서 "아주 비밀리에 묵을 수 있는 방 하나와, 약간의 야채와 양고기, 빵과 물, 그리고 잉크병과 침대를" 청했다. 비단 커튼도, 다마스트 천으로 감싼 소파도, 황금으로 된 펜 깎는 칼도, 6백 프랑이나 나가는 물소 뿔로 된 지팡이도 없었다. 오직 일을 위한 책상과 잠자기 위한 침대를 청했을 뿐이다. 시계는 17년을 거꾸로 돌아가 레디기예르 거리의 지붕 밑 방 시절과 같아졌다.

그러나 어떤 이유에선지 벨루아는 그에게 피난처를 제공할 수 없었다. 이 위험한 순간에 저 소중한 여자친구 기도보니 비스콘티 백작부인이 두 번째로 그를 구해주었다. 쉰 살이 되어서도 여전히 아는 사람들과 친구들의 '소문'을 두려워하는 한스카 부인과는 비할 데 없이 대담하게 그녀는 애인을 샹젤리제 거리 54번지에 있는 자신의 아파트로 받아들였다. 그를 가장 엄격하게 격리시킬 수 있는 장소였다. 그는 거리로 나가서도 안 되고, 이 집안의 방문객과 친구들 앞에 모습을 나타내서도 안 되었고 커튼 뒤에 조심스럽게 몸을 숨기고서 파리의 봄을 내다볼 수 있었을 뿐이다. 그러나 수도사의 방도 발자크에게는 두렵지 않았다. 특히 문 하나 건너편에 풍만한 애인의 침실이 있었으니 말이다. 놀라운 힘으로 그는 일에 뛰어들었다. 겨우 두 달 만에 그는 〈뉘싱겐 상사〉와 〈뛰어난 여인〉과, 《우스운 이야기》의 마지막 편을 완성하고 단편소설 〈강바라〉를 다듬었다.

지불하지 못한 어음과 서두르는 빚쟁이들이 문학적 생산

에 이보다 더 강하게 작용을 한 경우는 역사상 드물다. 그리고 아마도 발자크는 근심과 빚이 발등에 불처럼 떨어져 있는 한에는 가장 좋은 기분으로 그곳에서 계속 일했을 것이다. 그러나 집달리들이 어느 날 이 비밀문마저 두드렸다. 언제나 그렇듯이 삼손을 배신하는 것은 데릴라다. 비스콘티 백작부인의 선배들 중 한 여인이, 어쩌면 두 번째 이탈리아 여행에 데려가지 않아서 화가 난 카롤린 마르부티가 이 경쟁자의 집에 애인이 숨어 있는 것이 못마땅해서 경찰에 그의 은신처를 알려주었던 것이다. 이제 집달리들은 비스콘티 백작부인의 살롱으로 들어와서 잔인한 양자택일을 제안하였다. 즉시 빚을 갚거나 아니면 채무자 감옥으로 압송한다는 것이다. 비스콘티 백작부인은 부자가 아니었지만 한 번 더 너그러운 태도로 빚을 갚아주었고, 집달리들은 돌아가야만 했다.

발자크에게는 몹시 화가 나는 일이었지만 애인이 몸값을 지불하고 석방해준 이 사건이 공개되고 말았다. 〈가제트 드 트리뷔노(Gazette de tribunaux)〉지에서 이 미묘한 사건이 다른 신문들로 새나갔고, 아직도 1천 마일이나 떨어져 있는 한스카 부인에게 불행하고 고독한 사람인 척해 보이는 무의미한 게임을 계속하던 발자크는 그녀에게 다음과 같이 고백해야 했다.

빚진 사람들을 감옥으로 데려가는 일을 맡은 사람들이 배신자의 고발에 따라 나를 찾아냈습니다. 그래서 내게 너그럽게 피난처를 마련해준 집주인들을 끌어들이는 고통을 받게 되었지요. 내가 감옥에 가지 않으려면 그 자리에서 베르데 사건에서 진 빚

을 갚아야 했습니다. 그래서 나를 위해 그 돈을 내준 친구들에게
부담을 주게 된 것이죠.

물론 자기를 구해준 부인의 이름을 질투심 많은 편지친구
에게 고백하는 일만은 하지 않았다. 발자크와 비스콘티 백작
부인의 관계에서 용기와 너그러움은 오로지 그녀 쪽에서만
나왔던 것이다.

발자크를 극단적인 위험에서 구해준 것은 언제나 여성들
이었다. 빚 중에서 가장 다급한 것, '아우성치는 빚'들은 이
미 갚았기 때문에 그는 머리를 꼿꼿이 쳐들고 몸을 숨기지
않은 채, 좋아하는 투렌에 있는 평소의 일터인 마르곤의 집
으로 돌아갈 수 있게 되었다. 그곳에서는 아무도 그를 번거
롭게 하지 않았고 체재비는 들지 않았다. 온갖 괴로움에 대
한 답변으로 다시금 걸작품이 나왔으니 〈세자르 비로토〉였
다.

방금 채무자 감옥에 가는 것을 면제받은 사람에게 있어서,
자신의 의지에 반해서 경박함 때문에 투자에 얽혀들었다가
빚을 지고 변호사, 빚쟁이, 법정 등의 온갖 행태들에 쫓기고
괴롭힘당하고 모욕받고 굴욕받은 빚진 사람에 대한 소설보
다 더 잘 어울리는 소재가 또 어디 있겠는가? 그가 지난 몇
달, 지난 몇 년 동안 실제로 체험한 모든 것, 외상을 얻기 위
한 온갖 헛된 노력들, 믿을 수 없는 친구들, 어음과 채무증서
의 비정함, 온 영혼을 다해서 자기에게 봉사하지 않는 인간
을 향한 돈의 복수 등이 이 위대한 시민계급의 서사시에 그
려져 있다. 프랑스 문학에서는 전에 한 번도 그려진 적이 없

는 세계였다. 전혀 중요하지 않은 소시민의 파산을 다룬 이 이야기는 발자크《인간희극》의 위대하고도 거대한 소설들에 대해서 하나의 호의적인 대립물이 되고 있으며, 그럼으로써 그의 세계의 진실성과 완성도를 높여준다. 그는 어제만 해도 자기를 억누르던 것을 더욱 높은 형태로 형상화함으로써 물리칠 수 있었다.

발자크는 자유롭고 즐겁고 건강한 모습으로 가을에 파리로 돌아왔다.

제4장
또다시 실패한 사업

　　1836년과 1837년은 발자크 생애에서 긴장과 파국의 해였다. 발자크의 생애를 정상적인 척도로 잴 수 있다면 1838년이 전환을 가져온 해였다. 여름에 비스콘티 백작부인이 다급한 빚을 막아주었고, 딱 두 달 만에 완성된 〈세자르 비로토〉는 발자크에게 그때까지 받은 것 중에서 가장 높은 원고료를 마련해주었다. 단순한 신문 인쇄의 대가로 세금도 없던 당시로서는 엄청난 액수였던 2만 프랑의 돈이 현찰로 지불되었다.

　　발자크는 시세가 워낙 높아서 그의 엄청난 작업능력과 이용할 수도 없는 물질적인 비축량을 생각해보면 연간 6만 내지 10만 프랑까지 벌어들일 수도 있었다. 2년만 지나면 쾌적한 생활을 할 수 있을 뿐더러 미친 듯한 속도로 작업을 하지 않고도 빚을 다 갚을 수 있었다. 그의 소설들이 해마다 더 높은 수입을 올리고 엄청난 전집이 준비중에 있고, 그의 문학적인 지위가 유럽적인 수준에 오른 지금보다, 과격한 자신의 삶에 질서를 부여하기가 좋았던 적이 없었다.

그러나 질서를 원치 않는 것이 그의 삶의 깊은 의미였다. 하늘이 맑아지려는 바로 이 순간 그는 오만방자함에서—그 것은 다시 가장 깊은 의미에서는 그의 본성의 원초적인 의지 였다—새로운 뇌우를 자신의 삶으로 불러들였다. 배가 막 항 구를 보았기 때문에 그는 파도치는 바다를 향해 키를 돌렸 다. 자신의 삶이 막 질서를 잡을 것처럼 보이던 이해에 그는 이루 말할 수 없는 두 개의 어리석음을 범해서 다시 무질서 로 돌아갔다.

발자크의 어리석음은 그에게 전형적인 특성을 가진 것들 이다. 그것들은 처음에는 완전히 분별있는 생각들이었다. 그 의 모든 사색은 건강하고 명료한 관찰에서 출발하였고 올바 르고 정확하게 계산되었다. 인쇄업과 활자제조업은 그의 후 계자들이 입증해 보였듯이 철저히 수입이 보장된 사업들이 었다. 화려한 동업자들을 가진 〈라 크로니크 드 파리〉지는 파리의 주도적인 잡지가 될 수도 있었을 것이다. 발자크가 자신의 사업을, 그리고 때로 자신의 소설을 엉망으로 만든 것은 그가 정열로 인해 초조하게, 그리고 초조함으로 인해 정열적으로 너무 서둘러서 영역을 확장하고, 처음에 생각해 두었던 적절한 비율을 지킬 수 없었던 데서 나온 것들이었 다. 소설에 보이는 그의 천재성의 원초적 힘은 장엄함 속으 로 상승해 오르는 것인데, 그것은 분명하고 아주 세심하게 계산해야 하는 상황에서는 불운으로 바뀌고 만다.

발자크의 새로운 시도 역시 처음에는 철저히 논리적이고 심지어는 자신과 자신의 작업에 그토록 갈망하는 평온을 마런하겠다는 예술가의 정직한 동경에 잘 어울리는 것이었다. 여러 해 전부터 그의 눈앞에 모든 창작인의 영원한 꿈이 떠돌았다. 어딘가 푸른 녹지대에 작은 외딴집을 마련해서 사람들의 방해를 받지 않고 온전히 자신의 내적인 과제만 위해서 산다는 꿈이었다. 볼테르의 델리스 저택, 장 자크 루소의 몽모랑시, 페트라르카의 보클뤼즈 저택처럼 말이다. 파리는 형성기의 예술가가 이름 없이 주목을 받지 못하는 동안 살면서 관찰하기에는 아주 적합한 도시였다.

그러나 사람들이 그를 관찰하고 사생활의 세밀한 것까지 신문에 나오는 시기, 기자들과 빚쟁이들이 차례로 문고리를 잡아당기는 시기에 발자크는 개인적인 자유를 구속받고 예술가의 집중력에 손상을 입었다. 무엇하러 파리에 더 머물러야 하나? 그가 신문 편집자들과 출판사들을 찾아다녀야 할 시기는 지나갔다. 프랑스의 왕들이 블루아와 베르사유에서 왕국을 다스리듯이 그도 자기 좋은 곳에 떨어져서 독자층과 언론을 지배할 수 있었다. 그는 여름마다 이번에는 마르곤네 집에서, 다음번에는 카로의 집에서, 그리고 다른 친구들의 집에서 보내는 데 싫증이 났다.

농부나 소액 연금생활자처럼 발자크도 이제 서른여덟이 되자 작고 검소한 자신의 집을 갖고 싶었다. 벌써 오래 전부터 파리의 아파트를 포기하지 않은 채 투렌에 작은 시골별장 '그레나디에르'를 장만해서 작업장으로 갖는 것이 그의 소원이었다. 이제 발자크는 절약을 하게 되었다—언제나 그의 가장 정신나간 모험들은 가계 지출을 줄이려는 시도로 시작되었다—그러면서 이전의 결심을 바꾸었다. 무엇하러 시골에

도비니가 데생한 그레나디에르. 발자크는 여러 해 전부터 파리의 아파트를 포기하지 않은 채 푸른 녹지대에 작은 외딴집을 마련하고 싶어했다. 그것이 단지 소원의 형태일 때는 아주 올바른 생각이었다.

여름별장, 파리에 아파트가 필요하담? 파리 근교의 아름다운 풍경을 지닌 장소에 작은 집을 찾아내서 언제까지나 그곳에 살면서, 대도시의 피곤한 요구들은 멀리 하고, 그러면서도 아무 때나 사업상 혹은 기분전환하러 파리로 나갈 수 있을 정도로 가깝다면 더 좋고 더 싸게 먹히지 않을까?

발자크는 오래 걸리지 않아 알맞은 장소를 찾아냈다. 그는 악마적인 기억력을 가진 사람이라 일생 동안 단 1분 동안만 자신의 시선을 붙잡았던 언덕이나 집도 잘 기억할 수 있었다. 그래서 처음에는 다브란테스 공작부인을 찾아, 다음에는 비스콘티 백작부인을 찾아 수도 없이 나갔던 베르사유에서 세브르와 다브레 마을 사이의 골짜기가 그의 기억 속에 남아 있었다.

이곳에서 그는 "그림자의 신선함, 스위스 골짜기의 향기와 초록"을 다시 보는 것처럼 느꼈다. 피로한 작업을 한 다음 그곳 세브르 언덕에서 멀리 펼쳐진 풍경과 은색으로 길게 이어진 센강을 바라보고, 이웃이라고는 포도원과 정원들, 들판들만 가진다면, 그러면서도 자기가 정복하기로 맹세한 파리에서 그토록 가까운 거리라면 얼마나 근사한가. 그곳에 작은 집을 짓는다면, 장갑처럼 작업에 꼭 맞게 아주 필요한 것만 갖추고, 석 달에 한 번씩 돌아오는 집세 문제에서 자신을 영원히 해방시켜줄 작은 집을 짓는다면 말이다.

언제나 그렇듯이 재빨리 결심한 발자크는 한스카 부인에게 써보낸 것처럼 이 '어두운 마을'에 '아주 소박한 오두막'을 지으려고 착수하였다. 1837년 9월에 발레(Valet) 부부와 계약을 맺었다. 그에 따라 발자크는 조그만 집과 부속건물이 딸린 8아르 28상티아르(828제곱미터)의 땅을 4,500프랑에 사들이게 되었다. 발자크의 차원에서 보자면 그것은 아주 작은 투자였고, 순수하게 거래라는 측면에서 보자면 대단히 영리한 거래였다. 일년에 5만 내지 8만 프랑을 벌어들이는 사람에게 있어서 그렇게 위치가 좋은 토지를 4,500프랑에 사들인다는 것은 그다지 큰 문제가 아니었기 때문이다. 1, 2주일이면 지출은 상쇄되고 그럼으로써 여러 해 동안의 꿈이 실현될 것이다.

그러나 발자크가 돈을 건드리는 자리에는, 노름꾼에게 판돈을 두 배로, 네 배로, 열 배로 늘리라고 권하는 악마도 끼여든다. 발자크가 한 조각 땅을 갖자마자 그것은 이미 충분하지 못하게 되고 말았다. 어떻게 해서인지 그는 당시 베르사유행 철도계획에 따르면 바로 자기 토지 아래쪽에 세브르(Sèvres) 정거장이 들어서게 되리라는 사실을 알게 되었다. 그러자 발자크는 올바른 직관에 따라 역 주변 땅값이 빠른 시일 안에 오를 것이라고 여겼다.

그러니까 땅을 사자! 발자크는 초조감에 사로잡혀서, 물론 당연히 완전히 정도를 벗어나서 주변에 있는 작은 농부들과 지주들의 땅을 마구잡이로 사들였기 때문에 땅주인들은 곧바로 이 성질 급한 사람이 욕심에 사로잡혀서 값을 어떻게 불러도 땅을 사리라는 것을 알아차렸다. 몇 주가 지나자 발자크는 처음의 작은 집에 대한 꿈은 이미 오래 전에 잊어버리고 머릿속으로 벌써 자기 정원 안에 과일나무며 온갖 식물들이 자라는 것을 보면서, 충고도 안 들어보고 토지를 자세히 살펴보거나 전문가들에게 검사해보도록 하지도 않고 40

아르의 땅을 사들였고, 땅값으로만 1만8천 프랑을 지출했다. 집을 위한 돌 하나도, 나무 한 그루도, 벽도 없는 맨 땅이었다.

그러나 발자크에게 있어서 지출이 빚의 형태를 띠고 있는 한 그것은 아직 지출이 아니었다. 그는 땅을 소유한다는 행복감의 밀월상태에 있었다. 집을 짓기도 전에 돈을 어떻게 지불할 것인지 머리를 썩힐 게 뭐냐? 무엇하러 이 펜을 가지고 있단 말이냐? 그것은 글이 쓰인 종이를 순식간에 인쇄된 1천 프랑짜리 지폐로 바꿔주는 마법의 도구가 아니던가? 그러고 나면 그가—아직은 완전히 황폐한—땅에 심게 될 과일나무들만 해도 한 재산 모아줄 것이다. 예를 들면 그곳에 파인애플 농장을 만들면 어떨까? 아직 프랑스에서는 아무도 파인애플을 멀리 떨어진 나라에서 배로 실어오는 대신에 이 좋은 햇빛 아래 온실에서 직접 재배하겠다는 생각을 하지 못했다. 제대로 해내기만 한다면—그는 친구인 테오필 고티에에게 이렇게 계산해 들려주었다—그것만으로 10만 프랑은 벌 수 있을 것이다. 그러니까 이 집을 짓는 데 들어갈 돈의 세 배는 된다.

그밖에도 어차피 자기 돈은 안 들어간다. 소중한 친구들인 비스콘티 부부를 설득해서 이 빛나는 토지 사업에 참여하도록 만들었기 때문이다. 그가 새로 자기 집을 지으면서 그들을 위해 낡은 오두막집을 옆에 새로 지어주기로 하고 그 대가로 그에 해당하는 이자를 물기로 했다. 그러니까 걱정없다!

실제로 발자크는 전혀 걱정을 하지 않았다. 그저 빨리 완성되기만 걱정했다. 소설에서 운명들을 읽어내는 것과 같은 초조함으로 그는 자기 집이 완성되기를 바랐다. 엄청난 수의 노동자들이 몰려왔다. 벽 쌓는 사람, 소목장이, 목공, 정원사, 화가, 철물공 등이었다. 모든 것이 한꺼번에 시작되었다. 이쪽에서는 서둘러서 토지를 지탱해줄 담을 쌓고, 저쪽에서는 발자크의 집터를 파들어가고, 저쪽에서는 길을 내어 자갈을 깔고 여기선 다시 사과나무 40그루, 배나무 80그루, 격자 울타리가 될 과일나무를 심었다. 하룻밤새 '기묘한 마을' 주변의 이 지역은 소란스러운 곳으로 변하고 말았다.

발자크는 삶을 위한 강장제로 이런 소동을 필요로 했다. 매주 그는 숨을 헐떡이며 언덕을 올라와서 노동자들을 재촉하였다. 여행중에 빨리 앞으로 나가라고 마부를 재촉하는 것과 같았다. 돈이야 얼마가 들든 1838년 봄에는 모든 것이 완성되어 있어야 한다. 그리고 발자크는 과일나무에게도 가을이 아니라 자기가 정한 시기에 열매를 맺으라고 재촉하고 싶었다.

이 작업은 계속되어서 깊은 겨울에 이르렀다. 담은 점점 자라났고 그와 함께 비용도 점점 자라났다. 점차 가벼운 불쾌감이 다가왔다. 〈세자르 비로토〉의 대가로 받은 돈은 땅에 파묻혔다. 출판사에서는 이미 돈을 짜낼 대로 다 짜내서 한 푼도 선불을 주려고 하지 않았다. 새로운 집을 기다리는 초조감으로 자신의 작업은 제대로 진척되지 않았다. 그 자신이 선언한 법칙에 따라서 하나의 열광은 다른 열광에서 힘을 빼앗아갔기 때문이다.

언젠가 인쇄소 사업을 할 때처럼 발자크는 원래는 작은 투자로 시작해서 자기가 감당할 수 없는 차원으로 일을 크게 벌이고 만 것이다. 당시 인쇄업을 위해서 활자제조업을 시작한 것처럼, 그러니까 한 가지 어리석음을 더 큰 어리석음으로 덮어보려고 한 것처럼 이번에도 이 토지사업에서 자신을 구하기 위해서 새로운 사업으로 뛰어들었다. 10만 프랑의 새 빚은 절약을 통해서나 작품 쓰기를 통해서 갚을 수가 없다. 그것은 오로지 단번에 1백만 프랑을 벌어들임으로써만 갚을 수 있다고 여겼다. 문학작품으로는 '빠른 행운'을 만들 수 없다. 새로운 방법을 찾아내야 한다. 그리고 발자크는 새로운 방법을 찾아냈다고 믿었다. 새 집과 정원으로 이사갈 예정이었던 봄이 시작되기 전에 그는 흔적도 없이 파리에서 사라져버렸다. 어디로 갔는지 아무도 몰랐다. 자기 계획에 대해서는 다만 다음과 같이 말하고 있다.

나는 자유롭게 될 겁니다. 더는 근심하지 않고, 물질적인 고민을 하지 않을 거예요. 난 부자가 될 겁니다!

발자크가 어떻게 해서 단번에 백만장자가 되려고 했는가 하는 이 이야기는 발자크 차원의 어리석음의 하나였고, 전혀 믿어지지 않는 일이라, 소설에서라도 심리적 뒷받침이 없고 발상이 형편없다고 거부하고 싶어지는 이야기다. 모든 세부 사항들이 기록으로 입증되지 않았다면 한 천재의 이런 어리석은 행동을 묘사할 용기가 없었을 것이다. 그러나 발자크의 생애에서는, 예술작품에서 모든 상황을 빈틈없는 눈길로 조망하고 꿰뚫어보던 그 두뇌가, 현실에서는 어린애처럼 믿기

잘하고 순진하기 짝이 없어진다는 이 역설적인 현상이 징그러울 정도로 정확하게 되풀이된다.

그랑데나 뉘싱겐을 그리는 동안 비할 바 없는 계산왕이자 심리학자인 사람이 현실에서는 아주 조잡한 농부의 손길에도 먹이가 되고 늙은 복권꾼보다도 더 쉽게 호주머니 속에 든 돈을 뺏기는 것이다. 예술가로서 완벽하게 장악하고 있는 동일한 상황을 실제 삶에서 부딪치면 그는 아무것도 배우지 못하고 가르칠 수도 없는 사람이 되고 만다. 동일한 두뇌가 동시에 이토록 밝기도 하고 어둡기도 했다는 사실을, 그의 전기 전체를 통해서 이 보물찾기 이야기보다 더 확실하게 보여주는 예도 없다.

1836년 여름에 발자크는 그의 가장 천재적인 단편소설의 하나, 단편 중에서 영원한 보물인 〈파시노 칸〉에서 이 주제를 다루었다. 그는 여기서 어떤 소시민들의 결혼식에서 만난 세 명의 악사 중에서 클라리넷 연주자가 그의 주목을 끌었던 일을 묘사하고 있다. 그는 당당하게 머리를 쳐들고 있는 여든 살의 눈먼 노인으로, 발자크는 곧장 마법적인 눈길로 이 사람에게서 신비스런 운명을 감지했다. 그는 악사와 이야기를 시작하였다.

포도주 몇 잔에 달아오른 늙은 클라리넷 연주자는 자기가 칸 지역 영주집안의 마지막 후손이며, 한때는 베네치아의 원로원 의원이었고 여러 해를 감옥에서 보냈다고 털어놓았다. 감옥에서 탈출하는 중에 그는 베네치아의 9인 최고위원 중 한 사람의 비밀 보물고에 들어가게 되었다. 그곳에는 공화국의 금과 은이 수백만 냥이나 쌓여 있었다. 그 자신만이 그

장소를 알고 있지만 여러 해 동안이나 감옥살이를 하는 바람에 그만 눈이 멀게 되었고, 그래서 보물을 가져올 수 없다는 것이었다. 그러나 그 장소는 정확하게 알고 있다, 누군가가 자기를 베네치아로 데려가기만 한다면, 지구상에서 가장 부자가 될 것이라고 했다. 그는 이야기꾼, 그러니까 발자크의 팔을 잡고 자기와 함께 이탈리아로 가자고 간청하였다.

사방에서 사람들이 이 어리석은 사람을 비웃었다. 다른 두 명의 악사는 그 이야기를 이미 들었으면서도 전혀 믿지 않았고, 1836년 이 단편소설의 이야기꾼인 발자크도 파시노 칸을 좇아 베네치아로 가고 그를 위해 여행경비를 지불하겠다는 생각은 전혀 하지 않았다. 그는 이 공상적인 사업에 얽혀들지 않았고 이 불쌍한 바보의 상속인이 되려는 시도조차 하지 않은 채 그가 맹인의 집에서 죽어가도록 내버려두었다.

발자크는 꾸며낸 이야기에서 다른 분별있는 사람과 마찬가지로 아주 이성적으로 행동했다. 그러나—일년도 채 안 돼서—꿈속의 이야기가 현실로 다가왔을 때는 얼마나 달랐던가. 그것은 하나하나가 그 자신이 꾸며낸 이야기 속에서와 똑같은 상황이었다.

1837년 4월 두 번째 이탈리아 여행에서 돌아오는 길에 발자크는 제노바의 검역병원에 붙잡혀 있는 불운을 겪었다. 검역이란 이 세상에서 가장 지루한 일들 중 하나였다. 그것은 창살 없는 감옥이었다. 자유롭기는 하지만 자유롭지 못했고, 일을 할 수도, 산책을 할 수도 없었기에 할 수 있는 유일한 일이라고는 우연히 마주친 다른 사람들과 이야기를 나누는 일뿐이었다.

이 불행의 동료들 중 한 명은 눈먼 클라리넷 악사는 아니었지만 주세페 페치(Giuseppe Pezzi)라는 이름의 단순한 상인이었다. 그는 아주 우연히, 그리고 발자크를 속이거나 투자하도록 유인해 들이려는 의도는 조금도 없이 자기 고향 땅에 얼마나 많은 보물이 묻혀 있는가 이야기했다. 예를 들면 사르데냐에는 오래된 은광산이 버려져 있다. 로마인들이 은을 완전히 캐갔다고 사람들이 믿고 있기 때문이다. 그러나 로마인들은 기술이 불충분했기 때문에 은을 아주 적은 일부만 납에서 분리시킬 수 있었고, 버럭째로 무가치하게 나뒹굴고 있는 광석덩이들은 실제로는 상당히 높은 퍼센트의 은을 포함하고 있으며, 오늘날의 기술로는 그것을 분리시킬 수 있다고 했다. 허가만 얻을 수 있다면—그리고 오늘날에는 정말이지 몇 푼 안 할 것이다—짧은 시간 안에 부자가 될 것이다.

선량한 페치 씨는 식탁에서 이렇게 지껄였다. 그가 말한 것은 사실이기도 했다. 현대의 야금술은 과거와는 전혀 다른 퍼센트의 귀금속을 혼합 광석에서 분리해낼 수 있었고, 2천 년 전에 수익성이 없는 것으로 여겨져 버림받은 수많은 광갱(鑛坑)에서 수익성이 좋은 사업들이 벌어지고 있었다. 다만 이 선량한 쥐세페 페치는 자기가 어떤 화약통 속에 불꽃을 던져넣고 있는지를 몰랐을 뿐이다. 발자크는 이 이야기를 듣는 순간 재빠른 전망의 능력으로 모르는 사이에 전체를 눈앞에 보듯이 받아들였고, 그러자 회색의 납덩어리에서 하얗게 번쩍이는 은이 분리되는 모습과, 은화들이 수십만, 수백만, 수십억 단위로 바뀌는 모습을 눈앞에 보는 것 같았으며, 생각만으로도 벌써 취하고 말았다. 그것은 어린아이에게 소주를 먹인 것이나 같았다.

그는 악의 없는 페치에게 광석 찌꺼기를 곧바로 누구든 아무 화학자에게나 검사하도록 의뢰하라고 졸랐다. 자기로서는 그런 확실한 사업을 위해서—어떤 사업이든지 그가 듣기만 하면 이 낙천가는 확실한 사업이라고 여겼다—자본을 구하는 것은 식은 죽 먹기다, 그렇게 되면 자기들은 둘 다 엄청난 배당을 확보하는 것이고 둘 다 엄청난 부자가 될 것이라고 했다. 선량한 페치 씨는 파리에서 온 이 모르는 신사의 지나친 열광에 깜짝 놀라서 약간 뒤로 물러서기는 했지만 자기가 그 일을 해보겠다, 그리고 광석 표본을 파리로 보내주겠다고 약속했다.

이 순간부터 발자크는 사르데냐 은광산이 자신을 구해줄 것이다, '레 자르디(Les Jardies)'의 새 집값을 만들어줄 뿐 아니라 자신의 빚까지도 갚아줄 것이고, 자신을 마침내 자유로운 사람으로 만들어줄 것이라는 망상에 사로잡히게 되었다. 〈파시노 칸〉이라는 허구의 상황에서는 보물 찾는 사람을 바보라고 여겼지만, 지금 자신이 이런 생각을 지닌 바보가 되고 만 것이다. 어서 빨리 〈세자르 비로토〉를 완성하자, 그 사이에 페치 씨가 자기에게 광석 표본을 보내줄 것이고 그러면 곧장 새로운 사업에 뛰어드는 거다, 자본금과 전문가를 데리고 말이지!

여러 주, 여러 달이 흘러갔다. 〈세자르 비로토〉는 오래 전에 완성되었는데, 주세페 페치 씨는 아직도 광석 표본을 보내주지 않았다. 발자크는 불안해졌다. 어쨌든 자신이 지나친 열광을 보여서 이 멍청이에게 얼마나 엄청난 사업이 거기 버려져 있는지 일깨워주었던 것이다. 그러니 그 악당이 지금쯤 자기에게 알리지도 않고서 혼자서 허가를 얻어내려는 것이 아닐까? 그러자 단 한 가지 수단만 남았다. 페치를 앞질러서 사르데냐를 손수 확인해보자!

고통스러운 일이었지만 이 미래의 백만장자 사업을 위해서 여행에 필요한 단돈 몇백 프랑이 없었다. 발자크는 그 돈을 어떻게 장만해야 할지를 몰랐다. 물론 친구인 로트실트나 다른 은행가들을 찾아가서 계획을 밝힐 수도 있을 것이다. 그러나 자신의 사업에 관한 한 순진하고, 심지어는 멍청하다고도 할 수 있는 발자크는 페치 씨가 오직 자기에게만 그 엄청난 비밀을 털어놓았을 것이라고 여겼다. 그래서 누군가에게 무슨 말이든 하기만 하면 엄청난 재력가들이 자기에게서 그 생각을 훔쳐갈 것이라고 생각했다. 〈잃어버린 환상〉에서 다비드 세샤르가 값싼 종이의 아이디어를 도둑맞았듯이 말이다. 그는 카로에게만 속을 털어놓았다. 이 선량한 퇴역 장교는 심심풀이로 가끔 작은 실험을 하곤 했는데, 발자크의 턱도 없는 공상 속에서 갑자기 위대한 화학자가 되었다.

금과 은을 임의의 합금상태에서 분리해낼 수 있는 비밀처방을 아는 사람. 그것도 특별한 비용도 들이지 않고서.

선량한 카로는 이 생각을 논의할 만한 것이라고 여기기는 했지만 함께 여행할 각오도, 돈을 투자할 마음도 없었다. 발자크는 아직까지도 양말에서 돈을 꺼내오는 늙은 투자가인 어머니에게서 다시 몇백 프랑을 빌렸다. 나머지는 의사 나카르와 재단사에게서 빌렸다. 1838년 3월 중순에 오노레 드 발자크는 은광산을 얻기 위해서 진짜로 사르데냐로 출발했다.

이 여행이 가장 무모한 방식의 돈키호테 같은 행동이며, 수치스럽게 끝맺으리라는 것은 아주 분명한 일이었다. 이 기획이 전망이 있는 것이라고 해도—발자크의 직관은 여기서도 한 번 더 올바르게 관찰하였다—일생 동안 광산이라고는 본 적도 없는 작가가 2, 3일 안에 사업타당성을 판정할 수 있겠는가? 발자크는 측량기계도 없었다. 설사 측량기계가 있더라도 매장량과 함량 퍼센트를 확정할 수 없었을 것이다. 그는 진짜 전문가와 이야기를 해보지도 않았다. 이탈리아 말도 잘하지 못했고, 자신의 의사를 전달할 길도 없었다. 아무에게도 알리고 싶지 않았으므로 그는 추천장도 없었고, 제대로 된 정보를 얻기에 필요한 돈도 없었다. 허가를 얻기 위해서 어떤 관청을 찾아가야 할지도 몰랐다. 알았다고 하더라도 사업상의 서류와 무엇보다도 자본금이 없었다. 비록 그는 "그 물건의 표본만 얻으면 충분합니다."라고 말했지만 도대체 그 '물건'이란 게 어디 있으며, 그게 대체 무엇이란 말인가? 어딘가에 있다는 버럭덩이는 이미 오래 전에 덤불에 파묻혔을까, 아니면 광석은 파묻힌 광산 속에 있을까? 발자크가 오직 자신의 마법적인 눈길에만 의존하려는 이것을 확인하기 위해서는 경험 많은 광산 기술자라도 몇 달이나 걸릴 일이었다.

그러나 발자크는 몇 달씩이나 시간이 없었다. 시간은 그에게 돈이었고, 그는 돈이 없었기 때문에 서둘러야 했다. 처음부터 일은 발자크의 속도로 시작되었다. 5일 밤낮을 그는 잠도 자지 않고, 급행역마차의 마부석에 앉아서 파리에서 마르세유 구간을 달렸다. 돈이 빠듯했기 때문에 낮에 10수어치 우유를 마시는 것이 고작이었다. 그러나 현실은 발자크의 속도에 맞출 준비가 되어 있지 않았다. 마르세유에서 그는 당분간은 사르데냐로 갈 배가 없다는 것, 그래서 코르시카로 돌아가는 방법밖에 없다는 말을 들었다. 코르시카에서 어쩌면 작은 배를 타고 사르데냐로 넘어갈 수 있을 거라는 것이었다.

그것은 그가 가진 희망의 도자기 가게에 들이닥친 최초의 일격이었다. 상당히 기대가 식은 상태에서 발자크는 툴롱으로 달렸다. 그보다 앞서 친구인 카로 부인에게 우수에 찬 편지를 보냈다.

며칠 있으면 나는 불행하게도 환상 하나를 잃어버릴 것입니다. 언제나 그렇지요. 결정을 내릴 순간이 다가오면 믿음을 잃기 시작하는 겁니다.

특별히 폭풍우가 심한 바다여행으로 심한 멀미를 하면서 아작시오(Ajaccio)에 힘들게 도착하였다. 그의 초조함에 새로운 시련이 닥쳤다. 마르세유에 콜레라가 퍼졌다고 알려져 있었기 때문에 5일 동안 검역병원에 머물러야 했다. 5일이 지나고 나자 다시 며칠 동안 무의미한 시간 손실이 있었다. 어떤 배가 사르데냐로 가겠다고 응낙할 때까지 기다려야 했기 때문이다. 발자크는 너무 산만하고 정신이 없어서 이 시간을 작업을 위해 쓰지도 못하고, 아작시오를 이리저리 돌아다니면서 자신의 위대한 경쟁자 나폴레옹의 생가를 구경하고, 이 멍청한 짓을 하도록 자기를 유혹한 주세페 페치에게 욕을 퍼부었다. 4월 2일에 그는 마침내 산호채취업자의 마스트 없는 작은 배를 타고 사르데냐로 건너갔다. 도중에서 잡은 생선 이외에는 다른 먹을 것도 없었다. 알게로 (Alghero)에 도착하자 그의 초조함에 또다시 고문이 가해졌으니 검역병원에서 다시 5일을 보내야 했다. 4월 12일 마침내 그는 자신의 수백만금을 질투심에 차서 감추고 있는 땅을 밟을 수 있었다. 한 달이나 지나갔건만 은이라고는 먼지 한 톨만큼도 구경하지 못했다.

그러니까 광산으로 가자! 광산들은 겨우 30킬로미터 떨어진 곳에 있었다. 그러나 로마 시대 이후로 길들이 사라지고 없었다. 이 땅에는 길도 마차도 없었다. 발자크가 묘사한 바에 따르면 이곳의 주민들은 폴리네시아 사람들이나 흉노족보다 문화가 더 낫지 못했다. 사람들은 절반은 벗은 채 넝마를 걸치고, 집들은 난로도 없었으며, 여관도 음식점도 없었다. 여러 해 전부터 말에 올라보지 않은 발자크는 1백 킬로그램이나 나가는 몸무게를 안장 위에 싣고 열넷, 혹은 열다섯 시간을 흔들려야 했다. 누라(Nurra)에 도착했을 때 자신의 모든 희망이 최종적으로 물거품이 되었음을 확인하였다.

설사 은광산이 채산성이 있다고 하더라도 그는 얻을 것이 없었다. 한때 식탁의 벗이었던 주세페 페치가 발자크의 열광에 덩달아 열이 올라서 그 사이 일년 반이라는 세월을 아주 쓸모 있게 활용했던 것이다. 그는 불멸의 소설을 쓰지도 못했고, 파인애플 정원이 딸린 집을 짓지도 못했지만 그 동안에 관청과 경리부와 지사관저들을 쫓아다니면서 왕의 포고령을 통해서 버려진 광석을 이용할 권리를 얻어냈다.

그러니까 발자크의 여행은 아무짝에도 쓸모없는 것이었다. 워털루 전투 이후에 나폴레옹이 그랬던 것처럼 그는 오로지 서둘러서 파리로, 자신의 '사랑스런 지옥'으로 돌아가기만 바랐다. 그러나 여행경비가 모자랐다. 그래서 그는 제노바에서 한 번 더 밀라노로 가서 거기서 비스콘티 부부의 이름으로 파리로 돌아갈 여행경비를 빌려야 했다. 이번에는 왕자도 백작도 화려한 환영도 없는 비참한 체류였다. 지치고 분노해서, 그런데도 여전히 힘을 잃지 않고서 이 영원한 파산자는 7월에 다시 파리로 돌아왔다.

모험의 결과. 발자크는 석 달 동안 작업을 못했고, 돈을 벌기 위해서 쓸데없이 돈을 허비했다. 자신의 건강, 자신의 신경을 무의미한 모험을 위해서 소용도 없는 게임에 걸었다. 아니면 그에게 무의미한 모험을 위해서였다고 말해야 할까? 비극적인 아이러니지만 그의 모든 계획들, 인쇄업, 활자제조업, '자르디'의 부동산 사업 등에서 발자크는 계산만은 올바르게 했다. 그의 직관적인 눈길이 잘못 보았던 것은 아니다. 스스로 부자가 되려고 했던 계획을 통해서 남들은 정말로 부자가 되었다.

몇십 년이 지나자, 그가 쓸모없는 버력덩이만 보았던 은광산은 완전히 가동되었고, 1851년에는 616명의 노동자가, 9년 뒤인 1860년에는 2,038명의 노동자가, 그리고 다시 9년 뒤에는 9,171명의 노동자가 그곳에서 일했다. 그리고 미나스 다르장티에라 회사는 그가 꿈꾸었던 대로 현찰로 수백만 금을 벌어들였다. 발자크의 후각은 언제나 옳았다. 그러나 이 후각은 언제나 예술가로서의 그에게만 호의적이었고, 자신의 영역을 넘어서려고만 하면 언제나 그를 잘못 인도하였다. 발자크가 자신의 환상을 작업으로 바꾸면 그 환상은 그에게 수십만금과 그밖에도 불멸의 작품을 만들어주었다. 그러나 그가 환상을 돈으로 바꾸려고만 하면 빚만 쌓이고, 그 결과 수십 배, 수백 배의 노동이 대가로 돌아왔다.

여행을 떠나기 전에 발자크는 여자친구에게 예언적인 말을 써보냈다.

여행은 겁나지 않아요. 그러나 내 계획이 실패로 돌아갈 경우 돌아오기가 겁나는군요.

그는 언제나와 똑같은 것이 자기를 기다리고 있을 것을 알고 있었다. 독촉장, 계산서, 소송, 비난, 재촉, 끝없는 노동이었다. 그리고 이번에는 몇 배나 더할 것이었다. 이렇게 끔찍한 예감 속에서도 단 한 가지만은 용기를 주었다. 곧장 자신의 완성된 집으로 도망칠 수 있으리라는 것, 그곳에서 '잃어버린 시간을 다시 벌충할' 수 있으리라는 생각이었다. 그러나 실망이었다. 완성된 것은 아무것도 없었다. 토지는 '손바닥처럼 평평'했다. 집에는 지붕이 올라가지 않았고, 그는 일을 시작할 수가 없었다. 건축가, 벽돌공, 노동자들이 너무나 칠칠치 못하게 일했기 때문이다. 발자크는 다른 사람들이 자신의 속도로 일하지 않는다는 사실을 잊고 있었던 것이다.

그러나 이제 그의 초조함이 그들 위로 쏟아졌다. 그는 자신의 열의로 그들을 몰아붙였다. 마지막 지붕판이 붙여지기도 전에 그는 새 건물에 머무는 것은 위험하다는 의사의 경고에도 불구하고 이곳으로 이사했다. 바타유 거리에서 가구들을 이쪽으로 옮겨오지도 못했고, 하루종일 망치질에 톱질이 계속되고 있었다. 비스콘티 백작부인을 위한 작은 집이 기초부터 다시 세워지고 있었기 때문이다. 길에는 자갈이 깔리고 포장도 되었다. 엄청나게 시끄럽게 극단적으로—불행하도록—서둘러서 토지 주위로 담이 둘러쳐졌다. 그러나 구제불능성 망상가인 발자크는 이 혼돈 속에서 이미 완성을 즐겼다. 그리고 최초의 열광에 사로잡혀서 그는 자신의 새 집을 다음과 같이 묘사하였다.

나의 집은 생 클루산 혹은 언덕의 경사면에 있습니다. 이 산의 남쪽 중턱은 왕의 정원과 맞닿아 있지요. 서쪽으로는 다브레 마을이 전부 다 보입니다. 남쪽을 바라보면 다브레 마을에서 뻗어나온 길이 언덕을 따라 계속되어 베르사유의 정원이 시작되는 곳까지 이르는 것을 볼 수 있어요. 동쪽으로는 눈길이 세브르를 지나쳐 파리 뒤쪽에 펼쳐진 엄청난 지평선을 더듬게 되지요. 대도시의 뿌연 증기는 유명한 뫼동과 벨뷔 산 경사면 가장자리를 흐릿하게 만들어놓고요. 저쪽편으로는 몽트루주 평원과 투르로 가는 오를레앙 거리를 볼 수 있답니다. 이상한 위대함과 마음을 사로잡는 대상들이 가득 찬 풍경이지요.

내 소유지 바로 앞에 파리/베르사유간 철도의 정거장이 있어

요. 정거장 담은 다브레 마을 골짜기를 가로지르고 있는데, 어찌
된 셈인지 나의 조망을 전혀 방해하지 않는군요. 그래서 나는 10
분 만에, 10수를 내면 레 자르디에서 파리 중심부인 마들렌 거
리로 갈 수 있답니다! 바타유 거리나 샤요 마을, 혹은 카시니 거
리에서는 적어도 40수가 들었고 시간도 한 시간이나 걸렸는데
말입니다.

이렇게 위치가 좋기 때문에 레 자르디를 산 것은 어리석은 행
동이 되지는 않을 것입니다. 땅값은 엄청나게 오를 게 분명합니
다. 이 땅은 1모르겐(=약 2에이커) 크기에 남쪽으로는 150피트
가량의 전망대로 막혀 있고, 담으로 둘러싸여 있습니다. 지금까
지는 아무것도 심지 않았지만 가을에는 이 작은 땅을 식물과 관
목들과 향기가 가득 찬 진짜 에덴 동산으로 만들 거예요. 파리나
주변지역에서 돈만 내면 무엇이든 살 수 있고, 나는 20년 된 목
련, 16년 된 보리수들, 12년 된 포플라와 배나무 등을 살 예정입
니다. 이 나무들은 뿌리 주변을 흙덩이로 감싼 채 옮겨오게 되지
요. 바구니에 담겨서 운반될 포도나무들은 올해 안으로 수확을
낼 거고요.

그래요, 문명이란 정말 대단한 것이죠! 물론 아직 토지는 손
바닥처럼 평평하지만 말입니다. 5월에는 정말 놀라운 모습이 될
거예요. 주변에 있는 토지를 2모르겐쯤 더 사서 채소밭과 과일
밭으로 쓸 생각입니다. 그러려면 3만 프랑이 필요하고 그 돈은
이번 겨울이 지나는 동안 벌 수 있을 거예요.

집은 앵무새 새장 속에 있는 가로막대처럼 좁고 가파릅니다.
3층짜린데, 한 층에 방이 하나씩 들어 있지요. 1층에는 식당과
살롱이 있습니다. 2층에는 화장실과 침실, 3층에 나의 작업실이

자르디에 있는 발자크. 카살이 펜으로 그린 데생. 집을 짓고 담을 쌓느라 어지럽고 시끄러운 혼돈 속에서 구제불능성 망상가인 발자크는 아름다운 정원과 포도밭이 이미 완성된 것이나 다름없다고 생각했다.

있는데, 지금 이곳에서 한밤중에 당신에게 이 편지를 쓰고 있습니다. 각 층 사이에는 거의 사다리처럼 보이는 층계가 있어요. 집 둘레로 지붕이 있는 회랑이 있어서 그곳에서 산책할 수 있지요. 회랑은 2층까지 연결되는데, 벽돌 기둥들로 받쳐지고 있답니다. 이탈리아풍으로 만들어진 아주 작은 이 집은 벽돌색으로 칠해졌고, 사방 구석에는 다듬이돌이 박혀 있지요. 계단실은 붉은색이에요. 그것은 바로 나만을 위한 장소입니다.

뒤쪽 생 클루 공원 방향으로 60걸음 떨어진 곳에 살림집이 있습니다. 1층에 부엌과 하인방, 식품저장실 등이 있고, 그밖에 마구간, 마차 두는 곳, 세간 창고, 목욕실, 목재창고 등이 있지요. 2층에는 경우에 따라서 세를 줄 수 있는 커다란 살림집이 있습니다. 3층에는 심부름꾼의 숙소와 친구들을 위한 손님방이 있지요. 다브레 마을의 유명한 샘물과 똑같이 좋은 샘물을 여기서 쓸 수 있어요. 같은 수원에서 나온 물이니까요. 사방으로 산책로들이 이 토지를 감싸고 있습니다. 아직 가구는 들어오지 않았지만 차츰 파리에서 내 가구들이 들어오게 될 것입니다……. 나는 행운을 만들 때까지 여기 머물 생각입니다. 내게 평화를 가져오기 위해 꼭 필요한 돈을 갖게 되면 여기서 언젠가는 평화롭게 내 삶을 마칠 수 있을 거라고 생각하면 참 기분이 좋아요. 그러면 나는 북 치고 장구 치고 하는 일 없이 내 모든 희망과 야심찬 계획들에 작별을 고할 수 있겠지요.

친구들과 방문객들의 보고는 전혀 다르다. 그들은 예외 없이 애써 웃음을 눌러참는다는 바탕음을 깔고 있다. 발자크의 가장 좋은, 가장 선량한 친구들조차도 그가 탄복할 만한 말

재주로 자기 소유지가 훌륭하다고 자랑하면 진지한 태도를 유지하기 위해 몹시 애를 써야 했다. 특이하게도 르 코르뷔지에(Le Corbusier, 1887~1965년 스위스의 건축가 : 역주)와 그의 학파의 건축이념을 미리 실현시킨 이 작은 집은 정말 텅 빈 새장과 비슷했다. 발자크가 낙원으로 바꾸려고 꿈꾸던 정원에는 이곳저곳에 몇 그루의 보잘것없는 과일나무들이 작은 가지를 하늘로 뻗고 있었다. 점토질 토양 위에 아직 녹색의 잔디도 없었다.

10월, 11월이 되었지만 여전히 시끄러운 노동자 패거리가 난간을 이리저리 돌아다녔다. 발자크가 매일 새로운 장식방법을 생각해냈기 때문이다. 한 번은 파리에서 엄청난 이윤을 남기고 팔 생각인 파인애플을 위한 온실을 계획하고, 그 다음에는 다시 토카이 포도를 심으려고 했다. 한 번도 맛본 적이 없는 독한 맛의 포도주를 생산하기 위해서 말이다. 그런 다음엔 커다랗게 '레 자르디'라는 문패를 붙인 돌문을 주문하기도 했다. 이 돌문에서 녹색의 나무그늘 길이 집의 현관문까지 안내하게 만들 셈이었다.

동시에 발자크는 비스콘티 백작부인을 위한 이웃집의 건설을 감독하였다. 그녀는 정말로 애인을 좇아서 이 '고독한', 실제로는 대단히 시끄러운 언덕으로 달려올 참이었다. 건축비용은 4만3천 프랑에 이르렀고 돈은 지불되지 않았다. 그밖에도 실내장식가를 위해서 4천 프랑, 철물공에게 1천 프랑, 토지 구입을 위해서 다시 1만 프랑이 그대로 남았다. 낙원의 정원에서는 아직 저당권을 위한 이자액밖에 자라는 것이 없는데 벌써 파국이 시작되었다.

발자크는 땅을 사면서 지나치게 발자크식의 마법의 안목을 믿었고, 지나치게 발자크식의 속도로 일을 추진했다. 그는 아름다운 전망과, 번성하는 과수원, 불꽃 같은 포도송이의 때이른 꿈에 정신이 팔려서 전문가에게 토지를 검사하도록 의뢰하는 것을 잊었다. 이 땅은 무르고 미끄러운 점토로 되어 있었다. 어느 날 아침 그는 천둥소리에 깨어나서 창문으로 달려갔다. 하늘은 완전히 맑고 뇌우는 이미 지나갔다. 이제는 천둥도 없었다. 그러나 값비싼 담벼락이 무너져 있었다. 발자크는 절망했다. 쥘마 카로에게 다음과 같이 써보내고 있다.

내 영혼의 누이여, 당신에게는 내 마지막 비밀을 털어놓을 수 있겠지요. 나는 끔찍한 비참 한가운데 앉아 있어요. '레 자르디'의 담이 모두 무너졌어요. 건축사의 잘못이지요. 그가 기초를 제대로 다지지 않았거든요. 그의 잘못이지만 모든 부담이 내게로 옵니다. 그는 한 푼도 없는데 나는 그에게 착수금으로 8천 프랑을 주었답니다.

그러나 그는 이 담을 포기할 수 없었다. 그것은 세상에 대한 격리의 상징이었고, 그의 내면에 토지소유라는 의식을 확인해주는 것이었기 때문이다. 그래서 다시 노동자들이 불려와서 담을 새로 쌓게 되었다. 그리고 며칠이 지나 며칠 동안 비가 내리고 다시 끔찍한 천둥이 울렸다. 무른 땅은 다시 무너지고, 담도 쓰러졌다. 게다가 또 다른 일이 겹쳤다. 무너진 흙이 이웃사람의 농지로 흘러들어갔고, 그는 불만을 터뜨리면서 소송으로 위협하였다.

발자크는 한때 〈잃어버린 환상〉을 겪었듯이 소설 〈농부들 (Les Paysans)〉의 주제가 되는 '토지 소유자의 고민'을 철저히 경험하였다. 게다가 파리 전체가 고소해 하는 웃음소리를 참아야 했다. 신문마다 천재적인 건축가 발자크가 계단 만드는 것을 잊어버린 이 집의 이야기를 실었다. 방문객들은 웃으면서 돌아가서 자기들이 생명의 위험을 무릅쓰고 자갈이 흐르는 길을 걸어올라간 이야기를 했다. 진짜 이야기와 꾸며낸 이야기들이 발자크의 나무와 꽃들보다 더욱 무성하게 자랐다.

그가 더욱 엄격하게 문을 걸어잠그고 손님을 초대하지 않아도 아무런 소용이 없었다. 카시니 거리와 바타유 거리의 충복들인 집달리와 법원관리들은 돌투성이 언덕길을 걸어올라오는 것을 마다하지 않았다. 그들은 가장 값진 가구들을 그의 방에서 들어내감으로써 발자크의 좁은 집에 약간이라도 공간을 만들어줄 속셈을 가지고 찾아오는 것이었다. 발자크가 물러나서 풍경과 작업을 위해서만 살려고 했던 이 장소에서도 옛날의 게임이 다시 시작되었다. 충복들에게서 방문의 기쁨을 빼앗기 위해서 발자크는 망루 쪽에서 수상한 낯선 사람이 다가온다는 보고가 들어올 때마다 값비싼 물건들을 옆의 애인 집으로 옮겨놓았다. 공기가 다시 깨끗해지고, 발자크의 '앵무새 집'에서 책상과 쇠침대와 몇 가지 가치 없는 가구들만을 본 집달리가 실망해서 돌아가면 웃으면서 좋은 가구들이 다시 제자리로 돌아오는 것이었다.

발자크가 어린애 같은 재미로 계속하였고, 일생 동안의 싸움에서 유일한 즐거움이기도 했던 이 게임이 몇 달 동안은 그럭저럭 잘 돼나갔다. 그러나 그는 진짜 곱섹(Gobseck)을 만나게 되었다. 그는 어쩌면 발자크의 소설에서 악질적인 채무자를 꼼짝 못하게 만드는 기술을 익혔을 것이다. 이 고리대금업자는 소송을 걸어서 스캔들을 좋아하는 파리에 큰 기쁨을 선사하였다. 발자크나 그의 애인에게 소송을 건 것이 아니라 정말 어쩔 줄 모르는, 오쟁이 진 남편 기도보니 비스콘티 백작에게 소송을 건 것이다. 그에 따르면 백작은,

한편으로는 드 발자크 씨의 가구 일부를 감추어줌으로써 은닉죄를 저질렀고, 다른 한편으로는 위에 말한 가구를 '레 자르디' 영지에서 빼내는 일에 공모하였다. 그밖에도 그는 분명히 알면서 발자크 씨의 빚쟁이들에게서 그들의 요구에 담보가 되어줄 수 있는 가치있는 물품들을 빼내도록 협조하였다. 그럼으로써 그는 채권자들에게 손해를 야기하였고, 그 비용은 그가 부담해야 한다.

그와 동시에 레 자르디의 꿈은 끝났다. 발자크는 더 이상 계속할 수 없었다. 이 '오두막집'은 10만 프랑의 비용이 들었다. 그러니까 다른 사람들이 샹젤리제에 집을 짓는 것보다 더 들었다. 비스콘티 백작부인도 이제 지쳤다. 계속되는 돈 문제들이 그녀와 그 사이의 관계를 망쳤고 그녀는 자르디를 떠났다. 발자크 자신은 '부동산 소유자'라는 망상과 완전히 작별할 결심을 쉽게 하지 못했다. 한 번 더 그는 몇 년 있다가 돌아올 수 있을까 하는 희망으로 1만 5천 프랑에 팔았다

파씨 거리(오늘날의 레이누아르 거리)에 있는 발자크의 집. 현재까지 보존되고 있는 유일한 발자크의 집이며, 중요한 발자크 지료들을 소장하고 있다.

는 허위 계약이라는 속임수를 써보았다. 그러나 이 망상도 그의 다른 망상들처럼 이루어지지 않을 것이었다. 한 번 더 그는 새로운 은신처를 찾아야 했다. 그는 파씨(Passy) 거리에 있는 어떤 집에서 거처를 찾아냈다. 이것은 그의 모든 집들 중에서 유일하게 보존되고 있는 것으로, 오늘날 우리가 '발자크의 집(la maison de Balzac)'이라고 알고 있고, 존경하는 바로 그 집이다.

제5장
연극에 투신하다

"모든 것은 더욱 나빠졌어요, 일도 빚도." 이 짧은 문장으로 마흔이 된 발자크는 자신의 상황을 요약하였다. 그가 자신의 토지 '레 자르디'에 매달려 보낸 3년은 자르디의 비용을 지불해보려는 절망적이고 실패한 시도 외에 아무것도 아니었다. 발자크는 이보다 더 열렬히 일한 적이 없었다. 그런데도 일년에 다섯 편의 소설을 써서는 여섯 자리 숫자의 빚을 없앨 수 없다는 사실을 깨달아야 했다. 그는 모든 서랍에서 전에 시작했던 작업들을 다 끄집어내고, 심지어는 레지옹 도뇌르의 훈장을 갖고 싶어하던 어떤 우직한 기능공을 위해 익명으로 나폴레옹의 격언들을 긁어모아 써주었지만 헛일이었다. 그것은 명성의 절정에서 다시 다른 사람들의 허영심과 무능력을 위한 허수아비 노릇을 한 것이었다. 그가 필요로하는 액수는 일을 해서는 갚을 수가 없고 오직 마법을 통해서만 갚을 수 있는 액수였다. 누라의 광산이 그에게 은을 거절했기 때문에 이번에는 새로운 황금광산을 파려고 애썼다.

극단적인 거부감을 가지고 정말 못마땅해 하면서 발자크는 희곡을 쓰도록 스스로에게 강요하였다. 그는 자기가 희극을 쓸 것이 아니라, 《인간희극》을 써야 할 사람이라는 사실을 너무나 잘 알고 있었다. 내면의 본능은 그에게 자신의 원래 재능은 희극 형태로는 절대로 완전히 발휘될 수 없다고 이야기해주었다. 발자크의 소설을 특징짓는 것은 위대한 장면들이 아니라, 인물들이 천천히 변화하는 과정이며, 그들이 환경 및 풍경과 연결되는 과정에 있었다. 그는 폭풍처럼 쓸 수 있었지만 그래도 폭과 풍요로움을 필요로 했다. 발자크 소설의 연극화가 언제나 실패로 돌아간 것은 우연이 아니었다. 그의 인물들은 뉘앙스의 섬세한 유희와 변화의 논리가 결핍되어 있기 때문에 무대라는 좁은 단면 위에 세우면 부자연스럽게 보인다.

그런데도 불구하고 의지력을 집중하고, 힘을 모았더라면 발자크의 천재성은 연극작품에서도 소설에서와 같은 걸작을 만들어냈을지도 모른다. 그러나 발자크는 자신의 의지력을 거기 모으고, 자신의 모든 힘을 거기 투입하려고는 생각지도 않았다. 레디기예르 거리에 살던 시절의 꿈, 즉 새로운 라신이나 코르네유가 되겠다는 꿈은 오래 전에 사라져버렸다. 이 순간에 그는 연극무대를 문학 밖에서 돈을 벌 수단으로밖에는 여기지 않았다. 자기에게는 상관없는 냉정한 투자였고, 예술적으로는 파인애플 재배나 북부철도 주식에 투자를 하는 것보다 더 높게 평가하지도 않는 일이었다. 그는 사르데냐로 떠나기 전에 아주 조롱조로 냉정하게 카로 부인에게 이렇게 써보냈다.

이 기도가 실패하게 되면 나는 정신이 나가서 연극계의 품으로 뛰어들 겁니다.

그에게 있어서 그것은 '내 책보다 더 나은 이익을 보장해주는 최후의 수단'에 지나지 않았다. 석필로 계산해보니 성공적인 연극작품은 그에게 10만 혹은 20만 프랑을 가져다줄 수 있을 것 같았다. 물론 첫술에 벌써 그런 대성공을 거둔다고 확신할 수는 없었다. 그러나 일년에 열 편, 스무 편의 희곡을 쓴다면 분명 그런 액수를 번다는 계산을 할 수 있다.

일년에 20 내지 30편의 희곡을 쓴다는 계산법은 처음부터 발자크가 자신의 희곡에 얼마나 공을 들이지 않으려고 하는지 분명히 보여준다. 그는 금화를 룰렛 판에 던져넣는 것과 똑같이 가벼운 손길로 공급하려고 생각하고 있었다. 그러니까 공덕이 아니라 우연이 모든 것을 결정할 판이었다. 미래의 연극작품에 대한 발자크의 생각은 극히 단순했다. 가장 중요하고 가장 힘든 일은 극장 감독을 찾아내서 가능하면 유리한 계약을 맺고, 그에게서 가능하면 많은 선불을 받아내는 것이었다. 가장 힘든 이 일을 위해서 그의 이름의 힘과 능변의 집중력과 모든 창의력이 동원되어야 한다.

이 일만 이루어지면 그 다음에는 오로지 부수적인 일, 즉 연극작품을 약속된 날짜에 넘겨주는 일만 남게 된다. 그것은 1만 혹은 2만 프랑의 선금을 받아낸다는 엄청난 작업과 비교해보면 정말 어린애 장난에 지나지 않는다. 발자크 같은 사람은 구상은 1백 개나 가지고 있었다. 그밖에도 서랍 속에는 젊은날의 습작들이 열두어 개나 들어 있었다. '막일꾼'을 고용하면 된다. 싸구려 젊은 일꾼에게 희곡의 줄거리를 들려주고 나서 그가 써온 작품을 하루나 이틀 밤 동안 가필해서 광채와 힘을 주면 그뿐이다. 이런 방법으로 작품 하나에 사흘이나 나흘 정도만 들여서 편안하게 일년에 열 편이나 스무 편의 희곡을 왼손으로 완성할 수 있을 것이다. 오른손으로는 옛날처럼 조심스럽게 정열적으로 진짜 작업인 소설을 쓰면서 말이다.

발자크는 10만 프랑을 벌어다줄 희곡작품을 쓰는 것을 이렇게 하찮게 여겼다. 그는 정말로 훈련된 동업자를 찾아내려는 수고조차 하지 않았다. 아무나 자기 길에 가로걸리는 사람을 찾아냈다. 완전히 영락한 보헤미안인 샤를 라사유(Charles Lassailly)는 그때까지 한 번도 극장과는 아무런 관계도 없었고 아주 선량한 비평가도 그에게서 단 한 알의 재능도 찾아내지 못했던 인물이다. 그가 이 가련하고 하찮은 신경증 환자를—슬픈 얼굴에, 환상적으로 커다란 코와 세계의 고민을 한데 엮어 내려뜨린 머리다발을 한 방랑하는 우스꽝스런 인물—어디서 찾아냈는지 아무도 모른다. 어쩌면 길거리나 어떤 카페에서 만났을 것이다. 어쨌든 그는 이 사내의 능력의 질에 대해서는 물어보지도 않고 어리둥절해 하는 가련한 젊은이를 끌고서 손님 겸 동업자로 '자르디'로 데려왔다. 그러고는 바로 그날로 그와 함께 비극작품을 쓰기 시작하였다. 실제로는 발자크 생애에서 가장 익살맞은 희극을 시작한 것이다.

가련한 샤를 라사유는 발자크가 폭풍 같은 달변으로 자기를 다브레 마을로 데려왔을 때 그가 자기와 더불어 무엇을 하려는지 전혀 짐작도 못했다. 그는 희곡을 위한 생각도 없었고, 연극작품을 어떻게 쓰는지 상상도 못하고 있었다. 처음에는 그런 요구는 전혀 없었다. 발자크가 도중에 수백 가지나 되는 계획들을 나팔 불듯이 털어놓고 난 다음에 이 가없은 굶주린 젊은이는 엄청난 양의 음식을 제공받았다. 발자크의 집에서 저녁식사 시간은 5시였다. 식탁은 넉넉하게 차려졌고, 불쌍한 보헤미안에게 한번도 마셔본 적이 없는 포도주들이 주어졌다. 점차 그의 기분이 풀리고, 어쩌면 그는 진짜로 발자크에게 영감을 줄 수 있었을지도 모른다. 그러나 놀랍게도 저녁식사가 끝나고 6시가 되자 발자크는 라사유에게 잠자리에 들라고 명령하였다.

여느 보헤미안들과 마찬가지로 라사유의 경우에도 진짜 하루는 저녁에야 시작되는 것이었다. 그는 어쩌면 어린 시절부터 지금까지 한 번도 저녁 6시에 잠자리에 들어본 적이 없었을 테지만 감히 반박하지는 못했다. 그는 방으로 안내를 받고 고분고분하게 옷을 벗고 침대에 누워서 넉넉하게 마신 포도주 덕분에 곧장 깊은 잠에 빠져들었다.

그는 자고 또 잤다. 그러나 가장 아름다운 잠의 한가운데, 자정에 누군가가 그를 흔들어 깨웠다. 침대 앞에는 하얀 작업복을 걸친 발자크가 유령 같은 모습으로 서서 일어나라고 명령하였다. 이제 작업을 시작할 시간이라는 것이다.

발자크식으로 낮과 밤이 뒤바뀐 것에는 도무지 익숙하지 않은 가없은 라사유는 한숨을 쉬며 일어났다. 그는 새로운 주인이며 부양자에게 감히 저항하지 못하고 새벽 6시까지

졸립고 혼란스런 태도로 발자크의 구상을 들어야 했다. 6시가 되자 발자크는 그에게 다시 잠자리에 들어도 좋다고 허락했다. 낮에 발자크가 소설을 쓰는 동안 그는 첫 장면을 써야 하고, 그런 다음 밤에 이 첫 장면을 함께 고칠 거라고 했다.

자정에 말이다! 가련한 라사유는 두려웠다. 이 정신 나간 시간에 대한 두려움에서 그는 잠을 제대로 잘 수 없었고 물론 일은 더 못했다. 그가 가져온 형편없는 글은 한밤의 토론에서 심한 비난을 받았고 그에게 새로운 명령이 내려왔다. 라사유는 며칠 동안 지쳐빠진 두뇌를 쥐어짜 보았지만 헛일이었다. 이 가련한 노예는 좋은 음식도 맛이 없었다. 한밤중부터 아침까지 토론을 해야 한다는 의식만으로도 잠이 망가졌다. 그래서 발자크가 잠자리에 든 어느 날 밤 이 동업자는 도망치고 말았다. 그 대신에 발자크는 책상 위에서 다음과 같은 편지를 보았다.

당신이 내게 그토록 특별한 믿음으로 부과해주신 일을 해내야 할 의무가 있다고 느낍니다. 밤새도록 애써보았어요. 그러나 쓸 만한 가치가 있고, 당신 계획의 극적 조건에 합당한 그 무엇도 생각나지 않았습니다. 당신에게 직접 그 말씀을 드릴 용기가 없기는 하지만 계속 당신의 빵을 먹는 것은 무의미한 일입니다. 내 능력이 그토록 아무짝에도 쓸모가 없다니 절망하고 말았습니다. 그것은 아주 좋은 기회였어요. 그리고 나는 단번에 나의 모든 곤경에서 나를 구해낼 의도를 가졌습니다만……

이 도망은 아주 갑작스러운 일이어서 발자크는 새로운 동업자를 찾아낼 시간도 없었다. 그래서 그는 르네상스 극장에서 약속받은 6천 프랑의 선금을 받기 위해서 〈첫번째 아가씨(La Première Demoiselle)〉 혹은 뒷날 흔히 불린 것처럼 〈절약의 학교(L'École des Ménages)〉를 혼자서 완성해야만 했다. 그저 얼른 계약을 체결하기 위해서 그가 마지막 막을 쓰는 동안 스무 명 이상의 식자공이 동시에 제1막을 조판하였다. 그래서 그는 며칠 뒤에는 벌써 이 조산아를 넘길 수 있었다. 그러나 발자크는 극장감독들은 소설가의 명성 따위에는 전혀 관심이 없다는 사실을 알게 되었다. 그리고 발자크가 자신의 선금을 계산하는 것처럼 그들도 장래의 수입액을 계산한다는 것도 알았다. 감독은 이 희곡을 쓰기를 냉정하게 거절하였다. 한 번 더 간절히 꿈꾸던 10만 프랑은 현실의 바람에 흩날려 사라져 버렸고 발자크는 새로 〈잃어버린 환상〉 이야기를 쓴 것에 지나지 않았다.

다른 사람 같으면 용기를 잃거나 열의가 식었을 것이다. 발자크의 경우에 실패는 언제나 두 배, 열 배의 에너지를 불러일으키는 효과를 가졌다. 소설의 경우는 달랐던가? 그때도 처음에는 자기를 거절하고 여러 해 동안이나 자기의 기를 꺾으려 들지 않았던가? 미신을 믿는 본성으로 그는 이 최초의 실패를 심지어는 미래의 성공에 대한 보장으로 여기기까지 했다.

연극계에서 나의 이력은 나의 문학적 경력과 정확하게 똑같이 성취될 겁니다. 나의 최초의 작품은 거절될 거예요.

그러니 새 작품을 쓰자! 또 다른 계약을 맺자!

진짜 희곡을 쓰는 대신에 소설과 대화들을 극으로 만들려는 발자크의 방식으로는 새 작품도 더 나을 게 없었다. 그러나 계약은 이번에는 더 나았다. 첫 경험에 약아진 발자크는 원고를 돌려받는 수모를 피하려 했다. 생 마르탱 성문 극장 감독인 아렐(Harel)은 처음부터, 아직 쓰이지 않은 새 작품을 받아서 즉시 공연해야 할 상황에 있었다. 다행스런 우연으로 발자크는 아렐이 인기있는 작품을 즉시 무조건적으로 필요로 한다는 사실을 들었다. 그래서 그는 아렐에게 자신의 〈보트랭〉을 희곡으로 개작할 것을 제안하였다. 아렐은 즉시 열광하였다. 보트랭은 〈고리오 영감〉과 〈잃어버린 환상〉 덕분에 아주 인기있는 인물이었고, 무대에서는 특히 프레데릭 르메트르(Frédérick Lemaître)가 그 역할을 맡는다면 진짜 센세이션을 불러일으킬 것이 분명하였다. 두 개의 망상, 그러니까 희곡작가와 극장감독의 망상이 서로를 찾아낸 것이다. 계약에 서명이 이루어지고 두 투기꾼은 엄청나게 많은 돈을 벌어들일 것이라 계산하였다.

발자크는 이번에 훨씬 더 정열적으로 일에 뛰어들었다. 극장감독을 장악하기 위해서 그는 몇 주 동안 자르디를 떠나서 극장에서 겨우 5분 떨어진 리슐리외 거리에 자리잡은 재단사 뷔송의 집에 거처를 정했다. 그래서 그는 희곡의 모든 연습장면에 참가할 수 있었고, 그 위대한 승리를 준비할 수 있게 되었다. 그는 처음부터 언론에 알려서 엄청난 광고를 하게 만들었으며 배우들과 상의도 했다. 모든 것을 그의 '초인적인 용기'로 시작하였다. 사람들은 그가 매일 작업복 차림

그랑빌이 그린 발자크와 발자크의 친구인 네오필 고티에, 연극배우 프레데리 르메르트, '레 지르디'에서 손에본 예수를 보증하기 위해 발자크는 연극계에 관심을 돌렸다. 단지 돈을 위해서.

으로 모자도 안 쓰고 헐렁한 바지를 입고 신발끈을 흘리면서 숨을 헐떡이며 달려와서 배우들과 특별히 효과만점인 장면들을 상의하거나 계산대 직원에게 자신의 모든 친지들을 위한 좌석을 예약하는 것을 보았다. 처음부터 이 초연에 파리의 귀족계층과 정신적인 인물들이 몽땅 몰려올 것이라 굳게 믿고 있었기 때문이다.

이 소동 속에서 그는 사소한 일 한 가지를 잊어버리고 있었으니 바로 희곡을 쓰는 일이었다. 감독에게는 벌써 대충 줄거리를 이야기해주었고, 배우들에게는 지시를 해두었지만 이제 정말로 연습이 시작될 순간이 왔다. 그러나 아렐은 대본을 받지 못했고, 배우들 중 아무도 작품 한 줄도 구경을 못했다. 발자크는 24시간 안에 그것을 가져다 주겠노라고 약속하였다. 모든 것은 이미 오래 전에 마무리되어 있다—발자크는 구상된 것을 현실이라고 여기곤 했으니까—그러니 내일이면 연습을 시작할 수 있을 것이라고 했다.

발자크가 어떻게 24시간 안에 5막짜리 희곡작품을 쓰려고 했는지는 그의 충실한 벗 테오필 고티에가 묘사해주고 있다. 그의 보고는 과장되지 않았다고 믿을 수 있는 극소수 사람들 중 하나다. 발자크는 아주 긴급한 일이라면서 네댓 명의 믿을 만한 친구들로 이루어진 참모부를 임시거처인 재단사 뷔송의 집으로 소집하였다. 테오필 고티에가 맨 나중으로 나타나자, 벌써 초조하게 작업복을 입고서 우리 안에 갇힌 사자처럼 오락가락하던 발자크는 환하게 웃으면서 인사를 했다.

마침내 우리 테오가 왔군! 나무늘보, 게름뱅이, 잠꾸러기. 자, 어서 와요! 벌써 한 시간 전엔 왔어야 하잖나! 난 내일 아렐에게 5막짜리 희곡을 낭독해 들려줘야 해!

이어서 고티에가 자신의 〈초상화〉에서 이야기하는 재미있는 풍경이 벌어진다.

"그러니까 우리의 전문가적인 소견을 듣겠다는 건가?"
우리가 물었다. 그러면서 기나긴 강연을 각오하는 사람들처럼 편안하게 자리를 잡았다. 발자크는 우리의 태도를 보고 우리가 무슨 생각을 하는지 알아챘다. 그러나 그는 세상에서 가장 순진한 얼굴을 하고 이렇게 말했다.
"희곡은 아직 전혀 쓰이지 않았어."
내가 대답했다.
"빌어먹을, 그렇다면 낭독회를 6주는 연기해야 되잖아."
"안 돼, 지금부터 우린 돈을 벌 수 있도록 희곡 한 편을 재빨리 써야 해."
발자크가 말했다.
"하지만 내일까진 절대로 안 돼. 원고를 베껴쓸 시간도 안 되잖아."
"내가 벌써 모든 것을 다 준비해뒀어. 자네가 1막을, 우를리악(Ourliac)이 다음 막을, 로랑 장이 3막을, 드 벨루아가 4막을, 내가 5막을 쓰면 돼. 그럼 내일 정오에는 약속대로 아렐에게 희곡을 읽어줄 수 있지. 1막이래야 고작 4, 5백 줄밖에 안 되니까, 그런 거야 하루 낮밤이면 쓸 수 있잖겠어."

"그렇다면 우리에게 줄거리를 간단히 이야기해주고, 구상을 밝히고, 몇몇 인물들을 스케치해줘. 그럼 시작할게."

내가 좀 당황한 채로 선언했다.

"맙소사, 내가 우선 소재를 설명해야 한다면 우린 절대로 끝낼 수 없을 거야!"

발자크는 압도적인 위대성으로 그런 세부사항에 대해 위엄있는 경멸감을 보이며 외쳤다.

우린 내용에 대해 질문하면서 무례하게 대할 의도는 없었다. 그러나 발자크는 그런 질문을 분명 악의적인 것이라고 받아들였다. 마침내 우리는 상당히 애를 써서 겨우 그를 달래서 소재에 대한 몇 가지 힌트를 얻어냈다. 그러고 나서 느슨한 형태로 하나의 각본을 읽어냈는데, 최종판에는 이 원래의 각본에서는 몇 마디 단어밖에 남지 않았다. 그리고 누구나 생각할 수 있는 일이지만 대본은 다음날 낭독되지 못했다. 동업자들 누구도 다른 사람이 무엇을 하는지 몰랐다. 그러나 진짜 진지하게 희곡에 손을 댄 유일한 사람은 로랑 장뿐이었고, 발자크는 뒤에 그에게 희곡을 헌정하였다.

이런 전주곡 다음에 희곡이 어떻게 되었을지는 상상할 수 있다. 1백 년 동안의 프랑스 희곡사에서 〈보트랭〉보다 더 형편없는 작품이 쓰인 적이 없었다. 파산을 피하려고 애쓰던 아렐은 미리 이 작품을 대단한 걸작이라고 선전하고 난 참이었다. 발자크는 좌석을 절반이나 샀지만 사람들은 오지 않았다. 처음 세 막에서 분위기는 싸늘했고 심지어는 가련하기까지 했다. 진짜 친구들은 발자크의 이름이 그렇게 형편없이 짜맞추어진 센세이션 코미디와 결합되는 것을 보고 불쾌감을 느꼈다. 장엄한 인물의 우스꽝스러운 불구모습이 발자크 전집에 버젓이 인쇄되어 있는 것을 보면 오늘날에도 역시 고통스럽다. 4막에서 불쾌감이 태풍처럼 터져나왔다. 보트랭이 멕시코 장군이 되어 등장하는 장면에서 배우인 프레데릭 르메트르는 루이 필립 왕의 두발과 수상쩍도록 비슷한 가발을 쓰고 나왔다. 왕당파 몇 명이 휘파람을 불기 시작했고, 오를레앙 왕자는 보란 듯이 자신의 특별석을 떠났고, 공연은 대단한 소란 속에서 끝났다.

다음날 왕은 이 작품을 금지시켰다. 발자크는 이 작품의 공연 허가를 절대로 얻을 수 없었을 것이다. 발자크를 침묵시키기 위해서 문예부의 과장은 그에게 금지령의 대가로 5천 프랑의 배상금을 제안하였다. 발자크는 빚에 쫓기고 있으면서도 이 비참한 패배에서 하다못해 개인적이고 도덕적인 승리만이라도 구하기 위해서 이 제안을 거절하였다. 그러나 배울 줄 모르는 이 사람은 파국을 통해서도 교훈을 얻지 못했다.

세 번째로 그는 자신의 행운을 시험해보려고 했다. 〈하트의 잭의 방책(Les Ressources de Quinola)〉과 〈파멜라 지로(Paméla Giraud)〉, 이 둘 다 조금 나은 것이긴 했지만 역시 실패하게 되고, 그의 천재성에 아주 안 어울리지는 않는 유일한 희곡 〈사기꾼(Le Faiseur(Mercadet))〉의 경우 그는 공연되는 것을 보지 못했다. 그가 자기 본래의 사업 밖에서 다른 사업을 하려고만 하면 언제나 보복을 받았다. 〈보트랭〉 공연 전에 하이네(Heine)를 대로상에서 만났을 때 그가 친절하게 소설에 머물라고 충고하던 재치있는 말이 얼마나 현명한 것인가를 우울한 기분으로 되새기지 않을 수 없었다.

조심하십시오! 브레스트 감옥에 길든 사람은 툴롱 감옥에선 제대로 살 수 없는 법이지요. 당신은 옛날 감옥에 머물러야 할 겁니다.

자르디 건축, 누라의 은광산, 희곡 생산. 이 세 가지 엄청난 멍청이 짓은 마흔 살 먹은 남자가 스무 살 때나 서른 살 때나 다름없이 세상사에는 순진하기 짝이 없다는 사실을 보여주고 있다. 그의 멍청한 짓들은 작품과 마찬가지로 오히려 차원이 더 커지고, 더욱 환상적이고, 충동적이고 우스꽝스럽고 악마적이 되었을 뿐이다. 그러나 거리감을 통해서 분명한 시각을 얻기 쉬운 우리에게는, 존경을 모르는 그의 동시대 사람들이 눈먼 그의 행동만 보느라 그의 명석함을 잊어버린 일과, 그의 파괴적인 멍청함만 쳐다보느라 그 창조적인 작품을 잊어버렸다는 사실이 만족스럽지 못하다.

신문들이 온통 자르디의 기묘한 파인애플 농장 사건기사로 가득 채워져 있고, 비평가, 언론인들과 독자층이 그의 실패한 연극 작품들을 놓고 기뻐 어쩔 줄을 모르고 있던 바로 그 시절에 똑같은 발자크는 지치지 않고 계속해서 그의 대작인 《인간희극》을 써나갔다. 부동산에 투자하고, 새로운 신문을 만들던 한가운데서, 소송사건들 사이에서도 똑같은 확고함과 끈질김으로 자신의 본래의 작업을 계속 쌓아올렸다.

자르디에서 기술자들이 망치질하고, 담이 무너져내리는

동안에도 그는 〈잃어버린 환상〉의 장엄한 2부를 완성하고, 동시에 〈창녀들의 영광과 비참(Splendeurs et Misères des courtisanes, 왕과 귀족들의 애인노릇을 한 고급 창녀들을 말함. 프랑스판 기생 : 역주)〉과, 〈고미술 진열실〉, 그리고 위대하게 시작되었지만 아주 성공하지는 못한 소설 〈베아트리스 (Béatrix)〉를 썼다. 정치소설인 〈음모〉와 사실주의적인 〈여자 낚시꾼(La Rabouilleuse)〉, 그리고 〈두 젊은 유부녀의 수기〉와 같은 완벽한 작품들을 쓰면서 그와 나란히 음악 단편 소설의 걸작인 〈마씨밀라 도니(Massimilla Doni)〉, 그리고 〈가짜 애인(La Fausse Maîtresse)〉, 〈위르쉴 미루에(Ursule Mirouët)〉, 〈젯 마르카(Z. Marcas)〉, 〈여자 피에로 (Pierrette)〉, 〈이브의 딸(Une Fille d'Ève)〉, 〈카디냥 공주의 비밀〉, 〈지방의 뮤즈 여신(La Muse du département)〉, 〈칼뱅파 순교자들(Le Martyr calviniste)〉, 〈피에르 그라쑤 (Pierre Grassou)〉 등도 썼다. 게다가 열 편이 넘는 기고문, 그리고 〈마을 사제(Curé du village)〉의 준비작업, 미완성으로 남은 〈부부생활의 비참(Petites misères de la Vie conjugale)〉을 썼다.

　한 번 더 폭풍우 같은 4년의 시절이 한 작품을 둘러쌌다. 다른 사람 같으면 이것만으로도 그 규모나 문학적 중요성이라는 측면에서 명성 높은 한평생의 업적이 될 수도 있을 만한 작업이었다. 외부의 혼잡은 전혀 이 작품의 창조적인 백일몽 안으로 끼여들지 않았고, 작업을 향한 끊임없는 그의 집중력에서는 많은 비웃음을 산, 그의 존재의 극단적인 특성 어느 것도 느껴지지 않는다.

그중 어떤 작품들, 예를 들면 〈마씨밀라 도니〉, 〈피에르 그라쑤〉, 〈음모〉, 〈여자 낚시꾼〉, 〈가짜 애인〉 같은 작품들에서는 구성의 완결성이라는 측면이나, 보통 지저분하고 말 많은 문체를 억누른다는 점에서 이전의 모든 작품을 완전히 능가하고 있다. 수많은 실망과 실수에 대한 남모르는 분노가 좋은 산(酸)처럼 작용해서 사방에서 달콤하고 감상적인 것을 천천히 빨아들여 없애기라도 한 것 같다. 그의 초기 작품에 나타나는 달콤하고 감상적인 요소는 낭만주의적이고 비현실적인 시대의 뒷맛을 우리에게 남겨주곤 한다. 그가 삶을 진행할수록, 생존이 그를 가혹하게 뒤흔들수록 발자크는 더욱더 사실주의자가 된다. 점점 더 날카로워지고, 점점 더 불신을 품은 눈길로 그는 상황과 관계들을 꿰뚫어본다. 그리고 점점 더 예언자적인 인식으로 전체의 맥락을 조망한다. 마흔 살의 발자크는 서른 살 때보다 오늘날 우리에게 더 가깝게 느껴진다. 그 10년이 우리에게 그를 100년이나 더 가까이 데려다준 것이다.

그러나 이 거인적인 작업으로도 발자크의 탄력과 행동력은 전혀 지치지 않았다. 자신의 일 안에 틀어박혀서 그는 내리쳐진 장막 뒤에서 다른 모든 사람보다 더 깬 눈으로 세상을 바라보았으며, 이 살아 있는 물질에 대고 자신의 활동력을 시험해보고자 하는 유혹이 두세 번이나 더 그를 유혹하였다.

파리에서 몇 명의 작가들이 자기들의 권리를 보호하기 위해 서로 힘을 합쳐서 '작가연합(Société des gens de lettres)'을 창설하였다. 가끔 책상 하나를 사이에 두고 모여

앉아 결의문이나 작성하는 보잘것없고 힘없는 모임이었다. 참가자들이 주변머리가 없어서 이 결의문은 장관실의 서류 철 속에 끼여서 먼지나 뒤집어쓰는 서류조각으로 남는 것이 보통이었다. 발자크는 작가들이 정말로 힘을 합치고 자기들의 소명을 의식한다면 권력을 만들어낼 수 있다는 사실을 인식한 최초의 인물이었다. 그래서 자신의 열정적인 에너지를 다해서 이 작은 모임을 키워서 문인의 권리를 보호하기 위한 진지한 무기로 만들어내려고 했다. 그의 다른 모든 개념들처럼 이 점에서도 그는 예리한 눈길로 자기 시대를 수십 년이나 앞섰다.

발자크는 분노했을 때 가장 열정적이고 목적의식이 분명했다. 그리고 그는 개인적으로 분노할 만한 이유가 있었다. 그의 책은 인쇄가 채 마르기도 전에 벨기에에서 작가에게 단 1수도 원고료를 지불하지 않은 채 해적판으로 다시 인쇄되곤 했다. 원고료도 없고 극히 부주의한 방식으로 인쇄되었기 때문에 값이 더 싼 이 판본이 외국 모든 나라에서 유통되었다. 그러나 발자크는 이 사건을 개인적인 것으로만 받아들이지는 않았다. 작가 계층의 명예와 세상에서의 그 위치가 그의 관심사였다. 그는 '작가연합의 문학작품 보호법(Code littéraire de la Société des Gens de Lettres)'을 기초하였다. 그것은 문학 공화국에서 보면, 프랑스 공화국에서 인권선언서, 미 합중국에서 독립선언서와 비슷한 역사적인 등급을 가지는 문서였다. 그는 루엥에서 여러 번이나 연설했고, 작가들에게 단합된 행동을 취할 것을 거듭 촉구하였다. 그러나 반대가 생겨났고, 하찮은 싸움질이 일어났다. 발자크는 자신의 이념에 알맞게 성숙하지 못하고, 자신의 열정에 알맞게 활동적이지 못한 이 모임에서 물러났다. 언제나 되풀이되는 것은, 자기 세기의 가장 강력한 이 남자가 현실의 세계에서는 아무런 작용력도 갖지 못한다는 사실이다.

이 몇 년 동안 발자크는 그것을 또 다른 영역에서 체험해야만 했다. 좀 수상쩍은 인물이었던 페이텔(Peytel)이라는 이름의 어떤 공증인이 배심원들에 의해서 자기 아내와 하인을 살해한 죄로 기요틴 형 판결을 받았다. 정당한 판결이었던 것으로 보인다. 한때는 기자였던 페이텔은 항상 돈에 쪼들렸고 그러다가 바람기 심하지만 돈이 많은 어떤 크레올(백인과 남미 원주민 혼혈 : 역주) 여인과 결혼했다. 그녀의 전력(前歷)에 대해서는 좋지 못한 소문이 무성하였다. 그녀가 결혼하면서 데려온 양친 집의 하인도 전에 그녀의 애인이었다는 소문이었다. 그녀는 어느 날 밤 그 하인과 함께 이웃 영지에서 집으로 돌아오는 도중에 살해되었다. 페이텔은 예리한 심문을 받고서 하인을 죽였다고 자백하였다. 아내의 정부를 죽인 일은 용서받을 수도 있었다. 그러나 배심원들은 한목소리로 페이텔이 이 좋은 기회를 이용해서 아내까지도 제거하고 그녀의 유산을 차지하려 했다는 의견이었다.

발자크는 초년 시절에 〈르 볼뢰르(Le Voleur)〉지에서 페이텔과 함께 일했다. 이 사건은 심리적으로 그의 관심을 끌었다. 어쩌면 볼테르가 칼라 사건에서 시작했고, 졸라가 뒷날 드레퓌스 사건으로 장엄하게 끝맺을 전통을 이어보고 싶다는 마음이 그를 사로잡았을지도 모른다. 그는 권리를 위한 최전방의 투사요, 죄없는 사람과 불행한 사람을 옹호하는 사람으로서의 프랑스 작가의 역할을 맡고 싶었을지도 모른다. 그는 자기에게는 가장 큰 희생을 감수하였다. 일을 버려두고 이 사형수를 변호하기 위해 가바르니(Gavarny)와 함께 벨레 (Belley)로 간 것이다.

쉽게 불붙는 상상력으로 그는 페이텔의 총은 오로지 자기 방어를 위해서만 발사되었고 어둠 속에서 우연히 도망치는 아내를 맞힌 것이라고 굳게 믿었다. 곧장 그는 진정서를 작성해서 고등법원에 제출했다. 그것은 법률적인 예리함과 법의학적인 논리를 담은 걸작품이다. 그러나 고등법원은 담당자가 제출하지 않은 이 청원서를 아예 무시하고 임명된 변호인의 하찮은 항소청구만 처리하였다. 이 항소청구도 왕에게 제출한 사형감면원도 기각되었다. 시간과 돈과 정열을 모두 이 사건에 쏟아부은 발자크는 깨끗한 패배를 맛보았다. 페이텔은 처형당했다.

이어서 세 번째로, 자신의 정열에 사로잡혀서 사태를 쉽게 파악하지 못하는 이 사람에게 자신의 힘을 비현실 세계에서만 활용할 뿐 현실세계에서는 시도하지 말라는 교훈이 다시 주어졌다. 4년이면 그에게는 〈라 크로니크 드 파리〉의 파국과 이 불행한 신문이 만들어낸 1만5천 내지 2만 프랑의 비용을 잊어버리도록 만들기에 충분한 시간이었다. 발자크는 아직도 시대를 향해서 직접 자신의 정치적, 문학적, 사회적 생각들을 알리려는 의지를 완전히 억누르지 못했다. 한편으로는 신문에 종속되는 일에 지쳤기 때문에, 그리고 신문에서는 독자적인 발언이 잘리고 변경되거나 아예 묵살된다는 사실을 알고 있었기 때문에, 그리고 그가 독립적인 자세를 통해서 언론인, 출판인, 편집인들을 적으로 만들었기 때문에 그는 넘치는 에너지로 질식하지 않기 위해서 때때로 자신의 말을 쏟아놓아야만 했다.

이번에는 〈르뷔 파리지엔(Revue Parisienne)〉지라는 이름이었다. 그는 성공을 의심하지 않았다. 이 신문을 통째로 혼자서 쓰기로 마음먹었기 때문이다. 프랑스의 유일하게 자유롭고 독립적인 정치가이며 사상가인 오노레 드 발자크가 매주 자신의 정치적 견해를 발표하면, 문학의 장군인 오노레 드 발자크가 새로 나온 중요한 책들과 연극작품들에 대해서 말하면, 유럽 제일의 소설가인 오노레 드 발자크가 자신의 단편소설과 장편소설을 거기에 발표하면 파리가, 세계가 이 잡지에 귀를 기울이지 않겠는가? 다른 사람에게 일을 맡기지만 않는다면 그 일은 성공할 수밖에 없다.

발자크는 연극연습을 하고 소설을 쓰면서 보통은 다섯 사람 몫에 해당하는 이 일을 혼자서 떠맡았다. 이 잡지의 재정적 경영을 떠맡고 혼자서 원고를 정리하고 혼자서 원고를 썼다. 교정쇄를 읽고 인쇄소와 담판을 짓고, 조판공들을 몰아붙이고 판매를 감독하였다. 아침부터 밤까지 윗옷을 열어젖힌 채 땀을 흘리고 헐떡거리면서 편집실에서 조판실로 계단을 뛰어내려 왔다가, 다시 조판실에서 편집실로 달려올라 가고, 이 소란 한가운데서 소매를 걷어붙이고 더러운 책상에 앉아서 기사를 쓰면서 지시를 내렸다. 우연히 이곳에 들른 사람은, 책상 앞에서 교정쇄를 읽고 있어서 하찮은 조판공이라고만 생각했던 이 더럽고 구질구질하고 뚱뚱한 남자가 바로 발자크라는 말을 듣고 깜짝 놀라곤 했다. 저 유명한 작가,

다브레 마을에 소문이 자자한 저택을 가진 그 발자크라니 말이다.

석 달 동안 발자크는 그렇게 일했다. 이 석 달 동안 그가이 신문을 위해서 쓴 것은 모두 합치면 정상적인 책 서너 권분량에 해당할 것이다. 그러나 그는 또다시 환상 하나를 잃어버렸다. 파리도 세계도 오노레 드 발자크가 정치에 대해서어떤 생각을 하고 있는지 알고 싶어하지 않았다. 그의 문학적, 철학적, 사회적 견해들도 특별한 관심을 끌지 못했다. 석달이 지나자 발자크는 신문을, 신문은 발자크를 버렸다. 다시금 유례없는 힘의 투자가 아무런 성과도 없이 끝나고 말았다.

그러나 전혀 의미가 없고 전혀 성과가 없었던 것만은 아니다. 이 석 달 동안 〈르뷔 파리지엔〉지가 스탕달의 《파르마의 브뤼노파 수도원(La Chartreuse de Parme)》에 대한 발자크의 기고문 하나만 실었다고 해도 그것은 벌써 프랑스 문학에 대단한 공헌이 되었을 것이기 때문이다. 완전히 이름 없는 작가의 완전히 이름 없는 이 작품에 대한 찬사를 담은 이 글보다 발자크 내면의 너그러움과 놀라울 정도로 날카로운 문학이해 능력을 더 잘 보여주는 것은 없다. 세계문학사상 이처럼 직관적인 동료애의 예를 찾아보기 어렵다. 여기서 프랑스의 가장 위대한 소설가가 소설 분야에서 가장 위대한 전우를 향해서 극히 자발적으로 종려나무 가지를 바치고 그를—이 점에서도 그는 시대를 1백 년이나 앞선다—자신과 동일한 높이로 끌어올리려고 했던 이 자발성의 위대함을 제대로 평가하기 위해서는 당시 이 두 사람의 외면적인 위치를 먼저 평가해야만 한다.

1840년에 발자크는 유럽의 이쪽에서 저쪽 끝까지 완전히 알려진 유명한 사람이었다. 그에 반해 스탕달은 전혀 알려지지 않아서 신문에서 잘 취급도 하지 않았지만, 그래도 사후의 명성을 신문에서 찾아보려면 스탕달(Stendhal)이 아니라 스타날(Stenhal)을 찾아야 하고, 진짜 이름도 베일(Beyle) 대신에 베일(Bayle)이라고 나와 있는 것을 보게 된다. 프랑스 문인들을 꼽는 자리에 그는 아예 언급도 되지 않는다. 알퐁스 카르, 쥘 자넹, 상도, 폴 드 코크, 그밖에 오늘날에는 전혀 알려지지도 않은 문필가들에 대해서 찬양하고 칭찬하고 비난하고 풍자를 하고 있다. 그들의 졸작품들은 당시 수만 부씩 팔렸지만 스탕달의 《연애론(l'Amour)》은 겨우 22부가 팔렸고, 그래서 그 자신이 비꼬는 어조로 아무도 건드리려고 하지 않는 것을 보니 '신성한 책'인 모양이라고 말하기도 했다. 《빨강과 검정(Le Rouge et le Noir)》은 스탕달이 살아 있는 동안에는 두 번째 판도 나오지 않았다.

직업 평론가들은 모두 스탕달을 스쳐 지나쳤다. 생트 뵈브는 《빨강과 검정》이 출간되었을 때 그것을 언급할 만한 가치도 없다고 여겼다. 나중에는 상당히 비웃는 방식으로 언급했다. "그의 인물들은 생명력이 없고 단지 정교하게 만들어진 자동인형일 뿐이다." 〈라 가제트 드 프랑스(La Gazette de France)〉는 이렇게 썼다. "스탕달 씨는 어리석은 책들을 쓰기는 하지만 바보는 아니다." 괴테가 에커만과 대화하면서 이 책을 칭찬한 것은 그가 죽고 난 다음 훨씬 뒤에야 알려졌다.

그러나 발자크는 재빠르고 날카로운 눈길로 스탕달의 초기 작품에서 벌써 이 사람의 특별한 지성과 심리적인 탁월함을 알아보았다. 그는 진짜 '딜레탕트'로서, 그저 간혹가다만 재미로 책들을 썼고 특별한 명예욕도 없이 그것을 인쇄하도록 했다. 발자크는 기회가 있을 때마다 이 모르는 사람에게 자신의 경의를 표하려고 애썼다. 《인간희극》에서 그는 스탕달이 맨 먼저 서술한 사랑의 결정(結晶) 과정을 언급했고, 그의 이탈리아 여행기를 지적하였다. 그러나 스탕달은 너무나 수줍어서 이런 친절한 표지를 보고도 저 위대하고 유명한 작가에게 다가가려고 하지 않았다. 그는 자기 책들을 그에게 보내지도 않았다. 다행스럽게도 그의 충실한 벗 레이몽 콜롱 (Raymond Colomb)이 발자크에게 모든 사람에 의해서 무시되고 있는 이 작가를 돌봐달라고 청하였다. 발자크는 곧장 그에게 답장을 보냈다.(1839년 3월 20일자)

나는 벌써 〈콩스티튀시오넬(Le Constitutionnel)〉지에서 《브뤼노파 수도원》의 일부를 읽었습니다. 그것은 나를 죄 많은 부러움으로 가득 채웠지요. 정말이지 그토록 위대하고 진실되게 전투장면을 묘사한 것을 읽으면서 질투의 열기가 나를 사로잡았습니다. 내 작업의 가장 힘든 부분인 《군인생활의 장면들》을 위해서 나도 항상 그런 것을 꿈꿔왔거든요. 그런데 이 작품은 나를 열광시키고, 기운 빠지게 하고, 매혹하고, 절망으로 몰아갔습니다. 아주 솔직하게 말씀드리지요…… 내가 당장에 당신의 청을 들어드리지 못한다고 해도 이상하게 여기지 마십시오. 나는 우선 책 전체를 읽어야 하니까요. 그것에 대해서 내가 어떻게 생각하는지 당신께 말씀드리겠으니 나의 솔직함을 믿어주십시오. 이 일부가 벌써 나를 긴장하게 만들었어요.

자기가 장차 소설에서 쓰려고 하는 주요장면, 그러니까 나폴레옹 전투의 묘사를 다른 사람이 그토록 확실한 솜씨로 미리 써버린 것을 보고 속좁은 사람이라면 화가 났을 것이다. 발자크는 벌써 10년 전부터 소설 〈전투〉를 쓰기를 꿈꾸어왔다. 그도 또한 영웅적이고 감상적인 묘사가 아니라 사실적이고, 솔직하고, 역사적이고, 타당성이 있는, 그러면서도 아주 시각적인 묘사를 하려고 마음먹었다. 이제 스탕달이 그렇게 한 것이다. 자기는 벌써 늦었다. 그러나 내면의 풍요로움은 언제나 예술가를 너그럽고 넉넉하게 만든다. 1백 가지나 되는 계획들과 작품들이 아직도 자기 앞에 놓였다고 느끼는 사람은 다른 사람이 하나의 걸작품을 써냈다는 사실에 의해서 속좁게 마음 상하고 속상해 하지는 않는다. 그리고 발자크는 《파르마의 브뤼노파 수도원》을 자기 시대 최고 작품이라고, 걸작이라고 찬양하였다. 그것을 '사상적인 문학의 걸작품'이라고 부르고 아주 올바르게 다음과 같이 인정하였다.

이 위대한 작품은 쉰 살 먹은 사람이 그 나이의 힘을 다해서, 그리고 모든 재능이 성숙한 상태에서 구상하고 쓸 수 있는 작품이다.

그는 내적 줄거리를 훌륭하게 분석하고, 스탕달이 이탈리아 사람들의 심리를 그 모든 형식과 변이형태에 이르기까지

줄리앙이 그린 1839년의 발자크. '자르디' '샤르데냐' 〈르뷔 파리지엔〉
지' 등 당시 발자크의 모든 사업은 여전히 엉망이었지만, 단지 '스탕달'
이라는 작가를 인정했다는 점에서 프랑스 문학에 대단한 공헌을 한 셈
이다.

얼마나 잘 묘사했는가 지적하였다. 그의 말은 오늘날까지도 타당성을 지닌다.

스탕달이 영사 노릇을 하던 외따로 떨어진 치비타베키아(Civittavecchia)에서 아무런 생각도 없이 있다가 이 기고문의 그야말로 기습을 받고 놀라고 질겁했던 것은 감동적인 일이다. 그는 처음에 자기 눈을 믿을 수가 없었다. 지금까지는 자신의 작업에 대해서 하찮고 비천한 언급조차도 들어본 적이 없었다. 그런데 갑자기 존경하는 이 남자의 목소리가, 이 남자가 자기를 형제로 취급해준 것이다. 수줍은 태도로 뒤로 물러나 있으려고 애쓰는, 발자크에게 보낸 그의 편지에서 그의 당혹감을 느낄 수 있다. 그는 다음과 같이 시작하고 있다.

그것은 놀라움이었습니다. 어젯밤에 말이죠, 선생님. 제 생각으로 어떤 작가에 대해서 잡지에서 그런 식으로 논의된 적은 없었습니다. 그런데 이 문제에 대해서 최고의 재판관이신 분이 그렇게 말씀하시다니요. 당신은 길거리에 버려진 고아를 보살펴주셨습니다.

그리고 감사를 보내고 있다. "지금까지 한 작가가 다른 작가의 손에서 받았던 가장 놀라운 글"에 대해서.

예술적인 측면에서 발자크의 투시력과 똑같은 투시력을 가지고서 스탕달은 자신과 마찬가지로 아카데미에서 거절당한 이 사람과의 우정을 받아들였다. 그는 자기들 두 사람이 자기 시대보다는 다른 시대를 위한 사람들이라는 사실을 느꼈다.

죽은 다음에 우리는 저 사람들과 역할을 바꾸게 될 것입니다. 우리가 살아 있는 한 그들이, 죽어야 할 우리 육체에 대한 힘을 가지겠지요. 그러나 죽음의 순간에 벌써 영원한 망각이 그들을 감쌀 것입니다.

본질의 신비스런 유사성 덕분에 정신이 항상 다른 정신을 알아본다는 것은 놀라운 일이다. 그리고 시끄러운 시대문학의 요란한 소음 위로 이 두 사람이 조용하고 평온하게, 침착한 태도로, 그리고 분명한 확고함으로 서로의 눈을 들여다보았던 것을 읽는 일은 감동적이다. 자기 시대 그 수많은 책들 중에서 그가 가장 알려지지 않은 이 한 권의 책을 알아보고 찬양했던 이 순간보다 발자크의 마법적인 눈길이 더욱 위대하게 작용했던 적은 드물다. 그러나 자기 시대의 세계에서 스탕달 옹호는 페이텔 옹호만큼이나 성과가 없었다. 페이텔은 법정에 의해서 선고받았고 스탕달은 문학적 법정에 의해서 이름 없이 어둠 속에 파묻혔다. 이 열렬한 옹호자는 여기서도 아무런 주목을 받지 못했다. 성공하든 못하든 위대한 도덕적인 행위를 헛수고라고 생각하는 한에는 헛수고를 했던 것이다.

헛수고다! 헛수고다! 헛수고다! 발자크는 이 말을 너무나 자주 중얼거렸고, 너무나 자주 체험하였다. 그는 벌써 마흔두 살이 되었고, 1백 권의 책을 썼고, 2천 명의 인물을 만들어냈고, 그중에서 50 내지 1백 명은 자신의 쉬지 않는 두뇌에서 만들어내서 잊을 수 없는 인물이 되었다. 그는 한 세계를 만들어냈지만 세상은 그에게 아무것도 주지 않았다.

그는 마흔두 살 나이로 20년 전 레디기예르 거리에 있을 때보다 더욱 가난해져 있었다. 당시 그는 환상에 대한 환상을 가졌다. 오늘날 그것은 다 망가졌다. 20만 프랑의 빚, 그것이 그의 노동의 열매였다. 여자들에게 구애했으나 그들은 거절하였다. 집을 지었으나 그 집은 담보로 잡히고 빼앗겼다. 신문들을 만들었으나 망했다. 사업을 해보았으나 실패했다. 자기 나라의 의회에서 자리를 차지하려고 했으나 뽑히지 못했다. 아카데미 회원에 응모해보았으나 거절당했다. 그가 시도했던 모든 것은 실패했거나 실패한 것으로 보였다. 육체가, 지나치게 달아오른 두뇌가, 계속 채찍질을 받는 심장이 이 영원한 헌신, 이 과로를 오래 견딜 수 있을까? 자기의 작품, 《인간희극》을 완성할 힘이 정말 자기에게 있을까? 다른 사람들처럼 한 번 더 쉬고, 여행하고, 근심없이 지낼 수 있을까?

발자크는 처음으로 용기를 잃어버린 순간들을 겪었다. 그는 진지하게 파리를, 프랑스를, 유럽을 떠나 브라질로 가려고 했다. 그곳에서 동 페드로(Don Pedro)라는 어떤 황제가 자기를 구해주고 자기에게 거처를 제공해줄 것이다. 발자크는 브라질에 대한 책들을 주문했고, 꿈꾸고 생각을 거듭했다. 더는 이렇게 계속될 수 없다, 기적만이 자기를 이 허망한 노역에서 구할 수 있을 것이다. 하룻밤새 어떤 기적이 일어나야만 자기를 이 갈레 선에서 해방시키고, 더는 견딜 수 없는 이 과도한 긴장을 겪은 다음 자기에게 휴식을 줄 수 있을 것이다.

그것은, 이 기적은 마침내 올 것인가? 영원한 몽상가인 발자크조차도 더는 희망할 수가 없었다. 그러나 어느 날 아침, 1842년 1월 5일에 그가 밤새 작업한 책상에서 일어섰을 때 하인이 편지들을 가져왔다. 그중에 필적은 낯이 익지만 보통 때와는 다른 봉투가 하나 들어 있었다. 검은 테두리를 두르고 검은 봉인을 한 봉투였다. 그것을 열어보았다. 한스카 부인이 한스키 씨가 죽었다는 소식을 알려온 편지였다. 그에게 장래를 약속하였고, 그도 자신의 장래를 약속했던 그 여인이 이제 과부이며 백만장자의 상속녀가 된 것이다. 벌써 절반쯤 잊었던 꿈이 갑자기 실현된 것이다. 이제 행복하고 평화롭고 근심없는 전혀 새로운 삶이 시작된 것이다(Incipit vita nuova). 발자크의 마지막 환상이 시작되었다. 그것을 위해 그가 살고 그 속에서 죽어갈 마지막 환상이었다.

제5부

마지막 환상의 시간

제1장
한스카 부인을 얻기 위한 투쟁

1842년 1월 5일의 편지는 발자크 생애의 마지막 위대한 전환점이었다. 과거가 갑자기 현재가 되고 미래가 되었다. 이 순간부터 그의 무서운 의지력은 단 하나의 목적을 향해 나아간다. 한스카 부인과의 해묵은 인연을 새롭게 하고, 약혼을 결혼으로, 약속을 실현으로 바꾸려는 목적이었다.

물론 이 소원은 특별한 투자를 요구하는 일이었다. 지난 몇 년 동안 한스카 부인과의 관계는 점점 더 형식적이 되고 점점 더 냉정해지고 진실하지 못한 것이 되었기 때문이다. 자연을 지속적으로 유린할 수는 없는 법이다. 발자크와 한스카 부인은 7년 동안이나 서로 보지 못했다. 발자크는 돈이 궁해서, 혹은 비스콘티 부인과의 관계 때문에도 비예르초브니아로 가지 못했다. 한스카 부인 쪽에서도 애인과 만나기 위해서 남편을 움직여 다시 여행을 떠나도록 만들 수가 없었거나 그럴 의사가 없었다. 불꽃이 생생한 산소를 필요로 하듯이 사랑이란 애인이 지속적으로 가까이 있어야 하는 것이기에 이 관계는 점차 그 정열적인 특성을 잃어버렸다. 발자크는 편지에서 그 옛날의 열광적인 음조를 찾으려고 했지만 헛일이었다.

그런 음조는 진짜처럼 들리지 않았고, 한스카 부인은 다른 누구보다도 인위적인 열광을 분명하게 알아차렸다. 그녀는 파리에 있는 친척과 친구들을 통해서 비스콘티 백작부인이 발자크와 자르디에서 문과 문을 맞대고 살고 있다는 소식을 들었다. 마르부티 부인과의 엉뚱한 장난은 너무 많은 이목을 집중시켰다. 그러므로 자신의 고독, 빚, 근심에 대해서 절망적인 탄식을 늘어놓으면서 영원한 정절을 맹세해서, 이 사실들을 요술을 부린 듯이 자기 눈앞에서 지워버리려는 발자크의 진실하지 못한 태도에 대해 한스카 부인이 느꼈던 분노를 이해할 수 있다.

점차 분노한 목소리가 그들의 편지에 끼여들었다. 한스카 부인은 그의 수도승 같고, 세상과 담을 쌓은 근검한 생활의 묘사를 정말이라고 믿기를 바라는 발자크의 요구에 대해서 불쾌감을 감출 수 없었던 모양이다. 그녀는 그의 진실성에 대한 의심을 상당히 분명하게 표현했던 것으로 보인다. 왜냐하면 발자크는 빚쟁이들에게 쫓기고 일에 지친 상태에서, 그리고 어쩌면 완전히 순수한 게임을 하는 것이 아니라는 의식에서였겠지만 과격하게 반발하고 있기 때문이다.

제발 부탁입니다. 당신의 충고와 비난을 그만두십시오. 물속에 빠져서 다시금 표면으로 떠오르려고 애쓰는 사람에게 그게 대체 무슨 소용이란 말입니까! 부자들은 불행한 사람들을 절대로 이해하지 못합니다.

그리고 그의 성격의 '천성적인 경박함'을 말하는 그녀에게 더욱 과격하게 이렇게 말한다.

내가 어째서 경박하다는 건가요? 12년 전부터 쉬지도 않고 끝도 없는 문학작업을 계속하기 때문인가요? 아니면 10년 전부터 단 하나의 심정적인 관계만을 가지고 있기 때문인가요? 아니면 12년 전부터 밤낮 없이 일해서 내 어머니가 이해심 없는 계산법으로 내 목까지 쌓아올린 엄청난 빚을 갚고 있기 때문인가요? 그 모든 불행에도 불구하고 내가 아직 질식하지 않아서, 아직도 내 두뇌를 다 써버리지 않아서, 아직도 물속에 가라앉지 않아서 내가 경박한가요? …… 정말, 내가 경박한 성격이라니요! 나폴레옹이 전쟁터에서 오른쪽, 왼쪽으로, 사방으로 오가면서 지형을 정찰하는 모습을 보고 '저 사람은 한 자리에 서 있을 수가 없군! 그는 전혀 확실한 생각을 갖고 있지 않아' 하고 말했다는 어떤 부르주아처럼 당신은 그런 말을 하는군요.

마지막에 이 두 연인 사이의 편지 교환은 무의미한 것이 되고 말았다. 그들은 서로 7년 동안이나 못 보고, 오래 전에 떨어져서 각자 자기의 삶 속으로 들어가고 말았다. 한스카 부인은 점점 자라나는 딸이 있었고, 그밖에도 이 열광적인 허풍쟁이보다 1백 배나 더 믿는 여자친구도 있었다. 그녀는 말을 해야 할 필요성도 없었으며 안전하게 격리된 삶에서 말할 만한 비밀도 없었다. 발자크 쪽에서는 절대로 실현될 것처럼 보이지 않는 이 약혼을 잊어버리기 시작하였다. 1839년에 그는 쥘마 카로에게 '지참금을 나의 사업에도 쓸 수 있는 경우라면' 어디서든 20만이나 아니면 하다못해 10만 프랑을 가진 여자를 보면 자기를 생각해달라고 써보냈다. 귀족 여인에 대한 꿈은 끝났다. 한스키 씨의 수백만금이 언제까지나 한스키 씨의 것으로 남아 있었기 때문이다. 북극성 대신에 그는 자기 빚을 갚아주고, '자르디의 부인'으로 적합한 여자라면 아무나 다른 여자를 바라게 되었다. 마흔 살의 현실주의자가 환상적인 소풍을 끝내고 젊은날의 생각이었던 '여자와 재산'이라는 묵은 요구로 되돌아온 것이다.

이 편지 교환은 이제 거의 끝났다고 할 만했다. 그것은 충실한 쥘마 카로와의 편지 교환처럼 시들어갈 판이었다. 쥘마는 발자크에게 너무 많은 정직성을 요구하였기 때문이었다. 그러나 어쩌면 발자크보다는 발자크와의 편지 교환을 더 사랑했을 한스카 부인에게 있어서, 살아 있는 가장 위대한 작가의 공손한 날품팔이 봉사가 그녀의 자부심에는 가장 중요한 것이었기에 이 관계를 끊을 이유가 없었다. 발자크에게도 자기 묘사를 계속하는 일이 거의 버릇이 되어버려서 그는 자기 근심을 털어놓고, 자기 일을 묘사하고, 자기의 빚을 계산해서 들려줄 누군가가 필요했다. 그래서 그녀가 마음속 깊이 이 편지 교환을 계속하기를 바랐듯이 그도 어딘가 비밀스런 장소에서 누군가 그것을 받아보리라는 사실을 기쁘게 여겼다.

두 사람은 그래서 계속 편지를 썼다. 물론 점점 더 조금 점점 더 드물게 되었지만. 때로 발자크는 '당신 편지가 드문 것'과 '편지들 사이의 간격'을 탄식하기도 하고, 때로는 한스카 부인이 발자크의 편지가 자주 오지 않는다고 불평하였다. 발자크는 그녀가 대체 어떻게 자기의 편지와 그녀의 편지 쓰기를 나란히 견줄 수 있는지 분통을 터뜨렸다. 그녀는 '깊은 고독 속에서 할 일도 별로 없이' 살고 있지만, 자기는 영원히 시간에 쫓기고 열다섯 시간씩이나 글쓰기와 교정 일에 지쳐 있고, 자신이 쓰는 편지는 페이지마다 자신의 일, 돈 받고 하는 일과 잠에서 훔쳐낸 것이라고 말했다.

구제불능성 사업가로서 그는 별로 주저하지도 않고 백만장자인 그녀에게 보내는 긴 편지는 빚을 잔뜩 짊어진 자기로서는 신문이나 책에 같은 분량의 원고를 쓸 경우 벌 수 있을 2백, 3백, 5백 프랑의 경비가 들어간 것이라고 털어놓았다. 그러므로 그녀가 자기에게 2주에 한 번 쓰는 것은 아무것도 아니라는 것이다. 편지를 써보내지 않으면 자기도 쓰지 않겠다고, 그러니까 편지 대 편지라고 한스카 부인이 말했을 때 그는 소리를 버럭 질렀다.

아, 당신은 정말로 속이 좁군요. 당신이 근본적으로 세속적인 생각만 가진 사람이라는 것을 알겠습니다. 내 편지가 드물어졌기 때문에 당신은 내게 편지를 안 보냈지요. 물론 내 편지가 드물어진 것은 사실입니다. 우표 값을 지불할 돈이 없었기 때문이고 그 말을 당신에게 하고 싶지가 않았어요. 그래요, 내 형편은 그렇게까지 되었습니다. 더 나쁘다고 할 정도입니다. 놀랍고도 슬픈 일이지만 그게 현실이에요. 당신이 살고 있는 우크라이나만큼 현실이죠. 그래요, 너무나 배가 고파서 길거리에 떨어진 작은 빵 한 조각을 집어삼킨 적도 있답니다.

작은 싸움질이 점점 더 날카로워지고 편지들 사이의 간격은 점점 더 길어졌다. 처음으로—그리고 바로 저 결정적인 편지가 오기 직전에—석 달 동안이나 발자크는 펜을 잡지 않았다. 둘 다 서로에게 화가 났다는 것을 알 수 있다. 둘 다 상대방이 사랑이 없다고, 아니면 게으르다고, 아니면 진실하지 않다고 생각하기 시작했다. 가장 강하게(포르티시모), 가장 빠르게(프레스티시모)로 시작되었던 이 편지 교환이 '열정적으로(아파시오나토)'를 잃어버리고 점차 시들어가게 된 것을 서로 상대방 탓으로 돌렸다.

실제로는 누구 하나의 탓이 아니라 그들 관계의 본질에 자연스럽지 못한 요소와 진실되지 못한 요소가 들어 있었다. 이 관계는 처음에 짧은 간격을 두고 빠른 시일 안에 항구적으로 결합될 것을 기대한 관계였다. 아직 8년이나 더 살아 있게 될 남편을 놓아두고 맺은 이 이상한 결혼약속에서 한스카 부인은 발자크에게 정절의 속박을 지우려 했다. 아니면 하다못해 신체적인 욕구를 오직 직업여성들에게서 해결하고 절대로 다른 여자와 절반이라도 진지한 사랑을 맺지 말기를 요구했다. 3개월이나 6개월 동안이라면 그런 요구를 지킬 수 있었을지 모른다. 그러나 무제한의 기간을 남겨둔 약속의 경우에는 맞지 않는 것이다. 근본적으로는 자부심의 저항에 지나지 않는 한스카 부인의 질투심은 발자크를 화나게 만들기 시작했다.

한번 사태를 분명하게 들여다봅시다.

그는 오랫동안 거짓말로 둘러대고 침묵하고 난 다음에 마침내 그녀에게 이렇게 써보냈다.

남자란 어쨌든 여자는 아닙니다. 남자가 1834년부터 1843년까지 완전히 순결을 지키기를 요구할 수 있을까요? 순수하게 의학적으로만 말하더라도 그런 일이 임포텐스와 둔감이라는 결과를 만들어내리라는 것을 이해할 수 있을 만큼은 이 문제를 알고 있지 않은가요? 당신은 이렇게 말했지요. '그 어떤 아가씨들은 상관없다'고 말입니다. 그것은 저 조르주의 친구가 로마에서 겪었던 것과 비슷한 상태로 나를 몰아가고 말았을 겁니다. 당신이 공정하게 생각해본다면, 영원한 노동과 비참 등을 겪는 공상적인 인간에게 기분전환의 욕구가 얼마나 절실한 것인지 관찰할 수 있을 거예요. 사실 나의 잘못을 비난할 것도 별로 없고, 그 때문에 그토록 잔인한 형벌을 내게 내리지는 않을 겁니다! 지나간 일들을 이야기하려면 우리가 떨어져 있었다는 것을 탄식하기 위해서만 그렇게 해야 할 겁니다. 그렇다면 우리는 다시 만나서 실컷 이야기해야겠지요.

그러나 소용이 없었다. 이 버림받은 애인의 다혈질 성격을 완전히 확신하게 된 한스카 부인은 이 관계에서 무의미하게 화를 내는 쪽이었다. 서른다섯 살, 마흔 살 된 남자, 직업적인 바람둥이도 아니고 그저 엄청난 일을 통해서 전세계에 자신의 진지함과 정신적인 헌신을 바치고 있는 이 남자가, 비스콘티 백작부인과 관계를 맺고, 마르부티 부인과 하찮은 소동을 벌이고, 엘렌 드 발레트, 그리고 몇몇 이름 없는 여자들과 벌인 자그마한 연애사건들을 그냥 용서하지 못하고 그의 지조 없음과 경박함에 대해서 끊임없이 비난을 퍼부었다.

부유함과 안락함 속에서 남편과 함께 살면서, 여러 해 전부터 희생이라고는 조금도 해보지 않은 여자가, 쫓기고 몰리고 영원한 작업과 작업의 무아경 속에서 비틀거리는 예술가에게 성적으로는 수도승처럼 살고, 물질적으로는 우체국 직원처럼 살면서 긴장도 풀지 말고, 사치도 모험도 하지 말며 그저 쓰고 쓰고 또 쓰고, 기다리고 기다리고 또 기다리라고 요구했던 것이다. 어쩌면―그러니까 어쩌면 말이다―한스키 씨가 죽은 다음에 그녀가 완전한 체념상태에 빠진 음유시인에게 그가 기다린 보상을 해주기로 결심하게 될지도 모르니 그때까지 기다리라는 말이었다.

물론 많은 점에서 한스카 부인이 옳았다. 발자크는 그녀에게 보내는 편지에서 극단적으로 정직하지 못했다. 남자로서의, 인간으로서의 자유를 분명하고 떳떳하게 주장하지 못하고, 자연의 법칙에 맞게 자신의 삶을 살 권리를 주장하지 못하고 그는 편지에서 온갖 현실적인 것, 본질적인 것을 감추고 고독한 사람 중에서도 가장 고독한 사람인 체했다. 그는 선생의 회초리를 두려워하는 초등학생처럼 비스콘티 백작부인과의 관계를 빙빙 둘러댔다. 설명할 길 없는 노예근성으로 그녀의 요구들에 대해서 정당한 남자의 용기를 내세우지도 못하고, 지방귀족인 그녀의 거만함에 대해서 예술가의 품위를 내세우지도 못했다.

그러나 그 모든 자질구레한 술책과 거짓말 한가운데서도, 한스카 부인에게 자기는 모험을 구하지 않으며 반대로 자기 존재의 모험에서 벗어나 평화와 확실성을 구한다고 거듭 말한 것만은 진실이었다. 피로감이 마흔 살 남자를 슬며시 갉아먹기 시작하였다. 출판업자, 편집인, 언론인들과의 영원한 싸움이 지겨웠고, 그는 매달 매주 새로 계산하고, 거래하고 연기하고 고집을 부리고 싶지 않았다. 스무 살부터 끊임없이 폭풍과 위험 속에 내몰려왔으니 이제는 항구에서 쉬고 싶었다. 일에서 훔쳐낸 짧은 휴식 시간에 잠깐씩 얻는 여자들은 그만, 몰래 틀어박혀 숨곤 하는 이 모험도 이제 그만. 게다가 사업에 지치고, 선량한 혹은 아무것도 모르는 남편의 존재로 인해 그늘이 드리워진 관계들이었다. 1838년 9월 4일에 그는 쥘마 카로에게 다음과 같이 써보냈다.

나는 내 희망들과 내 모든 사치욕과 야망에 작별을 고했다고 당신에게 맹세할 수 있어요! 난 시골신부처럼 단순하고 소박하게 살고 싶군요. 한 서른 살쯤 된, 30, 40만 프랑의 재산을 가지고 있고 나를 좋아하는 여자라면 결혼할 각오가 되어 있습니다. 그녀가 부드럽고 괜찮게 생겼다면 말이죠. 그녀가 내 빚을 갚아주면 나는 일을 해서 5년 안에 그 돈을 다시 벌어들일 수 있을 텐데요.

그런 여자로 그는 원래 에벨리나 폰 한스카를 염두에 두고 있었다.

그러나 이 애인에게 자신의 삶을 모두 거는 것은 점차 불가능하게 되었다. 그녀는 1천 마일 밖에 살고 있고, 자기가 6, 7년 전에 보았고 가져보았던 그 여자가 이제 아닐지도 몰랐다. '북극성'은 그의 삶을 밝히고 만족시켜주기에는 너무 멀리 있었다. 그의 나이 마흔세 살이 되던 1842년에는 그가 1833년에 맺은 이 약속은 이미 진짜가 아니었다. 모르는 사이 '사랑의 아내'는 '모르는 여인'이 되었고, 그가 자신의 꿈의 삶을 묘사해 보이곤 하는 꿈의 여인이 되었다. 이 일조차도 그 옛날 가졌던 매력을 갖지 못하고 그저 어쩌다가 거의 무관심하게 계속되는 일에 지나지 않았다. 가장 정열적인 몽상가인 그도 이제는 한스카 부인과의 결합이라는 망상을 믿지 않게 되었다. 사랑과 백만금에 대한 꿈도 사라져버렸다. 그와 함께 또 다른 '잃어버린 환상'이 된 것이다.

그때 갑자기, 1월 5일 아침에 검은 봉인이 된 편지가 왔다. 1841년 11월 10일에 한스키 씨가 작고했다고 알리는 편지였고, 단번에 그의 혈관의 피를 심장으로 몰아가고, 손이 덜덜 떨릴 정도로 흥분시킨 편지가 온 것이다. 생각지도 못한 일, 아니면 오히려 몇 년 전부터 감히 생각할 수가 없었던 일이 일어났다. 자기와 장래를 약속한 여인이 갑자기 자유롭게 된 것이다. 과부가 되었고, 꿈꾸어온 수백만금을 고스란히 소유하게 되었다. 그녀는 그에게 이상적인 여자였다. 귀족이고 젊고 영리하고 내놓을 만한 여자, 그를 빚에서 해방시켜줄 여자, 다시 자기 작업으로 돌아가게 하고, 최고의 업적으로 이끌어가고, 그의 체면을 높여주고 그의 감각성을 만족시켜줄 여자, 그를 사랑하고 그가 사랑하는 여자였다.

그는 그 오랜 망각이 있은 다음 전기가 오른 이 한순간에 옛날의 정열을 가지고 그녀를 다시 사랑하게 되었다. 이 한 장의 편지가 자신의 삶을 바꾸어놓았음을 곧바로 깨달았다. 그가 희망하고 꿈꾸고 기대하던 모든 것이 갑자기 그녀의 모습을 지니게 되었고, 자기가 한때 정복했던 여자를 한 번 더, 이번에는 영원히 정복할 일만 남은 것이다.

　　깊은 마음의 동요. 그것을 그녀에게 보낸 그의 답장에서 읽어낼 수 있다. 발자크는 정직하고 영리하고 남자답게 행동했을 뿐 아니라 그 이상으로 행동했다. 그는 죽은 사람에 대해서 갑작스럽게 대단한 애착을 드러내지 않았다. 남편을 미지근하게만, 아니면 전혀 사랑하지 않았다는 것을 잘 아는 그 여자에게 이 사건에 대해 위로하려는 위선을 보이지 않았다. 그는 인위적인 말들을 해서 죽은 사람의 어떤 공적을 찬양하지도 않았다. 다만 한 가지만을 피하려고 했다. 그녀를 그토록 원하면서도 그 남편의 죽음을 소원했다는 의혹만은 피하려고 애쓴 것이다.

　　사랑하고 숭배하는 여인이여, 나로 말하자면, 이 사건은 물론 10년 전부터 내가 그토록 열렬히 소망하던 목표를 생각나게 해 줍니다. 그렇지만 나는 마음속에 운명에 완전히 복종하는 마음 이외에 다른 생각이 있었던 적이 없고, 나의 가장 잔인한 상상 속에서도 내 영혼을 나쁜 소망으로 더럽힌 적은 없었다고 당신 앞에서, 그리고 신 앞에서 말씀드릴 수 있습니다. 물론 무의식의 움직임을 완전히 억누를 수야 없었겠지요. 자주 나는 혼자서 '그녀와 함께라면 삶이 얼마나 쉬울까!' 하고 중얼거리곤 했습니다. 어쨌든 자신의 신념, 마음, 모든 내적인 존재를 완전히 물리칠 수는 없으니까요.

이 전환점에서 그는 단 한 가지만을 행복이라고 여긴다. 이제부터 그녀에게 '열린 마음으로' 편지를 쓸 수 있다는 것 말이다. 그는 자기 마음속에 변한 것은 없으며, 그녀는 뇌샤텔 이후 오늘날까지도 자신의 생명이라고 말하고 이렇게 간청하였다.

당신의 전 존재가 내 것이라고, 우리는 이제 행복해질 거라고, 구름 없이 행복해질 거라고 써보내 주십시오.

그리고 편지에 편지가 뒤를 이었다. 발자크에게 있어서 그 결혼약속은 하룻밤새 현실이 되었고, 이미 스러져가던 사랑이 다시 피어나 갑자기 다시 정열이 되었다. 이제 무엇이 자기들의 결합을 가로막을 수 있겠는가? 그는 모든 것을, 자신까지도 갑자기 다른 눈으로 보았다. 일년 전만 해도 모르는 새 우수와 고독의 음조를 띤 편지에서 스스로를 나이든 남자로 묘사했다. 머리는 세고, 지치고, 살찌고, 생각을 움켜쥘 수도 없고, 뇌졸중과 경화증세를 느낀다고 했다. 그러더니 갑자기 꿈의 신부(新婦) 앞에서 자신을 가장 매혹적인 색채로 그려냈다. 갑자기 흰머리와 피로가 사라졌다.

나는 고작해야 몇 개의 흰머리를 드문드문 가지고 있습니다. 내 일은, 비만을 빼고는 나를 잘 보호해주었습니다. 비만은 앉아

1842년에 나다르가 찍은 발자크의 은판사진. 한스카 부인과의 사랑이 식어가는 동안 자신을 늙고 병든 남자로 표현하던 발자크는, 애인의 남편이 죽었다는 소식을 듣자마자 갑자기 흰머리와 피로가 사라졌다.

서 일하는 생활방식을 가진 사람에게는 피할 수 없는 것이죠. 빈 이후로 내가 변했다고는 생각지 않습니다. 내 가슴은 젊은 그대로고, 내 몸은 엄격한 수도승 같은 생활 덕분에 잘 보존되었습니다. 그러므로 당신 곁에서라면 앞으로 15년은 더 젊은 상태로 지낼 수 있을 거예요. 이 순간 나는 우리가 서로 만날 시간을 더 빠르게만 만들 수 있다면 내 나이의 10년이라도 내놓겠습니다!

이미 그의 상상력은 습관이 된 빠르기로 미래의 생활을 그려냈다. 딸을 위해서는 재빨리 '지적이고 쓸모있는 남자' '무엇보다도 부유한 남자'를 찾아내면 된다. '일정액만 내주면 당신의 권리를 마음대로 사용할 수 있을 정도로 그의 재산이 넉넉한' 사람을 말이다. 그녀는 이미 법적, 도덕적으로 자유로워졌지만 그런 조치를 취함으로써 물질적으로도 자유로워져야 한다. 자기를 위해서, 그리고 자기가 꿈꾸는 공동생활을 위해서, 아니 그가 감히 꿈꾼 것보다 더 아름답게 말이다.

하지만 이제 시간을 낭비할 수는 없다, 한 달도, 한 주도, 단 하루도 낭비해서는 안 된다고 했다. 그는 곧장 자신의 모든 일처리를 끝내고 그녀에게, 끝도 없이 사랑하는 그녀에게 가까이 가기 위해서 드레스덴으로 가겠다고 했다. 그는 전에 그래본 적이 없을 정도로 준비가 되어 있고 전에 그래본 적이 없을 정도로 그녀를 사랑하고 있다! 그리고 초조함의 악마가 그녀의 입술에서 나오는 '오세요!' 하는 한마디 말보다 더 간절히, 초조하게 기다리는 것이 없다는 사실을 느낄 수가 있다.

마침내 6주가 지난 다음 2월 21일에 답장이 왔다. 우리는 어떤 말이 쓰여 있었는지는 모른다. 이 편지는 모르는 여인의 다른 모든 편지들과 함께 불태워졌다. 다만 그 내용이 무엇인지는 안다. 발자크의 온갖 구애에 대한 냉정한 거절, 당장에라도 그녀에게 달려가려는 그의 소원에 대해 분명한 '안 돼요'라는 말이 들어 있었다는 사실을 알 뿐이다. 한스카 부인은 '얼음 같은 냉정함으로' 발자크가 당연하다는 듯이 긍정을 기다리는 이 순간에 결혼 약속을 파기했다. '당신은 자유예요!' 라고 그녀는 자르듯이 분명하게 쓰고 아마도 상세하게 그 이유를 적었던 것 같다. 그녀는 그를 더는 신뢰하지 않는다, 그는 7년 동안 한 번도 자기를 보려는 소망에 이끌리지 않았다, 여러 번이나 이탈리아로 여행할 정도로 시간과 돈이 있었으면서도 말이다. 그는 그럼으로써, 그리고 그밖의 다른 약혼의 조건들도 지키지 않았다. 약혼은 끝났다. 영원히 끝이다. 그녀는 이제 오직 딸만을 위해서 살 생각이다, 절대로 딸 곁을 떠나지 않을 것이다. '내 가련한 아이를 내게서 빼앗아간다면 나는 죽어버릴 거예요!' 그녀는 누구와도 생활을 함께 하고 싶지 않다는 것이다. 발자크의 절망적인 답장으로 보아 그것은 단번에 그의 모든 기대를 뿌리째 잘라버린 도끼처럼 냉정한 편지였다.

한스카 부인의 이 거절은 정직하고 최종적인 것이었을까? 아니면 그를 시험하기 위한 수단이었을까. 그가 더욱 열렬하게 자기에게 구애하도록 만들기 위해서 자부심 강하고 허영심 강한 여자가 부린 술책이었을까? 아주 복잡한 이 관계의 핵심을 예리하게 찌르고, 한스카 부인의 발자크에 대한 태도를 근본부터 탐구할 필요가 있는, 위험하고, 결정하기 어려운 질문이다!

심리적인 조심성으로 검토하고, 이 복잡한 질문을 진부한 양자택일, 그러니까 한스카 부인이 발자크를 사랑했을까, 사랑하지 않았을까 하는 조잡한 질문으로 유도하지 않아야 한다. 그런 단순화는 외적으로나 내면적으로 온통 방해와 모순으로 가득 찬 이런 관계를 탐구하기에는 너무나도 단순하고 편파적이며, 그렇기 때문에 참되지도 정당하지도 못한 것이다. 한 여자의 위대하고 정열적인 사랑은 무엇보다도 제한 없는 헌신의 능력으로 나타난다. 그런 의미에서 한스카 부인은—적어도 발자크에 대해서는—사랑의 능력이 없었다.

귀족의 자부심에 넘치고, 지배욕과 자의식이 강하고, 제멋대로이고 참을성이 없는 사람으로서, 사회적인 우월감에서 그녀는 죄많은 공물(貢物)로서 사랑을 요구하였으며, 그것을 너그럽게 받아들이거나 거절하였다. 그녀 자신의 헌신은 끊임없이—편지들에서 이 점을 추적할 수 있다—제한들에 결부되어 있다. 그것은 처음부터 위에서 아래를 향한 관계였다. 그녀의 허용은 아래로 내려가는 일이었다. 발자크는 처음부터 그녀가 자기에게 지정한 종속적인 위치를 받아들였다. 스스로 그녀의 하인, 농노, 노예라고 자처하고 있다면 그로써 그의 피학대적(被虐待的) 태도의 일면이 드러난다.

발자크는 에벨리나 폰 한스카에 대해서 처음부터, 여자들에 대한 그의 모든 관계에 나타나는 남성의 자의식이 없이 굴욕적으로, 완전한 종속관계 속으로 들어갔다. 계속해서 무릎 꿇고, 자기를 잊은 채 상대방을 찬양하고, 자신의 가치와 개성을 완전하게 포기하는 일 등, 중립적인 관찰자의 눈으로 보면 한스카 부인에게 보낸 그의 편지들은 매우 고통스러운 것들이다. 모든 시대 가장 강력한, 가장 천재적인 사람 중 하나인 그가 7년 동안 언제나 거듭 몸을 굽혀 여자의 덧신에 입맞추고, 언제나 거듭 겸손함 안으로 녹아들고, 근본적으로는 고작해야 중간급 시골 귀족 여인 앞에서 아무것도 아닌 자리로 스스로 떨어져 내려가는 것을 보는 것은 화가 나기도 하고 마음을 답답하게도 만든다.

그리고 한스카 부인의 성격과 그녀의—옹호자들에 의해서 대단히 찬양받는 일이긴 하지만—전략에서 무엇인가 미심쩍은 것이 있다면, 그녀가 발자크의 이러한 노예적인 굴종을 참았을 뿐 아니라 이 망아적인 신격화를 촉구하고 심지어 요구하기까지 했다는 점이다. 발자크의 위대함을 진정으로 알았던 여자라면 이런 굴종관계를 고통스럽고 어울리지 않는 일이라 여기고 거절했을 것이며, 이런 무릎 꿇은 자세에서 그를 일으켜 대등한 관계로 만들고, 그에게, 그의 소원과 그의 의지에 자신을 종속시켰을 것이라는 느낌을 갖게 된다.

그러나 한스카 부인이 이런 종류의 사랑을 할 능력이 없었다는 것만은 의심의 여지가 없다. 그에게서, 그의 천재성을 그녀 자신도 느끼는 그런 남자에게서 그토록 찬미를 받는다는 것은 즐거움이었고, 그녀의 자부심을 만족시키는 일이었다. 그리고 그녀는 어느 정도 이 사랑에 보답하였다. 그러나 여전히—이것이 결정적인 것이다—위에서 내려다보는 자세로, 그러니까 허용하고, 너그럽게 양보하는 자세로였다. '선량한 발자크'라거나 '가엾은 발자크' 등, 딸에게 보내는 편지에 나오는 이런 어조가—딸은 그녀가 솔직하게 대한 유일한 사람이었다—모든 것을 드러내주고 있다. 그녀는 이 남자의 가치를 알아볼 만큼 영리했고, 그의 관능의 폭풍 같은 정열을 즐길 수 있을 만큼 충분히 감각적인 여자였다. 그녀는 그의 약점과 믿을 수 없는 특성을 알고 있었으면서도 그에 대해서 무조건적인 공감을 느꼈다.

그러나 한스카 부인은 이 관계에서 궁극적으로는 자신만을 사랑했다. 그리고 발자크가 이런 자기애(自己愛)의 비위를 맞추어주는 한도 안에서만 그를 사랑했다. 그가 그녀를 여주인공으로 만들어준 이 모험을 통해서, 생각할 수 있는 한 가장 빛나고 가장 시적인 형식으로 그녀를 신격화해주어서, 그때까지 지겹던 그녀 삶을 생생하게 만들어주어서, 그녀 자신의 현실적이고 영리한 특성으로는 절대로 얻을 수 없었을 이런 도취와 과도함을 통해서, 그는 그녀의 자기애를 높여주었다.

한스카 부인처럼 그렇게 귀족의 자부심에 사로잡혀 있고, 계급의 편견으로 굳어진 성격은 부드러워질 수도, 헌신적일 수도, 양보할 수도 없다. 그녀가 무조건적으로 사랑하는 경우는 오로지 자기애의 일종인, 딸을 향한 감정에서뿐이었다. 그녀가 발자크와 함께 살던 기간에도 그녀가 마음을 털어놓는 사람은 그가 아니었다. 언제나 속좁고 멍청하고 생각 없는 딸만 끝없이 믿었고, 천민이고 침입자이고 이방인인 발자크에 대해서 심정의 마지막 요새는 언제나 굳게 잠겨 있다.

어쨌든 그는 그녀의 애인이었고 그녀는 자신을 허락하였

다. 그리고 아마도 그녀의 조심스럽고 사려 깊고 영리한 본성이 할 수 있는 헌신의 극단적인 경계선까지 이른 것이 그 정도였을 것이다. 그녀는 남편과의 관계를 망치고 싶어하지 않고 자신의 계급 사람들 앞에서 체면을 깎이고 싶어하지도 않는 귀족 아내가, 자신을 헌신할 수 있는 만큼 그에게 헌신했다. 그녀 감정의 황금률인 근본적인 문제는 한스키 씨의 죽음을 통해서 그녀가 자유로워진 순간에 시작된다. 그것은 제부스카 여백작으로 태어났고 비에르초브니아의 상속녀인 그녀가, 천재적이긴 하지만 빚에 짓눌려 있고, 신뢰하기 힘들고, 낭비적이고, 행동으로 보면 구제불능성 천민 음유시인과 결혼할지를 결정해야 할 순간이었고, 혈통과 재산을 가진 귀족과, 천재성과 명성을 가진 사람 사이에서 선택해야 할 순간이었다.

한스카 부인은 남몰래 이 결정을 언제나 두려워했다. 아직 진품 여부가 확실하게 검증되지 못한, 동생에게 보낸 편지들 중 한 통은 그녀의 심리 상태를 완벽하게 보여주고 있다.

네가 어느 정도 의심을 가지고 매형이라고 생각하고 있을 남자와 내가 결혼을 할 것인가 말 것인가를 완전히 결정하지 않아도 된다는 것이 때때로 만족스러워. 나는 그를 사랑한다는 사실을 알고 있으며 어쩌면 네가 믿는 것 이상으로 그를 사랑하고 있다. 그의 편지들은 내 고독한 삶에서 가장 큰 사건이지. 나는 편지들을 기다리고 있고, 편지의 페이지들에서 내게 표현하고 있는 경탄을 기다린다. 나는 그에게 있어서 다른 어떤 여자도 그래 본 적이 없는 존재가 될 수 있다는 자부심으로 가득 차 있거든.

그는 프랑스가 배출한 가장 위대한 천재들 중의 한 사람이니까 말이지. 그 점을 생각하면 다른 모든 생각은 사라지고 말아. 내 영혼은 내가 원래는 그 사람 정도의 가치를 갖고 있지 않은데도 그의 사랑을 얻었다는 생각으로 가득 채워져 있단다.

그런데도 우리가 단 둘이만 있게 되면 나는 어떤 부조화를 느끼게 된다. 다른 사람들도 그것을 알아채고 그 사실에서 결론을 이끌어낼지 모른다는 생각을 하면 고통스러워. 그런 순간이면 나는 정말이지 내 사랑과 정열을 커다란 소리로 외치고 이 모든 사람들의 행동을 비난하고 싶어진다. 실은 그들이 옳다는 사실을 너무나 분명하게 느끼고 있으면서도 말이야. 한스키 씨가 죽게 된다면 내가 어떤 처지가 될지 차라리 생각하고 싶지 않다. 내가 언제나 내 의무를 다하고, 아버지가 우리에게 가르쳐주신 것처럼 그것을 다하기 위해 언제나 노력했기를 바랄 뿐이야. 하지만 내 영혼의 근원에서 나는 아무런 결정도 내릴 필요가 없다는 사실에 만족하고 있단다. 다른 순간에는 이 위대한 남자가 나를 위해 모든 것을 희생할 각오가 되어 있는데, 나로서는 사실은 그에게 줄 것이 거의 없다는 단 하나의 생각만으로 지상의 모든 일을 다 잊어버리게 된다.

발자크가 자신의 모든 희망을 걸고 있던 그 약혼이 그녀에게는 끊임없는 불안과 답답함의 대상이었다. 그러므로 그녀가 처음에는 어떤 결정이든 뒤로 미루고, 그의 열광적인 기질이 두려워서 이 맹렬한 사람을 자기 곁에 오지 못하도록 한 것보다 더 자연스러운 일은 없었다. 한스카 부인의 상황은 발자크가 파리에서 생각하는 것처럼 그렇게 분명하고 근심이 없는 것은 아니었다. 한스키 씨의 죽음은 그녀를 자유롭게 만든 것 같지만 겉보기만 그랬다. 현실적으로 그녀는 여전히 자기 가족의 굴레에 묶여 있었다. 주변을 둘러싸고 있는 영지의 아저씨와 아주머니들, 집안의 조카들, 페테르부르크와 파리의 친척들, 그들은 모두 발자크 씨와의 낭만적인 우정을 알고 있었다. 그리고 그들은 모두 비에르초브니아의 아름다운 과부가 한스키 씨의 백만금을 가지고, 낭만적인 문구와 편지들로 부유한 과부의 머리를 돌게 만든 어떤 프랑스 문인에게 갈까 봐 두려움에 사로잡혔다.

친척들 중의 한 사람이 곧 행동을 개시해서, 영지를 아내와 공유한다는 한스키 씨의 유언장에 대해 이의를 제기하였다. 소송은 키예프로 옮겨졌고 거기서 한스카 부인이 패배하였다. 그래서 그녀는 페테르부르크로 가서 그곳 최상급 법원과 차르에게 호소해서 자기의 권리를 되찾으려고 했다. 그 사이에 사방에서 친척들이 온갖 소문과 이간질로 발자크에게 나쁜 말을 덧붙였고, 특히 악명 높은 로잘리 아주머니는 발자크뿐 아니라 모든 프랑스 사람을 죽도록 미워했다. 그러는 데는 정당한 이유가 있었다. 그녀의 어머니는 프랑스 혁명 기간에 스파이로 몰려 기요틴에 목이 날아갔고, 자신은 아이 시절에 감옥에 있었기 때문이다. 그런데 지금 제부스카 한 사람이 붉은 콤뮌의 일원이었던 사람의 아들과 결혼한다는 생각은 그녀의 계급적 경고와 영향력에 악의적인 격렬함을 부여하였다.

한스카 부인이 정말 원했더라도 지금은 발자크를 러시아로 오라고 할 수가 없었다. 그것은 소송을 망치고 그녀의 위치를 약화시킬 것이다. 어쩌면 더 나쁜 일이지만 만일에 좋지 못한 매너에 어린애같이 과장하는 습관을 가진 뚱뚱한 신사가 페테르부르크의 귀족계급 사이에나 그녀의 요구 많은 친척들 사이에 모습을 보이게 된다면 그녀를 우스꽝스러운 사람으로 만들고 말 것이다. 그래서 발자크를 정력적으로 말리는 수밖에 달리 도리가 없었다. 그녀가 그토록 강경하고 모욕적인 방식으로 행동한 것은 어쩌면 그의 애착의 정직성과 끈질김을 시험해보려는 수단이었을지도 모른다.

발자크에게 이 거절은 날벼락이었다. 자신의 소원, 자신의 꿈을 마지막 세부사항까지 철저히 몽상해두는 몽상가 노릇에 익숙했던 그는 드레스덴으로 떠날 준비를 하고 있었다. 어쩌면 벌써 돈까지 마련했는지 모른다. 그는 한스카 부인에게 그녀의 딸을 위해 재산을 안전하게 지키면서 동시에 그녀 자신을 위해 이자를 확보할 방법까지 알려주었다. 그리고 결혼식이며 여행이며 집, 성들까지 다 꿈꾸었고, 어쩌면 이 집들을 마지막 그림과 집기에 이르기까지 다 꾸며둔 상태였다. 그런데 이 차갑고 냉정하고 분명한 '당신은 자유예요'라는 편지, 분명하고 최종적인 '안 돼요'를 담은 편지가 날아온 것이다.

그러나 발자크는 한 번 의지를 투입하면 물러설 줄 몰랐다. 그는 저항에 익숙하였고, 저항은 그의 힘을 자극하고 높여줄 뿐이었다. 매주, 거의 매일 그는 재촉하고 맹세하고 간구하는 편지들을 썼다. 그는 한스카 부인에게 정절과 사랑의 맹세를 퍼부었다. 지난 몇 년 동안 정열의 발작이 눈에 띄게 줄어들더니 갑자기 뇌샤텔과 제네바로 보내던 과장과 열광이 다시 시작되었다.

당신은 내가 당신에게 얼마나 가까이 가 있는지 모릅니다. 모든 인간적인 특성들이 함께 작용하고 있습니다. 사랑, 우정, 명예심, 재산, 자부심, 허영심, 추억, 쾌락, 확신, 그 모든 것 위에 당신을 향한 믿음까지 말입니다.

자기가 그때까지 쓴 모든 것은 오로지 그녀만을 위한 것이며 그녀를 생각하면서 썼다고 맹세했다. "오직 당신의 이름으로만 그 모든 것이 만들어진 것입니다."

그는 어떤 종류의 고백이든 각오가 되어 있었다. 그녀는 내일이나 모레 약속을 지켜야 하는 것은 아니다. 자기가 희망을 매달아놓을 날짜만 제시하면, 언제가 되었든, 날짜든, 연도든 날짜만 제시하면 된다고 했다.

정말이지, 나의 천사여, 나는 나의 에바에게 지나친 요구를 하는 것은 아닙니다. 나는 그녀가 내게 18개월 뒤에, 혹은 2년 뒤에 우리가 행복해질 것이라고 말해주기만을 바랍니다. 나는 그 시점만을 알고 싶을 따름입니다.

그녀가 자기에게 희망을 주지 않는다면, 마침내 '당신과 평화'가 자기에게 오지 않는다면 더 이상 견딜 수 없노라고 맹세하였다.

끊임없이 일한 지난 15년을 보내고 나서 나는 이 영원하고 고독한 싸움을 더는 견딜 수가 없어요. 창작, 언제나 다시 창작! 신도 창조를 위해서는 6일만 썼는데 말이에요.

그녀와 하나가 된다는 생각만으로도 자기는 도취되고, 미칠 것 같다고 했다.

오 나의 사랑, 우리가 마침내 함께 살 수 있다면, 심정에 심정을 맞대고 서로 나란히, 어떤 쇠사슬도 없이요! 이 생각이 나를 완전히 바보로 만드는 순간들이 있어요. 어떻게 우리가 이 17개월을 참을 수 있는가, 나는 여기서, 당신은 그곳 우크라이나에서 말입니다. 돈이란 대체 어떤 힘을 갖는 것인지요! 가장 아름다운 감정들조차도 거기 얽매이는 것을 보면 얼마나 슬픈 광경인지요! 감정은 천리만리 먼 곳을 헤매는데 스스로 얽매이고, 파씨에 붙잡혀 있는 꼴을 보아야 합니다! 때때로 나는 완전히 몽상에 몸을 맡겨버립니다. 모든 것이 정리되어 있고, 내 '여왕'의 지혜와 영리함과 배려가 승리를 거두는 것을 그려봅니다. 그녀가 내게 '오세요!'라고 말했다고 생각해보지요. 나는 그녀에게 달려가는 모습을 상상해봅니다. 내가 무엇을 가지고 있느냐고 누가 물으면 이렇게 대답하지요. '내 근심은 이제 끝날 겁니다. 나는 앞에 희망을 두고 있어요' 하고 말입니다. 그러면 사람들은 '돌았군!' 하고 말하죠.

그녀가 소송을 하기 위해서 페테르부르크로 옮겨갔다는 소식을 듣자마자 그는 여행이 며칠이나 걸릴 것이고, 비용이 얼마나 들 것인지 계산하기 시작하였다. 아브르에서 성 페테르부르크까지 4백 프랑, 그리고 돌아오는 데 다시 4백 프랑, 아브르에서 파리까지 2백 프랑. 그는 아주 서둘러서 아주 이상스런 핑계를 만들어내서 자신의 여행에 필연성의 인상을 만들어주려고 했다. 그는 오래 전에 벌써 프랑스 연극을 준비하기 위해 페테르부르크에 가야만 했는데 가지 못하고 있었다고 설명했다. 그 다음에는 매부가 선박회사를 설립해서 특별히 싼 가격으로 배를 생산하려고 하는데 자기더러 러시아 사람들에게 제안해보라고 부탁했다고 했다. 갑자기 그는—자기 편지가 검열관에게 읽히게 될 것을 예상해서였는지—러시아 황제에 대한 '애착'을 표현하였다. 그는 고상한 사람들 중에서 유일하게 진짜 독재자이기 때문이라고 했다. 그리고 자기는 '러시아의 하인이 되는 일에 반대하지 않는다'고 했다.

그렇게 해서 편지에 편지가 이어지고, 초조함과 광포한 북소리가 요란하였다. 2월, 3월, 4월, 5월, 여름과 겨울, 그리고 다시 봄, 여름이 지났다. 한스키 씨가 죽은 지 일년 반이 지났는데도 기다리는 한 마디 말 '오세요!'라는 편지는 오지 않았다. 마침내 7월에 허락이 떨어지고 여행을 위한 돈도 모였다. 그녀를 처음 보고 정확하게 10년이 지난 다음인 1843년 7월에 그는 됭케르크를 출발하여 성 페테르부르크에 도착하였다. 그가 맨처음 향한 곳은 한스카 부인이 머물고 있는 쿠타이소프 저택이었다. 그것은—충분히 상징적인 일이었지만—그랜드 밀리온(백만금) 거리에 있었다.

제2장
《인간희극》

지나치게 긴장하며 살아왔고 벌써 약간 싸움에 지친 발자크는 마흔셋 나이에 단 한 가지 소원만 지니게 되었다. 삶을 정리하고 빚을 없애고 평화롭게, 쫓기지 않으면서 자신의 거인적인 업적을 완성한다는 것이었다. 그리고 그는 단 한 가지만이 이것을 가능하게 해줄 수 있다는 사실을 알고 있었다. 한스카 부인과 결혼하고 한스키 씨의 수백만금 중 일부라도 얻는 것이었다. 운명에 맞서는 도박판에 수없이 마주서서 언제나 거듭 판을 잃고 언제나 다시 판을 새로 시작하곤 하던 그는 이제 모든 것을 이 한 장의 패, 곧 이 부인에게 걸었다.

페테르부르크로 와도 좋다는 허락을 받기 전 일년 반 동안 그는 그녀와 그녀 가족에게 구혼자로서 더욱 훌륭하게 보이기 위해서 절망적으로 애썼다. 그녀의 자부심을 비춰보여주는 제부스키 일가와 모든 거만한 귀족 패거리들은 가짜 '드'를 이름 앞에 붙인 농부의 손자인 오노레 발자크가 비록 세기의 가장 위대한 작가라고 하더라도, 단순히 하층 계급의 남자로만 여길 뿐이라는 사실을 그는 잘 알고 있었다. 그러나 만약 정치적인 영향력을 갖고 왕에 의해서 '드'를 확인받거나 어쩌면 백작 작위까지 받은 드 발자크 씨라면 어떤가? 아니면 프랑스 아카데미 회원인 드 발자크 씨라면 어떤가? 아카데미 회원이라면 개인적으로 우스워 보이지 않을 정도의 공식적인 품위를 얻게 된다. 그밖에도 그렇게 되면 무일푼은 아니게 된다. 일년에 2천 프랑을 받게 되고 종신제인 사전편찬 위원회에라도 들어가게 되면 해마다 6천 프랑씩을 받게 된다. 게다가 종려나무 수를 놓은 예복을 입게 되니 제부스카라도 어울리지 않는 결혼이라고 부끄러워할 필요가 없다. 아니면 일년에 여섯 편의 희곡을 쓰고, 이 여섯 편의 희곡으로 파리에서 가장 큰 여섯 개 무대들을 일년 내내 점거하고, 그로써 50만 프랑, 혹은 심지어 일년 안에 백만 프랑을 긁어들이는 백만장자 발자크라면 어떤가?

발자크는 한스카 부인과 사회적인 동등권을 얻기 위해서 이 모든 가능성들을 시험해보았다. 이 세 가지 단계에서 그는 닿을 수 없는 제부스키 영역으로 올라가려고 애썼지만, 이 뚱뚱하고 성질 급한 사람은 모든 단계에서 미끄러지고 말았다. 국회의원 선거를 하기에는 너무 늦었다. 후보자 명부에 등록할 전제조건으로 되어 있는 기본 자금을 제때에 마련할 수 없었기 때문이다. 아카데미에서도 역시 행운이 없었다 (장래에는 여기서 행운을 얻게 되지만). 아카데미는 그의 권리를 문제삼을 수는 없었기 때문에 그를 배제하기 위해서 수많은 핑계들을 찾아냈다. 한 번은 그의 재정상태가 너무 엉망이라고 했다. 그런 사람을 선별된 지붕 아래 앉힐 수는 없다는 것이다. 그렇게 되면 문앞에서 집달리와 고리대금업자들이 그를 기다리고 있을 것이기 때문이다. 한 번은 그가 자주 자리를 비울 것이라고 예상하였다. 그의 적이며 남몰래 그를 질투하던 어떤 사람은 가장 솔직하게 상황을 표현하였다. '발자크 씨는 우리 의자에 앉기에는 너무 평수가 넓다!'는 것이다. 그는 빅토르 위고와 라마르틴을 빼고는 모두를 벽으로 밀어붙일 것이라는 것이다.

그래서 가장 평판이 나쁘던 빚 두 가지를 없애기 위해서 재빨리 두 편의 '희곡'을 썼다. 이 '아우성치는 빚들'은 페테르부르크와 비예르초브니아까지 들릴 것이기 때문이다. 그 중 하나인 〈파멜라 지로〉는 4/5를 재주도 없는 '막일꾼' 두 명을 시켜서 쓰게 만든 시민극인데 이 작품은 보드빌(통속적인 가요를 사이에 곁들인 가벼운 연극) 극장으로 넘겨졌다. 다른 하나인 〈하트의 잭의 방책〉은 일찍부터 오데옹 극장측에서 준비했다. 발자크는 그것으로 〈보트랭〉의 실패를 철저하게 만회하고 엄청난 성공을 만들어내기로 결심하였다.

언제나 그렇듯이 그는 제자리에, 그러니까 작업을 위해 정신을 쏟지 않았다. 제5막이 끝나기도 전에 연습이 시작되었다. 그래서 여주인공 역을 맡은 유명한 배우 도르발(Dorval) 부인이 화가 나서 자신의 역을 내놓았다. 그의 관심을 가장 많이 끈 것은 공연 첫날 저녁을 파리가 그때까지 본 중에서 가장 찬란하게 만드는 것, 즉 유례가 없는 승리로 만드는 것이었다. 파리에서 이름과 평판을 가진 모든 사람이 가장 눈에 잘 띄는 장소에 앉아 있어야 한다고 여겼다. 적도, 쉭 소리를 내며 휘파람부는 사람도 숨어들어서는 안 된다. 〈보트랭〉에서처럼 공연 도중에 소리를 지르거나 휘파람을 불어서 관객의 기분을 망치지 않도록 말이다. 그렇게 하기 위해서 발자크는 극장감독과, 첫 공연을 위해서는 오직 자신의 손을 거친 표만 팔기로 합의를 보았다. 그리고 책상 앞에 앉아서 절반쯤 완성된 희곡을 고치느라고 보내야 할 시간을 그는 판매대와 극장 사무실에서 보냈다.

전투 계획은 진짜 발자크식 위대함으로 마련되었다. 무대 바로 앞 양쪽에 있는 특별석에는 대사들과 장관들이 앉아야 한다. 그리고 오케스트라석은 생 루이의 기사들과 상류귀족들이 앉아야 한다. 의원과 국가 공무원들이 두 번째, 재정가들은 셋째, 부유한 시민들은 넷째 회랑에 자리를 잡는다. 그 밖에도 아름다운 부인들이 가장 눈에 잘 띄는 좌석에 앉도록 배치되어야 한다. 화가들은 그날 저녁의 모습을 그림으로 그려서 영원히 남을 수 있도록 해달라는 부탁을 받았다.

처음에 발자크는―언제나 그렇듯이―제대로 생각했다. 화려한 초연에 대한 소문은 파리에서 주목을 끌었고, 사람들은 판매소로 몰려가서 두 배, 세 배나 주고 표를 샀다. 그러나 발자크가 투자하면 언제나 그렇듯이 잔인한 논리적 사태가 발생하였다. 그는 활을 너무 팽팽하게 당겼고, 그 바람에 활줄이 끊어진 것이다. 두 배, 세 배 돈을 벌어들이는 대신에 그는 관심을 더욱 높이기 위해서 사방에다가 표가 매진되었다는 소문을 퍼뜨렸고, 그 바람에 사람들은 좀 참았다가 이 요란한 연극의 세 번째나 네 번째 공연을 보겠다고 결심하였다.

그래서 1842년 3월 19일 저녁에 화려한 관객이 몰려들어야 할 시간에 발자크의 잘못된 술책 덕분에 좌석의 3/4이 비었다는 사실이 밝혀졌다. 그러자 서로 자기들끼리 경탄해주기 위해 몰려왔던 관객은 처음부터 기분을 잡치고 말았다. 마지막 순간에 극장 감독 리뢰(Lireux)가 한 패거리의 고용된 박수부대를 들여보냈지만 소용이 없었다. 원하는 사람은 누구든 재빨리 공짜 표를 얻었다. 패배를 막을 길이 없었다. 연극이 슬퍼질수록 관객은 점점 더 명랑하게 굴었다. 다음 공연들은 직접 이 추문이 자자한 장면들을 함께 연출하려는 목적을 가진 관객들로만 채워졌다. 관객들은 나팔 불고, 휘파람 불고, 합창으로 노래를 불렀다. "발자크 씨가 이 모든 속임수를 만들어냈다." 는 노래였다.

　　발자크는 한 번도 무대로 불려나오지 못했다. 불렀더라도 소용이 없었을 것이다. 극장을 한번 제대로 장식해보려던 노력에 너무 지친 나머지 공연이 끝난 다음에 보니 그는 자신의 특별석에서 잠들어 있었다. 나중에서야 그는 또다시―도대체 몇 번째던가!―꿈꾸던 10만 프랑이 무대 밑으로 사라져버렸음을 알았다. 운명은 언제나 다시 이런 가혹한 타격을 먹여서 그를 자신의 소명으로 돌려보내곤 했다. 그가 절망에 사로잡혀서 한스카 부인을 향해서, 〈하트의 잭의 방책〉이 실패로 돌아가면 자신은 네 권의 소설을 써야 한다고 탄식했지만 우리는 그와 함께 탄식하지는 않는다. 왜냐하면 발자크가 1841년부터 1843년까지 이런 곤란한 처지에서 쓴 장편과 단편소설들은 그의 가장 힘찬 창작품에 속하는 것들이기 때문이다. 저 멜로드라마들이 성공을 거두었더라면 어쩌면 그는 이 작품들을 남기지 않았을지도 모른다.

　가장 성숙한 시기의 이 소설들에서는 발자크의 초기작품들을 때로 곤란하게 만들곤 하던 세속적인 요소와 귀족숭배 요소가 점차 사라지고 있다. 그는 천민으로 태어난 사람의 역겨운 경외심으로 신격화했던, 이른바 대사교계를 점차 꿰뚫어볼 수 있게 되었다. 생 제르맹 구역의 살롱들은 차츰 마력을 잃었다. 위대한 사람들의 작은 야망, 혹은 작은 후작이나 백작들의 위대한 야망들, 허영심 등이 그의 창조적인 능력을 자극하지 않았다.

　그 대신에 위대한 정열들이 그의 힘을 자극하였다. 발자크가 체험과 실망을 통해서 분노를 느낄수록 그는 더욱 진실에 가까워졌다. 마치 값비싼 옷에 묻은 기름얼룩처럼 가장 훌륭한 초기작품들을 손상시키던 달큰한 감상주의가 사라지기 시작했다. 시야는 점점 커지고 동시에 점점 정확해졌다. 〈음모〉에서는 날카로운 빛줄기가 나폴레옹 정책의 배경을 비추었다. 〈여자 낚시꾼〉에서 그는 동시대 사람 누구도 감히 다루지 못했던 성적인 인식의 대담성을 보여주었다. 성도착증과 성적인 예속의 문제가, 발자크가 보여준 늙은 의사 루제(Rouget)의 모습에서처럼 그토록 대담하게 다루어진 적은 없었다. 이 일흔 살 노인은 열세 살짜리 여자 낚시꾼을 정부(情婦)로 삼는다. 그리고 보트랭 못지않게 부도덕한 이 필립 브리도(Philippe Bridau)는 어떤 인물이던가. 그는 그처럼 멜로드라마 같고, 말 많고, 숭고하지 않고, 무섭도록 잊을 수 없는 개연성을 가진 인물이다.

게다가 그 시대의 가장 위대한 프레스코화인 〈잃어버린 환상〉의 완성, 그 사이로 좀 가벼운 손길로 그려진 〈위르쉴 미루에〉, 심령술을 통해서 좀 개연성이 없어지긴 했지만 인물 개개인을 믿을 수 있게 만들어낸 〈가짜 애인〉, 〈두 젊은 유부녀의 수기〉, 〈알베르 사바뤼(Albert Savarus)〉, 〈삶의 시작(Un début dans la vie)〉, 〈오노린(Honorine)〉, 〈지방의 뮤즈 여신〉, 그리고 미완성 단편 열두어 편. 3년 만에 다시 지치지 않는 사람, 견줄 데 없는 이 사람은 다른 사람 같으면 평생의 작업이 될 일들을 이루어냈다.

창작된 것의 범위가 점차 너무 커져서 거의 조망하기가 어려울 정도가 되었다. 자기 삶에 최종적인 질서를 바라던 발자크는 자기 작품에 대해서도 조망이 가능한 질서를 생각하였다. 빚쟁이들에게 몰리면서도 그는 마지막 비축분만은 조심스럽게 남겨두었다. 전집 발간이었다. 가장 끔찍한 고통에 시달리면서도 그는 어떤 책에 대해서도 출판권리를 항구적으로 팔아버리는 일만은 하지 않은 채 언제나 초판, 혹은 몇 개의 판본만 거래했다. 그는 자기 책 판권의 소유자였다. 모든 측면에서 낭비가였으면서도 그는 자신의 가장 좋은 이 권리만은 완전히 보존하였다. 자부심에 넘쳐 전체를 개관하면서 친구와 적들에게 자기가 만들어낸 것을 보여줄 올바른 때가 되기만을 기다리고 있었다.

이제 그 순간이 되었다. 백만장자 벤체슬라브 폰 한스키의 미망인에게 구혼하기 위해서 그는 자신의 부를 보여주려고 했다. 왜냐하면 그 또한 백만장자였기 때문이다. 그는 1백만 줄이나 썼고, 인쇄전지 5백 장(인쇄전지 한 장은 보통 인쇄된 책 16쪽을 채울 수 있는 분량으로, 양면에 다 인쇄되어 있고 접어서 제본된다 : 역주), 책으로 20권을 가지고 있었다. 그가 전집 발간 의도를 밝히자마자 세 개의 출판사 뒤보세(Dubochet), 퓌른(Furne), 에첼(Hetzel) 등이 연합해서 해마다 늘어나는 이 엄청난 작품을 공동으로 얻어서 공동으로 경비를 부담하기로 했다. 전집 발간 계약은 1841년 10월 2일에 체결되었고, 출판업자들에게 "지금까지 저자가 출간해온 작품들 두세 개 판본을 각자 선택해서 출판사에 적절한 시점에 출판할 권리"를 주었다. "이 전집이 간행되는 동안에 나오게 될 작품들도 마찬가지다. 전집의 초판 인쇄는 3천 부씩으로 한다. 판본은 8절판으로 하고, 전작품에 필요한 분량에 맞추어서 약 20권으로 만들기로 한다."

착수금으로 1만 5천 프랑을 받고, 4만 권 이후부터 팔리는 책에 대해서는 권당 15상팀의 인세를 더 받기로 했다.

그럼으로써 발자크는 지금까지 완성된 작품으로, 해마다 올라가게 되어 있는 지속적인 연금을 만들어냈다. 그것은 미래의 책들에 대해서 좀더 자유로운 처분을 허용해줄 것이었다. 그에게 부담으로 작용할 계약상의 조건 한 가지는 그가 자발적으로 떠맡은 조건이었다. 앞으로 다시 수정을 하려고 할 경우 인쇄비용이 장당 5프랑을 넘을 경우에는 그것을 떠맡기로 한 것이다. 다시 한 번, 여섯 번, 일곱 번째로 자기 작품의 문체를 고치겠다는 유혹을 이길 수가 없었던 발자크는 이 정열의 대가로 5,224프랑 25상팀의 비용을 물게 될 참이었다.

출판업자들은 단 한 가지 이의를 제기하였다. '전집'이라는 제목이 그들의 마음에 들지 않았다. 그것은 너무 평범하고 너무 매력이 없다. 여러 번 되풀이해서 나오는 인물들을 가진 이 전체 작품이, 사회의 높이와 깊이를 자기 안에 포괄하는 이 전체 작품이 근본적으로는 하나의 통일체라는 사실을 표현해줄 제목을 찾아낼 수는 없을까?

발자크는 동의했다. 어떤 소설집의 첫 서문을 위해서 그가 펠릭스 다뱅(Félix Davin)이라는 이름을 사용했던 10년 전에 벌써 그는, 자기 안에서 떠돌고 있는 통일되고 완결된 세계상에서 보면, 개별 작품은 뗄 수 없는 전체의 일부일 뿐이라는 사실을 느꼈다. 그러나 이 세계상을 포괄적으로 표현해줄 제목을 어떻게 찾아낸다? 발자크는 망설이고 흔들렸다. 그때 다행스런 우연이 그를 도왔다. 친구이자 예전에 편집 비서였던 드 벨루아가 이탈리아 여행에서 방금 돌아왔다. 그곳에서 그는 이탈리아 문학에 빠져서 《신의 희극(La Divina Commedia, 신곡)》을 원본 텍스트로 읽었다는 것이다. 그러자 불이 붙은 듯 갑작스럽게 발상이 떠올랐다. 신의 희극에 대해서 지상의 희극, 신의 세계의 구조물에 대해서 사회적인 구조물을 마주세워서 안 될 게 무엇이란 말인가. 찾아냈다! 제목을 찾은 것이다. 《인간희극(Comédie humaine)》이었다.

발자크는 열광했고 출판업자들도 그에 못지않게 좋아했다. 다만 그들은 독자에게 이 새롭고 어려운 제목을 설명해 달라고, 그러니까 전집을 위한 서문을 써달라고 부탁하였다. 발자크는 그럴 마음이 별로 없었다. 분명히 소중한 시간을 그렇게 돈벌이도 되지 않는 일을 위해 없애고 싶지 않아서였

발자크의 최대 업적인 《인간희극》을 알리는 포스터. 빚쟁이들에게 쫓기면서도 자신의 작품을 영구히 팔지는 않았던 발자크는 드디어 위대한 문학의 건물을 쌓아올리기 시작했다.

다. 독자들에게 자신의 목적과 의도를 설명하기 위해서 쓰인 《19세기의 풍속화》의 서문에서, 9/10까지 자신의 생각을 대변하는 펠릭스 다뱅의 글을 옮겨실으라고 했다. 그런 다음 그는 좋은 친구인 조르주 상드에게 영리하고도 선량한 그녀가 전집 서문을 쓰라는 제안을 하기도 했다. 그러다가 마침내 자기 의지에 반해서, 출판업자 에첼의 교묘한 편지에 마음을 돌려먹었다. 에첼은 그에게 정직한 아버지로서 자기 자식을 부인하지 말라고 경고하였다. 그러면서 정말 소중한 암시를 해주었다.

가능한 한 실무적이고 겸손하게 말씀하십시오. 당신처럼 그렇게 엄청난 업적을 이루었을 경우에는 그것이 적절하고 자부심 있는 태도입니다. 아주 침착하게 말씀하십시오. 당신이 이미 늙었고 자신에 대해서 꼭 필요한 거리를 갖게 되었다고 상상하십시오. 자신이 만들어낸 소설의 인물 중 하나처럼 말씀하십시오. 그러면 당신은 가치있고 꼭 필요한 어떤 일을 해내는 것입니다. 이런 생각으로 작업하십시오, 나의 뚱뚱한 아버지여, 그리고 감히 당신의 뚱뚱함을 이토록 대담하게 언급한, 바짝 여윈 출판업자를 용서하십시오. 당신은 그가 다만 최고의 선의에서 그렇게 말했다는 사실을 알고 계십니다.

그렇게 해서 《인간희극》의 유명한 서문이 생겨났다. 그것은 정말이지 보통 발자크에게서 기대할 수 있는 것보다 훨씬 조용하고 실무적이고 정열 없이 쓰인 것이다. 그는 실용적인 영리함으로 에첼의 경고에 들어 있는 분별을 알아보았고, 주제의 위대성과 개인적인 겸손함 사이에서 적절한 중도를 찾아냈다. 16쪽으로 이루어진 이 강력한 서문을 위해 소설 한 권을 쓰는 것보다 더 많은 노력을 바쳤다고 한스카 부인에게 고백했다면, 그에게 보통인 과장은 아니었다. 발자크는 여기서 조프루아 생 틸레르(Geoffroy Saint-Hilaire)와 뷔퐁(Buffon)의 그것에 견줄 만한 자기 세계의 체계를 발전시켰다.

자연에서 동물종들이 주변 상황에 맞게 다양한 모양으로 발전하듯이 인간도 사회 안에서 다양하게 발전한다. 그리고 3천에서 4천 명의 사람들을 동원해서 '인간 심정의 역사'를 쓰려고 한다면 사회의 모든 계층, 모든 형식, 모든 정열들을 적어도 각기 한 명의 대표자로 하여금 드러내도록 해야 한다. 그리고 각각의 이야기들과 인물들을 아주 잘 결합시켜서 그들이 '완전한 이야기가 되고, 각각의 장이 하나의 소설을, 각각의 소설이 하나의 에피소드를 이루도록' 만들려면 예술가의 창의력이 필요해진다.

예술가는—이것이 원래의 계획이다—인간본성의 무한한 다양성을 관찰하기만 하면 된다.

우연이 세계에서 가장 위대한 소설가이기 때문이다. 창조적이기 위해서 인간은 우연을 탐구하기만 하면 된다. 프랑스 사회 자체가 원래의 역사서술가이고 나는 단지 그 서기일 뿐이다. 미덕과 악덕의 목록을 만들고 사회의 가장 중요한 사건들을 고르고, 수많은 동일한 종류의 성격들을 통합시켜 유형을 만들어냄으로써 나는 그 많은 역사가들이 잊었던 풍속사를 쓸 수 있었다.

로마, 아테네, 멤피스, 페르시아, 인도 등이 불행하게도 뒤에 남기지 못했던 종류의 작품을 19세기 프랑스를 위해서 만들어낸다는 것이 그의 의도라고 했다. 그는 자기 세기의 사회를 묘사하려는 것이고 동시에 움직이는 힘들을 보여주려고 한다. 그럼으로써 발자크는 소설의 임무는 사실주의라는 것을 공개적으로 고백하고 있다. 그러면서 개별적인 사실들이 참되지 않으면 아무런 의미가 없다고 하더라도, 소설이란 동시에 더 나은 세계를 향한 요구를 표현해야 한다고 분명하게 덧붙였다. 폭넓은 필치로 그는 자신의 계획을 드러냈다.

《사생활의 장면들》은 어린 시절과 청년기와 그 잘못을 묘사한다. 《시골생활의 장면들》은 정열, 계산, 이해관계, 명예욕의 시기를 묘사한다. 《파리 생활의 장면들》은, 대도시의 풍속에 특징적인 일이지만 전혀 통제되지 않은 애착과 악덕의 그림들을 보여준다. 대도시에서 선과 악덕은 가장 강력한 작용을 일으키며 만나기 때문이다……

이 세 가지 그림에서 사회적인 생활을 묘사하고 나면 예외적 존재들을 보여줄 의무가 아직도 남는다. 수많은 혹은 모든 사람의 이해관계는 이들 속에서 서로 만나고, 그들은 이른바 법칙의 바깥에 서 있는 사람들이다. 그것은 나를 《정치생활의 장면들》로 이끌어갔다. 사회의 이 강력한 그림을 완성한 다음에는 사회가 스스로를 방어하기 위해서—아니면 정복하기 위해서일까?—사회에서 몰아낸 것, 그 가장 강력한 계층을 보여주어야 하지 않겠는가? 그것은 《군인생활의 장면들》인데 내 작품에서 아직까지 가장 적게 완성된 부분이다. 나는 이 작품에 이 계층을 위한 공간을 남겨두었다. 작품들을 끝내면 곧바로 끼워넣을 수 있도록 말이다. 그리고 마지막으로 《전원생활의 장면들》은 사회적 연극이라고 부르는 나의 오랜 일과의 저녁 부분이다. 가장 순수한 인물들과, 질서, 정치, 도덕의 위대한 원칙의 적용들이 이 부분에 나타난다.

그러고 나서 그는 강력한 화음으로 끝을 맺는다.

사회의 역사와 비판, 사회적 악의 분석과 사회적 원칙의 언급을 포함하는 이 엄청난 계획은 내 작품에 지금 주어진 《인간희극》이라는 제목을 주기에 무리가 없다고 생각된다. 이 제목이 주제넘은 것인가? 그것은 정당한 것인가? 전집이 완결되고 나면 여론이 그것을 판정할 일이다.

후세는 이 제목이 주제넘은 것이 아니라고 판정하였다. 비록 오늘날 남아 있는 것처럼, 이 작품이 더 높은 전체의 토르소의 형태로 남았지만 말이다. 그것을 완성하기 전에 죽음이 발자크의 손에서 끝을 빼앗아가고 말았다. 그가 3, 4천 명의 인물을 언급하고 있다면 그것은 뒷날을 위해서 미리 어음을 발행하는 평소 습관에 따라서 사실보다 앞서간 것이다. 오늘날 미완성 상태로 남은 대로 보자면 《인간희극》은 겨우 ― '겨우'라고 말하자니 부끄러워진다 ― 2천 명의 인물만 담았다. 그러나 1845년에 만들어진 준비목록은, 여러 가지 생활양식을 지닌 3, 4천 명의 인물들이 지치지 않는 발자크의 머리 속에 이미 존재하고 있었다는 사실은 보여준다.

그것은 이미 쓰인 소설들과 나란히 아직 쓰이지 않은 소설들을 하나 하나 거론하고 있으며, 그것을 읽고 있노라면 소포클레스의 사라져버린 희곡들과, 우리에게 전해지지 않는 레오나르도 다 빈치의 그림 목록들을 읽을 때 못지않은 슬픔을 느끼게 된다. 발자크는 전체적으로 시작했던 144개의 작품들 중에서 적어도 50개를 완성하지 못했다. 그러나 이 계획은 그가 얼마나 뛰어난 건축술을 가지고 모든 세부사항에 이르기까지 생활양식의 다양성을 계획했는지를 보여준다.

첫 소설은 〈아이들〉, 두 번째와 세 번째는 〈여자 기숙학교〉, 〈기숙사 고등학교〉라는 제목이 될 예정이었다. 연극계, 외교, 장관들, 학자들도 각각 독립된 작품을 얻을 예정이었다. 지방과 도시의 선거와 당의 책략 등도 그 모든 기술에 이르기까지 상세히 밝혀질 예정이었다. 열두 권이 넘는 소설들 중에서 오직 〈올뻬미 당〉만이 쓰였지만 나폴레옹 시대 프랑스 군대의 〈일리아스〉도 이런 분량으로 쓰일 예정이었다. 이집트의 프랑스 사람들, 아스페른과 바그람의 전투들, 이집트, 모스크바, 라이프치히의 영국인들, 프랑스의 전투지역, 그리고 심지어는 평저선(平底船)들과, 영창에 갇힌 프랑스 군인들까지 계획에 잡혀 있었다. 농부들, 판사, 발명가에게도 각각 한 권씩 배당되어 있었다. 이런 묘사하는 탐구들을 넘어서 설명하고 분석하는 탐구들도 나타난다. 〈사회적 생활의 병리학〉, 〈교사 해부〉, 그리고 〈19세기의 완성에 대한 철학적·정치적 대화〉도 있다.

발자크의 생애가 충분히 길었더라면 발자크가 이 작품들

발자크와 《인간희극》을 그린 그랑드빌의 통자화. 발자크라는 자신의 위대한 작품에서 3, 4천 명의 인물을 묘사를 작정이었다. 그러나 미완성으로 남은 그의 작품에는 2천 명의 인물이 담겨 있다.

을 완성했으리라는 것은 의심의 여지가 없다. 그의 전망의 능력으로는 환상 속에 존재한 것은 이미 항거할 수 없는 현실이었고 모습을 지닌 것이었다. 단 한 가지만이 부족했다. 그것은 늘 쫓기고 너무나 짧았던 일생에서 항상 부족했던 것이었으니 곧 시간이었다.

발자크는 자랑스런 안도의 느낌으로 이런 작업 예고를 하였다. 처음으로 그는 세상을 향해서 자기가 무엇을 하려는지 보여주었다. 그리고 감히 그렇게 엄청난 과제를 시작할 용기도 권리도 없는, 자기 주변의 모든 사람들과는 뚜렷하게 다르다는 것을 보여주었다. 그중 4/5를 이미 만들어냈다. 몇 년만 있으면—그는 5년이나 6년을 계산했다—모든 것을 다 이룰 것이다. 내면으로는 작품에 질서를, 외적으로는 삶에 질서를 잡는 일 말이다. 그러고 나면 모든 에너지를 다해서 단 한 가지 과제를 이룰 것이다. 아직 한 번도 진지하게 시도하지 않았거나 오로지 순간적으로만 건드렸을 뿐 지금까지는 갖지 못했던 것, 즉 쉬고 살고 즐기고 행복을 누리는 일 말이다.

제3장
처음으로 무너지다

1841년 11월에 한스키 씨가 죽었다. 그리고 발자크는 흔들리지 않는 낙천주의로 그 미망인이 애도기간이 끝나기만 기다렸다가 약속을 지킬 것이라고 희망하였다. 그러나 한 달, 또 한 달이 흘러갔다. 그래도 그녀는 상속 소송을 벌이고 있던 성 페테르부르크로 그가 찾아오는 것을 여전히 거부하였다. 그녀가 마침내 그의 조바심에 굴복하는 1843년 여름까지 일년 반을 기다려야 했다. 물론 그녀에게도 상황이 간단하지는 않았다. 발자크는 너무나 유명해서 눈에 띄지 않게 러시아에 들어갈 수가 없었다.

예카테리나 여왕 시절 이후로 진짜 세계적인 명성을 가진 프랑스 작가가 이 네바 강변의 도시에 온 적이 없었다. 발자크의 도착은 분명 엄청난 주목을 끌 것이다. 사람들은 그를 주시할 것이고 그녀도 마찬가지로 주목을 받을 것이다. 그녀는 상류층과만 교류하고 차르의 영접을 받는 지위에 있었다. 소문이 퍼지는 것을 피할 수 없을 것이다. 한스키 씨가 살아 있는 동안에는 세상의 눈에 발자크의 방문이 전가족에 대한 우정어린 방문으로 여겨질 수 있었다. 그는 집주인의 손님이고, 그가 찾아오는 일이 수상쩍은 의미로 해석되지는 않았다.

그러나 미망인을 방문하는 일은 약혼을 공식적으로 밝히는 것이나 다름없는 일이 될 것이다. 한스카 부인이—절대로 그렇지 않았지만—발자크만큼이나 절박하게 결혼을 원했더라도 이 가능성의 실현은 그녀의 마음에만 달려 있지는 않았다. 당시의 법에 따르면 외국인과 결혼하려면 차르의 허락을 받아야 했다. 특별허가 없이는 재산을 외국으로 가져갈 수 없었다. 한스카 부인은 남편이 죽은 다음에 발자크가 꿈꾸었던 것처럼, 아니면 다른 나라에서처럼 그렇게 자유롭거나 부유하지 않았다. 그녀가 가진 것은 현대적인 표현을 사용하자면 '봉쇄된 루블'화였고, 그녀는 그것을 불법적인 방법으로만 프랑스로 가져갈 수 있었다.

게다가 친척들의 반대가 있었다. 그녀의 가족, 특히 로잘리 아주머니는 발자크를 천재나 탁월한 사람이라고 여기지 않고, 고약한 도덕성을 가진 빚을 많이 진 남자라고만 여겼다. 파리에서 온갖 여자들과 경박하게 지내고, 망가진 재산 상태를 개선하기 위해서 부유한 과부를 홀리려는 사람이라고만 여겼다. 어쩌면 한스카 부인은—알 수 없는 일이다—귀족 친척들의 모든 저항을 극복할 만한 단호함을 지니고 있었을지도 모른다. 그러나 그녀는 결혼하지 않은 딸을 생각해야 했다. 그녀는 딸을 열렬히 사랑하고 있었고, 태어난 이후로 단 하루도 딸을 홀로 놓아둔 적이 없었다. 신분에 맞지 않는 결혼은 그녀 자신뿐 아니라 백작 아가씨 안나마저도 러시아 사교계에서의 관계를 불가능하게 만들고 결혼의 전망을 망가뜨릴 것이다.

그러니까 한스카 부인이 발자크를 그토록 오래 기다리게 한 것은 흔히 잘못 해석되어 온 것처럼 악의나 냉정함이나 거부감 때문만은 아니었다. 오히려 그가 성 페테르부르크로 오는 것을 허락했다는 것이 용기있는 행동이었다. 적어도 결혼 의사가 있다는 가능성을 온 세상에 선언한 일이었기 때문이다.

그러나 발자크에게도 이 여행은 희생이었다. 역마차로 여행하던 시절에 파리에서 러시아는 오늘날 일본만큼이나 멀리 있는 나라였다. 발자크에게 시간은 다른 어떤 사람의 경우보다도 더욱 돈을 뜻했다. 그뿐만은 아니었다. 그는 언제나 그렇듯이 여행경비를 쉽게 마련할 수 없었다. 모든 것을 뒤로 미루고 날짜를 연기해야 했다. 그는 어떤 경우라도 한스카 부인을 직접 보고 이야기를 해야지, 편지만으로는 그녀의 마음을 돌릴 수 없다는 사실을 알고 있었다. 그는 직접 가서 한때 제네바에서 그랬던 것처럼 그녀를 설득하고 압도해야 했다.

발자크는 원고들 중에서 남겨두었던 것과 완성되지 않은 희곡 몇 편을 더 팔았다. 그는 서둘러서 희곡 〈파멜라 지로〉를 힘들이지 않고 완성했다. 자기가 돌아올 때면 공연 인세가 있으리라는 기대감에서였다. 1843년 여름에 그는 됭케르크에서 배를 탔고, 힘든 항해를 한 다음 7월 17일에 페테르부르크에 도착하였다.

한스카 부인이 살고 있는 그랜드 밀리온 거리에 있는 쿠타이소프 궁의 화려한 살롱에서 이루어진 이 재회는 분명 이상한 것이었다. 처음 만난 뒤 대략 10년이 흘러갔다. 8년 동안은 만난 적이 없었다. 발자크는 이 기간 동안 별로 변하지 않았다. 좀더 뚱뚱해졌고 몇 올의 흰머리가 생겼지만 그의 집중력은 옛날이나 다름없었다. 그러나 여자의 삶에서 8년은 훨씬 큰 의미를 지닌다. 세밀화가인 다펭거가 빈에서 그렸던, 그리고 분명히 어느 정도 미화시켰던 초상화에서 그녀는 일곱 아이의 어머니로서 시골여자처럼 젊지 않은 모습이다. 물론 발자크에게는, 그의 편지를 믿어도 된다면 말이지만, 그녀는 전혀 변하지 않았고, 전보다 더 젊고 더 예뻐졌다. 오랜 이별을 겪은 다음 그의 사랑은 감각적으로 더욱 초조하고 더욱 격렬하였다. 어쩌면 한스카 부인은 그가 자기를 직접 보고 꿈에 그리던 환상의 여인이 아니고 실제로는 원숙한 나이에 접어든 것을 확인한다면, 그의 생각을 포기할 것이라는 기대를 했을지도 모른다. 그러나 절대로 그렇지 않았다. 그는 결혼을 졸랐다. 모든 계획을 벌써 마련해놓고 있었다. 심지어는 영사(領事) 앞에서 결혼식을 할 수 있도록 꼭 필요한 서류까지 가지고 왔다.

그러나 한스카 부인은 그를 위로하였다. 그녀는 완전히 거절하지 않았던 것 같다. 자기는 딸이 결혼하기 전에는 재혼할 수 없다고 말했던 것이 분명하다. 그럼으로써 기한이 약정되었다. 앞으로 일년이나 2년 이상이 걸리지는 않을 것이다. 야곱이 라헬에게 구혼한 것처럼 발자크는 한스카 부인에게 구혼하고 있었다. 처음 7년은 남편의 죽음을 기다렸다.

그러자 딸이 남편을 얻기까지 두 번째 기간을 기다려야 했다.

페테르부르크 시기에 대해서는 많은 것이 알려져 있지 않다. 여름에 러시아 귀족 여인은 자신의 영지로 돌아가고 도시는 비었다. 발자크는 거의 아무것도 구경하지 않은 듯하다. 에레미타주와 그곳의 그림들에 대해서 거의 한 마디 언급도 없다. 그는 분명히 단 한 가지 목적, 애인을 궁극적으로 정복한다는 목적을 위해서만 지냈던 것이다. 약속의 말만 지니고 이번에는 베를린을 경유하는 육로로 돌아왔다.

11월에 발자크는 다시 파리로 왔다. 그의 귀향은 언제나 그랬듯이 소용돌이 속에 빠진다는 뜻이었다. 넉 달 동안의 시간 손실만 해도 시간과의 싸움으로 살아가는 사람에게는 파국이었다. 온갖 지옥이 이미 시작되어 있었다. 그가 없는 동안 살림을 맡았던 어머니는 '진짜 샤일록처럼 계속 나를 괴롭힌다'. 그는 다시 한 번 모든 것을 단 한 장의 카드에 걸었다. 개선할 수 없는 몽상가인 그는 희곡 〈파멜라 지로〉가 자기가 없는 사이 자기 몫의 일을 계속하리라 믿었다. 자기가 러시아에서 일주일 동안 필요한 돈을 매일 벌어들일 것이라 믿은 것이다. 돌아오면 자기는 편히 쉴 수 있을 것이다. 그러나 벌써 여행 도중에 그는 이 희곡도 실패했다는 소식을 들었다. 그것은 〈보트랭〉처럼 그렇게 지겹지 않았고 〈하트의 잭의 방책〉보다 더욱 생동감이 있고 현실적이었다. 그러나 파리의 언론인들은 파리 언론계의 부정부패에 대한 그의 공격을 용서하지 않았다. 그들은 게테(Gaîté)극장의 공연을 심하게 공격해서 중단하도록 만들었다.

모든 것이 그의 뜻에 거역하였다. 그가 투자를 위해서 사들였던(어떤 돈으로인지는 정확하게 알 수가 없다) 북부철도 주식은 값이 떨어졌다. '자르디' 영지의 청산은 쉽지 않은 일이었다. 아카데미 회원에 입후보한 일은 실패했다. 한 번 더 그는 완전한 붕괴의 바로 앞에 섰다. 한 번 더 그는 자유롭게 숨쉰 것에 대해서 노동의 밤들로 대가를 지불해야만 했다.

그러나 그의 불행은 우리의 행운이다. 극장이 거절했기 때문에, 희곡들이 하나씩 차례로 무대에서 실패하였기 때문에 그는 소설로 돌아오지 않을 수 없었다. 그는 자신의 주요작품인 《인간희극》으로 돌아가지 않을 수 없었다. 그것은 이제 빠르게 한 권 한 권(우선 《사생활의 장면들》과 《파리 생활의 장면들》을 개정해서 새로 내는 것으로 시작해서) 출간된다. 그는 잡지 및 신문사들과 거래하고, 대표작의 하나가 될 〈농부들〉을 계약했다. 발자크는 벌써 여러 해나 이 작품의 작업을 했다. 그러나 그가 너무 오래 끄는 계획들의 경우에는 언제나 위험성이 있다. 그는 이 작품이 얼마를 벌어들일 수 있을지 계산하였다. 〈프레스(La Presse)〉지에 게재하는 대가로 1만 4천 프랑(한 줄당 60상팀으로 지금까지 받은 것 중 가장 높은 원고료), 그리고 책으로 간행하는 데 대해 1만2천 프랑, 합쳐서 2만6천 프랑이었다. 〈프레스〉지는 작품을 공고했고 그는 약 8만 줄이나 썼다. 그때 갑자기 모든 것이 중단되었다. 발자크는 더 이상 일할 수가 없었다. 바퀴가 지나치게 돌아간 것이다. 발자크 정도의 엄청난 노동력도 한계에 도달하였다.

그의 생명력조차도 그토록 계속 모든 힘을 혹사해서는 더 이상 견딜 수가 없었던 것이다.

천천히 붕괴가 시작되었다. 나무줄기는 아직 견고하게 서서, 아직 풍성한 열매를 맺고 있었고 해마다 새로운 잎을 내었다. 그러나 벌레가 핵심부인 심장을 파먹어 들어가고 있었다. 점점 더 자주 그는 무너져내리는 건강에 대해 탄식하고 있다. 1844년 4월에 다음과 같이 쓰고 있다.

나는 저항할 수 없이 달콤한 잠의 시기에 빠졌습니다. 내 본성은 더는 아무것도 바라지 않습니다. 그저 쉬고 있을 따름이지요. 커피에도 반응하지 않아요. 〈모데스트 미뇽(Modeste Mignon)〉을 완성하느라 커피를 들이붓다시피 했어요. 마치 물을 마시는 것 같습니다. 3시에 깨어서 도로 잠들지요. 8시에 아침을 먹고 다시 자고 싶다고 느끼고 정말로 잡니다.

그는 얼굴이 땅기고 붓고, 두통이 있고 눈가에 경련이 일어나고, 자기가 〈농부들〉의 뒷부분을 완성할 힘이 있을지 의심하기 시작하였다.

나는 끔찍하고 신경질적인 고통의 시기에 들어섰어요. 커피를 지나치게 마셔서 위통이 생겼답니다. 아주 철저히 쉬어야 할 것 같습니다. 전에 겪어본 적이 없이 끔찍한 이 고통이 사흘 전부터 나를 괴롭히고 있습니다. 처음으로 고통이 왔을 때는 그저 우연이려니 했습니다……. 나는 말할 수 없이 지쳤어요. 오늘 아침에 지난 2년 동안 내가 일한 것을 계산해보았어요.《인간희극》네 권이나 되더군요. 오늘부터 20일이나 아니면 그보다 며칠 더 지나면 나는 역마차에 몸을 싣고 어디론가 떠나는 일밖에는 아무 짝에도 쓸모없게 될 것입니다.

그리고 다시 다음과 같이 말한다.

이제 나는 밤새 천사와 싸우고 난 다음의 야곱처럼 지쳤어요. 앞으로 써야 할 책이 여섯 권이나 눈앞에 있군요. 혹은 그 이상이 될 수도 있습니다! 프랑스 전국이 이 작품에 눈과 귀를 모으고 있어요. 서적상인들의 보고와 내가 받는 편지들은 한 목소리로 그렇게 말하고 있습니다.〈프레스〉지는 구독자가 5천 명이나 늘었습니다. 사람들은 나를 기다리고 있어요. 나는 빈 자루 같다고 느끼는데 말입니다.

그러나 신체의 피로뿐만이 아니었다. 영혼도 지쳤다. '휴식', 마침내 한 번 쉬는 것, 한 번 살아보는 것, 마침내 이 영원한 노예상태에서 벗어나는 것. 그는 오로지 한스카 부인만이 자기를 구할 수 있으며, 그녀 곁에서만 삶에 질서가 잡힐 것이라고 느꼈다.

사람이란 지나친 기대로 인해서 이성을 잃어버리는 순간들이 있습니다. 내가 바로 이런 상태에 있어요. 나는 이 목적을 위하여 나의 삶 전체를 너무나 긴장시켜서 내적으로 거의 붕괴된 것을 느낍니다.

문학은 이제 그의 관심사가 아니었다. 그의 생각들은 더는 작품에 머무르지 않았고, 그래서 그는 글을 잘 쓰지 못했다. 그는 다른 사람들의 모습을 꿈꾸지 않았고 자신의 삶을 형성하기만을 꿈꾸었다.

1846년에 우리는 파리에서 가장 매혹적인 집들 중의 한 곳을 소유하게 될 겁니다. 나는 빚이 1수도 없게 될 거고요. 빚이 아니라 《인간희극》을 통해서 해마다 50만 프랑을 벌어들일 겁니다. 그것도 제대로 계산해본 것이 아닙니다. 당신도 그 정도 수입이 있겠지요. 나의 아름다운 여인이여, 그러므로 나는 1백만 프랑짜리 신랑감이지요. 내가 죽지 않는다면 그 이상이고요. 당신이 말한 것처럼 당신과 결혼함으로써 가난한 아가씨를 맞아들이는 것이 아니라면, 당신도 나와 결혼함으로써 가난한 젊은이를 신랑으로 삼는 것은 아닙니다. 우리는 매력적인 두 노인이 될 것입니다. 그러나 사랑에서 그런 건 문제가 아니지요. 시스몽디와 그의 아내가 보여준 것처럼 말입니다. 오래 살아남은 사람만 불행할 뿐이지요! 삶이 얼마나 괴롭게 되겠습니까.

그러나 우리는 아직 1844년에 머물고 있다. 물론 희망의 빛줄기가 비추고 있었다. 한스카 부인은 우크라이나 지역을 떠나 드레스덴으로 오려고 결심했다. 딸인 백작아가씨 안나는 7월에 부유한 귀족 조르주 니제쉬(George Mniszech)와 약혼했다. 그럼으로써—영원히 쉽게 믿어버리는 발자크는 그렇게 생각했다—장애물은 없어졌고 야곱이 라헬을 집으로 데려올 순간이 왔다. 그러나 다시 실망뿐이었다. 한스카 부인은 12월에 드레스덴으로 가서 그곳에서 딸과 미래의 사위와 함께 겨울을 보내려고 했다. 그곳으로 방문하도록 허락해 달라는 발자크의 청은 받아들여지지 않았다. 그녀는 러시아 사교계를 두려워했던 것일까, 아니면 그곳에서 우연히 부딪칠지도 모르는 친척들이 두려웠던 것일까? 발자크와 함께 있는 것이 육체적으로 불편했던 것일까? 그녀는 결혼을 연기하려고 했던 것일까? 알 수 없는 일이다. 어쨌든 그녀는 그가 오는 것을 허락하지 않았다. 그가 이 시기에 그녀에게서 받은 단 한 가지 표지는 번거로운 일처리 하나뿐이었다.

자기가 오는 대신 그녀는 자기가 신뢰하던 사람인 앙리에트 보렐 양을 보냈다. 편지 교환의 '리레트'였다. 보렐 양은 갑자기 한스키 씨 집을 떠나서 수녀원으로 들어가겠노라고 선언하였다. 스위스 칼뱅교도인 그녀로서는 놀라운 결심이었다. 여기에는 분명히 밝혀지지 않은 사연이 작용하고 있다. 한스키 씨의 죽음이 그녀에게 무거운 충격이었던 것으로 보인다. 이 노처녀가 어떤 방식으로든 한스키 씨와 결부되어 있었기 때문이든, 아니면 그녀가 부인의 간통사건에 하수인으로 활동한 것에 죄책감을 느꼈던 때문이든 말이다.

어쨌든 한스카 부인과의 사이에 갈등이 생겨났고, 그것은 은밀한 적대감으로 발전했다. 옛날의 친구가 이제 증오하는 사람이 된 것이다. 그에 대해서는 어느 정도 그녀를 모델로 삼고 있는 〈사촌 베트〉에서 암시되고 있다. 어쨌든 '심복'으로서의 그녀의 역할은 끝났다. 이제 그녀는 필요없었다. 히스테리가 되어버린 노처녀를 보살펴주라는 불편한 숙제가 발자크에게 주어졌다. 그는 그녀를 보호해주어야 했다. 그는 그녀에게 마음의 빚을 지고 있었고, 한스카 부인은 개종을 위해 필요한 절차를 그에게 맡겼기 때문이다. 발자크는 고위 성직자들을 방문하고, 물망에 오른 수도원을 방문하느라 시간을 잃어버렸다. 그는 그 모든 일을 마침내 처리하고 수녀 서원의식에 참석하였다. 그럼으로써 '모르는 여인'이라는 소설의 처음 몇 장에 등장했던 마지막 목격자가 사라졌다.

마침내 1845년 봄에 한스카 부인이 그를 보고 싶어한다는 소식이 왔다. 그러자 발자크는 곧바로 원고들을 서랍 속에 집어넣었다. 독자 수천 명이 연재를 기다리든 말든, 벌써 원고료를 지불한 편집자들이 자기의 신용 없음에 대해서 화를 내든 말든 관심도 없었다. 문학은 아무래도 좋았다. 삶의 소설이 그를 부르고 있었다. 그는 충분히 일했다. 이제 휴식할 권리를 가지고 있었다. 정신적 작업의 영원한 재촉에 대해서, 그리고 이 모든 일들, 부채와 지불기한에 대해서 어떤 무한한 혐오감이 그의 내면에 나타났던 것이 분명하다. 노예가 사슬을 끊듯이 그는 사슬을 끊어버리고 사라져버렸다. 자기 뒤에서 무슨 일이 일어나든 아랑곳하지 않았다. 어머니가 빚쟁이들과 싸우라지. 편집장 지라르댕은 자기 좋을 대로 구독자들을 달랠 것이고. 그를 대기실에서 기다리도록 만들었던 아카데미 회원들께서는 영원히 기다리라지. 그는 그냥 살고자 했을 뿐이다. 다른 사람들처럼 말이다!

드레스덴의 체류에 대해서는 알려진 것이 별로 없다. 이 부분에 대해서는 발자크의 편지들이 없다. 그는 매일 한스카 부인과 함께 있었기 때문이다. 그러나 분명 행복하고 명랑하고 근심 없는 시간이었으리라고 짐작된다. 백작아가씨의 젊은 약혼자 니제쉬 백작은 특별히 영리하거나 재치있는 사람은 아니었다. 그는 약간 멍청했고 정열적으로 곤충을 모았다. 그러나 그는 선량한 사람이었다. 그의 신부인 백작아가씨 안나는 별 의미도 없고 쾌락을 즐기는 아가씨였다. 그들은 모두 웃고 즐기는 것을 좋아했고, 심심할 때면 발자크가 그들에게 어떤 의미를 가졌을지 짐작할 수 있다. 그도 일하지 않고 웃으며 지냈다. 그도 진지하지 않은 삶을 즐겼다. 파리에서 보았던 어떤 희극을 기억해내고서 그는 이 작은 모임을 '어릿광대(Saltimbanque)' 패거리라고 불렀다. 연극배우 집단처럼 그들은 이리저리 돌아다녔다. 다만 공연을 하지 않고 오히려 세상의 공연을 구경하고 있었다.

이 패거리는 드레스덴에 머물지 않았기 때문이다. 그들은 함께 칸슈타트로, 카를스루에로, 스트라스부르크로 여행하였다. 이 가족에 대한 그의 영향력은 대단해서 그는 한스카 부인을 설득해서 파리에서도 원정공연을 하도록 만들었다. 물론 이름을 감춘 채였다. 원래 파리는 러시아의 신하들에게는 금지된 땅이었다. 차르는 신하들에게 혁명의 땅인 프랑스 체류를 금지하였다. 그러나 발자크는 이런 종류의 어려움을 없애는 데는 대가였다. 한스카 부인은 그의 누이의 여행증명서를 얻었다. 백작아가씨 안나는 그의 조카인 외제니 행세를 했다. 파리에서는 그들을 위해 바쓰 거리에 작은 집 한 채를 세냈다. 그리고 그들에게 파리를 구경시킨다는 이루 말할 수 없는 즐거움을 누렸다. 그리고 누가 그처럼 파리를 안내할 수 있겠는가? 그러면서 그는 낯선 사람처럼 파리를 설명하

장 지구가 그린 한스카 부인. 발자크는 한스카 부인과 함께 있
는 동안 편지도 쓰지 않았고, 소설을 쓰지도 않았다. 그는 부유
하고 쾌락을 즐기는 한스카 부인 옆에서 일하지 않고 웃으면서
지냈다.

고 해설하고 즐겼다.

8월에 그들은 모두 함께 퐁텐블로, 오를레앙, 부르주로 갔다. 그는 그들에게 자기의 고향도시인 투르를 보여주었고, 그곳으로부터 로테르담으로, 헤이그로, 앤트워프로, 브뤼셀로 갔다. 거기서 어느 정도 휴식을 취한 다음 조르주 니제쉬에게 두 귀부인을 수행할 의무를 떠맡기고 발자크는 파리로 돌아갔다. 그러나 9월에 그는 다시 서둘러서 바덴 바덴으로 가서 보름 동안 그들과 함께 머물렀다. 그런 다음 '어릿광대' 패거리는 아무런 걱정도 없이 투르로 갔다가 이탈리아로 향했다. 배를 타고 샬롱에서 리용으로, 그곳에서 아비뇽으로 건너갔다. 10월 말에 그들은 마르세유에 있었다. 그런 다음에는 나폴리로 갔다. 애인과 함께 이탈리아를 구경하고 싶다는 그의 오랜 꿈이 실현되었다. 카스트리 부인이 그에게 거절했던 것을 이제 제부스카 여백작이 그에게 선물해준 것이다.

이 여행기간에 발자크는 단 한 줄도 쓰지 않았다. 보통 열여섯 시간씩 책상 앞에 앉아 있던 그는 편지 한 통도 쓰지 않았다. 그에게는 친구도 없었고, 출판업자나 편집자도, 빚도 없었다. 오직 이 여자와 자유밖에는 없었다. 《인간희극》은 잊혀졌다. 불멸성 따위는 아무래도 좋았다. 발자크는 그의 과도한 본성에 맞게 과격하게 즐겼던 것이 분명하다. 10년 동안이나 자신을 쏟아붓고, 인간으로서 할 수 있는 모든 것을 다 내놓았던 그는 이제 기(氣)를 빨아들이고 힘을 모았다. 행복한 사람은 말이 없는 법. 그는 오직 곤궁에서만 창작하는 예술가의 한 사람이었다.

　그가 떠맡은 빚이며 의무들은? 그 위로 갑작스럽게 베일이 내려진다. 지금까지 계산해본 바로는(지금까지 아무도 미로 같은 발자크의 재정상태를 완전히 계산해내지 못했다) 그 자신의 돈으로는 절대로 이 여행을 감당하지 못했을 것이다. 이미 당시에 두 사람 사이에는 어느 정도 재산공유가 시작되었던 것으로 보인다. 한스카 부인은 그와 결혼할 결심을 못하고 있었지만, 몇 년 동안 자신의 삶과 자신의 운명과 자신의 돈을 그와 함께 공유하기로 결심하고 있었다. 최종적인 의무는 지지 않은 채 말이다. 천재인 그는 시민계급의 의식을 가졌다. 귀족인 그녀는 더 자유로웠다. 그녀는 그와, 딸과, 미래의 사위와 근심 없이 함께 지내는 것이 아주 좋다고 여겼다. 어쩌면 그녀는 단 한 가지만을 두려워했던 것 같다. 그와 단둘이 있는 일이었다.

제4장
수집가 발자크

1845년에서 1846년에 쓰인 발자크의 편지들을 서명을 보여주지 않으면서 무관한 사람에게 내주고 글쓴 사람의 관심에 따라 그의 직업을 맞추어보라고 한다면 아마도 골동품 상인이나 그림 수집가, 혹은 토지상인이나, 주택중개인이라고 대답할 것이다. 어쨌든 작가라는 직업을 알아맞히지는 못할 것이다. 실제로 이 기간에 발자크에게는 《인간희극》의 완성보다는 미래의 아내를 위해 집을 짓는 일이 더 큰 관심사였다. 이 구제불능 몽상가에게 있어서 희망은 언제나 현실이 되곤 하였다. 그래서 그는 이번에도 말 앞에 마차를 매달았다. 아니면 빈 수레를 앞으로 말이 서 있게 될 빈 자리 앞쪽에 매달았다.

1845년에 발자크는 집도, 새 집을 지을 집터도 없었다. 그리고 새로운 궁전을 지을 집터를 사들일 돈도 없었다. 그러나 그는 전혀 존재하지도 않는 집을 위해서 벌써 열심히 치장을 시작하였다. 새로운 열광이 그를 사로잡았으니, 바로 골동품학이었다. 왕비의 먼 손녀뻘 되는 제부스카가 살게 될 집은 보물보관실, 미술실, 박물관이 되어야 한다. 이 거대한 망상꾼은 두 달에 한 번 정도는 겨우 2, 3백 프랑 때문에 전당포를 찾는 주제에, 극히 진지한 태도로 루브르, 에레미타주, 우피치 미술관들, 그리고 왕후장상의 궁전들과 똑같이 되려는 일에 착수한 것이다. 그는 홀바인, 라파엘로, 세바스티아노 델 피옴보, 반 다이크, 와토, 렘브란트 등 모든 시대 걸작품을 자기 미술관 벽에 걸려고 했다. 그의 살롱에는 가장 값진 골동품들이 서 있어야 하고, 가장 정선된 중국제, 작센제 도자기 제품들, 가장 놀라운 목각품들로 장식되어야 한다. 그것은 알라딘의 궁전처럼 꿈 같은 모습을 지녀야 한다.

발자크 같은 사람이 필요한 자금도 없으면서 홀바인이나 틴토레토의 그림들을 어떻게 자기 집에 마련한단 말인가? 대단히 간단했다. 골동품상들과 잡화상들에서 온갖 낡은 것들과 이른바 '우연히 건진 물건'들을 사들여서는 이것을 홀바인, 틴토레토 작품이라고 이름 붙이는 방법이었다. 어머니에게서 물려받은 투기꾼 성향은 이런 골동품 사냥에서 즉시 모습을 드러냈다.

어디에 머물든지 똑같았다. 어떤 도시에서든 그는 골동품 상점에 들렀다. 거의 자석에 끌린 것 같았다. 여기서는 그림 테두리를 사고, 저기서는 그림을 사고, 다시 저기서는 꽃병, 여기서는 가지가 많이 달린 촛대를 사는 식이었다. 그는 며칠이고 골동품상을 돌아다녔다. 어디에 두어야 할지도 모르면서—그리고 대개는 운임도 지불할 수 없으면서—나폴리에서, 제노바에서, 드레스덴에서, 네덜란드에서 발자크의 미래

궁전을 위한 보물상자들이 도착하였다. 물론 천재성에도 불구하고 그는 이런 물건들의 진짜 가치를 손톱만큼도 알지 못했다. 그리고 가장 형편없는 상인도 그보다는 나았다. 그러나 그는 취한 듯이 사들였다. 열에 들뜬 사람이 헛것을 보듯이 발자크는 이렇게 사들이면서 끊임없이 엄청난 이익만을 보았다. 거지이며 영원히 빚진 사람인 그는 1846년에 벌써 자기 재산을 40만, 50만 프랑이라고 계산하였다. 한스카 부인에게 보낸 편지들은 지속적으로 새로운 당첨작품을 알리고 있다.

한스카 부인 자신도 근검하는 성품은 아니었다. 그녀와 딸도 사들이는 취미를 가졌고, 라 페 거리의 보석상인들에게는 단골손님이었다. 무엇보다도 그녀는 19세기가 사랑한 값비싼 몸치장 도구들을 주변에 끌어모았다. 지나치게 값비싸고 금을 입힌 물건들이었다. 그래도 그녀는 액수가 커지면 계산을 해보곤 했다. 아마도 그녀는 그에게 집을 사고 치장하라고 약 10만 프랑 정도의 돈을—그들의 편지에서는 '보물 룰루'라고 불리고 있다—맡겼던 것 같다. 발자크가 언제나 그렇듯이 근본생각은 옳았다. 그는 집을 치장하고 그것을 위해서 좋은 골동가구를 사려고 했다.

그가 상황이 유리해질 때까지 기다릴 줄만 알았다면 그는 많지는 않지만 이 10만 프랑으로 한스카 부인을 위해서 아름다운 집을 사고 그것을 기분 좋게, 심지어는 넉넉하게 꾸밀 수도 있었을 것이다. 그러나 발자크는 기다릴 줄을 몰랐다. 그는 멈출 수가 없었다. 우연히 물건을 사들이는 사람이 이제는 곧장 수집가, 미친 듯한 투기꾼이 되었다. 그는 작가로서 어떤 동시대 사람과도 대적할 수 있다고 당당히 말할 수 있었던 반면에, 그림 수집가로서 왕과 제후들과 겨루려고 하고, 자기 집을 루브르처럼 꾸미려고 한다면, 그것도 거의 돈도 없이 그렇다면 그것은 어리석음일 따름이다. 이성과 어리석음 사이에 그어진 아주 가느다란 경계선이 그의 일생을 통과하고 있다. 한스카 부인은 불안해져서 조심하라고 경고하였다. 발자크는 그녀에게 자기가 얼마나 영리하게 일을 하는지, 자기가 얼마나 살림꾼이고 능숙한지 여러 가지 복잡한 계산을 해보였다. 이렇게 계속되는 자기기만을 보고 있으면 넌더리가 날 지경이다.

그러나 발자크의 사업을 추적하면서 미래의 미술관 소유자가 어떻게 돈을 버는지 구경하는 것은 아주 재미있는 일이다. 예를 들면 그는 '옛날 중국제' 9인용 식기 세트 한 벌을 사고 이렇게 환호성을 지른다.

나는 그것을 3백 프랑에 샀어요. 뒤마는 그런 것을 4천 프랑을 주고 샀지요. 그 가치는 적어도 6천 프랑은 될 겁니다.

얼마가 지난 다음 그는 물론 작은 목소리로 그 중국제 도자기 그릇이 네덜란드에서 만들어진 것이라는 사실을 확인해야만 했다.

그건 정말 중국제 같아요. 내가 중국인인 것처럼 말이죠.

그러고 나서 슬픈 목소리로 덧붙인다.

내 말을 믿어요. 골동품 수집이란 하나의 학문이랍니다.

물론 이 어려운 학문을 계속 즐겁게 해나가는 일은 불가능했다. 그가 단 하루 동안(1846년 2월 15일) 얼마나 대단한 사업을 했는지 한 번 보기로 하자.

나는 세 시간 동안이나 돌아다니면서 쇼핑을 했습니다. 첫째, 노란 접시 하나(5프랑. 적어도 10프랑 가치는 있습니다. 놀라운 물건이죠). 둘째 푸른 세브르산 도자기, 탈마(Talma, 프랑스의 배우이자 극장 감독, 1826년에 죽음 : 역주)에게 주었던 나폴레옹 황제시대 양식, 색깔이 믿을 수 없을 정도로 화려하고 그것만으로도 금화 25두카트는 나갈 것이 분명한 꽃다발이 그려진 물건입니다(가격 : 겨우 20프랑). 셋째, 풍부한 세공을 가진 안락의자 여섯 개. 그중 넷은 내가 보관할 것이고 둘로는 2인용 안락의자 하나를 만들도록 했습니다. 황금으로 된 것 같아요! 그것으로 우리는 벌써 작은 살롱을 위한 시설을 거의 마련한 셈이지요(240프랑에 말입니다).

같은 날 그는 돌아다니다가 또 무엇인가를 찾아낸다.

세브르산 꽃병 두 개. 그것은 5, 6백 프랑은 나갔을 것이 분명합니다(혼자만 비밀로 하세요. 나는 그것을 35프랑에 샀습니다). 아직 한 번도 경험해보지 못한 기회지요. 사람들은 파리를 제대로 몰라요. 시간과 끈기만 있으면 여기서는 무엇이든 구할 수 있지요. 게다가 싼 가격에 말입니다. 당신이 내가 5프랑에 산

노란 접시를 본다면 믿으려 들지 않을 겁니다.

동시에 그는 샹들리에를 놓고도 흥정을 벌였다.

그것은 도이치 황제의 소장품에서 나온 것으로 무게가 2백 파운드나 나갑니다. 멋진 청동제품이지요. 청동만 해도 킬로그램당 2프랑 20상팀 가치는 있어요. 나는 이 샹들리에를 고철값으로 샀답니다. 450프랑에 말이죠—그러니까 거의 공짜로라는 뜻이다—당신은 엄청난 가격의 예술작품들만이 제공할 수 있는 온갖 것에 둘러싸여서 가능한 한 부유하고 우아하게 살게 될 거예요. 그러고도 자산가치는 그대로 유지되고 말이죠.

그는 자기가 세상에서 가장 싸게 사는 사람이라고 굳게 믿고 있었기 때문이다.

당신도 인정하시겠지만 나는 당신의 '룰루'를 위해서 훌륭한 관리자, 여행자, 경제적인 사람인 셈입니다. 나는 파리의 모든 구석을 다 뒤집니다. 좋은 물건들은 매일 값이 두 배로 뛰지요.

때로는 발자크까지도 알아챌 만한 작은 불운들이 발생하기도 했다.

나는 세비녜 부인의 세밀화 초상화를 찾아냈어요. 루이 14세 시대의 물건으로 1백 프랑이죠. 그것을 갖고 싶은가요? 그것은 걸작품입니다.

다음날 그는 자기 생각을 정정한다.

그 초상화는 정말 역겨워요.

그러나 다행스럽게도 그는 다시 다른 당첨품을 찾아냈다.

당신의 할머니인 프랑스 왕비 마리 레친스카의 초상화를 찾아
냈어요. 코이펠의 것과 아주 유사합니다. 어쨌든 그의 아틀리에
에서 나온 것이죠. 나는 이렇게 혼잣말을 했답니다. 그건 확실
해, 룰루. 나는 이 작품을 액자가격으로 샀어요.

한 주 뒤에 그는 그것이 코이펠(Coypel)의 그림이 아니고
'겨우' 랑크레(Lancret)의 것임을 알아냈다. 다행히도 액자
만 해도 상인에게는 80프랑 가치가 있다. 그는 전체를 겨우
130프랑에 샀다. 그가 망설이지도 않고 다음과 같이 쓰고
있는 것을 볼 때면 때때로 그의 분별력을 의심하고 싶어진
다.

이 작은 풍경화는 뤼스다엘의 것입니다. 미빌은 내가 나투아
르와 홀바인을 350프랑에 샀다고 부러워하고 있어요.

이 똑같은 발자크가 같은 시기에 〈사촌 퐁스(Cousin
Pons)〉에서 홀바인의 엄청난 가치를 서술하고 있는 것을 생
각하면, 어째서 이 그림상인들이 바로 자기에게 홀바인의 그
림을 단돈 3백 프랑에 넘기려고 할까 하는 질문이 그에게 한

번이라도 떠올랐을까 물어보게 된다. 그러나 그는 이런 질문을 하지 않았다. 그는 꿈꾸고, 헛것을 만들어내고 사들였다. 거리마다 환상적인 거래가 기다리고 있었다.

파리는 그런 기회로 포장되어 있다시피 하니까요!

이 엄청난 거래의 뒷면은 물건을 팔 때에야 비로소 드러나는 것이다. 그의 아내가 죽은 다음에 드루오 호텔에서 열린 경매는 잔인한 결산표를 보여주었다. 진짜 홀바인이나 뤼스다엘 이야기는 전혀 들리지 않았다. 어떤 전시회에서도 '발자크의 소장품'이라는 기원을 가진 이렇다 할 그림은 없다. 그의 가장 큰 사치품 자리를 차지하려고 노렸던 비용은 헛것이 되고 말았다. 그는 그것을 직접 경험하지는 못했다. 그러나 살아서 한 번은 이미 경험한 일이었다. 피렌체 가구 이야기는 그에게 사는 것이 팔기보다 얼마나 쉬운지 보여주었다. 어쨌든 보여주어야 옳았다. 그는 같은 교훈을 '자르디' 투자에서도 배워야 했다. 10만 프랑을 주고 샀다가 1만5천 프랑에 팔아넘겼던 교훈이었다.

1843년 12월 21일에 그는 어떤 골동품상에서 책상과 낡은 옷장을 산 적이 있었다. 여러 가지로 미루어보아 흔해빠진 이탈리아제였다. 그러나 어떤 골동품 가게에 있는 시계를 보고 즉각 '잉글랜드의 헨리에트 왕비의 시계'임을 알아보았던 그 환상적인 안목으로 그는 이 가구에 대해서 다음과 같이 주장하였다.

이것은 성에서 나온 화려한 물건입니다. 이것은 비서의 책상이고, 피렌체에서 마리아 데 메디치를 위해 만들어진 옷장입니다. 이 물건들에는 그녀의 문장(紋章)이 새겨져 있어요. 두 물건 다 흑단으로 만들어졌고, 나전 장식이 박혀 있어요. 화려하고 그림이 섬세해서 행복한 솜라르(Sommerard, 파리 클뤼니 박물관에 소장된 물품들이 대부분 그의 것이다 : 역주)라도 그것을 보면 기절할 것입니다. 나는 완전히 놀라고 말았습니다. 그것은 루브르에 있어야 할 물건이지요!

발자크의 경우에 직관이 투자와 얼마나 뗄 수 없게 결합되어 있는지 하나의 모범적인 경우를 확인할 수 있다. 열광과 동시에 그의 내면에서 흥정을 하고자 하는 욕구가 깨어난다. 첫 번째 본능은 미적인 본능이고, 그것도 애국적인 흔적까지 나타난다.

메디치 가문, 루벤스를 후원했던 여왕의 이런 기념품을 부르주아의 손에 들어가지 않도록 구해내야 합니다. 나는 그에 대해서 20쪽짜리 기사를 쓸 생각입니다.

그러면서 동시에 그는 다음과 같이 덧붙인다.

투자의 관점에서 보자면 수천 프랑을 버는 일이지요.

다음날인 12월 22일에 발자크는 1,350프랑을 주고 그 두 가지를 사들였다(다행스럽게도 대부분 일년 안에 갚을 수 있었다). 그 이전의 망상보다 더 어이가 없는 새로운 망상을 그는 덤으로 받았다.

나는 위대한 역사적 발견을 했고, 내일이면 그 사실을 더욱 정확하게 확인하게 될 것입니다. 옷장만이 마리아 데 메디치의 것이었어요. 책상은 콘치니 아니면 에페르농 공작의 문장을 지니고 있습니다. 그러나 이 책상 위에는 사랑스럽게 구부러진 테두리를 가진 M이라는 철자가 그려져 있습니다. 그것은 마리아 데 메디치가 자신의 총신 중 한 사람과 가까운 관계에 있었다는 사실을 증명하는 것입니다. 그녀는 그에게 자신의 옷장을 선물했고, 그밖에도 책상을 맞춰준 것이지요. 당크르 장군은—장군으로서는 우스꽝스런 인물이지만—책상 위에 대포와 다른 전쟁 표지들을 나전으로 새겨넣어 달라고 주문했던 것이죠.

이 엉터리 이야기에서 콘치니, 뒷날의 당크르 장군이 정말로 마리아 여왕의 애인이었다는 것만큼은 맞는 말이다. 나머지 모든 것은 물론 소설가가 덧붙인 것이다. 그러나 발자크에게 있어서 이 두 물건은 하룻만에 더욱더 소중한 것이 되었다. 그는 새 가격을 알아냈고, 그것을 살 사람까지 점찍었다.

옷장 하나만 해도 4천 프랑의 가치가 있습니다. 나는 그것을 솜라르 박물관에 진열하도록 왕에게 팔 생각입니다. 책상은 내가 지니기로 했고요. 옷장을 우선 왕궁에 놓으라고 제안할 생각입니다. 이 물건은 루브르에 어울리는 것이니까요.

전혀 실현되지 않은 이런 이익은 발자크의 상상력 속에서 또 다른 위대하고 손쉬운 사업을 하자는 생각으로 이어졌다.

루이 필립에게 옷장 값으로 3천 프랑을 받으면 나는 만족할 생각입니다. 그것으로 1,450프랑의 이익을 얻을 테니까 말입니다. 그것은 작은 자본금이 되어서 그것으로 계속 골동품 세계를 돌면서 우리의 보물을 늘릴 수도 있지 않겠어요!

한스카 부인은 이상하게도 이 사업의 위대성을 믿지 않았고 그의 '가구 바보짓'을 질책했다. 그래서 발자크는 그녀에게 이렇게 써보냈다.

나는 이 두 개의 유명한 가구 중 하나를 내가 두 가지를 사들인 가격으로 팔라는 주문을 냈습니다. 그것으로 나는 다른 것은 공짜로 얻고 그밖에도 촛대를 하나 살 만한 금액을 벌게 됩니다.

약아빠진 사업가로서 그는 이 판매를 위해서 신문에 광고를 싣기로 했다.

당신은 가까운 시일 내에 신문에서 나의 발견이 얼마나 소동을 일으켰는지 알게 될 것입니다!

2월 11일에 정말로 〈메사제(Le Messager)〉지에 발자크가 작성한 문안이 실렸다.

골동품 애호가이고 우리의 가장 유명한 작가 중의 한 사람이 아주 우연히 최고의 역사적 가치를 지닌 가구를 찾아냈다. 그것은 마리아 데 메디치의 침실을 장식한 옷장이다. 이 가구는 생각할 수 있는 한 가장 훌륭한 예술품 중의 하나로서 흑단으로 만들어진 것이다……

그러나 왕은 자신의 선배가 소장했던 이 화려한 물품을 가지려는 생각이 없었다. 그러다가 상인 몇 사람이 신문광고에 끌려서 찾아왔다. 발자크는 벌써 환호성을 지른다.

살 사람이 왔어요. 그는 피렌체의 가구 두 가지를 1만 프랑에 사들인 다음 그것을 2만 프랑에 왕족에게 팔 생각입니다. 그는 상인인 뒤푸르에게 수수료로 1천 프랑을 약속했답니다. 나는 옷장만 내놓을 생각입니다. 사방에서 사람들이 몰려와요. 심지어는 골동품 상인들도요. 한결같이 엄청난 경탄으로 가구를 칭찬합니다.

자세히 들여다보고 나서 살 사람들과 경탄자들이 도로 물러간 것이 분명하다. 3월에도 계약이 이루어지지 않았다. 다른 사람들은 그의 오해를 모두 알았던 것 같다. 발자크는 오히려 망상에 사로잡혀서 가격을 올렸다.

나는 원래 둘 중에서 내가 가지려고 생각했던 가구를 집에 들여놓았습니다. 그것은 모든 찬양을 넘어서는 것입니다. 얼마나 멋진지 이루 다 말로 표현할 수 없을 정도입니다. 물론 두 가구

중 어느 것도 마지막까지 지닐 생각은 아닙니다. 가장 유명한 골동품 상인은 이 책상을 4만 프랑이라고 평가했어요. 그것을 수리한 소목장이는 책상이 수공값만 2만5천 프랑은 될 거라고 말했답니다. 그는 이런 것을 만들어내려면 적어도 3년 동안은 일해야 한다고 했지요. 새겨넣은 아라베스크 무늬만 해도 라파엘 정도의 가치는 있습니다. 런던의 선덜랜드 공작이나 피어, 혹은 로버트 필이 영국 화폐로 3천 파운드를 지불할지 보려고 합니다. 나는 그 가격에 이 물건을 넘기고 그러면 그것으로 빚을 갚을 수 있겠지요. 그때까지는 그것을 집에 두려고 합니다.

다시 한 달이 흘렀고 3천 파운드에서 단 1파운드도 나타나지 않았다. 그러나 발자크는 굽히지 않았다. 놀라운 고집으로 그는 새로운 생각을 만들어냈다. 〈뮤제 데 파미유(Le Musée des Familles)〉지에 이 '왕가의 가구' 모형을 싣도록 하고, 판권으로 신문사에서 5백 프랑을 받아낸다는 것이었다. 그렇게 되면 이 가구들은 1,350프랑이 아니라 850프랑에 산 것이 된다.

그러나 봄이 가고 여름이 지나갔다. 모형은 실리지 않았고 살 사람도 나타나지 않았다. 10월에 희망의 빛이 비추었다.

대단한 새 소식이에요! 로트실트가 나의 피렌체 가구에 관심을 보이고 있습니다. 그는 나를 방문하려고 해요. 분명 내 집에 있는 가구를 보기 위해서지요. 나는 4만 프랑을 요구할 생각입니다.

다시 말해서, 발자크는 온갖 광고를 내고서도 일년이 지나도록 자신이 사들인 물건에 대해서 바라는 대로 3천 프랑을 벌어들이지 못했다. 그런데 친절한 말 한마디에 갑자기 가격이 4만 프랑으로 뛰어오른 것이다. 로트실트의 방문에 대해서는 그 뒤로 아무 소식도 들을 수가 없다. 그 대신 데본셔 공작 이야기가 나온다. 그리고 발자크는 신음한다.

오 무엇이든 되기만 한다면! 이것이 전환점이 된다면!

그러나 물론 아무것도 이루어지지 않았다. '전환점'은 없었고 앞으로도 없을 것이었다. 그는 마지막으로 네덜란드 왕과 협상을 시도했다. 절망에 사로잡혀서 그는 거의 무의미한 금액인 7만 프랑을 불렀다. 그러니까 그가 파리에서 받을 수 없었던 금액의 열 배를 부른 것이다. 그는 심지어는 이 사업을 위해서 친구인 테오필 고티에까지 동원하였다.

내 피렌체 가구 두 점에 관해서 문예란 기사를 쓰도록 하기 위해 고티에가 필요해요. 우리는 일주일 안에 모형을 만들어야 합니다. 그러면 그것을 네덜란드 왕에게 보낼 거예요. 그것은 굉장한 소동을 만들어내겠지요!

그러나 이 소동도 가라앉았다. 그는 이 두 가지 가구의 값으로 7만도, 5만도, 그리고 5천 프랑도 받지 못했다. 오로지 죽음만이 그가 이것들이 드루오 호텔 경매에서 얼마나 하찮은 가격에 낙찰되었는지 보는 치욕을 면제해주었다.

가구와 도자기, 상자와 옷장들이 미래의 집을 위해 차곡차곡 쌓였다. 이 보물들을 보호하기란 쉬운 일이 아니었다. 빚쟁이들이 언제나처럼 발자크의 뒤를 쫓아다녔기 때문이다. 그래서 무엇보다도 집을 생각할 시간이 되었다. 그것은 한스카 부인의 이름으로 등록되어야 하고 그럼으로써 빚쟁이들이 달려들 수 없는 것이어야 했다. 그 점에서도 발자크의 출발점은 상대적으로 온건한 것이었다. 그의 계획에 따르면 그들 두 사람은 파리에서 '아주 단순한 생활'을 할 생각이었다. 이 '아주 단순한 생활'이라는 것이 해마다 적어도 4만 프랑은 드는 것이었다. 발자크의 설명으로는 더 싸게 살 수는 없다고 했다. 2만 프랑으로 생활하는 빅토르 위고는 '쥐와도 같은 생활'을 하고 있기 때문이다.

발자크에게 있어 집을 산다는 것은 다른 사람들의 경우처럼 단순히 그 안에서 살 건물을 구하겠다는 소망이 아니었다. 발자크에게 산다는 것은 언제나 그것으로 사업을 한다는 뜻이었다.

나는 집을 소유하겠다는 생각을 3년 전부터 해왔습니다. 그것은 무엇보다도 경제적인 고려에서 나온 것이지요. 집을 사는 것으로 훌륭한 계약을 맺는 것, 그것은 아주 자연스러운 생각이 아니겠어요.

그래서 그는 사방을 둘러보았다. 그리고 어디를 바라보든 그는 언제나 가격을 낮추어 잡았다. 파씨의 주택은 10만 프랑은 할 것이었다. 그러나 그의 계산에 따르면 실제로는 6만 프랑밖에 들지 않는다.

　파씨에 50만 프랑을 들여서 산을 우회하는 새 도로를 건설할 계획이 잡혀 있습니다. 도로는 우리 발치에서 아래로 12피트 떨어진 곳에 들어서지요. 그러니까 당국은 그중 일부를 사들여야 합니다. 사람들 말로는 1만 프랑은 받을 수 있을 거라고 합니다. 그밖에도 3만 프랑을 주면 프랑클렝 거리에 토지를 팔 수 있답니다.

12월에 그는 무쏘에 있는 부동산을 보았다.

　우리는 거기서 분명히 우리 자산을 두 배로 늘릴 수 있을 것입니다.

다만 하찮은 일을 처리해야만 했다.

　그것을 일부는 파괴해야 합니다.

그리고 내부를 완전히 새로 만들어야 한다는 것이다. 그것은 12만 프랑의 경비가 들 것이다. 이 비용은 아주 쉽게 벌어들일 수 있다. 그것도 돈을 벌 수 있는 다른 부동산을 더 삼으로써 가능하다는 것이다. 그것은 그의 초기 시절의 사고방식이었다. 그는 출판사에 이어서 인쇄소를 샀고, 인쇄소에 이어서 활자제조업에 뛰어들었다.
　봄에 그의 눈길은 지방으로 뻗쳤다. 그곳에서는 완전히 공짜로 살 수 있을 뿐더러 아주 평화로운 가운데 땅값이 오르기를 기다릴 수 있다는 것이다. 자본금은 연금을 위한 밑바탕이 된다. 인생이란 얼마나 쉬운 것인가!

부브레의 포도원은 우리 생활비를 완전히 해결해줄 수 있는데 고작해야 2만에서 2만5천 프랑 정도입니다.

그러나 투렌에서라면 포도원과 과일나무들, 넓은 테라스와 루아르 강을 내다보는 훌륭한 전망을 가진 성을 통째로 살 수 있는데 그런 포도원을 산다는 것은 얼마나 어리석은가? 그것은 20만이나 30만 프랑이 아니던가? 발자크는 그것을 공짜로 받은 다음 아주 정확하게 계산해 보이고 있다.

당신은 기뻐서 펄쩍 뛰어오를 겁니다! 몽콩투르가 매물로 나왔거든요! 내가 30년 전부터 가져온 꿈이 현실이 되거나 아니면 어쨌든 현실이 될 수 있게 된 거지요.

계약금으로 현찰 2만 프랑만 걸면 된다. 그러면 토지구획의 한 구역을 팔 수 있다. 토지의 포도원만 해도—10년 평균에 기초한 아주 확실한 계산방식에 따르면—자본금 5퍼센트의 이자를 확보해주는 것이다. 이 포도원에서 아주 쉽게 10모르겐 정도를 팔 수 있고 그것으로 4만 내지 5만 프랑을 받을 수 있다. 그리고 편지 마지막에 그는 다시 서정적인 기분이 되고 있다.

몽콩투르에서 보았던, 루아르 강에 반사된, 두 개의 작은 탑을 가진 저 아름다운 작은 성이 생각나나요? 투렌 전체를 굽어보고 있었지요……

옛날의 학교 친구가 그를 대신해서 흥정을 했다. 그러나 이 계획만 해도 너무나 하찮은 것이었다. 발자크는 정열적으로 너무나 큰 물건들이 정말로 싸다는 주장을 내세웠다.

작은 토지들은 쓸데없이 비싸기만 합니다. 얼마 안 되는 재산을 가진 사람들이 너무나 많기 때문이지요. 큰 사업을 하려면 진짜 큰 물건을 골라야 합니다.

어째서 생 그라티엥의 성을 사서는 안 되겠는가? 그것은 드 퀴스텐 씨의 것인데, 그는 발자크가 '자르디'에 투자했다가 망했듯이 이 토지에 투자했다가 망한 사람이었다.

그는 생 그라티엥을 위해 30만 프랑을 썼어요. 그리고 최초의 가격인 15만 프랑이면 팔겠다고 합니다……. 그러니까 그는 한 푼도 벌지 못하고 떠나는 것이지요.

드 퀴스텐은 발자크가 아니었고 그래서 그는 자기 소유지를 공짜로 넘기지는 않았던 것 같다. 발자크는 계속 더 찾아보아야 했고 1846년 가을에 마침내 최종적인 집을 찾아냈다. 포르튀네 거리에 있는 보종 저택이었다. 그것은 18세기에 만들어진 것으로 혁명 시대의 부유한 장군 소작인의 것이

포르튀네 거리(오늘날 발자크 거리)에 있는 발자크의 집. 심비의 수채화. 발자크는 이곳에서 한스카 부인과 행복한 삶을 꿈꾸었지만, 운명은 삶을 누릴 만한 시간을 주지 않았다.

었다. 이제 그곳으로 왕의 것과도 같은 접시들, 제후들의 것과도 같은 옷장들과 책상들, 진짜 홀바인과 뤼스다엘의 그림들, 그리고 수백 파운드 무게가 나가는 촛대들이 옮겨졌다. 그것은 '발자크 박물관'이 될 참이었다. 그러니까 그의 루브르요, 무(無)에서 걸작품을 만들어내는 그의 기술의 기념관이 될 참이었다. 그러나 뒷날 친구인 고티에가 그 집에 가보고 놀라서 발자크는 분명 그 사이에 백만장자가 된 모양이라고 선언하자 그는 슬픈 목소리로 항의하였다.

아니, 내 친구여. 나는 전보다 더 가난해졌어. 이 모든 사치품 중 어느 것도 내 것이 아니야. 나는 그저 이 성의 수위이며 이것을 지키는 사람일 뿐이야.

그는 처음에는 빚쟁이들을 생각해서 조심하느라고 자기 책상이 놓여 있는 파씨 거리의 보잘것없는 작은 방에서 지냈다. 그의 원고들이 들어 있는 이 단순한 집이─보종의 양탄자며, 끔찍한 청동과 샹들리에가 아니라─우리에게는 진짜 '발자크 박물관'이다. 사람들은, 그것도 가장 천재적인 사람들조차도 자기들의 업적이 아니라 훨씬 더 값이 싸고 가벼운 물건들로 존경받고 경탄받으려고 생각한다는 것이 삶의 법칙이다. 수집가 발자크는 이 사실에 대한 전형적인 예가 되고 있다.

제6부

완성과 최후

제1장
마지막 걸작 소설들

1843, 1844, 1845년은 내적인 초조감의 세월이었다. 발자크의 근원적인 힘인 일에 대한 편집증이 무너진, 아니 중단된 기간이었다. 15년 동안이나 쉬지 않고 창작활동을 해왔던 그가 이 기간 동안 주로 수집가, 말 그대로의 수집가와 더 높은 의미에서의 수집가 노릇을 하며 지냈다. 그는 시계며 도자기, 그림들, 가구들만을 수집한 것이 아니라 삶이 자기에게 거절한 것도 수집하였다. 한가한 시간들, 여자와의 산책, 이국의 풍경 속에서 아무에게도 위협받지 않는 긴 사랑의 밤들, 귀족 숭배자들의 경탄 등이었다. 그의 생산성은 전기를 맞이하였다. 소설 원고가 아니라 그는 자신의 삶의 소설을 행복한 결말로 이끌어가려고 노력하였다.

발자크의 생명감이 이 기간 동안에 삶에 바쳐지고, 창작활동에서는 멀어졌다는 것을 그의 예술에서 느낄 수 있다. 1841년, 1842년에 그는 개별적으로 그럴싸하지 않은 면들을 가졌으면서도 국가 음모에 대해서 비할 데 없이 조형적인 그림을 제시하고 있는 정치소설 〈음모〉를 썼다. 그리고 〈여자 낚시꾼〉은 당시 사람들이 짐작도 하지 못했던 현대성과 성적인 종속의 문제점에 대한 인식을 보여주었다. 그런 다음 〈잃어버린 환상〉을 마무리지었다. 그것은 파리의 예술 및 연극세계의 단면을 그린 것으로 예술적인 것과 예술적 성공의 세계를 보여주고 있다. 〈창녀들의 영광과 비참〉이 뒤를 이었다. 여기서 문학의 세계가 돈의 세계와 결합되고 있다. 보트랭이라는 인물이 다시 돌아오고, 거대한 파노라마 속에서 그는 앞선 작품들의 주제들을 하나로 합쳤다. 이따금 통속소설과 탐정소설의 영역으로 탈선하면서도 이 책에서는 현실의 파리와 파리 사교계 이상의 것이 표현되어 있다. 여기서 작가는 그 모든 위험을 가진 언론계에 대해서, 그리고 그의 인물들처럼 언제나 자기를 유혹하는 돈에 대해서 복수를 하였다.

그러나 지방에 대한 도시의 싸움을 묘사하고 있으며 거대한 사회문제를 건드리게 될 〈농부들〉을 완성하지 못했다. 파리에서 증권거래소나 문학에서 이루어지는 싸움은 시골 농부들 사이에서 그 원시적인 형태를 보인다. 거기서는 눈에 보이지 않는, 혹은 파악할 수 없는 가치가 아니라 땅이, 한 조각 땅이 문제가 된다. 발자크는 이 책을 위해서 여러 해나 작업하였다. 그는 이것이 결정적인 책이 되리라고 느꼈다. 그는 언제나 다시 착수하곤 하였다. 그는 제1부를 발간함으로써 자신을 강요하려고 했다. 그러나 그는 중단해야 했다. 그런 다음 이 몇 해 동안 다른 일들을 먼저 잡았다. 더 작고 덜 중요한 일들이었다.

그는 소설 〈베아트리스〉—겨우 앞부분들만 예술작품이라고 할 수 있을 것이다—에다가 인위적이고 감상적이며 생동감 없는 결말을 덧붙였다. 〈결혼생활의 비참〉처럼 하찮은 것들을 썼다. 물론 옛날에 쓴 〈결혼 생리학〉에 많은 재치와 매력을 양념으로 뿌려서 따뜻하게 만든 것이긴 했다. 단편소설 〈모데스트 미뇽〉은 한스카 부인이 주제를 준 것으로, 그가 '어떤 폴란드 여인에게', 즉 그녀에게 헌정한 것이지만 그를 모방하는 사람이라도 그 정도는 쓸 수 있을 것이었다. 어디서도 사자의 발톱을, 이 작가의 진짜 집중력을 느낄 수 없다.

그는 진짜 업적에 대한 편집증의 법칙을 세웠고, 이번에는 이 법칙을 부정적인 측면에서 확인해주었다. 예술가는 긴 시간 작업을 멀리하면 자신의 손길을 다시 길들여야 한다고 말했던 그가 이제는 작업장을 아주 오래 떠나 있었다. 반나절이나 집들을 찾아다니고 골동품상들을 돌아다니고 나서는 쓸 수가 없었다. 이 시기에 나온 편지들에는 몇 페이지씩이나 작업에 대해 한마디 말도 없거나 겨우 작업계획에 대해서만 나온다. 오직 가구들, 사교계, 쓸데없는 것들에 대한 이야기만 들어 있다. 집중의 법칙이 깨진 것이다.

발자크 자신이 그것을 느꼈다. 가장 완벽한 노동자인 그는 자신의 손길을 잘 알고 있었다. 그는 다른 즐거움을, '단순한 삶에 바치는 게으름'을 알게 된 이후로 노동의 즐거움을 잃어버렸다. 1846년에 그는 나폴리에 있는 한스카 부인에게 써보냈다.

내 정신과 내 이해력은 서로 만나지 않습니다…… . 모든 것은 지루할 뿐이며 불쾌하기만 합니다.

〈농부들〉이 계속 진행되지 않는 것이나, 〈소시민들(Les Petits Bourgeois)〉(그 자체로는 중요하지 않은 작품)이 잘 진척되지 않는 것이 그를 화나게 만들지도 못했다. 그는 오로지 빚을 갚기 위해서만 일했다. 때로는 예술 자체가 그에게 완전히 무관한 것이 된 것 같다는 느낌을 받게 된다. 집을 다 꾸미고 나면 그것은 나중에 올지도 모른다. 갑자기 그는 모든 것을 그대로 놓아두고 3월에 로마로 떠났다.

돌아와서 한스카 부인에게 자기는 다시 '엄청나게 일을 해야 한다'는 통상적인 고지를 담은 편지를 계속 보냈다. 그는 밤낮 석 달만 계속 일하면('우리가 결혼하기 위해서 보름 동안 쉬는 것 말고는 중단하지 않고') 아직도 자기에게 남겨져 있는 6만 프랑의 빚을 다 갚을 수 있을 것이라고 믿었다. 아직도 예술적인 영감에 대해서는 전혀 들을 수 없다.

마침내 6월 1일에 그는 다음과 같이 알리고 있다.

나흘 전부터 소모적인 활동성이 나를 사로잡는 것을 느낍니다……

12일에는,

〈농부들〉과 그밖에 다른 단편소설의 계획을 세우고 있습니다.

6월 14일에 벌써 두 개의 새로운 작품에 대한 윤곽이 나오고 있다.

다음과 같은 것을 쓸 생각입니다. 첫째로 〈가난한 친척들 이야기(Histoire des Parents pauvres)〉입니다. 그것은 《인간희극》에 인쇄전지 서너 장 분량으로 들어갈 〈고귀한 사람 퐁스(Le Bonhomme Pons)〉와, 인쇄전지 16장 분량의 〈사촌 베트〉로 이루어지게 됩니다. 둘째로는 〈왕의 대리인의 못된 행동(Les Méfaits d'un Procureur du Roi)〉입니다.

단편소설 하나가 두 개가 되었고, 발자크 자신도 자기 계획의 폭과 깊이를 모르고 있었다. 아직도 여전히 그는—예고된 작품의 분량이 보여주듯이—그것이 짧은 단편들이 될 것이라고 믿고 있었고 장편소설이 되리라고는 생각지 못했다. 그때까지 그는 분량만 계산했다. 그리고 그것은 그가 이 책들로 얼마나 많은 돈을 벌어들일 것인지 하는 관점에서만 보고 있다는 뜻이다. 그는 벌써 〈농부들〉과 〈소시민들〉, 〈사촌 베트〉로 빚을 완전히 청산하게 되리라고 계산하였다. 그러나 갑자기 옛날의 명예심이 그의 내면에서 다시 깨어났다. 작품의 구상에서 그는 예술가의 사명을 느꼈고, 창작의 즐거움을 느꼈다. 진짜 업적이라는 명예심이—마침내!—그를 사로잡은 것이다. 6월 16일에 그는 자신에게 다음과 같은 과제를 제시한다.

이 순간은 나에게 두세 개의 주요작품을 만들어내기를 요구합니다. 그 작품들은 저 엉터리 문학의 거짓된 신들을 물리치고 내가 전보다 더 젊고, 더 신선하고, 더욱 위대하다는 것을 보여주어야 합니다. 〈늙은 음악가(Le vieux musicien)〉(즉 〈사촌 퐁스〉)는 불행이 그를 짓누르는 〈가난한 친척〉으로서 순수한 심정의 인간이지요. 〈사촌 베트〉 역시 불행에 쫓기는 〈가난한 친척〉입니다. 그녀는 셋이나 네 가족의 성에 살면서 그들 모두의 고통을 위해 복수를 합니다.

돈 이야기, 토지 투기, 북부철도 주식, 도자기 그릇 따위의 온갖 수다를 늘어놓은 다음에 진짜 예술적인 형상화 의지가 다시 나타난 것을 보는 일은 즐거운 일이다. 옛날의 끔찍한 방식에 따라서 그는 소설의 전체 윤곽을 짜기도 전에 벌써 출판업자들과 가격을 흥정하였다. 그러나 그런 다음에는 정말로 일에 뛰어들었다. 옛날의 작업시간이 다시 돌아왔다. 외적인 삶의 수많은 흥분들이 골동품 상인들이 보내주는 꾸준한 소포의 모습으로 여전히 그를 부담스럽게 한다는 언급을 보게 된다.

이 모든 상자들의 포장이 이미 열려 있다면 얼마나 좋을까요. 내가 기다리던 아름다운 물건들, 그것들이 어떤 상태로 도착했을까 알고 싶은 긴장감, 그 모든 것이 내게 매우 생생하게 작용합니다. 특히 현재의 혼란스런 상황에서는 더욱 그렇지요. 나는 영감의 열기를 통해서, 그리고 잠을 못 자서 쇠약해져 있기 때문입니다. 오늘처럼 매일 새벽 2시에 일어나기만 한다면 월요일에는 〈늙은 음악가〉를 끝낼 것 같습니다. 그러면 다시 옛날 작업시간에 도달하게 됩니다.

'단순한 삶에 바치는 게으름'을 알게 된 이후로 노동의 즐거움을 잃어버렸던 발자크는 갑자기 예술가로서의 자신의 사명을 깨달았고, 〈사촌 퐁스〉 등 불멸의 작품들이 그의 손끝에서 흘러나왔다.

발자크에게도 엄청난 속도로 단숨에 그는 소설의 구상을 세웠다. 6월 20일자로 그에게서는 보기드문 말을 보게 된다.

나는 〈늙은 음악가〉에 대해서 썩 만족하고 있습니다. 〈사촌 베트〉를 위해서는 물론 이야기를 만들어내야 합니다만.

그러고 나서는 다시 도착한 그림들 중 하나가 긁혔다는 것, 그리고 자기가 산 청동제품이 진짜가 아니라는 말이 나온다. 빚과 옷 만들기에 대한 말도 나온다. 그러나 6월 28일에는 〈사촌 퐁스〉가 끝났다. 발자크는 여러 해 전부터 내지 않았던 환호성을 토한다.

내 사랑하는 사람! 방금 책을 끝냈어요. '기식자'라는 제목을 붙일 생각입니다. 그것은 지금까지는 '착한 사람 퐁스', '늙은 음악가'라고 불렸던 원고의 최종적인 제목입니다. 그것은 적어도 내게는 극단적으로 단순하면서 사람의 마음을 온통 사로잡는 걸작들 중 하나입니다. 〈투르의 사제〉만한 분량이고, 그보다 더욱 명확하고 그와 똑같이 감동적입니다. 나는 아주 기쁩니다. 곧 당신에게 교정쇄를 보내드리지요.

이제는 〈사촌 베트〉 차례입니다. 끔찍한 소설이지요. 여주인공이 내 어머니와 데보르드 발모르와 당신의 아주머니 로잘리를 한데 섞어놓은 인물이니까요. 그 책은 여러 가족들의 이야기를 서술하게 될 겁니다.

어머니에 대한 분노, 한스카 부인과의 사랑의 소설 초기에 개입했던 가정교사 보렐 양의 운명 등 이 모든 것이 작품 안으로 섞여들어 갔다. 그리고 동시에 〈사촌 퐁스〉가 인쇄에 들어갔다. 그것은 발자크의 작업방식에 따라 이 작품을 한 번 더 쓴다는 의미였다. 예술가의 초조감은 사업가로서의 초조감과 결부된다. 그의 작업속도는 자신의 요구에는 충분히 빠르게 여겨지지 않았다.

벌써 7월 15일이군요. 유감스럽게도 말입니다!

그리고 보름 만에 그런 걸작을 창작한 것에 대해 하늘에 감사할 생각은 않고 신음소리를 낸다.

나는 아주 힘들여서만 겨우 〈가난한 친척들〉을 끝낼 수 있을 거예요! 책으로 출간되는 것까지 합쳐서 약 1만 프랑을 벌게 될 겁니다.

물론 이 무의미한 시간 약속은 지킬 수 없었고 8월에도 작품은 끝나지 않았다. 그는 8월 12일에 단 하루 동안에만 24쪽을 썼다. 그리고 초벌원고가 끝나자마자 곧장 교정작업으로 들어갔다. 그는 신체적으로 완전히 탈진할 때까지 작업했다. 발자크가 보고하고 있듯이 의사는 깜짝 놀라고 말았다.

그도, 그와 같은 직업을 가진 사람이나 의학분야에 종사하는 그 어떤 사람도, 사람이 두뇌를 그 정도로 쉬지 않는 긴장상태에

노출시킬 수 있다는 것을 상상도 못했습니다. 그는 그러다가는 끝이 좋지 못할 거라고 말합니다. 어두운 얼굴로 몇 번이고 그 말을 되풀이하는 거예요. 그는 나더러 그의 표현대로 적어도 이런 '두뇌의 무절제' 사이로 휴식을 가져야 한다고 간곡히 부탁합니다.

그는 〈사촌 베트〉가 만들어낸 긴장의 정도에 놀랐습니다. 나는 그것을 6주 만에 즉흥적으로 만들어냈으니까요. 그는 이렇게 말했습니다. 반드시 파국으로 끝을 맺고 말 거라고요. 실제로 나 자신도 무슨 일인가가 일어난 것을 느낍니다. 나는 이야기하는 중에 명사를 찾아내려 애쓰고 때로는 몹시 힘들 때도 있어요. 정말이지 쉬어야 할 시간이 된 것이죠.

9월에 교정작업이 한창인 도중에 그는 한스카 부인 곁에서 신선한 힘을 얻기 위해서 비스바덴으로 갔다. 그러나 그 다음에는 정말 쉴 수 있었다. 그는 이 여름에 걸작들을 완성하였다.

원래 〈가난한 친척들〉의 구상에서 나온 이 두 권의 소설, 〈사촌 퐁스〉와 〈사촌 베트〉는 그의 가장 위대한 업적이기 때문이다. 인생의 절정기에서 발자크는 이 작품들로 자기 예술의 정점에 도달하였다. 그의 눈길이 이보다 더 명확한 적은 없었으며, 인물을 형상화하는 그의 손길이 이보다 더 확고하고 냉정한 적이 없었다. 쫓기고 지친 상태에서 많은 것을 쓰는 사람이 아니라 충분히 쉰 발자크가 이 걸작들을 썼다. 이 인물들에는 그의 초기 작품들에서 오늘날 우리에게는 비현실적으로 보이고, 따라서 제대로 효과를 내지 못하는 잘못된 이상주의, 달콤한 낭만주의가 없다. 많은 경험의 쓰라림이 이 책들 안에서 세상에 대한 현실적인 인식이 되고 있다. 그 어느 것으로도 눈이 흐려지지 않게 된 사람, 외적인 성공도, 사치도, 우아함도, 그 어느 것도 두려워하지 않는 사람이 이 작품들을 썼다.

이미 〈고리오 영감〉과 〈잃어버린 환상〉에 리어 왕의 실망의 요소가 들어 있었다면, 이 마지막 소설들은 코리올란(셰익스피어의 작품들 : 역주)의 자르는 듯한 날카로움을 보여주고 있다. 발자크는 시대를 넘어서 있을 때, 자기 시대의 취향에 따르려고 하지 않고 절대적인 작품을 만들려고 할 때 가장 위대하다. 〈사촌 베트〉와 〈사촌 퐁스〉는 우연히 19세기 전반부 파리를 배경으로 하고 있을 뿐이다. 그것을 오늘날의 영국, 도이칠란트, 프랑스, 미국으로, 그리고 모든 나라 모든 시대로 옮길 수 있을 것이다.

이 작품들은 인간이 원래 가진 정열들을 묘사하고 있기 때문이다. 편집증 환자들을 모아놓은 그의 미술관 안에 이제 색정광 윌로(Hulot) 남작, 수집가 퐁스가 들어가게 되니. 대체 어떤 인물들이란 말인가! 〈창녀들의 영광과 비참〉에 나오는, 약간 지나치게 동백 아가씨(椿姬) 스타일로 그려진 토르피유, 파리 취향에 맞추어 광을 낸 대단히 타락한 아가씨, 약간 연극적인 요소를 지닌 이 사교계 여인에 뒤이어서, 이번에는 아무에게나 닥치는 대로 몸을 파는 시민계급 여자인 진짜 타고난 창녀, 마르네프(Marneffe) 부인이 선을 보인다. 그녀와 나란히 비할 바 없는 인물 사촌 베트가 서 있다. 악마적인 영역까지 들어가버린 가정교사, 전혀 즐기지 않고 오로지 질투만 하는 이 노처녀는 몰래 감추어진 악의적인 쾌감에서 뚜쟁이질을 한다.

게다가 〈가난한 친척〉들의 비극, 약간이라도 광채가 남아 있는 한 용납을 받는 사촌 퐁스, 하녀장 시보(Cibot) 속에 숨어 있는 탐욕의 충동력, 돈을 좇으면서 순수하고 악의 없는 인간들을 속여먹는 온갖 간교한 자들과 악당들. 이전의 인물들 중에서 보트랭이 지나치게 비장하게 예고했던 것이, 여기서는 대단한 집중력으로 극적으로 다루어지고 있다. 이 마지막 소설들에서 사실주의가 성취되었다. 그 이전의 프랑스 문학이 몰랐던 감정의 진실과 정열의 내부를 꿰뚫어보는 일이 성취된 것이다.

발자크가 이 후기 작품들에서 한 것보다 더 위대하게, 한 예술가가 자신의 예술과 작별을 고한 일은 드물었다. 그에게 10년이나 아니면 5년만이라도 작업시간이 더 주어졌더라면 《인간희극》이 어떤 모습이 되었을까를 이 마지막 작품들을 보고 추정해볼 수 있다. 〈농부들〉에서 그는 도시와 농촌 사이의 대립을 최종적으로 보여주었을 것이고, 그가 진짜 파리를 보여주었듯이, 진짜 농부들에게 장 자크 루소식의, 순수한 인간들로 채워진 미화된 풍경을 보여주지는 않았을 것이다. 〈전투〉와 다른 군인 소설들에서 그는 전쟁을 서정적 형식으로가 아니라 실제 그대로 보여주었을 것이다.

전에 그는 〈시골 의사〉에서 나폴레옹을 시적인 방식으로 찬양했다. 〈음모〉에서 벌써 그는 전설적인 역사관을 넘어서 훨씬 더 사실적인 묘사로 발전해 나간 것을 보여주었다. 그는 극장의 세계를 보여주었을 것이고, 어린 시절의 단계, 소녀들의 기숙학교와 소년들의 기숙학교에서의 삶, 학자들, 외교관들, 의원들의 활동, 방데의 폭동, 이집트의 프랑스 사람들, 에스파냐의 영국인들, 알제리의 식민전쟁도 보여주었을 것이다. 거의 아무것도 없는 상태에서 10주 만에 〈사촌 베트〉와 〈사촌 퐁스〉를 만들어낸 사람이 또 무엇을 만들어낼 수 있었을지는 거의 상상하기도 어려울 정도다.

그때까지는 나쁜 모범들만을 좇아서 언제나 멜로드라마만 추구해 왔지만 이 분야에서도 그는 자신을 해방시키려 하고 있었다. 처음에 〈사기꾼〉이라고 이름 붙였다가 나중에 〈메르카데(Mercadet)〉로 바뀐 희극(코미디)은 채무자가 빚쟁이들을 이기는 이야기인데, 이 분야에서 나온 최초의 수작이다. 이 희곡은 그가 죽은 다음 발자크 희곡 중에서는 유일하게 대성공을 거두었다. 그의 힘이 이보다 위대하게 결집된 시기는 없었다. 그가 이제야 비로소 소설과 희곡 분야에서 무엇을 해야 할지 알게 되었고, 이제야 비로소 자기 과제의 본질을 깨달았다는 것을 느낄 수 있다.

그러나 육체와 영혼도 마침내 탈진하고 말았다. 발자크는 이 두 작품을 끝내자마자 모든 것을 내던지고 말았다. 그는 쉬고 싶었다. 깊고 철저하게 쉬고 싶었다. 그는 가능하면 멀리 떠나고 싶었다. 그냥 짧은 방문만을 바라지 않았다. 그는 마지막으로 위대한 힘을 쏟아붓고 난 다음 쉴 권리를 얻었다고 느꼈다. 그리고 그는 프랑스를 떠나 우크라이나로, 비예르초브니아에 있는 한스카 부인에게로 갔다.

제2장
우크라이나의 발자크

1846년 가을에 발자크의 부서지고 과열된 삶에 마침내 휴식이 찾아올 것 같은 조짐이 나타났다. 한스카 부인이 이 작가를 위로하면서 내놓은 핑계, 곧 자기 결혼을 생각하기 앞서 사랑하는 딸을 혼인시켜야 한다는 핑계가 사라진 것이다. 니제쉬 백작은 여백작 안나와 1846년 10월 13일에 비스바덴에서 결혼했다. 발자크는 그 자리에 참석하였고 다시 희망에 가득 찼다.

그는 미리 조심스럽게 자신의 호적서류를 준비해 왔다. 레지옹 도뇌르 훈장을 받기 위해 필요하다는 핑계를 대고 마련한 것이었다. 그는 자기와 한스카 부인을 아는 사람이 드문 메츠에서 은밀히 결혼식을 하기 위해서 광범위한 준비를 해두었다. 이 일을 위해서 그와 친분이 있던 메츠의 시장을 끌어들였다. 호적에 올리는 일은—프랑스에서만 효력이 있는—밤에 아무도 몰래 시청에서 하기로 했다. 증인으로는 두 사람, 친구이자 의사인 나카르의 아들과 또 다른 사람이 이 일을 위해서 파리에서 오기로 되었다. 한스카 부인은 정해진 날 도이치 땅인 자르브뤼켄에 머물고 있다가 저녁에만 메츠로 오면 된다. 그 다음 교회 예식은 도이칠란트에서 거행하기로 했다. 메츠의 주교나 비스바덴의 신부가 예식을 집행할 수 있을 것이다. 소설처럼 복잡한 이런 준비는 러시아에 이 결혼이 알려져서는 안 되기 때문에 필요한 일이었다. 발자크는 독촉했다.

　당신의 대답을 기다립니다. 나는 언제라도 당신 속에 살고 있어요. 그것은 이제 두 가지 뜻에서 사실입니다.

어떤 사정이 빠른 결혼을 더욱 재촉하고 있었기 때문이다. 아름다운 이탈리아에서 보낸 시간들이 전혀 결실이 없지는 않았다는 것은 의심의 여지가 없다. 한스카 부인은 벌써 마흔다섯이었는데도 임신을 했던 것이다. 발자크는 언제나처럼 너무나 서둘러서 낙관적으로 분명히 아들일 거라고 확신하였다. 그는 벌써 이름까지 지어놓았다. 빅토르 오노레였다.

그러나 한스카 부인은 결심할 수가 없었다. 그녀는 아직도 딸과 떨어지려고 하지 않았다. 자기가 결혼하는 대신 차라리 딸의 신혼여행을 따라가려고 했다. 발자크는 힘들게 마련한 이 모든 서류들을 자신의 여행가방 안에 도로 꾸려넣고, 조심스럽게 꾸며낸 계획을 포기하고 〈사촌 퐁스〉와 〈사촌 베트〉의 교정쇄 작업에서 못다한 것들을 가지고 파리로 돌아가야만 했다. 한스카 부인이 발자크를 정말로 사랑했는가 하는 논의가 분분한 질문에 대해서 각자 좋을 대로 생각할 일이지만 한 가지만은 분명하다. 딸과 발자크 사이에서 결정해야 한다면 언제나 딸 쪽이 유리했다는 것이다. 딸의 결혼도, 뒷날 그녀 자신의 결혼도 어머니와 딸 사이의 이 친밀한 관계를 중단시키지 못했다. 이 두 여자는 애인들과 남편들을 어느 정도 무심하게 위에서부터 내려다보는 태도로 취급하였다.

그래서 발자크는 다음해 2월에도 한스카 부인이 파리에 오기로 결심하자 포르바흐로 여행해야만 했다. 이 관계는 언제나 그런 식이었다. 그녀가 여행을 떠나면 그는 따라가야만 했다. 그녀가 오려고 하면 데리러 가는 것이 그의 일이었다. 그는 언제까지나 굴욕스런 농노, 하인의 역할을 떠맡았다. 매일매일이 말할 수 없이 중요했고, 전세계가 그의 작업을 중요하게 여겼던 이 남자는, 겸손하게 그녀가 손짓하기만을 기다려야 했다. 손짓이 오기만 하면 그는 곧장 모든 것을 내던지고 밤낮을 여행해서 그녀를 시중들기 위해서 제네바로, 나폴리로, 뇌샤텔로, 빈으로, 포르바흐로 달려갔다.

한스카 부인의 두 번째 파리 체류는 완전히 비밀에 감싸여 있다. 그들은 새 집을 위한 계획을 함께 세웠던 것 같다. 아이가 태어났다. 아이는 유산이었든지 아니면 곧바로 죽었다. 쉽게 짐작할 수 있는 일이지만 자세한 사정이 완전히 밝혀지지는 않았다. 계집아이였고, 발자크는 아주 단순하고 냉혹한 아버지의 태도로 이 사건이 자신의 걱정을 줄여주었다고 썼다.

1847년에 다비드 당제가 그린 발자크의 옆모습. 발자크는 여전히 한스카 부인의 결심을 기다리고 있었으나 기대하는 대답은 들을 수 없었다.

나는 절실하게 빅토르 오노레를 원했어요. 빅토르라면 어머니 곁을 그렇게 떠나지는 않았겠지요. 우리는 그와 25년을 함께 지냈을 텐데요. 우리는 그 정도는 함께 살아야 할 테니까요.

그러나 이번에도 한스카 부인은 결정적인 행동을 뒤로 미뤘다. 그녀는 언제나 새로운 핑곗거리를 찾아냈다. 그녀는 언제나 다시 숨돌릴 틈을 필요로 했다. 그녀가 그를 잘 알게 될수록 항구적으로 그와 결합되는 것에 대해 오히려 더욱더 두려워했다는 감이 든다. 이번에 그녀는 급히 비예르초브니아로 돌아가야 한다고 주장했다. 그곳에서 자신의 주변을 정리해야 한다는 것이다. 발자크는 고분고분하게 다시 그녀를 따라 포르바흐로 갔다가 혼자서 파리의 책상으로 돌아왔다.

영원한 낙천가 발자크는 곧 그녀 뒤를 따라갈 수 있으리라 희망하였다. 미리 돈을 받은 〈농부들〉만 쓰면 된다. 또 다른 희곡작품으로 옛날 친구인 비스콘티 부인에게 진 1만5천 프랑의 빚을 갚을 수 있을 것이다. 그러나 처음으로 신체기관이 그의 말을 듣지 않았다. 그것은 발자크에게는 분명히 끔찍한 체험이었을 것이다. 〈사촌 베트〉의 기적은 되풀이되지 않았다. 의사들은 그에게 경고했다. 그 자신도 불안해졌다. 그리고 출판업자와 신문 편집자들도 의심하게 되었다.

여러 해 전부터 〈프레스〉지의 편집장 지라르댕은 그에게 〈농부들〉의 원고료를 지불해왔다. 그는 두 번이나 이 소설을 신문에 연재하기 시작했다. 한 번도 신문이나 출판사를 곤경에 빠뜨리지 않은, 파리 전체에 유명한 발자크의 에너지를 믿고서였다. 그는 일이 잘못될 경우 어떻게 할 도리가 없으면 다른 작품이라도 대신 주었던 것이다. 이번에 지라르댕은 전체 원고를 손에 잡지 않으면 연재를 시작하지 않겠다고 말했다. 그래서 발자크는 생애 처음으로 문학 분야에서 항복하였다. 생애 처음으로 그는 "할 수 없습니다!"라는 말을 해야만 했다.

자신의 패배를 갚기 위해서 그는—어디서, 어떻게인지는 아무도 모른다—돈을 마련해서 선불로 받은 돈을 잔돈만 남기고 다 갚았다. 그것은 그가 지난 25년 동안 부역해온 감옥에서 해방되기 위해 치른 몸값이었다. 그러고 나서 멀리 멀리 세상 끝으로 도망쳤다. 비예르초브니아로, 그곳에서 신부를 데려오고, 결혼하고, 마침내 남편으로서, 백만장자로서 돌아와서 새 집에서 걱정 없이 독립적으로 살기 위해서였다. 자신의 미래의 행복에 대한 이 생각, 아니면 오히려 자기 삶의 최종적인 마무리에 대한 이 꿈을 이룰 것밖에 다른 생각은 없었다.

새 집을 위해서 그는 어머니와 일종의 평화조약을 맺었다. 그는 어머니를 미워하였고, 편지에서 그녀에 대해 이루 말할 수 없이 쓰라린 말들을 내뱉었다. 그러나 그는 자신의 의도를 알고 있는 유일한 사람인 이 일흔 살 노파, 그녀의 단단한 손길과 농부 같은 근면성을 믿었다. 그래서 그녀에게 값진 재산을 지키는 임무를 맡겼다. 그 옛날 빚쟁이들과 싸우면서 카시니 거리에 있는 집에서 도망쳐야 했을 때와 똑같았다. 누군가 정말로 믿을 만한 사람이 필요할 때면 언제나 그는 이 노파를 향했다. 이번에는 그녀에게 이상하고, 거의 소

제6부 완성과 최후 623

설풍으로 들리는 지시를 해놓았다. 때때로 하인에게 발자크 씨가 며칠 안에 돌아올 거라고 말해서 깜짝 놀라게 만들라는 지시였다. 매주 한 번씩은 그렇게 하라고 했다. '그것은 사람들을 긴장하게 만들 거예요.'

그 모든 보물이 들어 있는 '작은 집'을 조심스럽게 지켜달라고 했다.

한스카 부인은 그 많은 부를 감추고 있는 이 집을 정말 걱정하고 있거든. 그 물건들은 6년이나 걸려서 모아들인 것들이다. 도둑을 맞거나 그렇지 않으면 어떤 불행한 일이 일어날지도 모르지 않니.

라고 그는 누이에게 써보냈다. 그는 만족감을 가지고 어머니에게 이렇게 말했다.

하인 두 사람은 읽고 쓸 줄도 모릅니다. 어머니가 내 필체와 서명을 알아볼 수 있는 유일한 분이에요.

이런 순간이면 근본적으로 그에게는 이 노파 이외에는 아무도 없다는 사실이 분명해지곤 했다. 그러고 나서 그는 긴 여행길에 올랐다.

비예르초브니아로 가는 여행은 발자크 시대에는 하나의 모험이었다. 그가 다음과 같이 말한 것은 옳은 말이었다.

나는 지구 둘레를 1/4이나 돌았습니다. 한 번 더 그렇게 멀리 여행한다면 벌써 히말라야 저편에 가 있을 거예요.

보통의 여행자라면 그 정도 거리면 적어도 2주 정도는 걸렸을 것이다. 그러나 이 분야에서도 비범한 일을 성취하려는 야심을 가졌던 발자크는 쉬지도 않고 단숨에 돌파하였다. 1주일 만에 벌써 목적지에 도달하여 예고도 없이 친구들 집으로 들어섰다. 그는 자기의 도착을 알리는 편지보다 열흘이나 앞서서 도착한 것이다.

최초의 인상은 그를 완전히 무아지경으로 몰아갔다. 원래 쉽게 감격하는 발자크의 성질은 누구나가 감탄한 것이었지만 부유함보다 더 그를 도취시키는 것은 없었다. 그리고 물론 이 비예르초브니아는 부유하였다. 그는 자기 눈으로 이 친구들이 정말 어떤 차원의 부를 누리며 살고 있는지 보게 되었다. 성은 그에게는 루브르궁처럼 한 줄로 계속 이어지는 방들의 연속으로 만들어진 것처럼 보였다. 영지는 보통의 영지가 아니었다. 그것은 거의 프랑스의 현만큼이나 되는 넓이였다. 그는 거름을 주지 않아도 곡식을 맺는 우크라이나의 비옥한 토지에 경탄하였다. 한스키 일가 소유인 끝도 없는 숲들, 하인들의 숫자. 반동분자인 발자크는 하인들의 모습을 즐겁게 묘사하고 있다.

그들은 말 그대로 배를 납작 엎드리고 이마를 세 번이나 땅에 대고 손님의 발에 키스합니다. 오로지 동방에서만 진짜 복종이라는 것이 어떤 것인지를 알게 되지요. 이곳에서만 권력이란 대단한 것입니다.

그는 은제품과 도자기, 그리고 모든 종류의 사치가 넘쳐흐르는 것을 보았다. 그는 이곳에는 걱정이 없다는 것을 느꼈다. 그리고 이 사람들, 조상들이 프랑스 절반 정도의 영지를 소유한 제부스키와 니제쉬 일가가 어떤 방식으로 성장했을지 짐작하였다. 아직도 니제쉬 백작은 영지에 4천의 '영혼들'을 가지고 있었다. 그는 농노들을 그렇게 불렀다. 그러나 원래는 그의 영지를 제대로 경작하려면 40만 명이 필요했다. 모든 것이 여기서는 남아돌았다. 그들은 발자크가 꿈에서만 보는 엄청난 규모로 살고 있었다.

생애 처음으로 발자크는 돈을 생각할 필요가 없었다. 그가 바라는 것은 무엇이든 이미 마련되어 있었다. 방들, 하인들, 말들, 마차들, 책들. 그를 방해할 빚쟁이도 오지 않았고, 편지도 그를 따라오지 못했다. 그러나 인간은 자기 천성을 벗어나지 못하는 법이다. 발자크에게는 돈을 생각하는 거의 어쩔 수 없는 버릇이 있었다. 작곡가가 어떤 감정이나 정서를 음악으로 바꾸듯이 그는 모든 관찰을 돈계산으로 바꾸었다. 그는 구제불능 투기꾼이었다. 아직 비예르초브니아에 도착하기도 전에, 한스키 일가 소유의 숲들을 지나 여행하는 동안에 그는 나무들을 보고 매혹적인 녹색의 나뭇잎 대신에 사업대상을 보았다.

일확천금을 하겠다는 옛날의 꿈이 다시 그를 사로잡았다. 인쇄소, 활자제조업, 사르데냐의 은광산, 로트실트 은행의 북부철도 주식…… 그 모든 체험도 소용이 없었다. 발자크

성 페테르부르크에 있는 한스카 부인의 '푸른 살롱'. 롤만의 수채화. 그곳에는 발자크에게는 없는 온갖 사치와 호사가 넘쳐흐르고 있었다. 그것은 발자크가 일생 동안 꿈꾸던 것이었다.

는 목재를 보았고, 그러자 곧장 미래의 사위 니제쉬에게 목재사업을 제안하였다. 러시아 국경에는 이미 철도가 건설되었다. 이 철도는 빠른 시일 안에 프랑스와 러시아를 연결해줄 것이다. 그리고 언제나처럼 초조한 발자크는 연필로 줄을 그으면서 친구들의 숲과 프랑스 목재시장을 연결시켰다.

현재 프랑스에서는 침목을 위해서 엄청난 양의 떡갈나무 목재가 필요하다. 그러니까 우리는 떡갈나무 목재가 부족하다. 나는 떡갈나무 목재 가격이 거의 두 배로 뛰었다는 사실을 알고 있다.

그러고 나서 그는 계산하고 또 계산했다. 브로디에서 크라쿠프까지의 운송은 따로 생각해야 한다. 거기서부터는 물론 몇 번 중단되지만 파리까지 철도로 연결된다. 마그데부르크 근처의 엘베 강, 쾰른 근처의 라인 강에 아직 철교가 놓이지 않았다. 다시 말하면 값이 싼 우크라이나 산 떡갈나무 침목들을 이 두 강 너머로 운송해야 한다.

목재 7만 주의 운송은—그는 이 정도의 크기로만 계산하거나 꿈꾸었기 때문이다—작은 일이 아니다.

그는 제안을 하면서 목재 1주당 사들이는 데 10프랑, 운송비로 20프랑을 계산하였다. 그러나 목재를 침목으로 만들려면 10피트 길이로 잘게 잘라야 할 것이다. 북부철도의 관리에 관심을 가진 은행가들을 끌어들이면 그들이 자신들의 이익을 위해서 운송비를 싸게 해줄 것이다. 주당 5프랑의 이

익만 난다고 해도 모든 비용을 빼고 순수익 42만 프랑이 남는다.

그것은 힘들여 궁리할 만한 일이다.

발자크의 이 마지막 투자 계획도 계획으로 머물고 말았다는 것은 말할 필요가 없을 것이다.

발자크는 이 몇 달 동안 비예르초브니아에서 게으름을 부리며 지냈다. 그는 부인들과 함께 키예프로 갔고, 이 여행을 보고하면서 그곳에서 자기가 얼마나 주목을 받았는지 이야기하고 있다. 부유한 러시아 사람 하나는 매주 그를 위해 촛불 하나씩을 켰고, 한스카 부인의 하인들에게 발자크가 자기를 만나러 언제 다시 올지를 알려주면 넉넉한 용돈을 주겠다고 약속하였다. 발자크는 성 안에서

화려한 거처에서 지내고 있습니다. 그것은 살롱 하나, 서재 하나, 침실 하나로 이루어져 있지요. 서재는 장밋빛 모르타르 세공으로 장식되어 있고, 벽난로 하나, 훌륭한 양탄자와 편안한 가구들로 채워져 있습니다. 창문은 커다랗게 빛나는 판유리가 끼워져 있어서 나는 사방으로 경치를 내다볼 수 있습니다.

그는 크리미아와 카프카스(=코카서스)에 이르는 여행들을 계획하였다. 그것이 이루어지지 않은 것만은 유감이다. 그러나 그는 전혀 혹은 거의 일하지 않았다. 지난 몇 년 동안 그

는 한스카 부인이 곁에 있을 때면 제대로 일해본 적이 없었다. 그녀와 그녀의 딸과 사위를 위해서 발자크는 익살꾼 노릇을 맡아했다. 다른 친구들인 카로 부부, 마르곤 부부의 집에서는 그의 시간을 뺏지 않고, 그가 원할 때만 그를 보살피는 것으로 예술가인 그에게 최고의 존경심을 표시하였다. 그곳에서 그는 일을 했다. 그러나 여기서는 달랐다. 일생 동안 손가락 하나 까딱해본 적이 없는 이 게으르고 버릇 나쁜 여자들에게는 진지한 일의 분위기를 거스르는 어떤 요소가 있었다.

그러다가 갑자기 1월 가장 혹독한 겨울에 발자크는 파리로 돌아갔다. 영하 28도 추위를 무릅쓰고 여행을 해야만 했다. 불운한 북부철도 주식의 잔액지불 때문에 돌아가야 한다고 했다. 어쩌면 자기 집에 대한 불안이 그를 사로잡았을지 모른다. 물론 한스카 부인은 그를 혼자 가게 했다. 약혼과 결혼에 대해서는 한 마디 말도 없었다. 그를 오래 알수록 그녀는 더욱 망설였다. 그녀는 이곳 우크라이나에서는 극히 안전하고 부유하게 아무런 근심 없이 살 수 있다는 사실을 알고 있었다. 어쩌면 그녀는 파리에서 이 희망 없는 낭비꾼이자 투기꾼과 함께 절대 평화롭게 지낼 수 없으리라는 것을 알았던 것 같다. 그래서 그녀는 별다른 생각 없이 병든 이 남자가 떠나가게 버려두었다. 작별하면서 그의 어깨 위에 두터운 러시아 모피외투를 걸쳐주었을 뿐이다.

발자크는 오랜 기간 동안 긴 여행에서 돌아올 때마다 문지방을 넘기도 전에 벌써 문간에서 파국이―대개는 자업자득이었지만―자기를 맞아들인다는 것을 경험하였다. 이번에는

자킹이 그린 러시아 옷을 입은 발자크. 발자크의 편지가 그 편지를 쓴 사람보다 중요했던 한스카 부인은 병든 발자크가 우크라이나를 떠날 때 별 생각없이 모피외투를 걸쳐주고는 혼자 보냈다.

그가 프랑스 국경을 넘자마자 1848년의 2월 혁명이 터졌다. 군주정은 제거되었다. 그로써 확고하게 군주정에 찬성했고 심지어는 정통 왕당파였던 발자크에게서 정치적 기회가 완전히 사라졌다. 3월 18일에 그는 공개적으로 〈콩스티튀시오넬〉지에 사람들이 자기를 부른다면 의원이 되겠다고 제안하였지만 물론 진지한 초빙을 받지 못했다. 다만 파리의 '보편적 형제애'라는 단체가 신앙고백을 할 용의가 있다면 그를 후보자 명단에 올리겠다는 제안을 하였다. 그는 이를 단호히 거절하였다. 자기가 의원이 되기를 원한다면 자신의 글을 보고 자기의 정치적 확신이 무엇인지를 알아내야 할 거라고 했다. 그는 문학에서는 사회의 변화를 아주 분명하게 예견하고 그 기초를 다졌으면서도, 현실정치에서는 사업의 경우처럼 언제나 잘못된 편에 섰다.

그밖에도 실망에 실망이 이어졌다. 북부철도 주식은 계속해서 값이 추락했다. 언제나 바라던 극장의 성공은 나타나지 않았다. 오래 전에 약속했던 희곡 〈피에르와 카테린(Pierre et Catherine)〉은 넘겨주지 못했다. 그 대신에 러시아에서 다른 작품, 곧 '가족 희곡' 〈의붓어머니(La Marâtre)〉를 가지고 왔다. 그것은 정말로 5월 25일에 역사 극장에서 공연되었지만 정치적인 불안의 시기에 제대로 효과를 내지 못했다. 가장 중요한 희곡인 〈메르카데〉는 프랑스 국립극장의 위원회에서 한 목소리로 찬성해서 받아들여졌다. 그러나 공연은 일시적으로 미루어졌다. 이 시기에는 소설에 관한 말은 들을 수가 없다. 그는 오직 연극에만 빠져 있었던 것 같다. 그는 모든 위대한 극작가들이 힘을 합쳐서 공동으로 희곡들을 쓰고 그것으로 프랑스 무대를 풍요롭게 만들자는 꿈을 꾸었다.

그러나 그 모든 것이 정말로 중요하지는 않았던 것 같다. 문학적인 야망의 시대는 지나갔다. 그에게는 집만이 중요했다. 그가 없는 동안 그곳에서는 많은 일이 진척되었지만 아직도 완전히 끝나지 않았다. 그곳에서 전개되는 호화스러움과 발자크의 개인적인 빈곤 사이의 대립은 엄청난 것이었다. 그는 의심을 품게 된 출판업자에게서 아무것도 받아낼 수 없었다. 내놓을 새 원고도 없었다. 그리고 옛날 출판업자인 수브렝에게 많은 빚을 지고 있었다. 신문과는 원수가 되었다. 그는 여러 번이나 자기가 잊혀졌다고 느꼈다.

그러나 증오는 사랑보다 더 기억력이 좋은 법. 그가 여행을 떠나기 전에 〈농부들〉에 대해 선금으로 받은 돈을 721프랑 85상팀이라는 잔돈만 남기고 다 갚아주었건만 출판업자 에밀 드 지라르댕은 발자크가 돌아왔다는 것을 알게 된 바로 그날로 이 돈 때문에 다시 모습을 나타냈다. 2주 뒤에 그는 작가를 고발하였다. 그리고 발자크는 그 돈을 갚으라는 판결을 받았다. 그가 한 줄에 60상팀을 받던 좋은 시절은 지나간 것이다. 그는 정말 보잘것없는 액수를 받고 〈가입자(L'Initié)〉라는 단편소설을 〈뮤제 데 파미유〉지에 넘겨야 했다. 입에 풀칠하기 위해서였다.

그는 전보다 더 가난했다. 모든 원천이 말라붙었다. 그는 너무 오래 떠나 있었다. 그는 한편으로는 포르튀네 거리에 있는 '검소한 집'을 꾸미기 위해 가장 무의미한 지출을 하면서 동시에 돈을 꾸는 것이 좀 부끄럽기도 했다. 그곳에 그는 손님접견실의 벽을 황금의 다마스트 천으로 감쌌다. 문들은 조각되거나 상아를 박았다. 거북의 등딱지로 장식된, 우리 눈으로 보면 추악한 책장 하나만 해도 1만5천 프랑이 들었다. 발자크 부인이 죽은 다음 이 책장은 드루오 호텔에서 3백 프랑에 내놓았는데도 겨우 힘들여 구매자를 찾았다. 계단조차도 값비싼 양탄자로 감쌌다. 사방에 중국제 꽃병, 도자기, 공작석 접시 등이 놓였다. 가능한 모든 진짜와 가짜 사치가 마구 뒤섞였다.

'대 미술관'은 발자크의 자랑거리였다. 그것 때문에 발자크는 이 집을 골랐다. 이 건물은 정말 멋없이 설계되어 있어서 그와 같은 몽상가에게나 팔 만한 집이었다. 유리로 둘러싼 길다란 원형 건물로, 벽들은 흰색과 금색으로 칠해졌다. 열네 개의 입상들이 원을 이루며 늘어섰다. 흑단 장식장들은 그 안에서 다시 골동품 장식장이어서 그가 드레스덴, 하이델베르크, 나폴리 등지에서 한가한 시간에 사들였던 온갖 예술품들과 위대한 물품들이 들어차 있었다. 진짜와 가짜, 취향이 형편없는 것과 취향을 보이는 것들이 마구 뒤섞여 있었다. 벽에는 발자크 미술관의 그림 67장이 걸렸다. 이른바 '세바스티아노 델 피옴보', 호베마(Hobbema, 17세기의 네덜란드 화가 : 역주)의 풍경화, 그리고 발자크가 아무런 망설임도 없이 뒤러(Dürer, 15, 16세기 도이칠란트 화가)의 것이라고 선언했던 초상화 등이 있었다.

이 궁전을 꾸미기 위한 정신나간 낭비와 개인적인 빚과 빈곤 사이의 엄청난 괴리는 필연적으로 가족과의 불화를 빚어냈다. 발자크는 자기 식구들에게 정직할 수가 없었다. 그는 한스카 부인이 결혼을 미루는 이유에 대해서 언제나 다시 새로운 변명을 찾아내야 했다. 한 번은 자기가 차르에게 직접 청원서를 써보내서 그의 허락을 구했지만 거절당했다고 했다. 이것은 꾸며낸 이야기일 가능성이 아주 짙다. 그 다음에는 한스카 부인이 러시아에서 아주 복잡한 소송을 치르고 있다고 말했다. 그는 언제나 그녀가 어려운 돈이 궁하다고 묘사하려고 애썼다. 한 번은 그녀가 전재산을 딸에게 넘겨주어서 그녀 자신은 전혀 재산권을 행사할 수 없다고도 했다. 그 다음에는 한 해 수확물이 전부 불에 탔다고 했다. 정말로는 한스카 부인은 일생 동안 도가 넘치게 부자였건만 발자크는 식구들을 향해서 그녀의 형편과 자기의 형편 사이의 차이를 계속 줄이려고 애썼다.

가족 사이의 대립이 생겨났다. 이쪽에서는 로잘리 아주머니를 우두머리로 하는 제부스키 집안이 있었다. 로잘리 아주머니는 조카딸에게 끊임없이 결혼을 말리고 파리의 작가를 믿을 수 없는 낭비가이며 형편없는 바보라고 주장했다. 그는 그녀의 체면을 깎아내리고 한스키 집안의 재산을 낭비해버릴 것이라고 했다. 저쪽 편에는 발자크의 늙은 어머니와 그의 누이가 있었다. 그들은 그의 약혼녀가 거만하고 망상에 사로잡힌 귀족여인이라고 생각했다. 그를 자신의 '하인'으로 추락시키고, 병든 남자의 건강상태를 전혀 고려하지 않고 이리저리 지구의 절반을 넘는 곳으로 불러들이는 냉혹하고 이기적인 여자라고 여겼다.

일흔 살이나 먹은 발자크의 어머니는 참을성있게 보초 역할을 다하고 포르튀네 거리에 있는 궁의 건축 감독을 떠맡았다. 그녀는 고맙다는 인사도 받지 못하면서 납품업자들과 싸우고 거래를 하고, 빚쟁이들을 물리치고, 일꾼들을 감독하고 계산을 하는 힘든 과제를 떠맡았다. 그 모든 일을 늙은 부인은 용감하고도 요령좋게 해냈다.

그러나 그녀는 이 새로운 집에서 자신의 지배권은 설비가 완성될 때까지만 계속되리라는 것을 정확하게 알고 있었다. 그녀는 자기가 임시변통으로 불려왔다는 것을 뚜렷하고 알고 있었다. 저 러시아인지 폴란드의 왕녀가 여기 살기로 마음을 먹으면 이 사치스럽게 꾸민 궁전에서 자기에게는 뒷방조차도 마련해주지 않으리라는 것을 너무나 잘 알았다. 마지막 먼지와 더불어 자신도 이 궁전에서 쫓겨나갈 것이다. 자기는 그토록 오랫동안 지킨 집의 문전에서 며느리를 맞아들일 수도 없을 것이다. 이러한 사실들은 그녀의 두려움에 정당성을 주었다. 지금까지 한스카 부인께서는 애인이자 약혼자 어머니의 존재에 대해서 단 한 줄도 편지에 올리지 않으셨는데 하물며 자기가 수고한 것을 감사할 리가 있겠는가?

정당한 분노가 자꾸 쌓여만 갔다. 예를 들면 한 번이 아니라 열두 번이나, 일흔 살 노파가 포르튀네 거리에서 쉬레느에 있는 딸네 집까지 승합마차를 타도 되는가 하는 질문이 나왔다. 그녀에게 있어서 2수는 상당한 지출을 뜻했다. 그녀가 하녀장 역할을 맡아 감독하고 있는 궁전을 위한 계산서들은 수천, 수만 프랑 단위였다. 극히 시민적인 발자크 부인을 위한 자리도 없는 상태에서 영주 같은 생활이 준비되고 있었다. 그러니 가족은 이 러시아의 고급귀족 여인에 대해서 극히 회의적인 태도를 보였다.

발자크 가족은 전혀 부당하지 않은 일이지만, 이 백만장자 상속녀가 자기 약혼자가 늙은 어머니에게 진 빚을 갚으려는 생각을 해보기나 했을지, 적어도 공증인이 보증한 종신연금을 그녀의 권리로 넘겨주기나 할지 궁금하게 여겼다. 오노레의 온갖 노력에도 불구하고 한스카 부인이 결혼을 망설이고 있다는 사실을 그녀는 간파하였으며, 이러한 거절의 배후에는 오만이 숨겨져 있다고 올바르게 추측하였다.

　　다른 한편 한스카 부인에게는 의심할 것 없이 파리로 가면 이 늙은 어머니, 누이동생, 매제 등 시민계급 쓰레기들과 교류하거나 어쩌면 함께 살아야 한다는 생각이 아주 강한 방해가 되었다. 온갖 사치로 치장한 궁전은 발자크에게 오직 번거로운 일만 만들어냈다. 그는 그것을 제대로 누리지도 못할 것이었다. 발자크가 즐기려고만 하면 언제나 운명이 벌을 내렸다.

　　어쩌면 이 몇 달 동안 발자크는 이제 집이 거의 완성되었으니 한스카 부인이 오기를 희망하였던 것 같다. 그러나 결합을 향한 지속적인 소망과 사랑의 감정은 위대한 작가의 일방적인 생각이고, 비예르츠브니아의 여주인은 포르튀네 거리로 들어갈 마음이 조금도 없다는 사실이 다시 분명해졌다. 그래서 발자크는 잘된 것이든 잘못된 것이든 겨울이 오기 전 9월 말에 한 번 더 지구의 1/4바퀴 떨어진 곳으로 여행을 해야 했다. 지난번 겨울 추위에 그는 혹독하게 고생을 했다. 한 번 더—대체 몇 번째던가!—이 뻣뻣한 애인을 결혼의 제단으로 끌고가려는 시도를 해볼 참이었다.

그보다 앞서서 그는 한 번 더 아카데미에 자리를 얻으려고 시도했다. 샤토브리앙과 오늘날에는 그 이름도 알려지지 않은 또 다른 불멸의 인물(=종신 아카데미 회원)의 죽음으로 두 자리가 비었고, 발자크가 그 자리에 지원했다. 파리의 관습에 따라서 38명의 아카데미 회원들을 방문해서 후원을 부탁하는 것이 필요했다. 그러나 발자크는 그럴 시간이 없었다. 겨울이 닥치기 전에 러시아로 돌아가야 했다. 그래서 그는 선발결과를 운명에 맡겼다. 그 결과는 참담한 것이었다. 우리의 관점에서 보자면 발자크에게보다는 아카데미측에 더욱 참담한 것이지만. 전체에서 오직 두 표만이 《인간희극》의 작가에게 찬성하였다. 노아유 공작과, 그의 불멸의 업적이 우리에게 전해지지 않는 또 다른 신사가 그 자리를 차지하였다. 발자크가 이 세 번째 거절을 품위와 우월감으로 응수했다는 것은 그에게 명예로운 일이다. 그는 분명한 어조로 어떤 친구에게, 자기에게 표를 던져준 용감한 두 사람이 누군지 알아봐달라고 부탁했다. 그들에게 자기의 감사를 표현하기 위해서였다.

10월에 발자크는 다시 비예르초브니아로 갔다. 그러나 이번에 그의 열광은 눈에 띄게 줄어들었다. 비예르초브니아는 낙원이 아니라 '황무지'였다.

그는 어머니에게 "아, 이곳 우크라이나에서 보름만 지낸다면 포르튀네 거리가 아주 황홀하게 보일 겁니다." 라고 썼다. 그는 거의 두려움에 차서 자기가 아직도 얼마나 환영받는 손님인가 강조하고 있다.

여기서 함께 지내는 사람들은 내게 특별히 사랑스럽게 대해줍니다. 그렇지만 나는 더는 응석받이 손님은 아니고 특별한 의미의 친구일 뿐이지요. 여기서는 내 가족 모두를 잘 알고 있고, 나의 모든 근심을 커다란 관심으로 함께 나눕니다. 하지만 불가능한 일들에 대해서는 여기라고 어떻게 할 수가 있겠어요?

'여기'서는—발자크는 자기 가족에게 보낸 편지에서 한스카 부인을 이렇게 불렀다—그러니까 이제 자기가 그곳 파리에 어머니와 누이를 두고 있다는 사실을 알고 계신다는 것이다. 그러나 줄 사이로, 아니면 오히려 아주 또렷하게 읽을 수 있는 것은, 비예르초브니아에서 무엇인가가 제대로 돌아가지 않는다는 것이다. 이 '불가능한 일들'이란, 특히 발자크가 파리에서 행했던 정말로 불가능한 지출을 뜻하는 것으로 보인다. 한스카 부인은 들어가 살 생각도 없는 집을 위해 지출된 정신나간 액수를 보고, 부당하지도 않은 일이지만 기겁을 했던 것 같다. 발자크는 갑자기 모든 것을 중단하라고 파리로 써보냈다.

여기서 감당하려고 하는 희생이 한계에 이르렀다고 말하는 것으로 충분하겠지요. 아무도, 설사 가장 가까운 사람이라도 넌더리가 나게 해서는 안 되니까요. 이 집을 둘러싼 영원한 빚들은 나쁜 인상을 만들어냈어요. 거기에다가 어떤 새로운 이야기를 덧붙이기라도 한다면 상황에 따라서는 나의 미래 전체가 의문스럽게 될 수도 있습니다.

격렬한 싸움이 있었던 것으로 보인다.

그렇게 엄청난 돈을 써버렸다고 여기서는 화가 나 있어요.

한스카 부인은 발자크의 계산기술은 엄격한 통제를 필요로 한다는 사실을 한 번 더 보아야만 했다. 그가 처음에 10만 프랑으로 계산했던 집은 설비까지 합쳐서 30만 프랑이 들어간 것이다. 에벨리나 폰 한스카 같은 백만장자도 이 정도면 기분이 나빠질 만하다. 비예르초브니아에 나타난 불쾌감이 전파되었다. 발자크는 기분이 나빠져서 집으로 편지를 써보냈고, 어머니도 화가 나서 답장을 했다. 이 편지들 중 하나가 한스카 부인의 손으로 들어갔다. 새로운 싸움이 일어나고 발자크는 모든 잘못을 식구들 탓으로 돌리고 결혼이 성립되지 않은 것을 식구들 책임으로 만들려고 했다. 한스카 부인이 포르튀네 거리에 있는 집을 다시 팔려고 한다는 말까지 나왔다.

여기서 그녀는 부유하고 사랑받고 존경받고 있어요. 그녀에게는 부족한 것이 아무것도 없지요. 그러니 불화, 빚, 지출, 모르는 얼굴들밖에는 볼 것이 없는 환경으로 들어가기를 망설이고 있어요. 그녀의 자식들도 그녀 때문에 걱정하고 있고요.

발자크도 두려움에 사로잡혔다. 그는 아주 무의미한 절약을 하려고 애썼다. 갑자기 하녀를 내보내야 한다, 그녀의 월급과 먹는 것이 비용이 너무 든다는 것이다. 하인인 프랑수아만 있으면 된다고 했다. 그는 거기 쌓아둔 보물을 지키기 위해서 꼭 필요한 존재였다. 발자크는 더욱 기묘한 극단으로 빠져들었다. 그는—숲이 울창한 우크라이나 한복판에서—쉬레느에 있는 누이에게 자기가 돌아가면 월요일마다 그녀 집의 요리사를 자기에게 보내줄 수 있을지 물었다. 자기와 하인을 위해서 일주일치 소고기 요리를 하도록 말이다. 미리 백만금을 계산하고 있던 사람이 이제는 극히 검소한 숫자를 내놓았다.

내게는 2백 프랑밖에 없다. 그뒤로는 극장 수입을 빼면 전혀 한 푼도 없게 될 거야. 극장에서도 중요작품들로 돈을 벌지 못할 시기가 다가오는 것이 보이는 것 같다.

이런 패배감은 발자크에게는 없었던 일이다. 그것은 그가 이제 속에서부터 무너지고 있다는 것, 그가 더는 그 자신이 아니라는 것을 보여준다. 그의 생동성은 결정적인 타격을 맞았다. 그의 신체기관이 복수를 하고 있었다. 사방에서 벌써 경고의 표지들이 나타났다. 그는 한 번도 거기 주목하지 않았다. 이제 모든 기관들이 심각하게 무너져내렸다. 단 일격만 더 먹으면 그의 체질처럼 강력한 체질도 붕괴될 판이었다.

비예르초브니아로의 불행한 여행 자체가 벌써 영리하지 못한 일이었다. 투렌 출신으로서 그는 러시아의 기후에 익숙하지 못했다. 기관지염이 시작되었고 동시에 심장의 상태가 아주 좋지 않다는 사실도 밝혀졌다. 심장은 소중한 친구인 나카르가 1842년에 벌써 상당히 심각하다고 진단을 내렸던 터였다. 마침내 일어나게 되었을 때 그는 마음대로 움직일 수 없었다. 걸음을 옮길 때마다 숨이 찼다.

1819년처럼 야위었어요. 병이 나를 어린애로 만들고 말았습니다.

일에 대해서는 생각도 할 수 없었다.

일년 전부터 나는 한 푼도 벌지 못했어요.

그가 좋아하던 작업복인 수도사 복장을 벗어버렸다는 것도 상징적인 의미를 지닌다.

병을 앓으면서 나는 잠옷을 입게 되었어요. 그것은 이제 하얀색 브뤼노파 수도승 옷을 대신하게 되었답니다.

러시아의 겨울에 집으로 돌아온다는 것은 생각도 할 수 없었다. 미리 계획되었던 키예프와 모스크바 여행도 포기해야 했다. 두 명의 도이치 의사인 크노테(Knothe)와 그 아들이 그를 치료하였다. 그들은 대단히 현대적인 느낌이 드는 레몬 요법을 썼다. 그러나 그것도 일시적인 진정만 시킬 뿐이었다. 신체는 진짜 힘을 쓸 수 있는 상태로 회복되지 못했다. 때로는 이 기관이, 때로는 또 다른 기관이 말을 듣지 않았다. 한 번은 눈이 말을 듣지 않았고, 다음에는 다시 열이 났고,

그 다음엔 다시 폐렴이 나타났다.

한스카 부인의 태도에 대해서 우리는 짐작만 할 수 있을 뿐이다. 그러나 이 관계가 최선의 것이 아니었다는 것만큼은 분명했다. 처음에 그녀는 유명한 작가를 꿈꾸었고, 그의 숭배를 기분좋게 받아들였다. 그러다가 그는 재미있는 어릿광대가 되었다. 이 광대 패거리에게 명랑한 벗이며 재치있는 여행 동반자가 되어주었다. 이제 그는 그냥 짐이었을 뿐이다. 쾌락에 굶주린 두 여자, 어머니와 딸은 몇 달 전부터 키예프의 연시(年市)를 기다려 왔다. 벌써 아파트를 세내고 마차며, 하인이며 가재도구들을 보내두었다. 그리고 열두 벌쯤 새 옷을 사들였다. 이제 발자크의 병으로 인해서—어쩌면 길이 나쁜 탓도 있겠지만—이 계획이 취소되어야만 했다. 발자크의 유일한 기쁨은 어쩌다가 두 여자가 폐렴으로 침대에 누워 있는 자기에게 와서 나들이할 때 입을 새 치장을 보여줄 때뿐이었다.

가족에게 보낸 편지에서 아직도 그는 천사와도 같은 자신의 에바와, 실제로는 아주 경박하고 단순한 그녀의 딸에 대한 몽상을 늘어놓고 있다. 그런데도 당시 얼음 같은 고독의 공간이 그를 둘러쌌던 것이 분명하다. 그는 오직 자기들의 즐거움만 생각하는 이 여자들 사이에서 아주 낯선 느낌을 가졌던 것이 분명하다. 갑자기 그가 옛친구들을 생각해냈기 때문이다. 여러 해 동안이나 한스카 부인은 나머지 다른 관계들을 밀쳐냈다. 그는 가장 소중하고 이해심이 풍부한 친구이자 젊은 시절의 동반자인 쥘마 카로에게 오랫동안 편지를 쓰지 않았다. 이제 그는 갑자기 그녀가 자기를 얼마나 염려했던가를 기억해냈고, 이런 처지에서 그녀라면 자기를 얼마나 잘 돌보아줄까를 상상하였다.

물론이다! 오랫동안이나 그는 그녀를 생각하지 않았다. 그래서 친숙한 인사말인 '친애하는(Chère)'이나 '카라(Cara)'라는 말이 펜끝으로 나오지를 않았다. 그는 '사랑하고 존경하는 쥘마 부인'이라는 말로 편지를 시작하고 있다. 마치 상당히 낯선 친지에게 편지를 하는 것처럼 말이다. 그러나 곧 다시 옛날의 친근한 어조가 되살아난다. 그리고 그의 편지 구절들에서 슬픔을 느낄 수 있다.

내 조카들과 누이는 두 번이나 당신에 관해 상당히 우울한 소식들을 전했어요. 그런데도 내가 편지를 쓰지 못한 것은 그럴 만한 처지에 있지 못했기 때문입니다. 나는 거의 죽음 가까이까지 갔거든요……. 15년 동안이나 너무 심하게 긴장해서 생겨난 끔찍한 심장병 때문이랍니다.

나는 여덟 달 전부터 이곳에서 지내고 있습니다. 이곳 우크라이나 한복판에서 상당히 놀라울 정도로 훌륭한 의사의 보호를 받고 있지요. 그는 내가 머물고 있는 친구들의 성과 영지에 상당히 밀착돼 있어요. '몰다우 열(熱)'이라고 부르는 상당히 끔찍한 열병으로 인해서 치료가 중단되었습니다. 이 열병은 도나우 강변의 습지대에서 시작되어 오데사를 돌다가 그곳에서 이곳 초원지대로 전파되었답니다. 내가 걸린 병은 간헐적인 뇌질환으로 두 달이나 계속되었어요. 겨우 일주일 전부터 나는 다시 고질병인 심장병 치료를 받을 수 있게 되었지요. 그저께 조카딸들이 보낸 편지에서 당신이, 사랑하는 쥘마, 프라페슬의 영지를 팔더라도 그 집만은 그대로 지닐 수 있었으면 좋겠다는 말을 적었더군요.

프라페슬과 카로 부인이라는 이 말들이 나의 모든 기억을 아주 생생하게 만들어주었답니다. 내게는 일체의 긴장과, 심지어 편지 쓰는 일조차도 금지되어 있지만, 그래도 당신에게 지난 2월부터 몇 가지 사업상의 편지들 말고는 전혀 편지를 쓰지 않은 이유를 말하고 싶었어요. 사람들이 소중한 친구를 잊어버린다고는 설마 생각하지 않겠지요. 당신을 생각하고, 당신을 사랑하고, 1833년 이후로 우리의 공통의 친구인 보르제를 알게 된 이곳에서 당신 이야기를 그만둔 적이 없다는 사실을 당신은 알아야 합니다……

50 고개에서 바라보는 삶은 얼마나 다른지요! 우리가 한때 꿈꾸었던 것으로부터 우리는 얼마나 멀리 있는 것인지요! 아직 프라페슬을 기억하십니까. 그리고 내가 데그레 부인의 임종을 보았던 것도? 나는 그뒤로 많은 사람들의 임종을 보았다고 생각합니다. 그러나 그뒤로 나는 얼마나 많은 환상들을 물 속에 던져버렸던가! 내 말을 믿으세요. 아직도 여전히 자라고 있는 애착을 빼면 나는 그때부터 오늘날까지 그다지 많은 발전을 하지 못했답니다. 나쁜 일은 얼마나 빨리 공중으로 올라가는지, 그리고 우리의 행복에는 얼마나 많은 장애물들이 놓여 있는지요! 정말이지 삶에 대해서 염증을 느끼게 됩니다.

3년 전부터 나는 하나의 보금자리를 만들고 있어요. 그 일을 위해서 하나님을 원망할 일이지만 정말 한 재산 들었지요. 그러나 한 쌍의 새는 어디 있나요? 그것은 언제 들어올까요? 세월이 흐르고 우리는 늙어가고 모든 것은 시들고 빛이 바랩니다. 심지어는 내 둥지에 있는 천들과 가구들까지도요. 내 사랑이여, 당신은 모든 것이 장밋빛이 아니라는 것을, 심지어는 겉보기에 행복의 성에 사는 사람들의 경우에도 그렇다는 것을 보고 있는 거지요…….

여러 번이나 자기를 빚에서 구해냈고, 그가 한 번도 제대로 감사한 적이 없었던 들라누아 부인에게도 편지를 썼다. 돈으로 빚을 갚을 수 없는 사람이 사랑과 감사의 빚만이라도 제때 갚겠다는 막연한 동경을 가졌던 것 같다. 어쩌면 발자크 자신은 자기가 이미 패배한 사람이라는 것을 알았던 것인지도 모른다.

제3장
결혼과 귀향

발자크는 어쩌면 자기 상황이 어떤지 짐작이나 하는 정도였을지 모르지만, 의사들만은 분명히 그가 치유될 수 없다는 사실을 알고 있었다. 그리고 그들이 한스카 부인에게 자기들의 의견을 밝혔으리라고 확신할 수 있다. 이제 결혼이 오래 지속되지 않으리라는 사실이 분명해지자 그녀는 마침내 그렇게 여러 해 동안이나 구애를 해온 이 남자에게 마지막 소원을, 그가 일생 가장 바라던 소원을 들어주기로 결심하였다. 그녀는 이제 이런 행동이 어떤 위험과 결부되지 않는다는 사실을 알고 있었다. 그는 더는 낭비를 할 수 없을 것이다. '선량한 발자크'는 이제 '가련한 발자크'가 되었다. 성실하게 오랫동안 봉사해온 하인이 죽을 병에 걸리면 귀족 여인들이 느꼈던 것 같은 동정심이 그녀를 사로잡았다. 그래서 마침내 1850년 3월로 결혼식이 예정되었다.

결혼식은 근처에서 가장 큰 도시인 베르디체브에서 거행하기로 했다. 그런 다음 봄에 부부는 마침내 완성된 파리의 집으로 가기로 했다. 이 먼 곳에서 아내를 맞아들이기 위해서 그가 보낸 지시사항보다 공상적 인간 발자크의 초조감을 더 잘 보여주는 것은 없다. 그는 어머니에게 정확한 지시를 내리고 있다.

맨 위층 살롱 옆에 있는 첫 번째 방의 갈색 선반 위에 놓인 커다란 중국산 도자기 접시에서 샹젤리제 거리의 꽃장수 주소를 찾아낼 수 있을 겁니다. 그는 1848년에 벌써 나를 찾아왔고, 우리는 집을 꾸미기 위해서 14일 동안 꽃을 배달하는 문제를 이야기했지요. 그는 나하고 연회비로 가격을 정했어요. 일년에 6백에서 7백 프랑 정도지요. 나는 출발해야 했기 때문에 이 비용을 거절했지요. 그건 돈이 충분하고 당사자들이 그에 합의해야만 성립하는 비용이니까요. 그녀는 꽃을 사랑해요. 이 꽃장수가 집의 장식을 해둔다면 우리는 어떤 토대를 가지는 셈이지요. 이 토대 위에서 어머니가 좋은 가격으로 협상을 계속하실 수 있을 거고요. 그가 정말 멋진 꽃들을 가져오는지 잘 보세요. 그리고 정확하게 담판을 지으시고요.

그밖에 다음과 같은 장식들을 미리 해두어야 합니다. 우선 2층 방에 꽃탁자, 둘째로 일본식 살롱에도 하나, 셋째로 둥근 지붕이 있는 방에 두 개의 꽃받침대, 넷째로 둥근 지붕 아래 회색 방에 있는 벽난로 위에 아프리카 목재로 된 작은 꽃탁자, 다섯째로 계단부의 층계참에 두 개의 커다란 꽃받침대, 여섯째로 푀셰르(Feuchère)가 새겨넣어진 두 개의 접시 안에다가 작은 나무 꽃받침대를 올려놔주세요.

아직 결혼도 하기 전에, 그리고 새 집으로 들어가기 여러 주 전에 그는 이런 지시를 내렸다. 이 병든 사람 안에서 상상력이 아직도 얼마나 놀라운 작용을 하는지, 그의 기억력이 아주 작은 세부사항에 이르기까지 얼마나 정확한지 여기서 볼 수 있다. 그는 가구 하나하나를 알고 있었고, 꽃받침대와 꽃병이 어디 있는지 자세히 알고 있었다. 생각은 벌써 결혼식과 긴 귀향길을 뛰어넘어서 포르튀네에 살고 있었다.

3월 14일에 우크라이나 주도인 베르디체프에 있는 성 바르바라 교회에서 예식이 거행되었다. 의식은 극히 조용하게 치러졌다. 사람들의 관심을 일절 피했다. 아무도 초대되지 않았고 아무에게도 알리지 않았다. 새벽 7시 여명 속에서 의식이 진행되었다. 쉬토미르 주교가 나타나기를 고대하였지만 물론 그는 오지 않았다. 그러나 발자크는 고위 귀족 출신인 수도원장 차루스키 백작이 부부의 의식을 베풀어주는 것을 만족스럽게 여겼다. 수도원장의 친척여인과 사위인 니제쉬 백작이 증인으로 참석하였다. 식이 끝난 직후 그들은 비예르초브니아로 돌아왔다. 그들은 죽도록 지친 채로 밤 11시경에 집에 돌아왔다.

며칠이 지난 아침—행복감이 그를 다시 건강하게 만들기라도 한 것 같았다—발자크는 책상 앞에 앉아서 한 번 더 나폴레옹 시대의 거대한 스타일로 최후의 가장 위대한 승리에 대한 편지를 썼다. 어머니, 누이, 그리고 친구이자 의사인 나카르와 쥘마 카로 부인에게 편지를 썼다.

젊은 시절의 친구인 쥘마에게 그는 이 편지에서 한 번 더 이렇게 말하고 있다.

사람들이 내게 내 젊은 시절의 우정을 묻는다면 당신을 맨처음으로 꼽을 것입니다.

그리고 보고하기를,

사흘 전에 결혼했습니다. 내가 사랑했고, 전보다 더욱 사랑하는 여자, 이제는 죽을 때까지 사랑할 여자하고요. 이 결합은 신이 내가 그 동안 겪어야 했고 극복했던 그 수많은 반대들과 그 여러 해의 노동과 어려움들을 보상해주려고 나를 위해 남겨두었던 보답이라고 생각합니다. 나는 행복한 어린 시절을 갖지 못했고 내 인생의 봄은 꽃들로 장식되지 못했지요. 지금 나는 한 줄기 여름을 맞이하고, 가장 달콤한 가을을 맞으려고 합니다. 그리고 이런 관점에서 보면 어쩌면 당신에게도 내 행복한 결혼이 개인적인 위안처럼 여겨질지도 모르지요. 이 일은 섭리께서는 그 오랜 고통을 겪은 다음에 마지막에 나누어줄 보물을 보관하고 계신다는 사실을 보여줄 것입니다.

그는 편지에 봉인을 했다. 그런 다음 하나의 생각이 떠올랐다. 편지들을 따라서 마침내 집으로 간다는 생각이었다.

아내의 편지나 단 몇 줄의 글귀도 이 편지들에 덧붙여지지 않았다. 이 순간에도 그는 그녀를 움직여 환영의 인사말을 하도록 할 수가 없었다. 그래서 발자크는 자기 어머니에게 대단한 억지의 사과를 해야 했다.

제 아내는 이 편지 마지막에 몇 줄 덧붙일 생각이었습니다만 심부름꾼이 벌써 기다리고 있어서요. 그녀는 아파서 누워 있거든요. 류머티즘으로 손이 부어서 펜을 잡을 수가 없어요. 다음 편지에서 어머니께 자신의 존경을 표현할 생각이랍니다.

발자크는 이 행복의 대가를 톡톡히 치러야 했다. 그는 여행을 떠날 수가 없었다. 길은 여전히 눈이 덮여서 이용할 수 없었다. 길이 괜찮더라도 그의 건강상태는 여행을 불가능하게 했다. 그는 포르튀네 거리에 있는 집에 꽃을 너무 일찍 주문한 것이다. 새로운 발작들이 약해진 신체를 덮쳐왔다.

심장병과 폐렴이 재발했어요. 우리는 많은 기반을 다시 잃었어요. 진척을 보고 있는 것처럼 보이기도 했는데 말이에요……. 눈앞에 검은 베일이 쳐진 것 같아요. 그것은 없어지려고 하지 않은 채 모든 것을 뒤덮고 있어요. 그래서 내가 이 글을 쓰는 것을 힘들게 하고 있지요……. 맑은 하늘에서 번개가 친 다음 오늘 처음으로 펜을 잡았어요.

적어도 에바 부인이 어머니에게, 아들의 병에 대해서 안심하시도록 하기 위해서 한 마디 할 것이라고 기대하게 된다. 그러나 발자크는 두려움에 가득 차서 이렇게 덧붙이지 않을 수 없었다.

아내는 너무 바빠서 단 1분도 자기 마음대로 쓸 수가 없습니다. 그밖에도 손이 끔찍하게 부어서요. 습기 때문이지요…….

2주 뒤인 4월 15일에 발자크는 한 번 더 에너지를 모아서 어머니에게 편지를 썼다.

이 편지를 어머니께 보내려고 하지만 거의 철자를 알아볼 수도 없습니다. 눈의 통증 때문에 읽을 수도 쓸 수도 없을 정도입니다.

그런데도 제부스카로 태어난 여자는 노파에게 단 몇 줄 써 보내는 것을 결심할 수 없었다. 발자크는 다시 터무니없는 변명을 만들어내야 했다. 이번에는 딸의 병 때문에 어머니가 꼭 붙잡혔다고 했다. 그녀는 단순히 '어머니께 존경심을 전해달라'고 부탁했다. 그러고 나서 그는 자기 자신에 관해서 이렇게 고백하고 있다.

나는 건강이 좋지 못해요. 심장도 폐도 말입니다. 몸을 움직이기만 해도 숨이 막히고 목소리가 막혀서 나오지 않습니다.

마침내 그들은 출발하기로 결정하였다. 그것은 끔찍한 여행이었다. 발자크는 폴란드 국경에 있는 브로디에서 이미 극단적인 허약상태에 빠졌다. 그는 전혀 식욕이 없었고 식은땀을 심하게 흘렸다. 그 결과 그는 점점 더 쇠약해졌다. 아는 사람들이 그를 보아도 거의 알아보지 못했다. 1850년 5월 11일 드레스덴에서 그는 다시 편지를 쓰고 있다.

보통은 6일 정도면 되는 이 길을 오는 데 거의 한 달이나 걸렸어요. 한 번이 아니라 1백 번쯤이나 생명의 위협을 느꼈지요. 여러 번이나 마차의 창문 높이까지 파묻히는 늪에서 우리를 끌어올리기 위해서 권양기와 함께 사람들이 열다섯이나 열여섯 명씩이나 필요했어요. 그렇지만 어쨌든 도착했고 아직도 살아 있지요. 병들고 지치긴 했지만요. 그런 여행은 누구라도 10년은 더 늙게 만들 거예요. 서로 그토록 사랑하면서 함께 끌어안고 죽을지도 모른다고 두려워해야 한다면 그게 어떤 것인지 상상하실 수 있겠지요.

거의 탈진하고 절반쯤 눈이 먼 상태로 그는 이 지점에 도착하였다. 그는 계단 하나도 올라갈 수 없었고, 도대체 파리까지 갈 수나 있을지 의심하고 있다.

내 건강은 비참한 상태입니다……. 이 끔찍한 여행이 내 병을 악화시켰어요.

그는 눈이 안 보이는데도 손수 편지를 써야만 했다. 그리고 가족에게 관심을 갖지 않는 아내를 보호해야만 했다.

그녀는 어머니가 편지에서 그녀에 관해 쓰신 모든 것을 대단히 고마워하고 있답니다. 그러나 손의 상태가 나빠서 당신에게 직접 편지를 쓸 수가 없습니다.

그렇지만 손가락을 마비시키는 이 끔찍한 류머티즘은 에바 부인이 드레스덴의 보석상을 돌아다니면서 2만5천 프랑을 주고 아름다운 진주목걸이를 사는 것을 전혀 방해하지 않았다. 발자크의 어머니와 누이에게는 이 몇 달 동안 단 한 줄도 쓸 수 없었던 이 여자는 딸에게는 아주 또박또박 쓴 글씨체로 목걸이 산 것을 자세히 알리는 편지를 보내고 있다. 발자크가 탈진한 상태에서 잘 보이지 않는 눈으로 호텔 방에 누워 있던 이 순간에 그녀가 진주목걸이를 생각하고 있었다는 것은, 극단적인 매정함을 암시해주는 일이다. 특징적인 일이지만 이 편지에서도 그는 '선량하고 소중한 친구'일 뿐이다. 이제 오래 걸리지 않으리라는 것을 알기에, 그녀가 끌고 다니기로 마음먹은 짐에 지나지 않는 것이다.

이 드레스덴 시기에 어떤 갈등이 일어났을지는 이런 무심한 구절들 사이로 짐작이나 해볼 수 있을 따름이다. 그러나 발자크는 마지막 순간까지 자기 역할을 해냈다. 누이에게 그는 이런 지시를 하였다.

난 너를 믿고 있다. 내가 포르튀네 거리에 도착할 때에 어머니가 거기 계시지 않도록 어머니께 잘 말씀드려다오.

그는 두 여인이 만나는 것을 극단적으로 두려워했고 서툰 변명을 만들어냈다.

우리가 짐을 풀 때 어머니가 거기 계시면서 우리를 돕는다면 어머니의 품위에 어울리지 않는 일이 될 거야.

늙은 여인의 의심이 옳았던 것이다. 이 여러 달 동안 그녀는 충실하게 보물을 지키고 일꾼들을 감독하고 납품업자들과 흥정을 벌였다. 그녀는 저 거만한 러시아 귀족여인이 자기를 집에서 보려고도 하지 않으리라는 사실을 알고 있었다. 단 한 가지 과제만 어머니에게 더 맡겼다. 환영의 뜻으로 꽃장식을 해달라는 것. 그런 다음 그녀는 부부가 도착하기 전에 조용히 물러가야 한다는 것이다. 하인인 프랑수아가 문간에서 기다렸다가 제부스카로 태어난 여자를 왕궁 같은 파리의 집으로 안내하라는 것이다. 방이고 계단들마다 모두 불을 켜놓아야 한다. 그것은 화려한 영접이 되어야 한다. 그러나 늙은 발자크 부인은 이런 일들을 짐작하고, 아무런 법석도 떨지 않고 오래 전에 쉬레느에 있는 딸네 집으로 가버렸다.

다시금 발자크의 귀향에는 저주가 놓여 있었다. 그것은 발자크가 얻은 행복의 대가로 현실에서 공물로 바쳐야 하는 일이었다. 그는 언제까지나 작가였을 뿐 아니라 자신의 〈잃어버린 환상〉의 고통받는 주인공이기도 했다. 파리에서 포르튀네 거리에 있는 집 문앞에 도착하자 소설에서도 이보다 더 잔인한 구상을 해낼 수 없었을 장면이 벌어졌던 것이다.

그들은 기차로 마지막 구간을 왔고 기차는 연착하였다. 그들 두 사람이 마차를 타고 앞으로 나갈 때는 깊은 밤이었다. 발자크는 자신의 지시들이 문자 그대로 정확하게 실천되었는지 초조한 긴장감에 사로잡혔다. 모든 세부사항까지 정확하게 지시를 내려두었다. 그는 꽃받침대들과 꽃병들이 어디에 놓여 있어야 할지, 얼마나 많은 불들을 밝혀두어야 할지, 하인은 손에 가지가 여럿 달린 꽃장식이 된 촛대를 들고 어디서 자기들을 맞아들여야 할지 잘 알고 있었다.

마침내 마차가 멈추었다. 프랑수아는 말을 들었다. 집은 위서부터 아래까지 온통 밝혀져 있었다. 그러나 문앞에는 아무도 서 있지 않았다. 벨을 울렸다. 아무도 대답하지 않았다. 다시, 또다시 발자크는 벨을 울렸다. 불을 밝힌 집은 조용하기만 했다. 몇몇 이웃사람들이 모여들었다. 여기저기 물어보았지만 아무도 알지 못했다. 발자크가 마부를 재촉해서 집의 문을 열어줄 열쇠공을 데려오는 동안 발자크 부인은 마차에 앉아 있었다. 그는 억지로 결혼하더니 그렇듯이 억지로 문을 열고 자기 집 안으로 들어가야만 했다.

그런 다음에 유령 같은 장면이 뒤따랐다. 하인인 프랑수아를 어떤 방에서 찾아냈다. 그는 미쳐 있었다. 바로 이 순간에 그는 이성을 잃었고 한밤중에 정신병원으로 실려가야만 했다. 사람들이 미쳐날뛰는 사람을 제압해서 수송해가는 동안 발자크는 제부스카로 태어난 고귀한 부인을 그토록 빛나게 그리던 집안으로 안내하였다.

제4장
최후

발자크의 운명의 법칙은 마지막까지 되풀이되었다. 자신의 꿈을 오직 책에서만 만들어낼 수 있을 뿐 현실에서는 절대로 이룰 수 없다는 것 말이다. 말할 수 없이 수고하고 절망적인 희생과 열렬한 기대를 품고서 그는 이 집을 치장하였다. 이 집에서 마침내 얻은 아내와 함께 '25년 동안'을 살기 위해서였다. 그러나 실제로는 그 안에서 죽기 위해서 그 집으로 들어간 것이다. 그는 작업실을 욕심껏 꾸미고 그 안에서 《인간희극》을 완성하려고 했다. 50편의 새 작품 구상이 앞에 있었다. 그러나 그는 이 작업실에서 단 한 줄도 쓰지 못했다. 그의 눈은 이제 완전히 멀었다. 포르튀네 거리에서 그가 쓴 단 한 통의 편지는 마음을 울리는 것이다. 그것은 친구인 테오필 고티에에게 보낸 것으로 에바 부인의 필적으로 쓰였다. 단 한 줄의 추신만이 힘들여서 그의 필적으로 엉성하게 쓰여 있다.

나는 읽을 수도 쓸 수도 없다네.

그는 서재를 극히 값비싸게 장식된 책장들로 꾸몄다. 그러나 책을 열어볼 수 없었다. 그의 살롱은 황금 다마스트 천으로 벽을 둘렀다. 여기서 그는 파리의 사교계를 맞아들일 생각이었다. 그러나 아무도 그를 찾아오지 않았다. 말 한마디하는 것도 지나치게 힘들게 되고 말았다. 의사들은 이제 말하려는 수고조차 금지시켰다. 그는 극히 조용한 가운데 얼마나 대단한 작품들을 수집했는지 파리 전체를 깜짝 놀라게 만들려고 커다란 미술관을 좋아하는 그림들로 꾸몄다. 그는 친구들, 작가들, 예술가들에게 자신의 걸작품 그림들을 하나씩 소개하고 설명하는 모습을 꿈꾸었다.

그러나 기쁨의 궁전이라고 꿈꾸었던 것은 그에게 유령 같은 유적지가 되었다. 그는 홀로 커다란 집안에 누워 있었다. 때때로 어머니가 그림자처럼 수줍게 아들을 보살피려고 찾아오곤 하였다. 그의 아내는—모든 증인들이 한결같은 목소리로 그렇게 말하고 있다—진짜 걱정을 하지 않은 채 저 잔혹한 무관심을 보이고 있었기 때문이다. 그것은 이미 여행 중에, 그리고 드레스덴에 머물고 있는 동안에도 분명하게 드러났던 일이었다.

딸에게 보낸 편지들에서 그녀의 태도는 부정할 수 없는 모습으로 드러나고 있다. 이 편지들에서는 단순한 수다로 레이스, 보석이나 새 옷들에 대한 이야기가 나온다. 죽어가는 사람에 대한 진짜 염려는 거의 한 줄도 없다. '빌보케(Bilboquet)'—저 즐겁던 '어릿광대' 패거리 시절 어릿광대

노릇을 하던 발자크는 그런 이름으로 불렸다—그녀는 지금
도 거의 완전히 눈이 먼 채로 헐떡이면서 겨우 계단을 올라
가는 이 남자를 그런 이름으로 불렀다.

빌보케는 여기서 상태가 더 나빠졌어. 전보다 훨씬 나쁘다. 그
는 걷지도 못하고 계속 기절하곤 해.

발자크가 이미 죽은 목숨이라는 사실은 그를 보는 사람이
면 누구나 알 수 있었다. 단 한 사람만이 그것을 믿지 않았
다. 아니면 믿으려 하지 않았으니 바로 그 자신이었다. 그는
어려운 것들을 비웃고 불가능한 것을 가능하게 만드는 데 버
릇이 들었다. 그래서 그는 쓰러뜨릴 수 없는 엄청난 낙천주
의로 아직도 싸움을 포기하지 않았다. 때때로 약간이라도 회
복하는 기미가 보이기만 하면 그는 목소리를 되찾았다. 그러
면 그는 힘을 모아서 자기 상태를 알아보러 찾아온 방문객과
이야기를 하곤 했다. 정치적인 문제들에 대해 토론하고 자신
감을 보였다. 그는 자신을 속이듯이 다른 사람도 속이려 들
었다. 누구든 자신의 옛날 힘의 비축분이 아직도 자기 안에
숨어 있다는 것을 믿으라는 것이다. 그리고 때때로 최후의
불꽃을 일으키면서 그의 사라지지 않는 기질이 정말로 터져
나오는 수도 있었다.
그러나 여름이 시작되면서 의심의 여지가 없어졌다. 네 명
의 의사단, 나카르, 루이, 루(Roux), 푸키에(Fouquier) 등이
소집되었다. 그들의 보고를 보면 이제는 진통제와 때때로 가
벼운 흥분제에만 의지했음을 알 수 있다. 그밖에는 이미 그

를 포기했던 것으로 보인다. 말년에야 비로소 그와 가까워져서 이 마지막 몇 주 동안 친구노릇을 훌륭하게 해주었던 빅토르 위고는 그가 이미 움직임 없이 응고된 채 얼굴이 달아오르고 눈만 살아 있는 것을 보았다.

이제 발자크 스스로 자신을 걱정하기 시작하였다. 그는 《인간희극》을 끝낼 수 없다고 불평하였다. 자기가 죽은 다음 자기 작품들을 어떻게 해야 할지에 대해서 말했다. 그는 자신의 의사이자 오랜 친구인 나카르를 보고 자기에게 시간이 얼마나 남아 있는지 솔직하게 말해달라고 졸랐다. 이 오랜 친구의 얼굴을 보고 자기 사정이 어떤지 알아차렸다. 어쩌면 그것은 진짜였을지도 모르고, 어쩌면 그냥 전설일지도 모른다. 어쨌든 그는 당황해서 자신의 《인간희극》에서 과학의 기적을 이루어낸 의사인 오라스 비앙숑(Horace Bianchon)을 불렀다는 것이다.

비앙숑이 있다면 나를 구해줄 텐데!

그러나 해체과정은 멈추지 않고 진행되었다. 그것은 잔혹한 죽음이었다. 그가 어떤 주인공에서 묘사한 것보다도 더 끔찍한 죽음이었다. 빅토르 위고는 죽음의 침상을 방문한 일을 회고록에 기록하였다.

나는 벨을 울렸다. 달이 구름 사이로 모습을 드러냈다. 길거리는 쓸쓸했다. 아무도 나타나지 않았다. 두 번째로 벨을 울렸다. 문이 열렸다. 촛불을 든 하녀 하나가 나타났다.

"무슨 일이시죠?"

그녀는 울고 있었다. 나는 내 이름을 말했다. 그녀는 나를 살롱으로 안내했다. 살롱은 일층에 있었다. 벽난로 맞은편 작은 다리 탁자 위에는 다비드 당제가 대리석으로 만든 발자크의 거대한 흉상이 세워져 있었다. 살롱 한가운데 화려한 탁자 위에서 불이 타오르고 있었다. 금을 입힌 극히 섬세한 조각상 여섯 개가 탁자의 다리 노릇을 했다.

또 다른 여인이 나오더니 역시 눈물을 글썽이며 말했다.

"그분은 죽어가고 있어요. 부인은 물러가셨습니다. 의사들은 벌써 어제부터 그를 포기했지요. 왼쪽 발에 상처가 났어요. 게다가 화상까지 입었고요. 의사선생님들도 어떻게 해야 할지 모른답니다. 의사들 말로는 수종(水腫)이 지방으로 바뀌었다고 합니다. 살과 피부가 서로 들러붙었다고요. 그래서 물을 빼낼 수가 없대요. 한 달 전에 주인님께서는 가구를 장식하다가 다치셨어요……. 오늘 아침 9시 이후로 한 마디도 안 하셨어요. 부인께서는 사제를 불러오라고 하셨지요. 사제가 와서 종부성사를 했답니다. 주인님은 무슨 일을 하는지 알고 있다는 표시를 하셨습니다. 한 시간 뒤에는 동생분인 쉬르빌 부인에게 손을 내미셨어요. 11시부터 목이 그르렁거려요. 주인님은 오늘밤을 넘기지 못할 거예요. 원하신다면 쉬르빌 씨를 불러드리지요. 그분은 아직 잠자리에 들지 않으셨거든요."

그 부인은 나를 남겨두고 떠났다. 나는 한동안 기다렸다. 불빛은 살롱의 가구들을 비치지 못하고 있었다. 그리고 벽에 걸린 포르뷔스와 홀바인의 화려한 그림들도 비치지 못했다. 대리석 흉상은 어둠 속에서 임종을 앞두고 있는 남자의 유령처럼 출렁거렸다. 송장냄새가 집안을 가득 채우고 있었다. 쉬르빌 씨가 나타나서 하녀가 말해준 것을 다시 확인해주었다.

우리는 복도를 지나서 붉은 양탄자로 감싸이고, 예술작품들, 입상들, 꽃병, 그림, 그리고 접시들로 장식된 계단을 올라가서 다시 복도를 지나갔다. 거기서 열린 문 하나를 보았다. 불행을 예고하는 커다란 그르링 소리가 들렸다. 그리고 발자크의 방에 들어갔다. 그의 침대가 방 한복판에 있었다. 마호가니 침대에는 옆 테두리와 장식띠가 붙어 있었다. 발치와 머리맡에는 환자를 움직일 수 있는 기구가 놓여 있었다.

발자크는 머리를 엄청난 양의 쿠션에 파묻은 채 이 침대에 누워 있었다. 소파에서 가져온 붉은 다마스트 천 쿠션들이며 베개를 합친 쿠션더미였다. 그의 얼굴은 보라색, 거의 검은색이었고 오른쪽을 향하고 있었으며 수염은 깎지 않고 백발은 짧게 깎여 있었다. 눈은 멍하니 뜬 모습이었다. 그의 옆얼굴을 보았다. 그는 황제와 닮았다. 늙은 간호사와 하인 하나가 침대 양옆에 붙어 있었다. 침상 뒤편 탁자 위에 촛불이 켜져 있었고, 문간 옷장 위에 하나가 더 켜져 있었다. 나이트테이블 위에는 은꽃병이 놓여 있었다. 하인과 부인은 일종의 두려움에 사로잡혀서 아무 말도 하지 않은 채 죽어가는 사람의 그르링 소리에 귀를 기울였다. 침상 옆에 있는 촛불은 생생한 불빛으로 벽난로에 걸려 있는, 장밋빛으로 젊은, 미소짓는 남자의 초상화를 비추었다. 참기 힘든 냄새가 침대에서 풍겨나왔다. 나는 이불을 들추고 발자크의 손을 쥐었다. 땀으로 푹 젖어 있었다. 나는 그 손을 꼭 잡았다. 그는 반응을 보이지 않았다······.

간호사가 내게 말했다.

"동틀 무렵 돌아가실 거예요."

나는 내려가면서 이 창백한 얼굴을 기억 속에 새겨넣었다. 살 롱을 지나가면서 흉상을 다시 보았다. 움직이지 않고 느낌도 없 고 숭고하고 말할 수 없는 광채로 빛나는 그 모습을, 그리고 나 는 죽음과 불멸 두 가지를 비교하지 않을 수 없었다.

발자크는 1850년 8월 18일과 19일 사이 밤에 죽었다. 그 의 어머니만이 그의 곁에 있었다. 발자크 부인은 이미 오래 전에 침실로 물러난 다음이었다.

8월 21일에 장례식이 거행되었다. 룰 거리에 있는 성 필 립 교회에서 장례 미사가 있었다. 빗줄기가 뿌리는 가운데 시체는 묘지로 옮겨졌다. 그의 아내가 그의 가장 깊은 소망 을 얼마나 모르고 있었던가를 볼 수 있다. 관포 귀퉁이는 빅 토르 위고, 알렉상드르 뒤마, 생트 뵈브와 바로슈 장관이 잡 았다. 빅토르 위고를 제외하고는 발자크가 생전에 가까이 지 내지 않은 사람들이었다. 생트 뵈브는 심지어 그의 불구대천 원수였다. 그가 정말로 미워한 유일한 사람이었던 것이다. 페르 라셰즈가 묘지로 선택되었다. 발자크는 언제나 이 장소 를 사랑했다. 이곳에서 그의 라스티냑이 도시를 굽어보고 파 리에 선전포고를 했다. 그것은 그의 마지막 거처였다. 빗쟁 이들로부터 안전하게 정말로 쉴 수 있는 유일한 거처이기도 했다.

빅토르 위고가 조사를 말했다. 오직 그만이 그 순간에 어 울리는 위대함과 품위를 지니고 있었다.

우리가 지금 무덤에 그의 관을 내리는 이 사람은 여론 전체가 장례행렬을 함께할 만한 사람 중 하나입니다. 우리가 살고 있는 이런 시대에는 온갖 허구들이 아무것도 아니라는 사실이 입증됩니다. 눈길들은 지배자들의 머리를 향하지 않고 정신적인 사람들을 향하고 있습니다. 그리고 이런 사람 중 하나가 사라지면 온 나라가 진동합니다. 민족의 장례식이지요. 오늘 재능을 가진 한 남자의 죽음을 보는 고통입니다. 국가적인 장례식이지요. 천재의 작별을 슬퍼합니다. 발자크라는 이름은, 신사 여러분, 미래에 우리 시대를 알리는 빛나는 흔적 속으로 들어가게 될 것입니다……

그의 죽음은 프랑스를 놀라게 했습니다. 몇 달 전에 그는 이곳으로 돌아왔습니다. 죽음이 가까움을 느꼈기에 그는 조국을 다시 보고자 했던 것입니다. 긴 여행을 떠나기 전날 밤에 어머니를 포옹하려고 찾아오는 것처럼 말입니다. 그의 생애는 짧았으나 충만한 것이었습니다. 날짜보다는 작품이 더욱 풍부한 생애였지요. 아, 이 강력하고 절대로 지치지 않는 노동자, 이 철학자, 이 사상가, 이 시인, 이 천재는 우리들 사이에서 위대한 사람에게 주어진 운명대로 태풍과 투쟁으로 가득 찬 삶을 살았습니다.

이제 그는 싸움과 증오를 넘어섰습니다. 무덤으로 들어가는 날로 그는 명예 속으로 들어간 것입니다. 그는 앞으로는 우리 머리 위를 지나가는 저 구름 위, 우리 조국의 별들 사이에서 계속 빛날 것입니다. 여기 모인 여러분 모두 그가 부러울 것입니다. 그러나 이런 상실을 앞두고 우리의 고통이 아무리 크다고 해도 우리는 이 파국을 감수할 것입니다. 그것이 지닌 냉혹함과 슬픔과 아울러 이 파국을 받아들입시다. 우리 시대 같은 시대에는 어

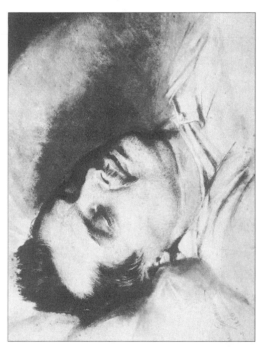

이젠 지로가 임종한 받자크의 모습을 그린 파스텔화. 강력하고 절대로 지치지 않는 노동자, 철학자, 사상가, 시인, 천재였던 받자크. 그는 완성하지 못했어도 그 자체로도 이미 걸작인 《인간희극》을 남기고 영원한 휴식에 들어갔다.

쩌면 이따금 위대한 죽음이, 의심과 회의로 가득 찬 정신들에게 종교적인 진동을 불러일으키는 것이 좋고도 필요한 일인지도 모르겠습니다.

섭리께서는 자기가 하는 일을 알고 계십니다. 한 민족을 가장 큰 비밀에 마주세우고, 위대한 평등이며 동시에 위대한 자유이기도 한 죽음에 대해 곰곰이 생각할 기회를 주십니다. 고귀한 정신이 장엄하게 다른 삶으로 돌아가면, 오랫동안 대중 위에서 눈에 보이는 천재의 날개로 날아다니던 존재가 갑자기 우리가 볼 수 없는 또 다른 날개를 펼치면, 진지하고 성스러운 생각들이 모든 마음을 가득 채울 수 있겠지요. 아닙니다. 이것은 몰랐던 일이 아닙니다! 나는 이것을 다른 고통스런 기회에 벌써 말한 적이 있습니다. 그리고 앞으로도 그 말을 지치지 않고 되풀이할 것입니다. 그것은 밤이 아니라 빛입니다. 그것은 허무가 아니라 영원입니다. 그것은 끝이 아니라 시작입니다. 내 말을 듣고 있는 여러분, 그 말이 맞지 않습니까? 이와 같은 관들은 불멸에 대한 증거입니다……

그것은 발자크가 살아서는 들어본 적이 없는 말이었다. 그는 자기 작품의 주인공처럼 페르 라셰즈에서 이 도시를 점령할 참이었다.

개관

	생 애	작 품
	알비의 농부 가계, 원래 이름 발사 (Balsa) 혹은 발싸(Balssa). 아버지, 베르나르 프랑수아(1746~ 1829년), 결혼 1797년. 어머니, 안 샤를로트 로르 살랑비에(1854년 죽음). 오노레, 1799년 5월 20일 투르, 라르메 디탈리 거리에서 출생. 방돔의 오라토리오 수도회 중학교에서 교육받음. 파리, 레퍼트리 기숙학교와 파리, 강세와 뵈즐랭 기숙학교.	〈루이 랑베르〉에 묘사됨.
1816	법률학부 학생. 동시에 변호사 공증인 기요네 메르빌에게서 도제 수업.	
1818	공증인 파세 사무소에서 일함.	첫 습작: 〈영혼의 불멸성에 관하여〉, 〈철학과 종교에 관하여〉.
1819	법과대학 입학 자격 시험. 작가가 되기로 결심. 파리, 레디기예르 거	〈마법 가죽〉에 묘사.

	리 9번지 지붕 밑 방에서 살다.	습작 : 〈성 루이〉, 〈로베르 드 노르망디〉, 〈욥기〉, 비극 〈실라〉, 소설 구상 : 〈괴수〉, 《스테니》 비극 : 《크롬웰》. 미완성 소설 : 〈팔튀른〉
1820	작가 오귀스트 르 푸아트뱅 드 레그레빌을 알게 됨.	
1821	르 푸아트뱅과 함께 익명으로 소설을 발표하기 시작함. 44세의 베르니 부인, 처녀 성 이네르(1777~1836년)를 알게 됨.	오귀스트 드 빌레르글레의 《두 명의 엑토르》. 같은 이름으로 《샤를 푸앙텔》. 두 가지 다 발자크는 자기 작품으로 인정하지 않음.
1822	르 푸아트뱅과 '소설공장'을 계속함. 최초의 희곡 계획.	빌레르글레와 로르룬 작, 《비라그의 상속녀》, 《장 루이》, 《클로틸드 드 뤼시냥》. 오라스 드 생토뱅 이름으로 《1백 살 노인》, 《아르덴의 보좌신부》.
1823	여름에 투렌 지방 방문.	오라스 드 생토뱅 작 《마지막 요정》.
1824	저질작품이 실패한 다음 자살에 대한 생각.	오라스 드 생토뱅 작 《안네트와 범죄자》, 익명으로 《예수회에

		대한 공정한 역사》. 익명으로 《반 클로르》.
1825	마지막 저질소설 출간. 언론인 오라스 레송과 더불어 〈법전〉 시리즈를 시작함.	〈정직한 사람의 법전〉. 《몰리에르 전집》, 역시 발자크 서문을 실은 《라퐁텐 전집》을 발자크와 소틀레 출판사에서 간행. 드베리아 표지.
	가족과 드 베르니 부인에게서 빌린 돈으로 출판업자 위르뱅 카넬 및 다른 두 사람과 더불어 출판사업에 참여.	
	출판사 투자 실패.	
1826	다브란테스 공작부인과 알게 됨. 1만 5천 프랑의 손실을 보고 출판업 해체됨. 발자크는 새로운 자본금으로 인쇄소 로랑 회사를 인수하기로 함.	〈파리 표장 소사전〉
	6월에 인쇄업 허가증 얻음.	
	소설, 팸플릿, 소책자 등을 인쇄.	
1827	7월에 인쇄소 붕괴. 발자크는 한번 더 새로운 자본금으로 활자제조업을 시작.	법전 시리즈 계속. 〈넥타이 매는 법〉, 〈빚을 갚는 법〉.
1828	봄. 활자제조업 청산 작업. 사업이 최종적으로 붕괴되다. 약 9만 프랑의 빚.	〈시민 법전〉, 〈완전한 예법〉(뒷날 〈형법 법전〉), 〈환심(歡心) 법전〉, 〈결혼 법전〉, 〈사업가 법전〉. 오라스 레송과 공저.
	발자크는 카시니 거리에 가짜 이름으로 세를 들다. 집을 화려하게 꾸미고 다시 글을 쓰기 시작함.	
1829	3월. 자신의 이름으로 첫 작품 출간.	오노레 발자크 작, 〈올빼미 당〉, 〈결혼 생

1830	쥘마 카로와 알게 됨. 발자크 알려지다. 파리 살롱에 드나듦. 언론계에서 활발한 활동. 새 신문 〈정치 일간지들의 문예란〉에 참여. 여름에 시골로 작은 여행들.	리학〉 《사생활의 장면들》2권짜리(그 안에는 〈복수〉, 〈곱섹〉, 〈쏘의 무도회〉, 〈영광과 불행〉, 〈공놀이하는 고양이의 집〉 등). 〈르 볼뢰르〉, 〈모드〉, 〈카리카투르〉지에 기고문.
1831	귀족 칭호를 사용하기 시작. 새 집 : 카시니 거리 1번지. 하인과 마차. 최초의 정치적 야심들. 카스트리 후작부인의 첫 편지. 사셰에 있는 마르곤 씨 집과 앙굴렘에 있는 카로 부부 집에 묵음.	드 발자크 작, 〈마법 가죽〉, 〈철학적 장·단편소설들〉, 3권짜리. 샤슬의 머리말이 든 새 〈마법 가죽〉, 12편의 단편소설(그 속에는 〈사라진〉, 〈엘 베르뒤고〉, 〈알려지지 않은 걸작〉, 〈플랑드르의 예수 그리스도〉 등이 들어 있음). 〈카리카투르〉, 〈르 볼뢰르〉, 〈르뷔 드 파리〉지에 기고문. 팸플릿:〈두 장관의 정책에 관한 여론조사〉.
1832	카스트리 후작부인과의 관계. 귀족계층과 교류. 우크라이나에서 온 '모르는 여인', 한스카 부인의	《우스운 이야기》 처음 10편. 〈서른 살의 여자〉, 〈거장 코르넬리

		우스〉, 〈피르미아니 부인〉, 〈루이 랑베르〉, 〈투르의 신부〉. 언론에 기고문. 〈카리카투르〉, 〈르뷔 드 파리〉, 〈레노바퇴르〉지.
	첫 편지. 8월에 카스트리 후작부인과 함께 엑스 레뱅에서 지냄. 함께 이탈리아 여행을 계획. 10월에 제네바에서 중단됨. 발자크는 시골의 베르니 부인에게로 도망침. 12월에 다시 파리로.	
1833	4월에서 5월까지 앙굴렘의 카로 부부 집. 9월에 뇌샤텔에서 한스카 부인과 첫 만남. 12월 제네바로 한스카 부인 방문.	《우스운 이야기》 두 번째 10편. 〈시골 의사〉, 새로운 소설 시리즈 시작. 《19세기의 풍속화》. 그중에는 《지방생활의 장면들》(〈외제니 그랑데〉, 〈전언〉, 〈유명한 고디사르〉 등이 들어 있음). 〈유럽문학〉지에 기고문.
1834	2월 초까지 제네바에 머묾. 4월 프라페슬의 카로 부부 집. 10월 사셰의 드 마르곤 씨 집.	《19세기의 풍속화》 시리즈에서 《파리 생활의 장면들》, 〈13인의 이야기〉, 〈절대의 탐구〉, 〈랑제 공작부인〉. 〈르뷔 드 파리〉지에 〈프랑스 작가들에게 보내는 편지〉.

1835	발자크, 파리의 바타유 거리 13번지에 미망인 뒤랑 부인의 이름으로 세들다. 5월부터 6월까지 빈으로 한스카 부인을 방문함. 12월. 발자크 집에 불이 남. 《우스운 이야기》 일부를 잃어버림.	《철학적 연구》 시리즈 20권짜리 시작. 〈해변의 비극〉, 〈고리오 영감〉, 〈세라피타〉, 〈결혼계약〉.
1836	〈라 크로니크 드 파리〉 창설. 4월 27일에서 5월 4일까지 국민군 근무 기피로 감옥살이. 〈골짜기의 백합〉을 허락받지 않고 인쇄한 것을 놓고 뷜로와 소송. 사라 기도보니 비스콘티 백작부인과의 관계. 비스콘티 집안의 일 처리를 위해 이탈리아 여행(토리노). 카롤린 마르부티가 동행함.	
1837	비스콘티 집안 일로 연초에 다시 두 달 동안 이탈리아에 머물다(밀라노, 베네치아, 피렌체). 그의 책을 출판하던 베르데 출판사 파산. 발자크는 어음으로 인해 연루됨. 샹젤리제 54번지 비스콘티 집으로 피신.	《풍속연구》와 《철학적 연구》 계속. 〈노처녀〉, 〈잃어버린 환상〉 제1부, 〈무신론자의 미사〉, 〈사막의 정열〉. 〈라 크로니크 드 파리〉지 실패. 〈세자르 비로토〉. 《우스운 이야기》 세 번째 10편.
1838	사르데냐의 은광산 사건. 3월에	〈뉘싱겐 상사〉, 〈뛰어

	마르세유. 그곳에서 아작시오를 거쳐 사르데냐로. 세브르에 '레 자르디' 건축.	난 여인〉(뒤에 〈피고용인들〉), 〈토르피유〉(뒷날 〈창녀들의 영광과 비참〉).
1839	3월. 레 자르디의 새로 만든 담이 무너짐. 살인사건으로 사형선고를 받은 공증인 페이텔을 위해 변호함.	〈고미술품 진열실〉, 〈강바라〉, 〈이브의 딸〉, 〈마시밀라 도니〉, 〈베아트리스〉 1부와 2부. 〈지방의 위인〉.
1840	리슐리외 거리에 있는 재단사 뷔송의 집에 머물다. 그 다음 바쓰 거리 19번지, 파씨에 살게 됨. 3월. 성 마르탱 문 극장에서 그의 희곡 〈보트랭〉 공연. 〈르뷔 파리지엔〉지 창설.	〈여자 피에로〉, 〈피에르 그라쑤〉, 〈보트랭〉. 〈파리 공주〉(뒷날〈카디냥 공주〉). '작가연합의 문학작가 보호법' 초안
1841	11월. 한스키 씨의 죽음.	〈봉급생활자 생리학〉, 〈Z. 마르카〉, 〈시골 신부〉. 저작권 법 제안.
1842	3월. 오데옹 극장에서 희곡 〈키놀라의 재력〉 초연. 《인간희극》이라는 제목으로 소설전집 발간 계약.	〈위르쉴 미루에〉, 〈두 젊은 유부녀의 수기〉 《인간희극》 1, 2, 3권.
1843	발자크가 서문을 새로 씀. 성 페테르부르크로 한스카 부인을 방문. 7, 8, 9월. 9월 : 희곡 〈파멜라 지로〉를 게테 극장에서 초연. 아카데미 회원에 입후보했으나 거절당함.	〈음모〉, 〈지방의 뮤즈 여신〉, 〈칼뱅파 순교자〉(뒷날 〈메디치의 케서린〉 1부) 《인간희극》 4권 더.

1844	한스카 부인과 함께 살 집을 위한 가구와 장식품들을 사들임. 심한 황달.	〈삶에 데뷔함〉, 〈오노린〉, 〈창녀들의 영광과 비참〉 1, 2부. 《인간희극》 3권 더. 〈모데스트 미뇽〉, 〈농부들〉 일부 출간.
1845	2월. 한스카 부인과 딸, 드레스덴으로. 발자크는 5월에 그들을 방문함. 그들과 함께 여행. 칸슈타트, 파리, 벨기에, 네덜란드로. 브뤼셀에서 작별. 가을에 함께 이탈리아 여행. 연말에 다시 파리로.	〈베아트리스〉 3부 〈결혼생활의 작은 비참들〉 《인간희극》 2권 더.
1846	한스카 부인과 다시 이탈리아 여행. 부활절에 로마. 교황 알현. 9월. 메츠에서의 결혼식 준비. 한스카 부인 임신. 발자크는 한스카 부인을 위해서 포르튀네 거리에 있는 보종 저택을 구입. 봄에 드레스덴에서 계집아이 탄생.	《인간희극》 마지막 4권. 〈창녀들의 영광과 비참〉 3부.
1847	발자크는 포르튀네 거리에 있는 집을 꾸미고, 한스카 부인은 봄에 그곳에 두 달 반 동안 머물렀다. 10월. 우크라이나의 비예르초브니아의 한스카 부인에게로 감. 키예프 방문. 러시아에 넉 달 동안 체류.	〈창녀들의 영광과 비참〉 4부. 〈가난한 친척들〉, 〈사촌 베트〉, 〈사촌 퐁스〉.

1848	2월 혁명 직전에 파리로 돌아옴. 5월 25일. 역사극장에서 희곡 〈의붓어머니〉 초연. 가을에 우크라이나로 두 번째 여행.	
1849	일년 내내 비예르초브니아에 머물다. 병.	
1850	3월 14일 한스카 부인과 베르디체프에 있는 성 바르바라 교회에서 결혼식. 4월. 부부가 함께 파리로 여행을 떠남. 발자크 병이 악화됨. 8월 빅토르 위고의 방문. 발자크 8월 18일에서 19일 밤에 죽음(23시 30분).	
1882	발자크 부인 죽음. 드루오 호텔에서 유산 경매.	

남겨진 작품들

1851년   짐나즈 극장에서 희곡 〈메르카데〉 초연. 데네리(d' Ennery) 각색.

단편소설 〈실 잣는 여인(La Filandière)〉(《우스운 이야기》에 속함)

〈만원극장(Théâtre complet)〉 1권.

1853년   〈아르시의 여인(Le Député d'Arcis)〉, 샤를 라부

(Charles Rabou)가 끝냄.

1854년 〈소 부르주아들(Les petits Bourgeois)〉(역시 라부가 손질한 듯함)

1855년 〈농부들〉, 《인간희극》에 추가된 3권.

1870/72 〈잡록(Œuvres diverses)〉, 에세이, 스케치, 신문기고문들. 〈전집〉 20~23권.

1876년 《편지》, 1권.

1899년 이후로. 《모르는 여인에게 보낸 편지》(한스카 부인에게 보낸 편지), 3권.

1912년 이후로. 《전집》, 마르셀 부트롱(Marcel Bouteron) 펴냄.

1923년 이후로. 《발자크 노트》, 부트롱 펴냄(편지, 스케치, 구상들).

1925년 《크롬웰》. 영인본. 헤이스팅스(W. S. Hastings) 펴냄, 프린스턴.

문헌

대단히 광범위한 발자크 문헌 중에서 여기서는 몇 가지만 제시하기로 한다. 완전한 총괄은 윌리엄 호바트 로이스(William Hobart Royce), 《발자크 평전》, 시카고, 1929년(추가 및 보충, 1930/37). 발자크 작품의 문헌과 대단히 복잡한 형성과정에 대해서는 스포엘베르슈(Spoelberch) 자작이 1879년에 벌써 오늘날에도 타당한 기반을 확립하였다. 《발자크 작품사(Histoire des Œuvres de H. de Balzac》(3판, 파리, 1888). 미망인이 죽은 다음 대부분의 유작을 구해낸 것도 스포엘베르슈의 공이다. 그는 자기가 모은 자료들을 프랑스 아카데미에 남겼다. 오늘날 샹티유(Chantilly) 성에 보관되고 있다.

《발자크 전집》은 처음에 20권으로 1853~1855년 파리에서 간행되었다. 그 다음 결정판은 24권으로 1869~1875년. 오늘날 널리 쓰이는 비평판은 마르셀 부트롱과 앙리 로농(Henri Longnon)이 1912년부터 파리, 코나르(Conard) 출판사에서 펴내고 있다(지금까지 38권). 초기 작품은 1866~1868년 파리에서 10권으로 새로 간행되었고, 1868년 2권짜리 화보판이 새로 인쇄되었다.

편지 : 《편지》 결정판 24권, 파리 1876년. 〈모르는 여인에게 보낸 편지〉(드 한스카 부인) 1권 파리, 1899년, 2권 1906년, 3권 1935년. 《가족에게 보낸 편지(Letters to his family), 1809~1850년》, 헤이스팅스 펴냄, 프린스턴 대학 출판부, 1934년. 쥘마 카로와의 미발표 편지, 마르셀 부트롱 펴냄, 파리, 1935년. 마르셀 부트롱은 그밖에도 작은 편지 왕래 시리즈와(드 베르니 부인, 카스트리 후작부인, 발자크의 의사 나카르 등) 발자크가 받은 편지들을 1923년부터 간행된 《발자크 노트》에서 펴냈다. 이 시리즈에서는 발자크의 유고에서 나온 미발표 희곡들도 인쇄되었다(단편소설 〈지나의 환상(Les Fantaisies de Gina)〉, 미완성 《우스운 이야기》들, 1847년 우크라이나 행 여행에 관한 편지 등).

발자크에 관한 문헌

1. 동시대 사람들

발자크의 동생인 쉬르빌 부인은 처음에 화보판을 한 권 펴냈다. 《발자크의 여인들(Les Femmes de Balzac)》, 파리, 1851년. 1858년에는 《발자크, 편지로 본 그의 생애와 작품(Balzac, sa Vie et ses OEuvres, d'après sa Correspondance)》.

생트 뵈브, 발자크론, 1850년, 〈월요 만담(Causeries du Lundi)〉 2권에 들어감.

빅토르 위고, 발자크 조문사. 1851년 《발자크의 여인들》에 인쇄됨. 임종의 침상 묘사는 《Choses vues》, 파리, 1887년에 들어 있다.

테오필 고티에, 《오노레 드 발자크》, 파리, 1859년.

발자크의 출판인이었던 베르데, 《발자크, 집안에서의 모습(Portrait intime de Balzac)》, 파리, 1859년.

고슬랭, 《슬리퍼 바람의 발자크(Balzac en pantoufles)》, 파리, 1856년. 《자기 집에서의 발자크(Balzac chez lui)》, 1862년.

텐(H. Taine), 1858년 획을 긋는 발자크론인 《비평과 역사론(Essais de Critique et d'Histoire)》, 파리.

2. 뒷날의 간행물

스포엘베르슈 드 로방줄(Spoelberch de Lovenjoul), 《사랑의 소설(Un Roman d'Amour)》(한스카 부인), 파리, 1899년. 《발자크 소설의 발생사(La Genèse d'un Roman de

Balzac》(〈농부들〉), 1901년. 《잃어버린 페이지(Une page perdue)》, 1903년.

세르프베르와 크리스토프(A. Cerfberr et J. Christophe), 《인간희극 목록(Répertoire de la Comédie humaine)》, 파리, 1887년(발자크 소설작품의 인물사전. 부르제의 서문).

카바느(Cabanès), 《알려지지 않은 발자크(Balzac ignoré)》 파리, 1899년.

비레(E. Biré), 《오노레 드 발자크》, 파리, 1897년.

위드모어(F. Wedmore), 《발자크》, 런던, 1890년(위대한 작가들).

브륀티에르(Brunetière), 《발자크》, 파리, 1906년.

아노토와 비케르(G. Hanotaux et Vicaire), 《발자크의 청년기 작품(La Jeunesse de Balzac)》, 파리, 1904년.

뤽스통(Ruxton), 《발자크의 선택받은 여인(La Dilecta de Balzac)》(드 베르니 부인), 파리, 1909년.

르브르통(Lebreton), 《발자크, 인간과 작품(Balzac, l'Homme et l'œuvre)》, 파리, 1905년.

3. 최근 문헌

아리공(L. J. Arrigon), 《문학 데뷔(Les Débuts littéraires)》, 《발자크의 낭만주의 시절(Les Années romantiques de Balzac)》, 파리, 1924년, 1927년.

아브라암(P. Abraham), 《발자크》, 파리, 1927년. 《발자크의 인물들(Créatures chez Balzac)》, 파리, 1931년.

쿠르티우스(E. R. Curtius), 《발자크》, 본, 1923년.

플로이드(J. H. Floyd), 《발자크 생애의 여인들(Les Femmes dans la vie de Balzac)》, 파리, 1926년.

프레스통(E. Preston), 《발자크의 기법 연구(Recherches sur la technique de Balzac)》, 파리, 1926년.

프리우(A. Prioult), 《인간희극 이전의 발자크(Balzac avant la Comédie humaine)》, 파리, 1936년.

부비에(R. Bouvier)와 메니알(E. Maynial), 《사업가 발자크(Balzac, homme d'Affaires)》, 파리, 1930년.

부비에와 메니알, 《발자크의 대차대조표(Les Comptes dramatiques de Balzac)》, 파리, 1938년.

비유(A. Billy), 《발자크의 생애(Vie de Balzac)》, 파리, 1944년, 2권.

■ 프리덴탈의 후기

　내 죽은 친구의 마지막 작품을 펴내면서 나는 이 책에 몇 가지 설명을 덧붙이고 싶다. 슈테판 츠바이크가 죽은 다음 그의 친척들과 상속인들이 내게 보내준 원고는 상당히 광범위한 분량에 이르렀다. 그중에서 전쟁중이던 1943년에 우선 기고문과 연설문들을 한 권으로 묶어서 《시간과 세계(Zeit und Welt)》라는 제목을 붙여 출간하였다. 그런 다음 나는 《발자크》 자료를 살펴보았다.

　슈테판 츠바이크는 이 작업을 하면서 집에서 하는 말로 '큰 발자크(der große Balzac)'라고 부르곤 했다. 그것은 이보다 앞서 썼던 작은 규모의 시도들(《천재와 광기》에 들어 있는 작은 평전들 : 역주)과 구별하기 위해서였다. '큰 발자크'는 작가의 의지에 따르면 그의 대표작(magnum opus)이 되어야 할 책이었다. 10년 전부터 그는 이 작업을 하고 있었다. 이 작품에서 작가로서 자신의 체험과 삶에 대한 인식의 총합을 표현하려는 생각이었다. 발자크는 츠바이크가 자신의 재능으로 접근할 수 있고, 바로 자기에게 주어진 가장 위대한 주제라고 여기고 있었다. 빈에서 작품활동을 시작하면서 그는 발자크의 작품 및 그의 전설들과 더불어서 살았다.

여기서 유럽에서 얻은 발자크의 명성의 역사에서 빈이 특별한 위치를 차지하고 있다는 점을 지적해야겠다. 세계여론의 의식 속에 이 프랑스 소설가를 확고하게 자리매김한, 발자크 열광의 거대한 두 번째 파도는 빈에서 시작되었다. 발자크는 1835년에 빈을 처음으로 방문했을 때 프랑스를 넘어 전유럽의 독자층이 자신을 인정하고 있다는 사실을 깨닫고 그것을 즐겼다.

후고 폰 호프만스탈(Hugo von Hofmannsthal)은 세기말 빈의 젊은 작가들 중 선두주자였고, 슈테판 츠바이크도 바로 이 젊은 작가 중 한 사람이었다. 호프만스탈은《발자크》전집 서문에서 발자크라는 주제에 대해서 도이치 말로 된 가장 아름다운 구절들을 남겼다. 이 젊은 빈 사람들에게 발자크는 소설의 위대한 대가였다기보다는—그의 형식이 그들에게는 상당히 수상쩍게 여겨졌다—훨씬 더 보편적인, '인물들이 득실거리는 하나의 세계…… 거대하고 말할 수 없이 풍성한 상상력, 셰익스피어 이후로 가장 위대하고 가장 풍성한 상상력'을 뜻하였다. 그들에게 있어서 발자크는 시적 가능성 자체의 화신이었고, '문학의 가능성(potentiel de littérature)' 자체이기도 했다. 그것은 아직 완전히 퍼내지지 않았고, 그래서 모방하고 꿈꾸도록 유도하고 있었다. 슈테판 츠바이크의 발자크에 대한 표상은 이런 견해에 뿌리를 둔 것이다. 19세기 말에 가졌던 젊은 시절 열광의 어떤 부분이 60대가 된 츠바이크의 작품 속에 아직도 살아남아 있다.

츠바이크는 한때 프랑스 문학의 중개자로서 자신의 문학적 힘을 시험하던 시절에 발자크라는 주제에 접근하려는 다양한 시도를 했다. 우선 발자크 선집(選集)에 머리말을 썼다. 여러 가지 논문들을 썼고, 〈발자크〉, 〈도스토예프스키〉, 〈디킨즈〉 등 세 편의 에세이를 한데 묶어 《세 거장(巨匠)》이라는 제목으로 '세계의 건축가들(die Baumeister der Welt, 우리말 번역 《천재와 광기》)' 시리즈의 한 편으로 내놓았다. 츠바이크가 조심스러운 건축방식으로 엮어낸 이 에세이 시리즈와 단편소설들, 그리고 그와 나란히 '사슬'을 이룬 평전 시리즈의 완결편인 이 '큰 발자크'는 그의 작품활동의 절정이 될 예정이었다.

이 작품은 광범위하게 구상되었고, 그는 때때로 두 권짜리 책이 될 것이라고 말하곤 했다. 그러나 발자크의 《인간희극》 작업과 마찬가지 사태가 벌어졌다. 이 작업은 끝을 보지 못한 것이다. 발자크의 작품과 기록에서 그의 침착하지 못한 어떤 요소가 평전(評傳) 쪽으로도 전염되었던 것 같다. 유감스럽게도 너무나 단편적이라 이 책 안에 넣어서 함께 출간할 수 없었던 추가 장(章)에서 츠바이크는, 발자크가 죽은 다음에 그의 아내와 가족이 이상하게도 죽은 사람의 낭비욕에 사로잡혀서, 힘들게 지킨 우크라이나의 수백만금을 거침없이 없애버린 사정을 묘사하고 있다. 그러나 나중에 나타난 여기 이 후계자도 시간적인 여유가 없었다.

슈테판 츠바이크 자신은 전혀 욕심 많은 사람이 아니었다. 물질적으로나 정신적으로 그랬다. 그러나 그는 오랜 세월 대단히 건강하고 알뜰한 작업규칙을 준수하였다. 그렇지 않고는 그도 그 풍부한 작업을 다 해낼 수 없었을 것이다. 그런 모든 것이 발자크 작업에서는 다 망가지고 말았다. 계속 새로운 구상이 생겨났다. 나는 때때로 작업중인 그를 관찰하고 도울 기회를 가졌다. 언제나 새로운 면모들이 나타났고 벌써 쓰인 것들이 계속 고쳐지곤 했다.

위대한 거장들의 '출판물'들을 모은 수집품들 속에는, 임시 제본된 발자크의 소중한 교정쇄 묶음이 하나 있었다. 마구 헤집어엎은, 끝날 것 같지 않은 이 교정쇄는 신비로운 연쇄작용을 만들어냈다. 그것이 평전 원고에 전염된 것이다. 지치지 않는 동업자인 아내가 언제나 다시 베껴쓰곤 했던 원래의 핵심부분을 둘러싸고 계속해서 삽입이 이루어졌다. 별책과 기록장들이 생겨나고 목록과 표들이 만들어졌다. 발자크의 판본들과 단행본 연구서들은 밑줄과 여백 주석, 쪽지들, 메모들로 채워졌다. 전쟁이 터지기 직전에 그가 이사했던, 바스(Bath)에 있는 집의 작은 서재는 발자크 박물관, 발자크 문서고, 발자크 사무소가 되었다.

1940년 여름에 남아메리카로 떠나면서 그는 그 모든 것을 그대로 남겨두었다. 이 여행에서 그는 돌아오지 못하게 된다. 브라질의 여름 수도인 페트로폴리스에 있는 피난처의 고요 속에서 그는 자서전과 중편소설《체스》를 완성하였다. 죽기 직전에 그는 마지막으로 발자크에 덤벼들었다. 내게 편지를 보냈고, 그래서 나는 그의 메모들 중 일부를 베껴서 보냈다. 그러나 이 우편물은 그에게 도달하지 못했다. 그것은 수신인이 죽었다는 메모와 함께 뜯기지도 않은 채 되돌아왔다.

페트로폴리스에 남겨진 서류들을 정리하라는 위임을 받았던, 브라질 쪽 출판업자, 그리고 작가인 비트코브스키(Wittkowski) 두 사람이 그의 책상을 정리할 때, 그가 가지고 갔던 원고의 일부 사본이 전혀 건드려지지 않은 모습 그대로 발견되었다. 그는 이미 너무나 지쳐 있었고, 런던과 바스에 남겨진 자료들과 보관용 판본 없이는 이 작업을 끝낼 수 없다고 생각했던 것이다. 마지막 며칠 동안의 혼란스런 상태에서 그는, 발자크 같은 거인을 완전히 파악하기란 도대체가 불가능하며, 누구라도 이런 일은 실패하게 마련이라고 말하기까지 했다.

그 다음 내가 자료들을 조사하면서 나는 처음에 정말로 미완성 단편(斷片)만 있는 것이 아닐까 하는 의심을 가졌다. 그러나 그렇지 않았다. 책은 완성되어 있었다. 물론 모든 장들은 아니었고, 최종적인 형태도 아니었지만 그래도 본질적인 부분들은 완성된 상태였다. 이 책을 위해서 이용된 모든 자료를 문헌학적으로 제시할 수는 없다. 그것을 위해서는 아마 독자적인 논문이 쓰여야 할 것이다. 다만 이 텍스트에 대해서 몇 마디 말을 하자면 다음과 같다.

슈테판 츠바이크가 겉봉에 '출판사에 보낼 것'이라고 써놓은 보관용 판본이 이 책의 기본토대를 이룬다. 이것은 대략 세 번째 수정판이었다. 그 자신이 원고를 철저히 읽었다. 단순히 베껴쓰는 것 이상의 작업을 해주었던 아내와 함께였다. 그녀의 명료하고 실질적인 질문과 여백주석들은 작가의 서정적인 상상력에 상당히 효과적인 수정을 가했다. 그는 때로 느슨한 테마에 이끌려 엉뚱한 방향으로 흐르곤 했는데, 그는 이것을 가리켜 '아리아'를 부른다고 불렀다. 자주 그 자신이 고치고 지웠다.

그밖의 경우에는 내가 결정을 내려야만 했다. 그럴 때면 드물지 않게 저 조용한 로테(Lotte) 부인을 생각하였다. 그녀는 특유의, 거의 정열적으로 눈에 안 띄는 특성을 가지고서 그의 일과 그의 삶을 나누었고, 물론 당연히 그와 함께 죽음의 길을 갔다. 당연한 일이지만 나는 작품의 스타일과 분위기를 전혀 건드리지 않았다. 간혹 페이지들이나 삽입문들이 빠져 있는 경우에는 예전의 판본들이나 그가 남긴 작업부분에서 찾아서 보충했다. 거친 구상으로만 남아 있는 마지막 장들은 내가 고쳐썼다.

그밖에도 나는 앞에 언급한 별책과 쪽지와 메모들에 들어 있는 광범위한 자료들을 이용하였다. 그리고 츠바이크가 인용한 발자크 판본들에서 도움을 구했다. 부트롱(Bouteron)의 프랑스어 비평판 전집과 나란히, 인젤(Insel) 출판사의 《인간희극》 도이치어 판본이 그가 이용한 발자크 전집이었다. 인젤 출판사는 그를 위해서 '이 판본은 슈테판 츠바이크를 위해서 따로 인쇄한 것임'이라는 메모를 붙여서 별쇄본을 만들어주었다. 이 책들은 1908년 이후로 그를 따라다녔다. 서간집에서 발자크 작업과 관계가 있는, 친구들과 도움을 준 사람들의 편지들을 모았고, 나는 이 기회를 빌어서 내 죽은 친구의 이름으로 그의 작업에 도움을 주었던 모든 분들에게 감사를 드리고 싶다.

아주 쉽지만은 않았던 이 수정작업의 외적인 상황에 대해서 어쩌면 한마디 더 해도 될 것 같다. 문헌들은 여러 군데

나뉘어서 흩어져 있었다. 일부는 이곳 런던에, 일부는 바스에 있었고, 어떤 것은 은행금고에 보관되어 있었다. 츠바이크가 '비현실적인 전쟁'의 처음 몇 달 동안 원고를 완성했다면, 나는 세계전쟁의 현실이 우리에게 점점 더 가까이 다가오던 시기에 그것을 검토해야만 했다. 이 현실이 직접적으로 개입하는 바람에 나는 세 번이나 집을 옮겨야만 했다. 옛날 집이 폭격으로 완전히 부서졌기 때문이다. 두 번이나 내가 작업중이던 보관용 판본이 문자 그대로 손에서 빠져나가 방을 통해 내동댕이쳐졌다. 겉껍질은 떨어지고 메모들은 파묻혔다. 아직도 페이지들 사이로 유리파편과 모르타르 먼지가 여기저기 끼여 있다. 저 악명 높은 '베데커 공습'으로 바스에 있는 츠바이크 집의 조용한 마루 속까지도 파편이 떨어졌다. 그의 서재 벽 바로 앞에 떨어진 폭탄은 다행히도 불발탄이었다. 내가 때때로 도움을 얻곤 하던 대영 박물관도 온전하지는 못했다. 그런데도 거의 놀라운 일이었지만 그 기간 내내 '북(北) 도서관'의 열람실들은 문을 열었다. 그러니까 영국식 '절제된 표현'을 쓰자면, 이 작업은 완전히 정상적인 상황에서 이루어진 것은 아니었다. 우리들 낡은 대륙의, 시련을 당한 자식들에게는 아주 특별한 것도 아닌 이런 사정을 나는 개인적인 이유에서 언급한 것은 아니다. 다만 그것들은 기록될 필요가 있을 것이라 여겨진다.

슈테판 츠바이크를 자기 고향에서 내쫓고 결국은 죽음으로 몰아간 저 어두운 힘들은 다른 모든 점에서도 그랬듯이 이 작품에 대해서도 부당한 행동을 했다. 이 책은 완성되었다. 그것은 슈테판 츠바이크가 의도했던 그대로는 아니지만,

그러나 나는 양심의 가책 없이 떳떳하게, 그것은 그의 필생의 역작다운 종결부분을 갖게 되었다고 믿는다. 그리고 내게는 극도로 위안을 필요로 하는 우리 시대에, 한 선량한 유럽인이자 세계인의 이런 마지막 책이 다시 방해받지 않고 제 길을 찾고, 모든 나라에 있는 그의 벗들을 찾아갈 수 있다는 것, 그 긴 어둠의 세월 동안 충실하게 그의 편에 섰던 그의 벗들을 찾아갈 수 있다는 사실은 희망에 넘치는 하나의 표지라고 생각된다.

런던, 1945년 12월
리하르트 프리덴탈(Richard Friedenthal)

슈테판 츠바이크

1881년 11월 28일에 오스트리아(외스터라이히) 빈에서 태어났고, 1919년부터 1935년까지 잘츠부르크에서 살았다. 그곳에서 런던으로 망명했다가 1941년에는 다시 브라질로 망명했다. 처음에는 베를렌, 보들레르 등의 번역자로 두각을 나타냈다. 1901년 《은빛 현》이라는 제목으로 첫 시집을 냈다. 역사 에세이 및 평전작업들과 소설이 유명하다. 1944년에 과거의 시대에 대해서 이야기하는 회고록 《어제의 세계》가 출간되었다. 1942년 2월에 그는 브라질의 페트로폴리스에서 자유의사로 삶을 마감하였다.

츠바이크는 도이치 말로 글을 쓴 사람들 중에서 세계적으로 널리 읽히는 작가의 한 사람이다. 유럽지역은 물론이지만 중국에서는 도이치어 작가 중에서 가장 많이 읽힌다고 한다. 그는 유대계 혈통의 오스트리아 출신 작가이다. 그가 오늘날에도 지역을 뛰어넘어 인기를 누리는 몇 가지 이유들을 꼽아볼 수 있을 것이다.

우선 평전작가로서 그가 선택한 역사상의 인물들은 국적을 초월하여 빈번히 문학적 소재로 선택될 만큼 소재 자체가 흥미진진하다. 그의 평전작품들은 대단히 흥미로운 역사적인 격변의 순간에 선택의 기로에 섰던 인물들을 다루고 있어서 인물들의 생애 말고도 제대로만 읽는다면 유럽 문화에 대한 훌륭한 입문서 노릇까지도 겸할 수 있는 것들이다. 모든 평전 작품들 중에서 양으로나 질로나 가장 큰 공을 들인 작품이 바로 이《발자크 평전》이다.

소재를 골라내는 츠바이크의 후각은 유럽사의 핵심을 꿰뚫는 그의 방대한 지식에서 유래한다. 그러나 이 소재들을 극적으로 형상화해내는 것은 작가로서 그의 구성능력에서 나온다. 똑같은 구성력이 그의 단편소설들에서 다시 진가를 발휘한다. 유럽의 보수적인 문학 전통을 이어받은 츠바이크는 이야기꾼으로서 세계적인 보편성을 입증해 보이고 있는 것이다.

또한 츠바이크의 국제적인 인기를 말할 때 그의 문체를 빼놓을 수 없을 것이다. 섬세하면서도 강하고, 특히 인물의 초상화를 묘사하는 순간이면 폭포처럼 쏟아져 나오는 유려한 그의 언어는, 처음에 읽는 이의 호흡과 같은 파동을 이루다가 점차 그것을 빠르게 몰아가는 특이한 힘을 지녔다. 츠바이크 언어의 이런 마력에 한 번 빠져본 사람은 쉽사리 그것을 잊지 못한다.

이렇듯 츠바이크의 매력은 폭과 깊이가 풍부한 그의 지성, 이야기꾼으로서의 탁월한 능력과 대단히 세련된 언어 등으로 요약할 수 있을 것이다.

옮긴이 안인희

독일어권의 대표적인 번역가이자 주목받는 인문학자다. 한국외국어대학교에서 독문학을 전공, 1986~1987년 독일 밤베르크 대학에서 수학한 뒤 1990년 박사 학위를 취득했다. 1986년 프리드리히 실러의 《발렌슈타인 3부작》을 시작으로 지금까지 70여 권의 책을 번역했다. 유럽 문화사에서 중요한 저작들을 국내에 소개해 온 그는, 탄탄한 인문학 지식과 해석을 담은 정교하면서도 읽기 편한 우리말 문장으로 인정받고 있다.

지은 책으로 《게르만 신화 바그너 히틀러》, 《말이 올라야 나라가 오른다 2》(공저), 《안인희의 북유럽신화》(1~3권)가 있으며, 옮긴 책으로는 야코프 부르크하르트의 《이탈리아 르네상스의 문화》와 《세계 역사의 관찰》, 윌 듀런트의 《역사의 교훈》과 《역사 속의 영웅들》, 윌 듀런트의 《문명이야기》 중 5-1, 2권과, 이 밖에 《피렌체 1900년: 아르카디아를 찾아서》, 《중세로의 초대》, 《최초의 과학자 레오나르도》 등 역사와 르네상스 관련 책들이 있고, 미술 분야 책으로 하인리히 뵐플린의 《르네상스의 미술》, 그리고 《서양 건축》, 《20세기 건축》과 소설 《미켈란젤로의 복수》 등이 있다. 문학 작품으로는 《돈 카를로스》, 《데미안》, 《베를린 알렉산더 광장》 등이 있다.

츠바이크의 발자크 평전

첫판 1쇄 펴낸날 1998년 11월 16일
　　18쇄 펴낸날 2024년 9월 17일

지은이 슈테판 츠바이크
옮긴이 안인희
발행인 조한나
편집기획 김교석 유승연 문해림 김유진 곽세라 전하연 박혜인 조정현
디자인 한승연 성윤정
마케팅 문창운 백윤진 박희원
회계 양여진 김주연

펴낸곳 (주)도서출판 푸른숲
출판등록 2003년 12월 17일 제2003-000032호
주소 서울특별시 마포구 토정로 35-1 2층, 우편번호 04083
전화 02)6392-7871, 2(마케팅부), 02)6392-7873(편집부)
팩스 02)6392-7875
홈페이지 www.prunsoop.co.kr
페이스북 www.facebook.com/prunsoop　　**인스타그램** @prunsoop

ⓒ푸른숲, 1998
ISBN 978-89-7184-219-5(03990)